Python 金融数据分析

[美] 艾瑞克·里文森　著

黄　刚　译

清华大学出版社

北京

内 容 简 介

本书详细阐述了与 Python 金融数据分析相关的基本解决方案，主要包括获取金融数据、数据预处理、可视化金融时间序列、探索金融时间序列数据、技术分析和构建交互式仪表板、时间序列分析与预测、基于机器学习的时间序列预测、多因素模型、使用 GARCH 类模型对波动率进行建模、金融领域中的蒙特卡罗模拟、资产配置、回测交易策略、识别信用违约、机器学习项目的高级概念、金融领域的深度学习等内容。此外，本书还提供了相应的示例、代码，以帮助读者进一步理解相关方案的实现过程。

本书适合作为高等院校计算机及相关专业的教材用书和参考用书，也可作为相关开发人员的自学用书和参考用书。

北京市版权局著作权合同登记号 图字：01-2023-1002

图书在版编目（CIP）数据

Python 金融数据分析 /（美）艾瑞克·里文森著；黄刚译. —北京：清华大学出版社，2024.5
书名原文：Python for Finance Cookbook,Second Edition
ISBN 978-7-302-66390-4

Ⅰ．①P… Ⅱ．①艾… ②黄… Ⅲ．①软件工具—程序设计—应用—金融—数据处理
Ⅳ．①F830.41-39

中国国家版本馆 CIP 数据核字（2024）第 111487 号

责任编辑：贾小红
封面设计：刘　超
版式设计：文森时代
责任校对：马军令
责任印制：刘　菲

出版发行：清华大学出版社
　　　　　网　　　址：https://www.tup.com.cn，https://www.wqxuetang.com
　　　　　地　　　址：北京清华大学学研大厦 A 座　　　　邮　　编：100084
　　　　　社 总 机：010-83470000　　　　　　　　　　邮　　购：010-62786544
　　　　　投稿与读者服务：010-62776969，c-service@tup.tsinghua.edu.cn
　　　　　质量反馈：010-62772015，zhiliang@tup.tsinghua.edu.cn
印 装 者：小森印刷霸州有限公司
经　　销：全国新华书店
开　　本：185mm×230mm　　　印　　张：45　　　字　　数：903 千字
版　　次：2024 年 6 月第 1 版　　　　　　　　印　　次：2024 年 6 月第 1 次印刷
定　　价：179.00 元

产品编号：098387-01

译 者 序

进入 2023 年，ChatGPT 和人工智能刷爆了新闻版面和社交媒体，吸引了无数人的目光。无论是在互联网还是在线下聚会中，人们都在讨论 AI，畅谈人工智能的各种应用。生成式人工智能（AIGC）既然可以轻松完成写作、绘画甚至编程，取代许多人的工作，那么，用 AI 进行炒股结果又会如何呢？会不会让基金经理也被迫加入失业者大军？

事实上，早在 2017 年 5 月，在 Google 旗下 DeepMind 公司开发的 AlphaGo 程序轻松击败人类顶尖围棋棋手之后，很多人就开始思考这个问题，因为从表面上看，炒股和围棋颇有类似之处：它们都有一套明示的规则，都属于零和博弈。但是，就目前情况来看，股票市场仍然有许多 AI 难以克服的问题。

首先是变量太多，围棋只是在和一个对手博弈，而股市的参与者特别多；其次是股市波动很难说有规律可循，上市公司本身可能发生剧烈变化，监管政策和市场情绪难以度量，还有外部经济或政治环境的影响，这些都会在极短的时间内使股票价格发生很大的波动，这就使依赖历史数据和长期趋势的 AI 确实难以把握。

但是，即便如此，市场上仍然有很多坚定的技术分析派，他们相信通过各种技术指标可以清晰地判断市场走势，这也是量化交易逐渐在全球范围内大行其道的原因。本书第 5 章即介绍了一些目前比较流行的技术指标，包括布林线（BB）、相对强度指数（RSI）和平滑异同移动平均线（MACD）等。

当然，AI 炒股并不仅限于技术指标，它还可以利用机器学习和大数据分析股票的基本面和市场情绪等多维度因素。本书第 7 章介绍基于机器学习的时间序列预测方法，第 8 章介绍多因素模型，第 11 章探讨资产配置策略，第 12 章介绍回测交易策略，它们都是灵活应用 AI 炒股的必要手段。最关键的是，所有这些内容并不是仅限于理论介绍，而是提供了实际操作示例，可以帮助读者真正掌握其中的知识和技巧。

此外，AI 还可以利用自然语言处理和知识图谱等技术，对海量的财经新闻、公告、研报等文本信息进行智能分析，提取其中有价值的信息，这对于把握上市公司信息、市场情况、监管政策、外部经济或政治环境等非常有益。本书第 13 章和第 14 章介绍完整的机器学习流程，包括探索性数据分析、将数据拆分为训练集和测试集、数据预处理、拟合模型、使用网络搜索和交叉验证调整超参数等，并探讨一些目前仍在发展的前沿技术，如特征重要性研究和可解释 AI 等。

　　在翻译本书的过程中，为了更好地帮助读者理解和学习，本书对大量术语以中英文对照的形式给出，这样的安排不但方便读者理解书中的代码，而且也有助于读者通过网络查找和利用相关资源。

　　本书由黄刚翻译，黄进青也参与了部分翻译工作。由于译者水平有限，难免有疏漏和不妥之处，在此诚挚欢迎读者提出意见和建议。

译　者

前　言

在过去的几年中，我们看到了数据科学领域的惊人增长。几乎每天都有某种新的成果发表，例如，一篇研究论文宣布了一种新的或改进的机器学习或深度学习算法，或者是开发了一种最流行的编程语言的新库。

过去，许多进步都没有出现在主流媒体上。但这种情况也在迅速改变。例如，AlphaGo程序击败了著名围棋世界冠军，就造成了极大的新闻轰动；使用深度学习生成从未存在过的逼真的人类面孔，或者使用 DALL-E 2 或 Stable Diffusion 之类的模型通过文本创建美轮美奂的数字艺术，都在新闻和社交媒体上广泛传播。

另外，在近期获得惊人发展的例子是 OpenAI 的 ChatGPT。它是一种语言模型，用户可以跟它进行听起来很自然的对话。该模型能够跟踪过去的问题并跟进它们，承认错误或拒绝不适当的请求。更重要的是，它不限于自然语言，可以根据用户的要求用各种编程语言编写实际的代码片段。

除了那些具有新闻价值的成就，在过去的几十年里，几乎每个行业都采用了人工智能。我们可以在身边看到它，例如，在电子商务网站上获得的产品推荐往往正是我们近期所需要的或心仪的商品。总之，世界各地的企业都在采用人工智能并通过以下方式获得竞争优势。

- ❑ 做出更好的数据驱动决策。
- ❑ 通过有效的定位或准确的推荐来增加他们的利润。
- ❑ 通过及早识别处于风险中的客户来减少客户流失。
- ❑ 自动执行人工智能可以比员工更快（并且可能更准确）地完成重复性任务。

同样的人工智能革命正在影响金融业。在 2020 年的一篇文章中，福布斯报道称"70%的金融服务公司正在使用机器学习来预测现金流事件、微调信用评分和检测欺诈交易"。此外，数据科学在各方面的研究成果还可广泛应用于算法交易、机器人咨询服务、个性化银行业务以及流程自动化等。

本书介绍了如何使用现代 Python 库解决金融领域内的各种任务，提供了基于实际操作方法的指南。我们试图通过利用许多行业内专业人士使用的成熟且"经过实战检验"的库来减少需要编写的代码量。虽然本书假设读者具备一些先验知识，并且没有从理论的角度解释所有概念，但是也提供了相关的参考资料，使读者可以更深入地研究自己感兴趣的主题。

本书读者

　　本书适用于想要学习如何在金融环境中执行各种任务的数据分析师、金融分析师、数据科学家或机器学习工程师。本书假定读者对金融市场和交易策略有一定了解。他们还应该熟悉使用 Python 及其面向数据科学的流行库（如 pandas、numpy 和 scikit-learn）。

　　本书将帮助读者在金融领域正确使用先进的数据分析方法，避免潜在的陷阱和常见错误；对于那些试图解决的问题，帮助读者得出正确的结论。

　　此外，鉴于数据科学和金融领域在不断动态变化，因此本书也包含对学术论文和其他相关资源的引用，以帮助读者拓宽对所涵盖主题的理解。

内容介绍

　　本书共 15 章，各章内容如下。

❑　第 1 章"获取金融数据"

　　本章介绍一些颇受欢迎的高质量金融数据的来源，包括雅虎财经、Nasdaq Data Link、Intrinio 和 Alpha Vantage 等。本章重点演示了如何利用专用的 Python 库处理数据以方便进一步分析。

❑　第 2 章"数据预处理"

　　本章描述用于数据预处理的各种技术。其中介绍了获取数据和使用数据构建机器学习模型或研究交易策略之间的关键步骤，讨论了诸如将价格转换为收益、根据通货膨胀调整股票价格、改变时间序列数据的频率、估算缺失值、转换货币单位或以不同方式聚合交易数据之类的主题。

❑　第 3 章"可视化金融时间序列"

　　本章着重介绍如何可视化金融领域的时间序列数据。通过绘制数据，我们可以直观地识别一些模式，例如趋势、季节性和变化点。可以使用统计检验进一步确认这些模式。此时收集的见解可以导致在选择建模方法时做出更好的决策。

❑　第 4 章"探索金融时间序列数据"

　　本章展示如何使用各种算法和统计检验来自动识别时间序列数据的潜在问题，例如异常值的存在。此外，本章还探讨了分析数据是否存在趋势或其他模式，例如均值回归。最后，本章还研究了资产收益的典型化事实。总之，这些概念在处理金融数据时至关重要，因为分析人员往往需要确保正在构建的模型/策略能够准确捕捉资产收益的动态。

❏ 第 5 章"技术分析和构建交互式仪表板"

本章介绍如何计算一些最流行的技术指标并自动识别 K 线图中的模式，阐释了 Python 技术分析的基础知识。本章还演示了如何创建基于 Streamlit 的 Web 应用程序，这使我们能够以交互方式可视化和检查预定义的技术分析指标。

❏ 第 6 章"时间序列分析和预测"

本章阐述时间序列建模的基础知识。首先讨论了时间序列的构建块，以及如何使用各种分解方法将它们分开。然后，介绍了平稳性的概念、如何对其进行测试，以及在原始序列不平稳的情况下如何实现平稳性。最后，本章还演示了如何使用两种最广泛使用的时间序列建模统计方法——指数平滑方法和 ARIMA 类模型。

❏ 第 7 章"基于机器学习的时间序列预测方法"

本章首先解释验证时间序列模型的不同方法，然后简要介绍了时间序列的特征工程，还引入了一种自动特征提取工具，只需几行代码即可生成数千个特征。此外，本章还阐释了简化回归的概念以及如何使用 Meta 流行的 Prophet 算法。最后，本章介绍了一种流行的时间序列预测 AutoML 框架。

❏ 第 8 章"多因素模型"

本章涵盖对各种因素模型的估计，从最简单的单因素模型（CAPM）开始，然后将其扩展到更高级的三因素、四因素和五因素模型。

❏ 第 9 章"使用 GARCH 类模型对波动率进行建模"

本章重点阐释波动率和条件异方差的概念，演示了如何使用单变量和多变量 GARCH 模型。这是目前最流行的建模和预测波动率的方法之一。

❏ 第 10 章"金融领域中的蒙特卡罗模拟"

本章解释如何将蒙特卡罗方法用于各种任务，例如，模拟股票价格、为没有闭合解的衍生品（美式/奇异期权）定价，或估计投资组合的不确定性（例如，计算风险价值和预期损失等）。

❏ 第 11 章"资产配置"

本章首先解释最基本的资产配置策略，并在此基础上演示了如何评估投资组合的绩效，然后介绍了找到有效边界的三种不同方法。最后，本章还探讨了分层风险平价，这是一种基于图论和机器学习相结合的资产配置新方法。

❏ 第 12 章"回测交易策略"

本章介绍如何在流行的 Python 库的帮助下使用两种方法（向量化和事件驱动）对

各种交易策略进行回测。为此，本章提供了几个基于流行技术指标或均值-方差投资组合优化的策略示例。

❑ 第 13 章 "应用机器学习：识别信用违约"

本章介绍现实生活中预测贷款违约的机器学习任务，涵盖了机器学习项目的整个范围（从收集和清理数据到构建和调整分类器）。阅读本章的一个重要收获是理解机器学习项目的一般方法，然后可以将其应用于许多不同的任务，无论是客户流失预测还是估算附近新房地产的价格。

❑ 第 14 章 "机器学习项目的高级概念"

本章继续了第 13 章介绍的工作流程，并演示了对机器学习项目的最小可行产品（MVP）阶段的可能扩展。本章从介绍更高级的分类器开始，探讨了对分类特征进行编码的替代方法，并描述了一些处理不平衡数据的方法。

此外，本章还介绍了如何创建机器学习模型的堆叠集成并利用贝叶斯超参数调整来改进穷尽网格搜索，探讨了计算特征重要性以及使用它来选择信息最丰富的预测变量的各种方法。最后，本章探索了目前仍在快速发展的可解释人工智能领域。

❑ 第 15 章 "金融领域的深度学习"

本章描述如何将一些最新的神经网络架构应用于金融领域的两个可能用例——预测信用卡违约（分类任务）和预测时间序列。

利用本书

本书试图为读者提供金融领域中使用的各种技术的概览，同时又关注这些方法的实际应用。因此，本书演示了如何使用各种流行的 Python 库来解决问题，使分析师或数据科学家的工作更轻松，更不容易出错。

最好的学习方式是实践，因此我们强烈鼓励读者尝试使用本书所提供的代码示例（这些代码可以在本书配套的 GitHub 存储库中找到），将其中的技术应用于不同的数据集，并探索可能的扩展。

为了更深入地研究理论，本书还提供了延伸阅读的参考资料，其中包括一些超出本书讨论范围的更高级的技术。

下载示例代码文件

本书的代码包可以在 GitHub 存储库中找到，网址如下。

https://github.com/PacktPublishing/Python-for-Finance-Cookbook-2E

如果代码有更新，也会在该 GitHub 存储库上进行更新。

下载彩色图像

我们还提供了一个 PDF 文件，其中包含本书中使用的屏幕截图/图表的彩色图像。你可以通过以下地址进行下载。

https://packt.link/JnpTe

本书约定

本书使用了许多文本约定。

（1）代码格式文本：表示文本中的代码字、数据库表名、文件夹名、文件名、文件扩展名、路径名、虚拟 URL、用户输入和 Twitter 句柄等。以下段落就是一个示例。

完整的可下载数据列表请参考 yfinance 的 GitHub 存储库，其网址如下。

https://github.com/ranaroussi/yfinance

（2）有关代码块的设置如下所示。

```
def realized_volatility(x):
    return np.sqrt(np.sum(x**2))
```

（3）任何命令行输入或输出都采用如下所示的形式。

```
Downloaded 2769 rows of data.
```

（4）术语或重要单词在括号内保留其英文原文，方便读者对照查看。示例如下。

最后要考虑的指标是平滑异同移动平均线（moving average convergence divergence，MACD），这是一种以长期与短期指数移动平均线之间的聚合及分离状况，判断价格趋势及买入卖出时机的技术分析指标。

（5）本书还使用了以下两个图标。

表示警告或重要的注意事项。

表示提示或小技巧。

此外，在每个 Jupyter Notebook（可在本书配套的 GitHub 存储库中获取）的最开始部分，我们运行了一些单元格，导入 matplotlib 并设置了绘图。为节约篇幅，本书后面的章节不再提及这一操作。所以在任何时候，均假设读者已经执行了以下命令。

首先，可使用以下代码片段提高生成图形的分辨率（可选）。

```
%config InlineBackend.figure_format = "retina"
```

然后，可执行以下代码片段。

```
import matplotlib.pyplot as plt
import seaborn as sns

import warnings
from pandas.core.common import SettingWithCopyWarning
warnings.simplefilter(action="ignore", category=FutureWarning)
warnings.simplefilter(action="ignore", category=SettingWithCopyWarning)

# 可以随意修改，例如，将 context 更改为 "notebook"
sns.set_theme(context="talk", style="whitegrid",
              palette="colorblind", color_codes=True,
              rc={"figure.figsize": [12, 8]})
```

在该单元格中，导入了 matplotlib、warnings 和 seaborn。然后，禁用了一些警告并设置了绘图的样式。在本书的某些章节中，我们可能会修改这些设置以提高图形的可读性（尤其是对于纸质图书的黑白图形而言）。

关 于 作 者

Eryk Lewinson 在荷兰鹿特丹伊拉斯姆斯大学（Erasmus University Rotterdam，EUR）获得量化金融（Quantitative Finance）硕士学位。他拥有在两家公司的风险管理和数据科学部门工作的经历，其间积累了数据科学方法的实际应用经验。这两家公司的其中一家是荷兰新经纪商，另一家则是荷兰最大的在线零售商。

工作之余，他撰写了一百多篇与数据科学相关的文章，阅读量超过 300 万次。在空闲时间，他喜欢玩电子游戏、看书以及和女友一起旅行。

本书第二版的写作是一次独特的经历。一方面，我知道自己应该期待什么，另一方面，事实证明，改进和扩展现有内容更具挑战性。我还必须承认，能够收到读者对本书第一版的友好评价以及对添加和改进内容的宝贵反馈，有一种非常开心的感觉。感谢所有的评价和反馈，我从中学到了很多东西。这些时光也令我终生难忘。

感谢 Agnieszka 的坚定支持和耐心，感谢我的兄弟再次成为我的第一位读者，感谢我的妈妈总是支持我。也非常感谢我的朋友和同事的所有鼓励的话语，没有你们，我不可能完成这本书。

关于审稿人

    Roman Paolucci 是一名定量研究员，专门研究应用自然语言处理和机器学习技术来提取股票交易信号。他是 Quant Guild（https://quantguild.com）的课程总监和创始人，这是一个致力于与量化金融、数据科学和软件工程相关的主题教育的在线社区。Roman 还是流行的量化金融 Python 库 QFin 的维护者和唯一贡献者，该库可在 GitHub 和 PyPi 上获得，用于模拟随机过程和各种衍生品定价设置。他目前的研究兴趣包括自然语言处理、衍生品定价的机器学习、随机数值线性代数以及通过强化学习进行的最优投资组合对冲等。

    感谢我的家人和朋友——没有他们，我的工作就不可能完成。

目　　录

第1章　获取金融数据

本章将介绍对任何数据科学/量化金融项目来说都非常重要的部分（有些人甚至会说它是最重要的部分）——收集数据。按照著名格言"垃圾输入，垃圾输出"（garbage in，garbage out，GIGO）的说法（即如果你输入的数据是有问题的，那么你获得的结果或结论也是有问题，颇有点"种瓜得瓜，种豆得豆"的意思），我们应该努力获取尽可能高质量的数据，然后正确地对其进行预处理，以便后期使用统计和机器学习算法。其中的原因也很简单——我们的分析结果高度依赖输入数据，任何复杂的模型都无法弥补这一点。这也是为什么在我们的数据分析中，应该能够使用我们（或其他人）对经济/金融领域的理解来激发某些数据，例如，为股票收益建模。

本书第一版的读者最常报告的问题之一是如何获得高质量的数据，这就是我们在本章中愿意花更多篇幅探索不同来源的金融数据的原因。虽然这些数据供应者中有不少提供类似的信息（如价格、基本面等），但他们还提供一些额外的、独特的数据，可以通过他们的 API 下载这些数据。例如，与公司相关的新闻文章或预先计算的技术指标。这就是为什么我们会提供这么多的内容，演示下载不同类型的数据的原因。当然，别忘记仔细阅读库/API 的说明文档，因为它的供应商很可能也提供标准数据，例如，价格。

✅ 注意：

在 Jupyter Notebook 中还介绍了其他示例，读者可以在本书配套的 GitHub 存储库中找到这些示例。

本章中的数据源是我们有意选择的，这不仅是为了展示使用 Python 库收集高质量数据非常简单且容易，也是为了表明收集到的数据有多种形式和大小。

有时我们会得到一个格式很好的 pandas DataFrame，而其他时候它也可能是 JSON 格式，甚至是需要处理然后加载为 CSV 文件。希望本章的内容能够让读者获得足够多的技能，来处理可能在网上遇到的任何类型的数据。

学习本章时，要记住的一点是，不同来源的数据是不一样的。这意味着我们从两个数据供应者那里下载的价格可能会有所不同，因为这些数据供应者也是从不同的来源获取数据，并可能使用其他方法来调整公司操作的价格。因此，最佳的做法是找到自己最信任的有关特定类型数据的来源（例如，基于互联网上的意见），然后使用它来下载需要的数据。另一件要谨记的事情是，在构建算法交易策略时，用于建模的数据应该与用于执行交易的实时数据馈送保持一致。

本章不涉及一种重要的数据类型——另类数据（alternative data）。所谓另类数据，是指不同于传统的交易所披露、公司公告披露的数据，是有利于投资者进行投资决策的有价值信息。它可以是任何类型的数据，可用于生成一些预测资产价格的见解。另类数据可以包括卫星图像（例如，地区天气状况、航运路线跟踪或某个区域的开发等）、传感器数据、网络流量数据和客户评论等。

有许多数据供应商专门提供另类数据（例如，Quandl/ Nasdaq Data Link）。另外，也可以通过网络抓取访问公开可用的信息来进行信息收集。例如，可以从亚马逊（Amazon）或 Yelp 点评网站上抓取客户评论。

有效抓取另类数据是一个非常值得研究的项目，遗憾的是它超出了本书的讨论范围。当然，无论如何用户都需要确保抓取特定网站的网页时不违反其条款和条件！

✔ 注意：

通过本章中提供的数据供应商，读者可以免费获得大量信息。但这些供应商中的大多数也区分付费等级。在注册任何服务之前，请记住仔细研究数据供应商实际提供的内容以及自己的需求。

本章包含以下内容。
- ❑　从雅虎财经获取数据。
- ❑　从 Nasdaq Data Link 获取数据。
- ❑　从 Intrinio 获取数据。
- ❑　从 Alpha Vantage 获取数据。
- ❑　从 CoinGecko 获取数据。

1.1　从雅虎财经获取数据

最受欢迎的免费获取金融数据的来源之一是雅虎财经（Yahoo Finance）。它不仅包含不同频率（每日、每周和每月）的历史和当前股票价格，还包含计算的指标，例如，beta（衡量单个资产的波动率与整个市场的波动率的比较）、基本面、收益信息/日历等。

✔ 注意：

很长一段时间以来，从雅虎财经下载数据的首选工具是 pandas-datareader 库。该库的目标是从各种来源提取数据，并以 pandas DataFrame 的形式存储。当然，在对 Yahoo Finance API 进行了一些更改后，该功能已被弃用。

熟悉 pandas-datareader 库绝对是一件好事，因为它有助于从美联储经济数据（Federal

Reserve Economic Data，FRED）、Fama/French 数据库（Fama/French data library）或世界银行等来源下载数据。这些数据可能对不同类型的分析有用，其中一些将在后续章节中介绍。

截至目前，下载历史股票价格最简单快捷的方法是使用 yfinance 库（以前称为fix_yahoo_finance）。

下面我们将下载苹果公司从 2011 年到 2021 年的股票价格。

1.1.1 实战操作

执行以下步骤从雅虎财经下载数据。

（1）导入库。

```python
import pandas as pd
import yfinance as yf
```

（2）下载数据。

```python
df = yf.download("AAPL",
                 start="2011-01-01",
                 end="2021-12-31",
                 progress=False)
```

（3）检查已下载的数据。

```python
print(f"Downloaded {len(df)} rows of data.")
df
```

运行上述代码会生成如图 1.1 所示的 DataFrame 预览图。

Date	Open	High	Low	Close	Adj Close	Volume
Downloaded 2769 rows of data.						
2010-12-31	11.533929	11.552857	11.475357	11.520000	9.864279	193508000
2011-01-03	11.630000	11.795000	11.601429	11.770357	10.078650	445138400
2011-01-04	11.872857	11.875000	11.719643	11.831786	10.131254	309080800
2011-01-05	11.769643	11.940714	11.767857	11.928571	10.214125	255519600
2011-01-06	11.954286	11.973214	11.889286	11.918929	10.205874	300428800
...	...	...	...	...	...	...
2021-12-23	175.850006	176.850006	175.270004	176.279999	176.055695	68356600
2021-12-27	177.089996	180.419998	177.070007	180.330002	180.100540	74919600
2021-12-28	180.160004	181.330002	178.529999	179.289993	179.061859	79144300
2021-12-29	179.330002	180.630005	178.139999	179.380005	179.151749	62348900
2021-12-30	179.470001	180.570007	178.089996	178.199997	177.973251	59773000

图 1.1 下载股票价格的 DataFrame 预览

可以看到，该请求的结果是一个 pandas DataFrame（2769 行），其中包含 Open（每日开盘价）、High（最高价）、Low（最低价）和 Close（收盘价）——这 4 项指标合称 OHLC，以及 Adj Close（调整后的收盘价）和 Volume（成交量）。

雅虎财经会自动调整拆股（stock split）之后的收盘价。所谓拆股就是指一家公司将其现有股票拆分出多股新股（例如，10 送 2 转 2 之类的分红除息方案），这样做通常是为了提高股票的流动性。调整后的收盘价不仅要考虑除权，还要考虑除息。

1.1.2 原理解释

上述 download 函数非常简单直观。在最基本的情况下，我们只需要提供股票交易代码（苹果公司的股票代码是 AAPL），它就会尝试下载自 1950 年以来的所有可用数据。

在上述示例中，我们下载了苹果公司特定范围（2011 年至 2021 年）的每日数据。download 函数的一些附加功能如下。

- ❑ 可以通过提供股票代码列表（["AAPL", "MSFT"]）或多个股票代码组成的字符串（"AAPL MSFT"）来一次下载多只股票的信息。
- ❑ 设置 auto_adjust=True 将仅下载调整后的价格。
- ❑ 还可以通过设置 actions='inline'来下载分红和股票拆分信息。这些操作也可用于手动调整价格或用于其他分析。
- ❑ 指定 progress=False 将禁用进度条。
- ❑ interval 参数可用于以不同的频率下载数据。只要请求的周期短于 60 天，即可下载日内分时数据。

1.1.3 扩展知识

yfinance 还提供了另一种下载数据的方式——通过 Ticker 类。请注意，股票代码的英文就是 ticker 或 symbol。

首先，我们需要实例化该类的对象。

```
aapl_data = yf.Ticker("AAPL")
```

要下载历史价格数据，可以使用 history 方法。

```
aapl_data.history()
```

默认情况下，该方法将下载上个月的数据。可以使用与 download 函数相同的参数指定范围和频率。

使用 Ticker 类的主要好处是可以下载更多的信息。一些可用的方法如下。

❑ info——输出一个 JSON 对象，其中包含有关股票及其公司的详细信息，例如，公司的全名、简短的业务摘要、上市交易所以及一系列金融指标（如 beta 系数）。

❑ actions——输出公司的操作，例如，分红和股票拆分。

❑ major_holders——显示主要持有人的姓名。

❑ institutional_holders——显示机构持有者。

❑ calendar——显示传入事件，例如，季度收益。

❑ earnings/quarterly_earnings——显示过去几年/季度的收益信息。

❑ financials/quarterly_financials——包含税前收入（income before tax）、净收入（net income）、毛利（gross profit）和息税前利润（earnings before interest and tax，EBIT）等金融信息。

💡 提示：

有关更多示例和这些方法的输出，请查看相应的 Jupyter Notebook。

1.1.4　参考资料

完整的可下载数据列表请参考 yfinance 的 GitHub 存储库，其网址如下。

https://github.com/ranaroussi/yfinance

用户可以查看一些替代库以从雅虎财经下载数据。

❑ yahoofinancials——与 yfinance 类似，该库提供了从雅虎财经下载大量数据的可能性。最大的区别是所有下载的数据都以 JSON 格式返回。

❑ yahoo_earnings_calendar——这是一个专门用于下载盈利日历的小型库。

1.2　从 Nasdaq Data Link 获取数据

如前文所述，另类数据（alternative data）可以是任何被视为非市场数据的数据，例如，农产品的天气数据、跟踪石油运输的卫星图像，甚至是反映公司服务绩效的客户反馈等。使用另类数据背后的想法是获得一些“信息边缘”（informational edge），然后可用于生成 alpha。什么是 alpha？简而言之，alpha 是一种衡量绩效的指标，描述了投资策略、交易者或投资组合经理在某个时间段内战胜市场的能力。alpha 经常和前面介绍的 beta 一起使用。

Quandl 是为专业投资人士（包括量化基金和投资银行）提供另类数据产品的领先供应商。最近它被纳斯达克收购，现在是纳斯达克数据链路（Nasdaq Data Link）服务的一部分。新平台的目标是提供统一的可信数据和分析来源。它提供了一种简单的数据下载方式，也可以通过专用的 Python 库进行下载。

金融数据的一个很好的起点是 WIKI Prices 数据库，其中包含了 3000 家美国上市公司的股票价格、分红和拆分信息。该数据库的缺点是，截至 2018 年 4 月，它不再受支持（意味着没有最新的数据）。当然，如果只是为了获取历史数据或学习如何访问数据库，那么这已经足够了。

本节将使用与上一节相同的示例——下载苹果公司从 2011 年到 2021 年的股票价格。

1.2.1　准备工作

在下载数据之前，需要在 Nasdaq Data Link 创建一个账户，其网址如下。

https://data.nasdaq.com/

注意，在此过程中需要验证用户的电子邮件及地址（否则在下载数据时很可能会出现异常）。用户可以在个人资料页面中找到个人 API 密钥。其网址如下。

https://data.nasdaq.com/account/profile

1.2.2　实战操作

执行以下操作步骤，从 Nasdaq Data Link 下载数据。
（1）导入库。

```
import pandas as pd
import nasdaqdatalink
```

（2）使用个人 API 密钥进行身份验证。

```
nasdaqdatalink.ApiConfig.api_key = "YOUR_KEY_HERE"
```

注意，用户需要将 YOUR_KEY_HERE 替换为自己的 API 密钥。
（3）下载数据。

```
df = nasdaqdatalink.get(dataset="WIKI/AAPL",
                        start_date="2011-01-01",
                        end_date="2021-12-31")
```

（4）检查下载的数据。

```
print(f"Downloaded {len(df)} rows of data.")
df.head()
```

运行代码会生成如图 1.2 所示的 DataFrame 预览图。

	Open	High	Low	Close	Volume	Ex-Dividend	Split Ratio	Adj. Open	Adj. High	Adj. Low	Adj. Close	Adj. Volume
Date												
2011-01-03	325.6400	330.26	324.8365	329.57	15897800.0	0.0	1.0	41.849279	42.443013	41.746018	42.354338	111284600.0
2011-01-04	332.4400	332.50	328.1500	331.29	11038600.0	0.0	1.0	42.723173	42.730884	42.171849	42.575382	77270200.0
2011-01-05	329.5500	334.34	329.5000	334.00	9125700.0	0.0	1.0	42.351768	42.967350	42.345342	42.923655	63879900.0
2011-01-06	334.7194	335.25	332.9000	333.73	10729600.0	0.0	1.0	43.016108	43.084298	42.782290	42.888956	75107200.0
2011-01-07	333.9900	336.35	331.9000	336.12	11140400.0	0.0	1.0	42.922370	43.225663	42.653776	43.196105	77982800.0

图 1.2　下载的价格信息预览

可以看到，请求的结果是一个 DataFrame（1818 行），其中包含每日 OHLC 价格、调整后的价格、股息（dividend）和股票拆分信息等。其数据是有限的，只能提供到 2018年 4 月，即最后一个观察值实际上来自 2018 年 3 月 27 日。

1.2.3　原理解释

导入所需库后的第一步是使用 API 密钥进行身份验证。在提供数据集参数时，我们使用了以下结构：DATASET/TICKER。

✅ **注意：**

我们应该保持 API 密钥的安全性和私有性。也就是说，不要在公共存储库或其他任何地方共享它们。确保密钥保持私有的一种方法是创建一个环境变量（如何执行取决于你的操作系统），然后将其加载到 Python 中。

为此，我们可以使用 os 模块。若要加载 NASDAQ_KEY 变量，可以使用以下代码。

```
os.environ.get("NASDAQ_6KEY")
```

get 函数的一些额外细节如下。

❑ 可以使用["WIKI/AAPL", "WIKI/MSFT"]等列表一次指定多个数据集。

❑ collapse 参数可用于定义频率。可用选项为每日（daily）、每周（weekly）、每月（monthly）、每季度（quarterly）或每年（annually）。

❑ transform 参数可用于在下载之前对数据进行基本计算。例如，可以计算行间变化（diff）、行间百分比变化（rdiff）或累积和（cumul），或者将序列缩放为从

100 开始（normalize）。当然，使用 pandas 也可以轻松完成相同的操作。

1.2.4　扩展知识

Nasdaq Data Link 区分两种用于下载数据的 API 调用。之前使用的 get 函数被归类为时间序列 API 调用，还可以通过 get_table 函数使用表 API 调用。

（1）使用 get_table 函数下载多个股票代码的数据。

```
COLUMNS = ["ticker", "date", "adj_close"]
df = nasdaqdatalink.get_table( "WIKI/PRICES",
                               ticker=["AAPL", "MSFT", "INTC"],
                               qopts={"columns": COLUMNS},
                               date={  "gte": "2011-01-01",
                                       "lte": "2021-12-31"},
                               paginate=True)
df.head()
```

（2）运行上述代码将生成如图 1.3 所示的 DataFrame 预览。

	ticker	date	adj_close
None			
0	MSFT	2018-03-27	89.47
1	MSFT	2018-03-26	93.78
2	MSFT	2018-03-23	87.18
3	MSFT	2018-03-22	89.79
4	MSFT	2018-03-21	92.48

图 1.3　下载的价格数据预览

该函数调用比我们对 get 函数所做的调用要复杂一些。首先指定了要使用的表，然后提供了一份股票代码的列表，接下来指定了感兴趣的表的列。我们还提供了一个日期范围，其中 gte 表示大于或等于（greater than or equal to），而 lte 则表示小于或等于（less than or equal to）。最后，我们还表示要使用分页功能。表 API 限制为每次调用 10 000 行，但是，通过在函数调用中使用 paginate=True，可将该限制扩展到 1 000 000 行。

（3）将数据从长格式转换为宽格式。

```
df = df.set_index("date")
df_wide = df.pivot(columns="ticker")
df_wide.head()
```

运行上述代码会生成如图 1.4 所示的 DataFrame 预览图。

| ticker | adj_close | | |
| | AAPL | INTC | MSFT |
date			
2011-01-03	42.354338	16.488706	23.211568
2011-01-04	42.575382	16.725954	23.300747
2011-01-05	42.923655	16.559880	23.228159
2011-01-06	42.888956	16.425440	23.908412
2011-01-07	43.196105	16.338449	23.725905

图 1.4 转换之后的 DataFrame 预览

get_tables 函数的输出是长格式（long format）。但是，为了使分析更容易，我们可能对宽格式（wide format）感兴趣。为了重塑数据，可以将 date 列设置为索引，然后使用 pd.DataFrame 的 pivot 方法。

注意：

对于长格式来说，一行代表一次观测，对一个对象不同时刻的观测值分布在不同的行中；对于宽格式来说，一行不代表一次观测，对一个对象不同时刻的观测集中在同一行中。因此，长格式和宽格式适用于不同的数据分析场景。值得一提的是，上述转换方法并非唯一，Panda 至少包含了多种有用的方法/函数，可用于从长格式到宽格式或从宽格式到长格式的数据重塑操作。

1.2.5 参考资料

❑ Python nasdaqdatalink 库的说明文档。

https://docs.data.nasdaq.com/docs/python

❑ Zacks Investment Research 可以提供与你的项目相关的各种金融数据。请注意，它的数据不是免费的（当然，在购买访问权限之前，始终可以预览其数据）。

https://data.nasdaq.com/publishers/zacks

❑ 所有可用数据提供商的列表。

https://data.nasdaq.com/publishers

1.3　从 Intrinio 获取数据

另一个有趣的金融数据来源是 Intrinio，它提供对其免费数据库的访问（有限制）。以下列表仅显示了可以使用 Intrinio 下载的一些有趣的数据点。

- ❑ 盘中历史数据。
- ❑ 实时股票/期权价格。
- ❑ 金融报表数据和基本面数据。
- ❑ 公司新闻。
- ❑ 收益相关信息。
- ❑ 首次公开招股（IPO）。
- ❑ 国内生产总值（gross domestic product，GDP）、失业率、美国联邦基金利率等经济数据。
- ❑ 30+技术指标。

其大多数的数据是免费的，但对调用 API 的频率有一些限制。只有美股和交易所交易基金（exchange traded fund，ETF）的实时价格数据需要另一种订阅方式。

下面我们将按照前面的例子下载 2011 年到 2021 年苹果公司的股票价格。这是因为 API 返回的数据不仅仅是一个 pandas DataFrame，还需要进行预处理。

1.3.1　准备工作

在下载数据之前，需要在以下网址注册以获取 API 密钥。

https://intrinio.com

请查看以下链接以了解在沙箱（sandbox）API 密钥（免费）中包含的信息。

https://docs.intrinio.com/developer-sandbox

1.3.2　实战操作

执行以下步骤从 Intrinio 下载数据。

（1）导入库。

```
import intrinio_sdk as intrinio
import pandas as pd
```

（2）使用个人 API 密钥进行身份验证，然后选择 API。

```
intrinio.ApiClient().set_api_key("YOUR_KEY_HERE")
security_api = intrinio.SecurityApi()
```

注意将 YOUR_KEY_HERE 替换为自己的 API 密钥。

（3）请求数据。

```
r = security_api.get_security_stock_prices(
    identifier="AAPL",
    start_date="2011-01-01",
    end_date="2021-12-31",
    frequency="daily",
    page_size=10000
)
```

（4）将结果转换成 DataFrame。

```
df = (
    pd.DataFrame(r.stock_prices_dict)
    .sort_values("date")
    .set_index("date")
)
```

（5）检查数据。

```
print(f"Downloaded {df.shape[0]} rows of data.")
df.head()
```

输出结果如图 1.5 所示。

Downloaded 2675 rows of data.

date	intraperiod	frequency	open	high	low	close	volume	adj_open	adj_high	adj_low	adj_close	adj_volume
2011-01-03	False	daily	325.90	330.26	324.8365	329.57	15897201.0	9.993683	10.127381	9.961070	10.106223	445121628.0
2011-01-04	False	daily	332.50	332.50	328.1500	331.29	11048143.0	10.196071	10.196071	10.062679	10.158966	309348004.0
2011-01-05	False	daily	329.55	334.34	329.5000	334.00	9125599.0	10.105609	10.252494	10.104076	10.242068	255516772.0
2011-01-06	False	daily	335.00	335.25	332.9000	333.73	10729518.0	10.272733	10.280399	10.208337	10.233789	300426504.0
2011-01-07	False	daily	334.12	336.35	331.9000	336.12	11140316.0	10.245748	10.314130	10.177672	10.307078	311928848.0

图 1.5　已下载的股票价格信息预览

可以看到，生成的 DataFrame 包含 OHLC 价格和交易量，以及除权、除息调整后的对应价格。当然，这还不是全部，我们还必须删除一些额外的列以使表格适合页面。

该 DataFrame 还包含股票拆分比率、股息、价值变化、百分比变化以及 52 周滚动高值和低值等信息。

1.3.3　原理解释

导入所需库后的第一步是使用 API 密钥进行身份验证。然后选择我们所需要的 API。在需要下载股票价格的情况下，应选择 SecurityApi。

要下载数据，可以使用 SecurityApi 类的 get_security_stock_prices 方法。

可以指定的参数如下。

❑　identifier——股票代码或其他可接受的标识符。

❑　start_date/end_date——这些是不言自明的，即开始日期/结束日期。

❑　frequency——需要下载的数据的频率。可用选项包括 daily（每日）、weekly（每周）、monthly（每月）、quarterly（每季度）或 yearly（每年）。

❑　page_size——定义在一页上返回的观察的数量。可以将它设置为一个很高的数字，以在一个请求中收集我们需要的所有数据，而不需要 next_page 标记。

该 API 返回一个类似 JSON 的对象。我们访问了响应的字典形式，然后将其转换为 DataFrame，还使用了 pandas DataFrame 的 set_index 方法将日期设置为索引。

1.3.4　扩展知识

本小节将展示 Intrinio 的一些更有趣的功能。

📝 注意：

并非所有 Intrinio 上的信息都是免费的。有关可以免费下载的数据的更全面概述，请参阅以下文档页面。

https://docs.intrinio.com/developer-sandbox

1．获取可口可乐的实时股票价格

可以使用先前定义的 security_api 来获取实时股票价格。

```
security_api.get_security_realtime_price("KO")
```

上述代码的输出是以下 JSON。

```
{   'ask_price': 57.57,
    'ask_size': 114.0,
    'bid_price': 57.0,
    'bid_size': 1.0,
    'close_price': None,
```

```
    'exchange_volume': 349353.0,
    'high_price': 57.55,
    'last_price': 57.09,
    'last_size': None,
    'last_time': datetime.datetime(2021, 7, 30, 21, 45, 38, tzinfo=tzutc()),
    'low_price': 48.13,
    'market_volume': None,
    'open_price': 56.91,
    'security': {   'composite_figi': 'BBG000BMX289',
                    'exchange_ticker': 'KO:UN',
                    'figi': 'BBG000BMX4N8',
                    'id': 'sec_X7m9Zy',
                    'ticker': 'KO'},
    'source': 'bats_delayed',
    'updated_on': datetime.datetime(2021, 7, 30, 22, 0, 40, 758000,
tzinfo=tzutc())}
```

2．下载与可口可乐公司相关的新闻文章

生成交易信号的一种潜在方法是汇总市场对给定公司的情绪或评价，可以通过分析新闻文章或推文来做到这一点。如果情绪是积极的，则可以考虑做多，反之亦然。

以下代码演示了如何下载有关可口可乐公司的新闻文章。

```
r = intrinio.CompanyApi().get_company_news(
    identifier="KO",
    page_size=100
)

df = pd.DataFrame(r.news_dict)
df.head()
```

上述代码将返回如图 1.6 所示的 DataFrame。

	id	title	publication_date	url	summary
0	nws_1ExBnx	12 Best Blue-Chip Stocks Right Now	2021-08-09 20:27:39+00:00	https://finance.yahoo.com/news/12-best-blue-ch...	In this article, we will look at the 12 best b...
1	nws_JbL8mV	The Coca-Cola Company (NYSE:KO) Yields 3% With...	2021-08-09 09:26:07+00:00	https://finance.yahoo.com/news/coca-cola-compa...	The Coca-Cola Company NYSE:KO) is a staple sto...
2	nws_DkAPKO	10 High Yield Monthly Dividend Stocks to Buy i...	2021-08-07 13:57:00+00:00	https://finance.yahoo.com/news/10-high-yield-m...	In this article, we will be looking at 10 high...
3	nws_pRYkD9	10 Best Dividend Paying Stocks to Buy Now	2021-08-04 14:32:49+00:00	https://finance.yahoo.com/news/10-best-dividen...	In this article, we will be looking at the 10 ...
4	nws_kpVJDP	PepsiCo (PEP) Agrees to Offload Its Juice Bran...	2021-08-04 13:21:01+00:00	https://finance.yahoo.com/news/pepsico-pep-agr...	PepsiCo (PEP) unveils plans to offload juice b...

图 1.6　关于可口可乐公司的新闻预览

3．搜索与搜索短语相关的公司

运行以下代码片段会返回 Intrinio 的 Thea AI 根据提供的查询字符串识别的公司列表。

```
r = intrinio.CompanyApi().recognize_company("Intel")
df = pd.DataFrame(r.companies_dict)
df
```

除了明显的搜索结果（美国英特尔公司），还有不少公司的名称中也包含"intel"一词，如图 1.7 所示。

	id	ticker	name	lei	cik
0	com_gPQrmX	I	Intelsat SA	None	0001525773
1	com_yRZOxy	IHSI	Intelligent Highway Solutions Inc	None	0001549719
2	com_gQQr4g	INTB	Intelligent Buying, Inc.	None	0001358633
3	com_gwk3Qg	SVFC	Intellicell Biosciences Inc	None	0001125280
4	com_NgYGzd	INTC	Intel Corp	KNX4USFCNGPY45LOCE31	0000050863
5	com_gYnr4X	None	Inteliquent Inc	549300K8G7V0F3VFUL90	0001292653
6	com_ybNLQy	ILNS	Intellect Neurosciences Inc	None	0001337905
7	com_y1jq9g	ITTI	INTELLECTUAL TECHNOLOGY INC	None	0000859914
8	com_XGb25g	DTFSF	Intelimax Media Inc.	None	0001434598
9	com_ybNdby	ILIV	Intelligent Living America Inc	None	0001141673

图 1.7　与"intel"相关的公司预览

4. 获取可口可乐的盘中股票价格

可以使用以下代码片段检索盘中价格。

```
response = (
    security_api.get_security_intraday_prices(identifier="KO",
                                              start_date="2021-01-02",
                                              end_date="2021-01-05",
                                              page_size=1000)
)
df = pd.DataFrame(response.intraday_prices_dict)
df
```

它将返回如图 1.8 所示的包含盘中价格数据的 DataFrame。

5. 获取可口可乐的最新收益记录

security_api 的另一个用途是恢复最新的收益记录。可以使用以下代码片段来实现。

```
r = security_api.get_security_latest_earnings_record(identifier="KO")
print(r)
```

	time	last_price	ask_price	ask_size	bid_price	bid_size	volume	source
0	2021-01-04 20:59:58+00:00	52.755	55.00	100.0	52.30	234.0	0.0	None
1	2021-01-04 20:59:57+00:00	52.745	55.00	100.0	52.74	200.0	870885.0	None
2	2021-01-04 20:59:54+00:00	52.745	55.00	100.0	52.30	234.0	870641.0	None
3	2021-01-04 20:59:51+00:00	52.740	55.00	100.0	52.30	234.0	870341.0	None
4	2021-01-04 20:59:49+00:00	52.725	52.73	600.0	52.71	300.0	868833.0	None
...	...	...	...	...	...	...	...	...
995	2021-01-04 19:01:07+00:00	52.490	52.50	100.0	52.48	200.0	582993.0	None
996	2021-01-04 19:01:03+00:00	52.510	52.50	200.0	52.49	200.0	582493.0	None
997	2021-01-04 19:01:02+00:00	52.495	52.51	200.0	52.49	200.0	582093.0	None
998	2021-01-04 19:00:59+00:00	52.510	52.51	200.0	52.50	200.0	580893.0	None
999	2021-01-04 19:00:51+00:00	52.505	52.51	200.0	52.50	100.0	580793.0	None

图 1.8　下载的盘中价格预览

　　该 API 调用的输出如图 1.9 所示。它包含相当多的对交易有用的信息。例如，我们可以看到收益电话会议发生在一天中的什么时间，此信息也可能被用于实施在市场开盘时起作用的交易策略。

```
{'board_of_directors_meeting_date': None,
 'board_of_directors_meeting_type': None,
 'broadcast_url': 'http://mmm.wallstreethorizon.com/u.asp?u=347366',
 'company_website': 'http://mmm.wallstreethorizon.com/u.asp?u=14711',
 'conference_call_date': datetime.date(2020, 10, 22),
 'conference_call_passcode': None,
 'conference_call_phone_number': None,
 'conference_call_time': '8:30 AM',
 'last_confirmation_date': datetime.date(2020, 9, 23),
 'next_earnings_date': datetime.date(2020, 10, 22),
 'next_earnings_fiscal_year': 2020,
 'next_earnings_quarter': 'Q3',
 'preliminary_earnings_date': None,
 'q1_date': datetime.date(2020, 4, 21),
 'q2_date': datetime.date(2020, 7, 21),
 'q3_date': datetime.date(2020, 10, 22),
 'q4_date': datetime.date(2020, 1, 30),
 'quarter': 'Q3',
 'security': {'code': 'EQS',
              'company_id': 'com_VXWJgv',
              'composite_figi': 'BBG000BMX289',
              'composite_ticker': 'KO:US',
              'currency': 'USD',
              'figi': 'BBG000BMX4N8',
              'id': 'sec_X7m9Zy',
...
 'time_of_day': 'Before Market',
 'transcript_fiscal_year': None,
 'transcript_quarter': None,
 'transcript_url': None,
 'type': 'V'}
```

图 1.9　可口可乐最新收益记录

1.3.5　参考资料

❑　探索该 API 的起点。

https://docs.intrinio.com/documentation/api_v2/getting_started

❑　查询限制概述。

https://docs.intrinio.com/documentation/api_v2/limits

❑　免费沙盒环境中所包含的内容的概述。

https://docs.intrinio.com/developer-sandbox

❑　Python SDK 的完整文档。

https://docs.intrinio.com/documentation/python

1.4　从 Alpha Vantage 获取数据

Alpha Vantage 是另一个颇受欢迎的数据供应商，可以提供高质量的金融数据。使用其 API 可下载以下内容。

❑　股票价格，包括盘中和实时价格（付费访问）。
❑　基本面：收益、损益表、现金流量、收益日历、IPO 日历。
❑　外汇和加密货币汇率。
❑　实际 GDP、联邦基金利率（federal funds rate）、消费者价格指数（consumer price index，CPI）和消费者情绪等经济指标。
❑　50+ 技术指标。

下面将展示如何下载与加密货币相关的数据。我们将从比特币（bitcoin，BTC）的历史每日价格开始，然后展示如何查询实时加密货币汇率。

1.4.1　准备工作

在下载数据之前，需要到以下网址注册，以获取 API key。

https://www.alphavantage.co/support/#api-key

在一定范围内（每分钟 5 个 API 请求，每天 500 个 API 请求）免费访问 API 和所有端点（不包括实时股票价格）。

1.4.2　实战操作

执行以下步骤从 Alpha Vantage 下载数据。

（1）导入库。

```
from alpha_vantage.cryptocurrencies import CryptoCurrencies
```

（2）使用个人 API 密钥进行身份验证并选择 API。

```
ALPHA_VANTAGE_API_KEY = "YOUR_KEY_HERE"

crypto_api = CryptoCurrencies( key=ALPHA_VANTAGE_API_KEY,
                               output_format= "pandas")
```

（3）下载比特币的每日价格，以欧元表示。

```
data, meta_data = crypto_api.get_digital_currency_daily(
    symbol="BTC",
    market="EUR"
)
```

meta_data 对象包含一些关于查询细节的有用信息，如下所示。

```
{   '1. Information': 'Daily Prices and Volumes for Digital Currency',
    '2. Digital Currency Code': 'BTC',
    '3. Digital Currency Name': 'Bitcoin',
    '4. Market Code': 'EUR',
    '5. Market Name': 'Euro',
    '6. Last Refreshed': '2022-08-25 00:00:00',
    '7. Time Zone': 'UTC'}
```

该 data DataFrame 包含所有请求的信息。我们获得了 1000 个每日 OHLC 价格、交易量和市值数据。值得注意的是，所有 OHLC 价格均以两种货币提供，即欧元（根据我们的要求）和美元（默认货币单位），如图 1.10 所示。

（4）下载实时加密货币汇率（exchange rate）。

```
crypto_api.get_digital_currency_exchange_rate(
    from_currency="BTC",
    to_currency="USD"
)[0].transpose()
```

	1a. open (EUR)	1b. open (USD)	2a. high (EUR)	2b. high (USD)	3a. low (EUR)	3b. low (USD)	4a. close (EUR)	4b. close (USD)	5. volume	6. market cap (USD)
date										
2022-02-05	36283.779760	41571.70	36480.927824	41797.58	36084.152944	41342.98	36411.034000	41717.50	2595.290800	2595.290800
2022-02-04	32565.896144	37311.98	36458.889624	41772.33	32316.929944	37026.73	36286.005400	41574.25	64703.958740	64703.958740
2022-02-03	32203.151736	36896.37	32631.373600	37387.00	31639.000000	36250.00	32565.573208	37311.61	32081.109990	32081.109990
2022-02-02	33772.638152	38694.59	33913.446976	38855.92	31933.089960	36586.95	32203.143008	36896.36	35794.681300	35794.681300
2022-02-01	33573.910320	38466.90	34270.666560	39265.20	33166.400000	38000.00	33772.638152	38694.59	34574.446630	34574.446630
...	...	...	...	...	...	...	...	...	...	...
2019-05-17	6867.775176	7868.67	6916.940000	7925.00	6033.666400	6913.00	6419.670928	7355.26	88752.008159	88752.008159
2019-05-16	7129.973024	8169.08	7261.696000	8320.00	6724.924000	7705.00	6865.959752	7866.59	69630.513996	69630.513996
2019-05-15	6934.622928	7945.26	7199.727200	8249.00	6851.480000	7850.00	7130.662536	8169.87	37884.327211	37884.327211
2019-05-14	6804.017136	7795.62	7301.844800	8366.00	6632.895968	7599.56	6936.630368	7947.56	76583.722603	76583.722603
2019-05-13	6081.879872	6968.24	7069.680000	8100.00	5996.136000	6870.00	6799.731688	7790.71	85804.735333	85804.735333

图 1.10　已下载的比特币价格、交易量和市值的预览

运行该命令将返回包含当前汇率的 DataFrame，如图 1.11 所示。

Realtime Currency Exchange Rate	
1. From_Currency Code	BTC
2. From_Currency Name	Bitcoin
3. To_Currency Code	USD
4. To_Currency Name	United States Dollar
5. Exchange Rate	41487.32000000
6. Last Refreshed	2022-02-05 10:51:02
7. Time Zone	UTC
8. Bid Price	41487.32000000
9. Ask Price	41487.33000000

图 1.11　BTC-USD 汇率

1.4.3　原理解释

导入 alpha_vantage 库后，必须使用个人 API 密钥进行身份验证，然后实例化 CryptoCurrencies 类的对象。同时，还指定了希望以 pandas DataFrame 的形式获得输出。其他可能选项是 JSON 和 CSV。

在步骤（3）中，使用了 get_digital_currency_daily 方法下载比特币的每日价格。此外，还指定了想要获得以欧元为单位的价格。默认情况下，该方法将返回请求的欧元价格及其等值的美元价格。

最后，我们使用 get_digital_currency_exchange_rate 方法下载比特币/美元实时汇率。

1.4.4　扩展知识

到目前为止，我们已经使用 alpha_vantage 库作为中间工具从 Alpha Vantage 下载信息。当然，数据供应商的功能比第三方库发展得更快，因此，了解访问其 API 的替代方法可

能会很有趣。

（1）导入库。

```
import requests
import pandas as pd
from io import BytesIO
```

（2）下载以太币（ETH）的盘中数据。

```
AV_API_URL = "https://www.alphavantage.co/query"
parameters = {
    "function": "CRYPTO_INTRADAY",
    "symbol": "ETH",
    "market": "USD",
    "interval": "30min",
    "outputsize": "full",
    "apikey": ALPHA_VANTAGE_API_KEY
}
r = requests.get(AV_API_URL, params=parameters)
data = r.json()
df = (
    pd.DataFrame(data["Time Series Crypto (30min)"])
    .transpose()
)
df
```

运行上述代码片段会返回如图 1.12 所示的 DataFrame。

	1. open	2. high	3. low	4. close	5. volume
2022-02-05 10:30:00	3013.70000	3023.98000	3012.70000	3020.27000	2699
2022-02-05 10:00:00	3027.75000	3035.69000	3007.00000	3013.69000	7016
2022-02-05 09:30:00	3018.65000	3033.00000	3002.27000	3027.75000	12938
2022-02-05 09:00:00	3007.94000	3023.68000	3003.17000	3018.64000	4540
2022-02-05 08:30:00	3007.14000	3018.54000	2988.07000	3007.93000	7162
...	...	...	...	...	...
2022-01-15 17:00:00	3358.60000	3361.57000	3346.76000	3353.08000	3772
2022-01-15 16:30:00	3357.25000	3365.01000	3356.39000	3358.60000	3042
2022-01-15 16:00:00	3361.97000	3371.64000	3353.00000	3357.24000	7244
2022-01-15 15:30:00	3342.60000	3369.94000	3340.93000	3361.97000	17695
2022-01-15 15:00:00	3338.71000	3347.53000	3332.51000	3342.59000	4291

图 1.12　包含以太币盘中价格的 DataFrame 预览

在上述示例中，首先定义了用于通过 Alpha Vantage 的 API 请求信息的基本 URL，然后定义了一个 parameters 字典，其中包含请求的其他参数，包括个人 API 密钥。在函数调用中，指定要下载以美元（USD）表示的以太币（ETH）的盘中价格，并且每 30 分钟采样一次。我们还指定需要完整的输出（通过指定 outputsize 参数为 full）。该参数的另一个选项是 compact，它将下载 100 个最近的观察结果。

准备好请求的参数后，即可使用 requests 库中的 get 函数。我们提供了基本 URL 和 parameters 字典作为参数。在获取请求的响应后，可以使用 json 方法以 JSON 格式进行访问。最后，则是将感兴趣的元素转换为 pandas DataFrame。

☑ 注意：

Alpha Vantage 的说明文档显示，我们还可以使用其他方法下载这些数据，例如，通过创建一个包含所有指定参数的长 URL。当然，这样做也是可行的，只不过本示例所使用的方法代码比较整洁。要查看文档中提供的相同请求 URL，可以运行以下代码。

```
r.request.URL
```

（3）下载未来 3 个月内即将发布的盈利公告。

```
AV_API_URL = "https://www.alphavantage.co/query"
parameters = {
    "function": "EARNINGS_CALENDAR",
    "horizon": "3month",
    "apikey": ALPHA_VANTAGE_API_KEY
}

r = requests.get(AV_API_URL, params=parameters)
pd.read_csv(BytesIO(r.content))
```

运行上述代码片段会返回如图 1.13 所示的输出。

	symbol	name	reportDate	fiscalDateEnding	estimate	currency
0	A	Agilent Technologies Inc	2022-02-22	2022-01-31	1.18	USD
1	AA	Alcoa Corp	2022-04-13	2022-03-31	2.35	USD
2	AACG	ATA Creativity Global	2022-03-28	2021-12-31	-0.27	USD
3	AADI	Aadi Bioscience Inc	2022-03-09	2021-12-31	-0.98	USD
4	AAIC	Arlington Asset Investment Corp - Class A	2022-02-14	2021-12-31	0.06	USD
...	...	...	...	...	...	...
7154	ZYME	Zymeworks Inc	2022-02-22	2021-12-31	-1.17	USD
7155	ZYME	Zymeworks Inc	2022-05-03	2022-03-31	NaN	USD
7156	ZYNE	Zynerba Pharmaceuticals Inc	2022-03-08	2021-12-31	-0.26	USD
7157	ZYXI	Zynex Inc	2022-02-23	2021-12-31	0.20	USD
7158	ZYXI	Zynex Inc	2022-04-27	2022-03-31	NaN	USD

图 1.13　包含下载已下载的盈利信息的 DataFrame 预览

虽然在步骤（3）中获取的对 API 请求的响应与步骤（2）中的示例非常相似，但处理输出的方式却大不相同。

r.content 的输出是一个包含查询输出文本的 bytes 对象。为了模拟内存中的普通文件，可以使用 io 模块中的 BytesIO 类，然后可以使用 pd.read_csv 函数加载该模拟文件。

📝 **注意：**

在本章配套的 Jupyter Notebook 中，还演示了 Alpha Vantage 的更多功能，例如获取季度盈利数据、下载新股发行（IPO）日历，以及使用 Alpha_Vantage 的 TimeSeries 模块下载股价数据等。

1.4.5　参考资料

❑　Alpha Vantage 主页。

　　https://www.alphavantage.co/

❑　该 API 的文档。

　　https://www.alphavantage.co/documentation/

❑　用于从 Alpha Vantage 访问数据的第三方库的 GitHub 存储库。

　　https://github.com/RomelTorres/alpha_vantage

1.5　从 CoinGecko 获取数据

我们将介绍的最后一个数据源完全用于加密货币。CoinGecko 是一个流行的数据供应商和加密货币跟踪网站，用户可以在其中找到实时汇率、历史数据、有关交易所的信息、即将发生的事件和交易量等。

CoinGecko 具有以下一些优势。

❑　完全免费，无须注册 API 密钥。

❑　除了价格，它还提供有关加密货币的更新和新闻。

❑　它涵盖了许多加密货币，而不仅仅是一些流行加密货币。

下面将下载最近 14 天比特币的开盘价、最高价、最低价和收盘价（OHLC）。

1.5.1　实战操作

执行以下步骤从 CoinGecko 下载数据。

（1）导入库。

```
from pycoingecko import CoinGeckoAPI
from datetime import datetime
import pandas as pd
```

（2）实例化 CoinGecko API。

```
cg = CoinGeckoAPI()
```

（3）获取最近 14 天比特币的 OHLC 价格。

```
ohlc = cg.get_coin_ohlc_by_id(
    id="bitcoin", vs_currency="usd", days="14"
)
ohlc_df = pd.DataFrame(ohlc)
ohlc_df.columns = ["date", "open", "high", "low", "close"]
ohlc_df["date"] = pd.to_datetime(ohlc_df["date"], unit="ms")
ohlc_df
```

运行上述代码片段会返回如图 1.14 所示的 DataFrame。

	date	open	high	low	close
0	2022-01-22 12:00:00	35631.29	35631.29	35631.29	35631.29
1	2022-01-22 16:00:00	35423.73	35952.33	35193.74	35193.74
2	2022-01-22 20:00:00	34991.02	35109.66	34527.65	34527.65
3	2022-01-23 00:00:00	34602.79	35630.21	34602.79	34935.31
4	2022-01-23 04:00:00	35180.44	35448.61	35044.59	35044.59
...	...	...	...	...	...
80	2022-02-04 20:00:00	39570.01	40557.17	39570.01	40495.25
81	2022-02-05 00:00:00	40781.16	40781.16	40573.23	40717.53
82	2022-02-05 04:00:00	41673.84	41673.84	41315.19	41454.15
83	2022-02-05 08:00:00	41492.85	41617.27	41492.85	41589.31
84	2022-02-05 12:00:00	41450.77	41554.04	41450.77	41554.04

图 1.14　包含请求的比特币价格的 DataFrame 预览

从图 1.14 中可以看到，我们已经获取到请求的 14 天数据，每 4 小时采样一次。

1.5.2　原理解释

在导入库之后，我们实例化了 CoinGeckoAPI 对象，然后使用其 get_coin_ohlc_by_id 方法下载了过去 14 天的 BTC/USD 汇率。

值得一提的是，该 API 有以下限制。

❑　只能下载预定义天数的数据。可以选择以下选项之一。

```
1/7/14/30/90/180/365/max
```

❑　OHLC 蜡烛图将根据请求的范围以不同的频率进行采样。对于 1 或 2 天的请求，
它们每 30 分钟采样一次；在 3 到 30 天之间，它们每 4 小时采样一次；30 天以
上，每 4 天采样一次。

get_coin_ohlc_by_id 的输出是一个列表的列表，可以将其转换为 pandas DataFrame。
注意必须手动创建列名，因为该 API 不提供它们。

1.5.3　扩展知识

通过上述示例可以看到，与其他供应商相比，使用 CoinGecko API 获取 OHLC 价格
可能要稍微困难一点。当然，使用 CoinGecko 的 API 也可以下载其他一些有趣的信息。
接下来就让我们看几个示例。

1．获得前 7 名热门加密货币

使用 CoinGecko 可以获取前七大热门加密货币——该排名基于最近 24 小时内
CoinGecko 上的搜索次数。在下载这些信息的同时，我们还将获得这些货币的货币代码、
它们的市值排名以及按比特币计算的最新价格。

```
trending_coins = cg.get_search_trending()
(
    pd.DataFrame([coin["item"] for coin in trending_coins["coins"]])
    .drop(columns=["thumb", "small", "large"])
)
```

运行上述代码片段，将获得如图 1.15 所示的 DataFrame。

	id	coin_id	name	symbol	market_cap_rank	slug	price_btc	score
0	dogecoin	5	Dogecoin	DOGE	10	dogecoin	0.000004	0
1	civilization	17626	Civilization	CIV	674	civilization	0.000003	1
2	apecoin	24383	ApeCoin	APE	31	apecoin	0.000443	2
3	oasis-network	13162	Oasis Network	ROSE	110	oasis-network	0.000006	3
4	stepn	23597	STEPN	GMT	61	stepn	0.000081	4
5	unicrypt-2	12871	UniCrypt	UNCX	927	unicrypt	0.011535	5
6	xcad-network	15857	XCAD Network	XCAD	399	xcad-network	0.000107	6

图 1.15　包含 7 种热门加密货币及其信息的 DataFrame 预览

2．获取比特币以美元计的当前价格

还可以提取以各种货币计算的当前加密货币的价格。

```
cg.get_price(ids="bitcoin", vs_currencies="usd")
```

运行上述代码片段将返回比特币以美元计的实时价格。

```
{'bitcoin': {'usd': 47312}}
```

在本章配套的 Jupyter Notebook 中，还展示了 pycoingecko 的更多功能，例如，获取以美元之外其他货币计算的加密货币的价格、下载 CoinGecko 支持的加密货币的完整列表（超过 9000 种加密货币）、获取每种加密货币的详细市场数据（市值、24 小时交易量、历史最高点等）、加载最受欢迎的交易所列表等。

1.5.4　参考资料

❑　pycoingecko 库的文档。

https://githu8b.com/man-c/pycoingecko

1.6　小　　　结

本章介绍了一些最流行的金融数据来源。当然，这些也只是冰山一角。读者还可以找到更多符合自己需求的其他有趣数据源的列表。

以下是一些读者可能感兴趣的其他数据源。

❑　IEX Cloud——这是一个提供大量不同金融数据的平台。该平台独具特色的一个功能是基于 Stocktwits（投资者和交易者的在线社区）上活动的每日和每分钟的人的情绪进行评分。当然，该 API 仅在付费套餐中可用。用户可以使用官方 Python 库 pyex 访问 IEX Cloud 数据。其网址如下。

https://iexcloud.io/

❑　Tiingo 证券市场平台和 tiingo 库。

https://www.tiingo.com/

❑　CryptoCompare——该平台可以通过其 API 提供范围广泛的与加密货币相关的数据。该数据供应商与众不同的地方在于他们提供订单簿数据。

https://www.cryptocompare.com/

❑ twelvedata 金融数据网站。

https://twelvedata.com/

❑ polygon.io——这是一个值得信赖的提供实时和历史数据（股票、外汇和加密货币）的数据供应商，受到 Google、Robinhood 和 Revolut 等公司的信任。

https://polygon.io/

❑ Shrimpy 加密货币投资组合平台和 shrimpy-python——Shrimpy Developer API 的官方 Python 库。

https://www.shrimpy.io/

在下一章中，我们将学习如何对下载的数据进行预处理以供进一步分析。

第 2 章　数据预处理

在数据科学行业有一个很常见的说法，那就是数据科学家通常需要将约80%的时间花在获取数据、处理数据和清理数据等方面。只有在完成这些工作之后，剩余20%的时间才真正花在建模上，而这也通常被认为是最有趣的部分。在第 1 章中，我们已经学习了如何从各种来源处下载数据，但仍然需要经过若干个步骤才能从数据中得出实际的见解。

本章将介绍数据预处理，即在使用数据之前对数据进行一般的整理操作。数据预处理的目的不仅是提高模型的性能，还需要确保基于该数据的任何分析的有效性。本章将重点关注金融的时间序列数据，而在后续章节中，我们还将展示如何处理其他类型的数据。

本章包含以下内容。
- ❑　将价格转化为收益。
- ❑　为通货膨胀调整收益。
- ❑　改变时间序列数据的频率。
- ❑　估算缺失数据的不同方法。
- ❑　转换货币单位。
- ❑　聚合交易数据的不同方式。

2.1　将价格转化为收益

许多用于时间序列建模的模型和方法都要求时间序列是平稳的。我们将在第 6 章"时间序列分析与预测"中深入讨论该主题，当然，在本章中可以快速了解一下。

平稳性假设过程的统计量（数学矩，如序列的均值和方差）不随时间变化。使用该假设，我们才可以构建旨在预测流程未来价值的模型。

当然，资产价格通常是不稳定的。其统计数据随着时间发生变化，同时我们还可以观察到一些趋势（随时间变化的一般模式）或季节性规律（模式在固定时间间隔内重复）。通过将价格转化为收益，可以尝试使时间序列平稳。

使用收益而不是价格的另一个好处是归一化。这意味着我们可以很容易地比较各种收益系列。如果用户要使用原始股票价格，那么进行这种比较是很困难的，因为一只股票的价格可能是 10 元以下，而另一只股票的价格可能在 1000 元以上。

有以下两种类型的收益计算。

❑ 简单收益（simple return）：它们将聚合资产。例如，某个投资组合的简单收益就是该投资组合中单个资产收益的加权总和。简单收益的计算公式如下。

$$R_t = (P_t - P_{t-1})/P_{t-1} = P_t/P_{t-1} - 1$$

❑ 对数收益（log return）：它们将随时间聚合。该概念借助示例更容易理解。例如，给定月份的对数收益就是该月内各天的对数收益之和。对数收益的计算公式如下。

$$r_t = \log(P_t - P_{t-1}) = \log(P_t) - \log(P_{t-1})$$

其中，P_t 是资产在时间 t 的价格。在上述计算中，并没有考虑股息，这显然会影响收益并且需要对公式进行小幅修改。

✍ **注意：**

处理股价时的最佳实践是使用调整后的价值，因为它们考虑了可能的公司行为，如股票拆分。

一般来说，对数收益通常优于简单收益。最重要的原因可能是如果我们假设股票价格服从对数正态分布（对于特定时间序列，可能是也可能不是这种情况），那么对数收益将是正态分布的，而正态分布适用于许多经典的时间序列建模统计方法。

此外，每日/盘中数据的简单收益与对数收益之间的差异将非常小，这与对数收益的价值小于简单收益的一般规则是一致的。

下面我们将展示如何使用苹果公司的股票价格来计算这两种类型的收益。

2.1.1　实战操作

执行以下步骤下载苹果公司的股票价格并计算简单收益/对数收益。

（1）导入库。

```
import pandas as pd
import numpy as np
import yfinance as yf
```

（2）下载数据并仅保留调整后的收盘价。

```
df = yf.download("AAPL",
                 start="2010-01-01",
                 end="2020-12-31",
                 progress=False)
df = df.loc[:, ["Adj Close"]]
```

（3）使用调整后的收盘价分别计算简单收益和对数收益。

```
df["simple_rtn"] = df["Adj Close"].pct_change()
df["log_rtn"] = np.log(df["Adj Close"]/df["Adj Close"].shift(1))
```

（4）检查输出。

```
df.head()
```

生成的 DataFrame 如图 2.1 所示。

Date	Adj Close	simple_rtn	log_rtn
2009-12-31	6.444379	NaN	NaN
2010-01-04	6.544686	0.015565	0.015445
2010-01-05	6.556003	0.001729	0.001728
2010-01-06	6.451722	-0.015906	-0.016034
2010-01-07	6.439794	-0.001849	-0.001851

图 2.1　包含苹果公司调整后的收盘价和简单收益/对数收益的 DataFrame 片段

可以看到，第一行始终包含一个 NaN 值，它的意思是"不是一个数字"（not a number），因为没有以前的价格可用于计算收益。

2.1.2　原理解释

在步骤（2）中，我们从雅虎财经下载了股票价格数据，并且只保留了调整后的收盘价用于计算收益。

为了计算简单收益，我们使用了 pandas Series/DataFrame 的 pct_change 方法。它将计算当前元素和先前元素之间的百分比变化。我们可以指定滞后（lag）数字，但对于本示例来说，按默认值 1 即可。

注意，这里的先前元素就是指给定行上方的行中的元素。因此，在处理时间序列数据的情况下，我们需要确保数据按时间索引排序。

在计算对数收益时，我们遵循了本节给出的公式。当我们将系列的每个元素除以其滞后值时，使用了值为 1 的 shift 方法来访问先前的元素。最后，使用了 np.log 函数对相除之后的值取自然对数。

2.2　为通货膨胀调整收益

在进行不同类型的分析（尤其是长期分析）时，可能需要考虑通货膨胀。通货膨胀

（inflation）是指某个经济体的价格水平随时间的普遍上涨。或者换句话说，就是指货币购买力的下降。这就是我们可能希望将通货膨胀与由于公司增长或发展等引起的股价上涨区分开来的原因。

我们当然可以直接调整股票的价格，但在本节中，我们将重点放在调整收益和计算实际收益上。可以使用以下公式来实现。

$$R_t^r = \frac{1+R_t}{1+\pi_t} - 1$$

其中，R_t^r 是真实收益，R_t 是时间 t 的简单收益，而 π_t 则代表通货膨胀率。

本示例将使用苹果公司 2010 年到 2020 年的股票价格（在上一节中已下载）。

2.2.1 实战操作

执行以下步骤来为通货膨胀调整收益。

（1）导入库并进行身份验证。

```
import pandas as pd
import nasdaqdatalink

nasdaqdatalink.ApiConfig.api_key = "YOUR_KEY_HERE"
```

（2）将每日价格重新采样为每月。

```
df = df.resample("M").last()
```

（3）从 Nasdaq Data Link 下载通货膨胀数据。

```
df_cpi = (
    nasdaqdatalink.get(dataset="RATEINF/CPI_USA",
                       start_date="2009-12-01",
                       end_date="2020-12-31")
    .rename(columns={"Value": "cpi"})
)

df_cpi
```

运行上述代码将生成如图 2.2 所示的 DataFrame。

（4）将通胀数据连接到股票价格。

```
df = df.join(df_cpi, how="left")
```

（5）计算简单收益和通货膨胀率。

```
df["simple_rtn"] = df["Adj Close"].pct_change()
df["inflation_rate"] = df["cpi"].pct_change()
```

	cpi
Date	
2009-12-31	215.949
2010-01-31	216.687
2010-02-28	216.741
2010-03-31	217.631
2010-04-30	218.009
...	...
2020-08-31	259.918
2020-09-30	260.280
2020-10-31	260.388
2020-11-30	260.229
2020-12-31	260.474

图 2.2　包含消费者价格指数值的 DataFrame 片段

（6）为通货膨胀调整收益并计算实际收益。

```
df["real_rtn"] = (
    (df["simple_rtn"] + 1) / (df["inflation_rate"] + 1) - 1
)
df.head()
```

运行上述代码将生成如图 2.3 所示 DataFrame。

	Adj Close	cpi	simple_rtn	inflation_rate	real_rtn
Date					
2009-12-31	6.444379	215.949	NaN	NaN	NaN
2010-01-31	5.873430	216.687	-0.088597	0.003417	-0.091701
2010-02-28	6.257530	216.741	0.065396	0.000249	0.065131
2010-03-31	7.186588	217.631	0.148470	0.004106	0.143774
2010-04-30	7.984450	218.009	0.111021	0.001737	0.109095

图 2.3　包含实际收益的 DataFrame 片段

2.2.2　原理解释

首先，我们导入库并进行 Nasdaq Data Link 的身份验证，使用它下载与通货膨胀相关的数据。然后，由于通货膨胀数据是按月提供的，因此我们也必须按月对苹果公司的股价进行重新采样。为此，可以将 resample 方法与 last 方法链接在一起。这样，我们就得到了给定月份的最后一个交易日的股票价格。

在步骤（3）中，从 Nasdaq Data Link 下载每月的消费者价格指数（consumer price index，CPI）值。这是一种衡量一揽子消费品和服务（如食品、交通等）价格加权平均值的指标。

然后，我们使用了左连接（left join）合并两个数据集（股票价格和 CPI）。左连接是一种用于合并表的操作，它将返回左表中的所有行和右表中的匹配行，同时将不匹配的行留空。

默认情况下，join 方法使用表的索引来执行实际的连接。用户也可以通过 on 参数来指定要使用哪些列。

将所有数据放在一个 DataFrame 中，我们使用 pct_change 方法来计算简单收益和通货膨胀率。最后，使用了前面介绍的公式来计算实际收益。

2.2.3　扩展知识

上述示例探讨了如何从 Nasdaq Data Link 下载通货膨胀数据。其实还有一种更方便的方法，那就是使用一个名为 cpi 的库。

（1）导入库。

```
import cpi
```

此时，我们可能会遇到如下警告。

```
StaleDataWarning: CPI data is out of date
```

如果出现这种情况，可运行以下代码行来更新数据。

```
cpi.update()
```

（2）获取默认 CPI 系列。

```
cpi_series = cpi.series.get()
```

这里我们下载的是默认的 CPI 指数（CUUR0000SA0：美国城市所有项目平均值，所有城市消费者，未经季节性调整），这将适用于大多数情况。

或者，我们也可以提供 items 和 area 参数以下载更加定制化的数据系列，还可以使用 get_by_id 函数来下载特定的 CPI 系列。

（3）将对象转换为 pandas DataFrame。

```
df_cpi_2 = cpi_series.to_dataframe()
```

（4）过滤 DataFrame 并查看前 12 个观察结果。

```
df_cpi_2.query("period_type == 'monthly' and year >= 2010") \
    .loc[:, ["date", "value"]] \
    .set_index("date") \
    .head(12)
```

运行上述代码将生成如图 2.4 所示的输出。

date	value
2010-01-01	216.687
2010-02-01	216.741
2010-03-01	217.631
2010-04-01	218.009
2010-05-01	218.178
2010-06-01	217.965
2010-07-01	218.011
2010-08-01	218.312
2010-09-01	218.439
2010-10-01	218.711
2010-11-01	218.803
2010-12-01	219.179

图 2.4　包含已下载的 CPI 值的 DataFrame 的前 12 项

在这一步骤中，我们使用了一些过滤，以将数据与之前从 Nasdaq Data Link 下载的数据进行比较。这里使用了 query 方法以仅保留 2010 年以后的月度数据。为了方便比较，只显示了两个选定的列和前 12 个观察值。

在后面的章节中，还将介绍如何使用 cpi 库来通过 inflate 函数直接获得经通货膨胀调整后的股票价格。

2.2.4　参考资料

❑　cpi 库的 GitHub 存储库。

https://github.com/palewire/cpi

2.3　改变时间序列数据的频率

在处理时间序列，尤其是金融时间序列时，经常需要更改数据的频率（周期）。例如，我们收到的是每日 OHLC 价格，但算法可能要求使用的是每周数据。或者我们有每日另类数据，但希望将其与实时馈送的日内数据进行匹配。

改变频率的一般经验法则可以分解为以下几点。

❑ 将对数收益乘以/除以时间周期数。

❑ 将波动率乘以/除以时间周期数的平方根。

📝 注意：

对于任何具有独立增量的过程（如几何布朗运动），对数收益的方差与时间成正比。例如，假设 $t_1 \leq t_2 \leq t_3$，则 $r_{t3}-r_{t1}$ 的方差将是以下两个方差的总和：$r_{t2}-r_{t1}$ 和 $r_{t3}-r_{t2}$。

在这种情况下，当我们还假设该过程的参数不会随时间变化（即具有同质性）时，即可得出方差与时间间隔长度的比例。这在实践中意味着标准差（波动率）与时间的平方根成比例。

在本节中，我们提供了一个示例，说明如何使用日收益率计算苹果公司的月度已实现波动率（realized volatilities，RV），然后将这些值年化。在查看一项投资的风险调整后的业绩时，我们经常会遇到年化波动率（annualized volatility）。

已实现波动率的计算公式如下。

$$RV = \sqrt{\sum_{i=1}^{T} r_t^2}$$

已实现波动率经常用于使用日内收益计算每日波动率。

我们需要采取的步骤如下。

❑ 下载数据并计算对数收益。

❑ 计算月份的已实现波动率。

❑ 通过乘以 $\sqrt{12}$ 对值进行年化，因为它们是从月值转换而来的。

2.3.1　做好准备

假设读者已经按照前文的说明进行了操作，并且有一个名为 df 的 DataFrame，并且具有单个 log_rtn 列和时间戳作为索引。

2.3.2　实战操作

执行以下步骤来计算和年化月度已实现波动率。

（1）导入库。

```
import pandas as pd
import numpy as np
```

（2）定义计算已实现波动率的函数。

```
def realized_volatility(x):
    return np.sqrt(np.sum(x**2))
```

（3）计算月度已实现波动率。

```
df_rv = (
    df.groupby(pd.Grouper(freq="M"))
    .apply(realized_volatility)
    .rename(columns={"log_rtn": "rv"})
)
```

（4）年化该值。

```
df_rv.rv = df_rv["rv"] * np.sqrt(12)
```

（5）绘制结果。

```
fig, ax = plt.subplots(2, 1, sharex=True)
ax[0].plot(df)
ax[0].set_title("Apple's log returns (2000-2012)")
ax[1].plot(df_rv)
ax[1].set_title("Annualized realized volatility")

plt.show()
```

执行上述代码片段会产生如图 2.5 所示的可视化结果。

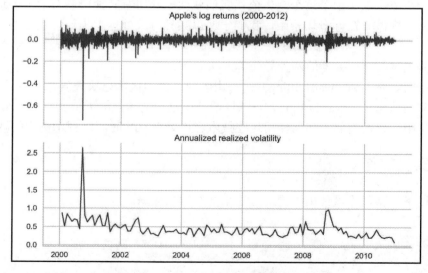

图 2.5　苹果公司的对数收益序列和相应的已实现波动率（年化）

可以看到，已实现波动率的峰值与一些极端收益（可能是异常值）是相吻合的。

2.3.3　原理解释

一般来说，可以考虑使用 pandas DataFrame 的 resample 方法。例如，假设想要计算平均月收益，则可以使用 df["log_rtn"].resample("M").mean()。

通过 resample 方法可以使用 pandas 的任何内置聚合函数，如 mean、sum、min 和 max 等。当然，本节中的示例有点复杂，因此首先定义了一个名为 realized_volatility 的辅助函数。因为要使用自定义函数进行聚合，所以上述示例通过组合使用 groupby、Grouper 和 apply 来复制 resample 的行为。

本节演示了最基本的结果可视化（有关可视化时间序列的信息，可参阅第 3 章"可视化金融时间序列"）。

2.4　估算缺失数据的不同方法

在处理时间序列时，出现了许多可能的原因（如有人忘记输入数据、数据库出现的随机问题等），使得某些数据可能会丢失。可用的解决方案之一是丢弃包含缺失值的观察值。但是，假如我们需要同时分析多个时间序列，而由于一些随机错误，只有一个序列缺失了一个值，那么由于这个缺失值，我们就要删除所有其他可能有价值的信息吗？显然不应该这样做。在许多场景中，我们宁愿以某种方式处理缺失值，也不愿丢弃这些观察结果。

估算缺失时间序列数据的两种最简单方法如下。

❑　后向填充（backward filling）——用下一个已知值填充缺失值。

❑　前向填充（forward filling）——用前一个已知值填充缺失值。

在本节中，我们将展示如何使用这些技术轻松处理 CPI 时间序列示例中的缺失值。

2.4.1　实战操作

执行以下步骤以尝试使用不同的方法来插补缺失数据。

（1）导入库。

```
import pandas as pd
import numpy as np
import nasdaqdatalink
```

（2）从 Nasdaq Data Link 下载通货膨胀数据。

```
nasdaqdatalink.ApiConfig.api_key = "YOUR_KEY_HERE"
df = (
    nasdaqdatalink.get(dataset="RATEINF/CPI_USA",
                       start_date="2015-01-01",
                       end_date="2020-12-31")
    .rename(columns={"Value": "cpi"})
)
```

（3）随机添加 5 个缺失值。

```
np.random.seed(42)
rand_indices = np.random.choice(df.index, 5, replace=False)

df["cpi_missing"] = df.loc[:, "cpi"]
df.loc[rand_indices, "cpi_missing"] = np.nan
df.head()
```

在图 2.6 中可以看到，我们已经成功地将缺失值添加到数据中。

Date	cpi	cpi_missing
2015-01-31	233.707	NaN
2015-02-28	234.722	234.722
2015-03-31	236.119	236.119
2015-04-30	236.599	236.599
2015-05-31	237.805	NaN

图 2.6　包含已下载的 CPI 数据和添加的缺失值的 DataFrame 预览

（4）使用不同的方法填充缺失值。

```
for method in ["bfill", "ffill"]:
    df[f"method_{method}"] = (
        df[["cpi_missing"]].fillna(method=method)
    )
```

（5）通过显示已创建缺失值的行来检查结果。

```
df.loc[rand_indices].sort_index()
```

运行上述代码会产生如图 2.7 所示的输出。

可以看到后向填充对我们创建的所有缺失值都有效。但是，前向填充则剩下一个缺失值未能填充。这是因为它是系列中的第一个数据点，所以没有可用的值可以进行前向填充。

Date	cpi	cpi_missing	method_bfill	method_ffill
2015-01-31	233.707	NaN	234.722	NaN
2015-05-31	237.805	NaN	238.638	236.599
2016-07-31	240.647	NaN	240.849	241.038
2017-05-31	244.733	NaN	244.955	244.524
2020-03-31	258.115	NaN	256.389	258.678

图 2.7　估算缺失值后的 DataFrame 预览

（6）绘制 2015 年至 2016 年的结果。

```
df.loc[:"2017-01-01"] \
    .drop(columns=["cpi_missing"]) \
    .plot(title="Different ways of filling missing values");
```

运行上述代码片段会生成如图 2.8 所示的结果。

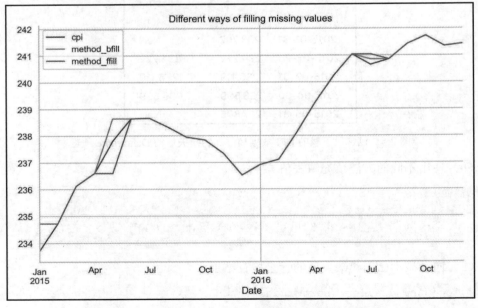

图 2.8　CPI 时间序列的后向填充和前向填充比较

在图 2.8 中可以清楚地看到前向填充和后向填充在实践中是如何工作的。

2.4.2　原理解释

在导入库之后，我们从 Nasdaq Data Link 下载了 6 年的月度 CPI 数据。然后，从 DataFrame 中选择了 5 个随机索引来人为地创建缺失值。为此，我们将这些值替换为 NaN。

在步骤（4）中，用户对时间序列应用了两种不同的插补方法。我们使用了 pandas DataFrame 的 fillna 方法，并将方法参数指定为 bfill（后向填充）或 ffill（前向填充）。

我们将估算的序列保存为新列，以便清楚地比较结果。请记住，fillna 方法会替换缺失值并保持其他值不变。

我们也可以指定一个选择的值，例如 0 或 999，而不是提供一种填充缺失数据的方法。但是，对于时间序列数据来说，使用任意数字可能没有多大意义，因此不建议这样做。

📝 注意：

上述示例使用了 np 随机种子 np.random.seed(42)，使实验具有可重复性。每次运行此单元格时，都会得到相同的随机数。读者可以使用任何数字作为种子，每个种子的随机选择都会有所不同。

在步骤（5）中，我们检查了估算后的值。为简洁起见，只显示了随机选择的索引，使用 sort_index 方法按日期对它们进行排序，即可清楚地看到在使用前向填充方法时，第一个值未被填充，因为它是时间序列中的第一个观察值。

最后，我们绘制了从 2015 年到 2016 年的所有时间序列数据。在图 2.8 中可以清楚地看到后向填充/前向填充是如何估算缺失值的。

2.4.3　扩展知识

本节我们探索了一些估算缺失数据的简单方法。还有一种方法是使用插值法（interpolation），这也有许多不同的方法。在以下示例中，我们将使用线性插值。有关可用插值法的更多信息，请参阅 pandas 文档（链接位于 2.4.4 节"参考资料"中）。

（1）使用线性插值法填充缺失值。

```
df["method_interpolate"] = df[["cpi_missing"]].interpolate()
```

（2）检查结果。

```
df.loc[rand_indices].sort_index()
```

运行上述代码片段会生成如图 2.9 所示的输出。

	cpi	cpi_missing	method_bfill	method_ffill	method_interpolate
Date					
2015-01-31	233.707	NaN	234.722	NaN	NaN
2015-05-31	237.805	NaN	238.638	236.599	237.6185
2016-07-31	240.647	NaN	240.849	241.038	240.9435
2017-05-31	244.733	NaN	244.955	244.524	244.7395
2020-03-31	258.115	NaN	256.389	258.678	257.5335

图 2.9　使用线性插值法估算缺失值后的 DataFrame 预览

可以看到，线性插值法也无法处理位于时间序列最开始的缺失值。

（3）绘制结果。

```
df.loc[:"2017-01-01"] \
    .drop(columns=["cpi_missing"]) \
    .plot(title="Different ways of filling missing values");
```

运行上述代码片段会生成如图 2.10 所示的输出。

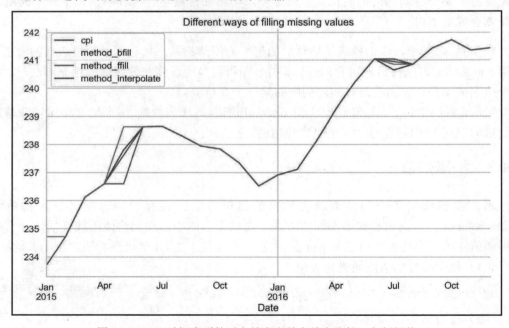

图 2.10　CPI 时间序列的后向填充和前向填充比较，包括插值

在图 2.10 中，可以清晰地看到线性插值法如何将已知观测值通过一条直线连接起来以估算缺失值。

📝 **注意：**

彩色图像在黑白印刷的纸版图书上可能不容易辨识，本书还提供了一个 PDF 文件，其中包含本书使用的屏幕截图/图表的彩色图像。你可以通过以下地址进行下载。

https://packt.link/JnpTe

本节我们探索了如何为时间序列估算缺失数据。但是，估算缺失数据还有很多其他的方法。例如，可以使用最近几次观察结果的移动平均值来估算任何缺失值。我们有很多方法可供选择。在第 13 章 "应用机器学习：识别信用违约" 中，我们将展示如何处理其他类型数据集的缺失值问题。

2.4.4　参考资料

❑　pandas 中所有可用的插值方法。

https://pandas.pydata.org/docs/reference/api/pandas.DataFrame.interpolate.html

2.5　转换货币单位

在处理金融财税方面的任务时，我们会遇到的另一个很常见的预处理步骤是转换货币单位。想象一下，你有一个包含多种资产的投资组合，以不同的货币定价，现在你希望得出投资组合的总价值。最简单的例子可能就是该投资组合中包含美国和欧洲的股票。

本节将演示如何轻松地将股票价格单位从美元转换为欧元。当然，读者也可以使用完全相同的步骤来转换任何货币对。

2.5.1　实战操作

执行以下步骤将股票价格单位从美元转换为欧元。

（1）导入库。

```python
import pandas as pd
import yfinance as yf
from forex_python.converter import CurrencyRates
```

（2）下载从 2020 年 1 月开始的苹果公司股票的 OHLC 价格。

```python
df = yf.download(  "AAPL",
```

```
                        start="2020-01-01",
                        end="2020-01-31",
                        progress=False)

df = df.drop(columns=["Adj Close", "Volume"])
```

（3）实例化 CurrencyRates 对象。

```
c = CurrencyRates()
```

（4）下载每个所需日期的美元/欧元汇率。

```
df["usd_eur"] = [c.get_rate("USD", "EUR", date) for date in df.index]
```

（5）将股票价格的美元单位转换为欧元。

```
for column in df.columns[:-1]:
    df[f"{column}_EUR"] = df[column] * df["usd_eur"]
df.head()
```

运行上述代码片段会生成如图 2.11 所示的预览。

	Open	High	Low	Close	usd_eur	Open_EUR	High_EUR	Low_EUR	Close_EUR
Date									
2019-12-31	72.482	73.420	72.380	73.412	0.890	64.521	65.355	64.429	65.348
2020-01-02	74.060	75.150	73.798	75.088	0.893	66.166	67.140	65.932	67.084
2020-01-03	74.287	75.145	74.125	74.357	0.897	66.643	67.413	66.498	66.706
2020-01-06	73.448	74.990	73.188	74.950	0.893	65.613	66.991	65.381	66.956
2020-01-07	74.960	75.225	74.370	74.598	0.895	67.096	67.334	66.568	66.772

图 2.11　同时包含以美元为单位的原始股票价格和转换后以欧元为单位的股票价格的 DataFrame 预览

可以看到我们已经成功地将 4 列的股票价格转换为欧元单位。

2.5.2　原理解释

在步骤（1）中，我们导入了所需的库。然后，使用以前讨论过的 yfinance 库下载从 2020 年 1 月开始的苹果公司的 OHLC 价格。

在步骤（3）中，实例化了来自 forex-python 库的 CurrencyRates 对象。该库实际上使用的是 Forex API，这是一个免费的 API，可用于访问欧洲中央银行发布的当前和历史外汇汇率。其网址如下。

https://theforexapi.com

在步骤（4）中，使用 get_rate 方法下载 DataFrame 中所有可用日期的美元/欧元汇率和股票价格。为了有效地做到这一点，这里使用列表推导式（list comprehension）并将输出存储在一个新列中。

值得一提的是，该库和当前实现的一个潜在缺点是需要单独下载每个汇率，这对于大型 DataFrame 来说可能无法扩展。

📗 注意：

在使用库时，有时可能会遇到以下错误。

RatesNotAvailableError：Currency Rates Source Not Ready（货币汇率来源尚未准备就绪）

最有可能的原因是用户试图得到周末的汇率。最简单的解决方案是跳过列表推导式/for 循环中的周末日期，并使用上一节中讨论过的方法之一填充缺失值。

在步骤（5）中，迭代了初始 DataFrame 的列（汇率除外）并将美元价格乘以汇率。结果存储在带有_EUR 后缀的新列中。

2.5.3　扩展知识

使用 forex_python 库时，可以轻松地一次下载多种货币的汇率。为此，我们可以使用 get_rates 方法。在以下代码段中，我们下载了美元对 31 种可用货币的当前汇率。读者可以自然地指定感兴趣的日期，就像之前示例所做的那样。

（1）获取 31 种可用货币的当前美元汇率。

```
usd_rates = c.get_rates("USD")
usd_rates
```

前 5 个条目如下所示。

```
{   'EUR': 0.84416680736611345,
    'JPY': 110.00337666722943,
    'BGN': 1.651021441836907,
    'CZK': 21.426641904440316,
    'DKK': 6.277224379537396,
}
```

在本节中，我们主要关注 forex_python 库，因为它在使用时非常方便和灵活。但是，我们也可能会从许多不同的来源下载历史汇率并得出相同的结果（根据数据提供商的不同，可能会出现一些误差）。第 1 章"获取金融数据"中描述的相当多的数据提供商均提供历史汇率。以下将展示如何使用雅虎财经获取这些利率信息。

（2）从雅虎财经下载美元/欧元汇率。

```
df = yf.download(    "USDEUR=X",
                     start="2000-01-01",
                     end="2010-12-31",
                     progress=False)


df.head()
```

运行上述代码片段会产生如图 2.12 所示的输出。

Date	Open	High	Low	Close	Adj Close	Volume
2003-12-01	0.83098	0.83724	0.83056	0.83577	0.83577	0
2003-12-02	0.83605	0.83710	0.82583	0.82720	0.82720	0
2003-12-03	0.82713	0.82802	0.82440	0.82488	0.82488	0
2003-12-04	0.82508	0.83029	0.82345	0.82775	0.82775	0
2003-12-05	0.82795	0.82878	0.82028	0.82055	0.82055	0

图 2.12　包含已下载汇率的 DataFrame 预览

在图 2.12 中，可以看到该数据源的局限性之一，那就是该货币对的数据仅自 2003
年 12 月以来可用。此外，雅虎财经还提供了汇率的 OHLC 变体。要获得用于转换的单个
数字，读者可以选择这 4 个值中的任何一个（具体取决于你的需要）或计算一个中间值，
即最低价（Low）和最高价（High）之间的中间值。

2.5.4　参考资料

❑　forex-python 库的 GitHub 存储库。

https://github.com/MicroPyramid/forex-python

2.6　聚合交易数据的不同方式

在深入构建机器学习模型或设计交易策略之前，我们不仅需要可靠的数据，还需要
将其聚合成便于进一步分析并适合所选模型的格式。

术语"条"（bars）是指包含有关任何金融资产价格变动的基本信息的数据表示。在
第 1 章 "获取金融数据"中已经探讨了如何从各种来源下载金融数据，并且演示了如何

下载按某个时间段采样的 OHLCV 数据（V 表示交易量），其频率可以是一个月、一天或日内分时数据。这是聚合金融时间序列数据的最常见方式，称为时间条（time bars）。

按时间采样的金融时间序列数据有一些缺点。

❑ 时间条掩盖了市场中的实际活动率——它们很可能对交投活跃度较低的时期（例如，中午）进行过采样（oversample），而对交投活跃度较高的时期（例如，接近市场开盘和收盘时）进行欠采样（undersample）。

❑ 如今，市场越来越多地受到交易算法和机器人的控制，因此它们可能不再遵循人类的昼夜周期。

❑ 基于时间的条形图仅能提供较差的统计属性（例如，序列相关性、异方差性和收益的非正态性）。

❑ 鉴于时间条是最流行的聚合类型，也是最容易访问的聚合类型，因此它很容易受到操纵（如冰山订单）。

📝 注意：

冰山订单（iceberg order）也称为冰山指令或冰山委托，是指为了隐藏实际挂单数量而分成较小限额挂单的大量委托挂单。它们之所以被称为"冰山订单"，是因为其可见的挂单只是"冰山一角"，而大量的限价委托正在等待，准备下单。

冰山订单一般用于大型金融机构以及投资者。例如，假设该机构当天准备卖出大量持股，如果它直接挂出一个天量大单，可能会影响市场情况，造成"大单砸盘"的心理冲击，从而导致股价的大幅下跌。为了避免这种情况出现，该机构会部署巨大的订单，但这些订单是未公开的，市场其他交易者可见的只是被拆分出的小单。当已公开的订单成交时，才会出现另一批小单。

为了解决这些问题并获得竞争优势，一些从业者还会使用其他类型的聚合。理想情况下，他们希望用一个条形来表示，其中每个条形包含相同数量的信息。

他们使用的一些替代方案如下。

❑ 交易条（tick bars）——金融市场中的交易通常被称为 tick（在 1.1.3 节"扩展知识"中介绍过，股票代码的英文就是 ticker 或 symbol），而 tick bars 也得名于此。对于这种聚合，我们会在每次发生预定义数量的交易时对 OHLCV 条进行采样。

❑ 交易量条（volume bars）——在每次发生预定义的交易量（以任何单位衡量，如股票、货币等）时采样一条。

❑ 美元条（dollar bars）——在每次交易预定义的美元金额时采样一条。当然，用户也可以选择使用任何其他货币。

这些聚合形式中的每一种都有我们应该注意的优点和缺点。

- ❑　时间条是每隔一段时间进行采样。它的缺点上面已经介绍过。
- ❑　交易条是每隔一定的交易数量进行采样，它提供了一种更好的方式来跟踪市场的实际活动以及波动性。例如，它可以较为清晰地识别出冰山订单。当然，它的潜在问题是一个交易可以包含任意数量的某种资产单位。因此，买入 1 股与买入 10 000 股被同等对待。
- ❑　交易量条试图解决交易条出现的问题，因为它们是按交易量进行采样的。但是，它们也有自己的问题。例如，它们不能正确反映资产价格发生显著变化或股票拆分发生的情况。这使得它们在受此类情况影响的时期之间进行比较时不太可靠。
- ❑　美元条试图解决交易量条出现的问题。它通常被认为是汇总价格数据的最可靠方式。
  - ➢　首先，美元条有助于弥合价格波动的差距，这对于加密货币等高度波动的市场尤为重要。
  - ➢　其次，按美元采样有助于保持信息的一致性。
  - ➢　最后，美元条对证券的未偿付额（outstanding amount）具有抗性，因此它们不受股票拆分、公司回购、发行新股等操作的影响。

本节我们将学习如何使用来自 Binance（最受欢迎的加密货币交易所之一）的交易数据来创建上述 4 种类型的条。我们之所以决定使用加密货币数据，是因为与股票数据等相比，它更容易获得（免费）。当然，本节所提供的方法对于其他资产类别来说也同样适用。

2.6.1　实战操作

执行以下步骤从 Binance 下载交易数据并将其聚合为 4 种不同类型的条。

（1）导入库。

```
from binance.spot import Spot as Client
import pandas as pd
import numpy as np
```

（2）实例化 Binance 客户端并下载最近 500 笔 BTCEUR 交易的数据。

```
spot_client = Client(base_url="https://api3.binance.com")
r = spot_client.trades("BTCEUR")
```

（3）将已下载的交易数据处理成 pandas DataFrame。

```
df = (
    pd.DataFrame(r)
    .drop(columns=["isBuyerMaker", "isBestMatch"])
)
df["time"] = pd.to_datetime(df["time"], unit="ms")

for column in ["price", "qty", "quoteQty"]:
    df[column] = pd.to_numeric(df[column])
df
```

执行上述代码会返回如图 2.13 所示的 DataFrame。

	id	price	qty	quoteQty	time
0	77999355	33285.50	0.00288	95.862240	2022-02-23 19:41:15.896
1	77999356	33286.84	0.00336	111.843782	2022-02-23 19:41:15.896
2	77999357	33275.29	0.00813	270.528108	2022-02-23 19:41:15.941
3	77999358	33277.44	0.01001	333.107174	2022-02-23 19:41:17.896
4	77999359	33275.29	0.01001	333.085653	2022-02-23 19:41:17.900
...	...	...	...	...	...
495	77999850	33268.98	0.00067	22.290217	2022-02-23 19:50:56.806
496	77999851	33268.49	0.00249	82.838540	2022-02-23 19:50:56.806
497	77999852	33268.98	0.02126	707.298515	2022-02-23 19:50:58.903
498	77999853	33268.00	0.00596	198.277280	2022-02-23 19:50:58.903
499	77999854	33268.52	0.00150	49.902780	2022-02-23 19:50:59.291

图 2.13　包含最近 500 笔 BTCEUR 交易的 DataFrame

可以看到，BTCEUR 市场在大约 9 分钟内发生了 500 笔交易。对于更受欢迎的市场，这个时间窗口可以显著减少。qty 列包含 BTC 的交易量，而 quoteQty 则包含交易量的欧元价格，它实际上就是 price（价格）列乘以 qty 列得到的结果。

（4）定义一个函数，将原始交易信息聚合到条中。

```
def get_bars(df, add_time=False):
    ohlc = df["price"].ohlc()
    vwap = (
        df.apply(lambda x: np.average(x["price"], weights=x["qty"]))
        .to_frame("vwap")
    )
    vol = df["qty"].sum().to_frame("vol")
    cnt = df["qty"].size().to_frame("cnt")
    if add_time:
        time = df["time"].last().to_frame("time")
```

```
        res = pd.concat([time, ohlc, vwap, vol, cnt], axis=1)
    else:
        res = pd.concat([ohlc, vwap, vol, cnt], axis=1)
    return res
```

（5）获取时间条。

```
df_grouped_time = df.groupby(pd.Grouper(key="time", freq="1Min"))
time_bars = get_bars(df_grouped_time)
time_bars
```

运行上述代码会生成如图 2.14 所示的时间条。

time	open	high	low	close	vwap	vol	cnt
2022-02-23 19:41:00	33285.50	33286.84	33254.00	33269.47	33269.239073	0.71050	52
2022-02-23 19:42:00	33265.24	33265.63	33226.18	33231.76	33237.848521	2.26604	110
2022-02-23 19:43:00	33234.74	33250.30	33215.73	33240.09	33231.975184	0.70111	73
2022-02-23 19:44:00	33240.10	33240.10	33216.23	33231.33	33234.523449	0.81760	21
2022-02-23 19:45:00	33227.68	33286.04	33226.31	33279.94	33245.756842	3.39557	89
2022-02-23 19:46:00	33270.23	33305.45	33266.54	33279.62	33284.459090	0.46893	31
2022-02-23 19:47:00	33283.24	33328.46	33273.90	33322.05	33295.109170	0.30348	32
2022-02-23 19:48:00	33308.50	33333.98	33297.37	33315.46	33315.803656	0.58047	37
2022-02-23 19:49:00	33310.42	33322.00	33281.73	33294.93	33309.609233	0.22579	21
2022-02-23 19:50:00	33283.21	33294.20	33268.00	33268.52	33281.789160	0.73358	34

图 2.14　包含时间条的 DataFrame 预览

（6）获取交易条。

```
bar_size = 50
df["tick_group"] = (
    pd.Series(list(range(len(df))))
    .div(bar_size)
    .apply(np.floor)
    .astype(int)
    .values
)
df_grouped_ticks = df.groupby("tick_group")
tick_bars = get_bars(df_grouped_ticks, add_time=True)
tick_bars
```

运行上述代码会生成如图 2.15 所示的交易条。
可以看到，每个交易条恰好包含 50 笔交易。

	time	open	high	low	close	vwap	vol	cnt
tick_group								
0	2022-02-23 19:41:57.784	33285.50	33286.84	33254.00	33270.89	33269.220356	0.65723	50
1	2022-02-23 19:42:29.168	33269.47	33269.47	33243.50	33243.50	33249.679200	0.75967	50
2	2022-02-23 19:42:43.886	33241.86	33244.71	33226.18	33230.04	33233.334328	1.45604	50
3	2022-02-23 19:43:37.837	33234.89	33244.70	33215.73	33222.93	33228.599024	0.31810	50
4	2022-02-23 19:44:28.440	33222.72	33250.30	33216.23	33216.98	33234.604510	1.26310	50
5	2022-02-23 19:45:15.153	33226.01	33258.29	33221.43	33233.13	33236.663489	1.87995	50
6	2022-02-23 19:46:02.625	33233.13	33286.04	33233.13	33284.14	33256.233756	1.56017	50
7	2022-02-23 19:47:47.964	33284.89	33305.45	33266.54	33293.35	33284.115017	0.63715	50
8	2022-02-23 19:49:05.929	33294.13	33333.98	33294.13	33314.63	33314.426886	0.78777	50
9	2022-02-23 19:50:59.291	33313.24	33322.00	33268.00	33268.52	33286.482830	0.88389	50

图 2.15　包含交易条的 DataFrame 预览

（7）获取交易量条。

```
bar_size = 1
df["cum_qty"] = df["qty"].cumsum()
df["vol_group"] = (
    df["cum_qty"]
    .div(bar_size)
    .apply(np.floor)
    .astype(int)
    .values
)
df_grouped_ticks = df.groupby("vol_group")
volume_bars = get_bars(df_grouped_ticks, add_time=True)
volume_bars
```

运行上述代码会生成如图 2.16 所示的交易量条。

	time	open	high	low	close	vwap	vol	cnt
vol_group								
0	2022-02-23 19:42:19.499	33285.50	33286.84	33246.90	33250.00	33264.436711	0.99446	85
1	2022-02-23 19:42:31.215	33246.91	33253.07	33226.18	33226.87	33240.193454	0.86169	46
2	2022-02-23 19:43:04.416	33232.23	33244.71	33230.04	33239.77	33232.363594	1.12313	33
3	2022-02-23 19:44:01.139	33240.00	33250.30	33215.73	33240.10	33232.135781	0.71425	72
4	2022-02-23 19:45:12.130	33240.10	33258.29	33216.23	33241.21	33238.411739	1.25593	44
5	2022-02-23 19:45:15.146	33241.21	33241.21	33232.03	33233.13	33234.773416	0.83403	15
6	2022-02-23 19:45:21.810	33233.13	33253.41	33233.13	33248.69	33236.027748	1.21260	20
7	2022-02-23 19:46:23.762	33248.69	33286.04	33242.90	33281.10	33270.171474	0.99072	45
8	2022-02-23 19:48:32.173	33280.33	33333.98	33273.90	33301.66	33300.233202	0.98864	69
9	2022-02-23 19:50:36.613	33301.65	33322.00	33274.39	33283.79	33296.304224	0.94414	53
10	2022-02-23 19:50:59.291	33283.81	33294.20	33268.00	33268.52	33280.873796	0.28348	18

图 2.16　包含交易量条的 DataFrame 预览

可以看到，所有交易量条包含大致相同的交易量。最后一个有点小，那是因为在 500 笔交易中没有足够的总交易量。

（8）获取美元条。

```python
bar_size = 50000
df["cum_value"] = df["quoteQty"].cumsum()
df["value_group"] = (
    df["cum_value"]
    .div(bar_size)
    .apply(np.floor)
    .astype(int)
    .values
)
df_grouped_ticks = df.groupby("value_group")
dollar_bars = get_bars(df_grouped_ticks, add_time=True)
dollar_bars
```

运行上述代码会生成如图 2.17 所示的美元条。

value_group	time	open	high	low	close	vwap	vol	cnt
0	2022-02-23 19:42:29.230	33285.50	33286.84	33239.96	33239.96	33258.572184	1.42997	103
1	2022-02-23 19:43:17.962	33239.96	33244.71	33226.18	33231.41	33233.221296	1.57424	66
2	2022-02-23 19:44:58.211	33231.40	33250.30	33215.73	33231.33	33233.232079	1.49104	87
3	2022-02-23 19:45:15.146	33227.68	33258.29	33226.31	33233.13	33238.544792	1.28824	39
4	2022-02-23 19:45:59.597	33233.13	33286.04	33233.13	33280.92	33243.191526	1.70740	43
5	2022-02-23 19:48:32.173	33279.94	33333.98	33266.54	33301.66	33293.331944	1.48456	91
6	2022-02-23 19:50:59.291	33301.65	33322.00	33268.00	33268.52	33292.741055	1.22762	71

图 2.17　包含美元条的 DataFrame 预览

2.6.2　原理解释

在导入库之后，我们实例化了 Binance 客户端，并使用 Binance 客户端的 trades 方法下载了 BTCEUR 市场上的 500 笔最新交易。我们愿意选择这个市场，是因为它不如 BTCUSD 那样交投活跃，当然其默认的 500 笔交易实际上也只需要几分钟的时间。读者也可以使用 limit 参数将交易的数量增加到 1000 笔。

✍ 注意：

以上示例使用最简单的方法下载最近的 500 笔交易。但是，我们也可以做得更好，下载更长时间内的交易数据。要执行此操作，可以使用 historical_trades 方法。它包含一个名为 fromId 的额外参数，可以使用它来指定要从哪个特定交易开始批量下载。然后，可以使用最后一个已知的 ID 来链接这些 API 调用，以获得更长时间段的历史交易数据。当然，要做到这一点，我们需要有一个 Binance 账户，创建个人 API 密钥，并将其提供给 Client 类。

在步骤（3）中，准备了用于进一步分析的数据，即将 Binance 客户端的响应转换为 pandas DataFrame，删除了不需要使用的两列，将 time 列转换为 datetime 数据类型，并将 price、qty 和 quoteQty 列转换为数字类型（它们原来都是 object 类型，表示字符串）。

在步骤（4）中，定义了一个辅助函数来计算不同类型的条。该函数的输入必须是一个 DataFrameGroupBy 对象，即对 pandas DataFrame 应用 groupby 方法的输出。这是因为该函数计算了一些聚合统计信息。

❑ 使用 ohlc 方法获得的 OHLC 值。

❑ 通过应用 np.average 方法并使用交易数量作为 weights 参数的成交量加权平均价格（volume-weighted average price，VWAP）。

❑ 总交易量就是交易数量的总和。

❑ 使用 size 方法计算条中的交易数量。

❑ 该函数将返回条的时间戳，它是该组的最后一个时间戳。该步骤是可选的。

所有这些聚合结果都将产生单独的 DataFrame，因此最后还需要使用 pd.concat 函数将它们连接起来。

在步骤（5）中计算了时间条。这必须结合并使用 groupby 方法和 pd.Grouper。其参数表示要在 time 列上创建分组并使用一分钟的频率。然后，将 DataFrameGroupBy 对象传递给 get_bars 函数，由该函数返回时间条。

在步骤（6）中计算了交易条。该过程与计算时间条的过程略有不同，因为该过程必须先创建列，然后在该列上对交易进行分组。我们的想法是，将交易以 50 笔为一个块进行分组（这可以是任意一个数字，应该根据分析的逻辑来确定）。为了创建这样的组，可以将行号除以所选条的大小，将结果向下舍入（使用 np.floor），并将其转换为整数类型的值。然后，使用新创建的列对交易进行分组并应用 get_bars 函数。

在步骤（7）中计算了交易量条。该过程与交易条的计算过程非常相似。不同之处在于创建的分组列，该计算是基于交易量的累计总和分组。我们选择了 1 比特币的条块大小。

最后一步是计算美元条。该过程与交易量条的计算过程几乎相同，只不过该计算是将累积和应用于 quoteQty 列而不是之前使用的 qty 列来创建分组。

2.6.3　扩展知识

本节所介绍的条的列表并不是详尽无遗的。也就是说，可用的条并不止时间条、交易条、交易量条和美元条这 4 种。例如，De Prado（2018）建议使用不平衡条（imbalance bars），它试图在买卖活动不平衡时对数据进行采样，这可能意味着市场参与者之间的信息不对称。使用这些不平衡条背后的原因是市场参与者要么买入要么卖出大量给定资产，但一般来说他们并不会同时做这两件事。因此，在不平衡事件发生时进行采样有助于聚焦那些大的活动，而较少关注那些缺乏有意义活动的时期。

2.6.4　参考资料

❑　De Prado, M. L. (2018). Advances in Financial Machine Learning（金融领域机器学习的进展），John Wiley & Sons.
❑　用于连接 Binance API 的库的 GitHub 存储库。

https://github.com/binance/binance-connector-python

2.7　小　　结

本章学习了如何预处理金融时间序列数据。我们首先演示了如何计算收益并可能根据通货膨胀对其进行调整。然后，介绍了一些用于估算缺失值的流行方法。最后，还解释了聚合交易数据的不同方法以及为什么选择正确的方法是很重要的。

作为数据分析人员，你应该始终特别注意数据预处理这一步骤，因为它不仅关系到模型性能的提高，还关系到确保任何分析的有效性。

在下一章中，我们将继续使用预处理数据并学习如何创建时间序列的可视化结果。

第 3 章　可视化金融时间序列

"一图胜千言"，这句话在数据科学领域非常适用。我们不仅可以使用不同类型的图来探索数据，还可以通过它讲述基于数据的故事。

在处理金融时间序列数据时，快速绘制序列图可以得出许多有价值的见解，如以下几点。

- ❑ 该系列是连续的吗？
- ❑ 是否有任何意想不到的缺失值？
- ❑ 有些值看起来像是异常值吗？
- ❑ 是否有一目了然并且可进一步用于分析的模式？

当然，上面提到的只是一些旨在帮助我们进行分析的潜在问题。在任何项目的初始阶段，可视化的主要目标是让用户自己熟悉数据并更好地了解它。只有这样，我们才能继续进行适当的统计分析并构建旨在预测该系列未来值的机器学习模型。

对于数据可视化，Python 提供了各种可以完成该工作的库，这些库具有不同级别的复杂性（包括学习曲线），其输出质量也略有不同。用于可视化的一些最流行的库包括以下几种。

- ❑ matplotlib。
- ❑ seaborn。
- ❑ plotly。
- ❑ altair。
- ❑ plotnine——该库基于 R 的 ggplot，因此熟悉 R 的人可能对它特别感兴趣。
- ❑ bokeh。

本章将使用上面提到的多个库。虽然这些库很可能都可以创建本章中显示的所有可视化效果，但是我们相信使用最合适的工具来完成本章的工作是更有意义的。所以，如果对于某个库来说仅需要一行代码即可创建某个图形，而另一个库执行相同的功能却需要 20 行代码，那么你的选择应该非常明确。

✍ 注意：

　　如果需要创建一个非常个性化的绘图，而该绘图在所有流行的库中都没有现成可用的类型，则可以优先考虑使用 matplotlib，因为它几乎可以创建任何东西。

本章包含以下内容。

❑　　时间序列数据的基本可视化。

❑　　可视化季节性模式。

❑　　创建交互式可视化。

❑　　创建 K 线图。

3.1　时间序列数据的基本可视化

可视化时间序列数据的最常见起点是简单的线图（line plot，也称为折线图），即连接时间序列值（y 轴）随时间（x 轴）变化的线。使用此图可以快速识别数据的潜在问题，并查看是否存在任何普遍模式。

本节我们将展示创建线图的最简单方法。为此，我们将下载从 2020 年开始的微软（Microsoft）公司的股价。

3.1.1　实战操作

执行以下步骤来下载、预处理和绘制微软公司的股票价格和收益系列。

（1）导入库。

```
import pandas as pd
import numpy as np
import yfinance as yf
```

（2）下载微软公司（交易代码：MSFT）2020 年以来的股价并计算简单收益。

```
df = yf.download( "MSFT",
                  start="2020-01-01",
                  end="2020-12-31",
                  auto_adjust=False,
                  progress=False)
df["simple_rtn"] = df["Adj Close"].pct_change()
df = df.dropna()
```

上述代码删除了在计算百分比变化时产生的 NaN 值。这实际上只会影响第一行。

（3）绘制调整后的收盘价。

```
df["Adj Close"].plot(title="MSFT stock in 2020")
```

执行上述代码会生成如图 3.1 所示的结果。

（4）还可以在同一张图中绘制调整后的收盘价和简单收益。

```
(
    df[["Adj Close", "simple_rtn"]]
    .plot( subplots=True, sharex=True,
        title="MSFT stock in 2020")
)
```

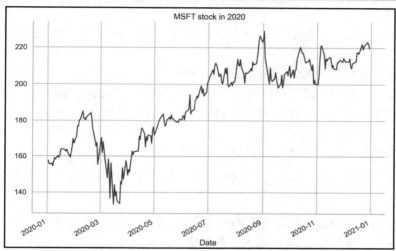

图 3.1　微软公司 2020 年调整后的股价

运行上述代码将生成如图 3.2 所示的结果。

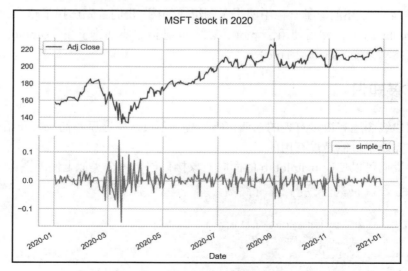

图 3.2　微软公司 2020 年调整后的股价和简单收益

在图 3.2 中，我们可以清楚地看到 2020 年年初由新冠疫情引起的经济形势的下滑，导致收益的波动性（可变性）增加。我们将在第 4 章更详细地讨论波动性。

3.1.2　原理解释

在导入库后，我们下载了 2020 年以来的微软公司股票价格，并使用调整后的收盘价计算了简单收益。

然后，我们使用了 pandas DataFrame 的 plot 方法快速创建了一个线图。我们指定的唯一参数是绘图的标题。值得一提的是，我们仅在从 DataFrame（实际上是一个 pd.Series 对象）中对单个列进行子集化后才使用 plot 方法，并且日期是自动为 *x* 轴选取的，因为它们是该 DataFrame/Series 的索引。

也可以使用更明确的表示法来创建完全相同的绘图。

```
df.plot.line(y="Adj Close", title="MSFT stock in 2020")
```

注意：

该 plot 方法并不局限于创建线图（虽然默认情况下创建的是线图），也可以创建直方图（histogram）、条形图（bar chart）、散点图（scatter plot）、饼图（pie chart）等。

要创建这些图形，需要指定相应绘图类型的 kind 参数。另外，对于某些类型的图（如散点图）来说，可能需要明确提供两个轴上的值。

在步骤（4）中，还创建了一幅由两个子图组成的图。我们首先选择了感兴趣的列（Adj Close 和 simple_rtn），然后使用了 plot 方法，同时指定要创建子图（subplots=True）并且它们应该共享 *x* 轴（sharex=True）。

3.1.3　扩展知识

关于创建线图还有很多有趣的东西值得一提，不过，在这里我们将只介绍以下两项，因为它们在实践中可能是最有用的。

首先，我们可以使用 matplotlib 的面向对象接口创建一个类似上例的图。

```
fig, ax = plt.subplots(2, 1, sharex=True)

df["Adj Close"].plot(ax=ax[0])
ax[0].set( title="MSFT time series",
           ylabel="Stock price ($)")

df["simple_rtn"].plot(ax=ax[1])
```

```
ax[1].set(ylabel="Return (%)")
plt.show()
```

运行上述代码会生成如图 3.3 所示的结果。

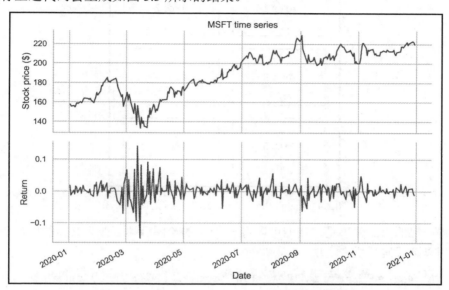

图 3.3 微软公司 2020 年调整后的股价和简单收益

虽然它与之前的图非常相似，但在本示例中包含了更多的细节，例如 y 轴标签。

matplotlib 的面向对象接口在这里非常重要，稍后也会用到。在调用 plt.subplots 时，我们指出要在一列中创建两个子图，并且指定它们将共享 x 轴，但这里最关键的是函数的输出。

❑ Figure 类的一个实例称为 fig。可以将其视为绘图的容器。

❑ Axes 类的一个实例称为 ax（注意不要与绘图的 x 轴和 y 轴混淆）。这些都是请求的子图。上述示例中有两个子图。

图 3.4 说明了 matplotlib 的 Figure 和 Axes 之间的关系。

对于任何 Figure，我们都可以按某种矩阵形式排列任意数量的子图。还可以创建更复杂的配置。例如，上面的行可能是一个单独的比较宽的子图，而底下的行则可能由两个较小的子图组成，每个子图的大小是大子图的一半。

在构建上面的图时，我们仍然使用了 pandas DataFrame 的 plot 方法。不同之处在于，我们已经明确指定希望在图中放置子图的位置。可以通过提供 ax 参数来做到这一点。当然，读者也可以使用 matplotlib 的函数来创建绘图，但本示例使用的代码更少。

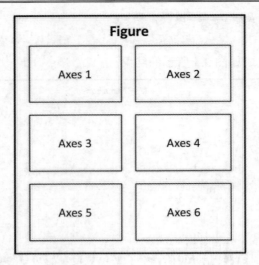

图 3.4　matplotlib 的 Figure 与 Axes 之间的关系

值得一提的第二件事是，我们可以将 pandas 的绘图后端更改为其他的库，如 plotly。可以使用以下代码片段来实现。

```
df["Adj Close"].plot(title="MSFT stock in 2020", backend="plotly")
```

运行上述代码会生成如图 3.5 所示的结果。

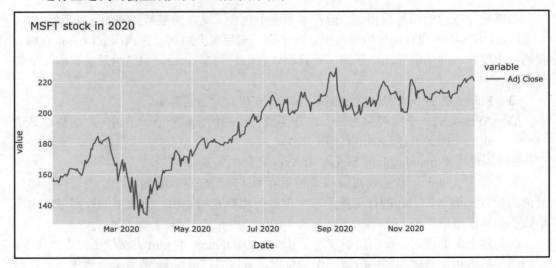

图 3.5　微软公司 2020 年调整后的股价，使用 plotly 实现的可视化

遗憾的是，使用 plotly 后端的优势在输出中是体现不出来的。在 Jupyter Notebook 中，用户可以将鼠标悬停在该图上以查看精确值（以及在工具提示中包含的任何其他信息）、放大特定时间段、过滤线条（如果有多个线条的话）等。读者可以参考本章配套的 Jupyter Notebook（在本书配套的 GitHub 存储库上可以找到），以测试 plotly 可视化的交互功能。

在更改 plot 方法的后端时，应该注意以下两件事。

❑　需要安装相应的库。

❑　一些后端在 plot 方法的某些功能上存在问题，最明显的是 subplots 参数。

注意：

为了生成如图 3.5 所示的交互式绘图结果，我们在创建绘图时指定了绘图后端，但是，在没有明确指定的情况下，创建下一个绘图仍将使用默认后端（matplotlib）。因此，如果要更改整个会话/Jupyter Notebook 的绘图后端，可以使用以下代码。

```
pd.options.plotting.backend = "plotly"
```

3.1.4　参考资料

matplotlib 的说明文档是有关该库的信息宝库。最值得注意的是，它还包含有关如何创建自定义可视化效果的有用教程和提示。其网址如下。

https://matplotlib.org/stable/index.html

3.2　可视化季节性模式

正如我们将在第 6 章"时间序列分析与预测"中了解到的那样，季节性在时间序列分析中起着非常重要的作用。我们所说的季节性是指定期（短于一年）出现的模式。例如，冰淇淋的销量，很可能在夏季达到高峰，而在冬季则销量下降。这种模式可以年复一年地看到。我们可以使用略有扭曲的线图来有效地研究此类模式。

本节我们将直观地研究 2014—2019 年美国失业率的季节性模式。

3.2.1　实战操作

执行以下步骤以创建显示季节性模式的线图。

（1）导入库并进行身份验证。

```
import pandas as pd
import nasdaqdatalink
import seaborn as sns

nasdaqdatalink.ApiConfig.api_key = "YOUR_KEY_HERE"
```

（2）从 Nasdaq Data Link 下载失业数据并显示。

```
df = (
    nasdaqdatalink.get(dataset="FRED/UNRATENSA",
                       start_date="2014-01-01",
                       end_date="2019-12-31")
    .rename(columns={"Value": "unemp_rate"})
)
df.plot(title="Unemployment rate in years 2014-2019")
```

运行上述代码将生成如图 3.6 所示的结果。

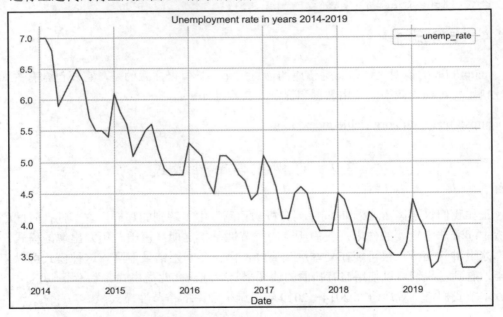

图 3.6　2014 年至 2019 年的失业率（美国）

失业率表示失业人数占劳动力的百分比。这些值未针对季节性进行调整，因此我们可以尝试发现一些模式。

在图 3.6 中，我们已经可以发现一些季节性（重复）模式，例如，每年 1 月份的失业率似乎是最高的。

（3）创建 year（年份）和 month（月份）新列。

```
df["year"] = df.index.year
df["month"] = df.index.strftime("%b")
```

（4）创建季节性线图。

```
sns.lineplot(   data=df,
                x="month",
                y="unemp_rate",
                hue="year",
                style="year",
                legend="full",
                palette="colorblind")
plt.title("Unemployment rate - Seasonal plot")
plt.legend(bbox_to_anchor=(1.05, 1), loc=2)
```

运行上述代码会产生如图 3.7 所示的输出。

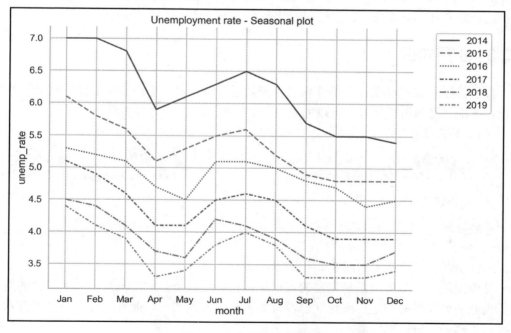

图 3.7　失业率的季节性线图

通过显示每年各月份的失业率，可以清楚地看到一些季节性模式。例如，1 月的失业率最高，而 12 月的失业率最低。此外，夏季几个月的失业率似乎持续上升。

3.2.2　原理解释

在步骤（1）中，我们导入了库并进行了 Nasdaq Data Link 的身份验证。步骤（2）下载了 2014—2019 年美国的失业数据。为方便起见，将 Value 列重命名为 unemp_rate。

在步骤（3）中，创建了两个新列，其中包含从索引（编码为 DatetimeIndex）中提取的年份和月份名称。

在步骤（4）中，使用 sns.lineplot 函数来创建季节性线图。指定了要在 x 轴上使用月份，并且将每年的数据绘制为单独的线（使用 hue 参数）。

☑ **注意：**

也可以使用其他库来创建这样的绘图。上述示例使用了 seaborn（它其实是在 matplotlib 的基础上进行了更高级的 API 封装，使分析人员可以用更少的代码去调用 matplotlib 的方法，从而使可视化任务更加轻松）。一般来说，当用户希望在绘图中包含一些统计信息时（如在散点图上绘制最佳拟合线），建议使用 seaborn。

3.2.3　扩展知识

我们已经研究了可视化季节性模式绘图的最简单方法。本小节将介绍一些替代性的可视化方法，这些可视化方法可以揭示与季节性模式相关的更多信息。

（1）导入库。

```
from statsmodels.graphics.tsaplots import month_plot, quarter_plot
import plotly.express as px
```

（2）创建失业率月份图。

```
month_plot(df["unemp_rate"], ylabel="Unemployment rate (%)")
plt.title("Unemployment rate - Month plot")
```

运行上述代码会产生如图 3.8 所示的结果。

月份图是一种简单但信息丰富的可视化。它针对每个月的情况绘制一条单独的线来显示失业率如何随时间进行变化（但没有明确显示时间点）。此外，还有一条红色水平线显示了那个月份的平均值。

分析图 3.8 可以得出以下结论。

❏　通过查看平均值，可以看到我们之前描述的模式——最高值出现在 1 月份，然后失业率下降，随之在夏季反弹，然后继续下降直到年底。

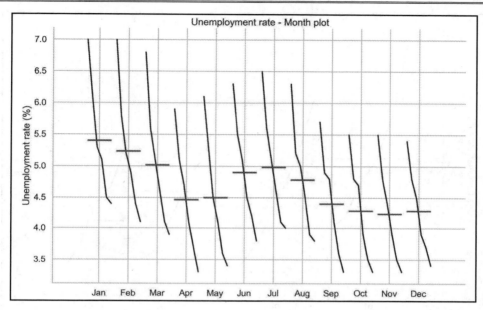

图 3.8　失业率月份图

❑　从年份上来看，失业率总体呈现下降趋势；但是，2019 年的降幅似乎小于往年。可以通过查看 7 月和 8 月线条的不同角度来了解。

（3）创建季度图。

```
quarter_plot(  df["unemp_rate"].resample("Q").mean(),
               ylabel="Unemployment rate (%)")
plt.title("Unemployment rate - Quarter plot")
```

运行上述代码将产生如图 3.9 所示的结果。

季度图（quarter plot）与月份图非常相似，唯一的区别是在 x 轴上使用季度而不是月份。为了获得季度图，可以通过取每个季度的平均值对月度失业率进行重新抽样。当然，也可以采用每个季度的最后一个值。

（4）使用 plotly.express 创建极坐标季节性图（polar seasonal plot）。

```
fig = px.line_polar(
    df, r="unemp_rate", theta="month",
    color="year", line_close=True,
    title="Unemployment rate - Polar seasonal plot",
    width=600, height=500,
    range_r=[3, 7]
)
fig.show()
```

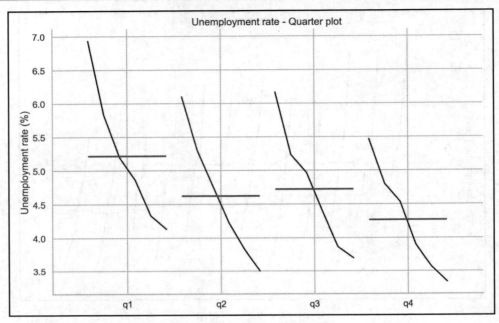

图 3.9　失业率的季度图

运行上述代码会产生如图 3.10 所示的交互式图。

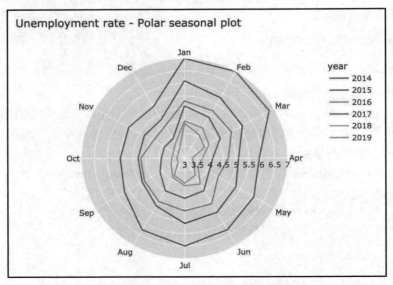

图 3.10　失业率的极坐标季节性图

　　极坐标季节性图是季节性图的变体，它将在极坐标平面上绘制线条。这意味着极坐标图将沿径向和角轴可视化数据。上述示例通过设置 range_r=[3，7] 手动限制了径向范围。否则，绘图将从 0 开始，并且很难看出线条之间的差异。

　　通过极坐标季节性图可以得出的结论与普通季节性图中的结论相似，但是，读者可能需要一段时间才能习惯这种表示。例如，查看 2014 年时，我们立即可以看出该年第一季度的失业率最高。

3.3　创建交互式可视化

　　本章 3.1 节"时间序列数据的基本可视化"中简要介绍了如何在 Python 中创建交互式可视化（使用 plotly 后端）。下面我们将演示如何使用 3 个不同的库——cufflinks、plotly 和 bokeh 创建交互式线图。

　　当然，并不是只有这些库才可用于创建交互式可视化。如果你对此研究感兴趣，那么还有一个更受欢迎的库是 altair。

　　plotly 库建立在 d3.js（一个用于在 Web 浏览器中创建交互式可视化的 JavaScript 库）之上，以创建具有显著交互性的高质量图而闻名，其交互功能包括检查观察值、查看给定点的工具提示、放大等。负责开发该库的公司的名字就是 Plotly，它还为可视化提供托管服务。我们可以创建无限数量的离线可视化和一些免费的在线共享可视化（但每天的查看次数是有限制的）。

　　cufflinks 是一个建立在 plotly 之上的包装器库。它是在 plotly.express 作为 plotly 框架的一部分引入之前发布的。cufflinks 的主要优点如下。

❑　它使绘图比纯粹的 plotly 容易得多。

❑　它使我们能够直接在 pandas DataFrame 之上创建 plotly 可视化。

❑　它包含一系列有趣的专业可视化，包括一个用于量化金融的特殊类（在 3.2 节中将详细介绍）。

　　最后，bokeh 是另一个用于创建交互式可视化的库，特别针对现代 Web 浏览器。使用 bokeh 可以创建漂亮的交互式图形，从简单的线图到包含流传输数据集的复杂交互式仪表板均可。bokeh 的可视化由 JavaScript 提供支持，但创建可视化时并不要求用户具备 JavaScript 的实际知识。

　　下面将使用微软公司 2020 年的股价创建一些交互式线图。

3.3.1　实战操作

执行以下步骤以下载微软公司的股票价格并创建交互式可视化。

（1）导入库并初始化 Jupyter Notebook 显示。

```python
import pandas as pd
import yfinance as yf

import cufflinks as cf
from plotly.offline import iplot, init_notebook_mode
import plotly.express as px
import pandas_bokeh

cf.go_offline()
pandas_bokeh.output_notebook()
```

（2）下载微软公司 2020 年以来的股价并计算简单收益。

```python
df = yf.download(   "MSFT",
                    start="2020-01-01",
                    end="2020-12-31",
                    auto_adjust=False,
                    progress=False)

df["simple_rtn"] = df["Adj Close"].pct_change()
df = df.loc[:, ["Adj Close", "simple_rtn"]].dropna()
df = df.dropna()
```

（3）使用 cufflinks 创建绘图。

```python
df.iplot(   subplots=True, shape=(2,1),
            shared_xaxes=True,
            title="MSFT time series")
```

运行上述代码会创建如图 3.11 所示的结果。

在使用 cufflinks 和 plotly 生成可视化结果之后，可以将鼠标悬停在线上以查看包含的观察日期和确切值（或任何其他可用信息），这些信息以工具提示的方式出现。还可以选择图的一部分进行放大以便于分析。

（4）使用 bokeh 创建绘图。

```python
df["Adj Close"].plot_bokeh(kind="line",
                            rangetool=True,
                            title="MSFT time series")
```

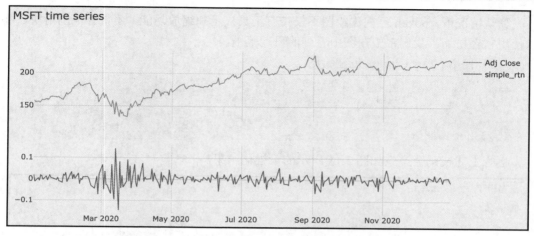

图 3.11　使用 cufflinks 创建的时间序列可视化示例

运行上述代码将生成如图 3.12 所示的结果。

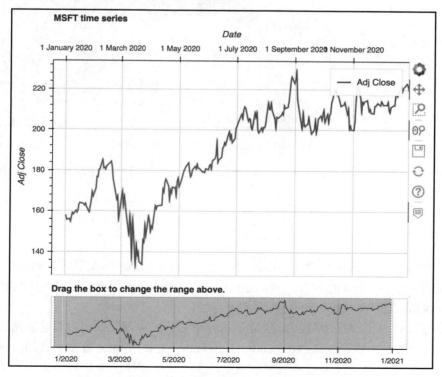

图 3.12　使用 bokeh 可视化微软公司调整后的股票价格

默认情况下，bokeh 可视化绘图不仅带有工具提示和缩放功能，还带有范围滑块。可以使用它轻松缩小我们希望在图中看到的日期范围。

（5）使用 plotly.express 创建绘图。

```
fig = px.line(  data_frame=df,
                y="Adj Close",
                title="MSFT time series")
fig.show()
```

运行上述代码会产生如图 3.13 所示的可视化结果。

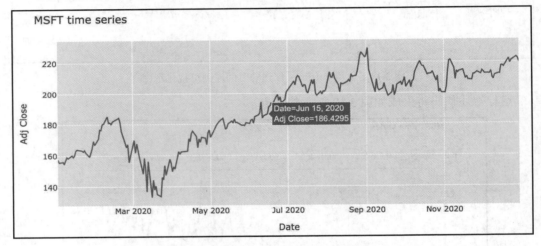

图 3.13　使用 plotly 的时间序列可视化示例

在图 3.13 中，可以看到交互式工具提示的示例，这对于在分析的时间序列中识别特定观察值非常有用。

3.3.2　原理解释

在步骤（1）中，导入了库并为 bokeh 初始化了 Jupyter Notebook 显示，指定了 cufflinks 的离线模式。然后下载了微软公司从 2020 年开始的股价，使用调整后的收盘价计算简单收益，只保留这两列以供下一步的绘图使用。

在步骤（3）中，使用 cufflinks 创建了第一个交互式可视化结果。如前文所述，由于 cufflinks 的关系，我们可以直接在 pandas DataFrame 上使用 iplot 方法。它的工作原理类似于原始的 plot 方法。在上述示例中，指定要在一列中创建子图，共享 x 轴。该库处理了其余部分并创建了一个交互式可视化结果。

在步骤（4）中，使用 bokeh 创建了一个线图。上述示例没有使用纯 bokeh 库，而是使用了 pandas 的官方包装器——pandas_bokeh。它使我们可以直接在 pandas DataFrame 上访问 plot_bokeh 方法，以简化创建绘图的过程。

最后，在步骤（5）中使用了 plotly.express 框架，它现在正式成为 plotly 库的一部分（它曾经是一个独立的库）。使用 px.line 函数即可轻松创建一个简单但包含交互功能的线图。

3.3.3　扩展知识

在使用可视化绘图讲述故事或向利益相关者或外行观众展示数据分析结果时，有一些技术可以提高绘图传达给定信息的能力。注解（annotation）就是其中一种技术，我们可以轻松地将它们添加到使用 plotly 生成的图中（也可以使用其他库）。

接下来执行以下操作步骤。

（1）导入库。

```python
from datetime import date
```

（2）定义 plotly 绘图的注解。

```python
selected_date_1 = date(2020, 2, 19)
selected_date_2 = date(2020, 3, 23)

first_annotation = {
    "x": selected_date_1,
    "y": df.query(f"index == '{selected_date_1}'")["Adj Close"].
squeeze(),
    "arrowhead": 5,
    "text": "COVID decline starting",
    "font": {"size": 15, "color": "red"},
}

second_annotation = {
    "x": selected_date_2,
    "y": df.query(f"index == '{selected_date_2}'")["Adj Close"].
squeeze(),
    "arrowhead": 5,
    "text": "COVID recovery starting",
    "font": {"size": 15, "color": "green"},
    "ax": 150,
    "ay": 10,
}
```

上述字典中有一些元素需要解释一下。

❑   *x/y*——注解的位置分别在 *x* 轴和 *y* 轴上。

❑   text——注解的文本。

❑   font——字体的格式。

❑   arrowhead——我们要使用的箭头形状。

❑   ax/ay——从指定点沿 *x* 轴和 *y* 轴的偏移。

我们经常使用偏移量来确保注解不会彼此重叠或与图中的其他元素重叠。

在定义注解后，可以简单地将它们添加到绘图中。

（3）更新绘图布局并显示。

```
fig.update_layout(
    {"annotations": [first_annotation, second_annotation]}
)
fig.show()
```

运行上述代码片段会生成如图 3.14 所示的结果。

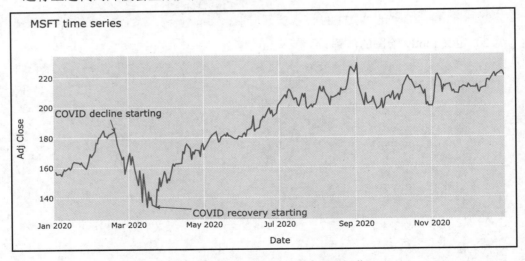

图 3.14　添加了注解的时间序列可视化

可以看到，图 3.14 使用注解标记了市场因新冠疫情大流行而开始下跌的日期，以及市场开始恢复和再次上涨的日期。用于注解的日期是通过查看绘图而简单选择的。

3.3.4　参考资料

❑   有关 bokeh 的更多信息。

https://bokeh.org/

❑　读者还可以研究 altair，这是另一个用于交互式可视化的流行 Python 库。

https://altair-viz.github.io/

❑　plotly 的 Python 文档。该库也可用于其他编程语言，如 R、MATLAB 或 Julia。

https://plotly.com/python/

3.4　创建 K 线图

K 线图（candlestick chart）直译为蜡烛图，因为它的形状像蜡烛。蜡烛图也称为蜡烛曲线图，因为英文中的蜡烛（candle）和曲线（curve）首字母的发音都为 K，因此简称为 K 线图。它是一种与金融有关的图形，用于描述给定证券的价格走势。单个 K 线（通常对应一天，但也可能有不同的频率，如五日 K 线、周 K 线和月 K 线等）即结合了开盘价、最高价、最低价和收盘价（OHLC）。

图 3.15 显示了看涨 K 线（给定时间段内的收盘价高于开盘价）的元素。

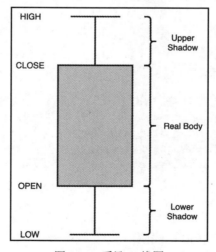

图 3.15　看涨 K 线图

原　　文	译　　文	原　　文	译　　文
HIGH	最高价	Upper Shadow	上影线
CLOSE	收盘价	Real Body	实体
OPEN	开盘价	Lower Shadow	下影线
LOW	最低价		

对于看跌 K 线，则应该交换开盘价和收盘价的位置。一般来说，还会将蜡烛的颜色更改为红色。

📎 **注意：**

美股以红色表示股价下跌，绿色表示股价上涨；A 股则相反，绿色表示股价下跌，红色表示股价上涨。

与前面介绍的图表相比，K 线图传达的信息比调整收盘价的简单线图要多。这就是为什么它们经常用于真实交易平台，交易者也通常使用它们来识别模式和做出交易决策。

在本节中，我们还将添加移动平均线（这是最基本的技术指标之一），以及代表交易量的条形图。

3.4.1　准备工作

在本节中，我们将下载推特（Twitter）公司 2018 年的（调整后）股票价格。本示例将使用雅虎财经下载数据，请按以下步骤进行操作。

（1）导入库。

```python
import pandas as pd
import yfinance as yf
```

（2）下载调整后的价格。

```python
df = yf.download(   "TWTR",
                    start="2018-01-01",
                    end="2018-12-31",
                    progress=False,
                    auto_adjust=True)
```

3.4.2　实战操作

执行以下步骤以创建交互式 K 线图。

（1）导入库。

```python
import cufflinks as cf
from plotly.offline import iplot


cf.go_offline()
```

（2）使用 Twitter 的股票价格创建 K 线图。

```
qf = cf.QuantFig(
    df, title="Twitter's Stock Price",
    legend="top", name="Twitter's stock prices in 2018"
)
```

（3）在图中添加成交量和移动平均线（moving average，MA）。

```
qf.add_volume()
qf.add_sma(periods=20, column="Close", color="red")
qf.add_ema(periods=20, color="green")
```

（4）显示绘图。

```
qf.iplot()
```

生成的结果如图 3.16 所示（在 Jupyter Notebook 中是可以交互的）。

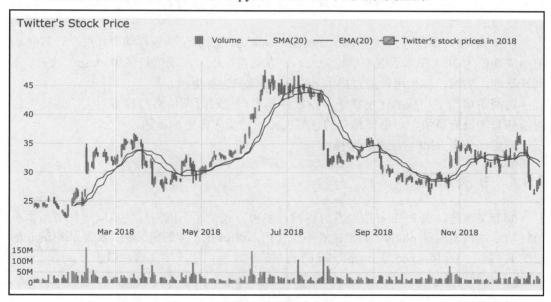

图 3.16　2018 年 Twitter 公司股价的 K 线图

在图 3.16 中可以看到，指数移动平均线（exponential moving average，EMA）适应价格变化的速度比简单移动平均线（simple moving average，SMA）快得多。该图中的一些数据不连续是由于本示例使用的是每日数据，没有周末/假期等休市日的数据。

3.4.3　原理解释

在步骤（1）中导入了需要的库，并指明要使用 cufflinks 和 plotly 的离线模式。

💡 提示：

如果不想每次都运行 cf.go_offline()，可以通过运行以下语句将设置修改为始终使用离线模式。

```
cfg.set_config_file(offline=True)
```

使用以下语句可以查看设置。

```
cf.get_config_file()
```

在步骤（2）中，通过传递包含输入数据的 DataFrame 以及标题和图例位置的一些参数来创建 QuantFig 对象的实例。读者也可以通过立即运行 QuantFig 的 iplot 方法来创建一个简单的 K 线图。

在步骤（3）中，分别使用 add_sma/add_ema 方法添加了两条移动平均线。计算平均值的周期值为 20（在本示例中单位为天）。默认情况下，平均值是使用 close（收盘价）列计算的，当然，你也可以通过提供 column 参数来进行更改。

这两条移动平均线的区别在于，指数移动平均线对近期价格的权重更大，这使得它对新信息的反应更快，对总体趋势的任何变化同样反应得更加迅速。

最后，使用 iplot 方法显示绘图。

3.4.4　扩展知识

如前文所述，在 Python 中经常可以通过多种方式使用不同的库完成同一任务。本小节将演示如何使用纯 plotly（如果读者不想使用 cufflinks 之类的包装库）和 mplfinance 创建的 K 线图（mplfinance 是 matplotlib 的独立扩展，专门用于绘制金融数据）。

（1）导入库。

```
import plotly.graph_objects as go
import mplfinance as mpf
```

（2）使用纯 plotly 创建 K 线图。

```
fig = go.Figure(data=
    go.Candlestick( x=df.index,
                    open=df["Open"],
```

```
                            high=df["High"],
                            low=df["Low"],
                            close=df["Close"])
)

fig.update_layout(
    title="Twitter's stock prices in 2018",
    yaxis_title="Price ($)"
)

fig.show()
```

运行上述代码片段会产生如图 3.17 所示的输出。

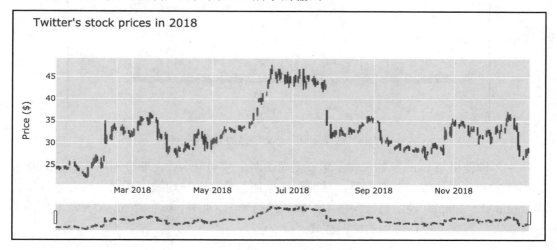

图 3.17　使用 plotly 生成的 K 线图示例

上面的代码看起来有点长，但实际上非常简单。首先需要传递一个 go.Candlestick 类的对象作为使用 go.Figure 定义的图形的 data 参数。然后使用 update_layout 方法为 y 轴添加标题和标签。

K 线图实现绘图的便利之处在于它带有一个范围滑块，可以使用它以交互方式将显示的 K 线缩小到我们想要仔细研究的时间段。

（3）使用 mplfinance 创建 K 线图。

```
mpf.plot(   df, type="candle",
            mav=(10, 20),
            volume=True,
            style="yahoo",
```

```
            title="Twitter's stock prices in 2018",
            figsize=(8, 4))
```

运行上述代码将生成如图 3.18 所示的输出。

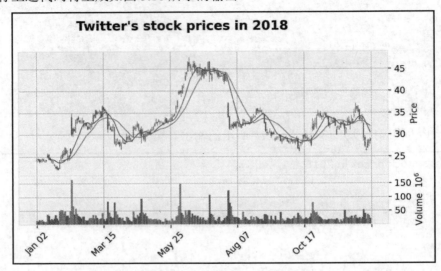

图 3.18　使用 mplfinance 创建的 K 线图示例

　　本示例使用了 mav 参数来表示想要创建的两个移动平均线，即分别以 10 天和 20 天为周期的移动平均线。遗憾的是，目前无法添加指数移动平均线。当然，读者也可以使用 mpf.make_addplot 辅助函数向图中添加额外的绘图。此外，style="yahoo"表示希望使用一种类似于雅虎财经所使用的绘图样式。

📑 注意：
　　使用 mpf.available_styles()命令可以显示所有可用的样式。

3.4.5　参考资料

以下是一些比较有用的参考资料。

❑　cufflinks 的 GitHub 存储库。

https://github.com/santosjorge/cufflinks

❑　cufflinks 的源代码，有助于获取有关可用方法（不同指标和设置）的更多信息。

https://github.com/santosjorge/cufflinks/blob/master/cufflinks/quant_figure.py

❑ mplfinance 的 GitHub 存储库。

https://github.com/matplotlib/mplfinance

❑ 这是一个 Jupyter Notebook，其中包含如何向使用 mplfinance 生成的绘图添加额外信息的示例。

https://github.com/matplotlib/mplfinance/blob/master/examples/addplot.ipynb

3.5　小　　结

　　本章详细介绍了可视化金融时间序列的各种方法。绘制数据对于了解我们要分析的时间序列非常有帮助。你可通过可视化结果可以清晰地看到一些模式（如趋势或变化点），然后可以通过统计测试来确认这些模式。可视化数据还有助于发现系列中的一些异常值（极值），这就引出了下一章的主题：自动模式识别和异常值检测。

第 4 章　探索金融时间序列数据

在前面的章节中，我们学习了如何预处理和可视化金融时间序列数据，本章将使用算法和统计测试来自动识别数据中的一些潜在问题（如异常值）并分析数据是否存在趋势或其他模式（如均值回归）。

本章还将深入研究资产收益的典型化事实（stylized fact）。和异常值检测一样，这些方法在处理金融数据时尤为重要。当我们想要基于资产价格构建模型/策略时，必须确保它们能够准确地捕捉到收益的动力源泉。

话虽如此，本章中描述的大多数技术并不仅限于金融时间序列，读者也可以有效地将之用于其他领域。

本章包含以下内容。

❑　使用滚动统计进行异常值检测。
❑　使用 Hampel 过滤器进行异常值检测。
❑　检测时间序列中的变点。
❑　检测时间序列中的趋势。
❑　使用 Hurst 指数检测时间序列中的模式。
❑　研究资产收益的典型化事实。

4.1　使用滚动统计进行异常值检测

在处理各种类型的数据时，我们经常会遇到与大多数观测值明显不同的观察结果，即异常值（outlier）。在金融领域，它们可能是错误的价格、金融市场中发生的重大事件或数据处理流程中的错误结果。许多机器学习算法和统计方法可能会受到异常值的严重影响，从而导致出现不正确/有偏差的结果。这就是在创建任何模型之前我们都应该识别和处理异常值的原因。

📝 **注意：**

本章将重点讨论数据点异常检测（point anomaly detection）问题，即研究给定的观测值与其他观测值相比是否突出。有一些不同的算法集可以将整个数据序列识别为异常。

　　下面我们将介绍一种相对简单的类似筛选的方法，用于根据滚动平均值和标准差检测异常值。这里将使用特斯拉（Tesla）公司 2019 年至 2020 年的股价数据。

4.1.1　实战操作

　　执行以下步骤以使用滚动统计数据检测异常值并将其标记在图上。

　　（1）导入库。

```python
import pandas as pd
import yfinance as yf
```

　　（2）下载特斯拉公司 2019 年到 2020 年的股价并计算简单收益。

```python
df = yf.download(    "TSLA",
                     start="2019-01-01",
                     end="2020-12-31",
                     progress=False)

df["rtn"] = df["Adj Close"].pct_change()
df = df[["rtn"]].copy()
```

　　（3）计算 21 天滚动平均值（rolling mean）和标准偏差（standard deviation，STD）。

```python
df_rolling = df[["rtn"]].rolling(window=21) \
                        .agg(["mean", "std"])
df_rolling.columns = df_rolling.columns.droplevel()
```

　　（4）将滚动数据加入初始 DataFrame。

```python
df = df.join(df_rolling)
```

　　（5）计算上下阈值。

```python
N_SIGMAS = 3
df["upper"] = df["mean"] + N_SIGMAS * df["std"]
df["lower"] = df["mean"] - N_SIGMAS * df["std"]
```

　　（6）使用之前计算的阈值识别异常值。

```python
df["outlier"] = (
    (df["rtn"] > df["upper"]) | (df["rtn"] < df["lower"])
)
```

　　（7）将收益与阈值一起绘制并标记异常值。

```python
fig, ax = plt.subplots()
```

```
df[["rtn", "upper", "lower"]].plot(ax=ax)
ax.scatter( df.loc[df["outlier"]].index,
            df.loc[df["outlier"], "rtn"],
            color="black", label="outlier")
ax.set_title("Tesla's stock returns")
ax.legend(loc="center left", bbox_to_anchor=(1, 0.5))

plt.show()
```

运行上述代码片段会生成如图 4.1 所示的结果。

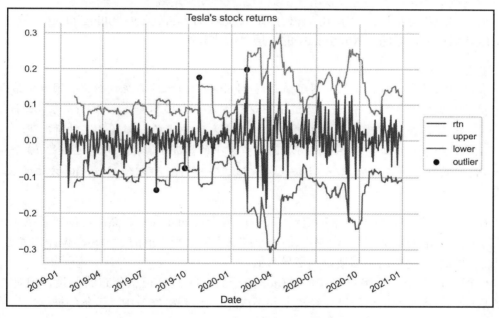

图 4.1 使用过滤算法识别异常值

在图 4.1 中可以观察到标有黑色小圆点的异常值，以及用于确定它们的阈值。需要注意的是，当两个大的（绝对值）收益彼此相邻时，该算法会将第一个识别为异常值，将第二个识别为常规观察值。这可能是由于第一个异常值进入滚动窗口并影响了移动平均值/标准差。在特斯拉 2020 年第一季度的股价中即可观察到这样的情况。

✔ 注意：

数据分析人员还应该意识到所谓的"幽灵效应"（ghost effect），即当单个异常值进入滚动窗口时，只要它保持在滚动窗口中，就会膨胀滚动统计数据的值。

4.1.2　原理解释

在导入库之后，我们下载了特斯拉公司的股票价格，计算了收益，并仅保留了一个列（也就是包含收益的那一列），以用于进一步分析。

为了识别异常值，我们首先使用了 21 天的滚动窗口计算移动统计数据。之所以使用 21，是因为这是一个月的平均交易日数，在这个例子中，我们使用了每日数据。当然，你也可以选择不同的值，然后移动平均线将对变化做出更快或更慢的反应。如果发现它对特定用例更有意义，还可以使用（指数）加权移动平均线。

为了实现移动指标，本示例结合使用了 pandas DataFrame 的 rolling 和 agg 方法。在计算统计数据后，删除了 MultiIndex 的一层以简化分析。

📝 **注意：**

在应用滚动窗口时，我们使用了前面的 21 个观测值来计算统计数据，因此，第一个值可用于 DataFrame 的第 22 行。通过使用这种方法，我们不会将未来的信息"泄漏"到算法中。当然，在某些情况下，用户可能并不介意这种泄漏，那么在这种情况下，用户也可以使用居中的窗口，这样在使用相同窗口大小的情况下，即可考虑过去的 10 个观测值、当前的观测值和未来的 10 个数据点。要实现这一功能，可以使用 rolling 方法的 center 参数。

在步骤（4）中，我们将滚动统计信息加入初始 DataFrame。然后，创建了包含决策阈值上限和下限的附加列。我们决定使用高于/低于滚动平均值的 3 个标准偏差作为边界。超出它们的任何观察结果都被认为是异常值。

值得一提的是，该筛选算法的逻辑是基于股票收益呈正态分布的假设，但是在本章的后面，你将看到这个假设在经验上并不成立。在步骤（6）中，该条件被编写为单独的列。

在步骤（7）中，对收益序列以及决策阈值上限/下限进行了可视化，并用黑色小圆点标记了异常值。为了使绘图更具可读性，还将图例移到绘图区域之外。

在实际工作中，我们不仅要识别异常值，还要对其进行处理。例如，将它们限制在最大/最小可接受值的范围内、用插值替换它们，或者遵循任何其他可能的方法。

4.1.3　扩展知识

现在让我们来看看异常值的常见处理方法。

1．定义函数

本节我们演示了识别 DataFrame 上的异常值所需的所有步骤。当然，读者也可以快速将所有步骤封装到一个函数中，并使其通用化以处理更多用例。具体方法如下。

```
def identify_outliers(df, column, window_size, n_sigmas):
    """Function for identifying outliers using rolling statistics"""

    df = df[[column]].copy()
    df_rolling = df.rolling(window=window_size) \
                   .agg(["mean", "std"])

    df_rolling.columns = df_rolling.columns.droplevel()
    df = df.join(df_rolling)
    df["upper"] = df["mean"] + n_sigmas * df["std"]
    df["lower"] = df["mean"] - n_sigmas * df["std"]

    return ((df[column] > df["upper"]) | (df[column] < df["lower"]))
```

该函数将返回一个 pd.Series，其中包含指示给定观察值是否为异常值的布尔标志。

使用函数的另一个好处是我们可以轻松地尝试使用不同的参数（如窗口大小和用于创建阈值的标准差数）。

2．缩尾法

另一种处理异常值的流行方法是缩尾法（winsorization）。它的基本思路是替换数据中的异常值以限制它们对任何潜在计算的影响。

我们可以通过一个示例来轻松理解缩尾法。90%的缩尾法会用第 95 个百分位数替换前 5%的值。同样，底部的 5%则被替换为第 5 个百分位的值。

在 scipy 库中可以找到对应的 winsorize 函数。

4.2　使用 Hampel 过滤器进行异常值检测

本节将介绍另一种用于时间序列异常值检测的算法——Hampel 过滤器（Hampel filter）。它的目标是识别并可能替换给定系列中的异常值。它使用大小为 $2x$ 的居中滑动窗口（在之前/之后给定 x 个观察值）遍历整个系列。

对于每个滑动窗口，该算法将计算中值和绝对中位差（median absolute deviation，MAD），后者是标准偏差的一种形式。

📝 **注意：**

　　为了使绝对中位差成为标准偏差的一致估计量，必须将其乘以常数比例因子 k，该常数比例因子取决于分布。例如，对于高斯分布而言，它大约是 1.4826。

　　与之前介绍的算法类似，如果观察值与窗口中值的差异超过确定的标准差数，则将其视为异常值，然后可以用窗口的中值替换这样的观察值。

　　我们可以试验算法的超参数的不同设置。例如，较高的标准偏差阈值将使过滤器更接受度更高，而较低的标准偏差阈值则会导致更多的数据点被归类为异常值。

　　本节我们将使用 Hampel 过滤器来查看 2019 年至 2020 年期间特斯拉公司股价时间序列中的任何观察值是否可以被视为异常值。

4.2.1　实战操作

　　执行以下步骤以使用 Hampel 过滤器识别异常值。
　　（1）导入库。

```
import yfinance as yf
from sktime.transformations.series.outlier_detection import HampelFilter
```

　　（2）下载特斯拉公司 2019 年到 2020 年的股价，计算简单收益。

```
df = yf.download(   "TSLA",
                    start="2019-01-01",
                    end="2020-12-31",
                    progress=False)
df["rtn"] = df["Adj Close"].pct_change()
```

　　（3）实例化 HampelFilter 类并将其用于异常值检测。

```
hampel_detector = HampelFilter(window_length=10,
                               return_bool=True)
df["outlier"] = hampel_detector.fit_transform(df["Adj Close"])
```

　　（4）绘制特斯拉公司的股价并标记异常值。

```
fig, ax = plt.subplots()

df[["Adj Close"]].plot(ax=ax)
ax.scatter( df.loc[df["outlier"]].index,
            df.loc[df["outlier"], "Adj Close"],
            color="black", label="outlier")
ax.set_title("Tesla's stock price")
```

```
ax.legend(loc="center left", bbox_to_anchor=(1, 0.5))

plt.show()
```

运行上述代码将生成如图 4.2 所示的结果。

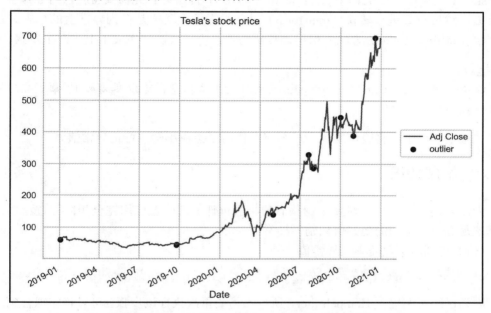

图 4.2　特斯拉公司的股价和使用 Hampel 过滤器识别的异常值

在图 4.2 中，使用 Hampel 过滤器确定了 7 个异常值。该图没有检测到 2020 年 9 月左右的最大峰值和下降，这很有趣，甚至违反常规，反而是后来一些较小的涨跌被标记为异常值。当然，这其实也是可以解释的。我们必须记住，此过滤器使用了居中窗口，因此在查看顶点峰值处的观察值时，该算法还会查看之前和接下来的 5 个观察值，其中自然也包括高值。

4.2.2　原理解释

本示例的前两个步骤相信读者已经非常熟悉，首先是导入了库，然后下载了股票价格，并计算了简单收益。

在步骤（3）中，实例化了 HampelFilter 类的对象。我们使用了来自 sktime 库的该过滤器的实现（在第 7 章"基于机器学习的时间序列预测"中将进一步讨论该库）。本示例指定要使用长度为 10 的窗口（即前 5 个观察值和后 5 个观察值），并且无论观察值是否为异常值，过滤器都会返回一个布尔标志。**return_bool** 的默认设置将返回一个新系列，其中异常值将替换为 NaN。这是因为 sktime 的作者建议使用过滤器来识别和删除异常值，然后使用配套的 Imputer 类来填充缺失值。

    sktime 使用的方法类似于 scikit-learn 中可用的方法，即首先需要将转换对象拟合（fit）到数据，然后对其进行转换（transform）以获得指示观察值是否为异常值的标志。在本示例中，将 fit_transform 方法应用于调整后的收盘价，一次性完成了上述两个步骤。

💡 提示：

    有关使用 scikit-learn 的 fit/transform API 的更多信息，可以参阅第 13 章 "应用机器学习：识别信用违约"。

    在最后一步中，将股价绘制为线图，并使用了黑色小圆点标记异常值。

4.2.3　扩展知识

    为比较起见，还可以对使用调整后的收盘价计算的收益应用完全相同的过滤器，看看算法是否会将不同的观察值识别为异常值。

    （1）识别股票收益中的异常值。

```
df["outlier_rtn"] = hampel_detector.fit_transform(df["rtn"])
```

    因为已经实例化了 HampelFilter，所以不需要再次执行该步骤。可以将它拟合到新数据（收益）并对其进行转换以获得布尔标志。

    （2）绘制特斯拉公司的每日收益并标记异常值。

```
fig, ax = plt.subplots()

df[["rtn"]].plot(ax=ax)
ax.scatter( df.loc[df["outlier_rtn"]].index,
            df.loc[df["outlier_rtn"], "rtn"],
            color="black", label="outlier")
ax.set_title("Tesla's stock returns")
ax.legend(loc="center left", bbox_to_anchor=(1, 0.5))

plt.show()
```

运行上述代码将生成如图 4.3 所示的结果。

可以看到，该算法在使用收益而不是股价时检测到更多的异常值。

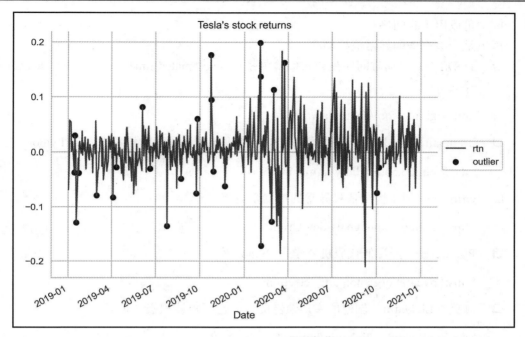

图 4.3　特斯拉公司的股票收益和使用 Hampel 过滤器识别的异常值

（3）看看以收益和股价而论都是异常值的情况。

```
df.query("outlier == True and outlier_rtn == True")
```

将会出现如图 4.4 所示的结果。

Date	Open	High	Low	Close	Adj Close	Volume	rtn	outlier	outlier_rtn
2019-09-24	48.3	48.4	44.52	44.64	44.64	64457500	-0.07	True	True

图 4.4　以收益和股价而论都是异常值的日期

可以看到，如果同时按照股价和收益来识别，则只有一个日期被确定为异常值。

4.2.4　参考资料

异常值检测是数据科学的一个重要领域，有许多方法可以识别可疑观察结果。我们介绍了两种特别适用于时间序列问题的算法，其实还有很多可能的异常检测方法。在第13 章"应用机器学习：识别信用违约"中将介绍更多的数据异常值检测方法，当然，其中一些也可以用于时间序列。

以下是一些有趣的异常值检测库。

❏ TODS——自动时间序列异常值检测系统（automated time-series outlier detection system）。

https://github.com/datamllab/tods

❏ Luminaire——为监控时间序列数据提供机器学习驱动的解决方案的 Python 包。

https://github.com/zillow/luminaire/

❏ Orion——用于检测信号异常的机器学习库。

https://github.com/signals-dev/Orion

❏ PyCaret——开源低代码机器学习 Python 库。

https://pycaret.org/anomaly-detection/

❏ 领英（LinkedIn）创建的库，遗憾的是，它不再被积极维护。

https://github.com/linkedin/luminol

❏ 该 R 包（由 Twitter 创建）非常有名，并被一些个人贡献者移植到 Python。

https://github.com/twitter/AnomalyDetection

再补充一些参考资料。

❏ 一篇介绍 Hampel 过滤器的论文。

Hampel F. R. 1974. "The influence curve and its role in robust estimation." Journal of the American Statistical Association, 69: 382-393.

❏ sktime 文档。

https://www.sktime.org/en/latest/index.html

4.3　检测时间序列中的变点

变点（changepoint）可以定义为过程或时间序列的概率分布发生变化时的时间点，例如，当序列中的均值发生变化时。

本节将使用累积和（cumulative sum，CUSUM）方法来检测时间序列中均值的偏移。

本节中使用的实现有以下两个步骤。

（1）寻找变点——迭代过程首先在给定时间序列的中间初始化一个变点。然后，根据所选点执行 CUSUM 方法。接下来的变点位于之前的 CUSUM 时间序列最大或最小的位置（取决于要找到的变点的方向）。不断持续这个过程，直至找到一个稳定的变点或者超过了最大迭代次数。

（2）检验其统计显著性——对数似然比检验（log-likelihood ratio test）可用于检验给定时间序列的均值是否在已识别的变点发生变化。零假设（null hypothesis）表明序列的均值没有变化。

关于该算法实现，还有以下一些说明。

❏　该算法可用于检测上移和下移。

❏　该算法最多可以找到一个向上和一个向下的变点。

❏　默认情况下，只有在零假设被拒绝时才会报告变点。

❏　该算法实际上使用了高斯分布计算 CUSUM 时间序列值并执行假设检验。

本节将应用 CUSUM 算法来识别 2020 年以来苹果公司股价的变点。

4.3.1　实战操作

执行以下步骤来检测苹果公司股价的变点。

（1）导入库。

```
import yfinance as yf
from kats.detectors.cusum_detection import CUSUMDetector
from kats.consts import TimeSeriesData
```

（2）下载苹果公司 2020 年以来的股价。

```
df = yf.download(    "AAPL",
                     start="2020-01-01",
                     end="2020-12-31",
                     progress=False)
```

（3）只保留调整后的收盘价，重置索引，并重命名列。

```
df = df[["Adj Close"]].reset_index(drop=False)
df.columns = ["time", "price"]
```

（4）将 DataFrame 转换为 TimeSeriesData 对象。

```
tsd = TimeSeriesData(df)
```

（5）实例化并运行变点检测器。

```
cusum_detector = CUSUMDetector(tsd)
change_points = cusum_detector.detector(
    change_directions=["increase"]
)
cusum_detector.plot(change_points)
```

运行上述代码将生成如图 4.5 所示的结果。

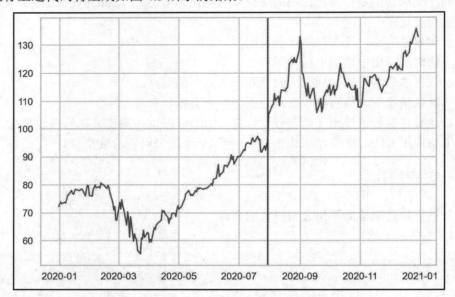

图 4.5　CUSUM 算法检测到的变点

可以看到，算法选择了最大的股价暴涨作为变点。

（6）更详细地研究检测到的变点。

```
point, meta = change_points[0]
point
```

有关检测到的变点，返回了以下信息。

```
TimeSeriesChangePoint(start_time:2020-07-30 00:00:00, end_time: 2020-07-
30 00:00:00, confidence: 1.0)
```

可以看到，算法确定的变点是在 2020 年 7 月 30 日，其股价从当天的 95.4 美元跃升至第二天的 105.4 美元，暴涨的主要原因是强劲的季度收益报告。

4.3.2　原理解释

在步骤（1）中，导入了所需的库。为了检测变点，我们使用了 Facebook（现改名为 Meta）公司开发的 kats 库。然后，在步骤（2）中获取了苹果公司从 2020 年开始的股价。对于此分析，使用了调整后的收盘价。

要使用 kats，需要以特定的格式获取数据。这就是在步骤（3）中只保留了调整后的收盘价，重置索引而不删除它（因为需要该列）并重命名这些列的原因。要记住的一件事是，包含日期/日期时间的列必须称为 time。

在步骤（4）中，将 DataFrame 转换为 TimeSeriesData 对象，这是 kats 使用的表示形式。

在步骤（5）中，使用了之前创建的数据实例化 CUSUMDetector。这里没有更改任何默认设置。然后，使用 detector 方法识别变点。对于此分析，我们只对增长感兴趣，因此指定了 change_directions 参数为 increase。最后，还使用了 cusum_detector 对象的 plot 方法绘制检测到的变点。这里要注意的一件事是，必须提供已识别的变点作为该方法的输入。

在步骤（6）中，进一步研究了检测到的变点。返回的对象是一个包含两个元素的列表，其中 TimeSeriesChangePoint 对象包含诸如已识别的变点的日期和算法的置信度（confidence）之类的信息，另外还有一个元数据对象。通过使用后者的 __dict__ 方法，可以获得关于该点的更多信息，包括方向、变点之前/之后的平均值、似然比检验的 p 值等。

4.3.3　扩展知识

kats 库提供了很多关于变点检测的有趣功能，下面我们将介绍其中的两个，强烈建议读者对这些功能进行进一步的探索。

1．限制检测窗口

我们要介绍的第一个功能是限制要在其中查找变点的窗口。可以使用 detector 方法的 interest_window 参数来做到这一点。

以下示例将只寻找第 200 次和第 250 次观察之间的变点（提醒：这是交易年而不是完整的日历年，因此只有大约 252 个观察点）。

缩小我们要在其中搜索变点的窗口。

```
change_points = cusum_detector.detector(change_directions=["increase"],
                                        interest_window=[200, 250])
cusum_detector.plot(change_points)
```

修改后的结果如图 4.6 所示。

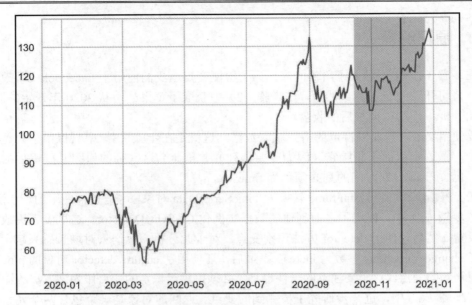

图 4.6　在系列中的第 200 个和第 250 个观测值之间确定的变点

如图 4.6 所示，除了已识别的变点，还可以看到选择的窗口。

2．使用不同的变点检测算法

kats 库还包含其他有趣的变点检测算法。其中之一是 RobustStatDetector。如果读者对算法本身的细节不感兴趣，那么只需要知道它会在识别变点之前使用移动平均线平滑数据即可。该算法的另一个有趣功能是它可以在单次运行中检测到多个变点。

使用另一种算法来检测变点（RobustStatDetector）。

```
from kats.detectors.robust_stat_detection import RobustStatDetector

robust_detector = RobustStatDetector(tsd)
change_points = robust_detector.detector()
robust_detector.plot(change_points)
```

运行上述代码片段会生成如图 4.7 所示的结果。

如图 4.7 所示，与之前的示例相比，进行这一次算法获得了两个额外的变点。

📝 **注意：**

kats 库提供的另一个有趣的算法是贝叶斯在线变点检测（Bayesian online change point detection，BOCPD）。有关 kats 库的更多详细，可以访问 4.3.4 节 "参考资料" 中提供的 GitHub 存储库。

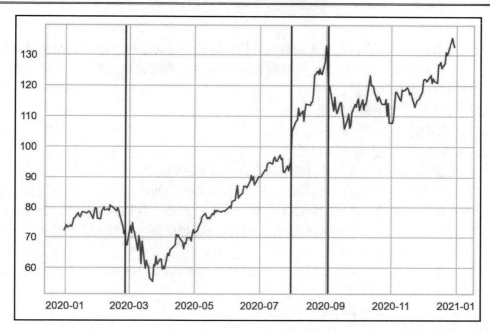

图 4.7　使用 RobustStatDetector 识别变点

4.3.4　参考资料

❑　Facebook 公司 Kats 库的 GitHub 存储库。

　　https://github.com/facebookresearch/Kats

❑　Page, E. S. 1954. "Continuous inspection schemes." Biometrika 41(1): 100-115.
❑　Adams, R. P., & MacKay, D. J. (2007). Bayesian online changepoint detection. arXiv preprint arXiv:0710.3742.

4.4　检测时间序列中的趋势

前文我们介绍了变点检测，还有另一类算法可用于趋势检测，即识别时间序列中显著且持续的变化。

kats 库提供了一种基于非参数 Mann-Kendall（MK）检验的趋势检测算法。该算法可以按迭代方式对指定大小的窗口进行 MK 检验，并返回该检验结果中具有统计显著性的每个窗口的起点。

为了检测窗口中是否存在显著趋势，该检验将检查时间序列中增加/减少的单调性，而不是值变化的幅度。MK 检验使用称为 Kendall's Tau 的测试统计量，范围从-1 到 1。可以按以下方式解释这些值。

❑　-1 表示完全单调下降。

❑　1 表示完全单调增加。

❑　0 表示该系列没有方向性趋势。

默认情况下，该算法将仅返回结果具有统计显著性的时期。

读者可能会感到很奇怪，在图表上一眼就可以看到趋势，为什么还要使用算法来检测趋势呢？这不是多此一举吗？表面上看确实如此，但是，我们应该记住，使用这些算法的目的是一次查看多个序列和时间段。分析人员希望能够大规模地检测趋势，例如，在数百个时间序列中发现上升趋势。

下面将使用趋势检测算法来调查自 2020 年以来英伟达（NVIDIA）公司的股价是否存在显著上涨趋势的时期。

4.4.1　实战操作

执行以下步骤以检测自 2020 年以来英伟达公司股价的上涨趋势。

（1）导入库。

```
import yfinance as yf
from kats.consts import TimeSeriesData
from kats.detectors.trend_mk import MKDetector
```

（2）下载英伟达公司 2020 年以来的股价。

```
df = yf.download(   "NVDA",
                    start="2020-01-01",
                    end="2020-12-31",
                    progress=False)
```

（3）只保留调整后的收盘价，重置索引，并重命名列。

```
df = df[["Adj Close"]].reset_index(drop=False)
df.columns = ["time", "price"]
```

（4）将 DataFrame 转换为 TimeSeriesData 对象。

```
tsd = TimeSeriesData(df)
```

（5）实例化并运行趋势检测器。

```
trend_detector = MKDetector(tsd, threshold=0.9)
time_points = trend_detector.detector(
    direction="up",
    window_size=30
)
```

（6）绘制检测到的时间点。

```
trend_detector.plot(time_points)
```

运行上述代码会产生如图 4.8 所示的结果。

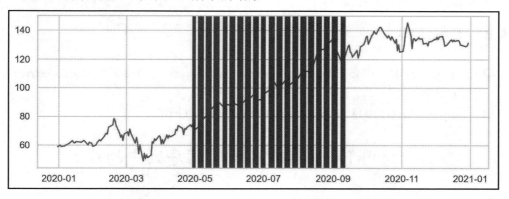

图 4.8　确定的上升趋势起点

在图 4.8 中，可以看到很多周期，在这些周期之间有一些间隙。重要的是要知道，红色垂直条不是检测到的窗口，而是许多检测到的趋势起点，它们彼此相邻。在数据上运行算法的选定配置导致识别出 95 个呈上升趋势的周期，这些周期显然有很多是重叠的。

4.4.2　原理解释

前 4 个步骤与前述步骤非常相似，唯一不同的是这次下载的数据是英伟达公司从 2020 年开始的股票价格。有关准备数据以使用 kats 库进行处理的更多信息，请参阅 4.3.2 节"原理解释"。

在步骤（5）中，实例化了趋势检测器（MKDetector 类），同时提供了数据并将 Tau 系数的阈值更改为 0.9。这样，我们将仅获得趋势强度较高的时期。然后，使用 detector 方法找到时间点。我们感兴趣的是在 30 天窗口内的股价上升趋势（direction="up"）。

✎ **注意：**

还可以调整 detector 的其他参数。例如，可以通过使用 freq 参数来指定数据中是否存在某些季节性的变化。

在步骤（6）中绘制了算法找到的结果。读者还可以详细检查 95 个已发现的点中的每一个。返回的 time_points 对象是一个元组列表，其中每个元组都包含 TimeSeriesChangePoint 对象（具有已检测到的趋势周期的开始日期）和该点的元数据。在本示例中，要检测的是在 30 天窗口内股价呈上升趋势的时期。很自然地，在上升趋势的时期内会有相当多的重叠，因为我们找到了多个点，每个点都是该时期的开始。正如我们在图 4.8 中看到的那样，很多这些已识别的点是连续的。

4.4.3　参考资料

❑ Mann, H. B. 1945. "Non-Parametric Tests against Trend." Econometrica 13: 245-259.

❑ Kendall, M. G. 1948. Rank Correlation Methods. Griffin.

4.5　使用 Hurst 指数检测时间序列中的模式

在金融领域，很多交易策略都基于以下两种类型之一。

❑ 动量（momentum）——指投资者试图利用现有市场趋势的延续来确定他们的多空立场。简而言之就是"买涨不买跌"。

❑ 均值回归（mean-reversion）——指投资者假设股票收益和波动率等属性将随着时间的推移而恢复到其长期平均值（也称为 Ornstein-Uhlenbeck 过程）。

虽然可以通过目视检查相对轻松地将时间序列归类为两者之一，但此解决方案肯定不能很好地扩展。这就是为什么我们需要使用 Hurst 指数等方法来确定给定时间序列（不一定是金融时间序列）是趋势性的、均值回归的还是随机游走的。

✎ **注意：**

随机游走（random walk）是一个过程，指其路径中的每一步都是随机的，无法基于过去的表现预测其将来的发展趋势和方向。应用于股票价格，则表明股票价格的变化具有相同的分布，并且相互独立。这意味着股票价格过去的走势（或趋势）不能用来预测其未来的走势。有关更多信息，请参阅第 10 章"金融领域中的蒙特卡洛模拟"。

Hurst 指数（Hurst exponent，H）是衡量时间序列长期记忆的指标。也就是说，它衡量该序列偏离随机游走的程度。Hurst 指数的值介于 0～1，其解释如下。

❑　H < 0.5——该序列是均值回归的。值越接近 0，则均值回归过程越强。

❑　H = 0.5——该序列是几何随机游走的。

❑　H > 0.5——该序列是趋势性的。值越接近 1，则趋势越强。

有多种计算 Hurst 指数的方法。下面我们将重点关注基于扩散行为率估计的方法（扩散行为率估计基于对数价格方差）。对于实际示例，我们将使用标准普尔 500 指数 20 年的每日价格。

4.5.1　实战操作

执行以下步骤来研究标准普尔 500 指数的股票价格是趋势性的、均值回归的还是随机游走的。

（1）导入库。

```
import yfinance as yf
import numpy as np
import pandas as pd
```

（2）下载标准普尔 500 指数 2000—2019 年的历史价格。

```
df = yf.download(  "^GSPC",
                   start="2000-01-01",
                   end="2019-12-31",
                   progress=False)
df["Adj Close"].plot(title="S&P 500 (years 2000-2019)")
```

运行上述代码将生成如图 4.9 所示的结果。

我们将绘制通过该数据计算的 Hurst 指数，看看会出现什么结果。

（3）定义一个计算 Hurst 指数的函数。

```
def get_hurst_exponent(ts, max_lag=20):
    """Returns the Hurst Exponent of the time series"""
    lags = range(2, max_lag)
    tau = [np.std(np.subtract(ts[lag:], ts[:-lag])) for lag in lags]
    hurst_exp = np.polyfit(np.log(lags), np.log(tau), 1)[0]

    return hurst_exp
```

（4）使用不同的 max_lag 参数值计算 Hurst 指数的值。

```
for lag in [20, 100, 250, 500, 1000]:
    hurst_exp = get_hurst_exponent(df["Adj Close"].values, lag)
    print(f"Hurst exponent with {lag} lags: {hurst_exp:.4f}")
```

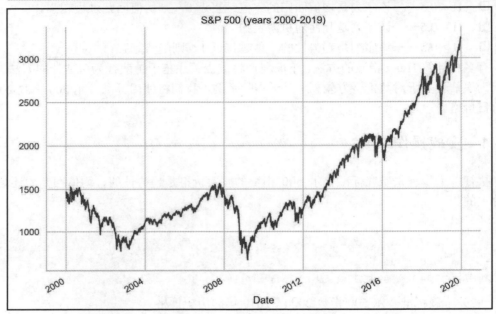

图 4.9　2000 年至 2019 年的标准普尔 500 指数

这将返回以下结果。

```
Hurst exponent with 20 lags: 0.4478
Hurst exponent with 100 lags: 0.4512
Hurst exponent with 250 lags: 0.4917
Hurst exponent with 500 lags: 0.5265
Hurst exponent with 1000 lags: 0.5180
```

可以看到，包含的滞后越多，就越接近标准普尔 500 序列是随机游走的结论。

（5）将数据缩小到 2005—2007 年，再计算一次指数。

```
shorter_series = df.loc["2005":"2007", "Adj Close"].values
for lag in [20, 100, 250, 500]:
    hurst_exp = get_hurst_exponent(shorter_series, lag)
    print(f"Hurst exponent with {lag} lags: {hurst_exp:.4f}")
```

这将返回以下结果。

```
Hurst exponent with 20 lags: 0.3989
```

```
Hurst exponent with 100 lags: 0.3215
Hurst exponent with 250 lags: 0.2507
Hurst exponent with 500 lags: 0.1258
```

可以看出，2005 年到 2007 年期间的序列是均值回归的。作为一项参考，2005 年到 2007 年的时间序列如图 4.10 所示。

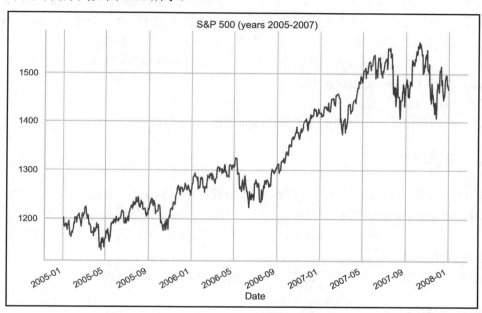

图 4.10　2005 年至 2007 年标准普尔 500 指数

4.5.2　原理解释

导入所需的库后，我们从雅虎财经下载了标准普尔指数 20 年的每日数据。从可视化图形来看，很难说该时间序列是纯粹的趋势性的、均值回归的还是随机游走的。当然，在序列的后半部分有明显的上升趋势。

在步骤（3）中定义了一个用于计算 Hurst 指数的函数。对于这种方法，需要提供用于计算的最大滞后数。该参数对结果有很大的影响，后面也可以看到这一点。

Hurst 指数的计算可以概括为以下两个步骤。

（1）对于考虑范围内的每个滞后，计算差分序列的标准差（在第 6 章 "时间序列分析和预测" 中将更深入地介绍差分）。

（2）计算滞后对数图与标准差的斜率以获得 Hurst 指数。

在步骤（4）中，计算并打印了 max_lag 参数的一系列不同值的 Hurst 指数。可以看到，在 lag 参数值较低的情况下，可以认为该序列偏向于均值回归。在增加 lag 参数值时，对该序列的解释发生了一些变化，更倾向于将该序列视为随机游走。

在步骤（5）中，进行了类似的实验，但这次是在受限时间序列上进行的。我们只研究了 2005 年到 2007 年的数据。还必须删除值为 1000 的 max_lag，因为在受限时间序列中没有足够的观测值。正如我们所看到的，其结果比以前发生了更大的变化，max_lag 为 20 时，Hurst 指数值不到 0.4，max_lag 为 500 时，Hurst 指数值不到 0.13。

综上所述，在使用 Hurst 指数进行分析时，结果可能因以下因素而异。

❑　用于计算 Hurst 指数的方法。

❑　max_lag 参数的值。

❑　研究的时期——局部模式可能与全局模式大不相同。

4.5.3　扩展知识

如前文所述，有多种方法可以计算 Hurst 指数。另一种非常流行的方法是使用重新调整范围（rescaled range，R/S）分析。一些文献认为，与诸如自相关分析、方差比分析之类的其他方法相比，使用 R/S 统计分析可以获得更好的结果。该方法的一个可能缺点是它对近期依赖性非常敏感。

对于基于重新调整范围分析的 Hurst 指数的实现，可以查看 hurst 库。

4.5.4　参考资料

❑　hurst 库的 GitHub 存储库。

https://github.com/Mottl/hurst

❑　Hurst, H. E. 1951. "Long-Term Storage Capacity of Reservoirs." ASCE Transactions 116(1): 770-808.

❑　Kroha, P., & Skoula, M. 2018, March. Hurst Exponent and Trading Signals Derived from Market Time Series. In ICEIS (1): 371-378.

4.6　研究资产收益的典型化事实

典型化事实（stylized fact）是存在于许多实证资产收益（跨时间和市场）中的统计

属性。了解它们很重要，因为当我们构建应该代表资产价格动态的模型时，该模型应该能够捕获/复制这些属性。

本节将使用 2000 年至 2020 年标准普尔 500 指数每日收益数据的示例来研究 5 个典型化事实。

4.6.1　准备工作

由于本节包含的内容较多，因此需提前导入所需的库并准备数据。

（1）导入需要的库。

```
import pandas as pd
import numpy as np
import yfinance as yf
import seaborn as sns
import scipy.stats as scs
import statsmodels.api as sm
import statsmodels.tsa.api as smt
```

（2）下载标准普尔 500 数据并计算收益。

```
df = yf.download(    "^GSPC",
                     start="2000-01-01",
                     end="2020-12-31",
                     progress=False)

df = df[["Adj Close"]].rename(
    columns={"Adj Close": "adj_close"}
)
df["log_rtn"] = np.log(df["adj_close"]/df["adj_close"].shift(1))
df = df[["adj_close", "log_rtn"]].dropna()
```

4.6.2　实战操作

本小节将依次研究标准普尔 500 指数收益序列中的 5 个典型化事实。

事实 1：收益的非高斯分布

在文献中观察到（每日）资产收益有以下表现。

❑　负偏度（第三矩）：大的负收益比大的正收益更频繁。

❑　过大的峰度（第四矩）：在正常情况下，大（和小）收益比预期更频繁。

✅ **注意：**

矩（moment）是一组用于描述概率分布的统计度量。前 4 个矩如下：期望值（平均值）、方差（variance）、偏度（skewness）和峰度（kurtosis）。

运行以下步骤，通过绘制收益直方图和分位数-分位数（quantile-quantile，QQ）图来调查第 1 个事实的存在。

（1）使用观察到的收益的均值和标准差计算正态概率密度函数（probability density function，PDF）。

```python
r_range = np.linspace( min(df["log_rtn"]),
                       max(df["log_rtn"]),
                       num=1000)
mu = df["log_rtn"].mean()
sigma = df["log_rtn"].std()
norm_pdf = scs.norm.pdf(r_range, loc=mu, scale=sigma)
```

（2）绘制直方图和 QQ 图。

```python
fig, ax = plt.subplots(1, 2, figsize=(16, 8))

# histogram
sns.distplot(  df.log_rtn, kde=False,
               norm_hist=True, ax=ax[0])
ax[0].set_title(   "Distribution of S&P 500 returns",
                   fontsize=16)
ax[0].plot( r_range, norm_pdf, "g", lw=2,
            label=f"N({mu:.2f}, {sigma**2:.4f})")
ax[0].legend(loc="upper left")

# Q-Q plot
qq = sm.qqplot(df.log_rtn.values, line="s", ax=ax[1])
ax[1].set_title("Q-Q plot", fontsize=16)

plt.show()
```

执行上述代码会产生如图 4.11 所示的结果。

我们可以使用直方图（显示分布的形状）和 QQ 图来评估对数收益的正态性。此外，还可以输出汇总统计信息（代码请参考本书配套 GitHub 存储库）。

```
---------- Descriptive Statistics ----------
Range of dates: 2000-01-03 - 2020-12-30
Number of observations: 5283
```

```
Mean: 0.0002
Median: 0.0006
Min: -0.1277
Max: 0.1096
Standard Deviation: 0.0126
Skewness: -0.3931
Kurtosis: 10.9531
Jarque-Bera statistic: 26489.07 with p-value: 0.00
```

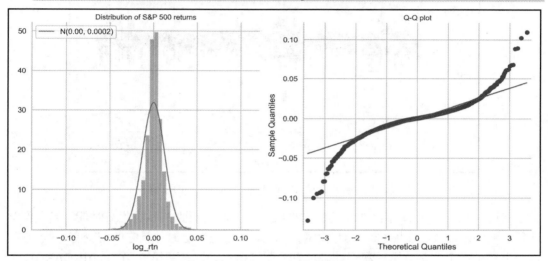

图 4.11 使用直方图和 QQ 图可视化标准普尔 500 收益率的分布

通过查看均值、标准差、偏度和峰度等指标，可以推断出它们偏离了我们在正常情况下的预期。标准正态分布的 4 个矩分别为 0、1、0、0。此外，Jarque-Bera 正态性检验表明该分布在 99%的置信水平下呈正态分布，从而使我们有理由拒绝零假设。

鉴于许多统计模型和方法均假设随机变量呈正态分布，因此，收益不服从正态分布这一事实至关重要。

事实 2：波动率聚类

波动率聚类（volatility clustering）是一种模式，在这种模式下，价格的大幅变化往往伴随着更大幅变化（波动率较高的时期），而价格的小幅变化之后往往伴随着更小幅变化（波动率较低的时期）。

运行以下代码，即可通过绘制对数收益序列来研究第 2 个事实。

```
(
    df["log_rtn"]
```

```
      .plot(title="Daily S&P 500 returns", figsize=(10, 6))
)
```

执行上述代码会产生如图 4.12 所示的结果。

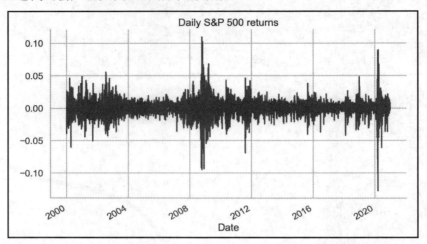

图 4.12　标准普尔 500 收益率波动率聚类的示例

在图 4.12 中可以观察到明显的波动聚类——较高的正收益和负收益时期。当我们尝试预测波动率时（如使用 GARCH 模型），波动率不是恒定的并且它的演变有一些模式，这一事实是一个非常有用的观察结果。有关详细信息，请参阅第 9 章"使用 GARCH 类模型对波动率进行建模"。

事实 3：收益中不存在自相关

自相关（autocorrelation）也称为序列相关（serial correlation），衡量给定时间序列在连续时间间隔内与自身滞后版本的相似程度。

下面让我们通过说明收益中不存在自相关来研究第 3 个事实。

（1）定义创建自相关图的参数。

```
N_LAGS = 50
SIGNIFICANCE_LEVEL = 0.05
```

（2）运行以下代码创建对数收益的自相关函数（auto correlation function，ACF）图。

```
acf = smt.graphics.plot_acf(df["log_rtn"],
                            lags=N_LAGS,
                            alpha=SIGNIFICANCE_LEVEL)
plt.show()
```

执行上述代码片段会产生如图 4.13 所示的结果。

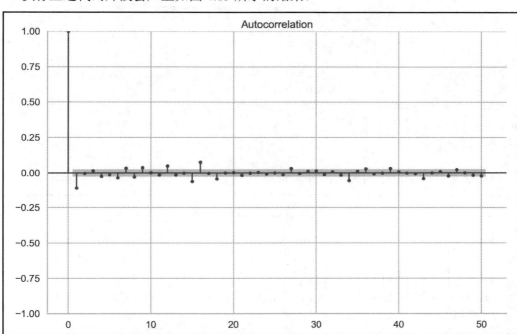

图 4.13　标准普尔 500 收益的自相关函数图

可以看到，只有少量数值位于置信区间之外（不考虑滞后 0）并且可以被认为具有统计显著性。因此，我们可以假设已经验证了对数收益序列中没有自相关这一事实。

事实 4：平方/绝对收益中的小且递减的自相关值

虽然我们预计收益序列中没有自相关，但经验证明，我们可以在收益的简单非线性函数（如绝对收益或平方收益）中观察到小而缓慢衰减的自相关（也称为持久性）。这一观察与我们已经研究过的现象（即波动率聚类）有关。

平方收益的自相关函数是波动率聚类的常用度量。它也被称为 ARCH 效应，因为它是(G)ARCH 模型的关键组成部分，在第 9 章"使用 GARCH 类模型对波动率进行建模"中将对此展开详细讨论。现在读者应该记住的是，这个属性是无须模型的，并且不是专门与 GARCH 类模型相关的。

可以通过创建平方和绝对收益的 ACF 图来研究第 4 个事实。

```
fig, ax = plt.subplots(2, 1, figsize=(12, 10))
```

```
smt.graphics.plot_acf( df["log_rtn"]**2, lags=N_LAGS,
                       alpha=SIGNIFICANCE_LEVEL, ax=ax[0])
ax[0].set( title="Autocorrelation Plots",
           ylabel="Squared Returns")

smt.graphics.plot_acf( np.abs(df["log_rtn"]), lags=N_LAGS,
                       alpha=SIGNIFICANCE_LEVEL, ax=ax[1])
ax[1].set( ylabel="Absolute Returns",
           xlabel="Lag")

plt.show()
```

执行上述代码会产生如图 4.14 所示的结果。

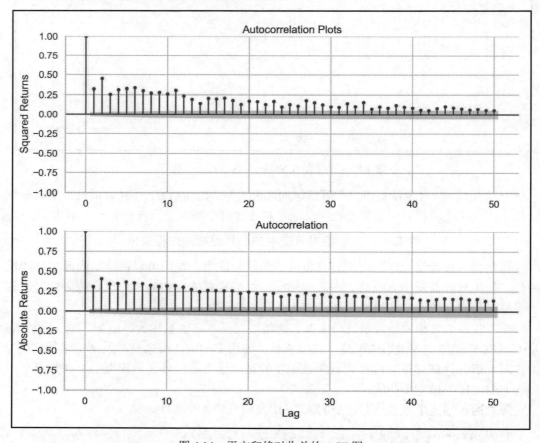

图 4.14　平方和绝对收益的 ACF 图

在图 4.14 中可以看到，平方和绝对收益的自相关值较小且递减，这与第 4 个典型化事实是一致的。

事实 5：杠杆效应

杠杆效应（leverage effect）是指衡量资产波动性的大多数指标与其收益呈负相关的事实。

执行以下步骤来研究标准普尔 500 收益序列中是否存在杠杆效应。

（1）将波动性度量计算为移动标准差（moving standard deviation）。

```
df["moving_std_252"] = df[["log_rtn"]].rolling(window=252).std()
df["moving_std_21"] = df[["log_rtn"]].rolling(window=21).std()
```

（2）绘制所有序列。

```
fig, ax = plt.subplots(3, 1, figsize=(18, 15),
                       sharex=True)

df["adj_close"].plot(ax=ax[0])
ax[0].set( title="S&P 500 time series",
           ylabel="Price ($)")

df["log_rtn"].plot(ax=ax[1])
ax[1].set(ylabel="Log returns")

df["rolling_std_252"].plot(ax=ax[2], color="r",
                           label="Rolling Volatility 252d")
df["rolling_std_21"].plot( ax=ax[2], color="g",
                           label="Rolling Volatility 21d")

ax[2].set( ylabel="Moving Volatility",
           xlabel="Date")
ax[2].legend()

plt.show()
```

现在可以通过将价格序列与滚动波动率指标进行直观比较来研究杠杆效应，如图 4.15 所示。

在图 4.15 中，可以观察到价格下跌时波动性增加而价格上涨时波动性减少的模式。这种观察符合事实 5 的定义。

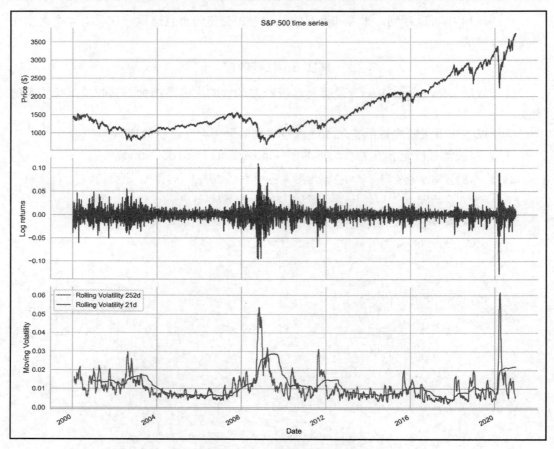

图 4.15　标准普尔 500 指数收益的滚动波动率指标

4.6.3　原理解释

在本小节中，我们将详细解释用来研究标准普尔 500 指数收益序列中典型化事实是否存在的方法。

事实 1：收益的非高斯分布

对于这个事实的研究可以分成以下 3 个部分。

❑　收益直方图。

❑　QQ 图。

❑　描述性统计。

1．收益直方图

调查这一事实的第一步是通过可视化收益分布来绘制直方图。为此，我们使用了 sns.distplot 方法，并且设置了 kde=False，表示不使用高斯核密度估计（kernel density estimate，KDE），而 norm_hist=True 则表示该图将显示密度而不是计数。

为了查看直方图和高斯分布之间的差异，我们将代表高斯分布的 PDF 的线与来自所考虑的收益序列的均值和标准差叠加在一起。

首先，我们使用 np.linspace 指定计算 PDF 的范围（这里将点数设置为 1000；一般来说，点数越多，线条越平滑），然后使用 scs.norm.pdf 计算 PDF 函数。默认参数对应于标准正态分布，即具有零均值和单位方差。这就是将 loc 和 scale 参数分别指定为样本均值和标准差的原因。

要验证前面提到的模式是否存在，应该查看以下两点。

❏　负偏度：分布的左尾较长，而分布的质量则集中在分布的右侧。

❏　过大的峰度：出现肥尾分布和尖峰分布。

上述第二点在图 4.11 中很容易观察到，因为 PDF 上有一个清晰的峰值，而且我们在尾部看到更多的质量。

2．QQ 图

在检查了直方图之后，再来看 QQ 图，在该图上我们通过绘制两个分布（理论上的和观察到的）的分位数并对它们进行了比较。在本示例中，理论上的分布是高斯分布（即正态分布），观察到的分布则来自标准普尔 500 指数的收益。

为了获得绘图，我们使用了 sm.qqplot 函数。如果观察到的分布是正态分布，那么绝大多数点都会落在红线上。然而，我们发现情况并非如此，因为该图左侧的点比高斯分布情况下的预期（由红线表示）更负（即观察到的较低分位数更小），这意味着收益分布的左尾比高斯分布的左尾重。右尾也可以得出类似的结论，它比正态分布更重。

3．描述性统计

最后，再来看一些统计数据。我们使用 pandas Series/DataFrame 的适当方法计算它们。在这里可以看到收益表现出负偏度（Skewness: -0.3931）和过大的峰度（Kurtosis: 10.9531）两种情况。我们还运行了 Jarque-Bera 测试（scs.jarque_bera）以验证收益不服从高斯分布。当 p 值为零时，我们拒绝了样本数据具有与高斯分布匹配的偏度和峰度的原假设。

☑ **注意：**

pandas 峰度实现是文献所称的超额峰度（excess kurtosis）或 Fisher 峰度（Fisher's kurtosis）。使用该指标时，高斯分布的超额峰度为 0，而标准峰度为 3。

事实 2：波动率聚类

在研究典型化事实时，应该注意的另一件事是波动率聚类——高收益期与低收益期交替出现，这表明波动率不是恒定的。为了快速发现这一事实，我们使用 pandas DataFrame 的 plot 方法绘制收益图。

事实 3：收益中不存在自相关

为了研究收益中是否存在显著的自相关，我们使用 statsmodels 库中的 plot_acf 创建自相关图。我们检查了 50 个滞后值并使用默认的 alpha=0.05，这意味着我们还绘制了 95% 的置信区间。超出此区间的值可视为具有统计显著性。

事实 4：平方/绝对收益中的小且递减的自相关值

为了验证这一事实，同样使用了 statsmodels 库中的 plot_acf 函数。当然，这一次是将其应用于平方和绝对收益。

事实 5：杠杆效应

这一事实表明，大多数衡量资产波动性的指标与其收益呈负相关。为了对其进行调查，我们使用了移动标准差（使用 pandas DataFrame 的 rolling 方法计算）作为历史波动率的度量。我们使用了 21 天和 252 天的窗口，分别对应一个月和一年的交易数据。

4.6.4　扩展知识

本小节将提供另一种研究杠杆效应（事实 5）的方法。为此可以使用 VIX（CBOE 波动率指数），这是衡量股市波动率预期的常用指标。该指标隐含在标准普尔 500 指数的期权价格中。请按以下步骤操作。

（1）下载并预处理标准普尔 500 指数和 VIX 的价格。

```python
df = yf.download(["^GSPC", "^VIX"],
                 start="2000-01-01",
                 end="2020-12-31",
                 progress=False)
df = df[["Adj Close"]]
df.columns = df.columns.droplevel(0)
df = df.rename(columns={"^GSPC": "sp500", "^VIX": "vix"})
```

（2）计算对数收益（也可以使用简单收益）。

```python
df["log_rtn"] = np.log(df["sp500"] / df["sp500"].shift(1))
```

```
df["vol_rtn"] = np.log(df["vix"] / df["vix"].shift(1))
df.dropna(how="any", axis=0, inplace=True)
```

（3）用轴上的收益绘制散点图并拟合回归线以确定趋势。

```
corr_coeff = df.log_rtn.corr(df.vol_rtn)

ax = sns.regplot(   x="log_rtn", y="vol_rtn", data=df,
                    line_kws={"color": "red"})
ax.set( title=f"S&P 500 vs. VIX ($\\rho$ = {corr_coeff:.2f})",
        ylabel="VIX log returns",
        xlabel="S&P 500 log returns")

plt.show()
```

我们还计算了两个序列之间的相关系数，并将其包含在标题中，如图 4.16 所示。

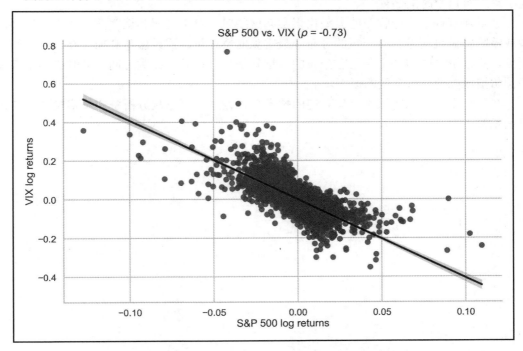

图 4.16　研究标准普尔 500 指数和 VIX 收益之间的关系

在图 4.16 中可以看到，回归线的负斜率和两个序列之间的强负相关都证实了收益序列中杠杆效应的存在。

4.6.5　参考资料

有关典型化事实的详细信息，请参阅以下资料。

Cont, R. 2001. "Empirical properties of asset returns: stylized facts and statistical issues." Quantitative Finance, 1(2): 223.

4.7　小　　结

本章学习了如何使用一系列算法和统计测试来自动识别金融时间序列中的潜在模式和问题（如异常值）。在它们的帮助下，我们可以将分析扩展到任意数量的资产，而不是手动检查每个时间序列。

本章还解释了资产收益的典型化事实。这些研究对于理解其至关重要，因为许多模型或策略都假设变量具有一定的分布。最常见的情况是，假设服从高斯分布。正如我们所见，实证资产收益并不是正态分布的。这就是我们在处理此类时间序列时必须采取某些预防措施以使分析有效的原因。

在下一章，我们将探索广受欢迎的技术分析领域，可以从分析资产价格模式中获得哪些见解。

第 5 章 技术分析和构建交互式仪表板

本章将介绍 Python 技术分析（technical analysis，TA）的基础知识。简而言之，TA 是一种基于研究过去的市场数据（尤其是价格本身和交易量）来确定（预测）资产价格未来走向和确定投资机会的方法论。

本章将首先演示如何计算一些最流行的 TA 指标（并提示如何使用选定的 Python 库计算其他指标）。此外，还将展示如何从可靠的金融数据供应商处下载预先计算的技术指标。本章还将介绍 TA 的一个子领域——K 线图模式识别。

在本章的最后，我们将演示如何创建一个 Web 应用程序，这使我们能够以交互方式可视化和检查预定义的 TA 指标。然后，我们将该应用程序部署到云端，以便任何人都可以从任何地方访问它。

本章包含以下内容。

❑ 计算最流行的技术指标。
❑ 下载技术指标。
❑ 识别 K 线图形态。
❑ 使用 Streamlit 构建用于技术分析的交互式 Web 应用程序。
❑ 部署技术分析应用程序。

5.1 计算最流行的技术指标

交易者可能会使用数百种不同的技术指标来决定进场还是出场。本节我们将学习如何使用 TA-Lib 库轻松计算其中的一些指标，TA-Lib 库是执行此类任务最流行的库。首先让我们看一些选定的指标。

布林线（Bollinger band，BB）是一种统计方法，用于获取有关特定资产随时间变化的价格和波动性的信息。要获得布林线，需要使用指定的窗口（通常为 20 天）计算时间序列（证券价格）的移动平均值和标准差。然后，将上限/下限设置为高于/低于移动平均线 K 倍（通常为 2 倍）移动标准差。对布林线的解释也非常简单：布林线随着波动率的增加而变宽，随着波动率的降低而收缩。

注意:

对布林线使用 2 个标准差的默认设置与关于收益呈正态分布的假设有关。在正态分布(即高斯分布)下,我们假设当使用 2 个标准差时,95%的收益率将落在布林线内。但是 4.6 节 "研究资产收益的典型化事实" 已经表明这一假设实际上是不成立的。

相对强度指数(relative strength index,RSI)是一种使用资产收盘价来识别超卖/超买情况的指标。一般来说,RSI 是使用 14 天的周期来计算的,并在 0 到 100 内进行衡量(它是一个振荡器)。交易者通常在超卖(如果 RSI 低于 30 即属于超卖)时买入资产并在超买(如果 RSI 高于 70 即属于超买)时卖出资产。更极端的超买/超卖水平(如 80—20),使用频率较低,但同时也意味着有更强的动量。

最后要考虑的一个指标是平滑异同移动平均线(moving average convergence divergence,MACD),这是一种以长期与短期指数移动平均线之间的聚合及分离状况,判断价格趋势及买入、卖出时机的技术分析指标。它是一个动量指标,显示给定资产价格的两条指数移动平均线(exponential moving average,EMA)之间的关系,这两条指数移动平均线分别为快速 EMA(时间周期为 12)和慢速 EMA(时间周期为 26)。MACD 线是快速 EMA 和慢速 EMA 之间的差值。最后,我们将 MACD 信号线计算为 MACD 线的 9 天 EMA。交易者可以使用这些线条的交叉作为交易信号。例如,当 MACD 线从下方穿过信号线时,即可以将其视为买入信号。

当然,大多数指标都不是孤立使用的,交易者在做出决定之前需要查看多个信号。此外,所有技术分析指标都可以根据具体目标进一步调整(通过更改其参数)。我们将在其他章节介绍基于技术指标的回测交易策略。

5.1.1　实战操作

执行以下步骤,使用 IBM 公司 2020 年的股价计算一些最流行的技术指标。

(1)导入库。

```
import pandas as pd
import yfinance as yf
import talib
```

注意:

TA-Lib 与大多数 Python 库不同,它有一个不同的安装过程。有关其安装的更多信息,请参阅 5.1.4 节 "参考资料" 中提供的 GitHub 存储库。

(2)下载 IBM 公司 2020 年以来的股价。

```
df = yf.download(   "IBM",
                    start="2020-01-01",
                    end="2020-12-31",
                    progress=False,
                    auto_adjust=True)
```

（3）计算并绘制简单移动平均线（simple moving average，SMA）。

```
df["sma_20"] = talib.SMA(df["Close"], timeperiod=20)
(
    df[["Close", "sma_20"]]
    .plot(title="20-day Simple Moving Average (SMA)")
)
```

运行上述代码片段会生成如图 5.1 所示的结果。

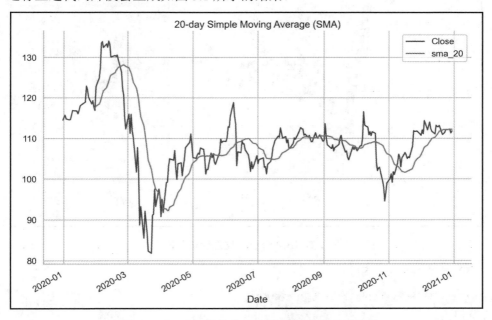

图 5.1　IBM 公司的收盘价和 20 天简单移动平均线

（4）计算并绘制布林线。

```
df["bb_up"], df["bb_mid"], df["bb_low"] = talib.BBANDS(df["Close"])

fig, ax = plt.subplots()

(
```

```
    df.loc[:, ["Close", "bb_up", "bb_mid", "bb_low"]]
    .plot(ax=ax, title="Bollinger Bands")
)

ax.fill_between(   df.index, df["bb_low"], df["bb_up"],
                   color="gray",
                   alpha=.4)
```

运行上述代码片段会生成如图 5.2 所示的结果。

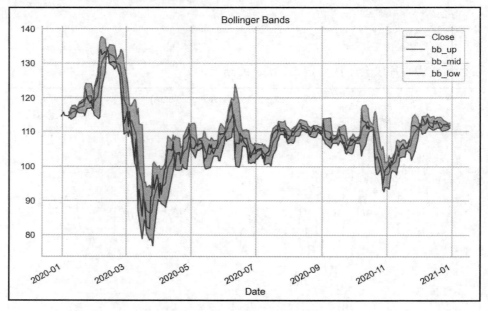

图 5.2　IBM 公司的收盘价和布林线

（5）计算并绘制 RSI。

```
df["rsi"] = talib.RSI(df["Close"])

fig, ax = plt.subplots()
df["rsi"].plot( ax=ax,
                title="Relative Strength Index (RSI)")
ax.hlines(  y=30,
            xmin=df.index.min(),
            xmax=df.index.max(),
            color="red")
ax.hlines(  y=70,
```

```
                xmin=df.index.min(),
                xmax=df.index.max(),
                color="red")
plt.show()
```

运行上述代码片段会生成如图 5.3 所示的结果。

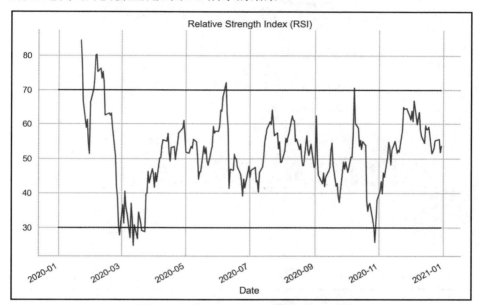

图 5.3　使用 IBM 公司收盘价计算的 RSI

（6）计算并绘制 MACD。

```
df["macd"], df["macdsignal"], df["macdhist"] = talib.MACD(
    df["Close"], fastperiod=12, slowperiod=26, signalperiod=9
)

fig, ax = plt.subplots(2, 1, sharex=True)

(
    df[["macd", "macdsignal"]].
    plot(   ax=ax[0],
            title="Moving Average Convergence Divergence (MACD)")
)
ax[1].bar(df.index, df["macdhist"].values, label="macd_hist")
ax[1].legend()
```

运行上述代码片段会生成如图 5.4 所示的结果。

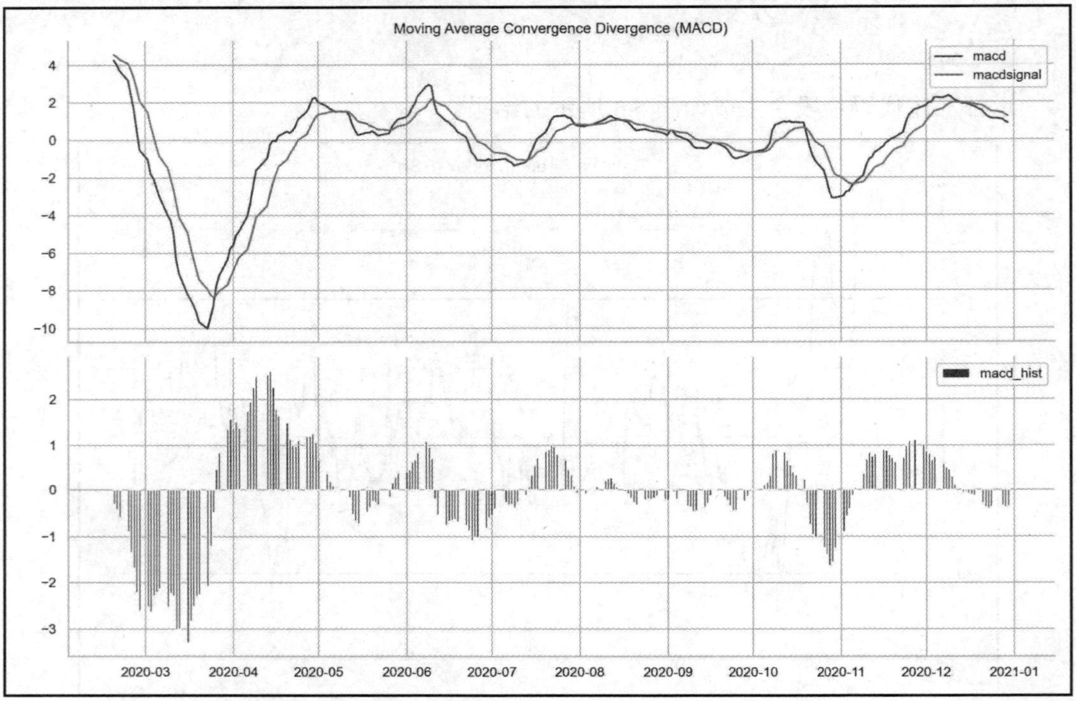

图 5.4   使用 IBM 公司收盘价计算的 MACD

到目前为止，我们已经计算了技术分析指标并绘制了它们。在接下来的章节中，我们将花更多时间研究它们的含义，并在此基础上制定交易策略。

5.1.2   原理解释

在导入库之后，我们下载了 IBM 公司从 2020 年开始的股票价格。

在步骤（3）中，使用 SMA 函数计算了 20 天的简单移动平均线。当然，读者也可以使用 pandas DataFrame 的 rolling 方法计算相同的指标。

在步骤（4）中，计算了布林线。BBANDS 函数将返回 3 个对象（阈值上限和下限以及移动平均值），我们将它们分配给 DataFrame 的不同列。

在步骤（5）中，使用了默认设置计算 RSI。我们绘制了该指标以及两条水平线（使用 ax.hlines 创建），以指示流行的决策阈值。

在步骤（6）中，计算了 MACD，并且使用了 EMA 的默认周期数。MACD 函数也将返回 3 个对象，MACD、信号线和 MACD 直方图，后者实际上是前两个元素之间的差值。我们将它们绘制在不同的图块上，就像股票交易软件所做的那样。

5.1.3　扩展知识

TA-Lib 是一个很棒的库，也是计算技术指标的黄金标准。当然，还有其他一些库也获得了人们的关注。其中之一叫作 ta。与作为 C++库包装器的 TA-Lib 相比，ta 是使用 pandas 编写的，这使得探索代码库更加容易。

虽然 ta 不像 TA-Lib 那样提供广泛的功能，但它的一个独特功能是可以在一行代码中计算所有可用的 30 多个指标，这在我们想要为机器学习模型计算大量潜在特征的情况下是非常有用的。

执行以下步骤，用一行代码计算出 30 多个技术指标。

（1）导入库。

```
from ta import add_all_ta_features
```

（2）丢弃之前计算的指标，只保留需要的列。

```
df = df[["Open", "High", "Low", "Close", "Volume"]].copy()
```

（3）计算 ta 库中所有可用的技术指标。

```
df = add_all_ta_features( df, open="Open", high="High",
                          low="Low", close="Close",
                          volume="Volume")
```

生成的 DataFrame 包含 88 列，其中 83 列是通过单个函数调用添加的。

5.1.4　参考资料

在下面可以找到 TA-Lib、ta 和其他对技术分析有用的库的 GitHub 存储库链接。

❑　TA-lib 的 GitHub 存储库请访问以下来源。

https://github.com/mrjbq7/ta-lib

❑　有关安装 TA-lib 库的详细信息，请参阅以下来源。

https://ta-lib.org/

❑   使用 pandas 和 NumPy 的技术分析库。

https://github.com/bukosabino/ta

❑   使用 Python 3 的 pandas 扩展，包括 130 个以上的技术分析指标。

https://github.com/twopirllc/pandas-ta

❑   pandas 中常见金融技术分析指标的实现。

https://github.com/peerchemist/finta

5.2   下载技术指标

在第 1 章 "获取金融数据" 中已经提到，一些数据供应商不仅提供历史股票价格，还提供精选的最流行的技术指标。本节将展示如何下载 IBM 公司股票的 RSI 指标，它可以直接与我们在上一节中使用 TA-Lib 库计算的指标进行比较。

5.2.1   实战操作

执行以下步骤，以从 Alpha Vantage 中下载为 IBM 公司股票计算的 RSI。

（1）导入库。

```
from alpha_vantage.techindicators import TechIndicators
```

（2）实例化 TechIndicators 类并进行身份验证。

```
ta_api = TechIndicators(    key="YOUR_KEY_HERE",
                            output_format="pandas")
```

（3）下载 IBM 公司股票的 RSI。

```
rsi_df, rsi_meta = ta_api.get_rsi( symbol="IBM",
                                   time_period=14)
```

（4）绘制下载的 RSI。

```
fig, ax = plt.subplots()
rsi_df.plot(ax=ax,
            title="RSI downloaded from Alpha Vantage")
```

```
ax.hlines( y=30,
          xmin=rsi_df.index.min(),
          xmax=rsi_df.index.max(),
          color="red")

ax.hlines( y=70,
          xmin=rsi_df.index.min(),
          xmax=rsi_df.index.max(),
          color="red")
```

运行上述代码片段会生成如图 5.5 所示的结果。

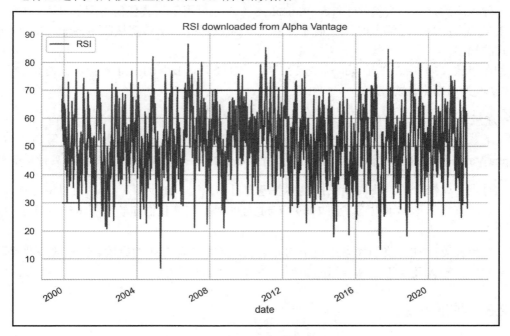

图 5.5　下载的 IBM 公司股票的 RSI

下载的 DataFrame 包含从 1999 年 11 月到最近日期的 RSI 值。

（5）探索元数据对象。

```
rsi_meta
```

通过显示元数据对象，可以看到请求的以下详细信息。

```
{
    '1: Symbol': 'IBM',
```

```
    '2: Indicator': 'Relative Strength Index (RSI)',
    '3: Last Refreshed': '2022-02-25',
    '4: Interval': 'daily',
    '5: Time Period': 14,
    '6: Series Type': 'close',
    '7: Time Zone': 'US/Eastern Time'
}
```

5.2.2　原理解释

导入库后，我们实例化了 TechIndicators 类，它可用于下载任何可用的技术指标（通过该类的方法）。这样做时，我们还提供了 API 密钥并表示希望接收 pandas DataFrame 形式的输出。

在步骤（3）中，使用 get_rsi 方法下载了 IBM 公司股票的 RSI 指标。此时指定了要以 14 天为周期来计算指标。

📝 注意：

下载已计算指标时需要记住的一件事是数据供应商的定价政策。在撰写本文时，Alpha Vantage 的 RSI 指标端点是免费的，而 MACD 则是高级端点，需要购买付费套餐。

有点令人惊讶的是我们无法指定感兴趣的日期范围。在步骤（4）中可以清楚地看到这一点，该指标最早可以追溯到 1999 年 11 月的数据点。我们还绘制了 RSI 用于交易决策的上下两条线。

在步骤（5）中，我们探索了请求的元数据，其中包含 RSI 的参数、请求的股票代码、最新刷新日期以及用于计算指标的序列（在本例中为收盘价）。

5.2.3　扩展知识

Alpha Vantage 并不是唯一提供技术指标访问权限的数据供应商。还有一个供应商是 Intrinio。下面将演示如何使用其 API 下载 MACD。

（1）导入库。

```
import intrinio_sdk as intrinio
import pandas as pd
```

（2）使用个人 API 密钥进行身份验证并选择该 API。

```
intrinio.ApiClient().set_api_key("YOUR_KEY_HERE")
security_api = intrinio.SecurityApi()
```

（3）请求 IBM 公司 2020 年股票的 MACD。

```
r = security_api.get_security_price_technicals_macd(
    identifier="IBM",
    fast_period=12,
    slow_period=26,
    signal_period=9,
    price_key="close",
    start_date="2020-01-01",
    end_date="2020-12-31",
    page_size=500
)
```

在使用 Intrinio 时，可以指定想要下载指标的时间段。

（4）将请求的输出转换为 pandas DataFrame。

```
macd_df = (
    pd.DataFrame(r.technicals_dict)
    .sort_values("date_time")
    .set_index("date_time")
)
macd_df.index = pd.to_datetime(macd_df.index).date
```

（5）绘制 MACD。

```
fig, ax = plt.subplots(2, 1, sharex=True)

(
    macd_df[["macd_line", "signal_line"]]
    .plot(ax=ax[0],
        title="MACD downloaded from Intrinio")
)

ax[1].bar( df.index, macd_df["macd_histogram"].values,
        label="macd_hist")
ax[1].legend()
```

运行上述代码片段会生成如图 5.6 所示的结果。

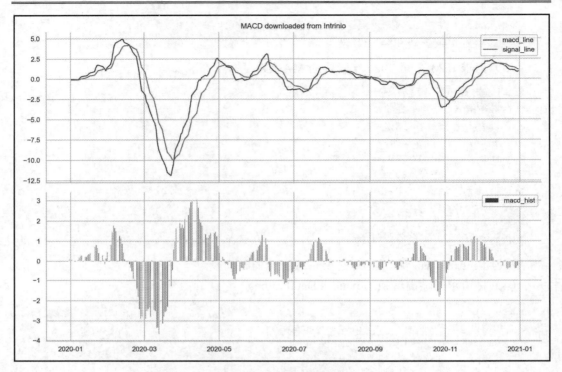

图 5.6　下载的 IBM 公司股票价格的 MACD

5.3　识别 K 线图的形态

本章已经介绍了一些非常流行的技术指标。可用于做出交易决策的另一个技术分析领域是 K 线图形态识别。总的来说,有数百种 K 线图模式可用于确定价格方向和动量。

📝 **注意:**

与所有技术分析方法类似,在使用 K 线图模式识别时,我们应该记住以下注意事项。

首先,这些模式只在给定图表的限制范围内提供信息(以指定的频率:盘中、每日、每周等)。

其次,一旦模式完成,在几个(3~5)K 线图之后,模式的预测效力会迅速下降。

最后,在现代电子环境中,通过分析 K 线图模式识别的许多信号可能不再可靠有效。一些庄家或操盘者还可以通过制造假的 K 线图来设置陷阱,以吸引其他市场参与者进入。

Bulkowski（2021）根据预期结果将 K 线图模式分为以下两类。

❑　反转形态——此类形态预测价格方向的变化。

❑　延续模式——此类模式预测当前趋势的延伸。

在本节中，我们将尝试识别每小时比特币价格的三线直击（three line strike）模式。该模式属于上述延续模式一类。它的看跌变体（在总体看跌趋势中识别）以 3 根阴线为特征，每根阴线的低点都低于前一个。该形态的第 4 根线开盘于第 3 根线的低点甚至更低点，但随后大幅反转并收于该系列第 1 根线的高点之上。

5.3.1　实战操作

执行以下步骤以识别比特币小时 K 线图中的三线直击模式。

（1）导入库。

```
import pandas as pd
import yfinance as yf
import talib
import mplfinance as mpf
```

（2）下载比特币最近 9 个月的每小时价格。

```
df = yf.download(    "BTC-USD",
                     period="9mo",
                     interval="1h",
                     progress=False)
```

（3）识别三线直击模式。

```
df["3_line_strike"] = talib.CDL3LINESTRIKE(
    df["Open"], df["High"], df["Low"], df["Close"]
)
```

（4）找到并绘制看跌形态。

```
df[df["3_line_strike"] == -100].head()
```

运行上述代码将生成如图 5.7 所示的结果。

绘制其图形。

```
mpf.plot(    df["2021-07-16 05:00:00":"2021-07-16 16:00:00"],
             type="candle")
```

执行上述代码片段会生成如图 5.8 所示的结果。

	Open	High	Low	Close	Adj Close	Volume	3_line_strike
2021-06-06 14:00:00+00:00	35655.64	36185.68	35544.90	36124.10	36124.10	131508224	-100
2021-06-13 15:00:00+00:00	35807.91	36082.75	35807.91	36082.75	36082.75	0	-100
2021-07-03 17:00:00+00:00	34546.72	34909.26	34546.72	34793.32	34793.32	24389632	-100
2021-07-08 19:00:00+00:00	32843.35	33088.62	32657.65	33013.81	33013.81	343470080	-100
2021-07-16 12:00:00+00:00	31115.04	31703.58	31115.04	31703.58	31703.58	351070208	-100

图 5.7　看跌三线直击形态的前 5 个观察值

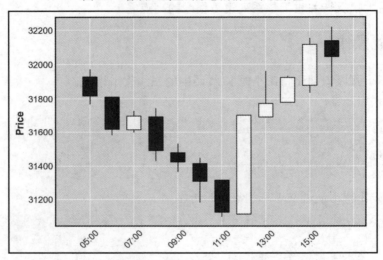

图 5.8　已识别的看跌三线直击形态

（5）找到并绘制看涨形态。

```
df[df["3_line_strike"] == 100]
```

运行上述代码将生成如图 5.9 所示的结果。

	Open	High	Low	Close	Adj Close	Volume	3_line_strike
2021-06-08 06:00:00+00:00	32932.72	32971.01	32620.67	32637.23	32637.23	359575552	100
2021-06-30 08:00:00+00:00	35244.68	35279.57	34594.18	34654.98	34654.98	0	100
2021-07-02 01:00:00+00:00	33775.50	33775.50	33276.16	33276.16	33276.16	0	100
2021-07-05 11:00:00+00:00	34478.20	34491.51	33429.94	33461.20	33461.20	1175277568	100
2021-07-10 17:00:00+00:00	34041.45	34041.45	33324.12	33432.79	33432.79	0	100

图 5.9　看涨三线直击形态的前 5 个观察结果

绘制其图形。

```
mpf.plot(  df["2021-07-10 10:00:00":"2021-07-10 23:00:00"],
           type="candle")
```

执行上述代码片段会返回如图 5.10 所示的结果。

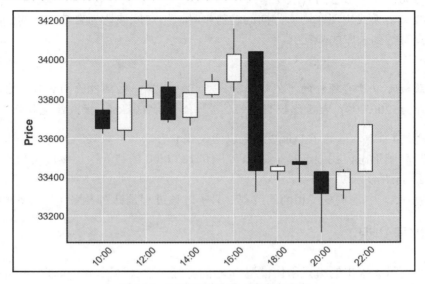

图 5.10　识别出的看涨三线直击形态

看涨三线直击形态由于显示的是 3 根连续小阳线，故也称为红三兵，预示着后势行情看涨，但这也不一定可靠，因为此类明显"信号"也可能是庄家故意做出来的。例如，图 5.10 显示的红三兵后面就直接来了一根大阴线。

看跌三线直击形态由于显示的是 3 根连续阴线，故也称为三只乌鸦，通常预示着小幅回调，随后是看跌趋势的延续。同样，这个判断也不总是可靠，例如，图 5.8 在三只乌鸦后面反而出现了连续上涨。

总之，我们可以使用已识别的模式来创建交易策略，但仅仅以 K 线图形态来做决定往往是盲目的，仍然需要参考交易量等其他指标。

5.3.2　原理解释

在导入库之后，我们使用 yfinance 库下载了过去 3 个月的每小时比特币价格。

在步骤（3）中，使用了 TA-Lib 库来识别三线直击模式（通过 CDL3LINESTRIKE 函数）。这里必须单独提供 OHLC 价格作为函数的输入。函数的输出被存储在一个新列中。对于此函数，存在以下 3 种可能的输出。

    ❑   100：表示形态的看涨变体。

    ❑   0：表示未检测到模式。

    ❑   –100：表示形态的看跌变体。

当三线直击模式出现在同一方向的趋势中时，用户应该认为它是重要的信号（不过这一点并没有得到该库的验证）。

注意：

某些函数可以具有额外的可能输出。每当模式中有一些额外的确认时，它们中的一些值也可能为–200/200，表示比较明确的信号（如对于 Hikkake 模式就是如此）。

在步骤（4）中，过滤了 DataFrame 以便仅获取看跌（三只乌鸦）形态。本示例识别出 6 次三只乌鸦形态，我们选择了 2021-07-16 12:00:00 的那一次，然后绘制该形态和一些相邻 K 线的图形。

在步骤（5）中，重复了相同的过程，只不过该过程是针对看涨（红三兵）形态的。

5.3.3　扩展知识

如果想要将识别出的模式用作模型/策略的特征，那么尝试一次识别所有可能的模式可能是值得的。可以通过执行以下步骤来做到这一点。

（1）获取所有可用的模式名称：

```
candle_names = talib.get_function_groups()["Pattern Recognition"]
```

（2）遍历模式列表并尝试识别所有模式。

```
for candle in candle_names:
    df[candle] = getattr(talib, candle)(  df["Open"], df["High"],
                                          df["Low"], df["Close"])
```

（3）检查模式的汇总统计。

```
with pd.option_context("display.max_rows", len(candle_names)):
    display(df[candle_names].describe().transpose().round(2))
```

为简洁起见，这里我们只显示返回的 DataFrame 的前 10 行，如图 5.11 所示。

可以看到，有一些模式从未被识别（min 值和 max 值均为 0），而另外一些模式则具有一种或两种变体（看涨或看跌）。在本章配套 Jupyter Notebook（可在本书配套的 GitHub 存储库上获取）中，我们还研究了根据此表的输出来识别黄昏之星（evening star）模式。

	count	mean	std	min	25%	50%	75%	max
CDL2CROWS	6454.0	-0.11	3.29	-100.0	0.0	0.0	0.0	0.0
CDL3BLACKCROWS	6454.0	-0.06	2.49	-100.0	0.0	0.0	0.0	0.0
CDL3INSIDE	6454.0	0.03	10.99	-100.0	0.0	0.0	0.0	100.0
CDL3LINESTRIKE	6454.0	0.08	6.70	-100.0	0.0	0.0	0.0	100.0
CDL3OUTSIDE	6454.0	0.26	23.39	-100.0	0.0	0.0	0.0	100.0
CDL3STARSINSOUTH	6454.0	0.00	0.00	0.0	0.0	0.0	0.0	0.0
CDL3WHITESOLDIERS	6454.0	0.19	4.31	0.0	0.0	0.0	0.0	100.0
CDLABANDONEDBABY	6454.0	0.00	0.00	0.0	0.0	0.0	0.0	0.0
CDLADVANCEBLOCK	6454.0	-1.30	11.33	-100.0	0.0	0.0	0.0	0.0
CDLBELTHOLD	6454.0	-0.20	42.63	-100.0	0.0	0.0	0.0	100.0

图 5.11　已识别 K 线图形态的汇总统计数据

5.3.4　参考资料

❑　TA-Lib 技术分析库代码。

https://sourceforge.net/p/ta-lib/code/HEAD/tree/trunk/ta-lib/c/src/ta_func/

❑　Bulkowski, T. N. 2021 Encyclopedia of Chart Patterns. John Wiley & Sons, 2021.

5.4　使用 Streamlit 构建用于技术分析的交互式 Web 应用程序

本章已经介绍了一些技术分析的基础知识，可以帮助交易者做出决定。然而，直到现在为止一切都是静态的。我们下载了数据，计算了一个指标，绘制了它的图形；但是，如果我们想要改变资产或日期范围，那么这些步骤又必须重来一遍。有没有更好的、更具交互性的方式来应对这一挑战呢？

答案自然是有的。这也是 Streamlit 应运而生的原因。Streamlit 是一个开源框架（其开发的公司和它同名，这和 Plotly 类似），它允许我们仅使用 Python 构建交互式 Web 应用程序，并且可以在几分钟内完成。

Streamlit 的优点如下。

❑　易于学习并且可以非常快速地产生结果。

❑　仅使用 Python；无须前端经验。

❑　使用户能够完全专注于应用程序的数据/机器学习方面。

❑　可以为应用程序使用 Streamlit 的托管服务。

本节，我们将构建一个用于技术分析的交互式应用程序。读者将能够选择标准普尔 500 指数的任何成分股，并以交互方式快速进行简单分析。更重要的是，读者可以轻松扩展自己的应用程序以添加更多功能，例如，不同的技术指标和资产，甚至可以在应用程序中嵌入交易策略的回测。

5.4.1　准备工作

本节与其他小节略有不同。我们的应用程序的代码存在于单个 Python 脚本（technical_analysis_app.py）中，它有大约 100 行代码。虽然一个非常基础的应用程序可以做到更加简洁，但我们想演示一下 Streamlit 的一些比较有趣的功能。当然，它们对于制作一个用于技术分析的基本应用程序来说并不是绝对、必要的。

一般来说，Streamlit 从上到下执行代码，这使它的解释更容易适应本书的编写结构。因此，本节中的步骤本身并不是真正意义上的步骤——它们不能或不应该单独执行。它们是应用程序所有组件的分步演练。读者在构建自己的应用程序或扩展此应用程序时，可以根据需要自由更改步骤的顺序（前提是它们与 Streamlit 的框架保持一致）。

5.4.2　实战操作

以下步骤都位于 technical_analysis_app.py 中。

（1）导入库。

```python
import yfinance as yf
import streamlit as st
import datetime
import pandas as pd
import cufflinks as cf
from plotly.offline import iplot

cf.go_offline()
```

（2）定义一个从维基百科下载标准普尔 500 指数成分股列表的函数。

```python
@st.cache
def get_sp500_components():
    df = pd.read_html("https://en.wikipedia.org/wiki/List_of_S%26P_500_companies")
    df = df[0]
    tickers = df["Symbol"].to_list()
    tickers_companies_dict = dict(
```

```
        zip(df["Symbol"], df["Security"])
    )
    return tickers, tickers_companies_dict
```

（3）定义一个使用 yfinance 下载历史股价的函数。

```
@st.cache
def load_data(symbol, start, end):
    return yf.download(symbol, start, end)
```

（4）定义一个将下载的数据存储为 CSV 文件的函数。

```
@st.cache
def convert_df_to_csv(df):
    return df.to_csv().encode("utf-8")
```

（5）定义用于选择股票代码和日期的侧边栏部分。

```
st.sidebar.header("Stock Parameters")

available_tickers, tickers_companies_dict = get_sp500_components()

ticker = st.sidebar.selectbox(
    "Ticker",
    available_tickers,
    format_func=tickers_companies_dict.get
)
start_date = st.sidebar.date_input(
    "Start date",
    datetime.date(2019, 1, 1)
)
end_date = st.sidebar.date_input(
    "End date",
    datetime.date.today()
)

if start_date > end_date:
    st.sidebar.error("The end date must fall after the start date")
```

（6）定义侧边栏用于调整技术分析细节的部分。

```
st.sidebar.header("Technical Analysis Parameters")

volume_flag = st.sidebar.checkbox(label="Add volume")
```

（7）添加带有 SMA 参数的扩展组件。

```
exp_sma = st.sidebar.expander("SMA")
sma_flag = exp_sma.checkbox(label="Add SMA")
sma_periods= exp_sma.number_input(
    label="SMA Periods",
    min_value=1,
    max_value=50,
    value=20,
    step=1
)
```

（8）添加带有布林线参数的扩展组件。

```
exp_bb = st.sidebar.expander("Bollinger Bands")
bb_flag = exp_bb.checkbox(label="Add Bollinger Bands")
bb_periods= exp_bb.number_input(label="BB Periods",
                                min_value=1, max_value=50,
                                value=20, step=1)
bb_std= exp_bb.number_input(label="# of standard deviations",
                            min_value=1, max_value=4,
                            value=2, step=1)
```

（9）添加带有 RSI 参数的扩展组件。

```
exp_rsi = st.sidebar.expander("Relative Strength Index")
rsi_flag = exp_rsi.checkbox(label="Add RSI")
rsi_periods= exp_rsi.number_input(
    label="RSI Periods",
    min_value=1,
    max_value=50,
    value=20,
    step=1
)
rsi_upper= exp_rsi.number_input(label="RSI Upper",
                                min_value=50,
                                max_value=90, value=70,
                                step=1)
rsi_lower= exp_rsi.number_input(label="RSI Lower",
                                min_value=10,
                                max_value=50, value=30,
                                step=1)
```

（10）在应用程序主体中指定标题和附加文本。

```
st.title("A simple web app for technical analysis")
st.write("""
    ### User manual
    * you can select any company from the S&P 500 constituents
""")
```

（11）加载历史股价。

```
df = load_data(ticker, start_date, end_date)
```

（12）添加带有下载数据预览的扩展组件。

```
data_exp = st.expander("Preview data")
available_cols = df.columns.tolist()
columns_to_show = data_exp.multiselect(
    "Columns",
    available_cols,
    default=available_cols
)

data_exp.dataframe(df[columns_to_show])

csv_file = convert_df_to_csv(df[columns_to_show])
data_exp.download_button(
    label="Download selected as CSV",
    data=csv_file,
    file_name=f"{ticker}_stock_prices.csv",
    mime="text/csv",
)
```

（13）使用选定的 TA 指标创建 K 线图。

```
title_str = f"{tickers_companies_dict[ticker]}'s stock price"
qf = cf.QuantFig(df, title=title_str)
if volume_flag:
    qf.add_volume()
if sma_flag:
    qf.add_sma(periods=sma_periods)
if bb_flag:
    qf.add_bollinger_bands(periods=bb_periods,
                           boll_std=bb_std)
if rsi_flag:
    qf.add_rsi(periods=rsi_periods,
               rsi_upper=rsi_upper,
               rsi_lower=rsi_lower,
```

```
                showbands=True)

fig = qf.iplot(asFigure=True)
st.plotly_chart(fig)
```

要运行该应用程序，请打开终端，导航到 technical_analysis_app.py 脚本所在的目录，并运行以下命令。

```
streamlit run technical_analysis_app.py
```

运行上述代码会在读者的默认浏览器中打开 Streamlit 应用程序。该应用程序的默认屏幕如图 5.12 所示。

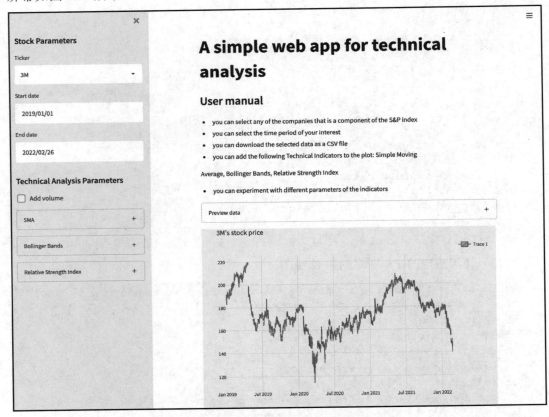

图 5.12　在浏览器中显示的技术分析应用程序

该应用程序将完全响应输入——任何时候更改侧边栏或应用程序主体中的输入，显示的内容都会相应的调整。

该应用程序还可以更进一步，通过证券经纪公司的 API 将我们的应用程序连接到该经纪公司。这样，我们就可以分析应用程序中的模式并根据分析结果直接创建订单。

5.4.3　原理解释

正如 5.4.1 节"准备工作"中提到的，本节的结构有所不同。在 5.4.2 节"实战操作"中的这些步骤实际上是一系列元素，它们都定义了我们构建的应用程序。在深入阐释细节之前，该应用程序代码库的一般结构如下。

❑　导入和设置［步骤（1）］。
❑　数据加载函数［步骤（2）～（4）］。
❑　侧边栏［步骤（5）～（9）］。
❑　应用程序的主体［步骤（10）～（13）］。

在步骤（1）中，我们导入了所需的库。对于技术分析部分，我们决定使用一个可以用尽可能少的代码行可视化选择的技术指标的库，这就是使用 cufflinks 的原因，在第 3 章"可视化金融时间序列"中已经对其进行了较多的介绍。当然，如果读者需要计算更广泛的指标，也可以使用任何其他库并自己创建可视化图形。

在步骤（2）中，我们定义了一个函数，用于从维基百科加载标准普尔 500 指数成分股列表。这里使用了 pd.read_html 将信息从表格中直接下载到 DataFrame 中。该函数将返回两个元素：一个是有效股票代码的列表，另一个是包含股票代码及其对应公司名称的字典。

读者应该已经注意到，在定义 get_sp500_components() 函数时使用了 @st.cache 装饰器。我们不会讨论装饰器的更多细节，但这里有必要介绍一下装饰器的作用，因为它在使用 Streamlit 构建应用程序时非常方便。该装饰器指示应用程序时应缓存先前获取的数据以备后用。因此，如果我们刷新页面或再次调用该函数，不会再次下载/处理数据（除非发生某些情况），这样就可以大大提高该 Web 应用程序的响应能力并减少最终用户的等待时间。

实际上，Streamlit 将跟踪以下信息以确定是否应再次获取数据。

❑　在调用函数时提供的输入参数。
❑　函数中使用的任何外部变量的值。
❑　被调用函数的主体。
❑　在已缓存函数内部调用的任何函数的主体。

简而言之，如果这是 Streamlit 第一次看到这 4 个元素的特定组合，那么它将执行该函数并将其输出存储在本地缓存中。如果下次调用该函数时遇到相同的项目集，那么它将跳过执行并返回上一次执行的缓存输出。

　　在步骤（3）和步骤（4）中各自包含一个非常简单的函数。第一个函数用于使用 yfinance 库从雅虎财经获取股票的历史价格,而第二个函数则可以将 DataFrame 的输出保存到 CSV 文件中,然后以 UTF-8 编码。

　　在步骤（5）中,开始处理应用程序的侧边栏,这里主要用它来存储应用程序的参数配置。值得注意的是,所有位于侧边栏中的元素都将使用 st.sidebar 调用（与之相对的是 st,在定义主体元素和其他功能时使用 st）。在这一步中,做了以下事情。

❑　指定了标题。

❑　下载了可用股票代码的列表。

❑　创建了一个可用股票代码的下拉选择框,还通过将包含股票代码与公司名称对应的字典传递给 format_func 参数来提供额外的格式化。

❑　允许用户选择分析的开始和结束日期。使用 date_input 显示一个交互式日历,用户可以从中选择一个日期。

❑　通过将 if 语句与 st.sidebar.error 一起使用来解决日期的无效组合（指开始日期晚于结束日期）。这将暂停应用程序的执行,直到该错误得到解决,即直到用户提供了正确的输入。

此步骤的结果如图 5.13 所示。

　　在步骤（6）中,向侧边栏添加了另一个标题,并使用 st.sidebar.checkbox 创建了一个复选框。如果选中该复选框,则分配的变量将保存 True 值,如果未选中,则为 False。

　　在步骤（7）中,开始配置技术指标。为了保持应用程序的简洁干净,我们使用了扩展组件（st.expander）。该扩展组件是一个可折叠的框,可以通过单击加号图标触发展开。在该组件中存储了两个元素。

❑　指示是否要显示 SMA 的复选框。

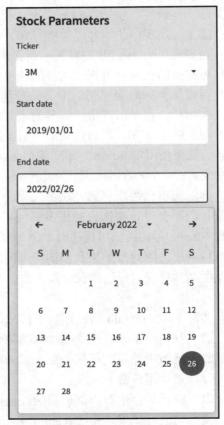

图 5.13　用户可以在侧边栏中选择
股票和开始/结束日期

❑　一个数字字段，可以在其中指定移动平均线的周期数。对于该元素，本示例使用了 Streamlit 的 number_input 对象。我们提供了标签、最小值/最大值、默认值和步长值（即当单击相应的按钮时，可以按该数字递增/递减字段的值）。

💡 提示：

使用扩展组件时，首先在侧边栏中使用以下语句实例化一个组件。

```
exp_sma = st.sidebar.expander("SMA")
```

然后，在向扩展组件中添加元素（如复选框）时，使用了以下语法。

```
sma_flag = exp_sma.checkbox(label="Add SMA")
```

通过这种方式，它被直接添加到扩展器中，而不仅仅是侧边栏。

步骤（8）和（9）与步骤（7）非常相似，它们分别创建了另外两个技术指标的扩展组件：布林线和 RSI。

从步骤（7）到步骤（9）生成的应用程序侧边栏如图 5.14 所示。

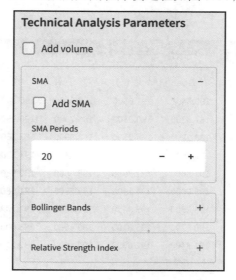

图 5.14　在侧边栏中可以修改所选指标的参数

接下来要做的是开始定义应用程序的主体。在步骤（10）中，使用 st.title 添加了应用程序的标题，并使用 st.write 添加了用户手册。使用 st.write 函数可以在 Markdown 格式的字符串中提供文本输入。对于这一部分，我们使用了一个子标题（由###表示），并创建了一个由*表示的项目符号列表。为节约篇幅，这里没有包含本示例中的所有文本，但读者可以在本书的 GitHub 存储库中找到它。

在步骤（11）中，根据侧边栏的输入下载了股票的历史价格数据。在这里我们也可以下载给定股票的完整日期范围数据，然后使用侧边栏的开始/结束日期来过滤出感兴趣的时间段。这样做之后就不必在更改开始/结束日期时重新下载数据。

在步骤（12）中，定义了另一个扩展组件，只不过这次是在应用程序的主体中。

首先，我们添加了一个多选字段（st.multiselect），从中可以选择下载的历史价格中的任何可用列。

然后，使用 st.dataframe 显示 DataFrame 的选定列以供进一步检查。

最后，添加了将所选数据（包括列选择）下载为 CSV 文件的功能。为此，我们使用了 convert_df_to_csv 函数和 st.download_button。

步骤（12）负责生成的应用程序部分如图 5.15 所示。

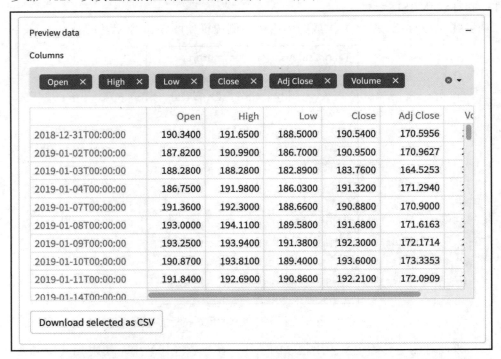

图 5.15　应用程序的一部分，可以在其中检查包含价格的 DataFrame 并将其下载为 CSV 文件

在应用程序的最后一步，定义了我们想要显示的图形。在没有任何技术分析输入的

情况下，该应用程序将使用 cufflinks 显示 K 线图。我们实例化了 QuantFig 对象，然后根据侧边栏的输入向其添加元素。每个布尔标志都会触发一个单独的命令，该命令将一个元素添加到绘图中。为了显示交互式图形，我们使用了 st.plotly_chart，它与 plotly 图形一起使用（cufflinks 正是基于 plotly 包装的）。

✅ **注意：**

对于其他可视化库，有不同的命令来嵌入可视化。例如，对于 matplotlib，应该使用 st.pyplot。也可以使用 st.Altair_chart 显示在 Altair 中创建的绘图。

5.4.4　扩展知识

在本书的第一版中，介绍了一些不同的方法来创建用于技术分析的交互式仪表板。我们没有使用 Streamlit，而是使用了 ipywidgets 在 Jupyter Notebook 中构建仪表板。

一般而言，Streamlit 可能是这项特定工作的更好工具，尤其是当我们想要部署应用程序（在下一节中介绍）并与他人共享时。当然，ipywidgets 也很实用，特别是当用户仅需将项目保存在本地 Notebook 中时。因此，在本书随附的 GitHub 存储库中，读者仍可以找到用于创建非常相似的仪表板（在 Notebook 中）的代码。

5.4.5　参考资料

❑　Streamlit 公司官网。

　　https://streamlit.io/

❑　Streamlit 文档。

　　https://docs.streamlit.io/

5.5　部署技术分析应用程序

在 5.4 节中，我们创建了一个成熟的技术分析 Web 应用程序，读者可以轻松地在本地运行和使用。但是，这并不总是足够的，因为我们也可能希望从任何地方访问该应用程序或与朋友、同事分享。这就是下一步需要将应用程序部署到云端的原因。

本节我们将演示如何使用 Streamlit 公司的服务部署应用程序。

5.5.1　准备工作

要将 Web 应用程序部署到 Streamlit Cloud，需要在以下网址创建一个账户。

https://forms.streamlit.io/community-sign-up

读者还需要一个 GitHub 账户来托管 Web 应用程序的代码。

5.5.2　实战操作

执行以下步骤将 Streamlit 应用程序部署到云端。

（1）将 Web 应用程序的代码库托管在 GitHub 上的公共存储库中，如图 5.16 所示。

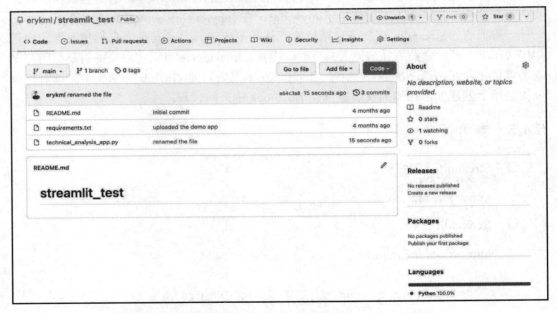

图 5.16　已经托管在公共 GitHub 存储库中的应用程序代码库

在此步骤中，应记住托管 Web 应用程序的整个代码库，这些代码可能分布在多个文件中。另外，读者还需要包括某种形式的依赖项列表。在我们的例子中，该列表是 requirements.txt 文件。

（2）转到以下网址并登录。

https://share.streamlit.io/

读者可能需要将 GitHub 账户连接到自己的 Streamlit 账户并授予后者对自己的 GitHub 账户的某些类型的访问权限。

（3）单击 New app（新应用程序）按钮。

（4）提供所需的详细信息。这包括 Repository（你的 GitHub 存储库的名称）、Branch（分支）和 Main file path（包含应用程序的文件路径）等，如图 5.17 所示。

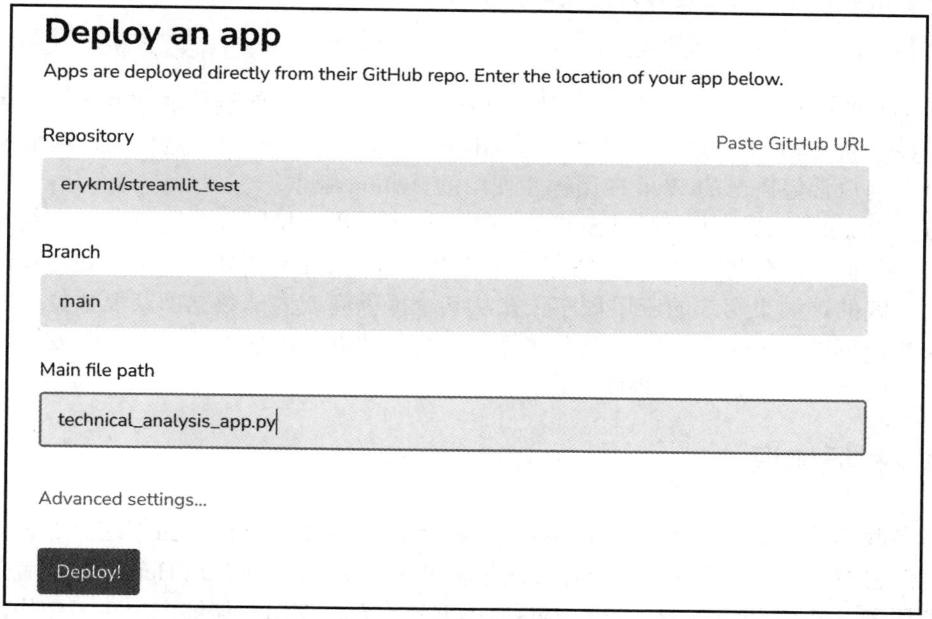

Deploy an app

Apps are deployed directly from their GitHub repo. Enter the location of your app below.

Repository　　　　　　　　　　　　　　　　　　　　　　Paste GitHub URL

erykml/streamlit_test

Branch

main

Main file path

technical_analysis_app.py

Advanced settings...

Deploy!

图 5.17　必须提供的应用程序信息

（5）单击 Deploy!（部署）按钮。

现在就可以转到 Streamlit 提供的链接地址来使用该 Web 应用程序。

5.5.3　原理解释

在步骤（1）中，我们将 Web 应用程序的代码托管在公共 GitHub 存储库中。如果读者是 Git 或 GitHub 的新手，请参阅 5.5.5 节"参考资料"中的链接以获取更多信息。值得一提的是，在撰写本书时，无法使用其他版本控制提供程序（如 GitLab 或 BitBucket）来托管 Streamlit 应用程序的代码。

文件方面的最低限度是应用程序的脚本（在我们的例子中是 technical_analysis_app.py）和某种形式的需求列表。最简单的就是一个 requirements.txt 文本文件，其中包含用户希望在应用程序中使用的所有库。如果使用不同的依赖管理器（conda、pipenv 或 poetry），则需要提供它们各自的文件。

💡 提示：

　　如果要在 Web 应用程序中使用多个库，那么创建包含这些库的需求文件的最简单方法是在激活虚拟环境之后运行以下代码。

```
pip-freeze > requirements.txt
```

　　接下来的所有步骤都非常直观，因为 Streamlit 的平台导航结构非常清晰。值得一提的是，在步骤（4）中，还可以提供一些 Advanced settings（高级设置），具体如下。

❑ 用户希望自己的 Web 应用程序使用的 Python 版本。

❑ Secrets 字段，用户可以在其中存储一些环境变量和秘密，例如 API 密钥。一般来说，在公共 GitHub 存储库中存储用户名、API 密钥和其他秘密是违反最佳实践的。如果用户的应用程序正在从某个提供商或内部数据库获取数据，那么用户可以在该字段中安全地存储凭据。这些凭据将被加密并在运行时安全地提供给用户的 Web 应用程序。

5.5.4　扩展知识

　　本节我们演示了如何将 Web 应用程序部署到 Streamlit Cloud。虽然这是非常简单的做法，但它不是唯一的选择。另一种方法是将 Web 应用程序部署到 Heroku，后者是一种平台即服务（platform as a service，PaaS）类型的平台，使用户能够完全在云中构建、运行和操作应用程序。

5.5.5　参考资料

❑ 获取更多关于 Heroku 服务的信息。

https://www.heroku.com/

❑ 有关如何部署应用程序和最佳实践的更多详细信息。

https://docs.streamlit.io/streamlit-cloud

❑ 关于如何使用 GitHub 的教程。

https://docs.github.com/en/get-started/quickstart/hello-world

5.6　小　　结

本章学习了股票数据的技术分析。首先，我们计算了一些最流行的技术指标（并下载了一些预先计算的指标）：SMA、RSI 和 MACD；其次，探索了 K 线图中模式的识别。最后，还演示了如何创建和部署用于技术分析的交互式应用程序。

在后续章节中，我们将根据已经讨论过的技术指标创建和回测交易策略，将这些理论知识付诸实践。

第 6 章　时间序列分析与预测

时间序列在工业和研究领域中无处不在。在商业、科技、医疗保健、能源和金融等领域都可以找到大量的有关时间序列的例子。通常对金融领域的时间序列最感兴趣，因为时间维度是证券交易和许多金融/经济指标所固有的。当然，几乎每个企业都会生成某种时间序列，例如，随着时间的推移获得的利润或其他可衡量的关键绩效指标（key performance indicator，KPI），这就是我们在接下来两章中介绍的技术可用于用户在工作中遇到的任何时间序列分析任务的原因。

一般来说，分析人员可以从不同角度进行时间序列建模或预测。最流行的两种方式是统计方法和机器学习方法。此外，本书还将在第 15 章"金融领域的深度学习"中介绍一些使用深度学习进行时间序列预测的示例。

在以前，分析人员还没有强大的计算能力可供使用，并且时间序列也不是那么精细（因为数据无法像现在这样做到随时随地收集），因此统计方法占据了主导地位。但是，现在情况发生了明显变化，在生产中运行的时间序列模型方面，基于机器学习（machine learning，ML）的方法已经处于领先地位。当然，这并不意味着经典的统计方法不再适用。事实上，在我们只有很少的训练数据（如只有 3 年的月度数据）的情况下，机器学习模型可能无法从中学习到任何模式，而统计方法却仍然可以产生很不错的结果。此外，我们还可以看到，统计方法被用来赢得最近的一些 M-Competitions（这是由 Spyros Makridakis 发起的最大的时间序列预测竞赛）。

本章将介绍时间序列建模的一些基础知识。首先将阐释时间序列的组成部分以及如何使用分解方法将它们分开；然后将介绍平稳性的概念——为什么它很重要，如何测试它，以及如果原始序列不是平稳的，如何实现它。

本章还将研究两种最广泛使用的时间序列建模统计方法——指数平滑方法和 ARIMA 类模型。对于这两种方法，我们都将演示如何拟合模型、评估它们的拟合优度以及预测时间序列的未来值。

本章包含以下内容。

❑　时间序列分解。

❑　测试时间序列的平稳性。

❑　校正时间序列的平稳性。

❑　使用指数平滑方法对时间序列建模。

❑　使用 ARIMA 类模型对时间序列建模。

❑　使用 auto-ARIMA 寻找最佳拟合的 ARIMA 模型。

6.1　时间序列分解

时间序列分解的目标之一是通过将序列分解为多个部分来增加我们对数据的理解。它提供了关于建模复杂性以及要遵循哪些方法才能准确捕获/建模每个部分的见解。

我们通过举例更加清楚地说明这些可能性。想象一下，你有一个存在明显趋势（递增或递减）的时间序列。一方面，我们可以使用分解来提取该趋势的成分，并在对剩余的序列建模之前将该趋势成分从时间序列中移除。这有助于使时间序列保持平稳（有关更多详细信息，请参阅本章后面的内容）。然后，我们总是可以在考虑其余成分之后再将该趋势成分添加回去。另一方面，也可以为我们的算法提供足够的数据或足够的特征，以便对该趋势本身进行建模。

时间序列的成分可以分为两类：系统的和非系统的。系统成分的特点是具有一致性，可以被描述和建模。相比之下，非系统成分则不能直接建模。

以下是一些系统成分（systematic component，也称为系统分量）举例。

❑　水平（level）——序列中的平均值。

❑　趋势（trend）——对趋势的估计，即在任何给定时刻连续时间点之间的值的变化。它可以与序列的斜率（增加/减少）相关联。换句话说，它是时间序列在很长一段时间内的大致方向。

❑　季节性（seasonality）——由重复的短周期（包括固定周期和已知周期）引起的均值偏差。

以下是非系统成分举例。

❑　噪声（noise）——序列中的随机变化。它包含从时间序列中删除其他分量后观察到的所有波动。

时间序列分解的经典方法通常使用加法和乘法两种类型的模型之一执行。

加法模型（additive model）可以使用以下特点来描述。

❑　模型的形式。

$$y(t) = level + trend + seasonality + noise$$

❑　线性模型——随着时间变化的大小是一致的。

❑　趋势是线性的（直线）。

❑　线性季节性。随着时间的变化，呈现出相同周期的频率（宽度）和振幅（高度）。

乘法模型（multiplicative model）可以通过以下特点来描述。

☐　模型的形式。

$$y(t) = level * trend * seasonality * noise$$

☐　非线性模型——随着时间的变化大小不一致，例如，呈现指数变化。

☐　弯曲的非线性趋势。

☐　非线性季节性。随着时间的变化，频率和振幅将增加/减少。

我们还可以找到一些具有加性和乘性特征组合的时间序列，例如，具有加性趋势和乘性季节性的序列。

可以参考图 6.1 以可视化可能的组合。虽然现实世界的问题从来没有那么简单（具有不同模式的噪声数据），但这些抽象模型提供了一个简单的框架，我们可以在尝试建模/预测之前使用它来分析一下时间序列。

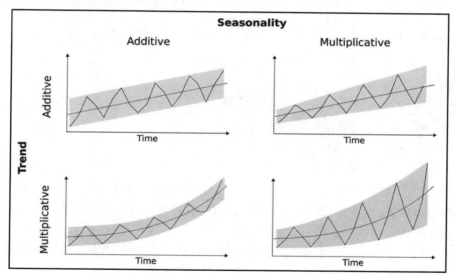

图 6.1　趋势和季节性的加法和乘法变体

原　　文	译　　文	原　　文	译　　文
Seasonality	季节性	Multiplicative	乘法
Trend	趋势	Time	时间
Additive	加法		

如果不想使用（或者由于某些假设而根本不能使用）乘法模型，则一种可能的解决方案是使用对数变换将乘法模型转换为加法模型。

$$\log(time * seasonality * residual) = \log(time) + \log(seasonality) + \log(residual)$$

在本节中，我们将介绍如何对从 Nasdaq Data Link 下载的美国月度失业率数据进行时间序列分解。

6.1.1　实战操作

执行以下步骤进行时间序列分解。

（1）导入库并进行身份验证。

```
import pandas as pd
import nasdaqdatalink
import seaborn as sns
from statsmodels.tsa.seasonal import seasonal_decompose

nasdaqdatalink.ApiConfig.api_key = "YOUR_KEY_HERE"
```

（2）下载 2010—2019 年美国月度失业率数据。

```
df = (
    nasdaqdatalink.get(dataset="FRED/UNRATENSA",
                       start_date="2010-01-01",
                       end_date="2019-12-31")
    .rename(columns={"Value": "unemp_rate"})
)
```

在图 6.2 中，我们可以在时间序列中看到一些明显的季节性模式。在此分析中没有包含更多的最新数据，因为从 2020 年开始，新冠肺炎疫情流行导致的失业率时间序列中可观察到的任何模式都发生了相当突然的变化。

这里我们没有显示用于生成该可视化结果的代码，因为它与第 3 章 "可视化金融时间序列" 中使用的代码非常相似。

（3）添加滚动平均值和标准偏差。

```
WINDOW_SIZE = 12
df["rolling_mean"]                                                    =
df["unemp_rate"].rolling(window=WINDOW_SIZE).mean()
df["rolling_std"] = df["unemp_rate"].rolling(window=WINDOW_SIZE).std()
df.plot(title="Unemployment rate")
```

运行上述代码片段会生成如图 6.3 所示的结果。

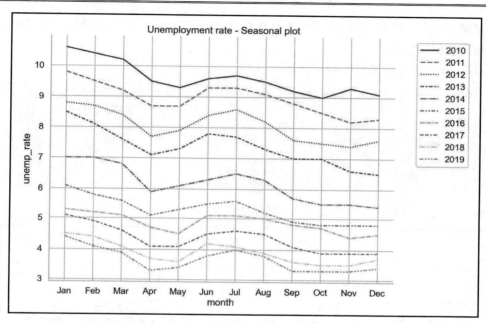

图 6.2　2010 年至 2019 年美国失业率的季节图

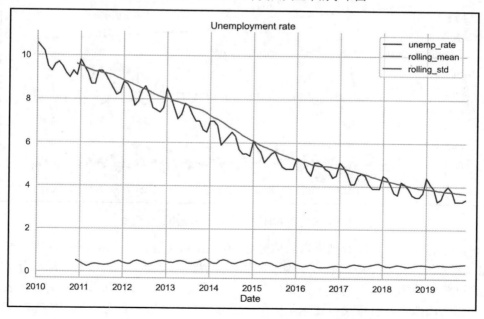

图 6.3　美国失业率以及滚动平均值和标准差

　　从图 6.3 的分析中，我们可以推断趋势和季节性成分似乎具有线性模式，因此可以在下一步中使用加法分解。

　　（4）使用加法模型进行季节分解。

```
decomposition_results = seasonal_decompose(df["unemp_rate"],
                                           model="additive")
(
    decomposition_results
    .plot()
    .suptitle("Additive Decomposition")
)
```

运行上述代码片段会生成如图 6.4 所示的结果。

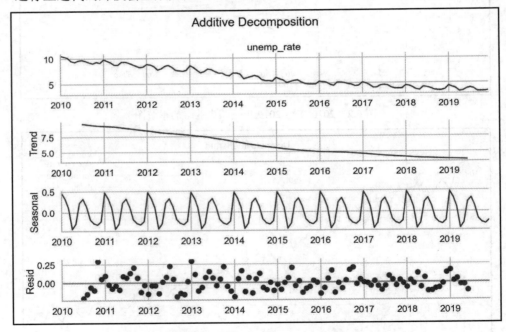

图 6.4　美国失业率的季节性分解（使用加法模型）

　　在该分解图中，可以看到提取的成分序列：Trend（趋势）、Seasonal（季节性）和 Resid（残差），也就是随机噪声。为了评估该分解是否有意义，可以查看随机分量。如果没有可辨别的模式（换句话说，随机成分确实是随机的，并且随着时间的推移表现一致），那么该拟合就有意义。在本示例中，看起来数据集前半部分的残差方差略高。这可能表明恒定的季节性模式不足以准确捕获所分析时间序列的季节性成分。

6.1.2　原理解释

在步骤（2）中下载数据后，我们使用了 pandas DataFrame 的 rolling 方法来计算滚动统计信息。这里指定要使用 12 个月的窗口大小，因为我们正在处理月度数据。

在步骤（4）中使用了 statsmodels 库的 seasonal_decompose 函数来执行经典分解。在这样做时，我们还指出了想要使用哪种模型——可能的值是 additive 和 multiplicative。

☑ 注意：

当使用数字数组的 seasonal_sdecompact 时，除非使用的是 pandas Series 对象，否则必须指定观测值的频率（freq 参数）。如果有缺失的值，或者想要推断时间序列开始和结束时缺失时段的残差，则可以传递一个额外的参数 extract_trend='freq'。

6.1.3　扩展知识

本节中使用的季节性分解是最基本的方法。它有以下缺点。

- ❏ 由于该算法使用居中移动平均线来估计趋势，因此运行分解会导致时间序列开始和结束时趋势线（和残差）的缺失值。
- ❏ 假设使用这种方法估计的季节性模式每年都会重复。不用说，这是一个非常强的假设，尤其是对于较长的时间序列而言。
- ❏ 趋势线倾向于过度平滑数据，反过来，导致趋势线不能充分响应急剧或突然的波动。
- ❏ 该方法对数据中的潜在异常值而言不够稳定可靠。

随着时间的推移，出现了一些时间序列分解的替代方法。本小节将介绍使用 LOESS（STL 分解）的季节性和趋势分解，它是在 statsmodels 库中实现的。

☑ 注意：

LOESS 代表的是局部估计的散点图平滑（locally estimated scatterplot smoothing），它是一种估计非线性关系的方法。

我们不会详细讨论 STL 分解的工作原理，但是，了解该方法相对于其他方法的优势仍是有意义的。

- ❏ STL 可以处理任何类型的季节性（不像其他一些方法那样仅限于每月或每季度）。
- ❏ 用户可以控制趋势的平滑度。
- ❏ 季节性成分可以随时间变化（变化率可以由用户控制）。

❑　对异常值来说更加稳定可靠——趋势和季节性成分的估计不受异常值的影响，而它们的影响在剩余成分中仍然可见。

当然，STL 也不是完美无瑕的解决方案，它也有其自身的一些缺点。例如，STL 只能与加法分解一起使用，并且不会自动考虑交易日/日历变化。

✍ **注意：**

STL 分解的最新变体可以处理多个季节性问题。例如，每小时数据的时间序列可以表现出每日/每周/每月的季节性。这种方法被称为使用 LOESS 的多季节趋势分解（multiple seasonal-trend decomposition using LOESS，MSTL），在 6.1.4 节 "参考资料" 中可以找到它的更多详细资料。

可以使用以下代码片段进行 STL 分解。

```
from statsmodels.tsa.seasonal import STL

stl_decomposition = STL(df[["unemp_rate"]]).fit()
stl_decomposition.plot() \
                .suptitle("STL Decomposition")
```

运行上述代码将生成如图 6.5 所示的结果。

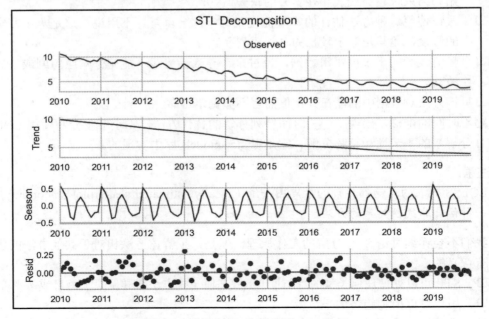

图 6.5　美国失业时间序列的 STL 分解

可以看到，STL 分解和经典分解这两种方法获得的分解图非常相似。但是，图 6.5 中仍然显示出一些细微差别，这与 STL 分解相对于经典分解的优势有关。首先，在其趋势估计中没有缺失值。其次，其季节性分量随时间缓慢变化。例如，查看历年 1 月的值时，你可以清楚地看到它。

注意：

STL 中 seasonal 参数的默认值设置为 7，但该方法的作者建议使用更大的值（必须是大于或等于 7 的奇数整数）。实际上，该参数的值表示在估计季节成分的每个值时要使用的连续年份。所选的值越大，则季节性分量就越平滑。这反过来又导致在时间序列中观察到的归因于季节成分的变化较少。对于 trend 参数的解释与此类似，只不过它代表的是用于估计趋势分量的连续观测值的数量。

如前文所述，STL 分解的好处之一是它对异常值具有更高的稳定可靠性。我们可以使用 robust 参数来打开依赖于数据的加权函数。它可以在估计 LOESS 时重新加权观测值，在这种情况下该方法就变成了局部加权散点图平滑（locally weighted scatterplot smoothing，LOWESS）。使用 robust 估计时，该模型可以容忍在残差分量图上可见的较大误差。

在图 6.6 中，可以看到将两个 STL 分解拟合到美国失业数据的比较——分别为使用和未使用 robust 估计的效果。

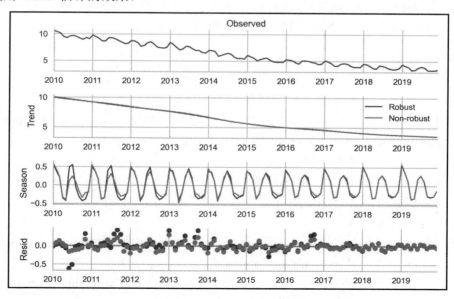

图 6.6 在 STL 分解过程中使用 robust 估计的效果

用于生成图 6.6 所示的代码可以参考本书配套 GitHub 存储库中的 Jupyter Notebook。

💡 **提示：**

我们可以清楚地观察到使用 robust 估计的效果，在已分析的时间序列的前几年，可以容忍更大的误差，并且季节分量的形状略有不同。在这种情况下，究竟是 robust 方法更好还是 Non-robust 方法更好，目前还没有明确的答案；这完全取决于我们要将分解用于什么。

本节提出的季节性分解方法也可以作为简单的异常值检测算法。例如，我们可以分解序列，提取残差，并在观测值残差在四分位间距（interquartile range，IQR）的 3 倍之外时将其标记为异常值。kats 库在其 OutlierDetector 类中提供了这种算法的实现。

其他可用的季节性分解方法如下。

❑ ARIMA 时间序列中的季节性提取（seasonal extraction in ARIMA time series，SEATS）分解。

❑ X11 分解——这种分解的变体为所有观察创建了一个趋势周期分量，并允许季节性分量随时间缓慢变化。

❑ HP 滤波器（Hodrick-Prescott filter）——虽然这种方法并不是真正的季节性分解方法，但它是一种数据平滑技术，用于消除与商业周期相关的短期波动。通过删除这些波动，可以更好地揭示长期趋势。HP 滤波器通常用于宏观经济学。在 statsmodels 的 hpfilter 函数中可以找到它的实现。

6.1.4　参考资料

以下是与时间序列分解相关的一些参考资料。

❑ Bandara, K., Hyndman, R. J., & Bergmeir, C. 2021. "MSTL: A Seasonal-Trend Decomposition Algorithm for Time Series with Multiple Seasonal Patterns." arXiv preprint arXiv:2107.13462.

❑ Cleveland, R. B., Cleveland, W. S., McRae, J. E., & Terpenning, I. J. 1990. "A Seasonal Trend Decomposition Procedure Based on LOESS," Journal of Official Statistics 6(1): 3-73.

❑ Hyndman, R.J. & Athanasopoulos, G. 2021. Forecasting: Principles and Practice, 3rd edition, OTexts: Melbourne, Australia. OTexts.com/fpp3.

❑ Sutcliffe, A. 1993. X11 time series decomposition and sampling errors. Australian Bureau of Statistics.

6.2　测试时间序列的平稳性

时间序列分析中最重要的概念之一是平稳性（stationarity）。说白了，平稳时间序列就是指其性质不依赖于观察该序列的时间的序列。换句话说，平稳性意味着某个时间序列的数据生成过程（data-generating process，DGP）的统计特性不会随时间变化。

因此，我们不应该在平稳时间序列中看到任何趋势或季节性模式，因为它们的存在违反了平稳性假设。另一方面，白噪声（white noise）产生的过程也是平稳的，因为我们何时观察它并不重要。它在任何时间点看起来几乎都是相同的。

注意：

一个没有趋势和季节性但具有循环表现的时间序列仍然可以说是平稳的，因为循环的长度不是固定的。因此，除非我们明确地观察时间序列，否则无法确定周期的波峰和波谷的位置。

更正式地说，平稳性有多种定义，其中一些在假设方面比其他定义更严格。对于实际用例，可以使用一种称为弱平稳性（weak stationarity）——也称为协方差平稳性（covariance stationarity）的方法。

一个时间序列要被分类为协方差平稳性，必须满足以下 3 个条件。

❑　序列的平均值必须是常数。

❑　序列的方差必须是有限且恒定的。

❑　相同距离的周期之间的协方差必须是常数。

平稳性是时间序列的理想特征，因为它使未来的建模和外推（预测）更加可行。这是因为平稳序列比非平稳序列更容易预测，因为其未来的统计特性将与过去相同。

非平稳数据的一些缺点如下。

❑　模型可能会错误指定方差。

❑　较差的模型拟合，导致更差的预测。

❑　无法利用数据中有价值的时间相关模式。

注意：

虽然平稳性是时间序列的一个期望特征，但这并不适用于所有的统计模型。当使用某种自回归模型（如 AR、ARMA、ARIMA 等）对时间序列进行建模时，我们希望时间序列是平稳的。当然，也有一些模型不能从平稳的时间序列中受益，例如，那些严重依赖时间序列分解的模型（指数平滑方法或 Facebook 的 Prophet）。

本节将演示如何测试时间序列的平稳性。为此，我们将采用以下方法。

❑　增强的 Dickey-Fuller（Augmented Dickey-Fuller，ADF）检验。

❑　Kwiatkowski-Phillips-Schmidt-Shin（KPSS）检验。

❑　（部分）自相关函数（partial autocorrelation function，PACF/ACF）的绘图。

我们将调查 2010 年至 2019 年美国月度失业率数据的平稳性。

6.2.1　准备工作

本节将使用与 6.1 节"时间序列分解"相同的数据。在显示失业率滚动均值和标准差的图中（见图 6.3），已经看到随着时间的推移呈负趋势，表明存在非平稳性。

6.2.2　实战操作

执行以下步骤来检验美国月度失业率的时间序列是否平稳。

（1）导入库。

```python
import pandas as pd
from statsmodels.graphics.tsaplots import plot_acf, plot_pacf
from statsmodels.tsa.stattools import adfuller, kpss
```

（2）定义运行 ADF 检验的函数。

```python
def adf_test(x):
    indices = [ "Test Statistic", "p-value",
               "# of Lags Used", "# of Observations Used"]

    adf_test = adfuller(x, autolag="AIC")
    results = pd.Series(adf_test[0:4], index=indices)

    for key, value in adf_test[4].items():
        results[f"Critical Value ({key})"] = value

    return results
```

定义函数后，可以运行该检验。

```python
adf_test(df["unemp_rate"])
```

运行上述代码片段会生成以下摘要信息。

```
Test Statistic                    -2.053411
p-value                            0.263656
```

```
# of Lags Used                            12.000000
# of Observations Used                   107.000000
Critical Value (1%)                       -3.492996
Critical Value (5%)                       -2.888955
Critical Value (10%)                      -2.581393
```

ADF 检验的原假设表明该时间序列不是平稳的。p 值为 0.26（或者另一个等效信息是，检验统计值大于所选置信度的临界值），我们没有理由拒绝原假设，这意味着可以得出结论，该序列不是平稳的。

（3）定义运行 KPSS 检验的函数。

```python
def kpss_test(x, h0_type="c"):
    indices = ["Test Statistic", "p-value", "# of Lags"]

    kpss_test = kpss(x, regression=h0_type)
    results = pd.Series(kpss_test[0:3], index=indices)

    for key, value in kpss_test[3].items():
        results[f"Critical Value ({key})"] = value

    return results
```

定义函数后，可以运行该检验。

```python
kpss_test(df["unemp_rate"])
```

运行上述代码片段会生成以下摘要信息。

```
Test Statistic                            1.799224
p-value                                   0.010000
# of Lags                                 6.000000
Critical Value (10%)                      0.347000
Critical Value (5%)                       0.463000
Critical Value (2.5%)                     0.574000
Critical Value (1%)                       0.739000
```

KPSS 检验的零假设表明时间序列是平稳的。但是其 p 值为 0.01（或者另一个等效信息是，检验统计值大于所选的临界值），我们有理由拒绝原假设而支持备选假设，这表明该序列不是平稳的。

（4）生成 ACF/PACF 图。

```
N_LAGS = 40
SIGNIFICANCE_LEVEL = 0.05
```

```
fig, ax = plt.subplots(2, 1)
plot_acf(df["unemp_rate"], ax=ax[0], lags=N_LAGS,
        alpha=SIGNIFICANCE_LEVEL)
plot_pacf(df["unemp_rate"], ax=ax[1], lags=N_LAGS,
        alpha=SIGNIFICANCE_LEVEL)
```

运行上述代码片段会生成如图 6.7 所示的结果。

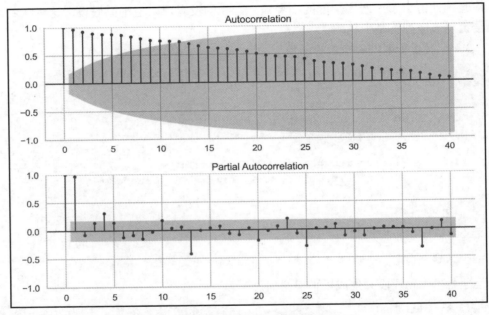

图 6.7　失业率的自相关和部分自相关图

在 ACF 图中，可以看到存在显著的自相关（高于 95% 置信区间，对应于所选的 5%
显著性水平）。在 PACF 图中，滞后 1 和滞后 4 处也存在一些显著的自相关。

6.2.3　原理解释

在步骤（2）中，我们定义了一个用于运行 ADF 检验并打印结果的函数。在调用 adfuller
函数时指定了 autolag="AIC"，因此根据赤池信息准则（akaike information criterion，AIC）
自动选择考虑的滞后数。或者，读者也可以手动选择滞后数。

在步骤（3）中，对于 kpss 函数指定了 regression 参数为 h0_type。而 h0_type="c"对
应于零假设，表明该序列是水平平稳的。如果 h0_type="ct"，则对应于趋势平稳（从序列
中删除趋势将使其水平平稳）。

对于所有检验和自相关图，我们选择了 5% 的显著性水平，这表示当原假设（H0）实际上为真时拒绝原假设（H0）的概率。

6.2.4　扩展知识

在本节中，使用了 statsmodels 库来执行平稳性测试。但是，我们必须将其功能包装在自定义函数中才能获得格式很漂亮的摘要信息。或者，读者也可以使用 arch 库中的平稳性检验（在第 9 章"使用 GARCH 类模型对波动率进行建模"中将更深入地介绍 arch 库）。

在使用 arch 库的情况下，可使用以下代码片段执行 ADF 检验。

```
from arch.unitroot import ADF
adf = ADF(df["unemp_rate"])
print(adf.summary().as_text())
```

它将返回一个格式良好的输出，其中包含所有相关信息。

```
    Augmented Dickey-Fuller Results
=====================================
Test Statistic                 -2.053
P-value                         0.264
Lags                               12
-------------------------------------

Trend: Constant
Critical Values: -3.49 (1%), -2.89 (5%), -2.58 (10%)
Null Hypothesis: The process contains a unit root.
Alternative Hypothesis: The process is weakly stationary.
```

arch 库还包含更多的平稳性检验，如以下两种。

❑　Zivot-Andrews 检验（在 statsmodels 中也有提供）。

❑　Phillips-Perron（PP）检验（在 statsmodels 中没有类似功能）。

ADF 和 KPSS 检验的一个潜在缺点是它们不允许出现结构中断，即数据生成过程的均值或其他参数的突然变化。Zivot-Andrews 检验允许在序列中发生单个结构中断的情况，其发生时间未知。

可以使用以下代码片段运行该检验。

```
from arch.unitroot import ZivotAndrews
za = ZivotAndrews(df["unemp_rate"])
print(za.summary().as_text())
```

生成的摘要信息如下所示。

```
        Zivot-Andrews Results
======================================
Test Statistic                  -2.551
P-value                          0.982
Lags                                12
--------------------------------------

Trend: Constant
Critical Values: -5.28 (1%), -4.81 (5%), -4.57 (10%)
Null Hypothesis: The process contains a unit root with a single structural
break.
Alternative Hypothesis: The process is trend and break stationary.
```

基于该检验的 p 值，我们不能拒绝原假设，即该过程不是平稳的。

6.2.5   参考资料

有关其他平稳性检验的更多信息，请参阅以下资料。

❑ Phillips, P. C. B. & P. Perron, 1988. "Testing for a unit root in time series regression," Biometrika 75: 335-346.

❑ Zivot, E. & Andrews, D.W.K., 1992. "Further evidence on the great crash, the oil-price shock, and the unit-root hypothesis," Journal of Business & Economic Studies, 10: 251-270.

6.3   校正时间序列的平稳性

在前面的小节中，我们学习了如何调查给定的时间序列是否平稳。本节我们将研究如何通过使用以下一种（或多种）变换使非平稳时间序列变得平稳。

❑ 收缩（deflation）——使用消费者价格指数（consumer price index，CPI）计算货币序列中的通货膨胀。

❑ 应用自然对数——使潜在的指数趋势更接近线性，减少时间序列的方差。

❑ 差分——取当前观察值与滞后值之间的差值。滞后值即当前观察值之前的观察 x 时间点的值。

本节将使用 2000 年至 2010 年的月度黄金价格数据。我们特意选择了这个样本，因为在此期间黄金价格呈现出持续上涨的趋势——该序列绝对不是平稳的。

6.3.1　实战操作

执行以下步骤将序列从非平稳转换为平稳。

（1）导入库，通过数据供应商的验证，更新通货膨胀数据。

```python
import pandas as pd
import numpy as np
import nasdaqdatalink
import cpi
from datetime import date
from chapter_6_utils import test_autocorrelation

nasdaqdatalink.ApiConfig.api_key = "YOUR_KEY_HERE"
```

本小节将使用 test_autocorrelation 辅助函数，它结合了我们在上一小节中介绍的组件：ADF 和 KPSS 检验，以及 ACF/PACF 图。

（2）下载黄金价格数据并重新采样为月度值。

```python
df = (
    nasdaqdatalink.get(dataset="WGC/GOLD_MONAVG_USD",
                       start_date="2000-01-01",
                       end_date="2010-12-31")
    .rename(columns={"Value": "price"})
    .resample("M")
    .last()
)
```

读者也可以使用 test_autocorrelation 辅助函数来测试该序列是否平稳。我们已经在本章配套 Jupyter Notebook（可在本书配套 GitHub 上获得）中这样做了，验证每月黄金价格的时间序列确实不稳定。

（3）收缩黄金价格（至 2010-12-31 美元值）并绘制结果。

```python
DEFL_DATE = date(2010, 12, 31)

df["dt_index"] = pd.to_datetime(df.index)
df["price_deflated"] = df.apply(
    lambda x: cpi.inflate(x["price"], x["dt_index"], DEFL_DATE),
    axis=1
)
```

```
(
    df.loc[:, ["price", "price_deflated"]]
    .plot(title="Gold Price (deflated)")
)
```

运行上述代码片段会生成如图 6.8 所示的结果。

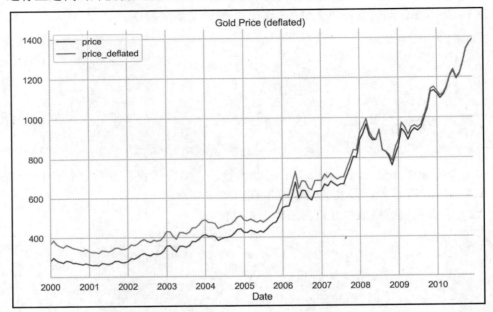

图 6.8　月度黄金价格和收缩之后的时间序列

也可以将黄金价格调整到另一个时间点，只要它是整个序列的同一点即可。

（4）将自然对数应用于收缩之后的序列并将其与滚动指标一起绘制。

```
WINDOW = 12
selected_columns = ["price_log", "rolling_mean_log",
                    "rolling_std_log"]

df["price_log"] = np.log(df.price_deflated)
df["rolling_mean_log"] = df.price_log.rolling(WINDOW) \
                            .mean()
df["rolling_std_log"] = df .price_log.rolling(WINDOW) \
                            .std()

(
    df[selected_columns]
```

```
     .plot(title="Gold Price (deflated + logged)",
          subplots=True)
)
```

运行上述代码片段会生成如图 6.9 所示的结果。

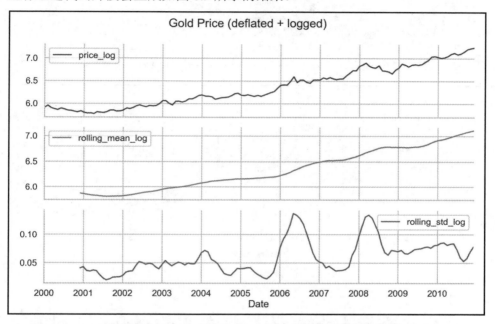

图 6.9　应用收缩和自然对数后的时间序列及其滚动统计数据

从图 6.9 中可以看到，对数转换完成了它的工作，也就是说，它使指数趋势呈线性。

（5）使用 test_autocorrelation（本章的辅助函数）调查该序列是否平稳。

```
fig = test_autocorrelation(df["price_log"])
```

运行上述代码片段会生成如图 6.10 所示的结果。

还可以打印统计检验的结果。

```
ADF test statistic: 1.04 (p-val: 0.99)
KPSS test statistic: 1.93 (p-val: 0.01)
```

在检查了统计检验的结果和 ACF/PACF 图之后，我们可以得出结论，收缩（去除通货膨胀的影响）和自然对数算法并不足以使每月黄金价格的时间序列保持平稳。

（6）对序列应用差分并绘制结果。

```
selected_columns = ["price_log_diff", "roll_mean_log_diff",
```

```
                        "roll_std_log_diff"]

df["price_log_diff"] = df.price_log.diff(1)
df["roll_mean_log_diff"] = df.price_log_diff.rolling(WINDOW) \
                                .mean()

df["roll_std_log_diff"] = df.price_log_diff.rolling(WINDOW) \
                                .std()
df[selected_columns].plot(title="Gold Price (deflated + log + diff)")
```

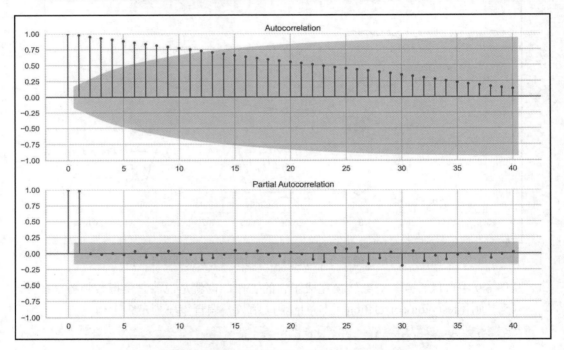

图 6.10　转换后的时间序列的 ACF 和 PACF 图

运行上述代码片段会生成如图 6.11 所示的结果。

经过上述转换后的黄金价格给人以平稳的印象——该序列在 0 附近振荡，没有明显的趋势，方差近似恒定。

（7）测试该序列是否平稳。

```
fig = test_autocorrelation(df["price_log_diff"].dropna())
```

运行上述代码片段会生成如图 6.12 所示的结果。

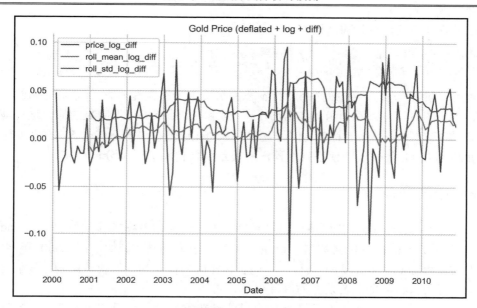

图 6.11　应用 3 种类型转换后的时间序列及其滚动统计数据

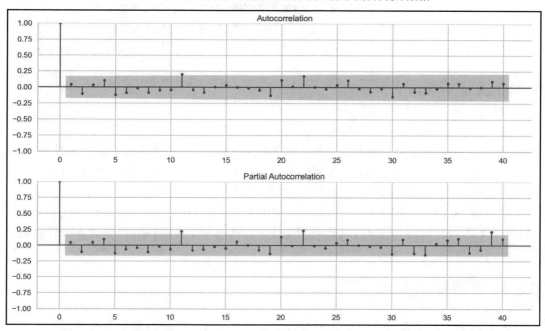

图 6.12　转换后的时间序列的 ACF 和 PACF 图

还可以打印统计检验的结果。

```
ADF test statistic: -10.87 (p-val: 0.00)
KPSS test statistic: 0.30 (p-val: 0.10)
```

应用一阶差分后，该序列在5%的显著性水平上变得平稳（两个检验均如此）。在 ACF/PACF 图中，可以看到函数在滞后 11、22 和 39 处有一些很明显的值。这可能表明存在某种季节性或只是一个错误信号。使用5%的显著性水平意味着5%的值可能位于95%的置信区间之外——即使基础过程没有显示任何自相关或部分自相关。

6.3.2　原理解释

在导入库、通过数据供应商验证并（可能需要）更新 CPI 数据后，我们从 Nasdaq Data Link 下载了黄金的每月价格数据。该序列中有一些重复值。例如，在 2000 年 4 月有 2000-04-28 和 2000-04-30 两个条目，它们包含相同的值。为了解决该问题，我们通过取最后一个可用值将数据重新采样为每月频率。

在做了这样处理之后，即可删除每个月的潜在重复项，而没有更改任何实际值。在步骤（3）中，使用 cpi 库通过计算美元通货膨胀来收缩时间序列（实际上就是试图消除通货膨胀给黄金价格带来的影响）。cpi 库依赖于由美国劳工统计局推荐的 CPI-U 指数。为了让它正常有效地工作，我们创建了一个人工索引列，其中包含日期作为 datetime.date 类的对象。

inflate 函数采用了以下参数。

❑　value——要调整的美元值。

❑　year_or_month——美元值的来源日期。

❑　to——可选，要调整到的日期。如果不提供此参数，则该函数将调整为最近一年。

在步骤（4）中，我们将自然对数（np.log）应用于所有值，将看似指数趋势的趋势转变为线性趋势。此操作适用于已针对通货膨胀进行校正的价格。

在步骤（6）进行的最后一个转换中，使用了 pandas DataFrame 的 diff 方法来计算时间 t 和 $t-1$ 之间的值的差异（默认设置对应于一阶差分）。也可以通过更改 period 参数来指定不同的数字。

6.3.3　扩展知识

本节所考虑的黄金价格的变化不具有明显的季节性。但是，如果数据集显示出季节性模式，则有以下可能的解决方案。

❑ 通过差分进行调整——不使用一阶差分，而是使用高阶差分，例如，如果月度数据存在年度季节性，则使用 diff(12)。

❑ 通过建模进行调整——可以直接对季节性进行建模，然后将其从序列中移除。一种可能性是从 seasonal_decompose 函数或其他更高级的自动分解算法中提取季节性分量。在这种情况下，应该在使用加法模型时减去季节性分量，或者如果模型是乘法模型则除以它。另一种解决方案是使用 np.polyfit()将所选阶数的最佳多项式拟合到所选时间序列，然后从原始序列中将其减去。

Box-Cox 变换（Box-Cox transformation）是可以使用时间序列数据的另一种调整类型。它结合了不同的指数变换函数，使分布更接近于正态（高斯）分布。我们可以使用 scipy 库中的 boxcox 函数，它允许自动找到最适合的 lambda 参数值。需要注意的是，它有一个条件，那就是序列中的所有值都必须为正，因此在计算一阶差分后不应使用转换，也不应使用可能将负值引入序列的任何其他转换。

有一个叫作 pmdarima 的库（关于该库的更多信息可以在后面的章节中找到）包含两个函数，它们可以使用统计检验来确定应该对序列进行多少阶的差分以实现平稳性（并且还可以消除季节性，即实现季节平稳性）。

可以使用以下检验来调查平稳性：ADF、KPSS 和 Phillips－Perron。

```python
from pmdarima.arima import ndiffs, nsdiffs

print(f"Suggested # of differences (ADF): {ndiffs(df['price'],
        test='adf')}")
print(f"Suggested # of differences (KPSS): {ndiffs(df['price'],
        test='kpss')}")
print(f"Suggested # of differences (PP): {ndiffs(df['price'],
        test='pp')}")
```

运行上述代码片段会返回以下结果。

```
Suggested # of differences (ADF): 1
Suggested # of differences (KPSS): 2
Suggested # of differences (PP): 1
```

对于 KPSS 检验，还可以指定要检验的零假设类型。默认值为水平平稳性（null="level"）。检验的结果（或者更准确地说是差分的需要）表明没有任何差分的序列不是平稳的。

该库还包含两个季节性差分检验。

❑ Osborn、Chui、Smith and Birchenhall (OCSB)。

❑　　Canova-Hansen (CH)。

要运行这两个检验，需要指定数据的频率。在本示例中，它是 12，因为我们正在处理的是月度数据。

```
print(f"Suggested # of differences (OSCB): {nsdiffs(df['price'], m=12,
test='ocsb')}")
print(f"Suggested # of differences (CH): {nsdiffs(df['price'], m=12,
test='ch')}")
```

其输出如下所示。

```
Suggested # of differences (OSCB): 0
Suggested # of differences (CH): 0
```

结果表明黄金价格没有季节性。

6.4　使用指数平滑方法对时间序列建模

指数平滑方法（exponential smoothing method）是经典预测模型的两大类方法之一。其基本思想是：预测值只是过去观察值的加权平均值。在计算这些平均值时，更多的重点将放在最近的观察结果上。为了实现这一点，权重将随时间呈指数衰减。这些模型适用于非平稳数据，即具有趋势和/或季节性的数据。指数平滑方法很受欢迎，因为它们计算速度快（不需要大量计算）并且在预测准确性方面相对可靠。

总的来说，指数平滑方法可以根据 ETS 框架进行定义，因为它们结合了平滑计算中的基础分量。所谓 ETS，代表的正是误差、趋势和季节（Error，Trend and Season）。与季节性分解的情况一样，这些项可以通过加法、乘法组合或简单地从模型中删除。

📝 **注意：**

有关指数平滑方法分类的更多信息，请参阅由澳大利亚 Hyndman 和 Athanasopoulos 编写的 *Forecasting: Principles and Practice*（《预测：原理与实践》）一书。

最简单的模型称为简单指数平滑（simple exponential smoothing，SES）。此类模型最适用于所考虑的时间序列不表现出任何趋势或季节性的情况。它们也适用于只有少数几个数据点的序列。

该模型由平滑参数 α 参数化，其值介于 0 和 1 之间。值越高，最近观察值的权重越大。当 $\alpha=0$ 时，对未来的预测值即等于训练数据的平均值。当 $\alpha=1$ 时，所有预测值都与训练集中的上一个观察值具有相同的值。

使用 SES 生成的预测是平坦的，也就是说，无论时间范围如何，所有预测都具有相同的值（对应于最近一个水平的分量）。这就是为什么这种方法只适用于既没有趋势也没有季节性的序列的原因。

霍尔特线性趋势法（Holt's linear trend method）也称为霍尔特双指数平滑法（Holt's double exponential smoothing method），属于 SES 的扩展，它通过将趋势分量添加到模型的规范来解释序列中的趋势。因此，当数据有趋势时可以考虑使用该模型，但它仍然无法处理季节性。

霍尔特模型的一个问题是，其趋势在未来是不变的，这意味着它会无限增加/减少。这就是为什么该模型的扩展要通过添加阻尼参数（φ）来抑制趋势，它使趋势在未来收敛到一个常数值，有效地拉平它。

💡 提示：

阻尼参数（φ）很少小于 0.8，因为阻尼对较小的 φ 值具有非常强的影响。最佳实践是限制 φ 的值，使得它们位于 0.8 和 0.98 之间。如果 $\varphi=1$，则该阻尼模型等效于没有阻尼的模型。

最后，我们将介绍霍尔特方法的扩展，称为霍尔特–温特季节性平滑（Holt-Winters' seasonal smoothing），也称为霍尔特–温特三重指数平滑（Holt-Winters' triple exponential smoothing）。顾名思义，它考虑了时间序列的季节性。显然，该方法最适合同时具有趋势和季节性的数据。

该模型有两种变体，它们分别具有加法或乘法季节性。对于加法季节性变体来说，季节性变化在整个时间序列中或多或少是恒定的；而对于乘法季节性变体来说，季节性变化与时间的流逝成比例。

在本节中，我们将向读者展示如何将已经讨论过的平滑方法应用于美国月度失业率（具有趋势和季节性的非平稳数据）。我们会将模型拟合到 2010 年至 2018 年的数据，并对 2019 年的数据做出预测。

6.4.1　准备工作

本节将使用与 6.1 节"时间序列分解"相同的数据。

6.4.2　实战操作

执行以下步骤以使用指数平滑方法创建美国失业率的预测。

（1）导入库。

```
import pandas as pd
from datetime import date
from statsmodels.tsa.holtwinters import (ExponentialSmoothing,
                                         SimpleExpSmoothing,
                                         Holt)
```

（2）创建训练集/测试集。

```
TEST_LENGTH = 12
df.index.freq = "MS"
df_train = df.iloc[:-TEST_LENGTH]
df_test = df[-TEST_LENGTH:]
```

（3）拟合两个 SES 模型并计算预测值。

```
ses_1 = SimpleExpSmoothing(df_train).fit(smoothing_level=0.5)
ses_forecast_1 = ses_1.forecast(TEST_LENGTH)

ses_2 = SimpleExpSmoothing(df_train).fit()
ses_forecast_2 = ses_2.forecast(TEST_LENGTH)

ses_1.params_formatted
```

运行上述代码片段将生成如图 6.13 所示的结果。

	name	param	optimized
smoothing_level	alpha	0.500000	False
initial_level	l.0	10.358112	True

图 6.13　第一个 SES 模型的拟合系数值

也可以使用 summary 方法来打印拟合模型的更详细的摘要信息。

（4）结合预测值和拟合值并绘制它们。

```
ses_df = df.copy()
ses_df["ses_1"] = ses_1.fittedvalues.append(ses_forecast_1)
ses_df["ses_2"] = ses_2.fittedvalues.append(ses_forecast_2)

opt_alpha = ses_2.model.params["smoothing_level"]

fig, ax = plt.subplots()
ses_df["2017":].plot(style=["-",":","--"], ax=ax,
                     title="Simple Exponential Smoothing")
```

```
labels = [
    "unemp_rate",
    r"$\alpha=0.2$",
    r'$\alpha={0:.2f}$'.format(opt_alpha),
]
ax.legend(labels)
```

运行上述代码片段会生成如图 6.14 所示的结果。

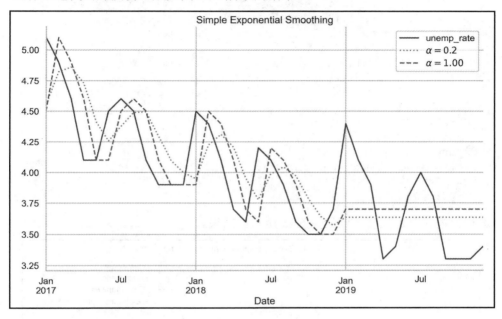

图 6.14 使用 SES 对时间序列建模

在图 6.14 中，可以观察到前文描述的 SES 的特征——预测是一条平坦的线。还可以看到，优化例程选择的最优值等于 1。我们可以立即看到选择这样一个值的结果：模型的拟合线实际上就是将观察到的数据转移到右边，预测值只是最近观察到的值。

（5）拟合霍尔特线性趋势模型的 3 个变体并计算预测。

```
# 霍尔特线性趋势模型
hs_1 = Holt(df_train).fit()
hs_forecast_1 = hs_1.forecast(TEST_LENGTH)

# 霍尔特指数趋势模型
hs_2 = Holt(df_train, exponential=True).fit()
hs_forecast_2 = hs_2.forecast(TEST_LENGTH)
```

```
# 霍尔特指数趋势和阻尼模型
hs_3 = Holt(df_train, exponential=False,
            damped_trend=True).fit()
hs_forecast_3 = hs_3.forecast(TEST_LENGTH)
```

（6）绘制原始序列和模型的预测。

```
hs_df = df.copy()
hs_df["hs_1"] = hs_1.fittedvalues.append(hs_forecast_1)
hs_df["hs_2"] = hs_2.fittedvalues.append(hs_forecast_2)
hs_df["hs_3"] = hs_3.fittedvalues.append(hs_forecast_3)

fig, ax = plt.subplots()
hs_df["2017":].plot(style=["-",":","--", "-."], ax=ax,
                    title="Holt's Double Exponential Smoothing")
labels = [
    "unemp_rate",
    "Linear trend",
    "Exponential trend",
    "Exponential trend (damped)",
]
ax.legend(labels)
```

运行上述代码片段会生成如图 6.15 所示的结果。

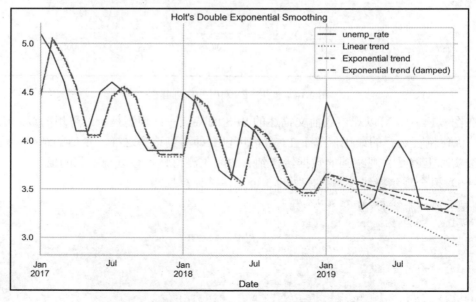

图 6.15　使用霍尔特双指数平滑法对时间序列建模

我们已经可以观察到，与 SES 预测相比，线条不再平坦。

另一件值得一提的事情是，当我们在 SES 的情况下优化单个参数 alpha（smoothing_level）时，其实也在优化 beta（smoothing_trend）并且还可能优化 phi（damping_trend）。

（7）拟合霍尔特–温特三重指数平滑模型的两个变体并计算预测。

```
SEASONAL_PERIODS = 12

# 霍尔特–温特指数趋势模型
hw_1 = ExponentialSmoothing(df_train,
                            trend="mul",
                            seasonal="add",
                            seasonal_periods=SEASONAL_PERIODS).fit()
hw_forecast_1 = hw_1.forecast(TEST_LENGTH)

# 霍尔特指数趋势和阻尼模型
hw_2 = ExponentialSmoothing(df_train,
                            trend="mul",
                            seasonal="add",
                            seasonal_periods=SEASONAL_PERIODS,
                            damped_trend=True).fit()
hw_forecast_2 = hw_2.forecast(TEST_LENGTH)
```

（8）将原始序列与模型结果一起绘制。

```
hw_df = df.copy()
hw_df["hw_1"] = hw_1.fittedvalues.append(hw_forecast_1)
hw_df["hw_2"] = hw_2.fittedvalues.append(hw_forecast_2)

fig, ax = plt.subplots()
hw_df["2017":].plot(
    style=["-",":","--"], ax=ax,
    title="Holt-Winters' Triple Exponential Smoothing"
)
phi = hw_2.model.params["damping_trend"]

labels = [
    "unemp_rate",
    "Seasonal Smoothing",
    f"Seasonal Smoothing (damped with $\phi={phi:.2f}$)"
]
ax.legend(labels)
```

运行上述代码片段会生成如图 6.16 所示的结果。

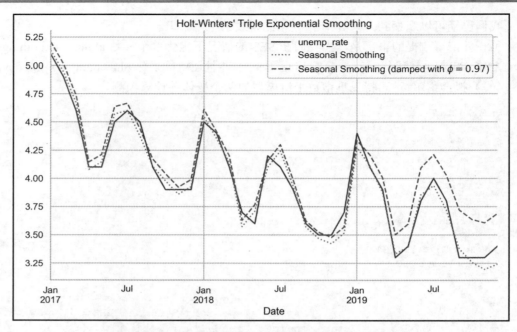

图 6.16   使用霍尔特-温特三重指数平滑法对时间序列建模

在图 6.16 中，可以看到现在季节性模式也被纳入了预测。

6.4.3   原理解释

在导入库之后，我们使用 SimpleExpSmoothing 类及其 fit 方法拟合了两个不同的 SES 模型。在拟合模型时，只使用了训练数据。我们可以手动选择平滑参数（smoothing_level）的值，但是，最佳做法是让 statsmodels 对其进行优化以获得最佳拟合。这种优化是通过最小化残差平方和（误差）来完成的。我们使用 forecast 方法创建了预测，这需要提供预测目标的周期数（在本示例中，它等于测试集的长度）。

在步骤（4）中，结合了拟合值（使用拟合模型的 fittedvalues 属性访问）和 pandas DataFrame 内部的预测值，以及观察到的失业率，然后可视化所有序列。为了使绘图结果更易于阅读，对数据进行了限制，以仅涵盖训练集和测试集最后 2 年的数据。

在步骤（5）中，使用了 Holt 类（它是更通用的 ExponentialSmoothing 类的包装器）来拟合霍尔特线性趋势模型。默认情况下，该模型中的趋势是线性的，但是可以通过指定 exponential=True 并使用 damped_trend=True 添加阻尼来使其呈指数趋势。与 SES 的情况一样，使用不带参数的 fit 方法会导致运行优化例程以确定参数的最佳值。

在步骤（6）中，再次将所有拟合值和预测值放入 DataFrame 中，然后对结果进行可视化。

在步骤（7）中，估计了霍尔特-温特三重指数平滑模型的两个变体。该模型没有单独的类，但可以通过添加 seasonal 和 seasonal_periods 参数来调整 ExponentialSmoothing 类。根据 ETS 模型的分类，我们应该指出这些模型具有加法季节性分量。

在步骤（8）中，我们再次将所有拟合值和预测值放入 DataFrame 中，然后将结果可视化为线图。

💡 提示：

当创建 ExponentialSmoothing 类的实例时，可以额外传入 use_boxcox 参数，以自动将 Box-Cox 变换应用于分析的时间序列。或者，也可以通过将"log"字符串传递给同一个参数来使用对数变换。

6.4.4　扩展知识

本节拟合了各种指数平滑模型来预测每月的失业率。每次都指定了我们感兴趣的模型类型，并且大多数时候都是让 statsmodels 找到最佳拟合的参数。

但是，我们也可以采用不同的方式来处理该任务，也就是说，使用称为 AutoETS 的过程。顾名思义，该过程的目标是在预先给定一些约束的条件下，找到 ETS 模型的最佳拟合结果。在 6.4.5 节"参考资料"中列出的图书和链接提供了有关 AutoETS 过程如何工作的更多信息。

AutoETS 过程在 sktime 库中可用，该库/框架的灵感来自 scikit-learn，但侧重于时间序列分析/预测。

执行以下步骤以使用 AutoETS 方法找到最佳 ETS 模型。

（1）导入库。

```
from sktime.forecasting.ets import AutoETS
from sklearn.metrics import mean_absolute_percentage_error
```

（2）拟合 AutoETS 模型。

```
auto_ets = AutoETS(auto=True, n_jobs=-1, sp=12)
auto_ets.fit(df_train.to_period())
auto_ets_fcst = auto_ets.predict(fh=list(range(1, 13)))
```

（3）将模型的预测添加到霍尔特-温特预测图中。

```
auto_ets_df = hw_df.to_period().copy()
```

```
auto_ets_df["auto_ets"] = (
    auto_ets
    ._fitted_forecaster
    .fittedvalues
    .append(auto_ets_fcst["unemp_rate"])
)

fig, ax = plt.subplots()
auto_ets_df["2017":].plot(
    style=["-",":","--","-."], ax=ax,
    title="Holt-Winters' models vs. AutoETS"
)
labels = [
    "unemp_rate",
    "Seasonal Smoothing",
    f"Seasonal Smoothing (damped with $\phi={phi:.2f}$)",
    "AutoETS",
]
ax.legend(labels)
```

运行上述代码片段会生成如图 6.17 所示的结果。

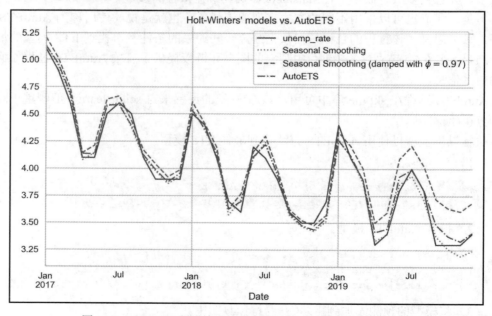

图 6.17　AutoETS 预测结果绘制在霍尔特-温特方法的结果之上

在图 6.17 中，可以看到霍尔特–温特模型和 AutoETS 的样本内拟合非常相似。说到预测，它们确实有所不同，很难说哪一个能更好地预测失业率。

这就是我们在下一步中计算平均绝对百分比误差（mean absolute percentage error，MAPE）的原因，它是时间序列预测（和其他领域）中常用的评估指标。

（4）计算霍尔特–温特预测和 AutoETS 的 MAPE。

```
fcst_dict = {
    "Seasonal Smoothing": hw_forecast_1,
    "Seasonal Smoothing (damped)": hw_forecast_2,
    "AutoETS": auto_ets_fcst,
}

print("MAPEs ----")
for key, value in fcst_dict.items():
    mape = mean_absolute_percentage_error(df_test, value)
    print(f"{key}: {100 * mape:.2f}%")
```

运行上述代码片段会生成以下摘要信息。

```
MAPEs ----
Seasonal Smoothing: 1.81%
Seasonal Smoothing (damped): 6.53%
AutoETS: 1.78%
```

可以看到，霍尔特–温特方法和 AutoETS 方法的准确率（accuracy）分数（通过 MAPE 测量）非常相似。

6.4.5　参考资料

有关 ETS 方法的更多信息，请参阅以下资料。

❑ Hyndman, R. J., Akram, Md., & Archibald, 2008. " The admissible parameter space for exponential smoothing models," Annals of Statistical Mathematics, 60 (2): 407-426.

❑ Hyndman, R. J., Koehler, A.B., Snyder, R.D., & Grose, S., 2002. "A state space framework for automatic forecasting using exponential smoothing methods," International J. Forecasting, 18(3): 439-454.

❑ Hyndman, R. J & Koehler, A. B., 2006. "Another look at measures of forecast accuracy," International Journal of Forecasting, 22(4): 679-688.

❑ Hyndman, R. J., Koehler, A.B., Ord, J.K., & Snyder, R.D. 2008. Forecasting with

Exponential Smoothing: The State Space Approach, Springer-Verlag.

http://www.exponentialsmoothing.net

❑ Hyndman, R. J. & Athanasopoulos, G. 2021. Forecasting: Principles and Practice, 3rd edition, OTexts: Melbourne, Australia. OTexts.com/fpp3.

❑ Winters, P.R. 1960. "Forecasting sales by exponentially weighted moving averages," Management Science 6(3): 324-342.

6.5　使用 ARIMA 类模型对时间序列建模

ARIMA 模型是一类用于分析和预测时间序列数据的统计模型。它们的目标是通过描述数据中的自相关来做到这一点。ARIMA 代表自回归积分移动平均（autoregressive integrated moving average），是更简单的 ARMA 模型的扩展。多出来的积分（I）分量的目标是确保序列的平稳性。这是因为，与指数平滑模型相比，ARIMA 模型要求时间序列是平稳的。下面让我们来看看该模型的构建块。

自回归（autoregressive，AR）模型。

❑ 这种模型使用观察值与其 p 个滞后值之间的关系。

❑ 在金融数据分析领域，自回归模型试图解释动量和均值回归效应。

积分（integration，I）分量。

❑ 在这种情况下，积分是指对原始时间序列进行差分（用当前期间的值减去上一期间的值）使其平稳。

❑ 负责积分的参数是 d，称为差分的度/阶（degree/order），表示我们需要应用差分的次数。

移动平均（moving average，MA）模型。

❑ 这种模型使用观察值与白噪声项（在最后 q 个观察值中发生的冲击）之间的关系。

❑ 在金融数据分析领域，移动平均模型试图解释影响观察到的时间序列的不可预测的冲击（在残差中观察到）。这种冲击的一些例子可能是自然灾害、与某家公司有关的突发新闻等。

❑ MA 模型中的白噪声项是不可观察。因此，无法使用普通最小二乘法（ordinary least squares，OLS）来拟合 ARIMA 模型。相反，必须使用迭代估计方法，例如最大似然估计（maximum likelihood estimation，MLE）。

所有这些分量拟合在一起，并直接用常用的表示法指定：ARIMA (p,d,q)。一般来说，我们应该尽量保持 ARIMA 参数的值尽可能小，以避免不必要的复杂性并防止对训练数据的过拟合。一个可能的经验法则是保持 $d \leqslant 2$，而 p 和 q 不应高于 5。

此外，很可能其中一项（AR 或 MA）将在模型中占主导地位，导致另一项具有一个相对较小的参数值。

☑ **注意：**

ARIMA 模型非常灵活，通过适当设置其超参数，可以获得一些特殊情况，示例如下。
- ❏　ARIMA(0,0,0)：白噪声。
- ❏　ARIMA(0,1,0)无常数：随机游走。
- ❏　ARIMA(p,0,q)：ARMA(p,q)。
- ❏　ARIMA(p,0,0)：AR(p)模型。
- ❏　ARIMA(0,0,q)：MA(q)模型。
- ❏　ARIMA(0,1,2)：阻尼霍尔特模型。
- ❏　ARIMA(0,1,1) 无常数：SES 模型。
- ❏　ARIMA(0,2,2)：具有加法误差的霍尔特线性方法。

ARIMA 模型在业界仍然颇受欢迎，因为它们提供了相当好的性能（主要用于短期预测），尤其是当我们处理小型数据集时。在这种情况下，更先进的机器学习和深度学习模型都无法发挥其真正的威力。

ARIMA 模型在金融分析领域中的一个已知弱点是它们无法捕获在大多数金融资产中观察到的波动率聚类。

在本节中，我们将完成正确估计 ARIMA 模型的所有必要步骤，并学习如何验证它是否正确拟合数据。本示例将再次使用 2010 年至 2019 年的美国月度失业率数据。

6.5.1　准备工作

我们将使用与 6.1 节"时间序列分解"相同的数据。

6.5.2　实战操作

执行以下步骤以使用 ARIMA 模型创建美国失业率预测。

（1）导入库。

```
import pandas as pd
import numpy as np
from statsmodels.tsa.arima.model import ARIMA
```

```
from chapter_6_utils import test_autocorrelation
from sklearn.metrics import mean_absolute_percentage_error
```

（2）创建训练集/测试集。

```
TEST_LENGTH = 12
df_train = df.iloc[:-TEST_LENGTH]
df_test = df.iloc[-TEST_LENGTH:]
```

正如我们之前所做的那样，本示例也创建了训练集/测试集，这样就可以比较两种模型的性能。

（3）应用对数变换并计算一阶差分。

```
df_train["unemp_rate_log"] = np.log(df_train["unemp_rate"])
df_train["first_diff"] = df_train["unemp_rate_log"].diff()

df_train.plot(subplots=True,
              title="Original vs transformed series")
```

运行上述代码片段将生成如图 6.18 所示的结果。

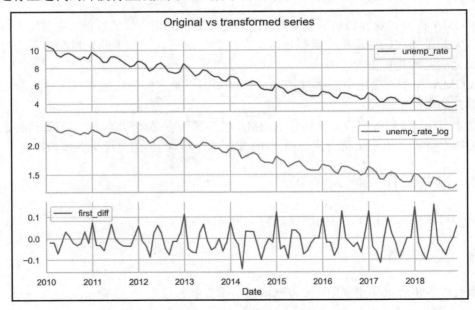

图 6.18　应用变换来实现平稳性

（4）检验差分序列的平稳性。

```
fig = test_autocorrelation(df_train["first_diff"].dropna())
```

运行该函数会产生以下输出。

```
ADF test statistic: -2.97 (p-val: 0.04)
KPSS test statistic: 0.04 (p-val: 0.10)
```

通过分析测试结果，我们可以说对数变换序列的一阶差分是平稳的。还可以查看相应的自相关图，如图 6.19 所示。

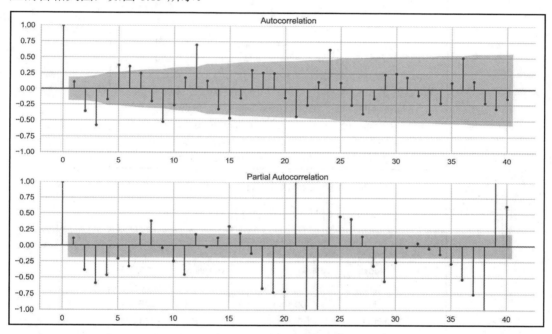

图 6.19　对数变换序列的一阶差分的自相关图

（5）拟合两个不同的 ARIMA 模型并输出它们的摘要信息。

```
arima_111 = ARIMA(
    df_train["unemp_rate_log"], order=(1, 1, 1)
).fit()
arima_111.summary()
```

运行上述代码片段会生成如图 6.20 所示的摘要信息。

第一个模型是简单的 ARIMA(1,1,1)。第二个模型使用的是 ARIMA(2,1,2)。

```
arima_212 = ARIMA(
    df_train["unemp_rate_log"], order=(2, 1, 2)
).fit()
arima_212.summary()
```

SARIMAX Results					
Dep. Variable:	unemp_rate_log		No. Observations:		108
Model:	ARIMA(1, 1, 1)		Log Likelihood		157.020
Date:	Thu, 12 May 2022		AIC		-308.040
Time:	00:14:40		BIC		-300.021
Sample:	01-01-2010		HQIC		-304.789
	- 12-01-2018				
Covariance Type:		opg			
	coef	std err	z	P>|z|	[0.025　0.975]
ar.L1	0.5541	0.401	1.381	0.167	-0.232　1.340
ma.L1	-0.7314	0.306	-2.391	0.017	-1.331　-0.132
sigma2	0.0031	0.000	6.823	0.000	0.002　0.004
Ljung-Box (L1) (Q):	2.55		Jarque-Bera (JB):		9.59
Prob(Q):	0.11		Prob(JB):		0.01
Heteroskedasticity (H):	2.33		Skew:		0.64
Prob(H) (two-sided):	0.01		Kurtosis:		3.71

图 6.20　拟合 ARIMA(1,1,1)模型的摘要信息

运行上述代码片段会生成如图 6.21 所示的摘要信息。

SARIMAX Results					
Dep. Variable:	unemp_rate_log		No. Observations:		108
Model:	ARIMA(2, 1, 2)		Log Likelihood		196.744
Date:	Thu, 12 May 2022		AIC		-383.488
Time:	00:14:40		BIC		-370.124
Sample:	01-01-2010		HQIC		-378.070
	- 12-01-2018				
Covariance Type:		opg			
	coef	std err	z	P>|z|	[0.025　0.975]
ar.L1	0.9952	0.014	69.577	0.000	0.967　1.023
ar.L2	-0.9893	0.014	-69.952	0.000	-1.017　-0.962
ma.L1	-1.1437	38.973	-0.029	0.977	-77.530　75.243
ma.L2	1.0000	68.159	0.015	0.988	-132.589　134.589
sigma2	0.0014	0.093	0.015	0.988	-0.181　0.184
Ljung-Box (L1) (Q):	11.30		Jarque-Bera (JB):		3.25
Prob(Q):	0.00		Prob(JB):		0.20
Heteroskedasticity (H):	1.99		Skew:		0.40
Prob(H) (two-sided):	0.04		Kurtosis:		3.28

图 6.21　拟合 ARIMA(2,1,2)模型的摘要信息

（6）将拟合值与预测值相结合。

```
df["pred_111_log"] = (
    arima_111
    .fittedvalues
    .append(arima_111.forecast(TEST_LENGTH))
)
df["pred_111"] = np.exp(df["pred_111_log"])

df["pred_212_log"] = (
    arima_212
    .fittedvalues
    .append(arima_212.forecast(TEST_LENGTH))
)
df["pred_212"] = np.exp(df["pred_212_log"])
df
```

运行上述代码片段会生成如图 6.22 所示的结果。

Date	unemp_rate	pred_111_log	pred_111	pred_212_log	pred_212
2010-01-01	10.6	0.000000	1.000000	0.000000	1.000000
2010-02-01	10.4	2.360854	10.600000	2.360854	10.600000
2010-03-01	10.2	2.344579	10.428881	2.337674	10.357115
2010-04-01	9.5	2.327491	10.252189	2.324158	10.218076
2010-05-01	9.3	2.266964	9.650060	2.256346	9.548141
...	...	...	...	...	...
2019-08-01	3.8	1.308394	3.700225	1.340842	3.822261
2019-09-01	3.3	1.308394	3.700226	1.272401	3.569413
2019-10-01	3.3	1.308394	3.700227	1.222022	3.394045
2019-11-01	3.3	1.308394	3.700227	1.239597	3.454222
2019-12-01	3.4	1.308394	3.700227	1.306928	3.694807

图 6.22　ARIMA 模型的预测——原始数据和转换回原始尺度

（7）绘制预测值图并计算 MAPE。

```
(
    df[["unemp_rate", "pred_111", "pred_212"]]
    .iloc[1:]
    .plot(title="ARIMA forecast of the US unemployment rate")
)
```

运行上述代码片段会生成如图 6.23 所示的结果。

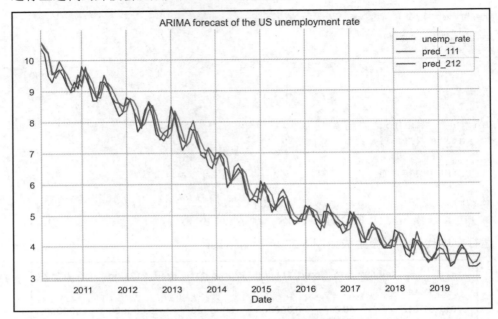

图 6.23　两个 ARIMA 模型的预测值和拟合值

现在还可以放大测试集，以清楚地看到预测。

```
(
    df[["unemp_rate", "pred_111", "pred_212"]]
    .iloc[-TEST_LENGTH:]
    .plot(title="Zooming in on the out-of-sample forecast")
)
```

运行上述代码片段会生成如图 6.24 所示的结果。

在图 6.24 中，可以看到 ARIMA(1,1,1)的预测实际上是一条直线，而 ARIMA(2,1,2) 在捕捉原始序列的模式方面做得更好。

现在计算 MAPE。

```
mape_111 = mean_absolute_percentage_error(
    df["unemp_rate"].iloc[-TEST_LENGTH:],
    df["pred_111"].iloc[-TEST_LENGTH:]
)

mape_212 = mean_absolute_percentage_error(
    df["unemp_rate"].iloc[-TEST_LENGTH:],
```

```
    df["pred_212"].iloc[-TEST_LENGTH:]
)

print(f"MAPE of ARIMA(1,1,1): {100 * mape_111:.2f}%")
print(f"MAPE of ARIMA(2,1,2): {100 * mape_212:.2f}%")
```

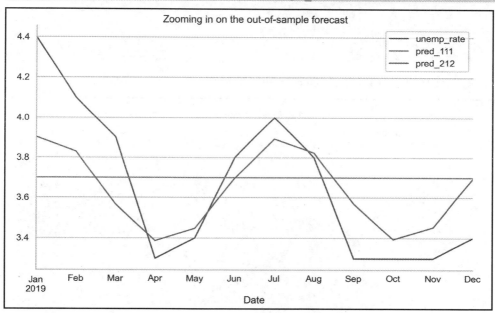

图 6.24　两个 ARIMA 模型的预测

运行上述代码片段会生成以下输出。

```
MAPE of ARIMA(1,1,1): 9.14%
MAPE of ARIMA(2,1,2): 5.08%
```

（8）提取具有相应置信区间的预测并将它们全部绘制在一起。

```
preds_df = arima_212.get_forecast(TEST_LENGTH).summary_frame()
preds_df.columns = ["fcst", "fcst_se", "ci_lower", "ci_upper"]
plot_df = df_test[["unemp_rate"]].join(np.exp(preds_df))

fig, ax = plt.subplots()

(
    plot_df[["unemp_rate", "fcst"]]
    .plot(ax=ax,
        title="ARIMA(2,1,2) forecast with confidence intervals")
```

```
)

ax.fill_between(plot_df.index,
                plot_df["ci_lower"],
                plot_df["ci_upper"],
                alpha=0.3,
                facecolor="g")

ax.legend(loc="upper left")
```

运行上述代码片段会生成如图 6.25 所示的结果。

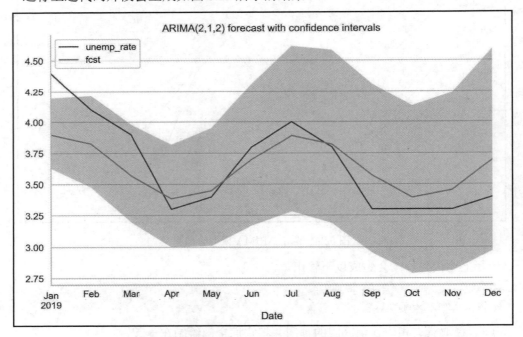

图 6.25　ARIMA(2,1,2)模型的预测及其置信区间

可以看到，该预测遵循观察值的形状。此外，我们还可以看到典型的锥形置信区间模式——预测范围越长，置信区间越宽。这对应于增加的不确定性。

6.5.3　原理解释

在步骤（2）中创建了训练集和测试集后，在步骤（3）中对训练数据应用了对数变换和一阶差分。

💡 提示：

如果想要多次将差分应用于给定的序列，则应该使用 np.diff 函数，因为它可以实现递归差分。使用 periods > 1 的 DataFrame/Series 的 diff 方法，会得出当前观测值与之前多个 periods 的观测值之间的差。

在步骤（4）中，测试了对数变换序列的一阶差分的平稳性。为此，我们使用了自定义 test_autocorrelation 函数。通过查看统计检验的输出，可以看到该序列在 5%的显著性水平上是平稳的。

在查看 ACF/PACF 图时，还可以清楚地看到年度季节性模式（滞后 12 和 24）。

在步骤（5）中，拟合了两个 ARIMA 模型：ARIMA(1,1,1)和 ARIMA(2,1,2)。首先，经过一阶差分后该序列是平稳的，因此，得出了积分阶数为 $d = 1$。一般来说，可以使用下面的一组"规则"来确定 p 和 q 的值。

确定 AR 模型的阶数。

❑ ACF 在滞后 p 之前显示出显著的自相关，而在此之后则逐渐消失。

❑ 由于 PACF 仅描述观测值与其滞后之间的直接关系，因此，我们预计在滞后 p 之外没有显著相关性。

确定 MA 模型的阶数。

❑ PACF 在滞后 q 之前显示出显著的自相关性，而在此之后则逐渐消失。

❑ ACF 在滞后 q 之前显示出显著的自相关系数，然后会出现急剧下降。

关于 ARIMA 阶数的手动校准，Hyndman 和 Athanasopoulos（2018）警告，如果 p 和 q 均为正值，则 ACF/PACF 图可能对确定 ARIMA 模型的参数规格没有帮助。在下一节中，我们将介绍如何通过一种自动方法确定 ARIMA 超参数的最佳值。

在步骤（6）中，将原始序列与两个模型的预测值进行了结合。我们从 ARIMA 模型中提取了拟合值，并将 2019 年的预测附加到序列的末尾。因为我们将模型拟合到对数变换序列，所以还必须使用指数函数（np.exp）来反转变换。

💡 提示：

处理可以包含 0 值的序列时，使用 np.log1p 和 np.exp1m 更安全，因为这样在取 0 的对数时就避免了潜在的错误。

在步骤（7）中，绘制了预测图并计算了平均绝对百分比误差。ARIMA(2,1,2)提供的预测比简单的 ARIMA(1,1,1)要好得多。

在步骤（8）中，我们将拟合的 ARIMA 模型的 get_forecast 方法与 summary_frame 方法链接在一起，以获得预测及其相应的置信区间。在这里我们不得不使用 get_forecast

方法，因为 forecast 方法只返回点预测，而没有任何附加信息。

最后，我们重命名了列并将它们与原始序列一起绘图。

6.5.4　扩展知识

我们已经拟合了 ARIMA 模型并探索了它们预测的准确率。当然，读者也可以研究拟合模型的一些拟合优度标准。我们可以更深入地研究模型与训练数据的拟合程度，而不是关注样本外的性能。可以通过查看拟合的 ARIMA 模型的残差来做到这一点。

首先，可以为拟合的 ARIMA(2,1,2) 模型的残差绘制诊断图。

```
arima_212.plot_diagnostics(figsize=(18, 14), lags=25)
```

运行上述代码片段会生成如图 6.26 所示的结果。

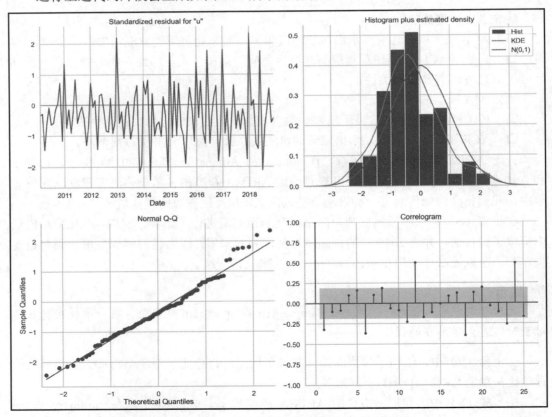

图 6.26　拟合的 ARIMA(2,1,2)模型的诊断图

对于每个图的解释如下。

❑ 随着时间的推移标准化残差（左上图）——残差应该表现得像白噪声，也就是说，应该没有清晰可见的模式。此外，残差应具有零均值和均匀方差。在本示例中可以看到，负值似乎比正值多，所以其平均值也可能是负值。

❑ 直方图和 KDE 估计（右上图）——残差的核密度估计（kernel density estimation，KDE）曲线应该与标准正态分布［标记为 N(0,1)］非常相似。可以看到我们的模型不是这种情况，因为分布在向负值移动。

❑ QQ 图（左下图）——大部分数据点应位于一条直线上。这表明理论分布（标准正态）的分位数与经验分布相匹配。与对角线的显著偏差意味着经验分布是倾斜的。

❑ 相关图（右下图）——在这里可以查看残差的自相关函数图。我们期望拟合良好的 ARIMA 模型的残差不是自相关的。在本示例中，可以清楚地看到滞后 12 和 24 处的相关残差。这意味着该模型没有捕获数据中存在的季节性模式。

要继续研究残差的自相关性，还可以应用 Ljung-Box 的无自相关检验。要执行该检验，可以使用拟合 ARIMA 模型的 test_serial_correlation 方法。或者，也可以使用 statsmodels 中的 acorr_ljungbox 函数。

```
ljung_box_results=arima_212.test_serial_correlation(method="ljungbox")
ljung_box_pvals = ljung_box_results[0][1]

fig, ax = plt.subplots(1, figsize=[16, 5])
sns.scatterplot(x=range(len(ljung_box_pvals)),
                y=ljung_box_pvals,
                ax=ax)
ax.axhline(0.05, ls="--", c="r")
ax.set( title="Ljung-Box test's results",
        xlabel="Lag",
        ylabel="p-value")
```

运行上述代码片段会生成如图 6.27 所示的结果。

可以看到，所有返回的 p 值都低于 5%的显著性水平，这意味着应该拒绝原假设，即残差中没有自相关。这是有道理的，因为我们已经观察到由于模型缺少季节性模式而导致的显著的年度相关性。

我们还应该记住的是执行 Ljung-Box 检验时要调查的滞后数。不同的文献来源表明需要考虑不同数量的滞后。对于非季节性模型，statsmodels 中的默认值为 min(10, nobs // 5)，对于季节性时间序列，默认值为 min(2*m, nobs // 5)，其中 m 表示季节性周期。其他常用的变体包括 min(20, nobs - 1) 和 ln(nobs)。

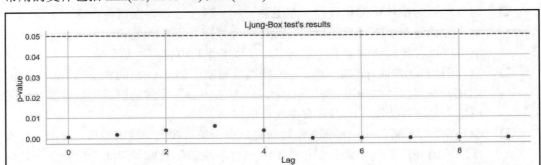

图 6.27　残差无自相关的 Ljung-Box 检验结果

在本示例中，没有使用季节性模型，所以默认值为 10。但正如我们所知，数据确实表现出季节性模式，所以应该研究一下更多的滞后。

拟合的 ARIMA 模型还包含 test_normality 和 test_heteroskedasticity 方法，可以使用它们进一步评估模型的拟合度。本书将对于它们的探索留给读者作为一项练习。

6.5.5　参考资料

❑　参阅以下资料，了解有关拟合 ARIMA 模型的更多信息以及用于手动选取模型正确阶数的有用规则集。

https://online.stat.psu.edu/stat510/lesson/3/3.1
https://people.duke.edu/~rnau/arimrule.htm

❑　有关 Ljung-Box 检验的更多信息，请访问以下网址。

https://robjhyndman.com/hyndsight/ljung-box-test/

6.6　使用 auto-ARIMA 寻找最佳拟合的 ARIMA 模型

正如读者在前文中所看到的，ARIMA 模型的性能根据所选的超参数（p、d 和 q）不同而有很大差异。我们可以根据直觉、统计检验和 ACF/PACF 图尽最大努力选择它们。然而，这在实践中可能被证明是相当困难的。

这就是我们要在本小节中介绍 auto-ARIMA 的原因，后者是一种自动寻找 ARIMA 类模型（包括 ARIMAX 和 SARIMA 等变体）的最佳超参数的方法。

在不深入研究算法技术细节的情况下，它首先使用 KPSS 检验确定差分数。然后，该算法使用逐步搜索来遍历模型空间，搜索能得到更好拟合的模型。用于比较模型的评估指标的一种流行选择是赤池信息量准则（Akaike Information Criterion，AIC）。该指标在模型的拟合优度与其简单性之间提供了权衡——AIC 可以处理过拟合（overfitting）和欠拟合（underfitting）的风险。当我们比较多个模型时，AIC 值越低，模型的效果越好。有关自动 ARIMA 过程的更完整描述，可参阅 6.6.5 节"参考资料"中提供的资料。

auto-ARIMA 框架也适用于 ARIMA 模型的扩展。

❑　ARIMAX——向模型添加外生变量。

❑　季节性 ARIMA（Seasonal ARIMA，SARIMA）——扩展 ARIMA 以说明时间序列中的季节性。完整的规范是 SARIMA(p,d,q)(P,D,Q)m，其中大写的参数类似于原始参数，但它们代表的是时间序列的季节性分量。m 指的是季节性周期。

在本小节中，我们将再次使用 2010 年至 2019 年的美国月度失业率数据。

6.6.1　准备工作

我们将使用与 6.1 节"时间序列分解"相同的数据。

6.6.2　实战操作

执行以下步骤以使用自动 ARIMA 过程找到最佳拟合的 ARIMA 模型。

（1）导入库。

```
import pandas as pd
import pmdarima as pm
from sklearn.metrics import mean_absolute_percentage_error
```

（2）创建训练集/测试集。

```
TEST_LENGTH = 12
df_train = df.iloc[:-TEST_LENGTH]
df_test = df.iloc[-TEST_LENGTH:]
```

（3）使用 auto-ARIMA 过程找到 ARIMA 模型的最佳超参数。

```
auto_arima = pm.auto_arima(df_train,
                           test="adf",
                           seasonal=False,
                           with_intercept=False,
                           stepwise=True,
```

```
                        suppress_warnings=True,
                        trace=True)

auto_arima.summary()
```

执行上述代码片段会生成如图 6.28 所示的摘要。

SARIMAX Results					
Dep. Variable:		y	No. Observations:		108
Model:	SARIMAX(2, 1, 2)		Log Likelihood		1.294
Date:	Thu, 12 May 2022		AIC		7.411
Time:		00:14:44	BIC		20.775
Sample:		0	HQIC		12.829
		- 108			
Covariance Type:		opg			
	coef	std err	z	P>|z|	[0.025 0.975]
ar.L1	0.9882	0.028	34.788	0.000	0.933 1.044
ar.L2	-0.9630	0.023	-41.667	0.000	-1.008 -0.918
ma.L1	-1.1926	0.057	-21.093	0.000	-1.303 -1.082
ma.L2	0.9241	0.063	14.580	0.000	0.800 1.048
sigma2	0.0550	0.009	6.065	0.000	0.037 0.073
Ljung-Box (L1) (Q):		5.22	Jarque-Bera (JB):		4.47
Prob(Q):		0.02	Prob(JB):		0.11
Heteroskedasticity (H):		0.52	Skew:		0.44
Prob(H) (two-sided):		0.05	Kurtosis:		3.48

图 6.28　最佳拟合 ARIMA 模型的摘要，使用 auto-ARIMA 过程进行识别

　　该过程表明最佳拟合的 ARIMA 模型是 ARIMA(2,1,2)。但是可以看到，图 6.28 和图 6.21 的结果是不一样的。这是因为在图 6.21 的示例中，将 ARIMA(2,1,2) 模型拟合到对数变换序列，而本小节的示例并没有应用对数变换。

　　因为指定了 trace=True，所以还可以看到有关在该过程中安装模型的以下信息。

```
Performing stepwise search to minimize aic
ARIMA(2,1,2)(0,0,0)[0]              : AIC=7.411, Time=0.24 sec
ARIMA(0,1,0)(0,0,0)[0]              : AIC=77.864, Time=0.01 sec
ARIMA(1,1,0)(0,0,0)[0]              : AIC=77.461, Time=0.01 sec
ARIMA(0,1,1)(0,0,0)[0]              : AIC=75.688, Time=0.01 sec
ARIMA(1,1,2)(0,0,0)[0]              : AIC=68.551, Time=0.01 sec
ARIMA(2,1,1)(0,0,0)[0]              : AIC=54.321, Time=0.03 sec
ARIMA(3,1,2)(0,0,0)[0]              : AIC=7.458, Time=0.07 sec
```

```
ARIMA(2,1,3)(0,0,0)[0]                : AIC=inf, Time=0.07 sec
ARIMA(1,1,1)(0,0,0)[0]                : AIC=78.507, Time=0.02 sec
ARIMA(1,1,3)(0,0,0)[0]                : AIC=60.069, Time=0.02 sec
ARIMA(3,1,1)(0,0,0)[0]                : AIC=41.703, Time=0.02 sec
ARIMA(3,1,3)(0,0,0)[0]                : AIC=10.527, Time=0.10 sec
ARIMA(2,1,2)(0,0,0)[0] intercept      : AIC=inf, Time=0.08 sec

Best model:  ARIMA(2,1,2)(0,0,0)[0]
Total fit time: 0.740 seconds
```

和使用 statsmodels 库估计的 ARIMA 模型类似，通过 pmdarima（实际上是 statsmodels 的包装器）或使用 plot_diagnostics 方法，查看模型的残差来分析模型的拟合度。

```
auto_arima.plot_diagnostics(figsize=(18, 14), lags=25)
```

执行上述代码片段会生成如图 6.29 所示的结果。

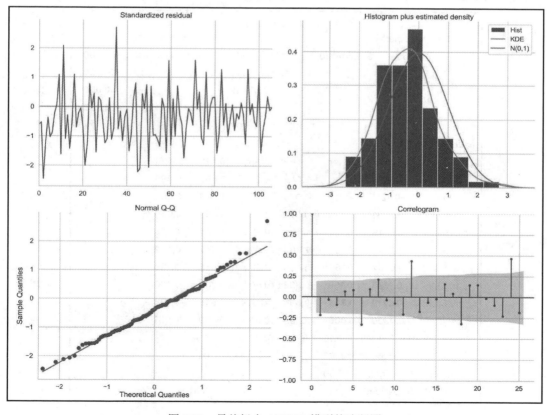

图 6.29　最佳拟合 ARIMA 模型的诊断图

与图 6.26 中的诊断图类似，ARIMA(2,1,2)模型实际上也在努力捕捉每年的季节性模式——可以在相关图中清楚地看到这一点。

（4）使用 auto-ARIMA 过程找到 SARIMA 模型的最佳超参数。

```
auto_sarima = pm.auto_arima(df_train,
                            test="adf",
                            seasonal=True,
                            m=12,
                            with_intercept=False,
                            stepwise=True,
                            suppress_warnings=True,
                            trace=True)
auto_sarima.summary()
```

执行上述代码片段会生成如图 6.30 所示的摘要。

SARIMAX Results						
Dep. Variable:			y	No. Observations:		108
Model:	SARIMAX(0, 1, 5)x(2, 0, [1], 12)			Log Likelihood		41.060
Date:		Thu, 12 May 2022		AIC		-64.120
Time:		00:15:12		BIC		-40.065
Sample:			0	HQIC		-54.368
			- 108			
Covariance Type:			opg			
	coef	std err	z	P>|z|	[0.025	0.975]
ma.L1	-0.2808	0.115	-2.449	0.014	-0.506	-0.056
ma.L2	-0.1211	0.112	-1.078	0.281	-0.341	0.099
ma.L3	-0.2031	0.129	-1.575	0.115	-0.456	0.050
ma.L4	0.0749	0.122	0.616	0.538	-0.164	0.313
ma.L5	0.2473	0.105	2.363	0.018	0.042	0.452
ar.S.L12	0.8702	0.160	5.455	0.000	0.558	1.183
ar.S.L24	0.1275	0.152	0.838	0.402	-0.171	0.426
ma.S.L12	-0.8719	0.344	-2.536	0.011	-1.546	-0.198
sigma2	0.0200	0.006	3.589	0.000	0.009	0.031
Ljung-Box (L1) (Q):		0.18	Jarque-Bera (JB):		1.98	
Prob(Q):		0.67	Prob(JB):		0.37	
Heteroskedasticity (H):		0.60	Skew:		-0.29	
Prob(H) (two-sided):		0.13	Kurtosis:		3.31	

图 6.30　使用 auto-ARIMA 过程进行识别的最佳拟合 SARIMA 模型的摘要信息

正如之前所做的那样，我们还可以查看各种残差图。

```
auto_sarima.plot_diagnostics(figsize=(18, 14), lags=25)
```

执行上述代码片段将生成如图 6.31 所示的结果。

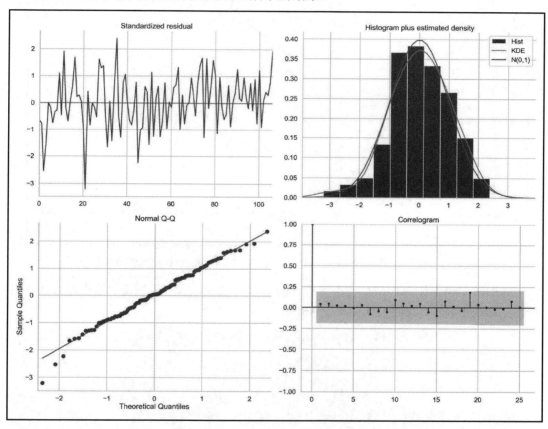

图 6.31　最佳拟合 SARIMA 模型的诊断图

可以清楚地看到，SARIMA 模型比 ARIMA(2,1,2)模型拟合得更好。

（5）计算两个模型的预测并绘制它们。

```
df_test["auto_arima"] = auto_arima.predict(TEST_LENGTH)
df_test["auto_sarima"] = auto_sarima.predict(TEST_LENGTH)
df_test.plot(title="Forecasts of the best ARIMA/SARIMA models")
```

执行上述代码片段会生成如图 6.32 所示的结果。

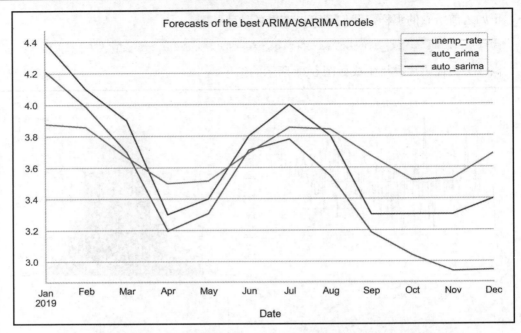

图 6.32　使用 auto-ARIMA 过程进行识别的 ARIMA 和 SARIMA 模型的预测

　　SARIMA 模型比 ARIMA 模型更能捕捉季节性模式，这不足为奇。这也反映在下面计算的性能指标中。我们还计算了 MAPE。

```
mape_auto_arima = mean_absolute_percentage_error(
    df_test["unemp_rate"],
    df_test["auto_arima"]
)

mape_auto_sarima = mean_absolute_percentage_error(
    df_test["unemp_rate"],
    df_test["auto_sarima"]
)

print(f"MAPE of auto-ARIMA: {100*mape_auto_arima:.2f}%")
print(f"MAPE of auto-SARIMA: {100*mape_auto_sarima:.2f}%")
```

执行上述代码片段会生成以下输出。

```
MAPE of auto-ARIMA: 6.17%
MAPE of auto-SARIMA: 5.70%
```

6.6.3　原理解释

在导入库之后，创建了训练集和测试集，这和之前的操作是一样的。

在步骤（3）中，使用了 auto_arima 函数来寻找 ARIMA 模型的最佳超参数。在使用它时，指定了以下参数。

- ❑　使用增强的 Dickey-Fuller（ADF）检验（test="adf"）而不是 KPSS 检验作为平稳性测试。
- ❑　关闭季节性（seasonal=False）以拟合 ARIMA 模型而不是 SARIMA。
- ❑　估计一个没有截距的模型（with_intercept=False），这也是在 statsmodels 中估计 ARIMA 时的默认设置（在 ARIMA 类的 trend 参数下）。
- ❑　使用逐步算法（stepwise=True）来识别最佳超参数。当该参数设置为 False 时，函数将运行详尽的网格搜索（尝试所有可能的超参数组合），类似于 scikit-learn 的 GridSearchCV 类。使用该方案时，可以指定 n_jobs 参数，以指定可以并行安装多少个模型。

读者还可以尝试许多不同的设置，具体如下。

- ❑　为搜索选择超参数的起始值。
- ❑　限制搜索中参数的最大值。
- ❑　选择不同的统计检验来确定差分的数量（也是季节性的）。
- ❑　选择样本外评估周期（out_of_sample_size）。这将使算法根据数据拟合模型，直到某个时间点（最后一次时观察并减去 out_of_sample_size 值），并在保留集上进行评估。当我们更关心预测性能而不是对训练数据的拟合时，这种选择最佳模型的方法可能更为可取。
- ❑　可以限制拟合模型的最长时间或要尝试的超参数组合的最大数量。这在根据更细粒度（如每周）数据估计季节性模型时特别有用，因为这种情况往往需要很长时间才能拟合。

在步骤（4）中，使用了 auto_arima 函数寻找最佳 SARIMA 模型。为此，指定了 seasonal=True 并通过设置 m=12 来表明要处理的月度数据。

在步骤（5）中，使用了 predict 方法计算来自两个模型的预测，将它们与实际数据一起绘制，并计算了 MAPE。

6.6.4　扩展知识

读者也可以使用 pmdarima 库中的 auto-ARIMA 框架来估计更复杂的模型或整个管

道，这包括转换目标变量或添加新功能等。本小节将演示如何做到这一点。

首先导入几个类。

```
from pmdarima.pipeline import Pipeline
from pmdarima.preprocessing import FourierFeaturizer
from pmdarima.preprocessing import LogEndogTransformer
from pmdarima import arima
```

对于第一个模型，我们将训练一个具有附加特征（外生变量）的 ARIMA 模型。作为一项实验，我们将尝试提供特征来指示给定观察结果来自哪个月。如果这样做可行，则可能不需要估计 SARIMA 模型来捕捉每年的季节性模式。

我们将使用 pd.get_dummies 函数创建虚拟变量（dummy variable）。每列包含一个布尔标志，指示观察结果是否来自给定月份。

我们还需要从新 DataFrame 中删除第一列以避免虚拟变量陷阱（dummy-variable trap），也就是所谓的完全多重共线性（perfect multicollinearity）。

我们为训练集和测试集添加了新变量。

```
month_dummies = pd.get_dummies(
    df.index.month,
    prefix="month_",
    drop_first=True
)
month_dummies.index = df.index
df = df.join(month_dummies)

df_train = df.iloc[:-TEST_LENGTH]
df_test = df.iloc[-TEST_LENGTH:]
```

然后可以使用 auto_arima 函数来找到最佳拟合的模型。与 6.6.2 节"实战操作"步骤（3）相比，唯一不同的是这里必须使用 exogenous 参数指定外生变量。

我们指出了除包含目标的列之外的所有列。或者，也可以将附加变量保存在与目标具有相同索引的单独对象中。

```
auto_arimax = pm.auto_arima(
    df_train[["unemp_rate"]],
    exogenous=df_train.drop(columns=["unemp_rate"]),
    test="adf",
    seasonal=False,
    with_intercept=False,
    stepwise=True,
    suppress_warnings=True,
```

```
    trace=True
)
```

```
auto_arimax.summary()
```

执行上述代码片段会生成如图 6.33 所示的摘要信息。

SARIMAX Results						
Dep. Variable:		y	No. Observations:			108
Model:	SARIMAX(0, 1, 2)		Log Likelihood			64.959
Date:	Sat, 30 Jul 2022		AIC			-99.917
Time:	00:02:14		BIC			-59.825
Sample:	01-01-2010		HQIC			-83.664
	- 12-01-2018					
Covariance Type:		opg				

	coef	std err	z	P>|z|	[0.025	0.975]
intercept	-0.0590	0.009	-6.760	0.000	-0.076	-0.042
month__2	-0.1329	0.072	-1.856	0.063	-0.273	0.007
month__3	-0.3405	0.074	-4.593	0.000	-0.486	-0.195
month__4	-0.8482	0.066	-12.846	0.000	-0.978	-0.719
month__5	-0.7560	0.067	-11.337	0.000	-0.887	-0.625
month__6	-0.2637	0.066	-3.996	0.000	-0.393	-0.134
month__7	-0.1491	0.074	-2.016	0.044	-0.294	-0.004
month__8	-0.3345	0.070	-4.778	0.000	-0.472	-0.197
month__9	-0.6422	0.068	-9.434	0.000	-0.776	-0.509
month__10	-0.7278	0.067	-10.938	0.000	-0.858	-0.597
month__11	-0.7578	0.055	-13.712	0.000	-0.866	-0.649
month__12	-0.6761	0.045	-15.036	0.000	-0.764	-0.588
ma.L1	-0.2874	0.106	-2.711	0.007	-0.495	-0.080
ma.L2	-0.1234	0.105	-1.179	0.239	-0.329	0.082
sigma2	0.0174	0.003	6.427	0.000	0.012	0.023

Ljung-Box (L1) (Q):	0.01	Jarque-Bera (JB):	0.05
Prob(Q):	0.91	Prob(JB):	0.98
Heteroskedasticity (H):	0.60	Skew:	-0.03
Prob(H) (two-sided):	0.13	Kurtosis:	2.91

图 6.33　具有外生变量的 ARIMA 模型的摘要

还可以使用 plot_diagnostics 方法查看残差图。与年度季节性相关的自相关问题似乎通过包含虚拟变量得到了解决，如图 6.34 所示。

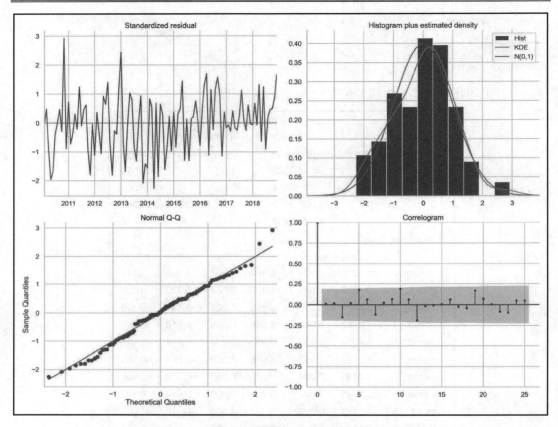

图 6.34　具有外生变量的 ARIMA 模型的诊断图

　　最后，我们还可以看看如何创建一个完整的数据转换和建模管道，这也可以找到最佳拟合的 ARIMA 模型。

　　我们的管道包括以下 3 个步骤。

　　（1）将对数转换应用于目标。

　　（2）使用 FourierFeaturizer 创建新特征——有关傅里叶级数的解释超出了本书的范围。实际上，使用它们可以让我们在不使用季节性模型本身的情况下，考虑季节性时间序列中的季节性。为了提供更多背景信息，它与我们对月份虚拟变量所做的类似。FourierFeaturizer 类可以提供分解的季节性傅里叶项作为外生特征的数组。我们必须指定季节性周期 m。

　　（3）使用 auto-ARIMA 过程找到最佳拟合的模型。请记住，在使用管道时，必须使用 AutoARIMA 类而不是 pm.auto_arima 函数。它们俩提供了相同的功能，只是这里我们必须使用一个类来使其与 Pipeline 功能兼容。

```
auto_arima_pipe = Pipeline([
    ("log_transform", LogEndogTransformer()),
    ("fourier", FourierFeaturizer(m=12)),
    ("arima", arima.AutoARIMA( stepwise=True, trace=1,
                               error_action="warn",
                               test="adf", seasonal=False,
                               with_intercept=False,
                               suppress_warnings=True))
])

auto_arima_pipe.fit(df_train[["unemp_rate"]])
```

在拟合管道产生的日志中，可以看到以下模型被选为最佳模型。

```
Best model: ARIMA(4,1,0)(0,0,0)[0] intercept
```

使用管道的最大优势是我们不必自己执行所有步骤。我们只要定义一个管道，然后提供一个时间序列作为 fit 方法的输入即可。一般来说，管道（在第 13 章"应用机器学习：识别信用违约"中可以看到 scikit-learn 中的管道）是一个很棒的功能，具体操作如下。

- ❑　使代码可重用。
- ❑　定义在数据上发生的操作的明确顺序。
- ❑　在创建特征和拆分数据时避免潜在的数据泄漏。

使用管道的一个潜在缺点是一些操作不再那么容易跟踪（中间结果不存储为单独的对象），并且访问管道的特定元素有点困难。例如，无法运行 auto_arima_pipe.summary() 来获取拟合 ARIMA 模型的摘要。

以下将使用 predict 方法创建预测。关于这一步骤有以下注意事项。

- ❑　我们创建了一个仅包含目标的新 DataFrame。这样做是为了删除之前在本小节中创建的额外列。
- ❑　当通过已拟合的 ARIMAX 模型使用 predict 方法时，还需要为预测提供所需的外生变量。它们将作为 X 参数来传递。
- ❑　当我们使用转换目标变量管道的 predict 方法时，返回的预测（或拟合值）以与原始输入相同的尺度表示。在本示例中，实际上发生了以下操作。
  - ➢　对原始时间序列进行对数变换。
  - ➢　添加了新特征。
  - ➢　从模型中获得预测值（仍基于对数转换尺度）。
  - ➢　使用指数函数将预测值转换为原始尺度。

```
results_df = df_test[["unemp_rate"]].copy()
results_df["auto_arimax"] = auto_arimax.predict(
    TEST_LENGTH,
    X=df_test.drop(columns=["unemp_rate"])
)
results_df["auto_arima_pipe"] = auto_arima_pipe.predict(TEST_LENGTH)
results_df.plot(title="Forecasts of the ARIMAX/pipe models")
```

运行上述代码将生成如图 6.35 所示的结果。

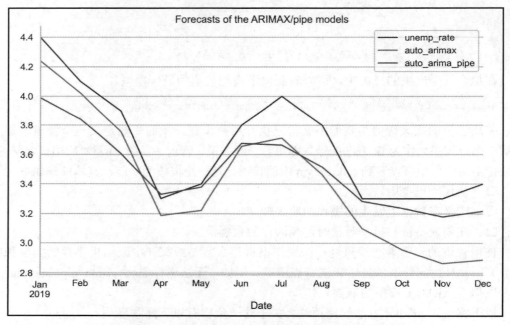

图 6.35　ARIMAX 模型和 ARIMA 管道的预测

作为参考，我们还添加了这些预测的分数。

```
MAPE of auto-ARIMAX: 6.88%
MAPE of auto-pipe: 4.61%
```

在本章尝试的所有 ARIMA 模型中，管道模型表现最好。但是，它的性能仍然比指数平滑方法差得多。

💡 提示：

当使用 pmdarima 库中 ARIMA 模型/管道的 predict 方法时，可以将 return_conf_int 参数设置为 True。当用户这样做时，该方法不仅会返回点预测，还会返回相应的置信区间。

6.6.5　参考资料

❑ Hyndman, R. J. & Athanasopoulos, G. 2021. "ARIMA Modeling in Fable." In Forecasting: Principles and Practice, 3rd edition, OTexts: Melbourne, Australia. OTexts.com/fpp3.

https://otexts.com/fpp3/arima-r.html

❑ Hyndman, R. J. & Khandakar, Y., 2008. "Automatic time series forecasting: the forecast package for R," Journal of Statistical Software, 27: 1-22.

6.7　小　　结

本章详细阐释了时间序列分析和预测的经典（统计）方法。我们学习了如何将任何时间序列分解为趋势、季节性和剩余成分。此步骤对于更好地了解探索的时间序列非常有帮助，也可以直接将其用于建模。

本章解释了如何测试时间序列是否平稳，因为一些统计模型（如 ARIMA）需要平稳性。我们还讨论了可以采取哪些步骤将非平稳时间序列转换为平稳时间序列。

本章探索了两种最流行的时间序列预测统计方法——指数平滑方法和 ARIMA 模型。我们还谈到了采用更现代的方法来估计此类模型，其中涉及自动调整和超参数选择。

在下一章中，我们将探索基于机器学习的时间序列预测方法。

第7章　基于机器学习的时间序列预测

在上一章中,我们简要介绍了时间序列分析,并演示了如何使用统计方法(ARIMA 和 ETS)进行时间序列预测。虽然这些方法仍然很流行,但它们确实有些过时。本章将重点介绍基于机器学习的时间序列预测方法。

我们将从解释验证时间序列模型的不同方法开始,然后转移到讨论机器学习模型的输入,即特征。本章简要介绍特征工程方法,并探索一种自动特征提取工具,该工具可以为我们生成成百上千个特征。

在讨论了这两个主题之后,本章将引入简化回归的概念,这使我们能够将时间序列预测问题重新定义为常见的回归问题,这样就可以使用一些流行且经过实战检验的回归算法(如 scikit-learn、XGBoost、LightGBM 等库中可用的所有算法)进行时间序列预测。

本章还演示了如何使用 Meta 的 Prophet 算法,介绍了一种流行的 AutoML 工具,后者仅用寥寥几行代码即可训练和调整数十个机器学习模型。

本章包含以下内容。

- ❑ 时间序列的验证方法。
- ❑ 时间序列的特征工程。
- ❑ 将时间序列预测作为简化回归任务。
- ❑ 使用 Meta 的 Prophet 进行预测。
- ❑ 使用 PyCaret 进行时间序列预测的 AutoML。

7.1　时间序列的验证方法

在上一章中,我们训练了一些统计模型来预测时间序列的未来值。为了评估模型的性能,我们将数据分成了训练集和测试集。当然,这并不是模型验证的唯一方法。

有一种非常流行的评估模型性能的方法称为交叉验证(cross-validation)。它对于选择模型的最佳超参数集或为我们试图解决的问题选择最佳模型特别有用。交叉验证是一种技术,它允许我们通过提供模型性能的多个估计来获得模型泛化误差的可靠估计。因此,当我们处理较小的数据集时,交叉验证可以提供很大的帮助。

基本的交叉验证方案称为 k 折交叉验证(k-fold cross-validation),其基本做法是将

训练数据随机分成 k 份，然后使用 k-1 份训练模型并评估它在第 k 份数据上的性能。重复这个过程 k 次并对所得分数进行平均。图 7.1 说明了该过程。

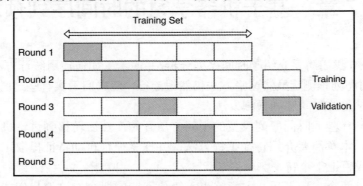

图 7.1　k 折交叉验证的架构

原　　文	译　　文	原　　文	译　　文
Training Set	训练集	Round 4	第 4 轮
Round 1	第 1 轮	Round 5	第 5 轮
Round 2	第 2 轮	Training	训练
Round 3	第 3 轮	Validation	验证

你可能已经意识到，k 折交叉验证并不真正适合评估时间序列模型，因为它不保留时间顺序。例如，在第 1 轮中，我们将使用后 4 份数据训练模型，而使用第 1 份数据进行评估。

由于 k 折交叉验证对于标准回归和分类任务非常有用，因此我们将在第 13 章"应用机器学习：识别信用违约"中更深入地介绍。

📝 **注意：**

Bergmeir 等人（2018）表明，在纯自回归模型的情况下，如果所考虑的模型具有不相关的误差，则可以使用标准 k 折交叉验证。

我们可以很容易地将 k 折交叉验证的概念应用于时间序列领域。由此产生的方法称为前向验证（walk-forward validation）。在该验证方案中，可以一次将训练窗口扩展/滑动一倍（或多倍）。

图 7.2 说明了一种前向验证的扩展窗口变体，该变体也被称为锚定前向验证（anchored walk-forward validation）。可以看到，其基本做法是逐步增加训练集的大小，同时将下一份数据保留为验证集。

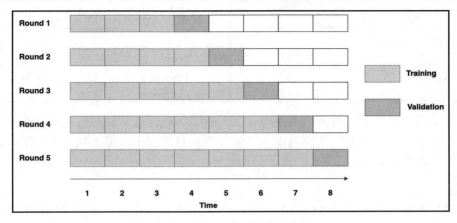

图 7.2 带扩展窗口的前向验证

原　　文	译　　文	原　　文	译　　文
Time	时间	Round 4	第 4 轮
Round 1	第 1 轮	Round 5	第 5 轮
Round 2	第 2 轮	Training	训练
Round 3	第 3 轮	Validation	验证

　　这种方法带有一种偏差——在前几轮中，使用了比后几轮少得多的历史数据来训练模型，这使得来自不同轮次的误差无法直接进行比较。例如，在第 1 轮验证中，模型可能根本没有足够的训练数据来正确地学习季节性模式。

　　解决此问题可尝试使用滑动窗口方法而不是扩展方法。因此，所有模型都使用相同数量的数据进行训练，这样误差就可以直接进行比较。图 7.3 说明了该过程。

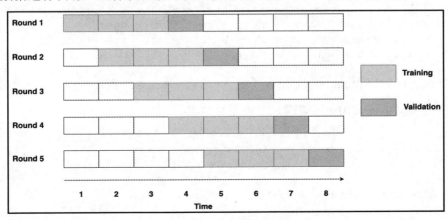

图 7.3 使用滑动窗口的前向验证

原　　文	译　　文	原　　文	译　　文
Time	时间	Round 4	第 4 轮
Round 1	第 1 轮	Round 5	第 5 轮
Round 2	第 2 轮	Training	训练
Round 3	第 3 轮	Validation	验证

当我们有大量的训练数据（并且每个滑动窗口可以提供足够的数据来让模型很好地学习模式）时，或者当我们不需要深入了解过去的数据以学习用于预测未来的相关模式时，即可使用这种方法。

📝 **注意：**

可以使用嵌套交叉验证（nested cross-validation）方法来获得更准确的误差估计，同时调整模型的超参数。在嵌套交叉验证中，有一个外部循环用于估计模型的性能，而内部循环则用于超参数调整。有关该主题的更多资料信息，请阅读 7.1.5 节的"参考资料"。

本节我们将演示如何使用前向验证（同时使用扩展窗口和滑动窗口）来评估美国失业率的预测。

7.1.1　实战操作

执行以下步骤以使用前向验证计算模型的性能。

（1）导入库并进行身份验证。

```python
import pandas as pd
import numpy as np
from sklearn.model_selection import TimeSeriesSplit, cross_validate
from sklearn.linear_model import LinearRegression
from sklearn.metrics import mean_absolute_percentage_error
import nasdaqdatalink

nasdaqdatalink.ApiConfig.api_key = "YOUR_KEY_HERE"
```

（2）下载 2010—2019 年美国月度失业率数据。

```python
df = (
    nasdaqdatalink.get(dataset="FRED/UNRATENSA",
                       start_date="2010-01-01",
                       end_date="2019-12-31")
    .rename(columns={"Value": "unemp_rate"})
)
df.plot(title="Unemployment rate (US) - monthly")
```

执行上述代码片段会生成如图 7.4 所示的结果。

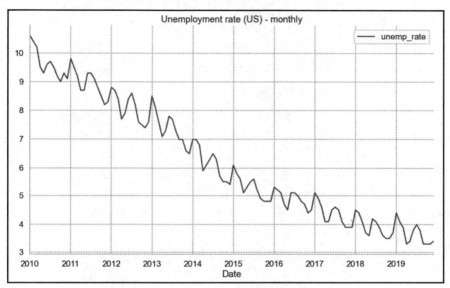

图 7.4　美国月度失业率数据

（3）创建简单的特征。

```
df["linear_trend"] = range(len(df))
df["month"] = df.index.month
```

由于我们正在避免自回归特征，并且我们知道未来所有特征的值，因此能够预测任意长的预测范围。

（4）对月份特征使用独热编码（one-hot encoding）。

```
month_dummies = pd.get_dummies(
    df["month"], drop_first=True, prefix="month"
)

df = df.join(month_dummies) \
    .drop(columns=["month"])
```

（5）将目标与特征分离。

```
X = df.copy()
y = X.pop("unemp_rate")
```

（6）定义扩展窗口前向验证并打印各份数据的索引。

```
expanding_cv = TimeSeriesSplit(n_splits=5, test_size=12)

for fold, (train_ind, valid_ind) in enumerate(expanding_cv.split(X)):
    print(f"Fold {fold} ----")
    print(f"Train indices: {train_ind}")
    print(f"Valid indices: {valid_ind}")
```

执行上述代码片段会生成以下日志。

```
Fold 0 ----
Train indices:[  0   1   2   3   4   5   6   7   8   9  10  11
               12  13  14  15  16  17  18  19  20  21  22  23
               24  25  26  27  28  29  30  31  32  33  34  35
               36  37  38  39  40  41  42  43  44  45  46  47
               48  49  50  51  52  53  54  55  56  57  58  59]
Valid indices: [60 61 62 63 64 65 66 67 68 69 70 71]
Fold 1 ----
Train indices:[  0   1   2   3   4   5   6   7   8   9  10  11
               12  13  14  15  16  17  18  19  20  21  22  23
               24  25  26  27  28  29  30  31  32  33  34  35
               36  37  38  39  40  41  42  43  44  45  46  47
               48  49  50  51  52  53  54  55  56  57  58  59
               60  61  62  63  64  65  66  67  68  69  70  71]
Valid indices: [72 73 74 75 76 77 78 79 80 81 82 83]
Fold 2 ----
Train indices:[  0   1   2   3   4   5   6   7   8   9  10  11
               12  13  14  15  16  17  18  19  20  21  22  23
               24  25  26  27  28  29  30  31  32  33  34  35
               36  37  38  39  40  41  42  43  44  45  46  47
               48  49  50  51  52  53  54  55  56  57  58  59
               60  61  62  63  64  65  66  67  68  69  70  71
               72  73  74  75  76  77  78  79  80  81  82  83]
Valid indices: [84 85 86 87 88 89 90 91 92 93 94 95]
Fold 3 ----
Train indices:[  0   1   2   3   4   5   6   7   8   9  10  11
               12  13  14  15  16  17  18  19  20  21  22  23
               24  25  26  27  28  29  30  31  32  33  34  35
               36  37  38  39  40  41  42  43  44  45  46  47
               48  49  50  51  52  53  54  55  56  57  58  59
               60  61  62  63  64  65  66  67  68  69  70  71
               72  73  74  75  76  77  78  79  80  81  82  83
               84  85  86  87  88  89  90  91  92  93  94  95]
Valid indices: [96 97 98 99 100 101 102 103 104 105 106 107]
```

```
Fold 4 ----
Train indices: [  0   1   2   3   4   5   6   7   8   9  10  11
                12  13  14  15  16  17  18  19  20  21  22  23
                24  25  26  27  28  29  30  31  32  33  34  35
                36  37  38  39  40  41  42  43  44  45  46  47
                48  49  50  51  52  53  54  55  56  57  58  59
                60  61  62  63  64  65  66  67  68  69  70  71
                72  73  74  75  76  77  78  79  80  81  82  83
                84  85  86  87  88  89  90  91  92  93  94  95
                96  97  98  99 100 101 102 103 104 105 106 107]
Valid indices: [108 109 110 111 112 113 114 115 116 117 118 119]
```

通过分析该日志并牢记我们正在处理月度数据，可以看到在第 1 轮中，模型将使用 5 年的数据进行训练，并使用第 6 年的数据进行评估。在第 2 轮中，它将使用前 6 年的数据进行训练，并使用第 7 年的数据进行评估，以此类推。

（7）使用扩展窗口验证评估模型的性能。

```python
scores = []

for train_ind, valid_ind in expanding_cv.split(X):
    lr = LinearRegression()
    lr.fit(X.iloc[train_ind], y.iloc[train_ind])
    y_pred = lr.predict(X.iloc[valid_ind])
    scores.append(
        mean_absolute_percentage_error(y.iloc[valid_ind], y_pred)
    )

print(f"Scores: {scores}")
print(f"Avg. score: {np.mean(scores)}")
```

执行上述代码片段会生成以下输出。

```
Scores: [0.03705079312389441, 0.07828415627306308, 0.11981060282173006,
0.16829494012910876, 0.25460459651634165]
Avg. score: 0.1316090177728276
```

交叉验证轮次的平均性能（由 MAPE 测量）为 13.2%。

我们可以轻松地使用 scikit-learn 中的 cross_validate 函数，而不是迭代拆分数据集。

```python
cv_scores = cross_validate(
    LinearRegression(),
    X, y,
    cv=expanding_cv,
```

```
        scoring=["neg_mean_absolute_percentage_error",
                "neg_root_mean_squared_error"]
)
pd.DataFrame(cv_scores)
```

执行上述代码片段会生成如图 7.5 所示的输出。

	fit_time	score_time	test_neg_mean_absolute_percentage_error	test_neg_root_mean_squared_error
0	0.001417	0.000876	-0.037051	-0.232500
1	0.001185	0.000720	-0.078284	-0.433547
2	0.001209	0.000726	-0.119811	-0.520073
3	0.001082	0.000693	-0.168295	-0.662540
4	0.001085	0.000777	-0.254605	-0.928998

图 7.5　使用带有扩展窗口的前向交叉验证的每轮验证的分数

仔细查看这些分数可以发现，它们与通过手动迭代交叉验证拆分数据集获得的分数
相同（不必考虑负号，下文会解释原因）。

（8）定义滑动窗口验证并输出各份数据的索引。

```
sliding_cv = TimeSeriesSplit(
    n_splits=5, test_size=12, max_train_size=60
)

for fold, (train_ind, valid_ind) in enumerate(sliding_cv.split(X)):
    print(f"Fold {fold} ----")
    print(f"Train indices: {train_ind}")
    print(f"Valid indices: {valid_ind}")
```

执行上述代码片段会生成以下输出。

```
Fold 0 ----
Train indices:[ 0  1  2  3  4  5  6  7  8  9 10 11
               12 13 14 15 16 17 18 19 20 21 22 23
               24 25 26 27 28 29 30 31 32 33 34 35
               36 37 38 39 40 41 42 43 44 45 46 47
               48 49 50 51 52 53 54 55 56 57 58 59]
Valid indices:[ 60 61 62 63 64 65 66 67 68 69 70 71]
Fold 1 ----
Train indices:[ 12 13 14 15 16 17 18 19 20 21 22 23
               24 25 26 27 28 29 30 31 32 33 34 35
               36 37 38 39 40 41 42 43 44 45 46 47
               48 49 50 51 52 53 54 55 56 57 58 59
               60 61 62 63 64 65 66 67 68 69 70 71]
```

```
Valid indices:[ 72 73 74 75 76 77 78 79 80 81 82 83]
Fold 2 ----
Train indices:[ 24 25 26 27 28 29 30 31 32 33 34 35
               36 37 38 39 40 41 42 43 44 45 46 47
               48 49 50 51 52 53 54 55 56 57 58 59
               60 61 62 63 64 65 66 67 68 69 70 71
               72 73 74 75 76 77 78 79 80 81 82 83]
Valid indices:[ 84 85 86 87 88 89 90 91 92 93 94 95]
Fold 3 ----
Train indices:[ 36 37 38 39 40 41 42 43 44 45 46 47
               48 49 50 51 52 53 54 55 56 57 58 59
               60 61 62 63 64 65 66 67 68 69 70 71
               72 73 74 75 76 77 78 79 80 81 82 83
               84 85 86 87 88 89 90 91 92 93 94 95]
Valid indices:[ 96 97 98 99 100 101 102 103 104 105 106 107]
Fold 4 ----
Train indices:[ 48 49 50 51 52 53 54 55 56 57 58 59
               60 61 62 63 64 65 66 67 68 69 70 71
               72 73 74 75 76 77 78 79 80 81 82 83
               84 85 86 87 88 89 90 91 92 93 94 95
               96 97 98 99 100 101 102 103 104 105 106 107]
Valid indices:[ 108 109 110 111 112 113 114 115 116 117 118 119]
```

通过分析该日志可以看到以下几点。

❑　每一次，该模型都将使用整整 5 年的数据进行训练。

❑　在交叉验证轮次之间，按 12 个月进行移动。

❑　各份验证集对应于在使用扩展窗口验证时看到的各份数据集。因此，可以很容易地比较分数，看看哪种方法更好。

（9）使用滑动窗口验证评估模型的性能。

```
cv_scores = cross_validate(
    LinearRegression(),
    X, y,
    cv=sliding_cv,
    scoring=["neg_mean_absolute_percentage_error",
             "neg_root_mean_squared_error"]
)
pd.DataFrame(cv_scores)
```

执行上述代码片段会生成如图 7.6 所示的输出。

通过汇总 MAPE，我们得到 9.98% 的平均分数。似乎在每次迭代中使用 5 年的数据会比使用扩展窗口时获得更好的平均分数。一个潜在的结论是，在这种特殊情况下，更多的数据不会产生更好的模型。相反，当仅使用最近的数据点时，我们可以获得更好的模型。

	fit_time	score_time	test_neg_mean_absolute_percentage_error	test_neg_root_mean_squared_error
0	0.002245	0.001034	-0.037051	-0.232500
1	0.001400	0.000886	-0.097125	-0.524333
2	0.001330	0.000882	-0.126609	-0.550749
3	0.001364	0.000881	-0.129454	-0.518194
4	0.001397	0.000830	-0.108759	-0.407428

图 7.6　使用带有滑动窗口的前向交叉验证的每轮验证的分数

7.1.2　原理解释

首先，我们导入了所需的库并通过了 Nasdaq Data Link 的身份验证。

在步骤（2）中，下载了美国月度失业率数据。它与第 6 章 "时间序列分析与预测" 中使用的时间序列相同。

在步骤（3）中，创建了两个简单的特征。

❑　linear trend（线性趋势）：它其实只是有序时间序列的序数行号。从图 7.4 的探索结果可以看到失业率总体呈下降趋势。我们希望此特征能够捕获该模式。

❑　month index（月份索引）：标识给定观察值来自哪个日历月。

在步骤（4）中，使用了 get_dummies 函数对月份特征进行了独热编码。在第 13 章 "应用机器学习：识别信用违约" 和第 14 章 "机器学习项目的高级概念" 中将深入介绍独热编码。简而言之，所谓的 "独热编码" 就是创建新的列，每一列都是一个布尔标志，指示给定的观察值是否来自某个月份。此外，该步骤还删除了第一列以避免完全多重共线性（即虚拟变量陷阱）。

在步骤（5）中，使用了 pandas DataFrame 的 pop 方法将特征与目标分离。

在步骤（6）中，使用了 scikit-learn 中的 TimeSeriesSplit 类定义前向验证。n_splits = 5 表示希望进行 5 次拆分，并且测试大小应该为 12 个月（test_size = 12）。理想情况下，验证方案应反映模型的实际使用情况。在本示例中，可以声明机器学习模型将用于预测未来 12 个月的月度失业率。

然后，我们使用了 for 循环输出每轮交叉验证中使用的训练数据和验证索引。TimeSeriesSplit 类的 split 方法返回的索引是有序的，但我们可以轻松地将它们映射到时间序列的实际索引。

我们决定不使用自回归特征，因为没有即可预测任意长的未来。当然，读者也可以使用自回归特征来做到这一点，只不过需要进行适当的处理。这个规范对于本示例来说更简单。

在步骤（7）中，使用了一个非常相似的 for 循环，为了评估模型的性能。在循环的每次迭代中，使用了该迭代的训练数据训练线性回归模型，为相应的验证集创建预测，最后计算以 MAPE 表示的性能。我们将交叉验证分数附加到列表中，然后计算了所有 5 轮交叉验证的平均性能。

如果读者不想使用自定义的 for 循环，也可以使用 scikit-learn 库的 cross_validate 函数。相比于自定义 for 循环，该函数的一个潜在优势是它会自动计算在模型的拟合和预测步骤上花费的时间。本步骤演示了如何使用这种方法获得 MAPE 和 MSE 分数。

📝 注意：

在使用 cross_validate 函数（或其他 scikit-learn 功能，如网格搜索）时，需要注意的一点是，我们必须提供准确的指标名称，例如"neg_mean_absolute_percentage_error"。

在 scikit-learn 的 metrics 模块中还有一个约定，即评分指标的值越高越好。因此，当我们想要让指标的值最小化时，它们就会被加上负号，这就是前面我们讲的不必在意负号的原因。

用于评估时间序列预测准确率的最常用指标如下。

❑ 均方误差（mean squared error，MSE）——机器学习中最流行的指标之一。由于其单位不是很直观（和原来预测的单位不一样），因此可以用 MSE 来比较不同模型在同一个数据集上的相对表现。

❑ 均方根误差（root mean squared error，RMSE）——通过取 MSE 的平方根获得，该指标现在与原始时间序列具有相同的尺度。

❑ 平均绝对误差（mean absolute error，MAE）——该指标不采用平方值，而是采用误差的绝对值。因此，MAE 以与原始时间序列相同的尺度表示。更重要的是，MAE 对异常值的容忍度更高，因为在计算平均值时每个观察值都被赋予相同的权重。在平方指标的情况下，离群值会受到更显著的惩罚。

❑ 平均绝对百分比误差（mean absolute percentage error，MAPE）——与 MAE 非常相似，但以百分比表示。因此，对于许多业务利益相关者来说，它更容易被理解。但是，它有一个严重的缺陷，即当实际值为零时，该指标假设将误差除以实际值，这在数学上是不可能的。

当然，这些只是选定指标中的一小部分。强烈建议读者深入研究这些指标，以充分了解它们的优缺点。例如，RMSE 通常作为一种优化指标受到青睐，因为当数学优化需要求导数时，平方比绝对值更容易处理。

在步骤（8）和步骤（9）中，演示了如何使用滑动窗口方法创建验证方案。唯一的区别是在实例化 TimeSeriesSplit 类时指定了 max_train_size 参数。

💡 提示：

有时，我们可能有兴趣在交叉验证中的训练集和验证集之间创建一个缺口。例如，在第 1 次迭代中，使用前 5 个值进行训练，然后对第 7 个值进行评估。通过使用 TimeSeriesSplit 类的 gap 参数，我们可以很容易地纳入这样的方案。

7.1.3　扩展知识

本小节阐述了验证时间序列模型的标准方法。但是，还有许多更高级的验证方法。实际上，它们中的大多数都来自金融领域，因为基于金融时间序列的验证模型由于被证明的过程更加复杂。接下来，我们将简要介绍一些更高级的方法，以及它们试图可以解决的问题。

TimeSeriesSplit 的局限性之一是它只能记录级别工作，无法处理分组。想象一下，我们有一个每日股票收益的数据集，由于交易算法的要求，我们需要评估股票每周或每月层级的表现，并且每周/每月分组之间的观察值不应该重叠。图 7.7 通过使用大小为 3 的训练组和大小为 1 的验证组来说明该概念。

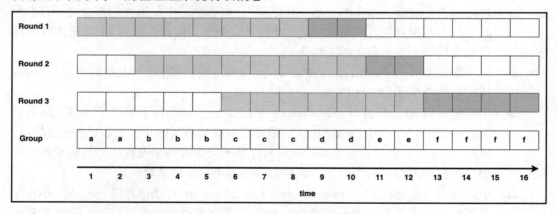

图 7.7　组时间序列验证模式

原　　文	译　　文	原　　文	译　　文
time	时间	Round 3	第 3 轮
Round 1	第 1 轮	Group	分组
Round 2	第 2 轮		

　　为了解释这样的观察分组（按周或按月），需要使用分组时间序列验证（group time series validation），它是 scikit-learn 的 TimeSeriesSplit 和 GroupKFold 的组合。互联网上有许多此概念的实现，其中之一可以在 mlxtend 库中找到。

　　为了更好地说明预测金融时间序列和评估模型性能的潜在问题，我们必须扩展与时间序列相关的思维模型。实际上，这样的时间序列每个观察值都有两个时间戳。

- ❏ 预测或交易时间戳——当机器学习模型做出预测并且我们可能开始交易时。
- ❏ 评估或事件时间戳——当对预测或交易的响应可用并且我们可以实际计算预测误差时。

　　例如，我们可以有一个分类模型来预测某些股票的价格在接下来的 5 个工作日内上涨或下跌 X。我们将基于该预测做出交易决定。我们可能会做多（即买入股票持仓待涨）。在接下来的 5 天里，可能会发生很多事情。股票价格可能会也可能不会上涨或下跌 X，如果下跌了 X，可能会触发止损机制；如果上涨了 X，可能会触发止盈机制；还有可能股票价格只是小幅震荡。因此，我们实际上只能在评估时间戳（在本例中为 5 个工作日后）评估预测。

　　这样的框架往往具有将信息从测试集中泄露到训练集中的风险，很可能会夸大模型的性能（这就好比教师将考题作为练习提前让学生先做一遍，在这种情况下学生即使考得很好也不代表他们的真实学习水平），因此，我们需要确保所有数据都是基于时间点的，这意味着只有在模型用到它时才真正可用。

　　例如，在训练集/验证集的时间点附近，可能存在评估时间晚于验证样本预测时间的训练样本。这种重叠的样本很可能是相关的，或者换句话说，不太可能是独立的，这会导致集合之间的信息泄露。

　　为了解决这种前瞻偏差，可以应用清除（purge）方法。其思路是从训练集中删除任何评估时间晚于验证集最早预测时间的样本。换句话说，删除事件时间与验证集的预测时间重叠的观察结果。图 7.8 给出了一个例子。

💡 **提示：**

可以在 Marcos López de Prado 于 2018 年出版的 *Advances in financial machine learning*（《金融机器学习的进展》一书）或 timeseriescv 库中找到运行带清除的前向交叉验证代码。

　　单独的清除方法可能尚不足以消除所有泄露的信息，因为样本之间可能存在较长时间的相关性。我们可以尝试通过应用禁止（embargo）来解决这个问题，这进一步消除了在验证样本时间点之后的训练样本。如果训练样本的预测时间落入禁止期，则可以从训练集中删除该观察值。读者可以根据实际问题估计出一个禁止期。图 7.9 说明了清除和禁止方法的应用。

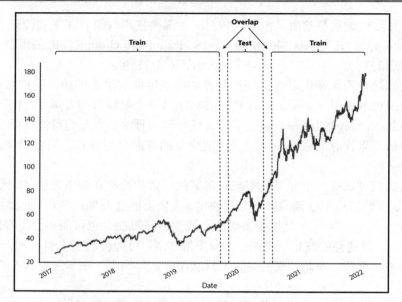

图 7.8　清除示例

原　　文	译　　文	原　　文	译　　文
Overlap	重叠	Test	测试集
Train	训练集	Date	日期

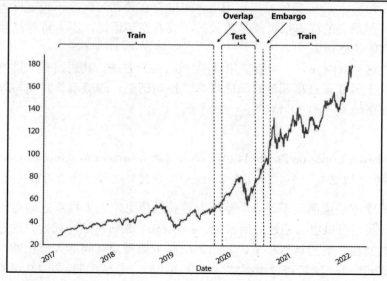

图 7.9　清除和禁止示例

原　　文	译　　文	原　　文	译　　文
Overlap	重叠	Test	测试集
Embargo	禁止	Date	日期
Train	训练集		

　　有关清除和禁止方法（以及它们在 Python 中的实现）的更多详细信息，请参阅 Marcos López de Prado 于 2018 年出版的 *Advances in financial machine learning*（《金融机器学习的进展》一书）。

　　De Prado 还介绍了组合清除的交叉验证算法（combinatorial purged cross-validation algorithm），该算法将清除和禁止的概念与回测（在第 12 章"回测交易策略"中详细讨论了回测交易策略）和交叉验证结合在一起。

7.1.4　参考资料

❑ Bergmeir, C., & Benítez, J. M. 2012. "On the use of cross-validation for time series predictor evaluation," Information Sciences, 191: 192-213.

❑ Bergmeir, C., Hyndman, R. J., & Koo, B. 2018. "A note on the validity of cross-validation for evaluating autoregressive time series prediction," Computational Statistics & Data Analysis, 120: 70-83.

❑ De Prado, M. L. 2018. Advances in Financial Machine Learning. John Wiley & Sons.

❑ Hewamalage, H., Ackermann, K., & Bergmeir, C. 2022. Forecast Evaluation for Data Scientists: Common Pitfalls and Best Practices. arXiv preprint arXiv:2203.10716.

❑ Tashman, L. J. 2000. "Out-of-sample tests of forecasting accuracy: an analysis and review," International Journal of Forecasting, 16(4): 437-450.

❑ Varma, S., & Simon, R. 2006. "Bias in error estimation when using cross-validation for model selection," BMC bioinformatics, 7(1): 1-8.

7.2　时间序列的特征工程

　　在上一章中，我们仅使用时间序列作为输入来训练一些统计模型。另一方面，当我们想从机器学习的角度进行时间序列预测时，特征工程（feature engineering）就变得至关重要。在时间序列语境中，它可以创建有助于获得准确预测的信息变量（来自时间序列本身或使用其时间戳）。当然，特征工程不仅对纯机器学习模型很重要，而且我们可以用它来丰富带有外部回归器的统计模型，如 ARIMAX 模型。

如前文所述，我们可以通过多种方式创建特征，这归结为对数据集的深入理解。有关特征工程的例子如下。

❑　从时间戳中提取相关信息。例如，可以提取年、季度、月、周数或星期几等。

❑　基于时间戳添加特殊日子的相关信息。例如，在零售业中，我们可能希望添加有关所有假期的信息。要获得特定国家/地区的假期日历，可以使用 holidays 库。

❑　添加目标的滞后值，类似于 AR 模型。

❑　基于滚动或扩展窗口的聚合值（如最小值、最大值、平均值、中值或标准差）创建特征。

❑　计算技术指标。

在某种程度上，特征生成仅受数据、数据科学家的创造力或可用时间的限制。本节将演示如何基于时间序列的时间戳创建一系列特征。

首先，我们将提取月份信息并将其编码为虚拟变量（独热编码）。在时间序列的背景下，这种方法的最大问题是缺乏时间上的循环连续性。对此我们可以通过一个例子进行理解。

想象成一个处理能源消耗数据的场景。如果我们使用与观察到的消耗月份有关的信息，直观地说，连续两个月之间应该存在联系，例如，12 月和 1 月之间或 1 月和 2 月之间的联系。相比之下，相距较远的月份（如 1 月和 7 月）之间的联系可能会很弱。同样的逻辑也适用于其他与时间相关的信息，如一天中的几个小时。

我们提出了两种将此信息合并为特征的可能方法。第一种方法基于三角函数（正弦和余弦变换）。第二种方法则使用径向基函数（radial basis function，RBF）对相似信息进行编码。

本节我们将使用 2017 年到 2019 年的每日模拟数据。之所以选择模拟数据，是因为练习的重点是展示不同类型的编码时间信息如何影响模型，而使用有着清晰模式的模拟数据更方便演示。当然，本节中展示的特征工程方法也可以应用于任何时间序列。

7.2.1　实战操作

执行以下步骤以创建与时间相关的特征并使用它们作为输入来拟合线性模型。

（1）导入库。

```
import numpy as np
import pandas as pd
from datetime import date
```

```
from sklearn.linear_model import LinearRegression
from sklearn.preprocessing import FunctionTransformer
from sklego.preprocessing import RepeatingBasisFunction
```

（2）生成具有重复模式的时间序列。

```
np.random.seed(42)

range_of_dates = pd.date_range(start="2017-01-01",
                               end="2019-12-31")
X = pd.DataFrame(index=range_of_dates)

X["day_nr"] = range(len(X))
X["day_of_year"] = X.index.day_of_year

signal_1 = 2 + 3 * np.sin(X["day_nr"] / 365 * 2 * np.pi)
signal_2 = 2 * np.sin(X["day_nr"] / 365 * 4 * np.pi + 365/2)
noise = np.random.normal(0, 0.81, len(X))

y = signal_1 + signal_2 + noise
y.name = "y"

y.plot(title="Generated time series")
```

执行上述代码片段会生成如图 7.10 所示的结果。

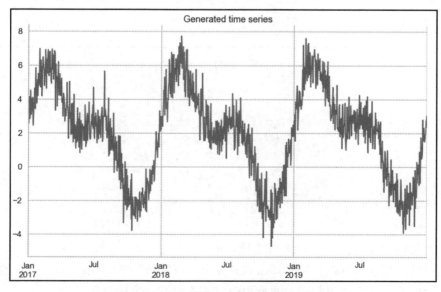

图 7.10　生成的具有重复模式的时间序列

由于添加了正弦曲线和一些随机噪声，我们获得了多年来具有重复模式的时间序列。

（3）将时间序列存储在一个新的 DataFrame 中。

```
results_df = y.to_frame()
results_df.columns = ["y_true"]
```

（4）将月份信息编码为虚拟变量。

```
X_1 = pd.get_dummies(
    X.index.month, drop_first=True, prefix="month"
)
X_1.index = X.index
X_1
```

执行上述代码片段会生成如图 7.11 所示具有虚拟编码月份特征的 DataFrame 预览。

	month_2	month_3	month_4	month_5	month_6	month_7	month_8	month_9	month_10	month_11	month_12
2017-01-01	0	0	0	0	0	0	0	0	0	0	0
2017-01-02	0	0	0	0	0	0	0	0	0	0	0
2017-01-03	0	0	0	0	0	0	0	0	0	0	0
2017-01-04	0	0	0	0	0	0	0	0	0	0	0
2017-01-05	0	0	0	0	0	0	0	0	0	0	0
...	...	...	...	...	...	...	...	...	...	...	...
2019-12-27	0	0	0	0	0	0	0	0	0	0	1
2019-12-28	0	0	0	0	0	0	0	0	0	0	1
2019-12-29	0	0	0	0	0	0	0	0	0	0	1
2019-12-30	0	0	0	0	0	0	0	0	0	0	1
2019-12-31	0	0	0	0	0	0	0	0	0	0	1

图 7.11　虚拟编码月份特征的预览

（5）拟合线性回归模型并绘制样本内的预测。

```
model_1 = LinearRegression().fit(X_1, y)

results_df["y_pred_1"] = model_1.predict(X_1)
(
    results_df[["y_true", "y_pred_1"]]
    .plot(title="Fit using month dummies")
)
```

执行上述代码片段会生成如图 7.12 所示的结果。

我们可以清楚地看到拟合的阶梯模式，对应月份特征的 12 个唯一值。拟合的锯齿状是由虚拟特征的不连续性引起的。我们可以尝试通过其他方法克服这个问题。

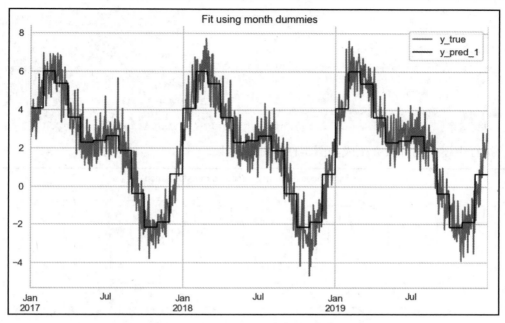

图 7.12　使用带有月份虚拟变量的线性回归获得的拟合

（6）定义用于创建循环编码的函数。

```
def sin_transformer(period):
    return FunctionTransformer(lambda x: np.sin(x / period * 2 * np.pi))

def cos_transformer(period):
    return FunctionTransformer(lambda x: np.cos(x / period * 2 * np.pi))
```

（7）使用循环编码对月份和日期信息进行编码。

```
X_2 = X.copy()
X_2["month"] = X_2.index.month

X_2["month_sin"] = sin_transformer(12).fit_transform(X_2)["month"]
X_2["month_cos"] = cos_transformer(12).fit_transform(X_2)["month"]

X_2["day_sin"] = (
    sin_transformer(365).fit_transform(X_2)["day_of_year"]
)
X_2["day_cos"] = (
    cos_transformer(365).fit_transform(X_2)["day_of_year"]
```

```
)
fig, ax = plt.subplots(2, 1, sharex=True, figsize=(16,8))
X_2[["month_sin", "month_cos"]].plot(ax=ax[0])
ax[0].legend(loc="center left", bbox_to_anchor=(1, 0.5))
X_2[["day_sin", "day_cos"]].plot(ax=ax[1])
ax[1].legend(loc="center left", bbox_to_anchor=(1, 0.5))
plt.suptitle("Cyclical encoding with sine/cosine transformation")
```

执行上述代码片段会生成如图 7.13 所示的结果。

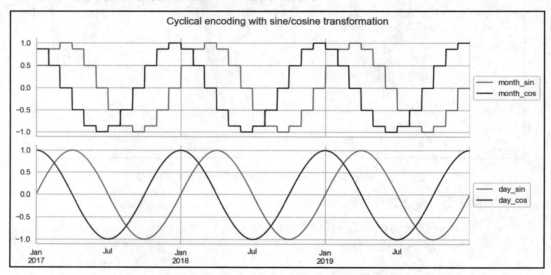

图 7.13　　使用正弦/余弦变换的循环编码

从图 7.13 中可以得出两个结论。

❑　当使用月份进行编码时，曲线呈阶梯状。使用每日频率时，曲线更加平滑。

❑　这些绘图说明需要使用两条曲线而不是一条曲线。由于曲线具有重复（循环）模式，如果在一年的绘图上画一条水平直线，则会有两个地方与曲线相交。因此，单条曲线不足以让模型理解观察的时间点，因为存在两种可能性。幸运的是，有了这两条曲线，就不存在这样的问题。

为了清楚地看到使用此转换获得的循环表示，可以在给定年份的散点图上绘制正弦和余弦值。

```
(
    X_2[X_2.index.year == 2017]
    .plot(
```

```
    kind="scatter",
    x="month_sin",
    y="month_cos",
    figsize=(8, 8),
    title="Cyclical encoding using sine/cosine transformations"
    )
)
```

执行上述代码片段会生成如图 7.14 所示的结果。

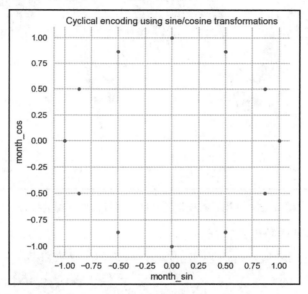

图 7.14　时间的循环表示

在图 7.14 中，可以看到没有重叠值。因此，这两条曲线可用于识别给定观察值的时间点。

（8）使用每日正弦/余弦特征拟合模型。

```
X_2 = X_2[["day_sin", "day_cos"]]

model_2 = LinearRegression().fit(X_2, y)

results_df["y_pred_2"] = model_2.predict(X_2)
(
    results_df[["y_true", "y_pred_2"]]
    .plot(title="Fit using sine/cosine features")
)
```

执行上述代码片段会生成如图 7.15 所示的结果。

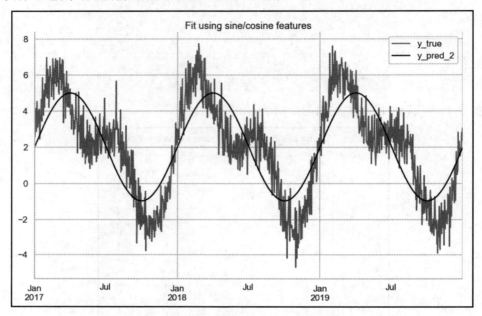

图 7.15   使用具有周期性特征的线性回归获得的拟合

（9）使用径向基函数创建特征。

```
rbf = RepeatingBasisFunction(n_periods=12,
                             column="day_of_year",
                             input_range=(1,365),
                             remainder="drop")
rbf.fit(X)
X_3 = pd.DataFrame( index=X.index,
                    data=rbf.transform(X))

X_3.plot(subplots=True, sharex=True,
         title="Radial Basis Functions",
         legend=False, figsize=(14, 10))
```

执行上述代码片段会生成如图 7.16 所示的结果。

图 7.16 显示了使用径向基函数和天数作为输入创建的 12 条曲线。每条曲线都显示了离一年中的某一天有多近。例如，第一条曲线测量了从 1 月 1 日开始的距离。因此，我们可以在每年的第一天观察到一个峰值，然后随着我们远离该日期它会对称地下降。

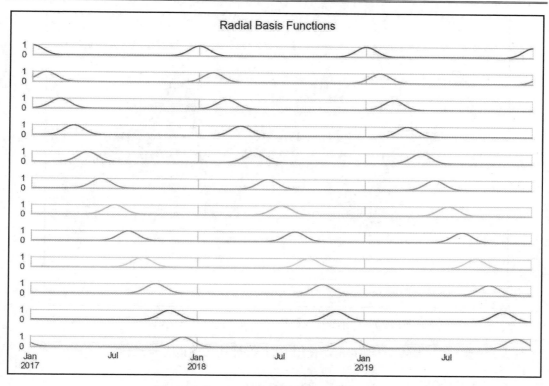

图 7.16　使用径向基函数创建的特征的可视化

✒ **注意：**

基函数在输入范围内等距分布。本示例选择并创建了 12 条曲线，因为我们希望径向基曲线与月份相似。这样，每个函数都会显示到某个月第一天的大致距离。这个距离是近似的，因为月份的长度并不相等。

（10）使用 RBF 特征拟合模型。

```
model_3 = LinearRegression().fit(X_3, y)

results_df["y_pred_3"] = model_3.predict(X_3)
(
    results_df[["y_true", "y_pred_3"]]
    .plot(title="Fit using RBF features")
)
```

执行上述代码片段会生成如图 7.17 所示的结果。

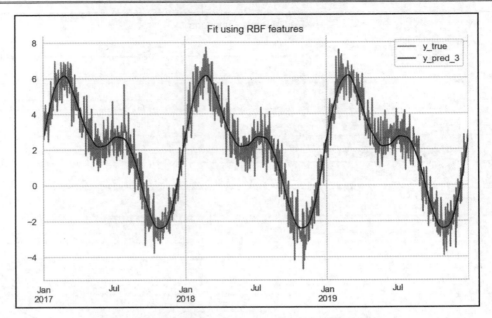

图 7.17 使用线性回归和 RBF 编码特征获得的拟合

可以清楚地看到，到目前为止，使用 RBF 特征获得的拟合是最佳的。

7.2.2 原理解释

在导入库之后，我们通过组合两条信号线（使用正弦曲线创建）和一些随机噪声来生成人工时间序列。创建的时间序列的跨度为 3 年（2017 年至 2019 年）。然后，创建了以下两列供后期使用。

❑ day_nr——代表时间流逝的数字索引。它相当于序数行号。

❑ day_of_year——表示一年中的第几天。

在步骤（3）中，将生成的时间序列存储在一个单独的 DataFrame 中。这样做是为了将模型的预测存储在该 DataFrame 中。

在步骤（4）中，使用 pd.get_dummies 方法创建了月份虚拟对象。有关此方法的更多详细信息，请参阅 7.1 节 "时间序列的验证方法"。

在步骤（5）中，对特征进行了线性回归模型拟合，并使用拟合模型的 predict 方法得到了拟合值。对于预测，我们使用了与训练相同的数据集，因为我们只对样本内拟合感兴趣。

在步骤（6）中，定义了用于通过正弦和余弦函数获得循环编码的函数。我们创建了两个单独的函数，但这只是一个偏好问题，读者也可以创建一个函数来同时创建两个特征。函数的 period 参数对应于可用周期的数量。例如，当对月份数字进行编码时，可以使用 12；而对于天数，则可以使用 365 或 366。

在步骤（7）中，使用了循环编码对月份和日期信息进行编码。我们已经有了带有天数的 day_of_year 列，所以只需要从 DatetimeIndex 中提取月份数即可。然后，我们创建了 4 列，它们都包含循环编码。

在步骤（8）中，删除了除一年中某一天的循环编码之外的所有列。然后，拟合线性回归模型，计算拟合值并绘制结果。

☑️ **注意：**

循环编码有一个潜在的显著缺点，在使用基于树的模型时非常明显。按照设计，基于树的模型在同一时间基于单个特征进行拆分。正如我们已经解释的那样，为了正确识别时间点，应该同时考虑正弦/余弦特征。

在步骤（9）中，实例化了 RepeatingBasisFunction 类，它将作为 scikit-learn 转换器进行工作。我们指定了需要基于 day_of_year 列的 12 条 RBF 曲线，并且输入范围是从 1 到 365（示例中没有闰年）。此外，还指定了 remainder="drop"，它会删除转换前输入 DataFrame 中的所有其他列。或者，读者也可以将该值指定为 "passthrough"，这将同时保留旧特征和新特征。

值得一提的是，在使用径向基函数时，可以调整两个关键的超参数。

❏　n_periods——径向基函数的数量。

❏　width——该超参数决定了用 RBF 创建的钟形曲线的形状。

可以使用诸如网格搜索之类的方法来确定给定数据集的超参数的最佳值。有关网格搜索过程的更多信息，请参阅第 13 章 "应用机器学习：识别信用违约"。

在步骤（10）中，再次拟合了模型，这次使用了 RBF 特征作为输入。

7.2.3　扩展知识

本节展示了如何手动创建与时间相关的特征。当然，这些只是我们可以创建的数千种可能特征中的一小部分。幸运的是，有一些 Python 库可以促进特征工程/提取过程。

我们将演示其中两个库的使用。第一个是 sktime 库，它是一个综合库，相当于时间序列的 scikit-learn。第二个是 tsfresh 库。该库允许仅使用寥寥几行代码自动生成大量特征，它实际上结合了统计、时间序列分析、物理学和信号处理的一些成熟算法。

下面按以下步骤操作以了解它们的具体应用。

（1）导入库。

```
from sktime.transformations.series.date import DateTimeFeatures

from tsfresh import extract_features
from tsfresh.feature_extraction import settings
from tsfresh.utilities.dataframe_functions import roll_time_series
```

（2）使用 sktime 提取日期时间特征。

```
dt_features = DateTimeFeatures(
    ts_freq="D", feature_scope="comprehensive"
)
features_df_1 = dt_features.fit_transform(y)
features_df_1.head()
```

执行上述代码片段会生成如图 7.18 所示包含已提取特征的 DataFrame 预览。

	y	year	quarter	month	week_of_year	day	month_of_quarter	week_of_quarter	day_of_quarter	week_of_month	day	weekday
2017-01-01	2.969692	2017	1	1	52	1	1	1	1	1	1	6
2017-01-02	2.572678	2017	1	1	1	2	1	2	2	1	2	0
2017-01-03	3.325853	2017	1	1	1	3	1	2	3	1	3	1
2017-01-04	4.150575	2017	1	1	1	4	1	2	4	1	4	2
2017-01-05	2.842004	2017	1	1	1	5	1	2	5	1	5	3

图 7.18　具有提取特征的 DataFrame 预览

在图 7.18 中可以看到已经提取的特征。根据读者所要使用的机器学习算法，可以进一步编码这些特征，例如，使用虚拟变量。

注意，在实例化 DateTimeFeatures 类时，提供了 feature_scope 参数。在本示例中，生成了一组"comprehensive"（综合）特征。当然，读者也可以选择 "minimal"（最小）或 "efficient"（高效）集合。

💡 提示：

已提取的特征是基于 pandas 的 DatetimeIndex。关于可以从该索引中提取的所有特征的综合列表，可以参阅 pandas 文档。

（3）准备使用 tsfresh 进行特征提取的数据集。

```
df = y.to_frame().reset_index(drop=False)
df.columns = ["date", "y"]
df["series_id"] = "a"
```

为了使用该特征提取算法，除了时间序列本身，DataFrame 还必须包含带有日期（或时间的序号编码）和 id 的列。后者是必须的，因为 DataFrame 可能包含多个时间序列（长

格式）。例如，我们可以有一个包含标准普尔 500 指数所有成分股的每日股票价格的
DataFrame。

（4）创建一个向上滚动的 DataFrame 用于特征提取。

```
df_rolled = roll_time_series(
    df, column_id="series_id", column_sort="date",
    max_timeshift=30, min_timeshift=7
).drop(columns=["series_id"])
df_rolled
```

执行上述代码片段会生成如图 7.19 所示的 DataFrame 预览。

	date	y	id
3410	2017-01-01	2.969692	(a, 2017-01-08 00:00:00)
3411	2017-01-02	2.572678	(a, 2017-01-08 00:00:00)
3412	2017-01-03	3.325853	(a, 2017-01-08 00:00:00)
3413	2017-01-04	4.150575	(a, 2017-01-08 00:00:00)
3414	2017-01-05	2.842004	(a, 2017-01-08 00:00:00)
...	...	...	...
33447	2019-12-27	1.914564	(a, 2019-12-31 00:00:00)
33448	2019-12-28	2.062146	(a, 2019-12-31 00:00:00)
33449	2019-12-29	2.801118	(a, 2019-12-31 00:00:00)
33450	2019-12-30	2.372868	(a, 2019-12-31 00:00:00)
33451	2019-12-31	3.042800	(a, 2019-12-31 00:00:00)

图 7.19　DataFrame 的预览

这里使用了滑动窗口来滚动 DataFrame，是因为希望实现以下目标。

❑　为时间序列预测计算有意义的聚合特征。例如，我们可能会计算最近 10 天的最
　　小值/最大值，或 20 天的简单移动平均线技术指标。每一次的计算都涉及一个时
　　间窗口，因为使用一个观察值来计算这些聚合指标根本没有意义。

❑　提取所有可用时间点的特征，以便可以轻松地将它们插入机器学习预测模型。
　　这基本上是一次创建整个训练数据集。

为此，我们使用 roll_time_series 函数创建了一个向上滚动的 DataFrame，然后将其用
于特征提取。我们指定了最小和最大窗口大小。在本示例中，将丢弃短于 7 天的窗口，
使用的最大值窗口为 30 天。

在图 7.19 中，可以看到新添加的 id 列。正如读者所见，多个观察值在 id 列中具有相
同的值。例如，(a, 2017-01-08 00:00:00)值表示我们从标记为 a（我们在上一步中人为创建
了这个 id）的时间序列中提取特征时正在使用该时间点的特定数据点，这个时间点包括

2017-01-08 之前的最近 30 天。

准备好向上滚动的 DataFrame 后，即可开始提取特征。

（5）提取最小特征集。

```
settings_minimal = settings.MinimalFCParameters()
settings_minimal
```

执行上述代码片段会生成以下输出。

```
{
    'sum_values': None,
    'median': None,
    'mean': None,
    'length': None,
    'standard_deviation': None,
    'variance': None,
    'maximum': None,
    'minimum': None
}
```

在该字典中，可以看到将要创建的所有特征。None 值表示该特征没有额外的超参数。我们选择提取最小集合，是因为其他集合会花费大量时间。当然，读者也可以使用 settings.EfficientFCParameters 或 settings.ComprehensiveFCParameters 来生成大量特征。

使用以下代码片段实际提取特征。

```
features_df_2 = extract_features(
    df_rolled, column_id="id",
    column_sort="date",
    default_fc_parameters=settings_minimal
)
```

（6）清理索引并检查特征。

```
features_df_2 = (
    features_df_2
    .set_index(
        features_df_2.index.map(lambda x: x[1]), drop=True
    )
)
features_df_2.index.name = "last_date"
features_df_2.head(25)
```

执行上述代码片段会生成如图 7.20 所示的结果。

last_date	y__sum_values	y__median	y__mean	y__length	y__standard_deviation	y__variance	y__maximum	y__minimum
2017-01-08	27.3446	3.1478	3.4181	8.0	0.6696	0.4484	4.5371	2.5727
2017-01-09	30.4437	3.0991	3.3826	9.0	0.6392	0.4086	4.5371	2.5727
2017-01-10	34.4712	3.2125	3.4471	10.0	0.6365	0.4052	4.5371	2.5727
2017-01-11	37.7911	3.3199	3.4356	11.0	0.6080	0.3697	4.5371	2.5727
2017-01-12	41.2148	3.3229	3.4346	12.0	0.5821	0.3389	4.5371	2.5727
2017-01-13	45.3157	3.3259	3.4858	13.0	0.5868	0.3443	4.5371	2.5727
2017-01-14	47.7731	3.3229	3.4124	14.0	0.6244	0.3899	4.5371	2.4575
2017-01-15	50.4837	3.3199	3.3656	15.0	0.6281	0.3945	4.5371	2.4575
2017-01-16	54.2347	3.3229	3.3897	16.0	0.6153	0.3786	4.5371	2.4575
2017-01-17	57.7174	3.3259	3.3951	17.0	0.5973	0.3568	4.5371	2.4575
2017-01-18	62.3698	3.3748	3.4650	18.0	0.6480	0.4199	4.6524	2.4575
2017-01-19	66.1248	3.4237	3.4803	19.0	0.6340	0.4020	4.6524	2.4575
2017-01-20	69.5618	3.4304	3.4781	20.0	0.6180	0.3820	4.6524	2.4575
2017-01-21	75.4183	3.4370	3.5913	21.0	0.7876	0.6203	5.8565	2.4575
2017-01-22	79.9908	3.4599	3.6359	22.0	0.7962	0.6339	5.8565	2.4575
2017-01-23	84.8846	3.4827	3.6906	23.0	0.8198	0.6721	5.8565	2.4575
2017-01-24	88.6509	3.6168	3.6938	24.0	0.8027	0.6444	5.8565	2.4575
2017-01-25	93.2093	3.7510	3.7284	25.0	0.8045	0.6473	5.8565	2.4575
2017-01-26	98.3749	3.7530	3.7836	26.0	0.8359	0.6988	5.8565	2.4575
2017-01-27	102.5922	3.7550	3.7997	27.0	0.8244	0.6796	5.8565	2.4575
2017-01-28	108.1175	3.7607	3.8613	28.0	0.8706	0.7579	5.8565	2.4575
2017-01-29	112.9206	3.7664	3.8938	29.0	0.8725	0.7613	5.8565	2.4575
2017-01-30	118.0400	3.8787	3.9347	30.0	0.8856	0.7843	5.8565	2.4575
2017-01-31	122.9716	3.9909	3.9668	31.0	0.8888	0.7900	5.8565	2.4575
2017-02-01	126.9819	4.0275	4.0962	31.0	1.0169	1.0341	6.9799	2.4575

图 7.20　使用 tsfresh 生成的特征预览

在图 7.20 中，可以看到最小窗口长度为 8，而最大窗口长度为 31。这是意料之中的，因为我们已经指示要使用的最小窗口大小为 7，这相当于前 7 天加上当天，所以最小窗口长度为 8。同理，最大窗口长度为 31。

✒ **注意：**

sktime 为 tsfresh 提供了包装，可以使用 sktime 的 TSFreshFeatureExtractor 类访问该特征生成算法。

值得一提的是，tsfresh 还有 3 个非常有趣的特性。

- ❑　基于假设检验的特征选择算法。由于该库能够生成数百或数千个特征，因此选择与我们的用例相关的特征非常重要。为此，该库使用了 fresh 算法，而这个 fresh 算法代表的是基于可扩展假设检验的特征提取（feature extraction based on scalable hypothesis tests）。

❑ 处理大型数据集的特征生成和选择的能力。该库能够在本地机器上使用多处理技术进行并行处理，当数据无法纳入单台机器时，还可以使用 Spark 或 Dask 集群。

❑ 它提供转换器类（如 FeatureAugmenter 或 FeatureSelector），可以将这些转换器类与 scikit-learn 管道一起使用。在第 13 章"应用机器学习：识别信用违约"中将详细介绍该管道。

💡 **提示：**

tsfresh 只是用于为时间序列数据自动生成特征的可用库之一。其他可用库还包括 feature_engine 和 tsflex。

7.3 将时间序列预测作为简化回归任务

到目前为止，我们主要使用专用的时间序列模型进行预测任务。另一方面，尝试其他通常用于解决回归任务的算法也会很有趣。这样可能会提高模型的性能。

使用这些模型的原因之一是它们的灵活性。例如，可以超越单变量设置，也就是说，可以使用各种附加特征来丰富我们的数据集。我们在前面的小节中介绍了一些提取特征工程的方法。或者，读者也可以添加时间序列等外部回归变量，历史证明它与我们预测练习的目标相关。

📝 **注意：**

当添加额外的时间序列作为外部回归变量时，应该谨慎对待它们的可用性。如果不知道它们的未来值，则也可以使用它们的滞后值，或者单独预测它们，并将它们反馈到初始模型中。

鉴于时间序列数据的时间依赖性（与时间序列的滞后值相关），我们不能直接使用回归模型进行时间序列预测。因此，首先需要将此类时间数据转换为监督学习问题，这样才可以对其应用传统的回归算法。该过程被称为简化（reduction），它可以将某些学习任务（时间序列预测）分解为更简单的任务。然后，这些任务可以再次组合起来以提供原始任务的解决方案。换句话说，简化这个概念是指使用算法或模型来解决某个学习任务，但该任务并非用于其设计初衷。因此，在简化回归（reduced regression）中，我们可以有效地将预测任务转换为表格化回归问题。

在实践中，简化的做法是使用滑动窗口将时间序列拆分为固定长度的窗口。通过示例可以更好地理解简化是如何工作的。想象有一个从 1 到 100 的连续数字的时间序列。然后，我们采用长度为 5 的滑动窗口。第一个窗口包含作为特征的观察值 1 到 4，以及作为目标的观察值 5。第二个窗口使用观察值 2 到 5 作为特征，使用观察值 6 作为目标。以此类推。一旦将所有这些窗口叠放在一起，即获得了数据的表格化格式，这使我们能够使用传统的回归算法进行时间序列预测。图 7.21 说明了该简化过程。

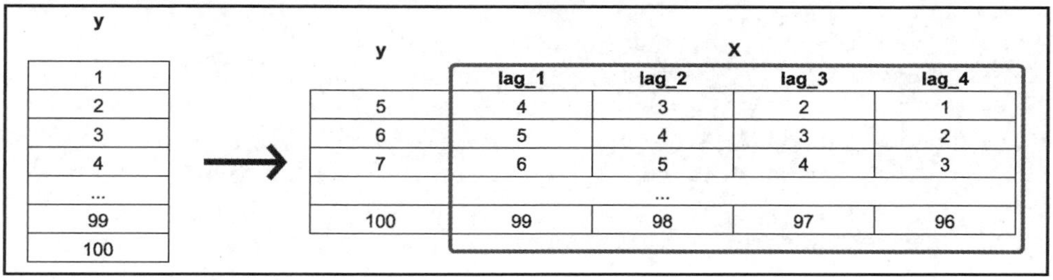

图 7.21　简化过程示意图

值得一提的是，使用简化回归有一些技术细节。例如，简化回归模型失去了时间序列模型的典型特征，即失去了时间的概念。因此，它们无法处理趋势和季节性。这就是为什么首先对数据进行去趋势化和去季节性化，然后再进行简化通常很有用。直观上说，这类似于仅对自回归项建模。首先对数据进行去季节性化和去趋势化可以更容易地找到更好的拟合模型，因为在自回归项之上不必考虑趋势和季节性。

本节将使用美国失业率数据集展示一个简化回归过程示例。

7.3.1　准备工作

本节将使用读者已经熟悉的美国失业率时间序列。为简洁起见，我们不再重复有关如何下载数据的步骤。读者可以在本书配套的 Jupyter Notebook 中找到相应代码。对于本节的其余部分，假设读者下载的数据位于名为 y 的 DataFrame 中。

7.3.2　实战操作

执行以下步骤，使用简化回归创建美国失业率的提前预测［步骤为（12）］。
（1）导入库。

```
from sktime.utils.plotting import plot_series
from sktime.forecasting.model_selection import (
    temporal_train_test_split, ExpandingWindowSplitter
)

from sktime.forecasting.base import ForecastingHorizon
from sktime.forecasting.compose import (
```

```
    make_reduction, TransformedTargetForecaster, EnsembleForecaster
)
from sktime.performance_metrics.forecasting import (
    mean_absolute_percentage_error
)
from sktime.transformations.series.detrend import (
    Deseasonalizer, Detrender
)
from sktime.forecasting.trend import PolynomialTrendForecaster
from sktime.forecasting.model_evaluation import evaluate
from sktime.forecasting.arima import AutoARIMA
from sklearn.ensemble import RandomForestRegressor
```

（2）将时间序列拆分为训练集和测试集。

```
y_train, y_test = temporal_train_test_split(
    y, test_size=12
)
plot_series(
    y_train, y_test,
    labels=["y_train", "y_test"]
)
```

执行上述代码片段会生成如图 7.22 所示的结果。

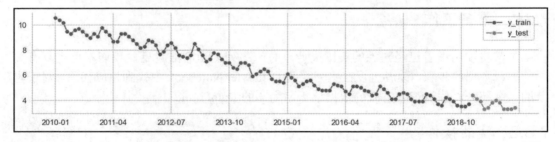

图 7.22　将时间序列分为训练集和测试集

（3）将预测范围设置为 12 个月。

```
fh = ForecastingHorizon(y_test.index, is_relative=False)
fh
```

执行上述代码片段会生成以下输出。

```
ForecastingHorizon(['2019-01', '2019-02', '2019-03', '2019-04', '2019-
05', '2019-06', '2019-07', '2019-08', '2019-09', '2019-10', '2019-11',
'2019-12'], dtype='period[M]', is_relative=False)
```

每次使用此 **fh** 对象创建预测时，都会创建 2019 年 12 个月的预测。

（4）实例化简化回归模型，将其拟合到数据中，并创建预测。

```
regressor = RandomForestRegressor(random_state=42)
rf_forecaster = make_reduction(
    estimator=regressor,
    strategy="recursive",
    window_length=12
)
rf_forecaster.fit(y_train)
y_pred_1 = rf_forecaster.predict(fh)
```

（5）评估预测的性能。

```
mape_1 = mean_absolute_percentage_error(
    y_test, y_pred_1, symmetric=False
)
fig, ax = plot_series(
    y_train["2016":], y_test, y_pred_1,
    labels=["y_train", "y_test", "y_pred"]
)
ax.set_title(f"MAPE: {100*mape_1:.2f}%")
```

执行上述代码片段会生成如图 7.23 所示的结果。

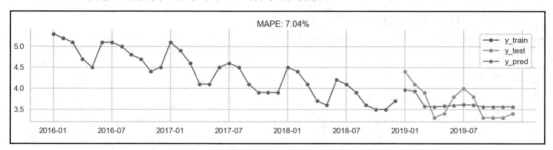

图 7.23　使用简化随机森林模型的预测值与实际值

可以看到，预测值几乎是一条平线，这很可能与前文提到的简化回归方法的缺点有关。通过将数据重塑为表格化格式，我们实际上丢失了有关趋势和季节性的信息。为了解决该问题，可以考虑先对时间序列进行去季节性化和去趋势化，然后再使用简化回归方法。

（6）对时间序列去季节化。

```
deseasonalizer = Deseasonalizer(model="additive", sp=12)
```

```
y_deseas = deseasonalizer.fit_transform(y_train)
plot_series(
    y_train, y_deseas,
    labels=["y_train", "y_deseas"]
)
```

执行上述代码片段会生成如图 7.24 所示的结果。

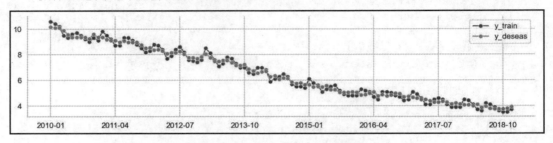

图 7.24　原始时间序列和去季节化后的时间序列

为了提供更多上下文，还可以绘制已提取的季节性成分。

```
plot_series(
    deseasonalizer.seasonal_,
    labels=["seasonal_component"]
)
```

执行上述代码片段会生成如图 7.25 所示的结果。

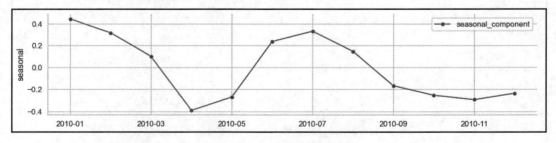

图 7.25　提取的季节性成分

在分析图 7.25 时，不应该过多关注 x 轴的标签，因为提取的季节模式每年都是相同的。

（7）去除时间序列的趋势。

```
forecaster = PolynomialTrendForecaster(degree=1)
transformer = Detrender(forecaster=forecaster)
y_detrend = transformer.fit_transform(y_deseas)
```

```
# in-sample predictions
forecaster = PolynomialTrendForecaster(degree=1)
y_in_sample = (
    forecaster
    .fit(y_deseas)
    .predict(fh=-np.arange(len(y_deseas)))
)

plot_series(
    y_deseas, y_in_sample, y_detrend,
    labels=["y_deseas", "linear trend", "resids"]
)
```

执行上述代码片段会生成如图 7.26 所示的结果。

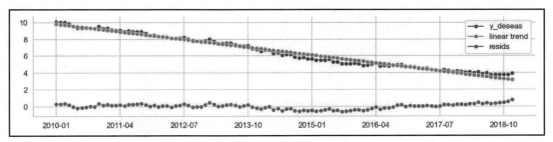

图 7.26　去季节化后的时间序列以及拟合的线性趋势和相应的残差

在图 7.26 中可以看到 3 条线。

❑　来自上一步骤的去季节化之后的时间序列。

❑　拟合去季节化之后时间序列的线性趋势。

❑　残差是通过从去季节化的时间序列中减去拟合的线性趋势而产生的。

（8）将这些分量组合成一个管道，将其拟合到原始时间序列，并获得预测。

```
rf_pipe = TransformedTargetForecaster(
    steps = [
        ("deseasonalize", Deseasonalizer(model="additive", sp=12)),
        ("detrend", Detrender(
            forecaster=PolynomialTrendForecaster(degree=1)
        )),
        ("forecast", rf_forecaster),
    ]
)
rf_pipe.fit(y_train)
y_pred_2 = rf_pipe.predict(fh)
```

（9）评估该管道的预测。

```
mape_2 = mean_absolute_percentage_error(
    y_test, y_pred_2, symmetric=False
)
fig, ax = plot_series(
    y_train["2016":], y_test, y_pred_2,
    labels=["y_train", "y_test", "y_pred"]
)
ax.set_title(f"MAPE: {100*mape_2:.2f}%")
```

执行上述代码片段会生成如图 7.27 所示的结果。

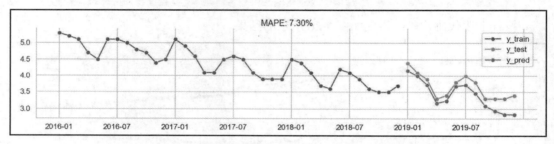

图 7.27　在简化回归之前包含去季节化和去趋势的管道的拟合

通过分析图 7.27，可得出以下结论。

❑　使用管道获得的预测形状与实际值更相似——它捕获了趋势和季节性成分。

❑　MAPE 测得的误差似乎比图 7.23 中可见的几乎平坦的线更大。

（10）使用扩展窗口交叉验证评估性能。

```
cv = ExpandingWindowSplitter(
    fh=list(range(1,13)),
    initial_window=12*5,
    step_length=12
)

cv_df = evaluate(
    forecaster=rf_pipe,
    y=y,
    cv=cv,
    strategy="refit",
    return_data=True
)

cv_df
```

执行上述代码片段会生成如图 7.28 所示的 DataFrame。

	test_MeanAbsolutePercentageError	fit_time	pred_time	len_train_window	cutoff	y_train	y_test	y_pred
0	0.017968	0.060766	0.032131	60	2014-12	unemp_rate 2010-01 10.6 2010-0...	unemp_rate 2015-01 6.1 2015-0...	unemp_rate 2015-01 6.189424 2015-0...
1	0.072160	0.058252	0.032728	72	2015-12	unemp_rate 2010-01 10.6 2010-0...	unemp_rate 2016-01 5.3 2016-0...	unemp_rate 2016-01 5.424690 2016-0...
2	0.092562	0.058367	0.032157	84	2016-12	unemp_rate 2010-01 10.6 2010-0...	unemp_rate 2017-01 5.1 2017-0...	unemp_rate 2017-01 5.043032 2017-0...
3	0.098999	0.060876	0.031808	96	2017-12	unemp_rate 2010-01 10.6 2010-0...	unemp_rate 2018-01 4.5 2018-0...	unemp_rate 2018-01 4.380789 2018-0...
4	0.072970	0.064576	0.032254	108	2018-12	unemp_rate 2010-01 10.6 2010-0...	unemp_rate 2019-01 4.4 2019-0...	unemp_rate 2019-01 4.161463 2019-0...

图 7.28　包含交叉验证结果的 DataFrame

此外，还可以调查在交叉验证过程中用于训练和评估管道的日期范围。

```
for ind, row in cv_df.iterrows():
    print(f"Fold {ind} ----")
    print(f"Training: {row['y_train'].index.min()} - {row['y_train'].
index.max()}")
    print(f"Training: {row['y_test'].index.min()} - {row['y_test'].index.
max()}")
```

执行上述代码片段会生成以下输出。

```
Fold 0 ----
Training: 2010-01 - 2014-12
Training: 2015-01 - 2015-12
Fold 1 ----
Training: 2010-01 - 2015-12
Training: 2016-01 - 2016-12
Fold 2 ----
Training: 2010-01 - 2016-12
Training: 2017-01 - 2017-12
Fold 3 ----
Training: 2010-01 - 2017-12
Training: 2018-01 - 2018-12
Fold 4 ----
Training: 2010-01 - 2018-12
Training: 2019-01 - 2019-12
```

可以看到，我们实际上创建了一个 5 折交叉验证，其中扩展窗口在各折之间增加了 12 个月，我们始终使用后续的 12 个月进行评估。

（11）绘制交叉验证各折的预测。

```
n_fold = len(cv_df)

plot_series(
    y,
```

```
    *[cv_df["y_pred"].iloc[x] for x in range(n_fold)],
    markers=["o", *["."] * n_fold],
    labels=["y_true"] + [f"cv: {x}" for x in range(n_fold)]
)
```

执行上述代码片段会生成如图 7.29 所示的结果。

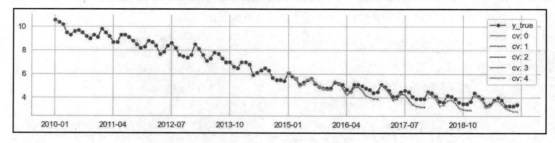

图 7.29　交叉验证各折的预测值与实际值

（12）使用 RF 管道和 AutoARIMA 创建整体预测。

```
ensemble = EnsembleForecaster(
    forecasters = [
        ("autoarima", AutoARIMA(sp=12)),
        ("rf_pipe", rf_pipe)
    ]
)
ensemble.fit(y_train)
y_pred_3 = ensemble.predict(fh)
```

在本示例中，我们将 AutoARIMA 模型直接拟合到原始时间序列。当然，也可以在拟合模型之前对时间序列进行去季节化和去趋势化。在这种情况下，可能没必要指示季节性周期（具体取决于使用经典分解去除季节性的程度）。

（13）评估集成的预测。

```
mape_3 = mean_absolute_percentage_error(
    y_test, y_pred_3, symmetric=False
)
fig, ax = plot_series(
    y_train["2016":], y_test, y_pred_3,
    labels=["y_train", "y_test", "y_pred"]
)
ax.set_title(f"MAPE: {100*mape_3:.2f}%")
```

执行上述代码片段会生成如图 7.30 所示的结果。

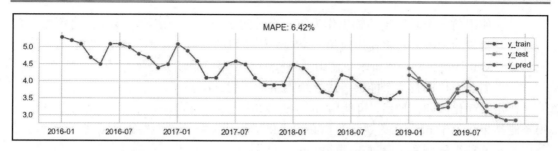

图 7.30　聚合简化回归管道和 AutoARIMA 的集成模型的拟合

正如我们在图 7.30 中看到的那样，与简化的随机森林管道相比，将两个模型集成在一起可以提高性能。

7.3.3　原理解释

在导入库之后，使用了 temporal_train_test_split 函数将数据拆分为训练集和测试集。我们保留了（2019 年）最后的 12 个观测值作为测试集。还使用 plot_series 函数绘制了时间序列，这在单个图中绘制多个时间序列时特别有用。

在步骤（3）中，定义了 ForecastingHorizon。在 sktime 中，预测范围可以是相对值（表示与训练数据中最新时间点相比的时间差）或绝对值（表示特定时间点）的数组。在本示例中，提供了测试集的索引，并设置了 is_relative=False，表示使用绝对值。

📝 注意：

另一方面，预测范围的相对值还可以包括我们想要获得预测的步骤列表。在进行滚动预测时，相对范围值可能非常有用，因为在添加新数据时也可以重复使用它。

在步骤（4）中，对训练数据拟合了一个简化的回归模型。为执行该操作，我们使用了 make_reduction 函数并提供了 3 个参数。其中，estimator 参数用于指示希望在简化回归设置中使用的任何回归模型。在本示例中，选择了随机森林（有关随机森林算法的更多详细信息，请参阅第 14 章"机器学习项目的高级概念"）。window_length 指示使用多少过去的观察值来创建简化回归任务，即将时间序列转换为表格数据集。最后，strategy 参数决定了创建多步预测的方式。可以选择以下策略之一来获得多步预测。

❑ Direct——该策略假设为我们将要预测的每个时间范围创建一个单独的模型。在本示例中，预测的步骤是向前 12 步，这意味着该策略将创建 12 个独立的模型来获得预测结果。

❑ Recursive——该策略假设拟合单个单步向前模型。但是，为了创建预测，它将使用前一个时间步的输出作为下一个时间步的输入。例如，要获得对第二个观察值的预测，它将使用对第一个观察值获得的预测结果作为特征集的一部分。

❏ Multioutput——该策略将使用一个模型来预测整个预测范围内的所有值。该策略需要用户拥有一个能够一次性预测整个序列的模型。

在定义简化回归模型后，可使用 fit 方法将其拟合到训练数据，并使用 predict 方法获得预测结果。对于 predict 方法，我们必须提供预测范围对象作为参数。或者，读者也可以提供想要获得预测的步骤列表/数组。

在步骤（5）中，通过计算 MAPE 分数并绘制预测值与实际值的比较来评估预测值。为了计算该误差指标，我们使用了 sktime 的 mean_absolute_percentage_error 函数。使用 sktime 的这个实现的另一个好处是，可以通过在调用该函数时指定 symmetric=True 来轻松计算对称 MAPE（symmetric MAPE，sMAPE）。

在目前这个阶段，我们注意到简化回归模型存在前文中提到的问题——它没有捕捉到时间序列的趋势和季节性。因此，在接下来的步骤中，还需要看看如何在使用简化回归方法之前对时间序列进行去季节化和去趋势化。

在步骤（6）中，对原始时间序列进行了去季节化处理。首先，我们实例化了 Deseasonalizer 转换器。通过提供 sp=12 并选择加法（addictive）季节性来表明存在每月季节性，因为季节性模式的幅度似乎不会随时间变化。这实际上将导致 Deseasonalizer 类执行 statsmodels 库中可用的季节性分解（在第 6 章"时间序列分析与预测"中详细讨论过该主题）并从时间序列中删除季节性成分。

为了拟合该转换器并进一步获得去季节化之后的时间序列，我们使用了 fit_transform 方法。在拟合该转换器之后，可以通过访问 seasonal_ 属性来检查季节性成分。

在步骤（7）中，从已经去季节化的时间序列中删除了趋势。其具体做法是，首先，实例化 PolynomialTrendForecaster 类并指定 degree=1，这表示对线性趋势感兴趣。然后，将实例化的类传递给 Detrender 转换器。使用前面介绍过的 fit_transform 方法，即可从去季节化的时间序列中删除趋势。

在步骤（8）中，将所有步骤组合成一个管道。我们实例化了 TransformedTargetForecaster 类，它在转换时间序列时使用，然后拟合机器学习模型以创建预测。可以看到，steps 参数提供了一个元组列表，每个元组都包含步骤的名称和用于执行它的转换器/估计器。在此管道中，链接了去季节性化、去趋势化和已在步骤（4）中使用的简化随机森林模型。然后，将整个管道拟合到训练数据以获得预测结果。

在步骤（9）中，通过计算 MAPE 并绘制预测值与实际值的对比来评估管道的性能。

　　注意：

　　在本示例中，我们只关注使用原始时间序列创建模型。当然，读者也可以使用其他特征进行预测。sktime 还提供了创建包含回归器相关转换的管道的功能。然后，读者应该使用 ForecastingPipeline 类将给定的转换器应用于 X（即特征）。读者还可以对 X 应用一些变换，对 y（预测目标）应用其他变换。在这种情况下，可以传递 TransformedTargetForecaster，其中包含需要应用于 y 的任何转换器，作为 ForecastingPileline 的一个步骤。

　　在步骤（10）中，执行了额外的评估步骤。我们使用了扩展窗口的前向交叉验证来评估模型的性能。为了定义该交叉验证方案，使用了 ExpandingWindowSplitter 类。这里必须提供以下输入。

- ❑ fh——预测范围。由于想要评估向前 12 步的预测，因此本示例提供了一个从 1 到 12 的整数列表。
- ❑ initial_window——初始训练窗口的长度。这里设置为 60，对应 5 年的训练数据。
- ❑ step_length——该值表示扩展窗口实际扩展了多少个周期。本示例设置为 12，因此每一折都会有额外一年的训练数据。

　　在定义验证方案后，即可使用 evaluate 函数来评估步骤（8）中定义的管道的性能。在使用 evaluate 函数时，还必须指定 strategy 参数，它定义了在窗口扩展时提取新数据的方法。其选项如下。

- ❑ refit——在每个训练窗口中模型将被重新拟合。
- ❑ update——预测器使用窗口中的新训练数据进行更新，但不会被重新拟合。
- ❑ no-update_params——模型将拟合第一个训练窗口，然后在不重新拟合或更新模型的情况下重复使用。

　　在步骤（11）中，使用了 plot_series 函数结合列表推导式来绘制原始时间序列和在每个验证折叠中获得的预测结果。

　　在最后两个步骤中，创建并评估了一个集成模型。首先，实例化了 EnsembleForecaster 类并提供了一个包含模型名称及其各自的类/定义的元组列表。该集成将 AutoARIMA 模型与每月季节性（SARIMA 模型）和步骤（8）中定义的简化随机森林管道相结合。此外，还使用了 aggfunc 参数的默认值，即 "mean"。该参数确定了用于创建最终预测的聚合策略。在本示例中，它意味着集成模型的预测结果是各个模型预测的平均值。该参数的其他选项包括取中值、最小值或最大值。

　　在实例化模型后，即可使用 fit 和 predict 方法来拟合模型并获得预测结果。

7.3.4　扩展知识

本节介绍了使用 sktime 的简化回归。如前文所述，sktime 是一个框架，它提供了用户在处理时间序列时可能需要的所有工具。以下列出了使用 sktime 时的一些优点。

❑　该库不仅适用于时间序列预测，还适用于回归、分类和聚类。此外，它还提供特征提取功能。

❑　sktime 提供了一些简单的模型，它们对于创建基准非常有用。例如，可以使用 NaiveForecaster 模型来创建预测，该预测其实就是最后的已知值。或者，也可以使用最后一个已知的季节性值，例如，对于 2019 年 1 月的预测直接就是 2018 年 1 月时间序列的值。

❑　它提供统一的 API 作为许多流行的时间序列库（如 statsmodels、pmdarima、tbats 或 Meta 的 Prophet）的包装器。要检查所有可用的预测模型，可以执行 all_estimators("forecaster", as_dataframe=True) 命令。

❑　通过简化可以使用与 scikit-learn API 兼容的所有估计器（estimator）。

❑　sktime 提供了通过时间交叉验证调整超参数的功能。此外，还可以调整与简化过程相关的超参数，如滞后数或窗口长度。

❑　该库提供了广泛的性能评估指标（是 scikit-learn 所没有的），并允许轻松创建自定义评分器（scorer）。

❑　该库扩展了 scikit-learn 的管道，可以将多个转换器（去趋势、去季节化等）与预测算法相结合。

❑　该库提供 AutoML 功能，可以从各种模型及其超参数中自动确定最佳预测器。

7.3.5　参考资料

Löning, M., Bagnall, A., Ganesh, S., Kazakov, V., Lines, J., & Király, F. J. 2019. sktime: A Unified Interface for Machine Learning with Time Series. arXiv preprint arXiv:1909.07872.

7.4　使用 Meta 的 Prophet 进行预测

在前面的小节中，我们演示了如何重构时间序列预测问题，以便使用常用于回归任务的流行机器学习模型，本节将介绍一个专门为时间序列预测设计的模型。

Prophet 于 2017 年由 Facebook（现已改名为 Meta）推出，从那时起，它已成为一种非常流行的时间序列预测工具。它受欢迎的原因有以下。

- ❑ 大多数情况下，它会立即产生合理的结果/预测。
- ❑ 它旨在预测与业务相关的时间序列。
- ❑ 它最适用于具有强烈季节性成分和至少几个季节的训练数据的每日时间序列。
- ❑ 它可以模拟任意频率的季节性（如每小时、每天、每周、每月、每季度或每年）。
- ❑ 该算法在包含缺失数据的情况下仍较为稳定可靠，并且可以轻松发现趋势的变化（为此使用了自动变点检测）。
- ❑ 它可以考虑假期和特殊事件。
- ❑ 与自回归模型（如 ARIMA）相比，它不需要平稳的时间序列。
- ❑ 数据科学家或分析人员可以利用业务/领域知识，通过人工调整模型的可解释的超参数来调整预测。
- ❑ 可以使用额外的回归变量来提高模型的预测性能。

✔ 注意：

当然，该模型绝非完美，它也有自己的一系列问题。在 7.4.4 节 "参考资料" 中，列出了一些显示该模型缺陷的参考资料。

Prophet 的创建者将时间序列预测问题视为曲线拟合练习（这在数据科学界引起了很多争议），而不是明确地查看时间序列中每个观测值的基于时间的依赖性。因此，Prophet 是一种加法模型（广义加法模型或 GAM 的一种形式），它可以表示如下。

$$y(t)=g(t)+h(t)+s(t)+\varepsilon_t$$

- ❑ $g(t)$是增长（growth）项，它可以是分段线性的、逻辑的或平坦的。趋势分量的建模是时间序列中的非周期性变化。
- ❑ $h(t)$旨在描述假期（holiday）和特殊日子（可能不定期发生）的影响。它们作为虚拟变量添加到模型中。
- ❑ $s(t)$旨在描述使用傅里叶级数建模的各种季节性（seasonal）模式。
- ❑ ε_t是误差项，假设服从正态分布。

✔ 注意：

逻辑增长趋势对于模拟饱和（或封顶）增长尤其有用。例如，当我们预测某个国家的客户数量时，该预测绝不应超过该国居民的总数。有了 Prophet，还可以解释饱和度最小值（saturating minimum）。

GAM 是一种简单但功能强大的模型，越来越受欢迎。它们假设各个特征和目标之间的关系遵循平滑的模式。这些可以是线性的或非线性的。然后，可以同时估计这些关系并将其相加以创建模型的预测值。例如，将季节性成分建模成为加法分量，与 Holt-Winters 的指数平滑法中采用的方法相同。

Prophet 使用的 GAM 组合有其优势。首先，它容易分解。其次，它适应新的成分，例如，当我们确定一个新的季节性来源时。

Prophet 的另一个重要方面是在估计趋势的过程中加入了变点，这使得趋势曲线更加灵活。有了变点之后，趋势可以根据模式的突然变化进行调整，例如，由新冠疫情大流行引起的销售模式变化，或者由于公司突发人事变动而引发的股价异常。Prophet 有一个检测变点的自动程序，但它也可以接收日期形式的手动输入。

Prophet 使用贝叶斯方法进行估计（这是因为它使用了 Stan，后者是一种用 C++ 编写的统计推理编程语言），贝叶斯方法允许自动选择变点，使用诸如马尔可夫链蒙特卡罗（Markov Chain Monte Carlo，MCMC）或最大后验（Maximum A Posteriori，MAP）估计之类的方法创建置信区间。

本节将演示如何使用 2015 年至 2019 年的数据预测每日黄金价格。需要说明的是，我们非常清楚该模型不太可能准确预测黄金价格，因此这里只是使用它们来说明如何训练和使用模型。

7.4.1　实战操作

执行以下步骤以使用 Prophet 模型预测每日黄金价格。

（1）导入库并进行 Nasdaq Data Link 身份验证。

```python
import pandas as pd
import nasdaqdatalink
from prophet import Prophet
from prophet.plot import add_changepoints_to_plot

nasdaqdatalink.ApiConfig.api_key = "YOUR_KEY_HERE"
```

（2）下载每日金价。

```python
df = nasdaqdatalink.get(
    dataset="WGC/GOLD_DAILY_USD",
    start_date="2015-01-01",
    end_date="2019-12-31"
)

df.plot(title="Daily gold prices (2015-2019)")
```

执行上述代码片段会生成如图 7.31 所示的结果。

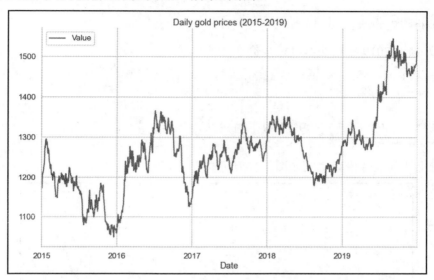

图 7.31　2015 年至 2019 年的每日黄金价格

（3）重命名列。

```
df = df.reset_index(drop=False)
df.columns = ["ds", "y"]
```

（4）将时间序列拆分为训练集和测试集。

```
train_indices = df["ds"] < "2019-10-01"
df_train = df.loc[train_indices].dropna()
df_test = (
    df
    .loc[~train_indices]
    .reset_index(drop=True)
)
```

本示例选择了 2019 年最后一个季度作为测试集。因此，我们将创建一个模型来预测未来大约 60 个观测值。

（5）创建模型的实例并将其拟合到数据中。

```
prophet = Prophet(changepoint_range=0.9)
prophet.add_country_holidays(country_name="US")
prophet.add_seasonality(
```

```
        name="monthly", period=30.5, fourier_order=5
)
prophet.fit(df_train)
```

（6）预测 2019 年第四季度黄金价格并绘制结果。

```
df_future = prophet.make_future_dataframe(
    periods=len(df_test), freq="B"
)
df_pred = prophet.predict(df_future)
prophet.plot(df_pred)
```

执行上述代码片段会生成如图 7.32 所示的结果。

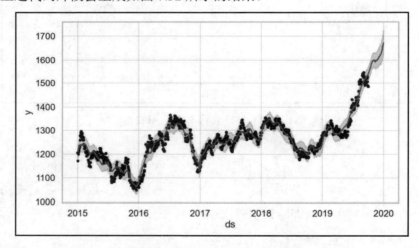

图 7.32　使用 Prophet 获得的预测

为了解释这个图形，我们应该知道以下几点。

❑　黑点是金价的实际观察值。

❑　代表拟合的蓝线与观察结果不完全匹配，因为模型平滑了数据中的噪声（也减少了过拟合的机会）。

❑　Prophet 试图量化不确定性，它由拟合线周围的浅蓝色区间表示。该区间的计算假设未来趋势变化的平均频率和幅度与历史数据相同。

💡 提示：

读者也可以使用 plotly 创建交互式绘图。当然，那样的话就需要使用 plot_plotly 函数而不是 plot 方法。

值得一提的是，预测 DataFrame 包含相当多的具有潜在有用信息的列。

```
df_pred.columns
```

运行上述代码片段，可以看到所有列。

```
['ds', 'trend', 'yhat_lower', 'yhat_upper', 'trend_lower',
'trend_upper', 'Christmas Day', 'Christmas Day_lower',
'Christmas Day_upper', 'Christmas Day (Observed)',
'Christmas Day (Observed)_lower', 'Christmas Day (Observed)_upper',
'Columbus Day', 'Columbus Day_lower', 'Columbus Day_upper',
'Independence Day', 'Independence Day_lower',
'Independence Day_upper', 'Independence Day (Observed)',
'Independence Day (Observed)_lower',
'Independence Day (Observed)_upper', 'Labor Day', 'Labor Day_lower',
'Labor Day_upper', 'Martin Luther King Jr. Day',
'Martin Luther King Jr. Day_lower',
'Martin Luther King Jr. Day_upper',
'Memorial Day', 'Memorial Day_lower', 'Memorial Day_upper',
'New Year's Day', 'New Year's Day_lower', 'New Year's Day_upper',
'New Year's Day (Observed)', 'New Year's Day (Observed)_lower',
'New Year's Day (Observed)_upper', 'Thanksgiving',
'Thanksgiving_lower', 'Thanksgiving_upper', 'Veterans Day',
'Veterans Day_lower', 'Veterans Day_upper',
'Veterans Day (Observed)', 'Veterans Day (Observed)_lower',
'Veterans Day (Observed)_upper', 'Washington's Birthday',
'Washington's Birthday_lower', 'Washington's Birthday_upper',
'additive_terms', 'additive_terms_lower', 'additive_terms_upper',
'holidays', 'holidays_lower', 'holidays_upper', 'monthly',
'monthly_lower', 'monthly_upper', 'weekly', 'weekly_lower',
'weekly_upper', 'yearly', 'yearly_lower', 'yearly_upper',
'multiplicative_terms', 'multiplicative_terms_lower',
'multiplicative_terms_upper', 'yhat']
```

通过分析上述列表，可以看到 Prophet 模型返回的所有成分。很自然地，我们会看到预测（yhat）及其相应的置信区间（'yhat_lower' 和 'yhat_upper'）。此外，还可以看到模型的所有单独成分（如趋势、假期影响和季节性）及其置信区间。出于以下原因，我们可能会对这些成分感兴趣。

❑　由于 Prophet 是一个加法模型，我们可以将所有分量相加得出最终预测，因此，可以将这些值视为重要特征，用于解释预测结果。

❑　也可以使用 Prophet 模型来获取这些成分值，然后将它们作为特征提供给另一个模型（如基于树的模型）。

（7）在绘图中添加变点。

```
fig = prophet.plot(df_pred)
a = add_changepoints_to_plot(
    fig.gca(), prophet, df_pred
)
```

执行上述代码片段会生成如图 7.33 所示的结果。

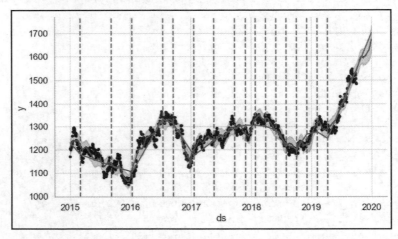

图 7.33　模型拟合结果与已识别的变点

还可以使用拟合 Prophet 模型的 changepoints 方法查找被识别为变点的确切日期。

（8）检查时间序列的分解。

```
prophet.plot_components(df_pred)
```

执行上述代码片段会生成如图 7.34 所示的结果。

我们没有花太多时间检查这些成分，因为黄金价格的时间序列可能没有受到季节性影响，或者不应受到美国假期的影响。对于假期来说尤其如此，因为股市在重大节假日休市。因此，假期的影响可能会在前后几天被市场反映出来。如前文所述，我们已经知道这一点，这里只是想要展示 Prophet 的工作原理。

需要注意的是，周六和周日的每周季节性明显不同。这是因为黄金价格是在工作日收集的。因此，我们完全可以忽略周末模式。

在图 7.34 中可以观察到趋势分量，这和图 7.33 中的趋势是一致的（该图还包括检测到的变点）。

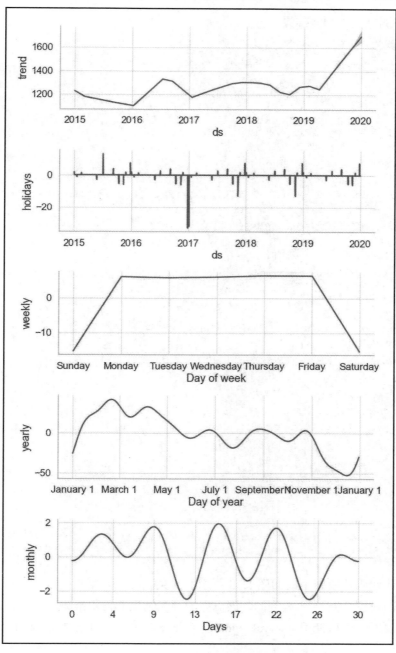

图 7.34　显示 Prophet 模型各个分量的分解图

（9）将测试集与预测结果合并。

```
SELECTED_COLS = [
    "ds", "yhat", "yhat_lower", "yhat_upper"
]

df_pred = (
    df_pred
    .loc[:, SELECTED_COLS]
    .reset_index(drop=True)
)
df_test = df_test.merge(df_pred, on=["ds"], how="left")
df_test["ds"] = pd.to_datetime(df_test["ds"])
df_test = df_test.set_index("ds")
```

（10）绘制测试值与预测值。

```
fig, ax = plt.subplots(1, 1)

PLOT_COLS = [
    "y", "yhat", "yhat_lower", "yhat_upper"
]
ax = sns.lineplot(data=df_test[PLOT_COLS])
ax.fill_between(
    df_test.index,
    df_test["yhat_lower"],
    df_test["yhat_upper"],
    alpha=0.3
)

ax.set(
    title="Gold Price - actual vs. predicted",
    xlabel="Date",
    ylabel="Gold Price ($)"
)
```

执行上述代码片段会生成如图 7.35 所示的结果。

正如我们在图 7.35 中所看到的，该模型的预测结果非常不准确。事实上，80% 置信区间（默认设置，可以使用 interval_width 超参数更改它）几乎没有捕获到任何实际值。

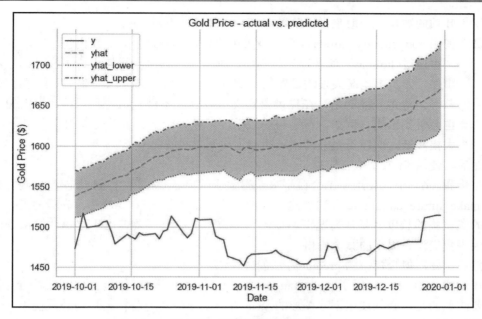

图 7.35 预测结果与实际值

7.4.2 原理解释

导入库之后，从 Nasdaq Data Link 下载了每日黄金价格。

在步骤（3）中重命名了 DataFrame 的列，以使其与 Prophet 兼容。该算法需要以下两列。

❑ ds——表示时间戳。

❑ y——目标变量。

在步骤（4）中，将 DataFrame 分成训练集和测试集。本示例随意选择了 2019 年第四季度作为测试集。

在步骤（5）中，实例化了 Prophet 模型，并且指定了一些设置。

❑ 将 changepoint_range 设置为 0.9，这意味着该算法可以识别训练数据集中前 90%的变点。默认情况下，Prophet 在前 80%的时间序列中添加 25 个变点。本示例也想捕捉最近的趋势。

❑ 使用 add_seasonality 方法和 Prophet 文档建议的值来添加每月季节性。将周期指定为 30.5，意味着我们预计这些模式会在大约 30.5 天后重复出现。另一个参数——fourier_order 可指定用于构建特定季节性成分（在本例中为每月）的傅里

　　叶项的数量。一般来说，阶数越高，季节性成分越灵活。

❑　使用 add_country_holidays 方法将美国假期添加到模型中。我们使用了默认日历
　　（可通过 holidays 库获得），当然，读者也可以添加日历中原本没有的自定义
　　事件，如美国圣诞大采购日黑色星期五、京东 618 购物节、淘宝双 11 购物狂欢
　　节等。值得一提的是，在提供自定义事件时，还可以指定是否预计周围的日子
　　也会受到影响。例如，在零售场景中，可以预计圣诞节后几天的流量/销售额会
　　大幅降低，而在圣诞节前则可能会出现明显高峰。

　　然后，使用 fit 方法拟合模型。

　　在步骤（6）中，使用了拟合模型来获得预测结果。要使用 Prophet 创建预测，必须
使用 make_future_dataframe 方法创建一个特殊的 DataFrame。在这样做时，需要指定想要
预测的测试集的长度（默认情况下，以天为单位），并且还要使用工作日。这部分很重
要，因为我们没有周末的黄金价格。

　　然后，使用拟合模型的 predict 方法创建预测。

　　在步骤（7）中，使用了 add_changepoints_to_plot 函数将已识别的变点添加到图中。
这里要注意的是，必须使用创建图形的 gca 方法来获取其当前轴。我们必须使用它来正
确识别想要添加变点的绘图。

　　在步骤（8）中，检查了模型的成分。为此，我们使用了 plot_components 方法，并
将预测结果 DataFrame 作为该方法的参数。

　　在步骤（9）中，将测试集与预测结果 DataFrame 合并在一起。我们使用了左连接，
这意味着将返回左表（测试集）中的所有行和右表（预测结果 DataFrame）中的匹配行，
同时将不匹配的行留空。

　　在步骤（10）中，绘制了预测结果（连同置信区间）和实际值的图形，以直观地评
估模型的性能。

7.4.3　扩展知识

　　Prophet 提供了很多有趣的功能。显然一个小节的篇幅并不足以面面俱到，因此本小
节将仅介绍其中的两项。

❑　内置交叉验证。

❑　模型调优。

1．内置交叉验证

为了正确评估模型的性能（并可能调整其超参数），我们确实需要一个验证框架。

Prophet 在其 cross_validation 函数中实现了本书已经介绍过的前向交叉验证。现在让我们来看看如何使用它。

（1）导入库。

```
from prophet.diagnostics import(cross_validation,
                                performance_metrics)
from prophet.plot import plot_cross_validation_metric
```

（2）运行 Prophet 的交叉验证。

```
df_cv = cross_validation(
    prophet,
    initial="756 days",
    period="60 days",
    horizon = "60 days"
)

df_cv
```

在这里，我们指定了需要的信息。

❑　包含 3 年数据的初始窗口（1 年包含大约 252 个交易日）。

❑　60 天的预测范围。

❑　以 60 天为周期计算预测。

执行上述代码片段会生成如图 7.36 所示的结果。

	ds	yhat	yhat_lower	yhat_upper	y	cutoff
0	2017-02-13	1240.428658	1214.075002	1266.887144	1222.25	2017-02-12
1	2017-02-14	1244.035274	1218.709804	1269.177963	1230.75	2017-02-12
2	2017-02-15	1245.784079	1219.778945	1270.415037	1224.40	2017-02-12
3	2017-02-16	1247.101206	1222.243635	1272.417761	1240.55	2017-02-12
4	2017-02-17	1247.049617	1219.427610	1273.846214	1241.95	2017-02-12
...	...	...	...	...	...	...
681	2019-09-24	1411.521433	1376.789748	1445.763547	1520.65	2019-08-01
682	2019-09-25	1411.647219	1378.678598	1447.529225	1528.75	2019-08-01
683	2019-09-26	1411.175984	1377.546582	1449.880765	1506.40	2019-08-01
684	2019-09-27	1409.462673	1374.309112	1445.839082	1489.90	2019-08-01
685	2019-09-30	1408.982620	1372.462776	1448.030593	1485.30	2019-08-01

图 7.36　Prophet 交叉验证的输出

可以看到，该 DataFrame 包含预测值（包括置信区间）和截止日期（cutoff 列，用于生成预测的训练集中的最后一个时间点）、ds 日期（验证集中用于生成预测的日期）组合的实际值。换句话说，该过程为截止点（cutoff）和"截止点+预测范围"（cutoff + horizon）之间的每个观察点创建了一个预测。

该算法还可以告诉我们它做了什么。

```
Making 16 forecasts with cutoffs between 2017-02-12 00:00:00 and 2019-08-
01 00:00:00
```

（3）计算聚合性能指标。

```
df_p = performance_metrics(df_cv)
df_p
```

执行上述代码片段会生成如图 7.37 所示的结果。

	horizon	mse	rmse	mae	mape	mdape	smape	coverage
0	6 days	1748.610554	41.816391	31.559107	0.024066	0.018103	0.024227	0.551471
1	7 days	1989.890473	44.608188	33.977247	0.025884	0.020106	0.026108	0.529412
2	8 days	2202.222234	46.927841	35.882566	0.027195	0.022757	0.027480	0.491979
3	9 days	2367.956551	48.661654	38.572966	0.029299	0.024370	0.029526	0.459559
4	10 days	2529.118619	50.290343	41.208362	0.031576	0.031014	0.031808	0.397059
5	11 days	2691.744910	51.882029	42.421694	0.032552	0.031014	0.032844	0.367647
6	12 days	2725.613313	52.207407	43.137264	0.033074	0.030830	0.033348	0.362299
7	13 days	2937.700093	54.200554	44.898209	0.034387	0.032834	0.034652	0.333333
8	14 days	3270.445886	57.187812	47.956755	0.036807	0.034913	0.037067	0.294118
9	15 days	3656.224802	60.466725	50.168416	0.038266	0.035763	0.038576	0.288770

图 7.37 性能 DataFrame 的前 10 行

图 7.37 显示了性能 DataFrame 的前 10 行，其中包含来自交叉验证的聚合性能分数。根据该交叉验证方案，整个 DataFrame 包含以 60 天为周期的所有预测范围。

💡 提示：

有关 performance_metrics 函数生成的聚合性能指标背后的逻辑，可以参阅 Prophet 的文档。

（4）绘制 MAPE 分数。

```
plot_cross_validation_metric(df_cv, metric="mape")
```

执行上述代码片段会生成如图 7.38 所示的结果。

图 7.38 中的点表示交叉验证 DataFrame 中每个预测的绝对百分比误差。蓝色线条代

表 MAPE。均值取自点的滚动窗口。有关滚动窗口的更多信息可以参阅 Prophet 的文档。

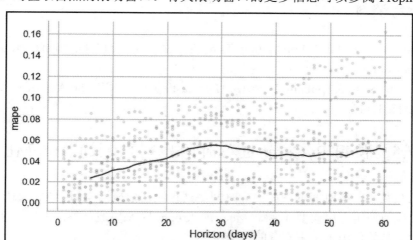

图 7.38　跨预测范围的 MAPE 分数

2. 模型调优

正如我们已经看到的，Prophet 有很多可调的超参数。根据该库作者的建议，以下超参数可能值得调整以实现更好的拟合。

❑ changepoint_prior_scale——可能是最具影响的超参数，它决定了趋势的灵活性，特别是趋势变点处趋势变化的程度。太小的值会使趋势的灵活性降低，并可能导致趋势欠拟合，而太大的值则可能会导致趋势过拟合（并可能捕获年度季节性）。

❑ seasonality_prior_scale——控制季节性项目灵活性的超参数。较大的值允许季节性拟合显著波动，而较小的值会缩小季节性的波动幅度。默认应用的值为 10。

❑ holidays_prior_scale——与 seasonality_prior_scale 非常相似，只不过控制的是拟合假期影响的灵活性。

❑ seasonality_mode——可以选择加法或乘法季节性。选择该超参数的最好方法是检查时间序列，看看季节性波动的幅度是否随着时间的推移而增长。

❑ changepoint_range——该参数对应于算法可以识别变点的时间序列的百分比。确定此超参数最佳值的经验法则是查看模型在训练数据的最近 1-changepoint_range 百分比中的拟合情况。如果模型在这里拟合得不好，则可能要增加该超参数的值。

与其他模型一样，读者也可以使用诸如网格搜索（结合交叉验证）之类的过程来识别最佳超参数集，同时尝试避免/最小化过拟合训练数据的风险。

7.4.4　参考资料

- ❑ Rafferty, G. 2021. Forecasting Time Series Data with Facebook Prophet. Packt Publishing Ltd.
- ❑ Taylor, S. J., & Letham, B. 2018. "Forecasting at scale," The American Statistician, 72(1): 37-45.

7.5　使用 PyCaret 进行时间序列预测的 AutoML

我们已经花了一些时间解释如何为时间序列预测构建机器学习模型，如何创建相关特征，以及如何使用专用模型（例如 Meta 的 Prophet）来完成任务。最后，让我们以一个 AutoML 工具的使用来结束本章的讨论。

PyCaret 是一个可用的 AutoML 工具，它是一个开源的低代码机器学习库。所谓"低代码"，就是指不需要编写代码或者仅编写少量代码即可完成开发任务。使用该工具的目标是自动化机器学习工作流程。使用 PyCaret 时，只需寥寥几行代码即可训练和调整数十种流行的机器学习模型。虽然它最初是为经典的回归和分类任务构建的，但它也有一个专用的时间序列模块，这正是本节将要介绍的内容。

PyCaret 库本质上是几个流行的机器学习库和框架（如 scikit-learn、XGBoost、LightGBM、CatBoost、Optuna、Hyperopt 等）的包装器。更具体地说，PyCaret 的时间序列模块即建立在 sktime 提供的功能之上（如其简化框架和管道功能）。

本节将使用 PyCaret 库找到预测美国每月失业率的最佳模型。

7.5.1　准备工作

本节将使用之前介绍过的美国月度失业率数据集。读者可以在 7.1 节"时间序列的验证方法"中找到有关如何下载和准备该时间序列的更多信息。

7.5.2　实战操作

执行以下步骤使用 PyCaret 预测美国失业率。

（1）导入库。

```
from pycaret.datasets import get_data
from pycaret.time_series import TSForecastingExperiment
```

（2）设置实验。

```
exp = TSForecastingExperiment()
exp.setup(df, fh=6, fold=5, session_id=42)
```

执行上述代码片段会生成如图 7.39 所示的实验汇总信息。

	Description	Value
0	session_id	42
1	Target	unemp_rate
2	Approach	Univariate
3	Exogenous Variables	Not Present
4	Original data shape	(120, 1)
5	Transformed data shape	(120, 1)
6	Transformed train set shape	(114, 1)
7	Transformed test set shape	(6, 1)
8	Rows with missing values	0.0%
9	Fold Generator	ExpandingWindowSplitter
10	Fold Number	5
11	Enforce Prediction Interval	0
12	Seasonal Period(s) Tested	12
13	Seasonality Present	1
14	Seasonalities Detected	[12]
15	Primary Seasonality	12
16	Target Strictly Positive	True
17	Target White Noise	No
18	Recommended d	1
19	Recommended Seasonal D	0
20	Preprocess	0
21	CPU Jobs	-1
22	Use GPU	0
23	Log Experiment	0
24	Experiment Name	ts-default-name
25	USI	2a00

图 7.39　PyCaret 的实验汇总信息

可以看到，该库自动将最后 6 个观察值作为测试集，并在已提供的时间序列中识别出每月的季节性。

（3）使用可视化方法探索时间序列。

```
exp.plot_model(
    plot="diagnostics",
    fig_kwargs={"height": 800, "width": 1000}
)
```

执行上述代码片段会生成如图 7.40 所示的结果。

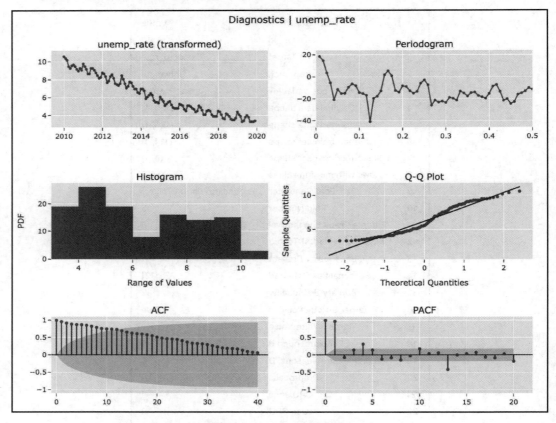

图 7.40　时间序列的诊断图

虽然图 7.40 中的大多数图读者已经很熟悉了，但也有一幅新图，那就是右上角的周期图（periodogram）。可以使用它（连同快速傅里叶变换图）来研究分析时间序列的频率分量。虽然这可能超出了本书的范围，但在解释这些绘图时可注意以下要点。

❑　峰值在 0 附近表示需要差分时间序列。它可以指示一个平稳的 ARMA 过程。

❑　某个频率的峰值及其倍数表示季节性。这些频率中最低的称为基频（fundamental frequency）。它的倒数是模型的季节性周期。例如，基频 0.0833 对应于季节性周期 12，即 1/0.0833 = 12。

使用以下代码片段，可以对用于实验的交叉验证方案进行可视化。

```
exp.plot_model(plot="cv")
```

执行上述代码片段会生成如图 7.41 所示的结果。

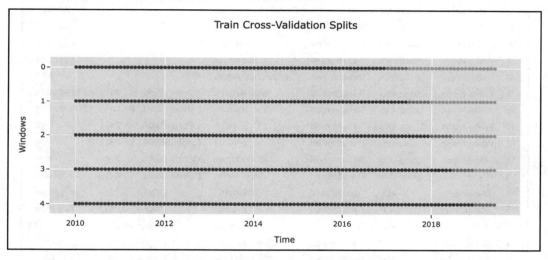

图 7.41　使用扩展窗口的 5 折前向交叉验证示例

注意：

在本章配套的 Jupyter Notebook 中，还展示了其他一些可用的绘图，如季节性分解、快速傅里叶变换（fast Fourier transform，FFT）等。

（4）对时间序列进行统计检验。

```
exp.check_stats()
```

执行上述代码片段会生成以下包含各种检验结果的 DataFrame，如图 7.42 所示。也可以只执行所有检验的子集。例如，可使用以下代码片段执行汇总检验。

```
exp.check_stats(test="summary")
```

（5）找到 5 个最佳管道。

```
best_pipelines = exp.compare_models(
    sort="MAPE", turbo=False, n_select=5
)
```

	Test	Test Name	Data	Property	Setting	Value
0	Summary	Statistics	Transformed	Length		120.0
1	Summary	Statistics	Transformed	# Missing Values		0.0
2	Summary	Statistics	Transformed	Mean		6.225
3	Summary	Statistics	Transformed	Median		5.6
4	Summary	Statistics	Transformed	Standard Deviation		2.10223
5	Summary	Statistics	Transformed	Variance		4.41937
6	Summary	Statistics	Transformed	Kurtosis		-1.232708
7	Summary	Statistics	Transformed	Skewness		0.345242
8	Summary	Statistics	Transformed	# Distinct Values		59.0
9	White Noise	Ljung-Box	Transformed	Test Statictic	{'alpha': 0.05, 'K': 24}	1610.583379
10	White Noise	Ljung-Box	Transformed	Test Statictic	{'alpha': 0.05, 'K': 48}	1778.242684
11	White Noise	Ljung-Box	Transformed	p-value	{'alpha': 0.05, 'K': 24}	0.0
12	White Noise	Ljung-Box	Transformed	p-value	{'alpha': 0.05, 'K': 48}	0.0
13	White Noise	Ljung-Box	Transformed	White Noise	{'alpha': 0.05, 'K': 24}	False
14	White Noise	Ljung-Box	Transformed	White Noise	{'alpha': 0.05, 'K': 48}	False
15	Stationarity	ADF	Transformed	Stationarity	{'alpha': 0.05}	False
16	Stationarity	ADF	Transformed	p-value	{'alpha': 0.05}	0.263656
17	Stationarity	ADF	Transformed	Test Statistic	{'alpha': 0.05}	-2.053411
18	Stationarity	ADF	Transformed	Critical Value 1%	{'alpha': 0.05}	-3.492996
19	Stationarity	ADF	Transformed	Critical Value 5%	{'alpha': 0.05}	-2.888955
20	Stationarity	ADF	Transformed	Critical Value 10%	{'alpha': 0.05}	-2.581393
21	Stationarity	KPSS	Transformed	Trend Stationarity	{'alpha': 0.05}	False
22	Stationarity	KPSS	Transformed	p-value	{'alpha': 0.05}	0.01
23	Stationarity	KPSS	Transformed	Test Statistic	{'alpha': 0.05}	0.44361
24	Stationarity	KPSS	Transformed	Critical Value 10%	{'alpha': 0.05}	0.119
25	Stationarity	KPSS	Transformed	Critical Value 5%	{'alpha': 0.05}	0.146
26	Stationarity	KPSS	Transformed	Critical Value 2.5%	{'alpha': 0.05}	0.176
27	Stationarity	KPSS	Transformed	Critical Value 1%	{'alpha': 0.05}	0.216
28	Normality	Shapiro	Transformed	Normality	{'alpha': 0.05}	False
29	Normality	Shapiro	Transformed	p-value	{'alpha': 0.05}	0.000005

图 7.42　包含各种统计检验结果的 DataFrame

执行上述代码片段会生成以下包含性能概览的 DataFrame，如图 7.43 所示。
检查 best_pipelines 对象，输出最佳管道。

```
[BATS(show_warnings=False, sp=12, use_box_cox=True),
 TBATS(show_warnings=False, sp=[12], use_box_cox=True),
 AutoARIMA(random_state=42, sp=12, suppress_warnings=True),
```

```
ProphetPeriodPatched(),
ThetaForecaster(sp=12)]
```

	Model	MASE	RMSSE	MAE	RMSE	MAPE	SMAPE	R2	TT (Sec)
bats	BATS	0.1222	0.1364	0.0911	0.1105	0.0225	0.0227	0.8702	2.0060
tbats	TBATS	0.1308	0.1410	0.0976	0.1142	0.0239	0.0242	0.8641	4.8580
auto_arima	Auto ARIMA	0.1487	0.1626	0.1110	0.1319	0.0280	0.0287	0.7229	2.7660
prophet	Prophet	0.1599	0.1675	0.1201	0.1364	0.0293	0.0294	0.8053	0.8600
theta	Theta Forecaster	0.1802	0.1906	0.1348	0.1547	0.0332	0.0332	0.7221	0.0120
ets	ETS	0.1976	0.2108	0.1474	0.1708	0.0358	0.0364	0.6639	0.0200
exp_smooth	Exponential Smoothing	0.2074	0.2256	0.1547	0.1828	0.0371	0.0381	0.6565	0.0340
xgboost_cds_dt	Extreme Gradient Boosting w/ Cond. Deseasonalize & Detrending	0.2118	0.2510	0.1608	0.2056	0.0390	0.0403	0.4461	0.0280
arima	ARIMA	0.2453	0.2573	0.1833	0.2088	0.0462	0.0477	0.4979	0.0460
lr_cds_dt	Linear w/ Cond. Deseasonalize & Detrending	0.2516	0.2635	0.1907	0.2163	0.0465	0.0481	0.4679	0.0580
huber_cds_dt	Huber w/ Cond. Deseasonalize & Detrending	0.2524	0.2662	0.1914	0.2185	0.0466	0.0482	0.4544	0.0140
et_cds_dt	Extra Trees w/ Cond. Deseasonalize & Detrending	0.2726	0.2918	0.2087	0.2411	0.0497	0.0519	0.2802	0.0360
br_cds_dt	Bayesian Ridge w/ Cond. Deseasonalize & Detrending	0.2715	0.2828	0.2056	0.2319	0.0501	0.0519	0.3964	0.0160
ridge_cds_dt	Ridge w/ Cond. Deseasonalize & Detrending	0.2915	0.3005	0.2202	0.2460	0.0540	0.0560	0.3315	0.0140
rf_cds_dt	Random Forest w/ Cond. Deseasonalize & Detrending	0.3052	0.3161	0.2322	0.2603	0.0558	0.0582	0.2598	0.0380
ada_cds_dt	AdaBoost w/ Cond. Deseasonalize & Detrending	0.3063	0.3214	0.2333	0.2647	0.0566	0.0590	0.1843	0.0180
dt_cds_dt	Decision Tree w/ Cond. Deseasonalize & Detrending	0.3072	0.3163	0.2326	0.2593	0.0567	0.0584	0.2933	0.0120
lar_cds_dt	Least Angular Regressor w/ Cond. Deseasonalize & Detrending	0.3288	0.3381	0.2503	0.2786	0.0607	0.0634	0.0918	0.0540
knn_cds_dt	K Neighbors w/ Cond. Deseasonalize & Detrending	0.3390	0.3410	0.2562	0.2792	0.0630	0.0656	0.1838	0.0160
gbr_cds_dt	Gradient Boosting w/ Cond. Deseasonalize & Detrending	0.3448	0.3642	0.2596	0.2972	0.0640	0.0670	0.0070	0.0180
omp_cds_dt	Orthogonal Matching Pursuit w/ Cond. Deseasonalize & Detrending	0.3563	0.3756	0.2700	0.3082	0.0657	0.0688	-0.0960	0.0120
lightgbm_cds_dt	Light Gradient Boosting w/ Cond. Deseasonalize & Detrending	0.3603	0.3727	0.2692	0.3028	0.0667	0.0698	0.0176	0.1020
catboost_cds_dt	CatBoost Regressor w/ Cond. Deseasonalize & Detrending	0.3825	0.3896	0.2912	0.3208	0.0703	0.0740	-0.2316	0.2860
naive	Naive Forecaster	0.5032	0.5268	0.3767	0.4284	0.0949	0.0926	-1.3404	0.6280
snaive	Seasonal Naive Forecaster	0.5834	0.5586	0.4400	0.4570	0.1094	0.1030	-1.5401	0.0180
croston	Croston	0.6327	0.6794	0.4762	0.5550	0.1232	0.1136	-2.7134	0.0120
en_cds_dt	Elastic Net w/ Cond. Deseasonalize & Detrending	0.7809	0.7544	0.5822	0.6118	0.1451	0.1586	-3.1322	0.0180
lasso_cds_dt	Lasso w/ Cond. Deseasonalize & Detrending	0.7809	0.7544	0.5822	0.6118	0.1451	0.1586	-3.1322	0.0140
llar_cds_dt	Lasso Least Angular Regressor w/ Cond. Deseasonalize & Detrending	0.7809	0.7544	0.5822	0.6118	0.1451	0.1586	-3.1322	0.0280
polytrend	Polynomial Trend Forecaster	0.8269	0.8207	0.6164	0.6650	0.1499	0.1651	-3.5825	0.0100
par_cds_dt	Passive Aggressive w/ Cond. Deseasonalize & Detrending	1.3195	1.3532	0.9712	1.0828	0.2564	0.2742	-25.5411	0.0120
grand_means	Grand Means Forecaster	3.7084	3.4400	2.7813	2.8005	0.6998	0.5138	-89.1440	0.3120

图 7.43　包含所有拟合模型的交叉验证分数的 DataFrame

（6）调整最佳管道。

```
best_pipelines_tuned = [
    exp.tune_model(model) for model in best_pipelines
]
best_pipelines_tuned
```

调整后，性能最佳的管道如下。

```
[BATS(show_warnings=False, sp=12, use_box_cox=True),
TBATS(show_warnings=False, sp=[12], use_box_cox=True,
     use_damped_trend=True, use_trend=True),
AutoARIMA(random_state=42, sp=12, suppress_warnings=True),
ProphetPeriodPatched(changepoint_prior_scale=0.016439324494196616,
```

```
                          holidays_prior_scale=0.01095960453692584,
                          seasonality_prior_scale=7.886714129990491),
ThetaForecaster(sp=12)]
```

调用 tune_model 方法还会输出每个调优模型的交叉验证性能汇总信息。为节约篇幅起见，在这里我们不输出它。但是，读者可以检查本章配套的 Jupyter Notebook，了解因调优而发生的模型性能变化。

（7）混合 5 个调优之后的管道。

```
blended_model = exp.blend_models(
    best_pipelines_tuned, method="mean"
)
```

（8）使用混合模型创建预测并绘制预测图。

```
y_pred = exp.predict_model(blended_model)
```

执行上述代码片段还会生成测试集性能摘要，如图 7.44 所示。

	Model	MASE	RMSSE	MAE	RMSE	MAPE	SMAPE	R2
0	EnsembleForecaster	0.1707	0.1685	0.1174	0.1281	0.0328	0.0333	0.7898

图 7.44　使用测试集的预测计算的分数

然后，绘制测试集的预测。

```
exp.plot_model(estimator=blended_model)
```

执行上述代码片段会生成如图 7.45 所示的结果。

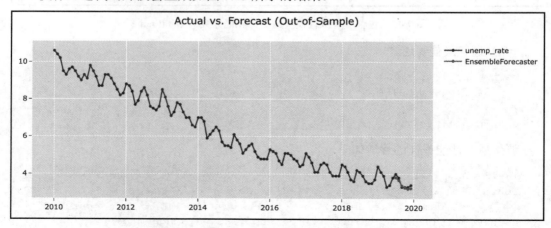

图 7.45　时间序列以及对测试集的预测

（9）最终确定模型。

```
final_model = exp.finalize_model(blended_model)
exp.plot_model(final_model)
```

执行上述代码片段会生成如图 7.46 所示的结果。

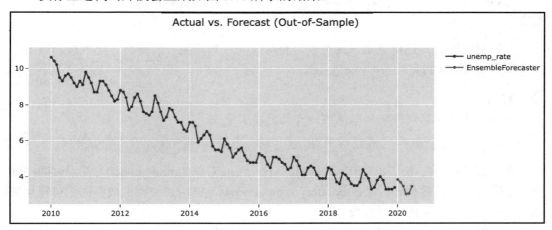

图 7.46　2020 年前 6 个月的样本外预测

从图 7.46 来看，该预测似乎是合理的并且包含清晰可辨的季节性模式，还可以生成并输出已经在图中看到的预测。

```
y_pred = exp.predict_model(final_model)
print(y_pred)
```

执行上述代码片段会为接下来的 6 个月生成以下预测。

```
y_pred
2020-01  3.8437
2020-02  3.6852
2020-03  3.4731
2020-04  3.0444
2020-05  3.0711
2020-06  3.4585
```

7.5.3　原理解释

在导入库之后，我们设置了实验。首先，实例化了 TSForecastingExperiment 类的一个对象。然后，使用 setup 方法为 DataFrame 提供了时间序列、预测范围、交叉验证折数和会话 id。对于本次实验，我们指定了对未来 6 个月的预测感兴趣，并且希望使用扩展窗口（默认变体）执行 5 折前向交叉验证；也可以使用滑动窗口执行交叉验证操作。

✅ 注意：

PyCaret 提供了两个 API：函数式 API 和面向对象 API（使用类）。本节要介绍的是后者。

在设置实验时，还可以指示是否要对目标时间序列应用一些转换。可以选择以下选项之一："box-cox""log""sqrt""exp""cos"。

💡 提示：

要从实验中提取训练集和测试集，可使用以下命令。

```
exp.get_config("y_train") and exp.get_config("y_test")
```

在步骤（3）中，使用了 TSForecastingExperiment 对象的 plot_model 方法对时间序列进行了快速探索性数据分析（exploratory data analysis，EDA）。要生成不同的可视化图形，只需更改该方法的 plot 参数即可。

在步骤（4）中，使用 TSForecastingExperiment 类的 check_stats 方法研究了各种统计检验（包括 ADF 检验、KPSS 检验和 Ljung-Box 检验等）。

在步骤（5）中，使用了 compare_models 方法来训练选定的统计和机器学习模型，并使用选定的交叉验证方案评估它们的性能。本示例指定希望根据 MAPE 分数选择 5 个最佳管道。设置了 turbo=False 来训练可能更耗时的模型（如 Prophet、BATS 和 TBATS）。

✅ 注意：

PyCaret 使用了管道的概念，因为有时"模型"实际上是从若干个步骤构建的。例如，在拟合回归模型之前，可能需要首先对时间序列进行去趋势化和去季节性化。

举例来说，Random Forest w/ Cond. Deseasonalize & Detrending 模型（见图 7.43）就是一个 sktime 管道，它首先有条件地对时间序列进行去季节性化，然后再应用去趋势化，最后才拟合简化的随机森林。去季节性的有条件部分是指首先用统计检验来检查时间序列中是否存在季节性。如果检测到有季节性，则应用去季节性化。

在这一步骤中有几件事值得一提。

❑　可以使用 pull 方法提取包含性能比较的 DataFrame。

❑　可以使用 models 方法来输出所有可用模型的列表，以及它们的引用（指对原始库的引用，因为 PyCaret 是一个包装器）。另外还有一个标志指示模型是否需要更多训练时间,该标志隐藏在 turbo 标志后面。

❑ 还可以决定是只训练部分模型(使用 compare_models 方法的 include 参数),还是要训练除选定的少数模型之外的所有模型(使用 exclude 参数)。

在步骤(6)中,调优了最佳管道。要执行该操作,可使用列表推导式来迭代已识别的管道,然后使用 tune_model 方法执行超参数调优。默认情况下,它使用由库作者提供的超参数网格进行随机网格搜索(更多内容见第 13 章"应用机器学习:识别信用违约")。这些超参数是一个很好的起点,如果要调整它们,则很容易做到。

在步骤(7)中,创建了一个集成模型,它混合了 5 个最佳管道(调优版本)。我们决定采用各个模型创建的预测的平均值。或者,读者也可以使用中位数或投票方法。后者是一种票选方案,其中每个模型都由既定的权重进行加权。例如,可以根据交叉验证误差创建权重,即误差越小,权重越大。

在步骤(8)中,使用混合模型创建了预测。要执行该操作,可使用 predict_model 方法并提供混合模型(blended_model)作为该方法的参数。在当前阶段,predict_model 方法将为测试集创建预测。

在该步骤中,还使用了读者已经很熟悉的 plot_model 方法来创建绘图。在提供模型之后,plot_model 方法可以显示该模型的样本内拟合、对测试集的预测、样本外预测或模型的残差。

💡 提示:

与 plot_mode 方法的情况类似,你也可以将 check_stats 方法与创建的模型一起使用。在传递 estimator 时,该方法将对模型的残差执行统计检验。

在步骤(9)中,使用 finalize_model 方法最终确定了模型。正如我们在步骤(8)中所介绍的,此处获得的预测是针对测试集的。在 PyCaret 的术语中,最终确定(finalize)模型意味着从前面的阶段获取模型(不更改选定的超参数),然后使用整个数据集(包括训练集和测试集)训练模型。这样做之后,即可对未来值进行预测。

最终确定模型后,即可使用相同的 predict_model 和 plot_model 方法来创建和绘制 2020 年前 6 个月的预测(在我们的数据集之外)。在调用方法时,我们将最终确定的模型作为 estimator 参数进行传递。

7.5.4 扩展知识

PyCaret 是一个非常通用的库,限于篇幅,本节将仅对其功能做一些重点介绍。

❏   成熟的分类和回归 AutoML 功能。本节只使用了时间序列模块。

❏   时间序列的异常检测。

❏   与 MLFlow 集成以进行实验记录。

❏   使用时间序列模块，可以轻松地训练单个模型而不是所有可用模型。我们可以使用 create_model 方法来做到这一点。对于 estimator 参数，需要传递模型的名称。可以使用 models 方法获取可用模型的名称。

此外，根据所选的模型，可能还需要传递一些 kwargs。例如，可能需要指定 ARIMA 模型的 order 参数。

❏   正如我们在图 7.43 中看到的那样，除了经典的统计模型，PyCaret 还提供使用简化回归方法的选定机器学习模型。这些模型还可对时间序列进行去趋势化和有条件地去季节性化，以使回归模型更容易捕获数据的自回归属性。

💡 提示：

读者可能还会对 autots 库感兴趣，这是另一个用于时间序列预测的 AutoML 工具。

7.6   小   结

本章介绍了基于机器学习的时间序列预测方法。我们首先阐释了与时间序列域相关的验证方法。其中一些是为了解决金融领域验证时间序列预测的复杂性而创建的。

然后，我们讨论了特征工程和简化回归的概念，这使数据科学家能够将任何回归算法用于时间序列预测任务。

最后，本章还介绍了 Meta 的 Prophet 算法和 PyCaret，后者是一种自动化机器学习工作流程的低代码工具。

在讨论时间序列预测时，我们尝试介绍了最相关的 Python 库。当然，还有很多其他库值得研究，下面列举了其中一部分。

❏   autots——AutoTS 是用于时间序列预测的备选 AutoML 库。

❏   darts——与 sktime 类似，它提供了处理时间序列的完整框架。该库包含各种各样的模型，诸如 ARIMA 之类的经典模型、用于时间序列预测的各种流行神经网络架构均涵盖其中。

❏   greykite——领英（Linkedin）公司开发的 Greykite 时间序列预测库，包括它的 Silverkite 算法。

❏   kats——Meta 公司开发的时间序列分析工具包。该库试图为时间序列分析提供一站式服务，包括检测（如变点检测）、预测和特征提取等任务。

❑ merlion——Salesforce 公司用于时间序列分析的机器学习库。

❑ orbit——Uber 公司用于贝叶斯时间序列预测和推理的库。

❑ statsforecast——该库提供了一系列流行的时间序列预测模型（例如，autoARIMA 和 ETS），这些模型使用 numba 进一步优化以实现高性能。

❑ stumpy——这是一个高效计算矩阵配置的库，可用于许多与时间序列相关的任务。

❑ tslearn——时间序列分析工具包。

❑ tfp.sts——这是 TensorFlow Probability 中的一个库，主要通过使用结构化时间序列模型进行预测。

第 8 章 多因素模型

本章主要讨论各种因素模型的估计。因素（factor）是过去（和未来）与股票收益相关的变量/属性，并且预计在未来也将包含的相同预测信号。

这些风险因素可以被视为了解（预期）收益的横截面的工具，这就是使用各种因素模型（factor model）来解释特定投资组合或资产的超额收益的原因。所谓超额收益，就是指无风险利率之上的收益。这些投资组合或资产使用一个或多个因素，我们可以将这些因素视为驱动这些超额收益的风险来源。每个因素都有风险溢价，整体投资组合/资产收益是这些溢价的加权平均值。

因素模型在投资组合管理中起着至关重要的作用，主要原因如下。

❑ 它们可用于识别可以添加到投资组合中的收益性较好的资产，这反过来应该会带来更好的投资组合。

❑ 估计投资组合/资产受这些因素的影响程度可以实现更好的风险管理。

❑ 可以使用这些模型来评估添加新风险因素的潜在增量价值。

❑ 它们使投资组合优化更容易，因为用较少数量的因素汇总许多资产的收益减少了估计协方差矩阵所需的数据量。

❑ 它们可用于评估投资组合经理的业绩，即相对于基准而言，这些业绩是由于投资经理对于资产选择和交易时机的精准把控而获得的，还是来自于已知风险因素对收益的影响程度。

本章将构建一些最流行的因素模型。我们将从最简单但非常流行的单因素模型开始——当考虑的因素仅是市场收益时，单因素模型和资本资产定价模型是相同的——然后解释如何估计更高级的三因素、四因素和五因素模型。我们还将解释这些因素所代表的意义，以及它们的构成方式。

本章包含以下内容。

❑ 估计 CAPM。

❑ 估计 Fama-French 三因素模型。

❑ 估计资产组合的滚动三因素模型。

❑ 估计四因素和五因素模型。

❑ 使用 Fama-MacBeth 回归估计横截面因素模型。

8.1　估计 CAPM

本节将学习如何估计著名的资本资产定价模型（capital asset pricing model，CAPM）并获得 beta 系数。该模型表示风险资产的预期收益与市场风险之间的关系。市场风险也称为系统风险或不可分散风险。CAPM 可以被认为是一个单因素模型，在此基础上可以建立更复杂的因素模型。

CAPM 由以下公式表示。

$$E(r_i) = r_f + \beta_i\,(E(r_m) - r_f)$$

其中，$E(r_i)$ 表示资产 i 的预期收益，r_f 是无风险利率（如政府债券），$E(r_m)$ 是市场的预期收益，β 是贝塔系数（beta coefficient）。

贝塔系数是一种评估证券系统性风险的工具，反映了个股对市场（或大盘）变化的敏感性，常用于衡量一种证券或一个投资证券组合相对总体市场的波动性。

对该系数的可能解释如下。

❑ 　$\beta \le -1$：资产走势与基准相反，幅度大于基准负值。例如，如果某只股票其贝塔系数为-2%，则说明当大盘上涨 1%时，它可能逆市下跌 2%。

❑ 　$-1 < \beta < 0$：资产与基准走势相反。

❑ 　$\beta = 0$：资产的价格变动与市场基准之间没有相关性。

❑ 　$0 < \beta < 1$：资产与市场同方向运动，但幅度较小。例如，一家公司的股票不容易受到日常波动的影响。

❑ 　$\beta = 1$：资产和市场以相同的幅度向相同的方向移动。

❑ 　$\beta > 1$：资产与市场走势相同，但幅度更大。例如，如果某只股票其贝塔系数为 2%，则说明当大盘上涨 1%时，它可能顺势上涨 2%。

CAPM 也可以用以下公式表示。

$$E(r_i) - r_f = \beta_i\,(E(r_m) - r_f)$$

在该公式中，等式左边可以解释为风险溢价，而右侧则包含市场溢价。相同的公式也可以进一步进行重塑。

$$\beta = \frac{\mathrm{cov}(R_i, R_m)}{\mathrm{var}(R_m)}$$

其中，$R_i = E(r_i) - r_f$ 并且 $R_m = E(r_m) - r_f$。

本节将以亚马逊公司股票为例，并假设标准普尔 500 指数代表市场。我们使用该公司 5 年（2016 年至 2020 年）的月度数据来估计其贝塔系数。鉴于在本书写作期间无风险利率非常低，为简单起见，我们假设它等于零。

8.1.1　实战操作

执行以下步骤以在 Python 中实现 CAPM。

（1）导入库。

```python
import pandas as pd
import yfinance as yf
import statsmodels.api as sm
```

（2）指定风险资产（亚马逊公司股票）、基准（标准普尔 500 指数）和时间范围（2016 年至 2020 年）。

```python
RISKY_ASSET = "AMZN"
MARKET_BENCHMARK = "^GSPC"
START_DATE = "2016-01-01"
END_DATE = "2020-12-31"
```

（3）从雅虎财经下载必要的数据。

```python
df = yf.download([RISKY_ASSET, MARKET_BENCHMARK],
                 start=START_DATE,
                 end=END_DATE,
                 adjusted=True,
                 progress=False)
```

（4）对月度数据重新采样并计算简单收益。

```python
X = (
    df["Adj Close"]
    .rename(columns={RISKY_ASSET: "asset",
                     MARKET_BENCHMARK: "market"})
    .resample("M")
    .last()
    .pct_change()
    .dropna()
)
```

（5）使用协方差方法计算 beta。

```python
covariance = X.cov().iloc[0,1]
benchmark_variance = X.market.var()
beta = covariance / benchmark_variance
```

执行上述代码之后，计算的结果是 beta = 1.2035。

（6）准备输入并将 CAPM 估计为线性回归。

```python
# 分离目标
y = X.pop("asset")

# 添加常量
X = sm.add_constant(X)

# 定义并拟合回归模型
capm_model = sm.OLS(y, X).fit()

# 输出结果
print(capm_model.summary())
```

图 8.1 显示了 CAPM 模型的估计结果。

```
                        OLS Regression Results
==============================================================================
Dep. Variable:                  asset   R-squared:                       0.408
Model:                            OLS   Adj. R-squared:                  0.398
Method:                 Least Squares   F-statistic:                     40.05
Date:                Wed, 02 Mar 2022   Prob (F-statistic):           3.89e-08
Time:                        23:28:10   Log-Likelihood:                 80.639
No. Observations:                  60   AIC:                            -157.3
Df Residuals:                      58   BIC:                            -153.1
Df Model:                           1
Covariance Type:            nonrobust
==============================================================================
                 coef    std err          t      P>|t|      [0.025      0.975]
------------------------------------------------------------------------------
const          0.0167      0.009      1.953      0.056      -0.000       0.034
market         1.2035      0.190      6.329      0.000       0.823       1.584
==============================================================================
Omnibus:                        2.202   Durbin-Watson:                   1.783
Prob(Omnibus):                  0.333   Jarque-Bera (JB):                1.814
Skew:                           0.426   Prob(JB):                        0.404
Kurtosis:                       2.989   Cond. No.                         23.0
==============================================================================
```

图 8.1　使用 OLS 估计的 CAPM 总结

这些结果表明 beta（相对于市场而言）等于 1.2，这意味着亚马逊公司股票的收益比市场（以标准普尔 500 指数为代表）的波动性高 20%。或者换句话说，亚马逊的（超额）

收益预计将是市场（超额）收益的 1.2 倍。截距的值相对较小，在 5%的显著性水平下在统计上并不显著。

8.1.2　原理解释

首先，我们指定了想要使用的资产（亚马逊公司股票和标准普尔 500 指数）和时间范围。在步骤（3）中，从雅虎财经下载了数据。然后，在步骤（4）中只保留了每月的最后一个可用价格，并将每月收益计算为后续观察值之间的百分比变化。

在步骤（5）中，将 beta 计算为风险资产和基准之间的协方差与基准方差的比率。

在步骤（6）中，使用 pandas DataFrame 的 pop 方法分离了目标（亚马逊公司股票的收益）和特征（标准普尔 500 指数的收益）。之后，使用 add_constant 函数将常量添加到特征中（有效地将一列 1 添加到 DataFrame 中）。

将截距添加到此回归背后的想法是研究在估计模型之后截距是否为零。在 CAPM 的术语中，它也被称为 Jensen's alpha，该指标是由美国经济学家 Michael Jensen 在 20 世纪 60 年代提出的。如果它是正的且显著，则意味着资产或投资组合产生了异常高的风险调整后收益（前提是 CAPM 模型必须是正确的）。这有两种可能的影响：要么市场效率低下，要么模型中应包括一些其他未发现的风险因素。这个问题被称为联合假设问题（joint hypothesis problem）。

💡 提示：

读者也可以使用公式表示法，它会自动添加常量。要执行该操作，必须将 statsmodels.formula.api 导入为 smf，然后运行以下代码行。

```
capm_model = smf.ols(formula="asset ~ market",data=X).fit()
```

这两种方法的结果是相同的。读者可以在本章配套的 Jupyter Notebook 中找到完整的代码。

最后，我们运行了 OLS 回归并输出摘要。在图 8.1 中可以看到，市场变量的系数（即 CAPM beta）等于在步骤（5）中使用资产和市场之间的协方差计算的 beta。

8.1.3　扩展知识

在上面的例子中，假设无风险利率为 0，这在使用本书期间是一个合理的假设。但是，在某些时候，我们可能需要考虑非零无风险利率，为此可使用以下方法之一。

　　❑　　使用 Kenneth French 教授网站的数据。
　　❑　　使用 13 周短期国债数据。
　　❑　　使用 FRED 数据库 3 个月期国债数据。

1. 使用 Kenneth French 教授网站的数据

可以从 Kenneth French 教授的网站下载市场溢价（$r_m - r_f$）和无风险利率（以 1 个月期美国国债为近似值）数据。有关网站链接，请参阅 8.1.4 节"参考资料"。

💡 提示：

记住，Kenneth French 教授使用的市场基准的定义与标准普尔 500 指数不同——其网站上有详细解释。有关如何下载其数据的说明，可以参阅 8.2 节"估计 Fama-French 三因素模型"。

2. 使用 13 周短期国债数据

对于非零无风险利率，我们的第二种选择是使用 13 周（3 个月）美国国债（雅虎财经交易代码：^IRX）来近似无风险利率。

按照以下步骤下载数据并将其转换为合适的无风险利率。

（1）以天为单位定义周期的长度。

```
N_DAYS = 90
```

（2）从雅虎财经下载数据。

```
df_rf = yf.download("^IRX",
                    start=START_DATE,
                    end=END_DATE,
                    progress=False)
```

（3）将数据重新采样为每月频率（取每个月的最后一个值）。

```
rf = df_rf.resample("M").last().Close / 100
```

（4）计算无风险收益（以日值表示）并将值转换为月值。

```
rf = ( 1 / (1 - rf * N_DAYS / 360) )**(1 / N_DAYS)
rf = (rf ** 30) - 1
```

（5）绘制计算出的无风险利率。

```
rf.plot(title="Risk-free rate (13-Week Treasury Bill)")
```

图 8.2 显示了随时间变化的无风险利率的可视化结果。

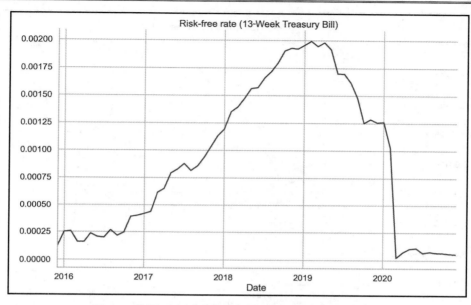

图 8.2　使用 13 周美国短期国债数据计算的无风险利率

3. 使用 FRED 数据库 3 个月期国债数据

最后一种方法是使用可从美联储经济数据库（Federal Reserve Economic Data，FRED）下载的 3 个月期国债数据（二级市场利率）来估算无风险利率。

按照以下步骤下载数据并将其转换为月度无风险利率。

（1）导入库。

```
import pandas_datareader.data as web
```

（2）从 FRED 中下载数据。

```
rf = web.DataReader(
    "TB3MS", "fred", start=START_DATE, end=END_DATE
)
```

（3）将得到的无风险利率换算成月值。

```
rf = (1 + (rf / 100)) ** (1 / 12) - 1
```

（4）绘制计算出的无风险利率。

```
rf.plot(title="Risk-free rate (3-Month Treasury Bill)")
```

图 8.3 显示了使用 3 个月期美国国债计算的无风险利率。可以对照图 8.2 比较使用两种方法的结果。

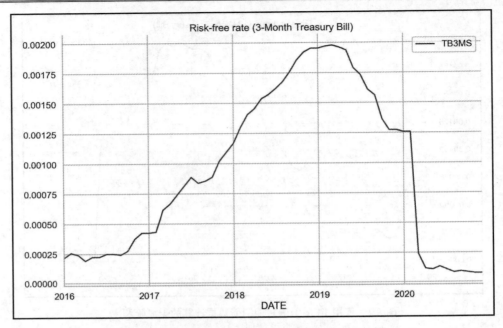

图 8.3　使用 3 个月期美国国债计算的无风险利率

我们的结论是，这两幅图看起来非常相似。

8.1.4　参考资料

读者可能对以下资源感兴趣。

❑ Sharpe, W. F., "Capital asset prices: A theory of market equilibrium under conditions of risk," The Journal of Finance, 19, 3 (1964): 425–442.

❑ Kenneth French 教授网站上的无风险利率数据。

http://mba.tuck.dartmouth.edu/pages/faculty/ken.french/ftp/F-F_Research_Data_Factors_CSV.zip

8.2　估计 Fama-French 三因素模型

在 Fama 和 French 两位教授的知名论文中，通过添加两个额外的因素来解释资产或投资组合的超额收益，从而扩展了 CAPM 模型。他们考虑的因素如下。

❑ 市场因素（the market factor，MKT）：该因素衡量市场的超额收益，类似于 CAPM 中的超额收益。

❑ 规模因素（the size factor）：其可表示为"小减大"（small minus big，SMB），即衡量小市值股票相对于大市值股票的超额收益。

❑ 价值因素（the value factor）：其可表示为"高减低"（high minus low，HML），即衡量价值股相对于成长股的超额收益。价值股的账面市值比（book-to-market ratio，也称为净值市价比）高，而成长股的特点则是账面市值比低。

💡 **提示：**

有关这些因素（或称为"因子"）的计算方式可阅读 8.2.4 节"参考资料"提供的链接资源。

该模型可以表示如下。

$$E(r_i) = r_f + \alpha + \beta_{mkt}(E(r_m) - r_f) + \beta_{smb}\text{SMB} + \beta_{hml}\text{HML}$$

以下是其更简单的形式：

$$E(r_i) - r_f = \alpha + \beta_{mkt}\text{MKT} + \beta_{smb}\text{SMB} + \beta_{hml}\text{HML}$$

其中，$E(r_i)$ 表示资产 i 的预期收益，r_f 是无风险利率（如政府债券），α 是截距。包括截距的原因是确保其值等于 0。这证实三因素模型正确评估了超额收益和因素之间的关系。

📝 **注意：**

在具有统计显著性的非零截距的情况下，该模型可能无法正确评估资产/投资组合的收益。当然，该模型的两位作者均表示，三因素模型"相当正确"，即使它无法通过统计检验。

由于该方法的流行，这些因素被统称为 Fama-French 因素（Fama-French Factor）或三因素模型（Three-Factor Model）。它们已被学术界和工业界广泛接受为股票市场基准，并且经常被用来评估投资业绩。

本节将苹果公司股票 5 年（2016 年至 2020 年）的月收益率来估算三因素模型。

8.2.1　实战操作

按以下步骤操作，以在 Python 中实现三因素模型。

（1）导入库。

```
import pandas as pd
```

```
import yfinance as yf
import statsmodels.formula.api as smf
import pandas_datareader.data as web
```

（2）定义参数。

```
RISKY_ASSET = "AAPL"
START_DATE = "2016-01-01"
END_DATE = "2020-12-31"
```

（3）下载包含风险因素的数据集。

```
ff_dict = web.DataReader("F-F_Research_Data_Factors",
                         "famafrench",
                         start=START_DATE,
                         end=END_DATE)
```

下载的字典包含 3 个元素：请求时间范围内的月度因素（索引为 0）、相应的年度因素（索引为 1）和数据集的简短描述（索引为 DESCR）。

（4）选择合适的数据集并将值除以 100。

```
factor_3_df = ff_dict[0].rename(columns={"Mkt-RF": "MKT"}) \
                        .div(100)
factor_3_df.head()
```

结果数据如图 8.4 所示。

Date	MKT	SMB	HML	RF
2016-01	-0.0577	-0.0339	0.0207	0.0001
2016-02	-0.0008	0.0081	-0.0057	0.0002
2016-03	0.0696	0.0075	0.0110	0.0002
2016-04	0.0092	0.0067	0.0321	0.0001
2016-05	0.0178	-0.0019	-0.0165	0.0001

图 8.4　已下载因素的预览

（5）下载风险资产的价格。

```
asset_df = yf.download(RISKY_ASSET,
                       start=START_DATE,
                       end=END_DATE,
                       adjusted=True)
```

（6）计算风险资产的月收益。

```
y = asset_df["Adj Close"].resample("M") \
```

```
                              .last() \
                              .pct_change() \
                              .dropna()
y.index = y.index.to_period("m")
y.name = "rtn"
```

（7）合并数据集并计算超额收益。

```
factor_3_df = factor_3_df.join(y)
factor_3_df["excess_rtn"] = (
    factor_3_df["rtn"] - factor_3_df["RF"]
)
```

（8）估计三因素模型。

```
ff_model = smf.ols( formula="excess_rtn ~ MKT + SMB + HML",
                    data=factor_3_df).fit()
print(ff_model.summary())
```

三因素模型的结果如图 8.5 所示。

```
                          OLS Regression Results
===============================================================================
Dep. Variable:            excess_rtn   R-squared:                       0.504
Model:                           OLS   Adj. R-squared:                  0.477
Method:                Least Squares   F-statistic:                     18.94
Date:               Wed, 02 Mar 2022   Prob (F-statistic):           1.32e-08
Time:                       23:48:12   Log-Likelihood:                 82.679
No. Observations:                 60   AIC:                            -157.4
Df Residuals:                     56   BIC:                            -149.0
Df Model:                          3
Covariance Type:           nonrobust
===============================================================================
                 coef    std err          t      P>|t|      [0.025      0.975]
-------------------------------------------------------------------------------
Intercept      0.0084      0.009      0.954      0.344      -0.009       0.026
MKT            1.4264      0.198      7.213      0.000       1.030       1.823
SMB           -0.4590      0.359     -1.280      0.206      -1.177       0.259
HML           -0.7186      0.260     -2.759      0.008      -1.240      -0.197
===============================================================================
Omnibus:                       8.642   Durbin-Watson:                   2.458
Prob(Omnibus):                 0.013   Jarque-Bera (JB):                8.952
Skew:                         -0.652   Prob(JB):                       0.0114
Kurtosis:                      4.371   Cond. No.                         45.8
===============================================================================
```

图 8.5　估计的三因素模型的汇总信息

在解释三因素模型的结果时，应注意以下两个问题。

❑ 截距是否为正且具有统计显著性。

❑ 哪些因素具有统计显著性以及它们的方向是否符合过去的结果（如基于文献研究）或我们的假设。

在本示例中，截距是正的，但在 5%的显著性水平上不具有统计显著性。在风险因素中，只有 SMB 因素不显著。当然，读者可能需要进行更彻底的文献研究，以提出有关这些因素及其影响方向的假设。

读者还可以仔细研究一下该回归汇总信息中提供的 F-statistic，它检验的是回归的联合显著性。零假设表明，除截距外，所有特征（在本例中为因素）的系数都等于 0。我们可以看到相应的 p 值远低于 0.05，这使我们有理由拒绝 5%显著性水平的零假设。

8.2.2　原理解释

在前两个步骤中，我们导入了所需的库并定义了参数，即风险资产（苹果公司股票）和考虑的时间范围。

在步骤（3）中，使用 pandas_datareader 库的功能下载了数据。这里必须指定要使用的数据集（有关检查可用数据集的信息，请参阅 8.2.3 节"扩展知识"）和读取器（famafrench），以及开始/结束日期（默认情况下，web.DataReader 将下载过去 5 年的数据）。

在步骤（4）中，仅选择了包含月度值的数据集（在下载的字典中索引为 0），重命名包含 MKT 因素的列，并将所有值除以 100。这样做是为了获得正确的百分比编码；例如，数据集中的值 3.45 表示 3.45%。

在步骤（5）和步骤（6）中，下载并研究了苹果公司股票的价格。我们通过计算月末价格的百分比变化来获得月收益值。在步骤（6）中，还将索引的格式更改为 %Y-%m（例如，2000-12），因为 Fama-French 因素包含这种格式的日期。

在步骤（7）中，将两个数据集合并在一起。

在步骤（8）中，使用了公式表示法运行回归——这样做时不需要手动添加截距。值得一提的是，MKT 变量的系数不会等于 CAPM 的 beta，因为该模型中还有其他因素，并且这些因素对超额收益的影响分布不同。

8.2.3　扩展知识

可以使用以下代码片段查看使用 pandas_datareader 下载 Fama-French 类别的哪些数据集。为简洁起见，以下代码仅显示大约 300 个可用数据集中的 5 个。

```
from pandas_datareader.famafrench import get_available_datasets
get_available_datasets()[:5]
```

运行上述代码片段会返回以下列表。

```
[
    'F-F_Research_Data_Factors',
    'F-F_Research_Data_Factors_weekly',
    'F-F_Research_Data_Factors_daily',
    'F-F_Research_Data_5_Factors_2x3',
    'F-F_Research_Data_5_Factors_2x3_daily'
]
```

在本书的上一版本中，还演示了如何在 Jupyter Notebook 中使用简单的 Bash 命令直接从 French 教授的网站下载 CSV 文件。读者可以在本章配套的 Jupyter Notebook 中找到解释如何执行此操作的代码。

8.2.4　参考资料

读者可能感兴趣的资源。

❑　有关如何计算所有因素的详细信息，可访问 French 教授的网站。

　　http://mba.tuck.dartmouth.edu/pages/faculty/ken.french/Data_Library/f-f_factors.html

❑　Fama, E. F., and French, K. R., "Common risk factors in the returns on stocks and bonds," Journal of Financial Economics, 33, 1 (1993): 3-56.

8.3　估计资产组合的滚动三因素模型

本节将学习如何以滚动方式估计三因素模型。滚动的意思是始终考虑一个固定大小（在本例中为 60 个月）的估计窗口，并将其滚动到整个数据集，一次滚动一个周期。进行此类实验的一个潜在原因是测试结果的稳定性。或者，读者也可以在本练习中使用扩展窗口。

与之前的内容不同的是，这一次我们将使用投资组合收益而不是单一资产。为简单起见，可以假设我们的配置策略是，在以下每只股票中均等分配总投资组合的价值：亚马逊、谷歌、苹果和微软。本次实验将使用 2010 年至 2020 年的股票价格。

8.3.1　实战操作

请按以下步骤操作，以在 Python 中实现滚动三因素模型。

（1）导入库。

```
import pandas as pd
import numpy as np
import yfinance as yf
import statsmodels.formula.api as smf
import pandas_datareader.data as web
```

（2）定义参数。

```
ASSETS = ["AMZN", "GOOG", "AAPL", "MSFT"]
WEIGHTS = [0.25, 0.25, 0.25, 0.25]
START_DATE = "2010-01-01"
END_DATE = "2020-12-31"
```

（3）下载与因素相关的数据。

```
factor_3_df = web.DataReader("F-F_Research_Data_Factors",
                             "famafrench",
                             start=START_DATE,
                             end=END_DATE)[0]
factor_3_df = factor_3_df.div(100)
```

（4）从雅虎财经下载风险资产的价格。

```
asset_df = yf.download(ASSETS,
                       start=START_DATE,
                       end=END_DATE,
                       adjusted=True,
                       progress=False)
```

（5）计算风险资产的月收益。

```
asset_df = asset_df["Adj Close"].resample("M") \
                                .last() \
                                .pct_change() \
                                .dropna()
asset_df.index = asset_df.index.to_period("m")
```

（6）计算投资组合收益。

```
asset_df["portfolio_returns"] = np.matmul(
```

```
    asset_df[ASSETS].values, WEIGHTS
)
```

（7）合并数据集。

```
factor_3_df = asset_df.join(factor_3_df).drop(ASSETS, axis=1)
factor_3_df.columns = ["portf_rtn", "mkt", "smb", "hml", "rf"]
factor_3_df["portf_ex_rtn"] = (
    factor_3_df["portf_rtn"] - factor_3_df["rf"]
)
```

（8）为滚动 n 因素模型定义一个函数。

```
def rolling_factor_model(input_data, formula, window_size):

    coeffs = []
    for start_ind in range(len(input_data) - window_size + 1):
        end_ind = start_ind + window_size

        ff_model = smf.ols(
            formula=formula,
            data=input_data[start_ind:end_ind]
        ).fit()

        coeffs.append(ff_model.params)

    coeffs_df = pd.DataFrame(
        coeffs,
        index=input_data.index[window_size - 1:]
    )

    return coeffs_df
```

☑ 注意：

在本书配套的 GitHub 存储库中，提供了一个包含 Docstring 的版本，对此处的输入/输出做出了解释。

（9）估计滚动三因素模型并绘制结果。

```
MODEL_FORMULA = "portf_ex_rtn ~ mkt + smb + hml"
results_df = rolling_factor_model( factor_3_df,
                                   MODEL_FORMULA,
                                   window_size=60)
(
    results_df
```

```
       .plot(  title = "Rolling Fama-French Three-Factor model",
               style=["-", "--", "-.", ":"])
       .legend(loc="center left",bbox_to_anchor=(1.0, 0.5))
)
```

执行上述代码会产生如图 8.6 所示的结果。

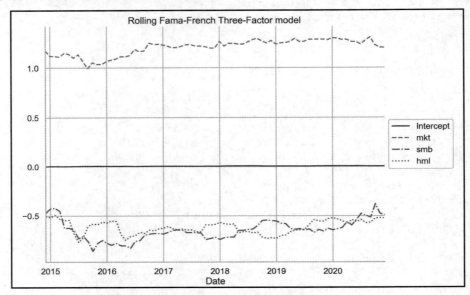

图 8.6　滚动三因素模型的系数

通过仔细检查图 8.6 可以看到以下两点。

❑　截距几乎恒定并且非常接近于 0。

❑　这些因素存在一些可变性，但没有突然逆转或意外跳跃。

8.3.2　原理解释

在步骤（3）和步骤（4）中，使用 pandas_datareader 和 yfinance 下载了数据。这与 8.2 节 "估算 Fama-French 三因素模型" 中所执行的操作非常相似，故不再赘述。

在步骤（5）中，计算了投资组合中每只股票的月收益。在步骤（6）中，将投资组合收益计算为投资组合成分收益的加权平均值。这是可行的，因为我们计算的是简单收益。有关详细信息，可参阅 2.1 节 "将价格转化为收益"。

需要记住的是，这种简单的方法假设在每个月月底我们的资产配置完全相同（这可以从权重分配中看出来）。读者可以通过投资组合再平衡（portfolio rebalancing）来实现，即在指定时间段后调整分配以始终匹配预期的权重分布。

在步骤（7）中合并了两个数据集。在步骤（8）中，定义了一个使用滚动窗口估计 n 因素模型的函数。其主要思路是按月遍历我们在前面的步骤中准备的 DataFrame，使用过去 5 年（60 个月）的数据估计 Fama-French 模型。通过适当地分割输入的 DataFrame，确保仅从第 60 个月向前估计模型，以保证始终有一个完整的观察窗口。

💡 提示：

恰当的软件工程最佳实践会建议编写一些断言，以确保输入的类型符合预期，或者输入的 DataFrame 包含必要的列。当然，为了简洁起见，本示例并没有这样做。

在步骤（9）中，将定义的函数应用于准备好的 DataFrame 并绘制了结果。

8.4 估计四因素和五因素模型

本节将实现 Fama-French 三因素模型的两个扩展。

第一个扩展是 Carhart 四因素模型（Carhart's four-factor model）。这种扩展的基本假设是，在短时间内，赢家（winner）股票将继续成为赢家，而输家（loser）股票将继续成为输家（也就是马太效应所谓的"强者恒强，弱者恒弱"）。对股票进行赢家和输家分类的标准示例可以是其最近 12 个月的累计总收益。确定这两个分组后，即可在一定的持有期内做多赢家股票，做空输家股票。

因此，Carhart 四因素模型中新增的因素就是动量因素（the momentum factor），其可表示为"赢家减输家"（winners minus losers，WML），即衡量过去 12 个月中赢家股票相对于输家股票的超额收益（有关动量因素计算的详细信息，请参阅 8.4.3 节"参考资料"中提供的链接资源）。

四因素模型可以用以下公式表示。

$$E(r_i) - r_f = \alpha + \beta_{\text{mkt}}\text{MKT} + \beta_{\text{smb}}\text{SMB} + \beta_{\text{hml}}\text{HML} + \beta_{\text{wml}}\text{WML}$$

第二个扩展是 Fama-French 五因素模型（Fama-French's five-factor model）。Fama 和 French 扩展了他们的三因素模型，添加了以下两个因素。

❑ 盈利能力因素（the profitability factor），其可表示为"强减弱"（robust minus weak，RMW），即衡量利润率高（盈利能力强劲）的公司相对于利润较低（盈利能力弱）的公司的超额收益。

❑ 投资因素（the investment factor），其可表示为"保守减激进"（conservative minus aggressive，CMA），即衡量投资策略较为保守的公司相对于投资策略比较激进

　　　　的公司的超额收益。

　　　　五因素模型可以用以下公式表示。

$$E(r_i) - r_f = \alpha + \beta_{mkt}\text{MKT} + \beta_{smb}\text{SMB} + \beta_{hml}\text{HML} + \beta_{rmw}\text{RMW} + \beta_{cma}\text{CMA}$$

　　　　与所有因素模型一样，如果风险因素对个股或投资组合的影响程度捕获了预期收益的所有可能变化，则所有资产/投资组合的截距（α）应等于零。

　　　　本节将使用四因素和五因素模型解释 2016 年到 2020 年亚马逊公司股票的月收益率。

8.4.1　实战操作

　　　　请按以下步骤操作，以在 Python 中实现四因素和五因素模型。

　　　　（1）导入库。

```python
import pandas as pd
import yfinance as yf
import statsmodels.formula.api as smf
import pandas_datareader.data as web
```

　　　　（2）指定风险资产和时间范围。

```python
RISKY_ASSET = "AMZN"
START_DATE = "2016-01-01"
END_DATE = "2020-12-31"
```

　　　　（3）从 French 教授的网站下载风险因素。

```python
# 三因素
factor_3_df = web.DataReader("F-F_Research_Data_Factors",
                             "famafrench",
                             start=START_DATE,
                             end=END_DATE)[0]

# 动量因素
momentum_df = web.DataReader("F-F_Momentum_Factor",
                             "famafrench",
                             start=START_DATE,
                             end=END_DATE)[0]

# 五因素
factor_5_df = web.DataReader("F-F_Research_Data_5_Factors_2x3",
                             "famafrench",
                             start=START_DATE,
                             end=END_DATE)[0]
```

（4）从雅虎财经下载风险资产数据。

```
asset_df = yf.download(RISKY_ASSET,
                       start=START_DATE,
                       end=END_DATE,
                       adjusted=True,
                       progress=False)
```

（5）计算月收益。

```
y = asset_df["Adj Close"].resample("M") \
                         .last() \
                         .pct_change() \
                         .dropna()

y.index = y.index.to_period("m")
y.name = "rtn"
```

（6）合并四因素模型的数据集。

```
# 基于索引连接所有数据集
factor_4_df = factor_3_df.join(momentum_df).join(y)

# 重命名列
factor_4_df.columns = ["mkt", "smb", "hml", "rf", "mom", "rtn"]

# 所有值（收益除外）除以100
factor_4_df.loc[:, factor_4_df.columns != "rtn"] /= 100

# 计算超额收益
factor_4_df["excess_rtn"] = (
    factor_4_df["rtn"] - factor_4_df["rf"]
)
```

（7）合并五因素模型的数据集。

```
# 基于索引连接所有数据集
factor_5_df = factor_5_df.join(y)

# 重命名列
factor_5_df.columns = [
    "mkt", "smb", "hml", "rmw", "cma", "rf", "rtn"
]

# 所有值（收益除外）除以100
factor_5_df.loc[:, factor_5_df.columns != "rtn"] /= 100
```

```
# 计算超额收益
factor_5_df["excess_rtn"] = (
    factor_5_df["rtn"] - factor_5_df["rf"]
)
```

（8）估计四因素模型。

```
four_factor_model = smf.ols(
    formula="excess_rtn ~ mkt + smb + hml + mom",
    data=factor_4_df
).fit()

print(four_factor_model.summary())
```

其结果如图 8.7 所示。

```
                           OLS Regression Results
==============================================================================
Dep. Variable:             excess_rtn   R-squared:                       0.563
Model:                            OLS   Adj. R-squared:                  0.532
Method:                 Least Squares   F-statistic:                     17.74
Date:                Thu, 03 Mar 2022   Prob (F-statistic):           2.10e-09
Time:                        00:07:34   Log-Likelihood:                 89.673
No. Observations:                  60   AIC:                            -169.3
Df Residuals:                      55   BIC:                            -158.9
Df Model:                           4
Covariance Type:            nonrobust
==============================================================================
                 coef    std err          t      P>|t|      [0.025      0.975]
------------------------------------------------------------------------------
Intercept      0.0054      0.008      0.676      0.502      -0.011       0.021
mkt            1.4461      0.188      7.709      0.000       1.070       1.822
smb           -0.4336      0.340     -1.276      0.207      -1.115       0.247
hml           -0.7914      0.274     -2.888      0.006      -1.341      -0.242
mom            0.2220      0.269      0.826      0.412      -0.316       0.760
==============================================================================
Omnibus:                        0.390   Durbin-Watson:                   2.032
Prob(Omnibus):                  0.823   Jarque-Bera (JB):                0.276
Skew:                           0.163   Prob(JB):                        0.871
Kurtosis:                       2.933   Cond. No.                         50.8
==============================================================================
```

图 8.7　估计的四因素模型的汇总信息

（9）估计五因素模型。

```python
five_factor_model = smf.ols(
    formula="excess_rtn ~ mkt + smb + hml + rmw + cma",
    data=factor_5_df
).fit()

print(five_factor_model.summary())
```

其结果如图 8.8 所示。

```
                         OLS Regression Results
==============================================================================
Dep. Variable:             excess_rtn   R-squared:                       0.612
Model:                            OLS   Adj. R-squared:                  0.576
Method:                 Least Squares   F-statistic:                     17.01
Date:                Thu, 03 Mar 2022   Prob (F-statistic):           4.54e-10
Time:                        00:07:35   Log-Likelihood:                 93.191
No. Observations:                  60   AIC:                            -174.4
Df Residuals:                      54   BIC:                            -161.8
Df Model:                           5
Covariance Type:            nonrobust
==============================================================================
                 coef    std err          t      P>|t|      [0.025      0.975]
------------------------------------------------------------------------------
Intercept      0.0059      0.008      0.772      0.444      -0.009       0.021
mkt            1.5117      0.193      7.851      0.000       1.126       1.898
smb           -0.9411      0.335     -2.807      0.007      -1.613      -0.269
hml           -0.5433      0.281     -1.936      0.058      -1.106       0.019
rmw           -1.1628      0.513     -2.266      0.027      -2.191      -0.134
cma           -0.5153      0.509     -1.012      0.316      -1.536       0.505
==============================================================================
Omnibus:                        0.073   Durbin-Watson:                   2.074
Prob(Omnibus):                  0.964   Jarque-Bera (JB):                0.181
Skew:                          -0.077   Prob(JB):                        0.913
Kurtosis:                       2.779   Cond. No.                         79.4
==============================================================================
```

图 8.8　估计的五因素模型的汇总信息

　　根据五因素模型，亚马逊公司股票的超额收益受到了大多数因素（除市场因素外的所有因素）的负面影响。在这里，我们可以给出一个对该系数的解释的示例：市场因素增加 1 个百分点将导致收益增加 0.015 个百分点。换句话说，对于市场因素 1%的收益，可以期望我们的投资组合（亚马逊公司的股票）获得超过无风险利率 1.5117×1%的收益。

　　与三因素模型类似，如果五因素模型完全解释了超额股票收益，则估计的截距在统计上应该与零没有区别（本示例就是这种情况）。

8.4.2　原理解释

　　在步骤（2）中定义了参数，即本示例所考虑的股票代码和时间范围。

　　在步骤（3）中，使用 pandas_datareader 下载了必要的数据集，这为我们提供了一种无须手动下载 CSV 文件即可下载与风险因素相关数据的便捷方式。有关此过程的更多信息，可以参阅 8.2 节"估计 Fama-French 三因素模型"。

　　在步骤（4）和步骤（5）中，下载了亚马逊公司的股票价格并使用前面解释过的方法计算了月收益率。

　　在步骤（6）和步骤（7）中，连接了所有数据集，重命名了列，并计算了超额收益。当使用 join 方法而不（通过 on 参数）指定要连接的数据时，默认使用 DataFrame 的索引。

　　这样，我们就为四因素和五因素模型准备了所有必要的输入。当然，还必须将从 French 教授网站下载的所有值除以 100 才能得出正确的百分比。

📝 **注意：**

　　五因素数据集中 SMB 因素的计算方式与三因素数据集不同。有关详细信息，请参阅 8.4.3 节"参考资料"中提供的链接资源。

　　在步骤（8）和步骤（9）中，使用了 statsmodels 库中 OLS 回归的函数形式。该函数形式可以自动将截距添加到回归方程中。

8.4.3　参考资料

　　有关系数的计算详情，请参阅以下链接。

❑　动量因素。

　　https://mba.tuck.dartmouth.edu/pages/faculty/ken.french/Data_Library/det_mom_factor.html

❑　五因素模型。

　　https://mba.tuck.dartmouth.edu/pages/faculty/ken.french/Data_Library/f-f_5_factors_2x3.html

有关四因素和五因素模型介绍的论文，请参考以下链接。

☐ Carhart, M. M. (1997), "On Persistence in Mutual Fund Performance," The Journal of Finance, 52, 1 (1997): 57-82.

☐ Fama, E. F. and French, K. R. 2015. "A five-factor asset pricing model," Journal of Financial Economics, 116(1): 1-22.

https://doi.org/10.1016/j.jfineco.2014.10.010

8.5 使用 Fama-MacBeth 回归估计横截面因素模型

在前面的小节中，演示了如何使用单一资产或投资组合作为因变量来估计不同的因素模型。其实，读者也可以使用横截面（面板）数据一次估计多个资产的因素模型。

按照这种方法，我们可以进行以下操作。

☐ 估计各种投资组合受风险因素影响的程度，了解这些因素在多大程度上推动了投资组合的收益。

☐ 通过了解市场为特定因素的影响而支付的溢价，了解承担给定风险的价值。

知道了风险溢价，我们就可以估计任何投资组合的收益，前提是我们可以估计该投资组合受风险因素影响的程度。

在估计横截面回归（cross-sectional regression）时，由于线性回归的某些假设可能不成立，因此可能会遇到多个问题。例如，读者可能会遇到以下情况。

☐ 异方差性（heteroskedasticity）和序列相关性（serial correlation），导致残差协变（covariation of residuals）。

☐ 多重共线性（multicollinearity）。

☐ 测量误差。

为了解决这些问题，可以使用一种称为 Fama-MacBeth 回归（Fama-MacBeth regression）的技术，这是一个两步过程，专门用于估计市场因某些风险因素的影响而获得的溢价。

其步骤如下。

（1）通过估计 N 个（投资组合/资产的数量）时间序列在各因素上超额收益的回归来获得因素载荷。

$$r_i = F \times \beta_i + \varepsilon_i$$

提示：

因素载荷（factor loadings）也称为"因子载荷"，其含义和因素暴露（factor exposure）一样，都表示投资组合/资产受到因素影响的程度。

（2）通过估计 T 个（周期数）横截面回归得到风险溢价，每个周期一个横截面回归。

$$r_t = \hat{\beta} \times \lambda_t$$

本节将使用 5 个风险因素和 12 个行业投资组合的收益来估计 Fama-MacBeth 回归，数据同样来自 French 教授的网站。

8.5.1　实战操作

执行以下步骤来估计 Fama-MacBeth 回归。

（1）导入库。

```
import pandas as pd
import pandas_datareader.data as web
from linearmodels.asset_pricing import LinearFactorModel
```

（2）指定时间范围。

```
START_DATE = "2010"
END_DATE = "2020-12"
```

（3）从 French 教授的网站下载并调整风险因素。

```
factor_5_df = (
    web.DataReader( "F-F_Research_Data_5_Factors_2x3",
                   "famafrench",
                   start=START_DATE,
                   end=END_DATE)[0]
    .div(100)
)
```

（4）从 French 教授的网站下载并调整 12 个行业投资组合的收益。

```
portfolio_df = (
    web.DataReader( "12_Industry_Portfolios",
                   "famafrench",
                   start=START_DATE,
                   end=END_DATE)[0]
    .div(100)
    .sub(factor_5_df["RF"], axis=0)
)
```

（5）从因素数据集中删除无风险利率。

```
factor_5_df = factor_5_df.drop("RF", axis=1)
```

（6）估计 Fama-MacBeth 回归并输出汇总信息。

```
five_factor_model = LinearFactorModel(
    portfolios=portfolio_df,
    factors=factor_5_df
)
result = five_factor_model.fit()
print(result)
```

运行上述代码片段会生成如图 8.9 所示的结果。

```
                     LinearFactorModel Estimation Summary
====================================================================
No. Test Portfolios:       12    R-squared:             0.7906
No. Factors:                5    J-statistic:           9.9132
No. Observations:         132    P-value                0.1935
Date:          Thu, Mar 03 2022    Distribution:        chi2(7)
Time:                  00:14:16
Cov. Estimator:           robust

                      Risk Premia Estimates
====================================================================
          Parameter  Std. Err.   T-stat   P-value  Lower CI  Upper CI
--------------------------------------------------------------------
Mkt-RF       0.0123     0.0038   3.2629    0.0011    0.0049    0.0198
SMB         -0.0063     0.0052  -1.2085    0.2269   -0.0165    0.0039
HML         -0.0089     0.0032  -2.7764    0.0055   -0.0152   -0.0026
RMW         -0.0009     0.0046  -0.1953    0.8451   -0.0099    0.0081
CMA         -0.0025     0.0039  -0.6467    0.5178   -0.0100    0.0051
====================================================================
```

图 8.9　Fama-MacBeth 回归的结果

图 8.9 中的结果是 T 个横截面回归的平均风险溢价。

读者也可以输出完整汇总信息（包含风险溢价和每个投资组合的因素载荷）。如果是这样，那么读者需要运行以下代码行。

```
print(result.full_summary)
```

8.5.2 　原理解释

在前两个步骤中，导入了所需的库并定义了本练习的开始和结束日期。总的来说，我们将使用 11 年的月度数据，因此总共有 132 个变量观测值（表示为 T）。值得一提的是，结束日期必须指定为"2020-12"。如果像开始日期那样仅使用"2020"，则将导致下载的数据集至 2020 年 1 月结束。

在步骤（3）中，使用 pandas_datareader 下载了五因素数据集。别忘记还需要将值除以 100 来调整值以表示百分比。

在步骤（4）中，从 French 教授的网站下载了 12 个行业投资组合的收益（有关该数据集的更多信息，可以参阅 8.5.4 节"参考资料"中提供的链接资源）。这里同样要通过将值除以 100 来调整值，并通过从投资组合数据集的每一列中减去无风险利率（可在因素数据集中获得）来计算超额收益。可以使用 sub 方法轻松做到这一点，因为时间段完全匹配。

在步骤（5）中，删除了无风险利率，因为后续操作已经不需要它了，并且在 DataFrame 中没有冗余列的情况下更容易估计 Fama-MacBeth 回归模型。

在步骤（6）中，实例化了 LinearFactorModel 类的一个对象，并提供了两个数据集作为参数。我们使用了 fit 方法来估计模型，最后输出了汇总信息。

📝 注意：

读者可能会注意到 linearmodels 和 scikit-learn 之间的一个小差异。在 scikit-learn 中，需要在调用 fit 方法的同时提供数据，而在使用 linearmodels 时，则必须在创建 LinearFactorModel 类的实例时提供数据。

💡 提示：

在 linearmodels 中，也可以使用公式表示法（正如我们在使用 statsmodels 估计因素模型时所做的那样），为此读者将需要使用 from_formula 方法。示例如下。

```
LinearFactorModel.from_formula(formula, data)
```

其中，formula 是包含公式的字符串，而 data 则是包含投资组合/资产和因素的对象。

8.5.3 　扩展知识

我们已经使用 linearmodels 库估计了 Fama-MacBeth 回归。当然，读者也可以通过手动执行这两个步骤来加强对过程的理解。

按以下步骤操作以分别执行 Fama-MacBeth 过程的两个步骤。

（1）导入库。

```
from statsmodels.api import OLS, add_constant
```

（2）执行 Fama-MacBeth 回归的第一步，估计因素载荷。

```
factor_loadings = []
for portfolio in portfolio_df:
    reg_1 = OLS(
        endog=portfolio_df.loc[:, portfolio],
        exog=add_constant(factor_5_df)
    ).fit()
    factor_loadings.append(reg_1.params.drop("const"))
```

（3）将因素载荷存储在 DataFrame 中。

```
factor_load_df = pd.DataFrame(
    factor_loadings,
    columns=factor_5_df.columns,
    index=portfolio_df.columns
)
factor_load_df.head()
```

运行上述代码会生成如图 8.10 所示的结果，其中包含因素载荷。

	Mkt-RF	SMB	HML	RMW	CMA
NoDur	0.786087	-0.215818	-0.083847	0.468129	0.338823
Durbl	1.548809	0.580849	-0.168357	0.294196	0.299400
Manuf	1.094951	0.291003	0.146831	0.086695	-0.010987
Enrgy	1.248025	0.487285	0.630805	0.243854	0.404512
Chems	0.885184	-0.089296	-0.018501	0.171997	0.210732

图 8.10　Fama-MacBeth 回归的第一步——估计因素载荷

读者可以将这些数字与 linearmodels 库的完整汇总输出进行比较。

（4）执行 Fama-MacBeth 回归的第二步，估计风险溢价。

```
risk_premia = []
for period in portfolio_df.index:
    reg_2 = OLS(
        endog=portfolio_df.loc[period, factor_load_df.index],
        exog=factor_load_df
    ).fit()
    risk_premia.append(reg_2.params)
```

（5）将风险溢价存储在 DataFrame 中。

```
risk_premia_df = pd.DataFrame(
    risk_premia,
    index=portfolio_df.index,
    columns=factor_load_df.columns.tolist())
risk_premia_df.head()
```

运行上述代码会生成如图 8.11 所示的结果，其中包含随时间变化的风险溢价。

Date	Mkt-RF	SMB	HML	RMW	CMA
2010-01	-0.032631	0.051998	-0.023749	-0.039525	0.015071
2010-02	0.036662	0.020982	-0.014351	0.027181	-0.029331
2010-03	0.065954	-0.031731	-0.003074	-0.001531	-0.001160
2010-04	0.019455	0.048860	0.009688	0.040766	-0.014576
2010-05	-0.076882	0.024591	-0.021421	0.021403	-0.014296

图 8.11　Fama-MacBeth 回归的第二步——估计随时间变化的风险溢价

（6）计算平均风险溢价。

```
risk_premia_df.mean()
```

运行上述代码片段将返回以下结果。

```
Mkt-RF        0.012341
SMB          -0.006291
HML          -0.008927
RMW          -0.000908
CMA          -0.002484
```

可以看到，这个结果与从 linearmodels 库中获得的风险溢价是一样的。

8.5.4　参考资料

以下是读者可能感兴趣的资源。

❑　linearmodels 库的文档是学习面板回归模型（不仅如此，它还包含工具变量模型之类的实用程序）及其在 Python 中的实现的良好资源。

　　https://bashtage.github.io/linearmodels/index.html

❑　有关 12 个行业投资组合数据集的描述。

https://mba.tuck.dartmouth.edu/pages/faculty/ken.french/data_library/det_12_ind_
port.html

有关 Fama-MacBeth 过程的更多资源如下。

❑　Fama, E. F., and MacBeth, J. D., "Risk, return, and equilibrium: Empirical tests,"
Journal of Political Economy, 81, 3 (1973): 607-636.

❑　Fama, E. F., "Market efficiency, long-term returns, and behavioral finance," Journal
of Financial Economics, 49, 3 (1998): 283-306.

8.6　小　　结

本章构建了一些流行的因素模型。我们从简单的单因素模型（CAPM）开始，解释了如何处理更高级的三因素、四因素和五因素模型。本章还详细介绍了如何使用 Fama-MacBeth 回归来估计具有适当横截面（面板）数据的多种资产的因素模型。

第 9 章　使用 GARCH 类模型对波动率进行建模

在第 6 章"时间序列分析与预测"中，研究了对时间序列建模的各种方法。但是，自回归积分移动平均（autoregressive integrated moving average，ARIMA）之类的模型无法解释随时间变化的波动率（异方差）。我们已经解释了一些转换（如对数转换或 Box-Cox 转换）可以对波动率的变化做出适度调整，但我们想更进一步对其进行建模。

本章将重点讨论条件异方差性（conditional heteroskedasticity），这是一种当波动率增加时引发波动率进一步增加的现象。我们可以通过一个例子来帮助理解这个概念。想象一下，某公司突发一些不利新闻，导致其股票价格大幅下跌，而这种突然的价格下跌又可能会触发投资基金的某些风险管理工具，这些工具会因先前的价格下跌而开始抛售股票，这可能导致股价的进一步暴跌。在 4.6 节"研究资产收益的典型化事实"中介绍了"事实 2：波动率聚类"，在该事实中即可看到条件异方差性，价格的大幅变化往往伴随着更大幅的变化。

在这里，有必要简单解释一下写作本章的动机。波动性是金融交易中一个非常重要的概念。它是风险的代名词，在量化金融中有很多应用。

首先，它用于期权定价，因为布莱克-舒尔斯模型（Black-Scholes model）依赖于标的资产的波动性。

其次，波动性对风险管理有重大影响，它被用来计算投资组合的风险价值（value-at-risk，VaR）、夏普比率（sharpe ratio）等指标。

最后，波动性也存在于交易中。一般来说，交易员将根据对资产价格上涨或下跌的预测做出决定，但是，我们也可以根据预测是否会出现任何方向的运动，即是否会出现波动来进行交易。当某些世界性事件（如新冠疫情、俄乌冲突）正在推动市场波动时，波动率交易（volatility trading）特别有吸引力。波动率交易者感兴趣的产品示例可能是波动率指数（volatility index，VIX），它基于标准普尔 500 指数的走势。

本章将介绍一些广义自回归条件异方差（generalized autoregressive conditional heteroskedasticity，GARCH）模型（包括单变量和多变量），它们是建模和预测波动率的一些最流行的方法。在理解了其基础之后，实现更高级的模型就相当简单了。我们已经提到了金融波动的重要性。通过了解如何对其建模，即可在风险管理或衍生品估值领域的许多实际用例中使用此类预测来取代以前使用的简单预测。

本章包含以下内容。

❑ 使用 ARCH 模型对股票收益的波动性进行建模。

❑ 使用 GARCH 模型对股票收益的波动性进行建模。

❑ 使用 GARCH 模型预测波动率。

❑ 使用 CCC-GARCH 模型进行多变量波动率预测。

❑ 使用 DCC-GARCH 预测条件协方差矩阵。

9.1　使用 ARCH 模型对股票收益的波动性进行建模

本节将使用自回归条件异方差（autoregressive conditional heteroskedasticity，ARCH）模型来解决股票收益的条件波动性建模问题。

简单来说，ARCH 模型可以将误差项的方差表示为过去误差的函数。更准确地说，它假设误差的方差遵循自回归模型。ARCH 方法的整个逻辑可以用以下公式表示。

$$r_t = \mu + \epsilon_t$$

$$\epsilon_t = \sigma_t z_t$$

$$\sigma_t^2 = \omega + \sum_{i=1}^{q} \alpha_i \epsilon_{t-1}^2$$

第一个公式将收益序列表示为预期收益 μ 和预期外收益 ϵ_t 的组合。ϵ_t 具有白噪声特性——条件均值等于零，且条件方差随时间变化，表示为 σ_t^2。

误差项是序列不相关的，但也不需要序列独立，因为它们可以表现出条件异方差性。

📝 注意：

ϵ_t 也称为平均修正收益或误差项（error term）等，当然，最常见的称呼还是残差（residual）。

一般来说，ARCH（和 GARCH）模型应该只拟合应用于原始时间序列的一些其他模型的残差。在估计波动率模型时，可以假设均值过程的不同规范。

❑ 零均值过程——这意味着收益仅由残差描述，例如：

$$r_t = \epsilon_t$$

❑ 常数均值过程。例如：

$$r_t = \mu + \epsilon$$

❑ 使用线性模型——如 AR、ARMA、ARIMA 或更新的异构自回归（heterogeneous

autoregressive）过程估计均值。

在公式 $\epsilon_t = \sigma_t z_t$ 中，使用了随机分量 $z_t \sim N(0,1)$ 和条件标准差 σ_t 表示误差序列，它控制残差的典型大小。随机分量也可以解释为标准化残差。

以下方程表示 ARCH 公式。

$$\sigma_t^2 = \omega + \sum_{i=1}^{q} \alpha_i \, \epsilon_{t-1}^2$$

其中，$\omega > 0$ 且 $\alpha_i \geqslant 0$。

关于该 ARCH 模型的一些理解要点如下。

❑ ARCH 模型明确识别了时间序列的无条件方差和有条件方差之间的差异。

❑ 它将有条件方差建模为来自均值过程的过去残差（误差）的函数。

❑ 它假设无条件方差随时间保持不变。

❑ ARCH 模型可以使用普通最小二乘法（ordinary least squares，OLS）方法进行估计。

❑ 我们必须指定模型中先验残差的数量（q），这类似于 AR 模型。

❑ 残差应该看起来像对离散白噪声的观察——零均值和平稳（没有趋势或季节性影响，即没有明显的序列相关性）。

✎ 注意：

在最初的 ARCH 表示法中，以及在 Python 的 arch 库中，滞后超参数用 p 表示。当然，这里使用 q 作为相应的符号，以便与下一节中介绍的 GARCH 表示法保持一致。

ARCH 模型的最大优势在于它产生的波动率估计表现出超峰态（与正态分布相比的肥尾），这与对股票收益的实证观察一致。

ARCH 模型自然也有其弱点。第一个弱点是该模型假设正负波动冲击的影响相同，但事实并非总是如此。其次，它没有解释波动率的变化。这就是该模型可能会过度预测波动性的原因，它对收益序列中较大的、孤立的冲击反应缓慢。

在本节中，我们会将 ARCH(1)模型拟合到谷歌公司股票从 2015 年到 2021 年的每日收益数据。

9.1.1 实战操作

执行以下步骤以拟合 ARCH(1)模型。

（1）导入库。

```
import pandas as pd
```

```
import yfinance as yf
from arch import arch_model
```

（2）指定风险资产和时间范围。

```
RISKY_ASSET = "GOOG"
START_DATE = "2015-01-01"
END_DATE = "2021-12-31"
```

（3）从雅虎财经下载数据。

```
df = yf.download(RISKY_ASSET,
                 start=START_DATE,
                 end=END_DATE,
                 adjusted=True)
```

（4）计算每日收益。

```
returns = 100 * df["Adj Close"].pct_change().dropna()
returns.name = "asset_returns"
returns.plot(
    title=f"{RISKY_ASSET} returns: {START_DATE} - {END_DATE}"
)
```

运行上述代码将生成如图 9.1 所示的结果。

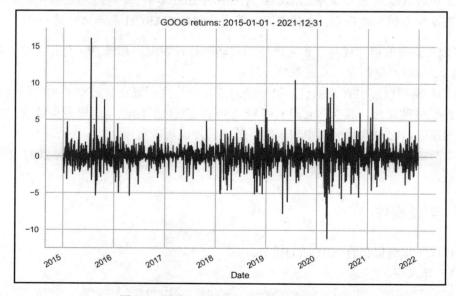

图 9.1　谷歌 2015 年至 2021 年的简单收益

在图 9.1 中，我们可以观察到一些突然的尖峰和波动率聚集的明显示例。

（5）指定 ARCH 模型。

```
model = arch_model(returns, mean="Zero", vol="ARCH", p=1, q=0)
```

（6）估计模型并打印汇总信息。

```
fitted_model = model.fit(disp="off")
print(fitted_model.summary())
```

运行上述代码将返回以下结果。

```
                    Zero Mean - ARCH Model Results
==============================================================================
ep. Variable:    asset_returns   R-squared:                       0.000
Mean Model:      Zero Mean       Adj. R-squared:                   .001
Vol Model:       ARCH            Log-Likelihood:               -3302.93
Distribution:    Normal          AIC:                           6609.85
Method:          Maximum         BIC:                           6620.80
                 Likelihood
                                 No. Observations:                 1762
Date:            Wed, Jun 08 2022 Df Residuals:                    1762
Time:            22:25:16        Df Model:                            0
                 Volatility Model
==============================================================================
                 coef    std err        t       P>|t|     95.0% Conf. Int.
------------------------------------------------------------------------------
omega          1.8625     0.166     11.248    2.359e-29  [ 1.538,  2.187]
alpha[1]       0.3788     0.112      3.374    7.421e-04  [ 0.159,  0.599]
==============================================================================
```

（7）绘制残差和条件波动率。

```
fitted_model.plot(annualize="D")
```

运行上述代码会产生如图 9.2 所示的结果。

在图 9.2 中，可以观察到一些标准化的残差，这些残差很大（以量级而言）并且对应于高度波动的时期。

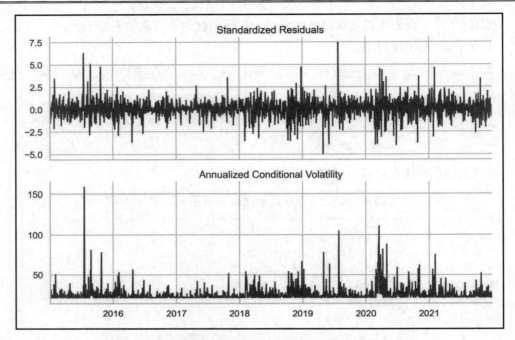

图 9.2　拟合 ARCH 模型的标准化残差和年化条件波动率

9.1.2　原理解释

从步骤（2）到步骤（4），下载了谷歌公司股票的每日价格并计算了简单收益。值得一提的是，使用 ARCH/GARCH 模型时，收敛警告可能会在数字非常小的情况下出现，这是由于 scipy 库的底层优化算法不稳定引起的。为了解决这个问题，步骤（4）将收益值乘以 100，使其以百分比表示。

在步骤（5）中，定义了 ARCH(1) 模型。对于均值模型，我们选择了适用于许多流动性金融资产的零均值方法。这里的另一个可行选择是常数均值。之所以可以使用这些方法而不是 ARMA 模型，是因为返回序列的序列依赖性可能非常有限。

在步骤（6）中，使用了 fit 方法拟合模型。此外，还将 disp="off" 传递给 fit 方法以抑制优化步骤的输出。

为了使用 arch 库拟合模型，必须采取与 scikit-learn 方法类似的步骤。首先定义模型，然后将其拟合到数据中。不同之处在于，使用 arch 时，必须在创建模型实例时提供数据对象，而不是像在 scikit-learn 中那样将其传递给 fit 方法。

在步骤（6）中，还使用了 summary 方法输出模型的汇总信息。

在步骤（7）中，绘制了标准化残差和条件波动率序列的可视化结果。本示例通过将残差除以条件波动率来计算标准化残差。我们将 annualize="D" 传递给 plot 方法，以便对每日数据的条件波动率序列进行年化。

9.1.3 扩展知识

关于 ARCH 模型，有几个值得注意的点。

❑ 当处理来自单独估计模型的残差时，选择零均值过程很有用。

❑ 为了检测 ARCH 效应，可以查看某个模型（如 ARIMA 模型）的残差平方的相关图。我们需要确保这些残差的均值等于零。可以使用偏自相关函数（partial autocorrelation function，PACF）图来推断 q 的值，这类似于 AR 模型中使用的方法（有关详细信息，可以参阅 6.5 节"使用 ARIMA 类模型对时间序列建模"）。

❑ 为了测试模型的有效性，可以检查标准化残差和平方标准化残差是否表现出序列不自相关（如使用 Ljung-Box 或 Box-Pierce 检验以及来自 statsmodels 的 acorr_ljungbox 函数）；或者使用拉格朗日乘数检验（lagrange multiplier test，LM 检验）——也称为自回归条件异方差 Engle 检验（Engle's test for autoregressive conditional heteroscedasticity），以确保模型捕获所有 ARCH 效应。为此可以使用 statsmodels 库中的 het_arch 函数。

以下代码片段使用了 LM 检验来测试 ARCH 模型的残差。

```
from statsmodels.stats.diagnostic import het_arch
het_arch(fitted_model.resid)
```

运行上述代码将返回以下元组。

```
(
    98.10927835448403,
    1.3015895084238874e-16,
    10.327662606705564,
    4.2124269229123006e-17
)
```

该元组中的前两个值是 LM 检验统计及其相应的 p 值。后两者是 F 检验（另一种检验 ARCH 效应的方法）的 f 统计及其相应的 p 值。可以看到，两个 p 值都低于 0.05 的惯用显著性水平，这使我们拒绝了原假设，即残差是同方差的。这意味着 ARCH(1) 模型无法捕获残差中的所有 ARCH 效应。

☑ **注意：**

　　het_arch 函数的文档表明，如果残差来自回归模型，则应该校正该模型中估计参数的数量。例如，如果残差来自 ARMA(2,1)模型，则应该向 het_arch 函数传递一个额外的参数，ddof＝3，其中 ddof 代表自由度（degree of freedom）。

9.1.4　参考资料

　　以下是读者可能感兴趣的其他资源。

　　Engle, R. F. 1982., "Autoregressive conditional heteroscedasticity with estimates of the variance of United Kingdom inflation," Econometrica, 50(4): 987-1007.

9.2　使用 GARCH 模型对股票收益的波动性进行建模

　　本节将演示如何使用 ARCH 模型的扩展，即广义自回归条件异方差（generalized autoregressive conditional heteroskedasticity，GARCH）模型。GARCH 可以被认为是应用于时间序列方差的 ARMA 模型，其 AR 分量在 ARCH 模型中已经介绍过了，而 GARCH 则额外增加了移动平均部分。

　　GARCH 模型的公式表示如下。

$$r_t = \mu + \epsilon_t$$
$$\epsilon_t = \sigma_t z_t$$
$$\sigma_t^2 = \omega + \sum_{i=1}^{q} \alpha_i \epsilon_{t-1}^2 + \sum_{i=1}^{p} \beta_i \sigma_{t-1}^2$$

　　这些公式的解释与上一节中介绍的 ARCH 模型非常相似，不同之处在于最后一个等式，我们可以在其中观察到一个额外的分量。参数被约束为满足以下条件：$\omega > 0$，$\alpha_i \geq 0$ 且 $\beta_i \geq 0$。

☑ **注意：**

　　在 GARCH 模型中，存在对系数的附加约束。例如，在 GARCH(1,1)模型中，$\alpha_i + \beta_i$ 必须小于 1。否则，模型将不稳定。

　　GARCH 模型的两个超参数可以做如下解释。

- ❑ p：滞后方差的数量。
- ❑ q：平均过程的滞后残差数。

注意:

GARCH$(0,q)$模型等价于 ARCH(q)模型。

推断 ARCH/GARCH 模型的滞后阶数的方式之一是使用模型的残差平方来预测原始时间序列的均值。由于残差以零为中心,它们的平方对应于它们的方差。我们可以检查平方残差的 ACF/PACF 图,以识别序列方差自相关的模式(类似于在识别 ARMA/ARIMA 模型阶数时所做的工作)。

总的来说,GARCH 模型具有 ARCH 模型的优缺点,不同之处在于它更好地捕捉了过去冲击的影响。GARCH 模型提供了一些扩展,这些扩展可以解决原始模型的部分缺点。有关详细信息,可以访问 9.2.4 节 "参考资料" 中提供的资源。

本节会将 GARCH$(1,1)$ 模型应用于与上一节相同的数据,以清楚地突出两种建模方法之间的差异。

9.2.1　实战操作

执行以下步骤以在 Python 中估计 GARCH$(1,1)$模型。

(1)指定 GARCH 模型。

```
model = arch_model(returns, mean="Zero", vol="GARCH", p=1, q=1)
```

(2)估计模型并输出汇总信息。

```
fitted_model = model.fit(disp="off")
print(fitted_model.summary())
```

运行上述代码将返回以下汇总信息。

```
                   Zero Mean - GARCH Model Results
========================================================================
Dep. Variable:        asset_returns    R-squared:               0.000
Mean Model:           Zero Mean        Adj. R-squared:          0.001
Vol Model:            GARCH            Log-Likelihood:       -3246.71
Distribution:         Normal           AIC:                   6499.42
Method:               Maximum          BIC:                   6515.84
                      Likelihood
                                       No. Observations:        1762
Date:                 Wed, Jun 08 2022 Df Residuals:            1762
Time:                         22:37:27 Df Model:                   0
                          Volatility Model
========================================================================
```

	coef	std err	t	P>|t|	95.0% Conf. Int.
omega	0.2864	0.186	1.539	0.124	[-7.844e-02, 0.651]
alpha[1]	0.1697	9.007e-02	1.884	5.962e-02	[-6.879e-03, 0.346]
beta[1]	0.7346	0.128	5.757	8.538e-09	[0.485, 0.985]

根据 Alexander 在 *Market Risk Analysis*（市场风险分析）一书中提出的观点，稳定市场中，这些参数值的范围是 $0.05 < \alpha < 0.01$ 且 $0.85 < \beta < 0.98$。当然，读者应该记住的是，虽然这些范围很可能不会严格适用，但它们也给出了我们应该期待的值的类型。

可以看到，与 ARCH 模型相比，对数似然（Log-Likelihood）值增加了，这意味着 GARCH 模型对数据的拟合更好。但是，我们在得出这样的结论时应该谨慎。每次添加更多预测变量时（使用 GARCH 时就是如此），对数似然值很可能会增加。如果预测变量的数量发生变化，则应该运行似然比检验（likelihood-ratio test）以比较两个嵌套回归模型的拟合优度标准。

（3）绘制残差和条件波动率。

```
fitted_model.plot(annualize="D")
```

在图 9.3 中，可以观察到将额外成分（滞后条件波动率）纳入模型规范的效果。

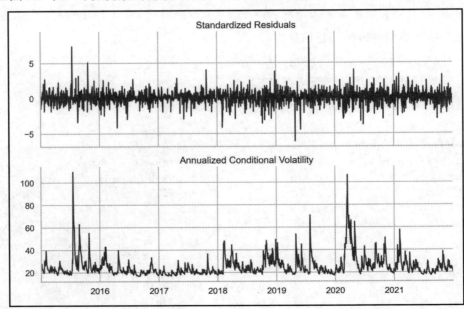

图 9.3　已拟合 GARCH 模型的标准化残差和年化条件波动率

使用 ARCH 时，条件波动率系列会出现许多尖峰，然后立即返回到低水平。而在使用 GARCH 的情况下，由于模型还包括滞后条件波动率，因此需要更多时间才能恢复到峰值之前观察到的水平。

9.2.2　原理解释

本节使用了与上一节相同的数据来比较 ARCH 和 GARCH 模型的结果。有关下载数据的更多信息，可以参阅 9.1 节"使用 ARCH 模型对股票收益的波动性进行建模"中的步骤（1）至（4）。

由于 arch 库的便利性，调整以前使用的代码以拟合 GARCH 模型非常容易。为了估计 GARCH 模型，必须指定我们想要使用的波动率模型的类型并设置一个额外的参数：$q=1$。

为了做比较，我们将均值过程保留为零均值过程。

9.2.3　扩展知识

本章已经使用了两个模型来解释和预测时间序列的条件波动率。当然，GARCH 模型有许多扩展，我们可以通过试验以找到最佳拟合模型的不同配置。

在 GARCH 框架中，除超参数（如在使用普通 GARCH 模型时的 p 和 q）外，还可以修改下述模型。

1．条件均值模型

如前文所述，我们可以将 GARCH 类模型应用于将另一个模型拟合到序列后获得的残差。均值模型的一些流行选择如下。

- ❑ 零均值。
- ❑ 常数均值。
- ❑ ARIMA 模型的任何变体（包括潜在的季节性调整，以及外部回归变量）——文献中一些流行的选择是 ARMA 甚至 AR 模型。
- ❑ 回归模型。

☑ 注意：

在对条件均值进行建模时，有一件事需要注意。举例来说，我们可以首先将 ARMA 模型拟合到时间序列，然后将 GARCH 模型拟合到第一个模型的残差。但是，这并不是首选的方式，一般来说，ARMA 估计将是不一致的（或者在只有 AR 项而没有 MA 项的情况下，是一致但低效的），这也将影响到后续 GARCH 的估计。

不一致性的出现是因为第一个模型（ARMA/ARIMA）假设的是条件同方差，而在第二步中使用的 GARCH 模型显式建模为条件异方差。这就是为什么我们认为首选的方法应该是同时估计两个模型，例如，使用 arch 库（或 R 语言的 rugarch 包）。

2. 条件波动率模型

GARCH 框架有许多扩展。一些流行的模型如下。

- ❑　GJR-GARCH：GARCH 模型的一个变体，它考虑了收益的不对称性（负收益往往比正收益对波动率的影响更大）。
- ❑　EGARCH：指数 GARCH（exponential GARCH）。
- ❑　TGARCH：阈值 GARCH（threshold GARCH）。
- ❑　FIGARCH：分数积分 GARCH（fractionally integrated GARCH），用于非平稳数据。
- ❑　GARCH-MIDAS：在此类模型中，波动率被分解为短期 GARCH 分量和由附加解释变量驱动的长期分量。
- ❑　多变量 GARCH 模型，如 CCC-/DCC-GARCH。

前 3 个模型使用略有不同的方法将不对称性引入条件波动率规范，这与负面冲击比正面冲击对波动性的影响更大相符。

3. 误差分布

本书在 4.6 节“研究资产收益的典型化事实”中曾经介绍过，收益不是正态分布的，而是负偏度的，并且有过大的峰度。这就是为什么高斯分布以外的分布也许能够更好地拟合 GARCH 模型中的误差。

一些可能的选择如下。

- ❑　学生 t 分布（Student's t-distribution）。英国人 Willam S. Gosset 首先发表了 t 分布论文，他因为工作的关系而使用了 Student 作为笔名。之后 Ronald Aylmer Fisher 为了感谢 Gosset 的功劳，将此分布命名为学生 t 分布。
- ❑　偏态 t 分布（skew-t distribution），由 Hansen 于 1994 年提出（详见 9.2.4 节“参考资料”）。
- ❑　广义误差分布（generalized error distribution，GED）。
- ❑　偏态广义误差分布（skewed generalized error distribution，SGED）。

📝 注意：
　　arch 库不仅提供了上面提到的大多数模型和分布，而且还允许用户使用自己的波动率模型/误差分布（只要它们符合预定义的格式）。有关这方面的更多信息，可以参阅该库的说明文档（链接见 9.2.4 节“参考资料”）。

9.2.4　参考资料

以下是读者可能感兴趣的其他资源。

- ❏　Alexander, C. 2008. Market Risk Analysis, Practical Financial Econometrics (Vol. 2). John Wiley & Sons.

- ❏　Bollerslev, T., 1986. "Generalized Autoregressive Conditional Heteroskedasticity. Journal of Econometrics, 31, (3): 307-327.

  https://doi.org/10.1016/0304-4076(86)90063-1

- ❏　Glosten, L. R., Jagannathan, R., and Runkle, D. E., 1993. "On the relation between the expected value and the volatility of the nominal excess return on stocks," The Journal of Finance, 48 (5): 1779-1801.

  https://doi.org/10.1111/j.1540-6261.1993.tb05128.x

- ❏　Hansen, B. E., 1994. "Autoregressive conditional density estimation," International Economic Review, 35(3): 705-730.

  https://doi.org/10.2307/2527081

- ❏　arch 库的说明文档。

  https://arch.readthedocs.io/en/latest/index.html

9.3　使用 GARCH 模型预测波动率

在前面的小节中，我们已经介绍了如何将 ARCH/GARCH 模型拟合到回归序列。但是，使用 ARCH 类模型最有趣/最相关的案例仍是预测波动率的未来值。

使用 GARCH 类模型预测波动率的方法有以下 3 种。

- ❏　分析性方法——由于 ARCH 类模型的固有结构，分析性预测始终可用于超前一步预测。可以使用前向递归获得多步分析预测；但是，这仅适用于残差平方线性的模型（如 GARCH 或异构 ARCH）。

- ❏　模拟——基于模拟的预测可以使用 ARCH 类模型的结构，通过假设的残差分布来前向模拟可能的波动路径。换句话说，它们使用随机数生成器（假设特定分布）来绘制标准化残差。这种方法将创建 x 个可能的波动路径，然后生成平均值作为最终预测。基于模拟的预测始终适用于任何范围。随着模拟次数增加到无穷大，基于模拟的预测将收敛到分析性预测。

❑ 自举法（bootstrap）——也称为过滤历史模拟法（filtered historical simulation），这些预测与基于模拟的预测非常相似，不同之处在于它们使用实际输入数据和估计参数生成（更准确地说，是通过替换绘制）标准化残差。这种方法需要在生成预测之前使用最少量的样本内数据。

☑ 注意：

由于 ARCH 类模型规范，无论使用哪种方法，第一个样本外预测都将是固定的。

本节会将具有学生 t 分布残差的 GARCH(1,1)模型拟合到微软公司从 2015 年到 2020 年的股票收益。然后为 2021 年的每一天创建提前 3 步的预测。

9.3.1 实战操作

请执行以下步骤以使用 GARCH 模型创建提前 3 步的波动率预测。

（1）导入库。

```
import pandas as pd
import yfinance as yf
from datetime import datetime
from arch import arch_model
```

（2）从雅虎财经下载数据，计算简单收益。

```
df = yf.download("MSFT",
                 start="2015-01-01",
                 end="2021-12-31",
                 adjusted=True)


returns = 100 * df["Adj Close"].pct_change().dropna()
returns.name = "asset_returns"
```

（3）指定 GARCH 模型。

```
model = arch_model( returns, mean="Zero", vol="GARCH", dist="t",
                    p=1, q=1)
```

（4）定义拆分日期并拟合模型。

```
SPLIT_DATE = datetime(2021, 1, 1)
fitted_model = model.fit(last_obs=SPLIT_DATE, disp="off")
```

（5）创建和检查分析性方法的预测。

```
forecasts_analytical = fitted_model.forecast(horizon=3,
                                             start=SPLIT_DATE,
                                             reindex=False)
forecasts_analytical.variance.plot(
    title="Analytical forecasts for different horizons"
)
```

运行上述代码片段会生成如图 9.4 所示的结果。

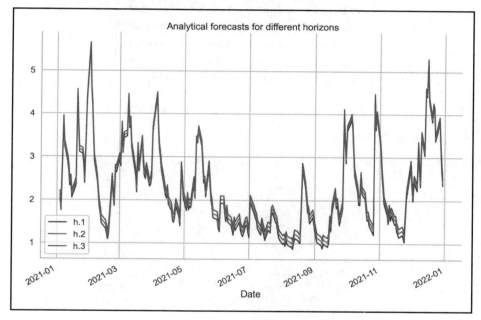

图 9.4　范围为 1、2 和 3 的分析性方法的预测

使用下面的代码片段，可以检查已生成的预测。

```
forecasts_analytical.variance
```

其结果如图 9.5 所示。

在图 9.5 中可以看到，h.1、h.2 和 h.3 列分别包含分析性方法基于索引日期提前 h 步生成的预测。创建预测时，Date 列中的日期对应于用于生成预测的最后一个数据点。例如，日期为 2021-01-08 的列分别包含 1 月 9 日、10 日和 11 日的预测。这些预测是使用截至（包括 1 月 8 日）的数据创建的。

	h.1	h.2	h.3
Date			
2021-01-04	2.050335	2.136144	2.220612
2021-01-05	1.755680	1.846097	1.935101
2021-01-06	2.772100	2.846622	2.919980
2021-01-07	3.839409	3.897241	3.954169
2021-01-08	3.250745	3.317782	3.383772
...	...	...	...
2021-12-23	3.385120	3.450056	3.513977
2021-12-27	3.821128	3.879246	3.936455
2021-12-28	3.189848	3.257838	3.324764
2021-12-29	2.671069	2.747172	2.822084
2021-12-30	2.359531	2.440505	2.520213

图 9.5　范围为 1、2 和 3 的分析性方法的预测

（6）创建和检查模拟预测。

```
forecasts_simulation = fitted_model.forecast(
    horizon=3,
    start=SPLIT_DATE,
    method="simulation",
    reindex=False
)

forecasts_simulation.variance.plot(
    title="Simulation forecasts for different horizons"
)
```

运行上述代码片段会生成如图 9.6 所示的结果。

（7）创建并检查自举预测。

```
forecasts_bootstrap = fitted_model.forecast(horizon=3,
                                            start=SPLIT_DATE,
                                            method="bootstrap",
                                            reindex=False)
forecasts_bootstrap.variance.plot(
    title="Bootstrap forecasts for different horizons"
)
```

运行上述代码片段会生成如图 9.7 所示的结果。

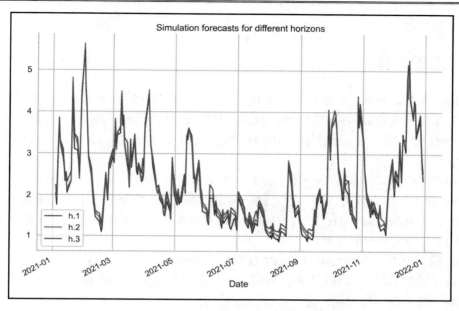

图 9.6　范围为 1、2 和 3 的基于模拟方法的预测

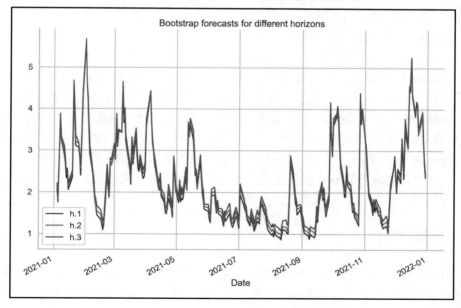

图 9.7　范围为 1、2 和 3 的基于自举法的预测

检查这三幅图（图 9.4、图 9.6 和图 9.7）可以得出结论，即三种不同方法预测的波动

率形状非常相似。

9.3.2　原理解释

在前两步中，导入了所需的库并下载了微软公司从 2015 年到 2021 年的股票价格。我们计算了简单收益并将值乘以 100，以避免优化过程中可能出现的收敛问题。

在步骤（3）中，指定了使用 GARCH 模型，即零均值 GARCH(1, 1)，其残差服从学生 t 分布。

在步骤（4）中，定义了一个用于拆分训练集和测试集的日期（一个 datetime 对象），然后使用 fit 方法拟合模型。这一次，我们指定了 last_obs 参数来指示训练集何时结束。本示例传入了 datetime(2021, 1, 1) 的值，这意味着实际用于训练的最后一个观察值将是 2020 年 12 月的最后一个日期。

在步骤（5）中，使用已拟合 GARCH 模型的 forecast 方法创建了分析性方法的预测。我们指定了预测范围（horizon）和开始日期（与在拟合模型时提供的 last_obs 相同）。然后，绘制了每个范围的预测。

一般来说，使用 forecast 方法会返回一个 ARCHModelForecast 对象，其中包含 4 个用户可能会觉得有用的主要属性。

- ❑　mean——条件均值的预测。
- ❑　variance——过程的条件方差的预测。
- ❑　residual_variance——残差方差的预测。只要模型具有平均动态变化，如 AR 过程，那么这些值将不同于存储在 variance 中的值（对于大于 1 的范围）。
- ❑　simulations——包含用于生成预测的单个模拟的对象（仅用于模拟和自举方法）。

在步骤（6）和（7）中，分别使用模拟和自举方法生成了相应的提前 3 步预测。我们只向 forecast 方法添加了可选的 method 参数，以指示想要使用哪一种预测方法。默认情况下，这些方法将使用 1000 次模拟来创建预测，但用户也可以根据自己的喜好更改此数值。

9.3.3　扩展知识

我们可以直观地比较使用各种预测方法获得的预测结果的差异。例如，可以比较 2020 年微软公司股票采用分析性方法和自举方法的预测结果。之所以选择 2020 年，是因为它是训练样本中使用的最后一年。

执行以下步骤来比较 2020 年提前 10 步的波动率预测。

（1）导入库。

```
import numpy as np
```

（2）使用分析性方法和自举法估计 2020 年提前 10 步的波动率预测。

```
FCST_HORIZON = 10

vol_analytic = (
    fitted_model.forecast( horizon=FCST_HORIZON,
                           start=datetime(2020, 1, 1),
                           reindex=False)
    .residual_variance["2020"]
    .apply(np.sqrt)
)

vol_bootstrap = (
    fitted_model.forecast( horizon=FCST_HORIZON,
                           start=datetime(2020, 1, 1),
                           method="bootstrap",
                           reindex=False)
    .residual_variance["2020"]
    .apply(np.sqrt)
)
```

在创建预测时，更改了范围和开始日期。我们从已拟合模型中恢复残差，对 2020 年的预测进行过滤，然后取平方根将方差转换为波动率。

（3）获取 2020 年的条件波动率。

```
vol = fitted_model.conditional_volatility["2020"]
```

（4）创建刺猬图。

```
ax = vol.plot(
    title="Comparison of analytical vs bootstrap volatility forecasts",
    alpha=0.5
)
ind = vol.index
for i in range(0, 240, 10):
    vol_a = vol_analytic.iloc[i]
    vol_b = vol_bootstrap.iloc[i]
    start_loc = ind.get_loc(vol_a.name)
    new_ind = ind[(start_loc+1):(start_loc+FCST_HORIZON+1)]
    vol_a.index = new_ind
```

```
    vol_b.index = new_ind
    ax.plot(vol_a, color="r")
    ax.plot(vol_b, color="g")

labels = ["Volatility", "Analytical Forecast",
          "Bootstrap Forecast"]
legend = ax.legend(labels)
```

运行上述代码片段会生成如图 9.8 所示的结果。

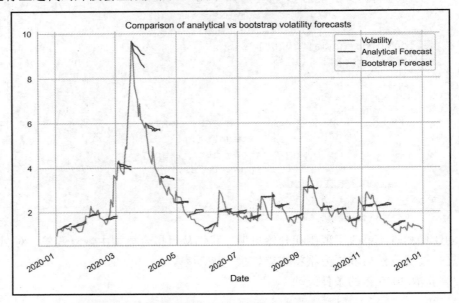

图 9.8　波动率预测的分析性方法和自举方法的比较

刺猬图（hedgehog plot）是一种有用的可视化方法，可以显示两种预测方法在较长时间段内的差异。在本示例中，我们每 10 天绘制一次，提前 10 步预测。

值得注意的是，波动率的峰值出现在 2020 年 3 月。可以看到，在接近峰值时，GARCH 模型预测未来几天波动率会下降。为了更好地了解该预测是如何创建的，可以参考一下基础数据。通过检查包含观察到的波动率和预测的 DataFrame，可以说峰值发生在 3 月 17 日，而绘制的预测则是使用 3 月 16 日之前的数据创建的。

📝 注意：

当一次检查单个波动率模型时，使用已拟合的 arch_model 的 hedgehog_plot 方法创建类似的图可能更容易。

9.4 使用 CCC-GARCH 模型进行多变量波动率预测

本章已经考虑了多个单变量条件波动率模型，因此，在本节中，我们将转向多变量设置。作为一个起点，本节将考虑 Bollerslev 的常数条件相关 GARCH（constant conditional correlation GARCH，CCC-GARCH）模型。它背后的思路很简单，该模型由 N 个单变量 GARCH 模型组成，它们通过常数条件相关矩阵 $\boldsymbol{R}$ 相互关联。

让我们从模型的公式开始。

$$r_t = \boldsymbol{\mu} + \boldsymbol{\epsilon}_t$$
$$\boldsymbol{\epsilon}_t \sim N(0, \Sigma_t)$$
$$\Sigma_t = \boldsymbol{D}_t \boldsymbol{R} \boldsymbol{D}_t$$

在第一个公式中，表示的是收益序列。这种表示与前两个模型（ARCH 模型和 GARCH 模型）的公式表示之间的主要区别在于，这里我们要考虑的是多变量收益。也就是说，r_t 实际上是一个收益向量 $\boldsymbol{r}_t = (r_{1t}, ..., r_{nt})$。均值和误差项按同样的方式表示。为了强调这一点，在表示向量或矩阵时均使用粗体显示。

第二个公式表明，误差项（$\boldsymbol{\epsilon}_t$）来自零均值和条件协方差矩阵 Σ_t（大小为 $N{\times}N$）的多元正态分布。

条件协方差矩阵的元素定义如下。

❏ 对角线。

$$\sigma_{ii,t}^2 = \omega_{ii} + \sum_{i=1}^q \alpha_{ii}\, \epsilon_{i,t-i}^2 + \sum_{i=1}^p \beta_{ii}\sigma_{i,t-i}^2 \qquad (i=1, \cdots, N)$$

❏ 非对角线。

$$\sigma_{ij,t}^2 = \rho_{i,j}\sigma_{ii,t}\sigma_{jj,t} \qquad (i \neq j)$$

第三个公式表示条件协方差矩阵的分解。$\boldsymbol{D}_t$ 代表一个矩阵，该矩阵在对角线上包含条件标准差，$\boldsymbol{R}$ 是一个相关矩阵。

该模型的主要思想如下。

❏ 该模型通过将 Σ_t 拆分成方差和相关性避免了保证 Σ_t 的正定性问题。

❏ 误差项之间的条件相关性随时间保持不变。

❏ 单个条件方差遵循单变量 GARCH(1,1)模型。

本节将基于 3 家美国科技公司（谷歌、微软和苹果）股票的简单收益序列估计 CCC-GARCH 模型。有关 CCC-GARCH 模型估计的详细信息，可以参阅 9.4.3 节"参考资料"中提供的资源。

9.4.1　实战操作

执行以下步骤以在 Python 中估计 CCC-GARCH 模型：

（1）导入库。

```
import pandas as pd
import numpy as np
import yfinance as yf
from arch import arch_model
```

（2）指定风险资产和时间范围。

```
RISKY_ASSETS = ["GOOG", "MSFT", "AAPL"]
START_DATE = "2015-01-01"
END_DATE = "2021-12-31"
```

（3）从雅虎财经下载数据。

```
df = yf.download(RISKY_ASSETS,
                 start=START_DATE,
                 end=END_DATE,
                 adjusted=True)
```

（4）计算每日收益。

```
returns = 100 * df["Adj Close"].pct_change().dropna()
returns.plot(
    subplots=True,
    title=f"Stock returns: {START_DATE} - {END_DATE}"
)
```

运行上述代码片段会生成如图 9.9 所示的结果。

（5）定义存储对象的列表。

```
coeffs = []
cond_vol = []
std_resids = []
models = []
```

（6）估计单变量 GARCH 模型。

```
for asset in returns.columns:
    model = arch_model( returns[asset], mean="Constant",
                        vol="GARCH", p=1, q=1)
```

```
model = model.fit(update_freq=0, disp="off");
coeffs.append(model.params)
cond_vol.append(model.conditional_volatility)
std_resids.append(model.std_resid)
models.append(model)
```

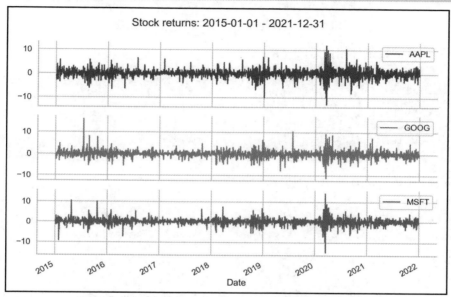

图 9.9　苹果、谷歌和微软公司股票的简单收益

（7）将结果存储在 DataFrame 中。

```
coeffs_df = pd.DataFrame(coeffs, index=returns.columns)
cond_vol_df = (
    pd.DataFrame(cond_vol)
    .transpose()
    .set_axis(returns.columns,
            axis="columns")
)
std_resids_df = (
    pd.DataFrame(std_resids)
    .transpose()
    .set_axis(returns.columns
            axis="columns")
)
```

图 9.10 显示了包含每个收益系列的估计系数的表。

	mu	omega	alpha[1]	beta[1]
AAPL	0.189287	0.176098	0.134563	0.811815
GOOG	0.124954	0.304484	0.183056	0.716245
MSFT	0.149370	0.268674	0.213800	0.699576

图 9.10　估计的单变量 GARCH 模型的系数

（8）计算常数条件相关矩阵（**R**）。

```
R = (
    std_resids_df
    .transpose()
    .dot(std_resids_df)
    .div(len(std_resids_df))
)
```

（9）计算条件协方差矩阵的提前一步预测。

```
# 定义对象
diag = []
D = np.zeros((len(RISKY_ASSETS), len(RISKY_ASSETS)))

# 用条件方差填充列表
for model in models:
    diag.append(model.forecast(horizon=1).variance.iloc[-1, 0])

# 取平方根从方差中获得波动率
diag = np.sqrt(diag)

# 用 diag 中的值填充 D 的对角线
np.fill_diagonal(D, diag)

# 计算条件协方差矩阵
H = np.matmul(np.matmul(D, R.values), D)
```

计算出的一步预测如下所示。

```
array([ [2.39962391, 1.00627878, 1.19839517],
        [1.00627878, 1.51608369, 1.12048865],
        [1.19839517, 1.12048865, 1.87399738]])
```

我们可以将此矩阵与使用更复杂的 DCC-GARCH 模型获得的矩阵进行比较（下一节将介绍 DCC-GARCH 模型）。

9.4.2　原理解释

在步骤（2）和步骤（3）中，下载了谷歌、微软和苹果公司股票的每日价格。然后，计算了简单收益并将其乘以 100 以避免遇到收敛错误。

在步骤（5）中，定义了一些空列表，以在后期存储所需元素：GARCH 系数、条件波动率、标准化残差和模型本身（用于预测）。

在步骤（6）中，迭代了包含股票收益的 DataFrame 的列，并为每个序列拟合了一个单变量 GARCH 模型。我们将结果存储在预定义的列表中，然后对数据进行整理，以便在 DataFrame 中包含诸如残差之类的对象，以便更轻松地使用它们。

在步骤（8）中，计算了常数条件相关矩阵（R）作为 z_t 的无条件相关矩阵。

$$R = \frac{1}{T}\sum_{t=1}^{T} z_t z_t'$$

其中，z_t 代表来自单变量 GARCH 模型的时间 t 标准化残差。

在步骤（9）中，我们获得了条件协方差矩阵 H_{t+1} 的提前一步预测。为此，我们做了以下工作。

❏ 使用 np.zeros 创建了一个零矩阵 D_{t+1}。

❏ 将来自单变量 GARCH 模型的条件方差的一步预测存储在名为 diag 的列表中。

❏ 使用 np.fill_diagonal 将名为 diag 的列表的元素放在矩阵 D_{t+1} 的对角线上。

❏ 按照前面介绍过的第 3 个公式，使用矩阵乘法（np.matmul）获得提前一步预测。

9.4.3　参考资料

以下是读者可能感兴趣的其他资源。

❏ Bollerslev, T.1990. "Modeling the Coherence in Short-Run Nominal Exchange Rates: A Multivariate Generalized ARCH Approach," Review of Economics and Statistics, 72(3): 498-505.

https://doi.org/10.2307/2109358

9.5　使用 DCC-GARCH 预测条件协方差矩阵

本节将介绍 CCC-GARCH 模型的扩展：与 Engle 的动态条件相关 GARCH（dynamic conditional correlation GARCH，DCC-GARCH）的模型。这两个模型之间的主要区别在于，

在 DCC-GARCH 模型中，条件相关矩阵随着时间的推移不再是恒定的——它使用的是 R_t 而不是 R。

虽然在估计方面也有一些细微差别，但基本结构和 CCC-GARCH 模型是类似的。

❑　　对于条件波动率估计单变量 GARCH 模型。

❑　　对于条件相关性估计 DCC 模型。

在第二步估计 DCC 模型时，使用了一个新矩阵 Q_t，代表一个代理相关过程。

$$R_t = \mathrm{diag}(Q_t)^{-1/2} Q_t \mathrm{diag}(Q_t)^{-1/2}$$

$$Q_t = (1 - \gamma - \delta)\bar{Q} + \gamma z_{t-1} z'_{t-1} + \delta Q_{t-1}$$

$$\bar{Q} = \frac{1}{T} \sum_{t=1}^{T} z_t z'_t$$

第一个公式描述了条件相关矩阵 R_t 和代理过程 Q_t 之间的关系。

第二个公式表示代理过程的动态变化。

最后一个公式显示了 $\bar{Q}$ 的定义，它被定义为来自单变量 GARCH 模型的标准化残差的无条件相关矩阵。

DCC 模型的这种表示使用了一种称为相关目标（correlation targeting）的方法。它的意思是，我们正在有效地将需要估计的参数数量减少到两个：γ 和 δ。这类似于单变量 GARCH 模型中的波动率目标。有关 GARCH 模型估计的详细信息，可以阅读 9.5.4 节"扩展知识"。

在撰写本书时，还没有可用于估计 DCC-GARCH 模型的 Python 库。一种解决方案是从头开始编写这样一个库，另一个更省时的解决方案是为该任务使用完善的 R 包。这就是为什么在本节中，我们还将介绍如何在一个 Jupyter Notebook 中高效地使 Python 和 R 协同工作（这也可以在普通的.py 脚本中完成）。

rpy2 库是 Python 和 R 两种语言之间的接口。它使我们不仅可以在同一个 Jupyter Notebook 中同时运行 R 和 Python，还可以在两个环境之间传递对象。

本节将使用与前一节相同的数据，以突出方法和结果的差异。

9.5.1　准备工作

有关如何轻松安装 R 的详细信息，请参阅以下资源。

❑　　https://cran.r-project.org/

❑　　https://docs.anaconda.com/anaconda/user-guide/tasks/using-r-language/

如果你使用 conda 作为包管理器，则安装过程可以大大简化。如果你只是使用 conda install rpy2 命令安装 rpy2，则包管理器将自动安装最新版本的 R 和一些其他必须的依赖项。

在执行以下代码之前，应确保运行上一节中的代码以使数据可用。

9.5.2 实战操作

执行以下步骤以在 Python 中估计 DCC-GARCH 模型（使用 R）。

（1）使用 rpy2 建立 Python 和 R 之间的连接。

```
%load_ext rpy2.ipython
```

（2）安装 rmgarch R 包并加载。

```
%%R

install.packages('rmgarch', repos = "http://cran.us.r-project.org")
library(rmgarch)
```

读者只需要安装 rmgarch 包一次。因此，在完成安装之后，即可安全地注释掉以 install.packages 开头的行。

（3）将数据集导入 R。

```
%%R -i returns
print(head(returns))
```

使用上述命令可以输出 R data.frame 的前 5 行，结果如下所示。

```
                              AAPL         GOOG         MSFT
2015-01-02   00:00:00  -0.951253138   -0.3020489    0.6673615
2015-01-05   00:00:00  -2.817148406   -2.0845731   -0.9195739
2015-01-06   00:00:00   0.009416247   -2.3177049   -1.4677364
2015-01-07   00:00:00   1.402220689   -0.1713264    1.2705295
2015-01-08   00:00:00   3.842214047    0.3153082    2.9418228
```

（4）定义模型。

```
%%R

# 定义 GARCH(1,1)模型
univariate_spec <- ugarchspec(
    mean.model = list(armaOrder = c(0,0)),
    variance.model = list( garchOrder = c(1,1),
                           model = "sGARCH"),
    distribution.model = "norm"
)
```

```
# 定义DCC(1,1)模型
n <- dim(returns)[2]
dcc_spec <- dccspec(
    uspec = multispec(replicate(n, univariate_spec)),
    dccOrder = c(1,1),
    distribution = "mvnorm"
)
```

（5）估计模型。

```
%%R
dcc_fit <- dccfit(dcc_spec, data=returns)
dcc_fit
```

模型的汇总信息、估计的系数以及一些拟合优度标准的选择如下所示。

```
*---------------------------------*
*          DCC GARCH Fit          *
*---------------------------------*


Distribution            : mvnorm
Model                   : DCC(1,1)
No. Parameters          : 17
[VAR GARCH DCC UncQ]    : [0+12+2+3]
No. Series              : 3
No. Obs.                : 1762
Log-Likelihood          : -8818.787
Av.Log-Likelihood       : -5


Optimal Parameters
------------------------------------------------------------
                 Estimate      Std.Error     t value     Pr(>|t|)
[AAPL].mu        0.189285      0.037040      5.1102      0.000000
[AAPL].omega     0.176370      0.051204      3.4445      0.000572
[AAPL].alpha1    0.134726      0.026084      5.1651      0.000000
[AAPL].beta1     0.811601      0.029763      27.2691     0.000000
[GOOG].mu        0.125177      0.040152      3.1176      0.001823
[GOOG].omega     0.305000      0.163809      1.8619      0.062614
[GOOG].alpha1    0.183387      0.089046      2.0595      0.039449
[GOOG].beta1     0.715766      0.112531      6.3606      0.000000
[MSFT].mu        0.149371      0.030686      4.8677      0.000001
[MSFT].omega     0.269463      0.086732      3.1068      0.001891
[MSFT].alpha1    0.214566      0.052722      4.0698      0.000047
[MSFT].beta1     0.698830      0.055597      12.5695     0.000000
```

```
[Joint]dcca1          0.060145          0.016934          3.5518          0.000383
[Joint]dccb1          0.793072          0.059999         13.2180          0.000000


Information Criteria
--------------------


Akaike          10.029
Bayes           10.082
Shibata         10.029
Hannan-Quinn    10.049
```

（6）计算提前 5 步预测。

```
forecasts <- dccforecast(dcc_fit, n.ahead = 5)
```

（7）访问该预测。

```
%%R

# 条件协方差矩阵
forecasts@mforecast$H
# 条件相关矩阵
forecasts@mforecast$R
# 代理相关过程
forecasts@mforecast$Q
# 条件均值预测
forecasts@mforecast$mu
```

条件协方差矩阵的提前 5 步预测如下所示。

```
[[1]]
, , 1


              [,1]            [,2]            [,3]
[1,]        2.397337        1.086898        1.337702
[2,]        1.086898        1.515434        1.145010
[3,]        1.337702        1.145010        1.874023

, , 2


              [,1]            [,2]            [,3]
[1,]        2.445035        1.138809        1.367728
[2,]        1.138809        1.667607        1.231062
[3,]        1.367728        1.231062        1.981190
```

```
, , 3

            [,1]        [,2]        [,3]
[1,]     2.490173    1.184169    1.395189
[2,]     1.184169    1.804434    1.308254
[3,]     1.395189    1.308254    2.079076

, , 4

            [,1]        [,2]        [,3]
[1,]     2.532888    1.224255    1.420526
[2,]     1.224255    1.927462    1.377669
[3,]     1.420526    1.377669    2.168484

, , 5

            [,1]        [,2]        [,3]
[1,]     2.573311    1.259997    1.444060
[2,]     1.259997    2.038083    1.440206
[3,]     1.444060    1.440206    2.250150
```

现在可以将此预测（第一步）与使用更简单的 CCC-GARCH 模型获得的预测进行比较。可以看到，CCC-GARCH 和 DCC-GARCH 模型的提前一步条件协方差预测的值非常相似。

9.5.3　原理解释

本节使用了与前一节相同的数据，以比较 CCC-GARCH 和 DCC-GARCH 模型的结果。有关下载数据的更多信息，可以参阅 9.4 节"使用 CCC-GARCH 模型进行多变量波动率预测"中的步骤（1）至（4）。

为了同时使用 Python 和 R，我们使用了 rpy2 库。本节介绍了如何结合使用该库和 Jupyter Notebook。有关如何在 .py 脚本中使用该库的更多详细信息，可以参阅官方文档。此外，我们不需要深入研究 R 代码的细节，因为这超出了本书的讨论范围。

在步骤（1）中，使用了以下魔术命令。

```
%load_ext rpy2.ipython
```

它使我们能够通过将%%R 添加到 Jupyter Notebook 中单元格的开头来运行 R 代码。因此，读者不妨假设本章中的任何代码块都是一个单独的 Notebook 单元格（有关更多信息，请参阅本章配套的 GitHub 存储库中的 Jupyter Notebook）。

在步骤（2）中，安装了所需的 R 依赖项。为此使用了 install.packages 函数，指定了我们想要使用的存储库。

在步骤（3）中，将 pandas DataFrame 移到了 R 环境中。为此我们传递了额外的代码 -i returns，以及%%R 魔术命令。后续步骤将可使用已导入的数据。

📝 注意：

当读者想要将 Python 对象移动到 R，进行一些操作/建模，并将最终结果移回 Python 时，可以使用以下语法。

```
%%R -i input_object -o output_object
```

在步骤（4）中，定义了 DCC-GARCH 模型的规范。

首先，我们使用 ugarchspec 定义了单变量 GARCH 规范（用于条件波动率估计）。该函数来自一个叫作 rugarch 的包，后者是单变量 GARCH 建模的框架。通过不指定 ARMA 参数，我们实际上选择了一个常数均值模型。对于波动率，则使用了具有正态分布创建的 GARCH(1,1)模型。

其次，我们指定了 DCC 模型。这主要包括以下设置。

❑　为每个收益序列重复单变量规范。本示例有 3 个序列。

❑　指定 DCC 模型的阶数——在本例中为 DCC(1,1)。

❑　指定多元分布——本示例为多元正态分布。

可以通过调用 dcc_spec 对象来查看规范的汇总信息。

在步骤（5）中，使用规范和数据作为参数调用了 dccfit 函数，以此来估计模型。之后，使用 dccforecast 函数获得了提前 5 步预测，该函数将返回嵌套对象。

❑　H：条件协方差矩阵。

❑　R：条件相关矩阵。

❑　Q：相关矩阵的代理过程。

❑　mu：条件均值。

它们都包含提前 5 步的预测，并存储在列表中。

9.5.4　扩展知识

本小节将介绍更多有关 GARCH 模型估计的细节。

1. 关于估计的详细解释

在估计 DCC-GARCH 模型的第一个步骤中，可以额外使用一种称为方差目标（variance

targeting）的方法。这个想法是为了减少需要在 GARCH 模型中估计的参数数量。

为此需要稍微修改一下 GARCH 方程。原方程如下所示。

$$\sigma_t^2 = \omega + \sum_{i=1}^{q} \alpha_i \, \epsilon_{t-i}^2 + \sum_{i=1}^{p} \beta_i \sigma_{t-i}^2$$

无条件波动率定义如下。

$$\bar{\sigma} = \omega / (1 - \alpha - \beta)$$

现在可以将其代入 GARCH 方程并产生以下结果。

$$\sigma_t^2 = \bar{\sigma}(1 - \alpha - \beta) + \sum_{i=1}^{q} \alpha_i \, \epsilon_{t-i}^2 + \sum_{i=1}^{p} \beta_i \sigma_{t-i}^2$$

在最后一步中，将无条件波动率替换为收益的样本方差。

$$\hat{\sigma} = \frac{1}{T} \sum_{t=1}^{T} \epsilon_t^2$$

在这样处理之后，每个 GARCH 方程要估计的参数就少了一个。此外，模型隐含的无条件方差等于保证无条件样本方差。为了在实践中使用方差目标，我们向 ugarchspec 函数调用添加了一个额外的参数：

```
ugarchspec(..., variance.targeting = TRUE)
```

2. 单变量和多变量 GARCH 模型

同样值得一提的是，rugarch 和 rmgarch 可以很好地协同工作，因为它们都是由同一作者开发的，并且创建为在 R 中估计 GARCH 模型的单一首选框架。

在估计 DCC-GARCH 模型的第一步中，我们已经使用了 ugarchspec 函数，算是对 rmgarch 包有了初步的认识。不过，就该包的功能而言，仍有很多值得我们发掘的地方。

3. 并行化多变量 GARCH 模型的估计

最后要说明的是，在 parallel R 包的帮助下，DCC-GARCH 模型的估计过程可以轻松实现并行化。

为了通过并行化加速计算，我们可以重复使用本节中的大部分代码并添加一些额外的代码行。首先，必须使用 parallel 包中的 makePSOCKcluster 来设置一个集群，并指出我们想要使用的 3 个核心。然后，使用 multifit 定义可并行化规范。最后，拟合 DCC-GARCH 模型。与之前的代码相比，这里的不同之处在于额外将 fit 和 cluster 参数传递给函数调用。完成估计后，即可停止集群。具体代码如下所示。

```
%%R

# 并行化 DCC-GARCH(1,1)
library("parallel")
```

```
# 设置集群
cl <- makePSOCKcluster(3)

# 定义可并行化规格
parallel_fit <- multifit(multispec(replicate(n, univariate_spec)),
                         returns,
                         cluster = cl)

# 拟合 DCC-GARCH 模型
dcc_fit <- dccfit(dcc_spec,
                  data = returns,
                  fit.control = list(eval.se = TRUE),
                  fit = parallel_fit,
                  cluster = cl)

# 停止集群
stopCluster(cl)
```

使用上述代码可以显著加快 DCC-GARCH 模型的估计速度。在处理大量数据时，性能的提高尤为明显。此外，将 parallel 包与 multifit 一起使用的方法可用于加速来自 rugarch 和 rmgarch 包的各种 GARCH 和 ARIMA 模型的计算。

9.5.5　参考资料

以下是读者可能感兴趣的其他资源。

❑ Engle, R.F., 2002. "Dynamic Conditional Correlation: A Simple Class of Multivariate Generalized Autoregressive Conditional Heteroskedasticity Models," Journal of Business and Economic Statistics, 20(3): 339-350.

https://doi.org/10.1198/073500102288618487

❑ Ghalanos, A. (2019). The rmgarch models: Background and properties. (Version 1.3-0).

https://cran.r-project.org/web/packages/rmgarch/vignettes/The_rmgarch_models.pdf

❑ rpy2 的说明文档。

https://rpy2.github.io/

9.6 小 结

波动率建模和预测近年来引起了极大的关注，这主要是由于它们在金融市场中的重要性。本章详细阐释了 GARCH 模型（单变量和多变量）在波动率预测中的实际应用。通过了解如何使用 GARCH 类模型对波动率进行建模，我们可以使用更准确的波动率预测来取代许多实际用例（如风险管理、波动率交易和衍生品估值）中的朴素估计。

本章重点讨论 GARCH 模型，是因为它们能够捕获波动率聚类。但是，也有其他一些波动率建模方法。例如，机制转换模型（regime-switching model）假设数据中存在某些重复模式（状态），因此，我们应该能够通过使用基于过去观察的参数估计来预测未来状态。

第 10 章　金融领域中的蒙特卡罗模拟

蒙特卡罗模拟（Monte Carlo simulation）是一类计算算法，它使用重复的随机抽样来解决任何具有概率解释的问题。在金融领域，它们流行的原因之一是它们可以用来准确地估计积分。蒙特卡罗模拟的主要思想是产生大量样本路径（指可能的场景/结果）——通常是在给定的时间段内。然后将时间范围分割成指定数量的时间步，这样做的过程被称为离散化（discretization）。它的目标是近似金融工具定价发生的连续时间。

所有这些模拟样本路径的结果都可用于计算一些指标，例如，事件发生的次数百分比、金融工具在最近阶段的平均值等。从历史上看，使用蒙特卡罗方法的主要问题是它需要强大的计算能力来计算所有考虑的场景。但如今，这已不再是一个问题，因为我们可以在台式计算机或笔记本式计算机上运行高级的模拟，如果本地计算机的计算能力用完了，还可以使用云计算，它们配备有更强大的处理器。

本章将介绍如何在各种场景和任务中使用蒙特卡罗方法。在其中一些任务中，我们将从头开始创建模拟，而在其他任务中，则将使用现代 Python 库来简化该过程。由于方法的灵活性，蒙特卡罗方法是计算金融学（computational finance）中最重要的技术之一。它可以适用于各种问题，如没有闭合解（closed-form solution）的衍生品定价（美式/奇异期权）、债券估值（如零息债券）、估计投资组合的不确定性（如计算风险价值和预期损失等），并可在风险管理中进行压力测试。本章将向读者展示如何解决其中的一些问题。

本章包含以下内容。
- ❑ 使用几何布朗运动模拟股票价格动态。
- ❑ 使用模拟为欧式期权定价。
- ❑ 使用最小二乘法蒙特卡罗为美式期权定价。
- ❑ 使用 QuantLib 为美式期权定价。
- ❑ 为障碍期权定价。
- ❑ 使用蒙特卡罗模拟估计风险价值。

10.1　使用几何布朗运动模拟股票价格动态

模拟股票价格在许多衍生品（尤其是期权）的估值中起着至关重要的作用。由于价格变动的随机性，这些模拟依赖于随机微分方程（stochastic differential equation，SDE）。当随机过程满足以下 SDE 时，可称它遵循几何布朗运动（geometric Brownian motion，GBM）。

$$dS_t = \mu S_t dt + \sigma S_t dW_t$$

其中，S_t 表示股票价格；μ 表示漂移系数，即给定时间段内的平均收益或瞬时预期收益；σ 表示扩散系数，即漂移中有多少波动；W_t 表示布朗运动；d 表示变量在所考虑的时间增量内的变化；dt 表示时间的变化。

我们不需要太深入地研究布朗运动的性质，因为它超出了本书的讨论范围。简而言之，布朗增量是作为标准正态随机变量[$rv \sim N(0, 1)$]和时间增量平方根的积计算的。

另一种说法是，布朗增量来 $rv \sim N(0, 1)$，其中，t 是时间增量。我们通过取布朗增量的累积和来获得布朗路径。

上面提到的随机微分方程（SDE）是为数不多的具有闭合解的方程之一。

$$S(t) = S_0 e^{\left(\mu - \frac{1}{2}\sigma^2\right)t + \sigma W_t}$$

其中，$S_0 = S(0)$是过程的初始值，在本例中就是股票的初始价格。上述公式表示了时间 t 的股票价格与初始股票价格之间的关系。

对于模拟，可以使用以下递归公式。

$$S(t_{i+1}) = S(t_i)\exp\left(\left(\mu - \frac{1}{2}\sigma^2\right)(t_{i+1} - t_i) + \sigma\sqrt{t_{i+1} - t_i}\, z_{i+1}\right)$$

其中，Z_i 是标准正态随机变量，$i = 0, 1, …, T\text{-}1$ 是时间指数。该规范是可能的，因为 W 的增量是独立的且呈正态分布。请参考欧拉的离散化原理以更好地理解该公式的来源。

✔ 注意：

GBM 是一个不考虑均值回归和时间相关波动率的过程。这就是为什么它常用于股票价格而不是债券价格，因为债券价格往往显示出长期的面值回归。

本节将使用蒙特卡罗方法和 GBM 提前一个月模拟 IBM 公司的股票价格，即使用 2021 年的数据，模拟 2022 年 1 月的可能路径。

10.1.1　实战操作

执行以下步骤，以模拟 IBM 公司提前一个月的股价。

（1）导入库。

```
import numpy as np
```

```
import pandas as pd
import yfinance as yf
```

（2）从雅虎财经下载 IBM 的股价。

```
df = yf.download("IBM",
                 start="2021-01-01",
                 end="2022-01-31",
                 adjusted=True)
```

（3）计算并绘制每日收益。

```
returns = df["Adj Close"].pct_change().dropna()
returns.plot(title="IBM's returns")
```

运行上述代码片段会产生如图 10.1 所示的结果。

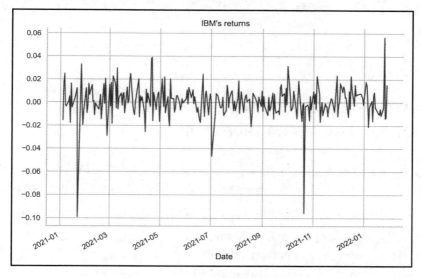

图 10.1　IBM 公司股票的简单收益

（4）将数据拆分成训练集和测试集。

```
train = returns["2021"]
test = returns["2022"]
```

（5）指定模拟的参数。

```
T = len(test)
N = len(test)
S_0 = df.loc[train.index[-1], "Adj Close"]
```

```
N_SIM = 100
mu = train.mean()
sigma = train.std()
```

（6）定义用于模拟的函数。

```
def simulate_gbm(s_0, mu, sigma, n_sims, T, N,
                 random_seed=42):
    np.random.seed(random_seed)

    dt = T/N
    dW = np.random.normal(scale=np.sqrt(dt), size=(n_sims, N))
    W = np.cumsum(dW, axis=1)

    time_step = np.linspace(dt, T, N)
    time_steps = np.broadcast_to(time_step, (n_sims, N))

    S_t = (
        s_0 * np.exp((mu - 0.5 * sigma**2) * time_steps + sigma * W)
    )
    S_t = np.insert(S_t, 0, s_0, axis=1)

    return S_t
```

（7）运行模拟并将结果存储在 DataFrame 中。

```
gbm_simulations = simulate_gbm(S_0, mu, sigma, N_SIM, T, N)
sim_df = pd.DataFrame( np.transpose(gbm_simulations),
                      index=train.index[-1:].union(test.index))
```

（8）用每个时间步的平均值和相应的实际股票价格创建一个 DataFrame。

```
res_df = sim_df.mean(axis=1).to_frame()
res_df = res_df.join(df["Adj Close"])
res_df.columns = ["simulation_average", "adj_close_price"]
```

（9）绘制模拟结果。

```
ax = sim_df.plot(
    alpha=0.3, legend=False, title="Simulation's results"
)
res_df.plot(ax=ax, color = ["red", "blue"])
```

在图 10.2 中，可以观察到预测的股票价格（每个时间步长的模拟平均值）呈现出轻微的正趋势。这可以归因于正值漂移项 $\mu = 0.07\%$。当然，对该结论应持谨慎保留态度，因为模拟的数量是很少的。

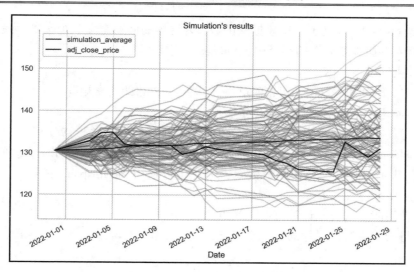

图 10.2　模拟路径及其平均值

应记住，这种可视化仅适用于合理数量的样本路径。在现实生活中，我们需要使用比 100 多得多的样本路径。蒙特卡罗模拟的一般方法是：拥有更多的样本路径会导致更准确/可靠的结果。

10.1.2　原理解释

导入库之后，在步骤（2）和步骤（3）中，下载了 IBM 公司股票的价格并计算了简单收益。在步骤（4）中，将数据拆分为训练集和测试集。虽然本示例没有任何模型的明确训练，但步骤（5）使用了训练集来计算收益的平均值和标准差，在后续步骤中会将这些值用作模拟的漂移（mu）和扩散（sigma）系数。此外，在步骤（5）中，还定义了以下参数。

- ❏ T：预测范围。本示例中为测试集中的天数。
- ❏ N：预测范围内的时间增量数。对于本次模拟，可以令 N = T。
- ❏ S_0：初始价格。对于该模拟，可以使用训练集中的最后一个观察值。
- ❏ N_SIM：模拟路径数。

✅ **注意：**

蒙特卡罗模拟使用一个被称为离散化的过程。其思想是通过将所考虑的时间范围划分为大量离散区间来近似金融资产的连续定价。这就是为什么除了考虑预测范围，我们还需要指示拟合范围的时间增量的数量。

　　在步骤（6）中，定义了运行模拟的函数。为这样的问题定义一个函数/类是一种很好的做法，因为它在本章后面的小节中也可以派上用场。

　　该函数执行以下步骤。

　　（1）定义时间增量（dt）和布朗增量（dW）。在布朗增量矩阵（大小：n_SIM×N）中，每一行描述一个样本路径。

　　（2）通过在行上运行累积和（np.cumsum）来计算布朗路径（W）。

　　（3）创建一个包含时间步长（time_steps）的矩阵。为此，我们在一个区间（模拟的范围）内创建了一个均匀分布的值数组。为此可以使用 np.linspace 函数。之后，使用 np.broadcast_to 将数组广播到预期的形状。

　　（4）使用闭合式公式计算每个时间点的股票价格。

　　（5）将初始值插入每行的第一个位置。

注意：

　　在这里不需要显式广播包含时间步长的向量。它会自动完成，以匹配所需的大小（指 W 的维度）。通过手动操作，我们可以更好地控制正在做的事情，这使代码更容易调试。此外，读者还应该知道，在 R 等语言中，没有自动广播。

　　在该函数的定义中，可以将漂移识别为(mu - 0.5 * sigma ** 2) * time_steps，将扩散识别为 sigma * W。此外，在定义该函数时，遵循的是向量化方法。这样做可以避免编写任何 for 循环，后者在大型模拟的情况下效率非常低下。

提示：

　　为了获得可重复的结果，可以在模拟路径之前使用 np.random.seed。

　　在步骤（7）中，运行了模拟并将结果（样本路径）存储在 DataFrame 中。这样做的同时，我们还转置了数据，以便每一列都有一个路径，这简化了 pandas DataFrame 的 plot 方法的使用。为了获得正确的索引，使用了 DatetimeIndex 的 union 方法将训练集中最后一次观察的索引和测试集中的索引连接起来。

　　在步骤（8）中，将预测的股票价格计算为每个时间点所有模拟的平均值，并将这些结果存储在 DataFrame 中。然后，连接了每个日期的实际股票价格。

　　在步骤（9）中，对模拟的样本路径进行了可视化。在可视化模拟路径时，设置了 alpha=0.3 以使线条透明显示。这样做可以更容易地看到代表预测（平均）路径和实际路径的两条线。

10.1.3　扩展知识

有一些统计方法可以更轻松地使用蒙特卡罗模拟（准确率高，计算快）。其中之一是被称为对偶变数（antithetic variates）的方差减少方法。在这种方法中，将尝试通过在随机抽取对之间引入负相关性来减少估计量的方差。更直白的解释如下。

在创建样本路径时，对于每个 $[\epsilon_1, \ldots, \epsilon_t]$，都取其对偶值，即 $[-\epsilon_1, \ldots, -\epsilon_t]$。

这种方法的优点如下。

❑　减少（减半）生成 N 条路径要抽取的标准正态样本数量。

❑　减少样本路径方差，同时提高准确率。

我们在改进的 simulate_gbm 函数中实现了这种方法。此外，还通过将大部分计算放在一行中来缩短函数。

在实现这些更改之前，我们对函数的初始版本进行了计时。

```
%timeit gbm_simulations = simulate_gbm(S_0, mu, sigma, N_SIM, T, N)
```

计时结果如下。

```
71 µs ± 126 ns per loop (mean ± std. dev. of 7 runs, 10000 loops each)
```

新函数定义如下。

```python
def simulate_gbm(s_0, mu, sigma, n_sims, T, N, random_seed=42,
                 antithetic_var=False):
    np.random.seed(random_seed)

    # 时间增量
    dt = T/N

    # 布朗运动
    if antithetic_var:
        dW_ant = np.random.normal(scale = np.sqrt(dt),
                                  size=(int(n_sims/2), N + 1))
        dW = np.concatenate((dW_ant, -dW_ant), axis=0)
    else:
        dW = np.random.normal(scale = np.sqrt(dt),
                              size=(n_sims, N + 1))

    # 模拟过程的演变
    S_t = s_0 * np.exp(np.cumsum(( mu - 0.5*sigma**2)*dt + sigma*dW,
                       axis=1))
```

```
    S_t[:, 0] = s_0

    return S_t
```

首先运行没有对偶变量的模拟。

```
%timeit gbm_simulations = simulate_gbm(S_0, mu, sigma, N_SIM, T, N)
```

其分数如下。

```
50.3 µs ± 275 ns per loop (mean ± std. dev. of 7 runs, 10000 loops each)
```

然后使用对偶变量运行模拟。

```
%timeit gbm_simulations = simulate_gbm(S_0, mu, sigma, N_SIM, T, N,
antithetic_var=True)
```

其分数如下。

```
38.2 µs ± 623 ns per loop (mean ± std. dev. of 7 runs, 10000 loops each)
```

可以看到，我们成功地使该函数运行更快。如果读者对纯性能感兴趣，可以使用 Numba、Cython 或多处理进一步加速这些模拟。

💡 提示：

其他可能的方差减少技术包括控制变量和公共随机数。

10.1.4　参考资料

本节展示了如何使用几何布朗运动来模拟股票价格。当然，读者也可以使用其他随机过程，以下是读者可能感兴趣的资源。

❏　跳跃扩散模型（jump-diffusion model）。

Merton, R. "Option Pricing When the Underlying Stock Returns Are Discontinuous," Journal of Financial Economics, 3, 3 (1976): 125-144.

❏　平方根扩散模型（square-root diffusion model）。

Cox, John, Jonathan Ingersoll, and Stephen Ross , "A theory of the term structure of interest rates," Econometrica, 53, 2 (1985): 385-407.

❏　随机波动率模型（stochastic volatility model）。

Heston, S. L., "A closed-form solution for options with stochastic volatility with applications to bond and currency options," The Review of Financial Studies, 6(2): 327-343.

10.2　使用模拟为欧式期权定价

期权（option）是一种衍生工具，因为它们的价格与标的证券（如股票）的价格挂钩。购买期权合约授予在特定日期/之前以设定价格——行使价（strike price）购买或出售标的资产的权利，但不是义务。期权受欢迎的主要原因是，它们对冲了资产价格以不受欢迎的方式变动的风险。

举例来说，假设某股票当前的市价为 30 元每股，炒家强烈看涨该股票，认为它可能在未来半年上涨到 60 元每股。你想买入 10 000 股，但是又不想立即投入 30 万元现金，这时就可以购买一个期权合约，约定可以在半年时间内以 33 元每股的价格购买该股票，整个合约售价 1 万元。如果股价在约定日内达到了 60 元，则合约持有者仍然可以按约定价 33 元而非市价的 60 元购买约定数额内的股票。在这种情况下，你如果行权则会产生 (60-33)×10000 = 27 万元的收益（实际是 26 万元，因为还要减去 1 万元购买合约的成本）。反之，如果股价在约定日内低于 33 元或更多，比如暴跌至 15 元，则你可以无视该期权合约，等待其自动过期即可，合约持有者的损失仅为购买期权合约的那一部分金额（本例中为 1 万元）。

本节我们将关注一种类型的期权，即欧式期权。欧式看涨/看跌期权（European call/put option）赋予我们在特定到期日（通常表示为 T）购买/出售特定资产的权利（但同样不是义务）。

有许多可能的期权估值方法，如以下几种。

❑　解析公式（只有部分期权可以使用这种方法）。
❑　二叉树方法。
❑　有限差分。
❑　蒙特卡罗模拟。

欧式期权是一个例外，因为存在对其估值的解析公式，而对于更高级的衍生品（如美式或奇异期权），则情况并非如此。

为了使用蒙特卡罗模拟为期权定价，可以使用风险中性估值（risk-neutral valuation），根据该估值方法，衍生品的公允价值是其未来收益的预期价值。换句话说，我们假设期权的权利金的增长速度与无风险利率相同，可用它来折现到现值。对于每条模拟路径，我们将计算期权的到期收益，取所有路径的平均值，并将其折现为现值。

本节将展示如何编写 Black-Scholes 模型的封闭式解，然后使用蒙特卡罗模拟方法。为简单起见，我们将使用虚构的输入数据，但读者也可以类推使用现实生活中的数据。

10.2.1　实战操作

执行以下步骤，使用解析公式和蒙特卡罗模拟为欧式期权定价。

（1）导入库。

```python
import numpy as np
from scipy.stats import norm
from chapter_10_utils import simulate_gbm
```

本节将使用在 10.1 节"使用几何布朗运动模拟股票价格动态"中定义的 simulate_gbm 函数。为了方便起见，你可以将它存储在一个单独的.py 脚本中，然后导入它。

（2）定义期权的估值参数。

```python
S_0 = 100
K = 100
r = 0.05
sigma = 0.50
T = 1
N = 252
dt = T / N
N_SIMS = 1_000_000
discount_factor = np.exp(-r * T)
```

（3）使用解析解准备估值函数。

```python
def black_scholes_analytical(S_0, K, T, r, sigma, type="call"):
    d1 = (
        np.log(S_0 / K) + (r + 0.5*sigma**2) * T) / (sigma*np.sqrt(T)
    )
    d2 = d1 - sigma * np.sqrt(T)
    if type == "call":
        N_d1 = norm.cdf(d1, 0, 1)
        N_d2 = norm.cdf(d2, 0, 1)
        val = S_0 * N_d1 - K * np.exp(-r * T) * N_d2
    elif type == "put":
        N_d1 = norm.cdf(-d1, 0, 1)
        N_d2 = norm.cdf(-d2, 0, 1)
        val = K * np.exp(-r * T) * N_d2 - S_0 * N_d1
    else:
        raise ValueError("Wrong input for type!")

    return val
```

（4）使用指定的参数评估看涨期权。

```
black_scholes_analytical(S_0=S_0, K=K, T=T,
                         r=r, sigma=sigma,
                         type="call")
```

具有指定参数的欧式看涨期权的价格为 21.7926。

（5）使用 simulate_gbm 函数模拟股票路径。

```
gbm_sims = simulate_gbm(s_0=S_0, mu=r, sigma=sigma,
                        n_sims=N_SIMS, T=T, N=N)
```

（6）计算期权的权利金（option premium）。

```
premium = (
    discount_factor * np.mean(np.maximum(0, gbm_sims[:, -1] - K))
)
premium
```

计算出的期权的权利金为 21.7562。值得一提的是，在 simulate_gbm 函数中使用固定的随机种子将获得可重现的结果。一般来说，无论何时处理模拟，我们都可以预计结果具有一定程度的随机性。

在本示例中，可以看到使用蒙特卡罗模拟计算的期权的权利金接近于 Black-Scholes 模型的闭合解的期权的权利金。为了提高模拟的准确性，可以增加模拟路径的数量（使用 N_SIMS 参数）。

10.2.2　原理解释

在步骤（2）中，定义了用于此节的参数。

❑　S_0：初始股价。

❑　K：行使价，即可以在到期时买入/卖出的价格。

❑　r：年无风险利率。

❑　sigma：基础股票波动率（年化）。

❑　T：年到期时间。

❑　N：模拟的时间增量数。

❑　N_SIMS：模拟样本路径数。

❑　discount_factor：折现因子，用于计算未来收益的现值。

在步骤（3）中，定义了一个函数，用于使用 Black-Scholes 模型（针对非股息支付股票）的闭合解计算期权的权利金。

在步骤（4）中使用它来计算蒙特卡罗模拟的基准。

看涨期权和看跌期权的解析解定义如下。

$$C(S_t, t) = N(d_1)S_t - N(d_2)Ke^{-r(T-t)}$$
$$P(S_t, t) = N(-d_2)Ke^{-r(T-t)} - N(-d_1)S_t$$
$$d_1 = \frac{1}{\sigma\sqrt{T-t}}\left[\ln\left(\frac{S_t}{K}\right) + \left(r + \frac{\sigma^2}{2}\right)(T-t)\right]$$
$$d_2 = d_1 - \sigma\sqrt{T-t}$$

其中，$N()$ 代表标准正态分布的累积分布函数（cumulative distribution function，CDF）；$T-t$ 是以年表示的到期时间；式 1 代表欧式看涨期权的价格公式；式 2 代表欧式看跌期权的价格公式。

通俗地讲，式 1 中的两项可以被认为是：股票的当前价格，由行使购买股票期权的概率[$N(d1)$]加权——换句话说，我们可以得到什么；行使期权的折扣价（行使价），由行使期权的概率[$N(d2)$]加权——换句话说，我们将支付的价格。

在步骤（5）中，使用了上一节中的 GBM 模拟函数来获得标的资产的 1 000 000 条可能路径。为了计算期权的权利金，我们只研究了终端值，并且对于每条路径计算收益如下。

❑　看涨期权：$\max(S_T - K, 0)$。
❑　看跌期权：$\max(K - S_T, 0)$。

在步骤（6）中，取收益的平均值并使用折现因子对其进行折现以获得现值。

10.2.3　扩展知识

1．使用蒙特卡罗模拟改进估值函数

在前面的步骤中，展示了如何重复使用 GBM 模拟来计算欧式看涨期权的权利金。但是，我们也可以加快计算速度，因为对于欧式期权来说，我们只对最终股票价格感兴趣。中间步骤无关紧要，这就是为什么我们只需要模拟时间 T 的价格并可使用这些值来计算预期收益。接下来，让我们通过与之前使用的参数相同的欧式看跌期权示例来展示如何执行此操作。

首先可以使用解析公式计算期权的权利金。

```
black_scholes_analytical(S_0=S_0, K=K, T=T, r=r, sigma=sigma, type="put")
```

计算出的期权的权利金为 16.9155。

然后，定义修改后的模拟函数，它只查看模拟路径的终端值。

```python
def european_option_simulation(S_0, K, T, r, sigma, n_sims,
                               type="call", random_seed=42):
    np.random.seed(random_seed)
    rv = np.random.normal(0, 1, size=n_sims)
    S_T = S_0 * np.exp((r - 0.5 * sigma**2) * T + sigma * np.sqrt(T) * rv)

    if type == "call":
        payoff = np.maximum(0, S_T - K)
    elif type == "put":
        payoff = np.maximum(0, K - S_T)
    else:
        raise ValueError("Wrong input for type!")

    premium = np.mean(payoff) * np.exp(-r * T)
    return premium
```

然后，运行该模拟。

```python
european_option_simulation(S_0, K, T, r, sigma, N_SIMS, type="put")
```

模拟计算的结果值为 16.9482，接近前一个值。进一步增加模拟路径的数量应该会增加估值的准确性。

2. 使用希腊字母衡量价格敏感度

在谈论期权的估值时，不得不提到著名的希腊值（Greek），它是代表金融衍生品的价格对其中一个基础参数变化的敏感性的数量。该名称来源于这样一个事实，即这些敏感性最常使用希腊字母表中的字母表示。以下是 5 种最流行的敏感性。

❑　Delta（Δ）：理论期权价值相对于标的资产价格变化的敏感性。

❑　Vega（ν）：理论期权价值相对于标的资产波动率的敏感性。

❑　Theta（Θ）：理论期权价值相对于期权到期时间的敏感性。

❑　Rho（ρ）：理论期权价值相对于利率的敏感性。

❑　Gamma（Γ）：这是二阶希腊值的示例，因为它代表期权的 delta(Δ)相对于标的资产价格变化的敏感性。

表 10.1 显示了欧式看涨期权和看跌期权的希腊值是如何根据解析公式计算的期权的权利金的值来表示的。

表 10.1　欧式看涨期权和看跌期权的希腊值和期权的权利金解析公式的对应关系

	解 析 公 式	看 涨 期 权	看 跌 期 权
delta	$\dfrac{\partial C}{\partial S}$	$N(d_1)$	$-N(-d_1)=N(d_1)-1$
gamma	$\dfrac{\partial^2 C}{\partial S^2}$	$\dfrac{N'(d_1)}{S\sigma\sqrt{T-t}}$	
vega	$\dfrac{\partial C}{\partial \sigma}$	$SN'(d_1)\sqrt{T-t}$	
theta	$\dfrac{\partial C}{\partial t}$	$-\dfrac{SN'(d_1)\sigma}{2\sqrt{T-t}}-rKe^{-r(T-t)}N(d_2)$	$-\dfrac{SN'(d_1)\sigma}{2\sqrt{T-t}}+rKe^{-r(T-t)}N(-d_2)$
rho	$\dfrac{\partial C}{\partial r}$	$K(T-t)e^{-r(T-t)}N(d_2)$	$-K(T-t)e^{-r(T-t)}N(-d_2)$

$N'()$符号表示标准正态分布的概率密度函数（probability density function，PDF）。如读者所见，这些希腊值实际上是某些模型价格（在本例中为欧式看涨期权或看跌期权）相对于模型参数之一的偏导数。另外还需要注意的是，各模型的希腊值有所不同。

10.3　使用最小二乘法蒙特卡罗为美式期权定价

在本节中，我们将学习如何评估美式期权（American option）。欧式期权和美式期权的主要区别在于，后者可以在到期日之前的任何时间（包括到期日）行使——基本上，只要标的资产的价格变动对期权持有人有利即可。

这种行为给估值带来了额外的复杂性，而且这个问题没有闭合解。在使用蒙特卡罗模拟时，我们不能只查看每个样本路径上的终端值，因为期权的行权可能发生在路径上的任何位置。这就是为什么我们需要采用一种更复杂的方法，也就是所谓的最小二乘蒙特卡罗（least squares Monte Carlo，LSMC），该方法由 Longstaff 和 Schwartz（2001）提出。

首先，跨越$[0, T]$的时间轴被离散化为有限数量的等距间隔，并且早期行使只能发生在那些特定的时间步。实际上，美式期权近似于百慕大期权（Bermudan option）。对于任何时间步 t，如果立即行使的收益大于持续值，则执行早期行使。

这由以下公式表示。

$$V_t(s) = \max(h_t(s), C_t(s))$$

其中，$h_t(s)$代表期权的收益（也称为期权的内在价值，这和欧式期权的计算是一样的），$C_t(s)$是期权的延续价值，定义如下。

$$C_t(s) = E_t^Q\left[e^{-rdt}V_{t+dt}(S_{t+dt})\big|S_t = s\right]$$

其中，r 为无风险利率，dt 为时间增量，$E_t^Q(\cdots|S_t=s)$ 是给定基础价格时的风险中性预期。持续价值基本上是不在给定时间行使期权的预期收益。

在使用蒙特卡罗模拟时，对于每个路径 i 和时间 t 可以定义连续值 $e^{-rdt}V_{t+dt,\,i}$，直接使用这个值是不可能的，因为这意味着完美的预见。这就是 LSMC 算法使用线性回归来估计预期连续值的原因。在该算法中，我们将折现的未来价值（通过保留期权获得）回归到现货价格（时间 t 价格）的一组基函数上。解决这个问题的最简单方法是使用 x 次多项式回归。基函数的其他选项包括 Legendre、Hermite、Chebyshev、Gegenbauer 或 Jacobi 多项式。

我们向后迭代此算法（从时间 T-1 到 0），并在最后一步将平均折现值作为期权的权利金。欧式期权的溢价代表美式期权溢价的下限。其差额通常称为提前行权溢价（early exercise premium）。

10.3.1　实战操作

按以下步骤操作，以使用最小二乘蒙特卡罗方法对美式期权定价。

（1）导入库。

```python
import numpy as np
from chapter_10_utils import(simulate_gbm,
                             black_scholes_analytical,
                             lsmc_american_option)
```

（2）定义期权的参数。

```python
S_0 = 36
K = 40
r = 0.06
sigma = 0.2
T = 1 # 1 year
N = 50
dt = T / N
N_SIMS = 10 ** 5
discount_factor = np.exp(-r * dt)
OPTION_TYPE = "put"
POLY_DEGREE = 5
```

（3）使用 GBM 模拟股票价格。

```python
gbm_sims = simulate_gbm(s_0=S_0, mu=r, sigma=sigma,
                        n_sims=N_SIMS, T=T, N=N)
```

（4）计算收益矩阵。

```
payoff_matrix = np.maximum(K - gbm_sims, np.zeros_like(gbm_sims))
```

（5）定义值矩阵并填充最后一列（时间 T）。

```
value_matrix = np.zeros_like(payoff_matrix)
value_matrix[:, -1] = payoff_matrix[:, -1]
```

（6）在给定时间内迭代计算连续值和值向量。

```
for t in range(N - 1, 0 , -1):
    regression = np.polyfit(
        gbm_sims[:, t],
        value_matrix[:, t + 1] * discount_factor,
        POLY_DEGREE
    )

    continuation_value = np.polyval(regression, gbm_sims[:, t])
    value_matrix[:, t] = np.where(
        payoff_matrix[:, t] > continuation_value,
        payoff_matrix[:, t],
        value_matrix[:, t + 1] * discount_factor
    )
```

（7）计算期权的权利金。

```
option_premium = np.mean(value_matrix[:, 1] * discount_factor)
option_premium
```

所指定的美式看跌期权的权利金为 4.465。

（8）计算具有相同参数的欧式看跌期权的权利金。

```
black_scholes_analytical(S_0=S_0, K=K, T=T, r=r, sigma=sigma,
                         type="put")
```

相同参数的欧式看跌期权的价格为 3.84。

（9）作为一项额外对比，可以计算一下美式看涨期权和欧式看涨期权的价格。

```
european_call_price = black_scholes_analytical(
    S_0=S_0, K=K, T=T, r=r, sigma=sigma
)
american_call_price = lsmc_american_option(
    S_0=S_0, K=K, T=T, N=N, r=r,
    sigma=sigma, n_sims=N_SIMS,
    option_type="call",
```

```
    poly_degree=POLY_DEGREE
)
print(f"European call's price: {european_call_price:.3f}")
print(f"American call's price: {american_call_price:.3f}")
```

欧式看涨期权的价格为 2.17,而美式看涨期权的价格(使用 100 000 次模拟)为 2.10。

10.3.2　原理解释

在步骤(2)中,再次定义了所考虑的美式期权的参数。为了进行比较,我们采用了与 Longstaff 和 Schwartz(2001)相同的值。

在步骤(3)中,使用了本章前面小节中的 simulate_gbm 函数模拟股票的演变。在之后的步骤(4)中,使用与欧式期权相同的公式计算了看跌期权的收益矩阵。

在步骤(5)中,准备了随时间变化的期权价值矩阵,将其定义为与收益矩阵大小相同的零矩阵。我们用收益矩阵的最后一列填充价值矩阵的最后一列,因为在最后一步没有进一步的计算要执行——收益等于欧式期权。

在步骤(6)中,从时间 $T-1$ 到 0 运行了算法的后向部分。在这些步骤的每一步中,将预期连续值估计为横截面线性回归(cross-sectional linear regression)。我们使用 np.polyfit 将 5 次多项式拟合到数据中。

然后,使用 np.polyval 评估了特定值的多项式,这与从线性回归中获取拟合值相同。我们将预期的持续价值与收益进行了比较,以确定是否应该行使期权。如果收益高于持续的预期值,则将值设置为收益。否则,将其设置为折现前一步值。我们使用 np.where 进行这种选择。

注意:

也可以使用 scikit-learn 多项式拟合。为此,读者需要将 LinearRegression 与 PolynomialFeatures 相结合。

在步骤(7)中,通过对折现的 $t=1$ 值向量取平均值来获得期权的权利金。

在最后两个步骤中,进行了一些完整性检查。首先,我们计算了具有相同参数的欧式看跌期权的权利金。其次,重复所有步骤以获得具有相同参数的美式看涨期权和欧式看涨期权的权利金。为了使这更容易,我们将 LSMC 的整个算法放入一个函数中,该函数可在本书配套的 GitHub 存储库中找到。

对于看涨期权,美式和欧式期权的权利金应该相等,因为在没有股息的情况下行使期权永远不是最优的。我们的结果非常接近,但读者也可以通过增加模拟样本路径的数量来获得更准确的价格。

　　原则上，Longstaff-Schwartz 算法应该低估美式期权的价格，因为基函数对连续值的近似只是一个近似。因此，算法不会总是做出关于行使期权的正确决定。反过来，这意味着期权的价值将低于最佳行使的情况。

10.3.3　参考资料

以下是读者可能感兴趣的其他资源。

❑ Longstaff, F. A., & Schwartz, E. S. 2001. "Valuing American options by simulation: a simple least-squares approach," The Review of Financial Studies, 14(1): 113-147.

❑ Broadie, M., Glasserman, P., & Jain, G. 1997. "An alternative approach to the valuation of American options using the stochastic tree method. Enhanced Monte Carlo estimates for American option prices," Journal of Derivatives, 5: 25-44.

10.4　使用 QuantLib 为美式期权定价

　　在前面的小节中，演示了如何手动编写 Longstaff-Schwartz 算法的代码。当然，读者也可以使用现有的框架对衍生品进行估值。在这方面最受欢迎的软件之一是 QuantLib。它是一个开源 C++库，可以提供金融工具的估值工具。通过使用 Simplified Wrapper and Interface Generator（SWIG），我们可以在 Python（以及其他一些编程语言，如 R 或 Julia）环境中使用 QuantLib。本节将展示如何为美式看跌期权定价。选定的美式看跌期权与上一小节相同，但 QuantLib 库本身有许多有趣的功能值得探索。

10.4.1　准备工作

　　执行 10.3 节"使用最小二乘法蒙特卡罗为美式期权定价"中的实战操作步骤（2），以获得我们将使用 QuantLib 评估的美式看跌期权的参数。

10.4.2　实战操作

　　执行以下步骤以使用 QuantLib 为美式期权定价。
　　（1）导入库。

```
import QuantLib as ql
```

（2）指定日历和计日约定（day-counting convention）。

```
calendar = ql.UnitedStates()
day_counter = ql.ActualActual()
```

（3）指定期权的估值日期和到期日。

```
valuation_date = ql.Date(1, 1, 2020)
expiry_date = ql.Date(1, 1, 2021)
ql.Settings.instance().evaluationDate = valuation_date
```

（4）定义期权类型（看涨为 call，看跌为 put）、行权类型（美式）和收益。

```
if OPTION_TYPE == "call":
    option_type_ql = ql.Option.Call
elif OPTION_TYPE == "put":
    option_type_ql = ql.Option.Put

exercise = ql.AmericanExercise(valuation_date, expiry_date)
payoff = ql.PlainVanillaPayoff(option_type_ql, K)
```

（5）准备与市场相关的数据。

```
u = ql.SimpleQuote(S_0)
r = ql.SimpleQuote(r)
sigma = ql.SimpleQuote(sigma)
```

（6）指定市场相关曲线。

```
underlying = ql.QuoteHandle(u)
volatility = ql.BlackConstantVol(0, ql.TARGET(),
                                 ql.QuoteHandle(sigma),
                                 day_counter)
risk_free_rate = ql.FlatForward(0, ql.TARGET(),
                                ql.QuoteHandle(r),
                                day_counter)
```

（7）将市场相关数据插入 Black-Scholes 过程。

```
bs_process = ql.BlackScholesProcess(
    underlying,
    ql.YieldTermStructureHandle(risk_free_rate),
    ql.BlackVolTermStructureHandle(volatility),
)
```

（8）为美式期权实例化蒙特卡罗引擎。

```
engine = ql.MCAmericanEngine(
    bs_process, "PseudoRandom", timeSteps=N,
    polynomOrder=POLY_DEGREE,
    seedCalibration=42,
    requiredSamples=N_SIMS
)
```

（9）实例化期权对象并设置其定价引擎。

```
option = ql.VanillaOption(payoff, exercise)
option.setPricingEngine(engine)
```

（10）计算期权的权利金。

```
option_premium_ql = option.NPV()
option_premium_ql
```

美式看跌期权的价值为 4.457。

10.4.3　原理解释

因为我们想要将使用 QuantLib 方法获得的结果与之前的方法进行比较，所以本示例使用了与之前相同的问题设置。为简洁起见，本节没有讨论所有代码，读者应该先执行10.3 节"使用最小二乘法蒙特卡罗为美式期权定价"中的实战操作步骤（2）。

在步骤（2）中，指定了日历和计日约定。计日约定决定了各种金融工具（如债券）的利息随时间累积的方式。actual/actual 约定是指使用实际经过的天数和一年中的实际天数，即 365 或 366。还有很多其他的约定，如 actual/365(fixed)、actual/360 等。

在步骤（3）中，我们选择了两个日期——估值日期和到期日——因为我们有兴趣为一年后到期的期权定价。重要的是将 ql.Settings.instance().evaluationDate 设置为考虑的评估日期，以确保正确执行计算。在这种情况下，日期仅决定时间的流逝，这意味着期权将在一年内到期。使用具有相同间隔的不同日期，我们会得到相同的结果（由于模拟的随机成分而存在一些误差）。

可以通过运行以下代码来检查到期时间（以年为单位）。

```
T = day_counter.yearFraction(valuation_date, expiry_date)
print(f'Time to expiry in years: {T}')
```

执行上述代码片段会返回以下结果。

```
Time to expiry in years: 1.0
```

在步骤（4）中，定义了期权类型（看涨/看跌）、行权类型（欧式、美式或百慕大）和收益（普通）。

在步骤（5）中，准备了市场数据。我们将值用引号（ql.SimpleQuote）括起来，以便可以更改这些值，并且这些更改值会在金融工具中被正确注册。这是计算 10.4.4 节"扩展知识"中希腊值的重要步骤。

在步骤（6）中，定义了相关曲线。简单地说，TARGET 是一个日历，其中包含有关哪些天是假期的信息。

在此步骤中，还指定了 Black-Scholes (BS) 过程的 3 个重要组成部分，具体如下。

❏　标的工具的价格。

❏　波动性，根据我们的假设是恒定的。

❏　无风险利率，也是恒定的，不会随着时间的推移而改变。

在步骤（7）中，所有这些对象被传递给 Black-Scholes 过程（ql.BlackScholesProcess）。然后，在步骤（8）中，该过程的对象被传递给使用蒙特卡罗模拟为美式期权定价的特殊引擎（对于不同类型的期权和定价方法，有许多预定义的引擎）。在此阶段，我们提供了所需的模拟次数、离散化的时间步数以及 LSMC 算法中多项式的次数/阶数。此外，还提供了随机种子（seedCalibration）以使结果可重现。

在步骤（9）中，通过提供先前定义的收益和行使类型来创建 ql.VanillaOption 的实例。还使用了 setPricingEngine 方法将定价引擎设置为在步骤（8）中定义的引擎。

最后，使用 NPV 方法获得了期权的价格。

可以看到，使用 QuantLib 得到的期权金与之前计算获得的权利金非常相似，这进一步验证了我们的结果。这里需要注意的重点是，对各种不同的衍生品进行估值的工作流程是相似的，因此最好熟悉它。读者也可以使用蒙特卡罗模拟为欧式期权定价，方法是用对应的欧式期权替换设置中的一些类。

✍ 注意：

QuantLib 还允许使用方差减少技术，如对偶值或控制变量。

10.4.4　扩展知识

在完成了上述步骤之后，现在可以考虑计算希腊值（字母）。正如我们在之前的小节中提到的，希腊字母表示衍生品价格对其中一个基础参数（如标的资产价格、到期时间等）变化的敏感性。

当希腊值有可用的解析公式时（即当底层 QuantLib 引擎正在使用解析公式时），可以通过运行诸如 option.delta()之类的方法来访问它。但是,在使用二项式树(binomial tree)或模拟进行估值的情况下,并没有解析公式,我们会收到错误消息(RuntimeError: delta not provided)。这并不是说不能计算,而是需要我们用数值微分的方法计算。

本小节将仅计算字母 Delta(Δ)。因此,相关的双向公式如下。

$$\Delta = \frac{P(S_0 + h) - P(S_0 - h)}{2h}$$

其中,$P(S)$是给定标的资产价格 S 的工具价格;h 是一个非常小的增量。

运行以下代码块来计算 Delta(Δ)。

```python
u_0 = u.value() # 初值
h = 0.01

u.setValue(u_0 + h)
P_plus_h = option.NPV()

u.setValue(u_0 - h)
P_minus_h = option.NPV()

u.setValue(u_0) # 恢复到初值

delta = (P_plus_h - P_minus_h) / (2 * h)
```

Delta 衡量的是当标的证券价格变化一个单位时,期权价格相应产生的变化。例如,假设某股票认购期权的 Delta 为 0.2,则表示该股票的价格每变化 1 个单位,其认购期权的价格将变化 0.2 个单位。

10.5　为障碍期权定价

障碍期权(barrier option)是一种可归类于奇异期权(exotic option)的期权。它们比普通的欧式或美式期权更复杂。障碍期权是一种路径依赖期权,因为它们的收益以及它们的价值是基于标的资产的价格路径。

更准确地说,障碍期权的收益取决于标的资产是否达到/超过预定的价格阈值。障碍期权通常分为以下类型。

❑　敲出期权(knock-out option),即如果标的资产的价格超过某个阈值,则该期权将作废(被敲出);如果标的资产价格在特定时期内没有达到障碍水平,则该期权为普通期权。

❑　敲入期权（knock-in option），即在标的资产价格达到一定阈值之前，该期权没有价值。当标的资产价格在特定时期内达到所设定的障碍水平时，该期权开始生效（被敲入）。

考虑到上述障碍期权的分类，我们可以处理以下类别。

❑　向上敲出（Up-and-Out）：当标的资产的价格上升到障碍水平时，期权开始激活并变得毫无价值（被敲出）。

❑　向上敲入（Up-and-In）：当标的资产的价格上升到障碍水平时，期权开始变为活动状态（被敲入）。

❑　向下敲出（Down-and-Out）：当标的资产的价格下跌至障碍水平时，期权开始活跃并被敲出。

❑　向下敲入（Down-and-In）：当标的资产的价格下跌至障碍水平时，期权开始变为活动状态（被敲入）。

除了上述行为，障碍期权的行为类似于标准的看涨期权和看跌期权。

本节将使用蒙特卡罗模拟为向上敲入（Up-and-In）欧式看涨期权定价，标的交易价格为 55 美元，行使价为 60 美元，障碍水平为 65 美元。到期时间为 1 年。

10.5.1　实战操作

执行以下步骤为 Up-and-In 欧式看涨期权定价。

（1）导入库。

```
import numpy as np
from chapter_10_utils import simulate_gbm
```

（2）定义估值参数。

```
S_0 = 55
K = 60
BARRIER = 65
r = 0.06
sigma = 0.2
T = 1
N = 252
dt = T / N
N_SIMS = 10 ** 5
OPTION_TYPE = "call"
discount_factor = np.exp(-r * T)
```

（3）使用 simulate_gbm 函数模拟股票路径。

```
gbm_sims = simulate_gbm(s_0=S_0, mu=r, sigma=sigma,
                        n_sims=N_SIMS, T=T, N=N)
```

（4）计算每条路径的最大值。

```
max_value_per_path = np.max(gbm_sims, axis=1)
```

（5）计算收益。

```
payoff = np.where(max_value_per_path > BARRIER,
                  np.maximum(0, gbm_sims[:, -1] - K),
                  0)
```

（6）计算期权的权利金。

```
premium = discount_factor * np.mean(payoff)
premium
```

所考虑的 Up-and-In 欧式看涨期权的权利金为 3.6267。

10.5.2　原理解释

在步骤（1）和步骤（2）中，导入了库（包括辅助函数 simulate_gbm，在本章前面的小节中已经使用过）并定义了估值的参数。

在步骤（3）中，使用几何布朗运动模拟了 100 000 条可能的路径。然后，在步骤（4）中计算了每条路径的标的资产的最高价格。因为本示例使用的是 Up-and-In 选项，所以只需要知道标的资产的最高价格是否达到障碍水平即可。如果是这样，那么该期权的到期收益将等于普通欧式看涨期权的收益。如果未达到障碍水平，则该路径的收益将为零。在步骤（5）中对该收益条件进行了编码。

最后，在步骤（6）中按照之前处理欧式看涨期权的方式进行了操作——采用平均收益并使用折现因子对其进行折现。

📝 **注意：**

我们可以对障碍期权的价格建立一些直觉。例如，向上敲出（Up-and-Out）障碍期权的价格应该低于普通期权的价格，因为这两种工具的收益将是相同的，但是 Up-and-Out 障碍期权还存在到期前被敲出的额外风险。这种额外增加的风险应该反映在其价格上，因此，与普通期权相比，这种障碍期权的价格更低。

在本节中，我们手动为 Up-and-In 欧式看涨期权进行了定价。但是，读者也可以使用

QuantLib 库来完成此任务。由于该方法的大量代码与 10.4 节"使用 QuantLib 为美式期权定价"是重复的,故不再演示。但是我们强烈建议读者仔细研究本书配套 GitHub 存储库 Jupyter Notebook 中的 QuantLib 解决方案。

使用 QuantLib 解决方案返回的 Up-and-In 欧式看涨期权的权利金为 3.6457,这与上面手动获得的值非常接近。其差异可归因于模拟的随机成分。

10.5.3　扩展知识

鉴于障碍期权具有路径依赖性,因此其估值非常复杂。我们已经提到如何使用蒙特卡罗模拟来为此类期权定价,但是,你也可以采用以下替代方法。

❑ 使用普通期权的静态复制组合来模拟到期时以及障碍沿线的几个离散时间点的障碍期权价值。然后,可以使用 Black-Scholes 模型对这些期权进行估值。按照这种方法,可以获得各种障碍期权的闭合式价格和复制策略。

❑ 使用二项式树方法进行期权定价。

❑ 使用偏微分方程(partial differential equation,PDE),并且可以将其与有限差分法(finite difference method,FDM)结合使用。

10.6　使用蒙特卡罗模拟估计风险价值

风险价值(value-at-risk,VaR)是一个非常重要的金融指标,用于衡量与头寸、投资组合等相关的风险。它通常缩写为 VaR,注意不要与向量自回归(vector autoregression,缩写为 VAR)搞混。VaR 报告在正常市场条件下特定时间范围内的最坏预期损失(在给定的置信水平下)。理解它的最简单方法是来看一个示例。假设我们的投资组合 1 天 95% 的 VaR 为 100 美元,这意味着 95% 的时间(在正常市场条件下),持有我们的投资组合超过 1 天,损失不会超过 100 美元。

📝 **注意:**

通常将 VaR 给出的损失表示为正(绝对)值。这就是为什么在上述示例中,100 美元的风险价值意味着损失不超过 100 美元。当然,负风险值也是有可能的,这表明盈利的可能性很高。例如,1 天 95% 的 VaR 为 -100 美元,意味着我们的投资组合有 95% 的机会在第二天赚超过 100 美元。

计算 VaR 的方法有多种,包括以下 3 种。

　　❏　参数方法（方差-协方差）。

　　❏　历史模拟法。

　　❏　蒙特卡罗模拟。

　　本节将只考虑最后一种方法。假设我们持有由两种资产（英特尔和 AMD 公司的股票）组成的投资组合，并且想要计算 1 天的风险价值。

10.6.1　实战操作

　　执行以下步骤以使用蒙特卡罗模拟估计风险值。

　　（1）导入库。

```
import numpy as np
import pandas as pd
import yfinance as yf
import seaborn as sns
```

　　（2）定义将用于此代码的参数。

```
RISKY_ASSETS = ["AMD", "INTC"]
SHARES = [5, 5]
START_DATE = "2020-01-01"
END_DATE = "2020-12-31"
T = 1
N_SIMS = 10 ** 5
```

　　（3）从雅虎财经下载价格数据。

```
df = yf.download(RISKY_ASSETS, start=START_DATE,
                 end=END_DATE, adjusted=True)
```

　　（4）计算每日收益。

```
returns = df["Adj Close"].pct_change().dropna()
returns.plot(title="Intel's and AMD's daily stock returns in 2020")
```

　　运行上述代码片段会产生如图 10.3 所示的结果。

　　此外，我们还使用 corr 方法计算了两个序列之间的 Pearson 相关性，其值为 0.5，表明两个序列之间存在中度相关（大于 0.5 则为强相关）。

　　（5）计算协方差矩阵。

```
cov_mat = returns.cov()
```

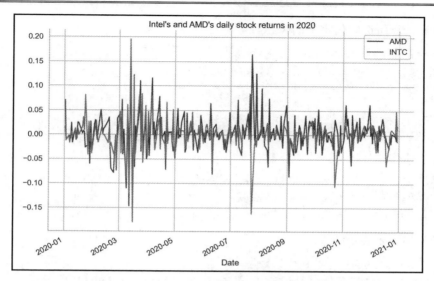

图 10.3　2020 年英特尔和 AMD 公司股票的简单收益

（6）执行协方差矩阵的楚列斯基分解（Cholesky decomposition）。

```
chol_mat = np.linalg.cholesky(cov_mat)
```

（7）从标准正态分布中抽取相关的随机数。

```
rv = np.random.normal(size=(N_SIMS, len(RISKY_ASSETS)))
correlated_rv = np.transpose(
    np.matmul(chol_mat, np.transpose(rv))
)
```

（8）定义将用于模拟的指标。

```
r = np.mean(returns, axis=0).values
sigma = np.std(returns, axis=0).values
S_0 = df["Adj Close"].values[-1, :]
P_0 = np.sum(SHARES * S_0)
```

（9）计算所考虑股票的终端价格。

```
S_T = S_0 * np.exp((r - 0.5 * sigma ** 2) * T +
                sigma * np.sqrt(T) * correlated_rv)
```

（10）计算最终投资组合价值和投资组合收益。

```
P_T = np.sum(SHARES * S_T, axis=1)
P_diff = P_T - P_0
```

（11）计算所选置信水平的 VaR。

```
P_diff_sorted = np.sort(P_diff)
percentiles = [0.01, 0.1, 1.]
var = np.percentile(P_diff_sorted, percentiles)

for x, y in zip(percentiles, var):
    print(f'1-day VaR with {100-x}% confidence: ${-y:.2f}')
```

运行上述代码片段会产生以下输出。

```
1-day VaR with 99.99% confidence: $2.04
1-day VaR with 99.9% confidence: $1.48
1-day VaR with 99.0% confidence: $0.86
```

（12）用图表展示结果。

```
ax = sns.distplot(P_diff, kde=False)
ax.set_title("""Distribution of possible 1-day changes
            in portfolio value 1-day 99% VaR""",
            fontsize=16)
ax.axvline(var[2], 0, 10000)
```

运行上述代码片段会产生如图 10.4 所示的结果。

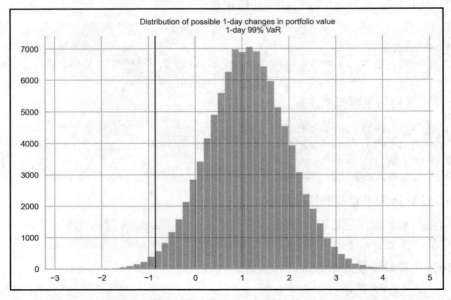

图 10.4　投资组合价值 1 天的可能变化和 1 天 99% VaR 的分布

图 10.4 显示了提前 1 天的投资组合可能价值的分布，并且使用垂直线表示了 99% 置信水平的风险价值。

10.6.2　原理解释

在步骤（2）到（4）中，下载了英特尔和 AMD 公司从 2020 年开始的每日股价，提取了调整后的收盘价，并将其转换为简单收益。我们还定义了一些参数，例如，模拟次数和投资组合中的股票数量。

计算 VaR 有两种方法。

❑　通过价格计算 VaR：使用股票数量和资产价格，可以计算投资组合现在的价值以及未来 X 天的可能价值。

❑　通过收益计算 VaR：利用投资组合中每项资产的百分比权重和资产的预期收益，可以计算出未来 X 天的预期投资组合收益。然后，可以基于该收益和投资组合的当前价值计算 VaR。

确定资产价格的蒙特卡罗方法采用从标准正态分布中提取的随机变量。对于计算投资组合 VaR 的情况，需要考虑到与投资组合中的资产可能相关的事实。为此，在步骤（5）到步骤（7）中，生成了相关的随机变量。我们首先计算了历史协方差矩阵。然后，对其使用了楚列斯基分解，并将得到的矩阵乘以包含随机变量的矩阵。

☑ 注意：

另一种使随机变量相关的可能方法是使用奇异值分解（singular value decomposition，SVD）而不是楚列斯基分解。在这种情况下可以使用的函数是 np.linalg.swd。

在步骤（8）中，计算了资产收益的历史平均值、伴随的标准差、最后已知的股票价格和初始投资组合价值等指标。

在步骤（9）中，将解析解应用于几何布朗运动 SDE，并计算了两种资产提前 1 天可能的股票价格。

为了计算投资组合的 VaR，我们计算了提前 1 天投资组合可能的价值和随之而来的差值（$P_T - P_0$），然后按升序对它们进行排序。X% VaR 只是排序后的投资组合差值的第（1-X）个百分位数。

☑ 注意：

银行工作人员经常计算 1 天和 10 天的 VaR。为了得出后者，他们可以使用 1 天的步长以在 10 天的时间间隔内模拟其资产的价值（离散化）。当然，他们也可以计算 1 天的风险值，并将其乘以 10 的平方根。如果这能降低资本要求，那么这可能对银行有利。

10.6.3　扩展知识

如前文所述，计算风险价值的方法有很多种。但是，其中每一种都会有一些潜在的缺点，这些缺点如下。

- ❑　假设参数式分布（方差-协方差方法）。
- ❑　假设每日收益/损失是独立同分布（independently and identically distributed，IID）。
- ❑　没有捕捉到足够的尾部风险。
- ❑　不考虑所谓的黑天鹅事件（除非它们已经在历史样本中存在）。
- ❑　历史 VaR 适应新市场条件的速度可能较慢。
- ❑　历史模拟方法假设过去的收益足以评估未来的风险（连接到前面的几点）。

📝 **注意：**

值得一提的是，深度学习技术在这方面取得了一些新的成果。例如，用于风险价值估计的生成对抗性网络（generative adversarial network，GAN）。

VaR 的另一个缺点是，当它超过 VaR 给出的阈值时，则不包含有关潜在损失大小的信息，这个时候就需要用到预期损失（expected shortfall，ES）。后者也称为条件风险价值（conditional VaR，CVaR）或预期尾部损失（expected tail loss，ETL），它将说明在最低的 X% 情况下预期损失是多少。

计算预期损失的方法有很多种，在这里我们将介绍一种可以轻松连接到 VaR 并且可以使用蒙特卡罗模拟进行估算的方法。

以双资产组合为例，我们想知道：如果损失超过 VaR，则损失究竟有多大？为了获得这个数字，需要过滤掉所有高于 VaR 给定值的损失，并通过取平均值来计算它们的预期值。

可以使用以下代码片段来做到这一点。

```
var = np.percentile(P_diff_sorted, 5)
expected_shortfall = P_diff_sorted[P_diff_sorted<=var].mean()
```

需要注意的是，对于预期损失，我们只使用了用于获得 VaR 的所有模拟的一小部分。以图 10.4 为例，也就是只考虑了 VaR 线左侧的观测值。这就是要获得预期损失的合理结果，总体样本必须足够大的原因。

1 天 95% 置信度 VaR 为 0.29 美元，相应的预期损失为 0.64 美元。我们可以按以下方式解释这些结果。

如果损失超过 95% 置信度 VaR，则预计持有该投资组合 1 天会损失 0.64 美元。

10.7　小　　结

　　本章简要介绍了蒙特卡罗模拟，它是一种非常通用的工具，可用于许多金融任务。我们演示了如何利用它们通过几何布朗运动模拟股票价格，为各种类型的期权（欧式、美式和障碍期权）定价，并计算风险价值。

　　当然，蒙特卡罗模拟的应用很多，本章仅触及了其中的部分。在下一章中，我们还将展示如何使用它们来获得资产配置的有效边界。

第 11 章 资 产 配 置

资产配置是任何投资者都需要面对的最重要的决定，在这方面没有任何一种解决方案可以适用于每一位投资者。资产配置就是将投资者的总投资额分散到某些资产中，这可能是股票、期权、债券或任何其他金融工具。在考虑资产配置问题时，投资者希望平衡风险和潜在收益。同时，具体的配置取决于个人目标（预期收益）、风险承受能力（投资者愿意接受多少风险）或投资期限（短期或长期投资）等因素。

资产配置的关键框架是现代投资组合理论（modern portfolio theory，MPT），也称为均值-方差分析（mean-variance analysis）。它由诺贝尔奖获得者 Harry Markowitz 提出，描述了厌恶风险的投资者如何构建投资组合，以在给定的风险水平下最大化他们的预期收益（利润）。MPT 的主要见解是，投资者不应（通过预期收益或波动率等指标）单独评估资产的表现，而应研究如何影响其资产组合的表现。

MPT 与多元化的概念密切相关，这意味着拥有不同种类的资产可以降低风险，因为特定证券的损失或收益对整体投资组合绩效的影响较小。

另一个需要注意的关键概念是，虽然投资组合收益是单个资产收益的加权平均值，但风险（波动性）并非如此。这是因为波动性还取决于资产之间的相关性。有趣的是，在优化了资产配置之后，你也可能拥有一个波动性低于投资组合中资产的最低单项波动性的投资组合。原则上，我们持有的资产之间的相关性越低，对于多元化来说就越好；资产之间具有完美的负相关时，可以更好地分散风险。

现代投资组合理论的主要假设如下。

❑ 投资者是理性的，他们的目标是最大化收益，同时尽可能避免风险。

❑ 投资者的共同目标是最大化他们的预期收益。

❑ 所有投资者对潜在投资的了解程度相同。

❑ 不考虑佣金、税收和交易成本。

❑ 投资者可以按无风险利率借入和借出资金（无限制）。

本章将从最基本的资产配置策略入手，并在此基础上学习如何评估投资组合的表现（也适用于单项资产）。我们还将展示 3 种不同的寻找有效边界的方法（同时需要放宽 MPT 的一些假设）。

学习如何处理优化问题的主要好处之一是它们可以很轻松地重构，例如，可以优化不同的目标函数或在权重上添加特定的约束。这只需要对代码稍微进行一些修改，而大部分框架仍保持不变。

最后，本章还将探索一种基于图论和机器学习相结合的资产配置新方法——分层风险平价（hierarchical risk parity，HRP）。

本章包含以下内容。

❑　评估等权重投资组合的绩效。

❑　使用蒙特卡罗模拟寻找有效边界。

❑　使用 SciPy 优化找到有效边界。

❑　使用 CVXPY 凸优化寻找有效边界。

❑　使用分层风险平价寻找最佳投资组合。

11.1　评估等权重投资组合的绩效

让我们首先来考查一下最基本的资产配置策略：等权重投资组合（equally-weighted portfolio）。它也称为 1/n 投资组合，其思路是为所有考虑的资产分配相同的权重，从而使投资组合多元化。这听起来可能非常简单，但 DeMiguel、Garlappi 和 Uppal（2007）表明，使用更高级的资产配置策略可能很难超越 1/n 投资组合的绩效。

本节的目标是演示如何创建 FAANG 公司（Facebook/Meta、Amazon、Apple、Netflix 和 Google/Alphabet）的 1/n 投资组合，计算其收益，然后使用 quantstats 库快速获得所有相关的投资组合评估指标（都以撕样的形式出现）。所谓撕样（tear sheet），是一份简明文件（通常只有一页），总结了与上市公司有关的重要信息。

11.1.1　实战操作

执行以下步骤以创建和评估 1/n 投资组合。

（1）导入库。

```
import yfinance as yf
import numpy as np
import pandas as pd
import quantstats as qs
```

（2）定义考虑的资产并从雅虎财经下载它们的价格。

```
ASSETS = ["META", "AMZN", "AAPL", "NFLX", "GOOG"]
n_assets = len(ASSETS)

prices_df = yf.download(ASSETS,
                        start="2020-01-01",
                        end="2021-12-31",
                        adjusted=True)
```

（3）计算单项资产收益。

```
returns = prices_df["Adj Close"].pct_change().dropna()
```

（4）定义权重。

```
portfolio_weights = n_assets * [1 / n_assets]
```

（5）计算投资组合收益。

```
portfolio_returns = pd.Series(
    np.dot(portfolio_weights, returns.T),
    index=returns.index
)
```

（6）生成基本的性能评估图。

```
qs.plots.snapshot(portfolio_returns,
                  title="1/n portfolio's performance",
                  grayscale=True)
```

执行上述代码片段将生成如图 11.1 所示的结果。

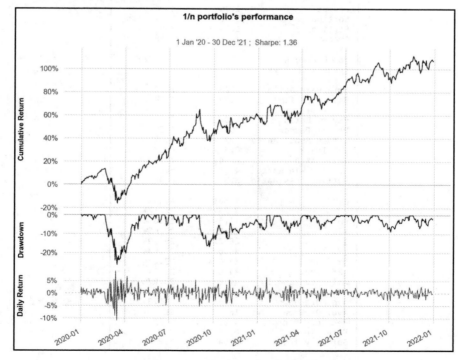

图 11.1　选定的 1/n 投资组合的评估指标

可以看到，本示例所创建的评估指标快照包括投资组合累积收益（cumulative return）、描述回撤（drawdown）期的水下图（有关这两幅图的介绍，详见 11.1.2 节"原理解释"）和每日收益（daily return）。

（7）计算基本的投资组合评估指标。

```
qs.reports.metrics(portfolio_returns,
                   benchmark="SPY",
                   mode="basic",
                   prepare_returns=False)
```

执行上述代码片段会为投资组合和标准普尔 500 基准返回如图 11.2 所示的指标。

	Strategy	Benchmark
Start Period	2020-01-02	2020-01-02
End Period	2021-12-30	2021-12-30
Risk-Free Rate	0.0%	0.0%
Time in Market	100.0%	100.0%
Cumulative Return	107.0%	51.3%
CAGR%	44.02%	23.07%
Sharpe	1.36	0.94
Sortino	1.96	1.3
Sortino/√2	1.39	0.92
Omega	1.28	1.28
Max Drawdown	-26.35%	-33.72%
Longest DD Days	140	172
Gain/Pain Ratio	0.28	0.22
Gain/Pain (1M)	3.48	1.54
Payoff Ratio	0.84	0.8
Profit Factor	1.28	1.22
Common Sense Ratio	1.21	0.97
CPC Index	0.63	0.57
Tail Ratio	0.94	0.8
Outlier Win Ratio	4.13	5.68
Outlier Loss Ratio	3.3	4.46
MTD	1.56%	4.89%
3M	8.24%	10.17%
6M	11.59%	12.08%
YTD	29.09%	29.05%
1Y	28.21%	29.89%
3Y (ann.)	44.02%	23.07%
5Y (ann.)	44.02%	23.07%
10Y (ann.)	44.02%	23.07%
All-time (ann.)	44.02%	23.07%
Avg. Drawdown	-3.55%	-1.78%
Avg. Drawdown Days	18	10
Recovery Factor	4.06	1.52
Ulcer Index	0.06	0.07
Serenity Index	2.54	0.8

图 11.2　1/n 投资组合和标准普尔 500 基准的绩效评估指标

接下来，就让我们仔细看看图 11.2 中显示的一些指标。

11.1.2　原理解释

在步骤（1）到（3）中，沿用了读者已经非常熟悉的方法——导入库，设置参数，下载 FAANG 公司 2020 年到 2021 年的股票价格，并使用调整后的收盘价计算简单收益。

在步骤（4）中，创建了一个权重列表，每个权重都等于 1/n_assets，其中 n_assets 是我们希望在投资组合中拥有的资产的数量。

在步骤（5）中，将投资组合收益计算为投资组合权重和资产收益转置矩阵的矩阵乘法——也称为点积（dot product）。为了转置（transpose）矩阵，我们使用了 pandas DataFrame 的 T 方法（T 名称即源于 transpose）。然后，将投资组合收益存储为 pandas Series 对象，因为这是后续步骤的输入。

☑ 注意：

本书第一版使用 pyfolio 库探讨了 1/n 投资组合的绩效。但是，从那时起，负责该库的公司（Quantopian）就关闭了，该库也不再被积极维护。当然，该库仍然可以使用，本书配套 GitHub 存储库中提供了使用该库的 Notebook 示例。或者，读者也可以使用 pyfolio-reloaded，这是由 *Machine Learning for Algorithmic Trading*（《算法交易的机器学习》）一书的作者 Stefan Jansen 维护的原始库的分支。

在步骤（6）中，使用 quantstats 库生成了一个包含基本投资组合评估的图形。读者应该已经熟悉了每日收益图，但其他两幅图则是新的。

❑ 累积收益图（cumulative returns plot）：它显示了投资组合价值随时间的演变。

❑ 水下图（underwater plot）：该图从悲观的角度显示了投资，因为它着重于损失。水下图绘制了所有回撤期及其持续时间，即直到价值反弹至新高为止。我们可以从中得出的见解之一是损失持续了多长时间。

最后，我们生成了投资组合评估指标。在执行该操作时，还提供了一个基准。我们选择了 SPY，这是一种旨在跟随标准普尔 500 指数的交易所交易基金（exchange-traded fund，ETF）。可以将该基准作为股票交易代码或包含价格/收益的 pandas DataFrame/Series 提供。该库可以处理这两个选项，读者可以指示是否要使用 prepare_returns 参数计算价格的收益。

在图 11.2 中看到的最重要的指标如下。

❑ 夏普比率（Sharpe ratio）：也称为夏普指数，是最流行的绩效评估指标之一，它衡量每单位标准差的超额收益（指超过无风险利率的收益）。当没有提供无风险利率时，默认假设它等于 0%。夏普比率越大，投资组合的风险调整后表现越好。

❑ 索提诺比率（Sortino ratio）：这是夏普比率的修改版本，其分母中的标准差被下行偏差代替，以区别不利和有利的波动。和夏普比率类似，这一比率越高，表明基金承担相同单位下行风险越能获得更高的超额回报率。

❑ 欧米茄比率（Omega ratio）：对于确定的收益目标阈值（默认设置为 0），收益与损失的概率加权比率。与夏普比率相比，它的主要优势在于（通过其构造）考虑了收益分布的所有环节，而前者仅考虑了前两个（均值和方差）。

❑ 最大回撤（max drawdown）：衡量投资组合下行风险的指标，它衡量投资过程中最大的峰谷损失（以百分比表示）。最大回撤越低越好。

❑ 尾部比率（tail ratio）：每日收益的第 95 个和第 5 个百分位数之间的比率（绝对值）。~0.8 的尾部比率意味着亏损是利润的~1.25 倍。

☑ 注意：

下行偏差（downside deviation）与标准偏差相似，但是，它只考虑负的收益——放弃了序列中所有的正变化。它还允许定义不同水平的最低可接受收益（取决于投资者），低于该阈值的收益将用于计算下行偏差。

11.1.3　扩展知识

到目前为止，我们仅生成了 quantstats 库中可用的一些基本图形和指标。实际上，该库可以提供的东西还有很多。

1. 完整撕样

quantstats 允许生成一个完整的 HTML 报告，其中包含所有可用的图表和指标（包括与基准的比较）。可使用以下代码创建这样的报告。

```
qs.reports.html(portfolio_returns,
               benchmark="SPY",
               title="1/n portfolio",
               download_filename="EW portfolio evaluation.html")
```

执行上述代码会生成一个 HTML 文件，其中包含等权重投资组合的详尽信息，并且可与 SPY 基准进行比较。如果读者对此完整撕样感兴趣，可以参考本书配套 GitHub 存储库中的 EW portfolio evaluation.html 文件。

现在让我们解释一下生成报告中可见的一些新的相关指标。

- ❏ 卡玛比率（Calmar ratio）：该比率定义为平均年复合收益率除以同一时期的最大回撤。该比率越高越好。
- ❏ 偏度（Skew）：偏度指标衡量的是不对称程度，即给定分布（此处为投资组合收益）比正态分布偏斜的程度。负偏度（即左偏分布）意味着大的负收益比大的正收益更频繁地出现。
- ❏ 峰度（Kurtosis）：它测量任一尾部的极值。具有大峰度的分布表现出超过高斯分布尾部的尾部数据，这意味着大收益和小收益出现的频率更高。
- ❏ alpha：它描述了策略击败市场的能力。换句话说，就是衡量投资组合的超额收益是否高于基准收益。
- ❏ beta：它衡量投资组合的整体系统风险。换句话说，就是衡量投资组合的波动性并与整个市场的系统性风险相比较。投资组合的 beta 等于投资组合中所有单个资产的 beta 系数的加权平均值。

这些指标还包括 10 次最严重的回撤（worst 10 drawdowns）。它们显示了每次回撤的严重程度、恢复日期和回撤的持续时间。这些信息补充了我们之前提到的水下图的分析，如图 11.3 所示。

Worst 10 Drawdowns			
Started	**Recovered**	**Drawdown**	**Days**
2020-02-20	2020-05-07	-26.35%	77
2020-09-03	2021-01-21	-16.75%	140
2021-01-27	2021-04-05	-9.33%	68
2021-09-08	2021-11-12	-8.75%	65
2021-04-30	2021-06-14	-7.55%	45
2021-11-22	2021-12-30	-6.91%	38
2020-07-13	2020-08-04	-5.93%	22
2020-06-24	2020-07-01	-5.81%	7
2020-08-07	2020-08-18	-4.27%	11
2021-07-27	2021-08-27	-4.21%	31

图 11.3　评估期间最严重的 10 次回撤

该报告还包含一些新的绘图，现简要介绍如下。

- ❏ 滚动夏普比率（rolling Sharpe ratio）：如果不想看那些随着时间的推移而变化的数字，那么观察夏普比率的稳定性也很重要。图 11.4 显示了使用 6 个月的数据滚动计算的夏普指标。

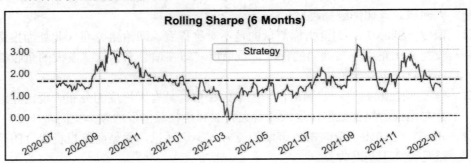

图 11.4　滚动夏普比率（6 个月数据）

❑ 5 个最严重的回撤期（worst 5 drawdown periods）也可在单独的图表上进行可视化（见图 11.5）。有关回撤开始和结束的确切日期，可以参阅图 11.3。值得一提的是，回撤期叠加在累积收益图上。这样，我们就可以清楚地确定回撤的定义，即该投资组合在恢复到峰值水平之前从峰值下降了多少。

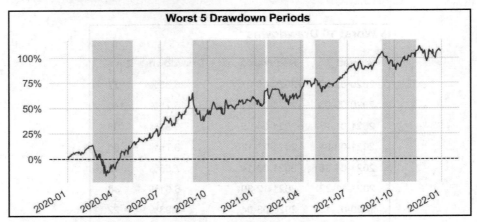

图 11.5　评估期间 5 个最严重的回撤期

❑ 描述月收益分布的直方图，包括核密度估计（kernel density estimate，KDE）和平均值。它有助于分析收益的分布。如图 11.6 所示，评估期间的平均月收益率为正。

❑ 热图（heatmap）可以用作特定月份/年份的收益摘要，如图 11.7 所示。

❑ 分位数图（quantile plot）可以显示聚合到不同频率的收益分布，如图 11.8 所示。

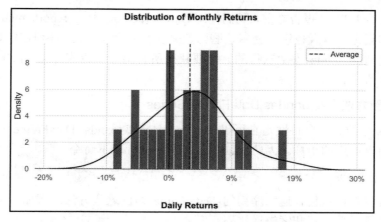

图 11.6　月收益分布（直方图+ KDE）

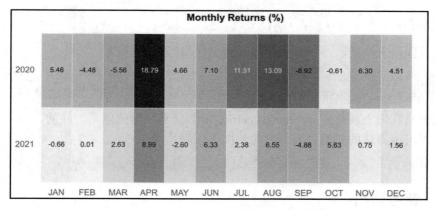

图 11.7　显示多年来月度收益的热图

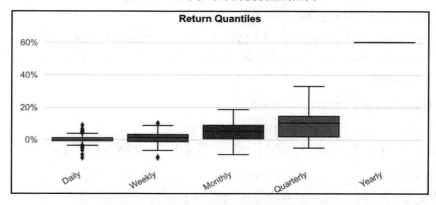

图 11.8　聚合不同频率收益的分位数图

在创建综合 HTML 报告之前，我们使用 qs.reports.plots 和 qs.reports.metrics 函数生成了基本图表和指标。读者也可以使用这些函数来获得完全相同的指标/图表（HTML 报告中是通过指定适当 mode 参数获得的）。要获得所有指标，应该传递"full"而不是"basic"（这也是默认值）。

2. 使用新方法充实 pandas DataFrame/Series

quantstats 库的另一个特性是它可以使用新方法充实 pandas DataFrame 或 Series，用于计算库中所有可用的指标。为此，读者首先需要执行以下命令。

```
qs.extend_pandas()
```

然后，可以直接从包含返回序列的 DataFrame 访问这些方法。例如，可使用以下代码片段快速计算夏普比率和索提诺比率。

```
print(f"Sharpe ratio: {portfolio_returns.sharpe():.2f}")
print(f"Sortino ratio: {portfolio_returns.sortino():.2f}")
```

这将返回以下结果。

```
Sharpe ratio: 1.36
Sortino ratio: 1.96
```

这些值与我们之前使用 qs.reports.metrics 函数计算获得的值是一样的。

要获得可用方法的完整列表，可运行以下代码片段。

```
[method for method in dir(qs.stats) if method[0] != "_"]
```

11.1.4　参考资料

以下是读者可能感兴趣的其他资源。

❑　DeMiguel, V., Garlappi, L., & Uppal, R. 2007, "Optimal versus naive diversification: how inefficient is the 1/N portfolio strategy?" The Review of Financial Studies, 22(5): 1915-1953.

　　https://doi.org/10.1093/rfs/hhm075

11.2　使用蒙特卡罗模拟寻找有效边界

根据现代投资组合理论，有效边界（efficient frontier）是风险收益范围内的一组最优投资组合。这意味着在该边界上的投资组合。

❑　为给定的风险水平提供最高的预期收益。

❑　为给定的预期收益水平提供最低水平的风险。

所有位于有效边界曲线下的投资组合都被认为是次优的，因此最好选择边界上的组合。

本节将演示如何使用蒙特卡罗模拟找到有效边界。在展示更优雅的基于优化的方法之前，我们将采用一种蛮力方法（brute force approach），使用随机分配的权重构建数千个投资组合。然后，可以计算投资组合的表现（预期收益/波动率）并使用这些值来确定有效边界。

本示例将使用 4 家美国科技公司自 2021 年以来的股票收益数据。

11.2.1　实战操作

执行以下步骤以使用蒙特卡罗模拟找到有效边界。

（1）导入库。

```
import yfinance as yf
import numpy as np
import pandas as pd
```

（2）设置参数。

```
N_PORTFOLIOS = 10 ** 5
N_DAYS = 252
ASSETS = ["META", "TSLA", "TWTR", "MSFT"]
ASSETS.sort()

n_assets = len(ASSETS)
```

（3）从雅虎财经下载股票价格。

```
prices_df = yf.download(    ASSETS,
                            start="2021-01-01",
                            end="2021-12-31",
                            adjusted=True)
```

（4）计算年化平均收益和对应的标准差。

```
returns_df = prices_df["Adj Close"].pct_change().dropna()
avg_returns = returns_df.mean() * N_DAYS
cov_mat = returns_df.cov() * N_DAYS
```

（5）模拟随机投资组合权重。

```
np.random.seed(42)
weights = np.random.random(size=(N_PORTFOLIOS, n_assets))
weights /= np.sum(weights, axis=1)[:, np.newaxis]
```

（6）计算投资组合指标。

```
portf_rtns = np.dot(weights, avg_returns)

portf_vol = []
for i in range(0, len(weights)):
    vol = np.sqrt(
        np.dot(weights[i].T, np.dot(cov_mat, weights[i]))
    )
    portf_vol.append(vol)

portf_vol = np.array(portf_vol)

portf_sharpe_ratio = portf_rtns / portf_vol
```

（7）创建一个包含所有数据的 DataFrame。

```
portf_results_df = pd.DataFrame(
    {
        "returns": portf_rtns,
        "volatility": portf_vol,
        "sharpe_ratio": portf_sharpe_ratio
    }
)
```

该 DataFrame 如图 11.9 所示。

	returns	volatility	sharpe_ratio
0	0.335464	0.266351	1.259480
1	0.049227	0.346262	0.142167
2	0.175372	0.267961	0.654471
3	0.291582	0.257783	1.131113
4	0.346867	0.264669	1.310569
...	...	...	...
99995	0.442953	0.279346	1.585678
99996	0.145918	0.304849	0.478655
99997	0.419965	0.278450	1.508224
99998	0.277796	0.288633	0.962455
99999	0.353457	0.305080	1.158572

图 11.9　每个已生成的投资组合的选定指标

（8）找到创建有效边界的点。

```
N_POINTS = 100

ef_rtn_list = []
ef_vol_list = []

possible_ef_rtns = np.linspace(portf_results_df["returns"].min(),
                               portf_results_df["returns"].max(),
                               N_POINTS)
possible_ef_rtns = np.round(possible_ef_rtns, 2)
portf_rtns = np.round(portf_rtns, 2)

for rtn in possible_ef_rtns:
    if rtn in portf_rtns:
        ef_rtn_list.append(rtn)
        matched_ind = np.where(portf_rtns == rtn)
        ef_vol_list.append(np.min(portf_vol[matched_ind]))
```

（9）绘制有效边界。

```
MARKERS = ["o", "X", "d", "*"]

fig, ax = plt.subplots()
portf_results_df.plot( kind="scatter", x="volatility",
                       y="returns", c="sharpe_ratio",
                       cmap="RdYlGn", edgecolors="black",
                       ax=ax)
ax.set( xlabel="Volatility",
        ylabel="Expected Returns",
        title="Efficient Frontier")
ax.plot(ef_vol_list, ef_rtn_list, "b--")
for asset_index in range(n_assets):
    ax.scatter( x=np.sqrt(cov_mat.iloc[asset_index, asset_index]),
                y=avg_returns[asset_index],
                marker=MARKERS[asset_index],
                s=150, color="black",
                label=ASSETS[asset_index])
ax.legend()
plt.show()
```

执行上述代码片段会生成包含所有随机创建的投资组合的绘图、指示单个资产的 4 个点和有效边界，如图 11.10 所示。

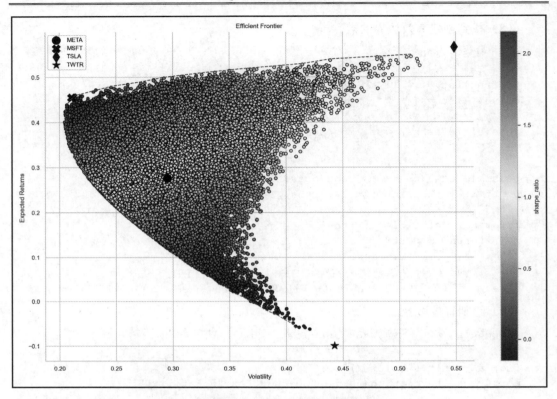

图 11.10　使用蒙特卡罗模拟确定的有效边界

在图 11.10 中，可以看到典型的子弹状有效边界。

我们可以从分析该有效边界中得出一些见解。

❑　有效边界线左侧的任何事情都是无法实现的，因为我们无法获得这种波动水平的预期收益水平。

❑　仅由微软公司股票组成的投资组合的表现非常接近有效边界。

理想情况下，我们应该寻找一个提供超常收益但综合标准差低于单个资产标准差的投资组合。例如，我们不应考虑仅由 Meta 公司股票组成的投资组合（效率不高），而应考虑位于正上方边界的投资组合。这是因为后者在相同的预期波动水平下提供了更好的预期收益。

11.2.2　原理解释

在步骤（2）中，定义了用于此节的参数，例如，考虑的时间范围、要用于构建投资

组合的资产以及模拟次数。这里需要注意的一件重要事情是，我们还运行了 ASSETS.sort()
以按字母顺序对列表进行排序。这在解释结果时很重要，因为当使用 yfinance 库从雅虎
财经下载数据时，获得的股票价格就是按字母顺序排列的，而不是按所提供列表中指定
的顺序排序。在下载股票价格后，我们还使用 pct_change 方法计算了简单收益，并删除
了包含 NaN 值的第一行。

为了评估潜在的投资组合，需要平均（预期）年收益率和相应的协方差矩阵。这可
以通过使用 DataFrame 的 mean 和 cov 方法获得它们。我们还通过将这两个指标乘以 252
（一年的平均交易日数）对它们进行年化。

📝 **注意：**

为了计算投资组合的波动性，我们需要协方差矩阵，另外还需要考虑资产之间的相
关性。为了从显著的多元化中受益，资产应该具有较低的正相关性或负相关性。

在步骤（5）中，计算了随机投资组合的权重。根据现代投资组合理论的假设，权重
需要为正且总和为 1。为此，我们首先使用 np.random.random 生成了一个随机数（介于
0 和 1 之间）矩阵。该矩阵的大小为 N_SIMULATIONS×n_assets。为了确保权重总和为 1，
还需要将矩阵的每一行除以其总和。

在步骤（6）中，计算了投资组合指标，包括收益、标准差和夏普比率。为了计算预
期的年度投资组合收益，必须将权重乘以之前计算的年平均值。对于标准偏差，则必须
使用以下公式。

$$\omega^{\mathrm{T}} \Sigma \omega$$

其中，ω 是权重的向量，Σ 是历史协方差矩阵。

我们使用了一个 for 循环以迭代所有模拟的投资组合。

📝 **注意：**

在本示例中，for 循环的实现实际上比以下向量化矩阵等价物更快。

```
np.diag(np.sqrt(np.dot(weights,np.dot(cov_mat, weights.T))))
```

其原因是要计算的非对角线元素的数量迅速增加，而这对我们感兴趣的指标无关紧
要。当然，对于相对较少的模拟（~100）来说，这种方法会比 for 循环更快。

本示例假设无风险利率为 0%，因此投资组合的夏普比率可以计算为投资组合收益率
除以投资组合的波动率。另一种可能的方法是计算 2021 年的年平均无风险利率，然后使
用投资组合的超额收益来计算该比率。

　注意:

　　在寻找最佳资产配置并评估其绩效时，需要记住的一件事是，我们正在基于历史数据进行优化。也就是说，我们是在利用过去的表现来选择最有效的配置，这个前提是市场条件不变。但是，正如投资者们非常清楚的那样，这种情况很少发生，因此过去的表现并不总是预示着未来的表现。

　　最后 3 个步骤要做的是对结果进行可视化。首先，将所有相关指标放入 pandas DataFrame 中。其次，确定了有效边界的点。为此，我们创建了一个来自样本的预期收益数组，然后使用 np.linspace 函数，将其参数设置为已计算的投资组合收益的最小值和最大值。我们将数字四舍五入到两位小数，以使计算更顺畅。对于每个预期收益，我们找到了最小的观测波动率。在没有匹配的情况下（就像线性空间上均匀分布的点可能发生的情况那样），可以跳过该点。

　　在步骤（9）中，绘制了模拟投资组合、单个资产和近似有效边界（它们全在一副图中）。边界的形状有点参差不齐，这是因为某些模拟值位于不常见的极端区域。此外，我们用夏普比率的值对代表模拟投资组合的点进行了着色。按照该比率的定义，图 11.10 左上部分显示了一个最佳点，每个预期波动率的预期收益率最高。

　提示:

　　读者可以在 matplotlib 说明文档中找到可用的颜色图（colormap）。不同的问题适用不同的颜色图（如顺序、发散和定性等）。

11.2.3　扩展知识

　　在模拟了 100 000 个随机投资组合之后，我们还可以研究一下哪个投资组合具有最高的夏普比率或最小波动率。最高夏普比率是指每单位风险可获得最大预期收益，这样的投资组合也称为切点投资组合（tangency portfolio）。为了在模拟的投资组合中找到这些投资组合，可以使用 np.argmin 和 np.argmax 函数，它们将分别返回数组中最小值/最大值的索引。

　　具体代码如下。

```
max_sharpe_ind = np.argmax(portf_results_df["sharpe_ratio"])
max_sharpe_portf = portf_results_df.loc[max_sharpe_ind]

min_vol_ind = np.argmin(portf_results_df["volatility"])
min_vol_portf = portf_results_df.loc[min_vol_ind]
```

读者还可以研究这些投资组合的成分以及预期表现。在这里，我们只关注结果，如果读者对生成汇总信息的代码感兴趣，可以在本书配套的 GitHub 存储库中找到。

最大夏普比率的投资组合将大部分资源（~95%）分配给微软公司的股票，而几乎没有分配给推特（Twitter）。这是因为推特公司 2021 年的年化平均收益为负。

```
Maximum Sharpe Ratio portfolio ----
Performance
returns: 45.14% volatility: 20.95% sharpe_ratio: 215.46%
Weights
META: 2.60% MSFT: 95.17% TSLA: 2.04% TWTR: 0.19%
```

最小波动率的投资组合将约78%的权重分配给微软，因为它是波动率最低的股票（这可以通过查看协方差矩阵来检视）。

```
Minimum Volatility portfolio ----
Performance
returns: 40.05% volatility: 20.46% sharpe_ratio: 195.76%
Weights
META: 17.35% MSFT: 78.16% TSLA: 0.23% TWTR: 4.26%
```

最后，我们将这两个投资组合标记在有效边界图上。为此，可以添加两个额外的散点图，每个散点图都有一个点对应于所选的投资组合。然后，使用 marker 参数定义标记形状，使用 s 参数定义标记大小。通过增加标记的大小，可以使这两个投资组合与众不同，在所有其他点中更加明显。

具体代码如下。

```
fig, ax = plt.subplots()
portf_results_df.plot( kind="scatter", x="volatility",
                       y="returns", c="sharpe_ratio",
                       cmap="RdYlGn", edgecolors="black",
                       ax=ax)
ax.scatter( x=max_sharpe_portf["volatility"],
            y=max_sharpe_portf["returns"],
            c="black", marker="*",
            s=200, label="Max Sharpe Ratio")
ax.scatter( x=min_vol_portf["volatility"],
            y=min_vol_portf["returns"],
            c="black", marker="P",
            s=200, label="Minimum Volatility")
ax.set( xlabel="Volatility", ylabel="Expected Returns",
        title="Efficient Frontier")
```

```
ax.legend()
plt.show()
```

执行上述代码片段将生成如图 11.11 所示的结果。

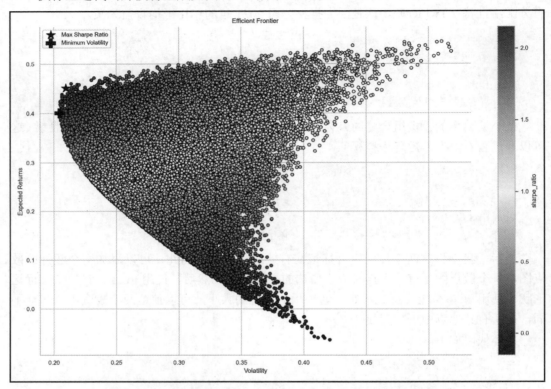

图 11.11　有效边界以及具有最小波动率和最大夏普比率的投资组合

我们没有绘制单项资产和有效边界的线条以避免绘图显得过于混乱。该图与我们在分析图 11.10 时建立的直观图一致。首先,具有最小波动率的投资组合位于边界的最左侧,对应于最低的预期波动率。其次,具有最大夏普比率的投资组合位于该图的左上部分,表示其预期收益率与波动率的比率最高。

11.3　使用 SciPy 优化找到有效边界

在 11.2 节 "使用蒙特卡罗模拟寻找有效边界" 中,使用了基于蒙特卡罗模拟的蛮力方法来可视化有效边界。本节将使用更精细的方法来找到该有效边界。

根据其定义，有效边界由一组投资组合构成，这些投资组合可以在特定波动率的情况下提供最高的预期投资组合收益，或在特定水平的预期收益的情况下提供最低风险（波动率）。我们可以利用这一事实，并将其用于数值优化。

优化的目标是通过调整目标变量并考虑一些边界和约束（对目标变量有影响）来找到目标函数的最佳（最优）值。在这种情况下，目标函数就是返回投资组合波动率的函数，而目标变量则是投资组合权重。

在数学上，该问题可以表示如下。

$$\min \omega^{\mathrm{T}} \Sigma \omega$$
$$\mathrm{s.t} \quad \omega^{\mathrm{T}} \mathbf{1} = 1$$
$$\omega \geqslant 0$$
$$\omega^{\mathrm{T}} \mu = \mu_p$$

其中，ω 是一个权重的向量，Σ 是协方差矩阵，μ 是收益的向量，而 μ_p 则是预期的投资组合收益。

为了找到该有效边界，我们将迭代用于在一系列预期投资组合收益中找到最佳投资组合权重的优化程序。

本节将使用与上一节相同的数据集，以表明这两种方法获得的结果相似。

11.3.1　准备工作

本节需要运行 11.2 节"使用蒙特卡罗模拟寻找有效边界"中的所有代码。

11.3.2　实战操作

执行以下步骤以使用 SciPy 优化找到有效边界。

（1）导入库。

```
import numpy as np
import scipy.optimize as sco
from chapter_11_utils import print_portfolio_summary
```

（2）定义计算投资组合收益和波动率的函数。

```
def get_portf_rtn(w, avg_rtns):
    return np.sum(avg_rtns * w)


def get_portf_vol(w, avg_rtns, cov_mat):
    return np.sqrt(np.dot(w.T, np.dot(cov_mat, w)))
```

（3）定义计算有效边界的函数。

```python
def get_efficient_frontier(avg_rtns, cov_mat, rtns_range):

    efficient_portfolios = []

    n_assets = len(avg_returns)
    args = (avg_returns, cov_mat)
    bounds = tuple((0,1) for asset in range(n_assets))
    initial_guess = n_assets * [1. / n_assets, ]

    for ret in rtns_range:
        constr = (
            {"type": "eq",
             "fun": lambda x: get_portf_rtn(x, avg_rtns) - ret},
            {"type": "eq",
             "fun": lambda x: np.sum(x) - 1}
        )
        ef_portf = sco.minimize(   get_portf_vol,
                                   initial_guess,
                                   args=args, method="SLSQP",
                                   constraints=constr,
                                   bounds=bounds)
        efficient_portfolios.append(ef_portf)

    return efficient_portfolios
```

（4）定义预期投资组合收益的考虑范围。

```python
rtns_range = np.linspace(-0.1, 0.55, 200)
```

（5）计算有效边界。

```python
efficient_portfolios = get_efficient_frontier( avg_returns,
                                               cov_mat,
                                               rtns_range)
```

（6）提取有效投资组合的波动率。

```python
vols_range = [x["fun"] for x in efficient_portfolios]
```

（7）绘制计算出的有效边界以及模拟的投资组合。

```python
fig, ax = plt.subplots()
portf_results_df.plot( kind="scatter", x="volatility",
                       y="returns", c="sharpe_ratio",
```

```
                                cmap="RdYlGn", edgecolors="black",
                                ax=ax)
ax.plot(vols_range, rtns_range, "b--", linewidth=3)
ax.set( xlabel="Volatility",
        ylabel="Expected Returns",
        title="Efficient Frontier")

plt.show()
```

图 11.12 显示了使用数值优化计算的有效边界图。

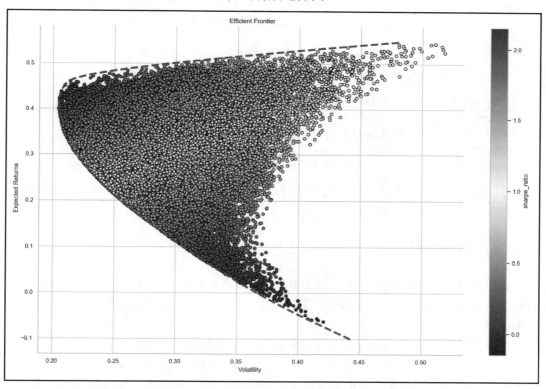

图 11.12　使用数值优化和先前生成的随机投资组合确定的有效边界

可以看到，该有效边界的形状与使用蒙特卡罗模拟获得的形状非常相似，唯一的区别是线条更流畅。

（8）确定具有最小波动率的投资组合。

```
min_vol_ind = np.argmin(vols_range)
min_vol_portf_rtn = rtns_range[min_vol_ind]
```

```
min_vol_portf_vol = efficient_portfolios[min_vol_ind]["fun"]

min_vol_portf = {
    "Return": min_vol_portf_rtn,
    "Volatility": min_vol_portf_vol,
    "Sharpe Ratio": (min_vol_portf_rtn / min_vol_portf_vol)
}
```

（9）打印该投资组合表现的汇总信息。

```
print_portfolio_summary(    min_vol_portf,
                            efficient_portfolios[min_vol_ind]["x"],
                            ASSETS,
                            name="Minimum Volatility")
```

运行上述代码片段会产生以下汇总信息。

```
Minimum Volatility portfolio ----
Performance
Return: 40.30% Volatility: 20.45% Sharpe Ratio: 197.10%
Weights
META: 15.98% MSFT: 79.82% TSLA: 0.00% TWTR: 4.20%
```

可以看到，具有最小波动率的投资组合是通过主要购买微软和 Meta 公司股票而根本不买特斯拉公司股票来实现的。

11.3.3　原理解释

如前文所述，本节继续使用了 11.2 节"使用蒙特卡罗模拟寻找有效边界"中的示例，因此必须运行 11.2.1 节"实战操作"中的步骤（1）到（4）以获得所有必须的数据（为节约篇幅起见，未重复这些步骤）。

在步骤（1）中，从 SciPy 导入了优化模块，这是必须执行的操作。

在步骤（2）中，定义了两个函数，在给定历史数据和投资组合权重的情况下返回预期投资组合收益和波动率。我们必须定义这些函数，而不是直接计算这些指标，因为稍后会在优化过程中使用它们。该算法将以迭代方式尝试不同的权重，并且需要能够使用目标变量（权重）的当前值来得出它试图优化的指标。

在步骤（3）中，定义了一个名为 get_efficient_frontier 的函数。它的目标是返回包含有效投资组合的列表，给定历史指标和预期投资组合收益的考虑范围。这是最重要的一步，包含很多细节。下面我们依次解释该函数的逻辑。

① 该函数的基本目标是对考虑范围内的每个预期投资组合收益运行优化程序，并将

生成的最优投资组合存储在列表中。

② 在 for 循环之外，定义了几个传递给优化器的对象。

❑ 传递给目标函数的参数。在本示例中，它们是历史平均收益率和协方差矩阵。我们优化的函数必须接受这些参数作为输入。这就是需要将返回值传递给在步骤（2）中定义的 get_portf_vol 函数的原因，即使它们不是计算所必需的并且不在函数内使用。

❑ bounds（嵌套元组）——对于每个目标变量（权重），我们提供一个包含边界值的元组，即最小和最大允许值。在本示例中，值的范围为 0~1（根据 MPT，没有负权重）。

❑ initial_guess，这是目标变量的初始猜测。使用初始猜测的目的是使优化运行得更快、更有效。在本示例中，该猜测是等权重分配的。

③ 在 for 循环中，定义了用于优化的最后一个元素——约束（constraint）。我们定义了两个约束。

❑ 预期的投资组合收益必须等于已提供的价值。

❑ 权重之和必须等于 1。

第一个约束是在循环中定义约束的元组的原因。也就是说，循环不得超过预期投资组合收益的考虑范围，并且对于每个值，我们找到了最佳风险水平。

④ 我们使用了序列最小二乘规划（sequential least-squares programming，SLSQP）算法运行优化器，该算法经常用于一般最小化问题。对于要最小化的函数，我们传递了先前定义的 get_portfolio_vol 函数。

📝 **注意：**

该优化器将相等（eq）约束设置为 0。这就是为什么预期约束 np.sum(weights) ==1 被表示为 np.sum(weights) −1 == 0。

在步骤（4）和步骤（5）中，定义了预期投资组合收益的范围（基于我们在上一节中凭经验观察到的范围）并运行了优化函数。

在步骤（6）中，迭代了有效投资组合列表并提取了最佳波动率。我们通过访问 fun 元素从 scipy.optimize.OptimizeResult 对象中提取波动率。这代表已经优化的目标函数，在本示例中，也就是投资组合的波动率。

在步骤（7）中，我们将计算出的有效边界添加到 11.2 节“使用蒙特卡罗模拟寻找有效边界”中所绘制图形的顶部。所有模拟的投资组合都位于或低于该有效边界，这是我们预期会发生的情况。

在步骤（8）和步骤（9）中，确定了具有最小波动率的投资组合，打印了其绩效指标，并显示了该投资组合的权重（从有效边界中提取）。

现在可以比较一下这两个具有最小波动率的投资组合：一个是使用蒙特卡罗模拟获得的，另一个是通过优化获得的。资产配置的主要模式是相同的——将大部分可用资源分配给 Meta 和 Microsoft。读者还可以看到优化策略的波动性要略低一点。这意味着在这 100 000 个投资组合中，还没有模拟到实际最小波动率的投资组合（当然，这是相对于预期投资组合收益的考虑范围而言的）。

11.3.4　扩展知识

我们还可以使用优化方法找到能够生成具有最高预期夏普比率的投资组合（即切点投资组合）的权重。为此，首先需要重新定义目标函数，现在它将是夏普比率的负值。使用负值的原因是该优化算法运行的是最小化问题。当然，读者也可以通过改变目标函数的符号将其轻松修改为运行最大化问题。

（1）定义新的目标函数（负夏普比率）。

```python
def neg_sharpe_ratio(w, avg_rtns, cov_mat, rf_rate):
    portf_returns = np.sum(avg_rtns * w)
    portf_volatility = np.sqrt(np.dot(w.T, np.dot(cov_mat, w)))
    portf_sharpe_ratio = (
        (portf_returns - rf_rate) / portf_volatility
    )
    return -portf_sharpe_ratio
```

接下来的步骤与前面我们对有效边界所做的非常相似，但是这里不需要 for 循环，因为我们只搜索一组权重。在参数中需包含无风险利率（虽然为简单起见可以假设它是 0%），并且只使用一个约束——目标变量的总和必须等于 1。

（2）找到优化的投资组合。

```python
n_assets = len(avg_returns)
RF_RATE = 0

args = (avg_returns, cov_mat, RF_RATE)
constraints = ({"type": "eq",
                "fun": lambda x: np.sum(x) - 1})
bounds = tuple((0,1) for asset in range(n_assets))
initial_guess = n_assets * [1. / n_assets]
max_sharpe_portf = sco.minimize(   neg_sharpe_ratio,
                                x0=initial_guess,
                                args=args,
```

```
                                    method="SLSQP",
                                    bounds=bounds,
                                    constraints=constraints)
```

（3）提取有关最大夏普比率投资组合的信息。

```
max_sharpe_portf_w = max_sharpe_portf["x"]
max_sharpe_portf = {
    "Return": get_portf_rtn(max_sharpe_portf_w, avg_returns),
    "Volatility": get_portf_vol(max_sharpe_portf_w,
                                avg_returns,
                                cov_mat),
    "Sharpe Ratio": -max_sharpe_portf["fun"]
}
```

（4）输出绩效汇总信息。

```
print_portfolio_summary(max_sharpe_portf,
                        max_sharpe_portf_w,
                        ASSETS,
                        name="Maximum Sharpe Ratio")
```

运行上述代码片段会输出以下具有最大化夏普比率的投资组合的汇总信息。

```
Maximum Sharpe Ratio portfolio ----
Performance
Return: 45.90% Volatility: 21.17% Sharpe Ratio: 216.80%
Weights
META: 0.00% MSFT: 96.27% TSLA: 3.73% TWTR: 0.00%
```

可以看到，为了达到最大的夏普比率，投资者应该主要购买微软公司股票（>96%的配置），少量的特斯拉股票（3.73%的配置），至于 Meta 和 Twitter 公司的股票则碰都不要碰（0%的配置）。

11.3.5　参考资料

以下是读者可能感兴趣的其他资源。

Markowitz, H., 1952. "Portfolio Selection," The Journal of Finance, 7(1): 77–91.

11.4　使用 CVXPY 凸优化寻找有效边界

在 11.3 节"使用 SciPy 优化找到有效边界"中，通过 SciPy 库使用数值优化找到了有效边界。该方法使用了投资组合的波动率作为想要最小化的指标。当然，读者也可以按略有不同的方式陈述相同的问题，并使用凸优化（convex optimization）来找到有效边界。

我们可以将均值方差优化问题重新构建为风险规避框架，其中投资者希望最大化风险调整后的收益。在数学上，该问题可以表示如下。

$$\max \ \omega^{\mathrm{T}}\mu - \gamma\omega^{\mathrm{T}}\Sigma\omega$$

$$\text{s.t} \quad \omega^{\mathrm{T}}\mathbf{1}=1$$

$$\omega \geqslant 0$$

其中，$\gamma \in [0,\infty)$ 为风险规避参数，约束条件规定权重之和必须为 1，不允许卖空。γ 的值越高，投资者越厌恶风险。

> **注意：**
>
> 所谓卖空（short-selling），就是指投资者看空某股票当天的行情，于是先行借入该股票并在公开市场上出售，待其下跌后再低价买回，归还所借的股票。其收益就是归还所借股票后的差额。

本节将使用与前两节相同的数据，以确保结果具有可比性。

11.4.1　准备工作

本节需要运行以下小节中的所有代码。

❑　11.2 节"使用蒙特卡罗模拟寻找有效边界"。
❑　11.3 节"使用 SciPy 优化找到有效边界"。

11.4.2　实战操作

执行以下步骤以使用凸优化找到有效边界。

（1）导入库。

```
import cvxpy as cp
```

（2）将年化平均收益和协方差矩阵转换为 numpy 数组。

```
avg_returns = avg_returns.values
cov_mat = cov_mat.values
```

（3）设置优化问题。

```
weights = cp.Variable(n_assets)
```

```
gamma_par = cp.Parameter(nonneg=True)
portf_rtn_cvx = avg_returns @ weights
portf_vol_cvx = cp.quad_form(weights, cov_mat)
objective_function = cp.Maximize(
    portf_rtn_cvx - gamma_par.*.portf_vol_cvx
)


problem = cp.Problem(
    objective_function,
    [cp.sum(weights) == 1, weights >= 0]
)
```

（4）计算有效边界。

```
N_POINTS = 25
portf_rtn_cvx_ef = []
portf_vol_cvx_ef = []
weights_ef = []
gamma_range = np.logspace(-3, 3, num=N_POINTS)

for gamma in gamma_range:
    gamma_par.value = gamma
    problem.solve()
    portf_vol_cvx_ef.append(cp.sqrt(portf_vol_cvx).value)
    portf_rtn_cvx_ef.append(portf_rtn_cvx.value)
    weights_ef.append(weights.value)
```

（5）绘制风险规避参数不同值的配置。

```
weights_df = pd.DataFrame( weights_ef,
                           columns=ASSETS,
                           index=np.round(gamma_range, 3))
ax = weights_df.plot(kind="bar", stacked=True)
ax.set( title="Weights allocation per risk-aversion level",
        xlabel=r"$\gamma$",
        ylabel="weight")
ax.legend(bbox_to_anchor=(1,1))
```

图 11.13 显示了所考虑的风险规避参数（γ）范围内的资产配置。

在图 11.13 中可以看到，对于非常小的 γ 值，投资者会将其 100%的资源分配给特斯拉公司股票。随着风险厌恶情绪的提高，对特斯拉股票的配置也会变小，更多的权重被分配给了微软公司股票和其他资产。在该参数所考虑 γ 值的另一端，投资者将 0%分配给了特斯拉股票，即完全不碰该资产。

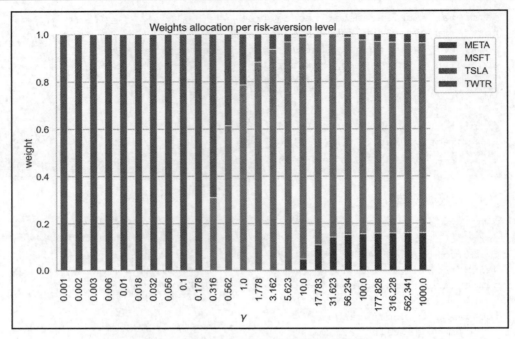

图 11.13　不同风险规避水平的资产配置

（6）绘制有效边界以及单项资产的图形。

```
fig, ax = plt.subplots()
ax.plot(portf_vol_cvx_ef, portf_rtn_cvx_ef, "g-")
for asset_index in range(n_assets):
    plt.scatter(    x=np.sqrt(cov_mat[asset_index, asset_index]),
                    y=avg_returns[asset_index],
                    marker=MARKERS[asset_index],
                    label=ASSETS[asset_index],
                    s=150)
ax.set( title="Efficient Frontier",
        xlabel="Volatility",
        ylabel="Expected Returns")
ax.legend()
```

图 11.14 显示了通过解决凸优化问题生成的有效边界。

可以看到，通过解决凸优化问题生成的边界类似于图 11.10 中使用蒙特卡罗模拟生成的边界。在图 11.10 中，我们确定仅由微软公司股票组成的投资组合非常接近有效边界。现在则可以对完全由特斯拉股票组成的投资组合同样适用。在使用蒙特卡罗模拟时，并没有在收益/波动率平面的那部分生成足够的观察结果来绘制围绕该投资组合的有效边界线。在 11.4.4 节"扩展知识"中，我们还会将此边界与 11.3 节"使用 SciPy 优化找到有效边界"中获得的边界进行比较。

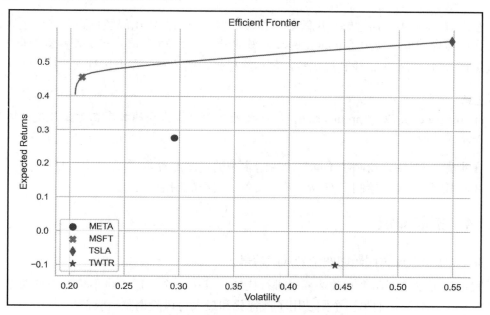

图 11.14 通过解决凸优化问题确定的有效边界

11.4.3 原理解释

如前文所述，本节继续使用了 11.2 节"使用蒙特卡罗模拟寻找有效边界"中的示例，因此，必须运行 11.2.1 节"实战操作"中的步骤（1）到（4）以获得所有必需的数据（为节约篇幅，未重复这些步骤）。

在步骤（1）中，导入了 cvxpy 凸优化库，这是一个必须执行的操作。

在步骤（2）中，将历史平均收益和协方差矩阵转换为 numpy 数组。

在步骤（3）中，设置了优化问题。首先需要定义目标变量（weights）、风险规避参数（gamma_par，其中添加"par"是为了突出显示它是该优化程序的参数）、投资组合收益和波动率（均使用先前定义的 weights 对象），最后是目标函数——我们想要最大化的风险调整后收益。然后，创建了 **cp.Problem** 对象并将目标函数和约束列表作为参数传递给它。

✔ **注意：**

本示例使用 cp.quad_form(x,y)来表示以下乘法。

$$x^\mathrm{T}yx$$

在步骤（4）中，通过解决风险规避参数的多个值的凸优化问题找到了有效边界。为了定义所考虑的值，使用了 np.logspace 函数以获得 γ 的 25 个值。对于该参数的每个值，通过运行 problem.solve()找到最优解。最后将感兴趣的值存储在专用列表中。

✔ **注意：**

np.logspace 类似于 np.linspace，不同之处在于前者找到的数字在对数尺度上均匀分布，而不是线性尺度。

在步骤（5）中，绘制了不同风险规避水平的资产配置。

在步骤（6）中，绘制了有效边界以及单项资产的图形。

11.4.4　扩展知识

1.　比较资产配置问题的两个公式的结果

我们还可以绘制两个有效边界以进行比较：其中一个是通过最小化每个预期收益水平的波动率计算的，而另一个则使用了凸优化和最大化风险调整后收益。

```python
x_lim = [0.2, 0.6]
y_lim = [0.4, 0.6]

fig, ax = plt.subplots(1, 2)
ax[0].plot(vols_range, rtns_range, "g-", linewidth=3)
ax[0].set(  title="Efficient Frontier - Minimized Volatility",
            xlabel="Volatility",
            ylabel="Expected Returns",
            xlim=x_lim,
            ylim=y_lim)

ax[1].plot(portf_vol_cvx_ef, portf_rtn_cvx_ef, "g-", linewidth=3)
ax[1].set(  title="Efficient Frontier - Maximized Risk-Adjusted Return",
            xlabel="Volatility",
            ylabel="Expected Returns",
            xlim=x_lim,
            ylim=y_lim)
```

执行上述代码片段会生成如图 11.15 所示的结果。

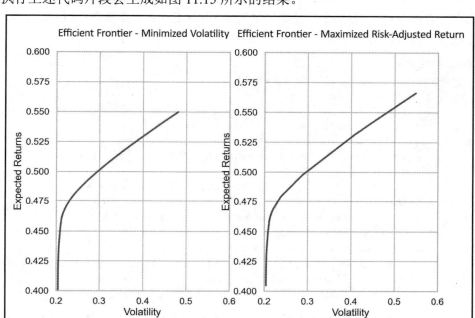

图 11.15　通过最小化每个预期收益水平的波动率产生的有效边界（左）和
通过最大化风险调整后收益产生的有效边界（右）

可以看到，这两种方法生成的有效边界非常相似，但也有一些细微差别。首先，使用最小化波动率方法获得的结果更平滑，因为使用了更多的点来计算边界。其次，右侧的有效边界是为范围稍大的可能波动率/收益对定义的。

2．允许加杠杆

可以纳入分析的另一个有趣概念是最大允许杠杆（maximum allowable leverage）。我们通过向量的范数，使用最大杠杆约束代替了对权重的非负约束。

在以下代码片段中，显示了在步骤（3）定义的基础上添加的内容。

```
max_leverage = cp.Parameter()
prob_with_leverage = cp.Problem(objective_function,
                                [cp.sum(weights) == 1,
                                 cp.norm(weights, 1) <= max_leverage])
```

在接下来的代码片段中，我们修改了代码，这次包括两个循环：其中一个循环针对风险规避参数的潜在值，另一个循环指示最大允许杠杆。当最大杠杆等于 1 时（意味着没有杠杆），其情形就和前面的优化问题类似（只是这次没有非负约束）。

我们还将占位对象（即用于存储结果的对象）重新定义为二维矩阵（使用 np.ndarrays），如果有权重，则包括第三维。

```
LEVERAGE_RANGE = [1, 2, 5]
len_leverage = len(LEVERAGE_RANGE)
N_POINTS = 25

portf_vol_l = np.zeros((N_POINTS, len_leverage))
portf_rtn_l = np.zeros(( N_POINTS, len_leverage))
weights_ef = np.zeros((len_leverage, N_POINTS, n_assets))

for lev_ind, leverage in enumerate(LEVERAGE_RANGE):
    for gamma_ind in range(N_POINTS):
        max_leverage.value = leverage
        gamma_par.value = gamma_range[gamma_ind]
        prob_with_leverage.solve()
        portf_vol_l[gamma_ind, lev_ind] = cp.sqrt(portf_vol_cvx).value
        portf_rtn_l[gamma_ind, lev_ind] = portf_rtn_cvx.value
        weights_ef[lev_ind, gamma_ind, :] = weights.value
```

在以下代码片段中，绘制了不同最大杠杆的有效边界。可以清楚地看到，更高的杠杆率会增加收益，但同时也会带来更大的波动率。

```
fig, ax = plt.subplots()

for leverage_index, leverage in enumerate(LEVERAGE_RANGE):
    plt.plot(portf_vol_l[:, leverage_index],
             portf_rtn_l[:, leverage_index],
             label=f"{leverage}")

ax.set( title="Efficient Frontier for different max leverage",
        xlabel="Volatility",
        ylabel="Expected Returns")
ax.legend(title="Max leverage")
```

执行上述代码将生成如图 11.16 所示的结果。

最后，我们还重新创建了基于每个不同风险规避水平显示其权重资产配置的图。最大杠杆为 1，没有卖空。

```
fig, ax = plt.subplots(len_leverage, 1, sharex=True)

for ax_index in range(len_leverage):
```

```
    weights_df = pd.DataFrame( weights_ef[ax_index],
                                columns=ASSETS,
                                index=np.round(gamma_range, 3))
    weights_df.plot(kind="bar",
                    stacked=True,
                    ax=ax[ax_index],
                    legend=None)
    ax[ax_index].set(
        ylabel=(f"max_leverage = {LEVERAGE_RANGE[ax_index]}"
                "\n weight")
    )

ax[len_leverage - 1].set(xlabel=r"$\gamma$")
ax[0].legend(bbox_to_anchor=(1,1))
ax[0].set_title("Weights allocation per risk aversion level",
                fontsize=16)
```

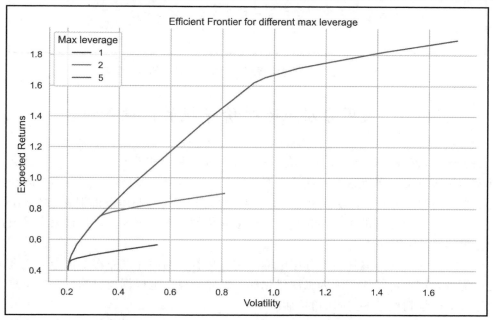

图 11.16 不同最大杠杆值的有效边界

执行上述代码片段将生成如图 11.17 所示的结果。

在图 11.17 中可以发现一个清晰的模式：随着风险厌恶情绪的增加，投资者将完全停止使用杠杆，并趋同于对所有级别的最大允许杠杆进行类似的配置。

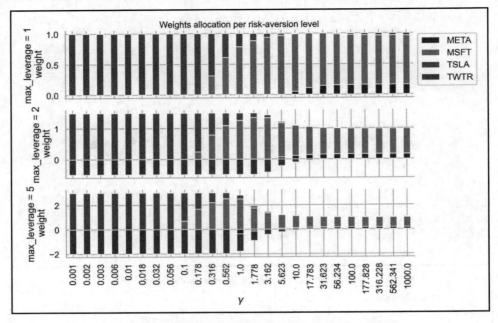

图 11.17　基于不同风险规避水平和最大杠杆的资产配置

11.5　使用分层风险平价寻找最佳投资组合

De Prado（2018）解释，由于二次优化器不稳定、集中和性能不佳，它们往往会提供不可靠的解决方案。所有这些麻烦的主要原因是需要对协方差矩阵求逆，当矩阵在数值上处于有问题的状态时，很容易导致大的误差。他还提到了马科维茨的诅咒（Markowitz's curse），这意味着投资的相关性越高，对于多元化的需求就越大，这反过来会导致投资组合权重的估计误差更大。

一个潜在的解决方案是引入分层结构，这意味着小的估计误差将不再导致完全不同的资产配置。这是可能的，因为二次优化器可以完全自由地根据自己的喜好完全重新调整权重（除非强制执行某些明确的约束）。

分层风险平价（hierarchical risk parity，HRP）是一种新颖的投资组合优化方法，它结合了图论和机器学习技术，以便根据协方差矩阵中的可用信息构建多元化的投资组合。从大面上看，该算法的工作原理如下。

（1）根据资产的相关性（协方差矩阵）计算距离矩阵。

（2）将资产聚类成具有分层聚类（基于距离矩阵）的树结构。

（3）计算树的每个分支内的最小方差投资组合。

（4）遍历树的层级并组合每个节点的投资组合。

更多算法介绍可以参考 De Prado（2018）著作（详见 11.5.4 节"参考资料"）。

HRP 方法的一些优点如下。

☐　它充分利用了来自协方差矩阵的信息，不需要对其求逆。

☐　它将聚类的资产视为补充，而不是替代。

☐　该算法产生的权重更加稳定和可靠。

☐　借助可视化可以直观地理解求解结果。

☐　可以包括额外的约束。

☐　文献表明该方法优于经典的样本外均值方差方法。

本节将应用分层风险平价算法从美国 10 家最大的科技公司的股票中寻找一个最佳投资组合。

11.5.1　实战操作

执行以下步骤以使用 HRP 算法找到最佳资产配置。

（1）导入库。

```
import yfinance as yf
import pandas as pd
from pypfopt.expected_returns import returns_from_prices
from pypfopt.hierarchical_portfolio import HRPOpt
from pypfopt.discrete_allocation import ( DiscreteAllocation,
                                          get_latest_prices)
from pypfopt import plotting
```

（2）下载美国十大科技公司的股价。

```
ASSETS = [ "AAPL", "MSFT", "AMZN", "GOOG", "META",
           "V", "NVDA", "MA", "PYPL", "NFLX"]

prices_df = yf.download(ASSETS,
                        start="2021-01-01",
                        end="2021-12-31",
                        adjusted=True)
prices_df = prices_df["Adj Close"]
```

（3）计算价格收益。

```
rtn_df = returns_from_prices(prices_df)
```

（4）使用分层风险平价找到最佳资产配置。

```
hrp = HRPOpt(returns=rtn_df)
hrp.optimize()
```

（5）显示清理后的权重。

```
weights = hrp.clean_weights()
print(weights)
```

这将返回以下投资组合权重。

```
OrderedDict([('AAPL', 0.12992), ('AMZN', 0.156), ('META', 0.08134),
('GOOG', 0.08532), ('MA', 0.10028), ('MSFT', 0.1083), ('NFLX', 0.10164),
('NVDA', 0.04466), ('PYPL', 0.05326), ('V', 0.13928)])
```

（6）计算该投资组合的绩效。

```
hrp.portfolio_performance(verbose=True, risk_free_rate=0);
```

它将返回以下评估指标。

```
Expected annual return: 23.3%
Annual volatility: 19.2%
Sharpe Ratio: 1.21
```

（7）可视化用于查找投资组合权重的分层聚类。

```
fig, ax = plt.subplots()
plotting.plot_dendrogram(hrp, ax=ax)
ax.set_title("Dendogram of cluster formation")
plt.show()
```

运行上述代码片段会生成如图 11.18 所示的结果。

在图 11.18 中，可以看到 Visa 和 MasterCard 公司被聚类在一起。在该图中，y 轴表示要合并的两片叶子之间的距离。

这是有道理的，就好像我们要投资像 Visa 这样的美国上市信用卡公司，则可能会考虑增加或减少对另一家非常相似的公司（如 MasterCard）的配置。谷歌和微软的情况也类似，尽管这两家公司之间的差异要更大一些。这就是将分层结构应用于资产之间相关性的思想。

（8）求用 50 000 美元购买的股票数量。

```
latest_prices = get_latest_prices(prices_df)
allocation_finder = DiscreteAllocation(weights,
                                       latest_prices,
```

```
                                                    total_portfolio_value=50000)
allocation, leftover = allocation_finder.lp_portfolio()
print(allocation)
print(leftover)
```

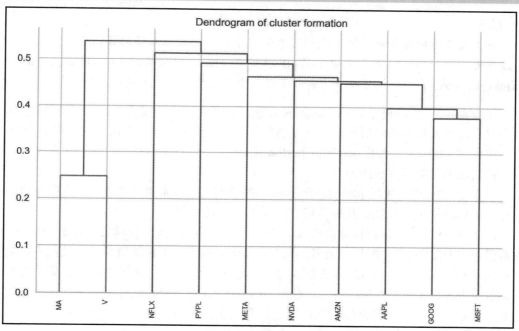

图 11.18 可视化聚类形成过程的树状图

运行上述代码片段会打印以下字典，其中包含建议购买的股票数量和剩余现金。

```
{
    'AAPL': 36, 'AMZN': 2, 'META': 12, 'GOOG': 2, 'MA': 14, 'MSFT': 16,
    'NFLX': 8,'NVDA': 7, 'PYPL': 14, 'V': 31
}
12.54937744140625
```

11.5.2 原理解释

在导入库之后，我们下载了 2021 年美国 10 家最大科技公司的股票价格。在步骤（3）中，使用 returns_from_prices 函数创建了一个包含每日股票收益的 DataFrame。

在步骤（4）中，实例化了 HRPOpt 对象并将股票收益作为输入传递到其中。然后，使用 optimize 方法找到最佳权重。

　　一些比较细心的读者可能会注意到，在描述该算法时，我们提到它是基于协方差矩阵的，但是在这里却使用了返回的序列作为输入。实际上，当我们传入 returns 参数时，该类会自动计算协方差矩阵。或者，读者也可以使用 cov_matrix 参数直接传入协方差矩阵。

💡 提示：

　　当直接传递协方差矩阵时，我们可以受益于使用协方差矩阵的替代公式，而不是样本协方差。例如，可以使用 Ledoit-Wolf 收缩或 oracle 近似收缩（oracle approximating shrinkage，OAS）。在 11.5.4 节 "参考资料" 中可以找到这些方法的介绍资料。

　　在步骤（5）中，使用 clean_weights 方法显示了清理后的权重。它是一种辅助方法，将权重四舍五入到小数点后 5 位（可以调整），并将任何低于某个阈值的权重截断为 0。

　　在步骤（6）中，使用 portfolio_performance 方法计算了该投资组合的预期表现。同时，将默认无风险利率更改为 0%。

　　在步骤（7）中，使用 plot_dendogram 函数绘制了层次聚类的结果。此函数生成的图形对了解算法的工作原理以及哪些资产聚集在一起非常有用。

　　在步骤（8）中，根据计算出的权重进行了离散资产配置。假设我们有 50 000 美元，并希望使用 HRP 权重分配尽可能多的资金。首先，我们从下载的股票价格数据中获取了最新的价格，即 2021-12-30 的价格。然后，通过提供权重、最新价格和预算来实例化 DiscreteAllocation 类的对象。最后，使用 lp_portfolio 方法通过线性规划来确定应该购买的股票数量（基于当前预算做资产配置）。我们获得了两个对象作为输出：一个是包含资产对和相应股票数量的字典，另一个是剩余的钱数。

📝 注意：

　　线性规划的另一种方法是采用贪婪迭代搜索，这在 greedy_portfolios 方法下是可用的。

11.5.3　扩展知识

　　PyPortfolioOpt 提供的功能比我们介绍的要多得多。例如，它极大地简化了有效边界的获取。可以通过以下步骤计算它。

　　（1）导入库。

```
from pypfopt.expected_returns import mean_historical_return
from pypfopt.risk_models import CovarianceShrinkage
from pypfopt.efficient_frontier import EfficientFrontier
from pypfopt.plotting import plot_efficient_frontier
```

　　（2）得到期望收益和协方差矩阵。

```
mu = mean_historical_return(prices_df)
S = CovarianceShrinkage(prices_df).ledoit_wolf()
```

正如我们在本章中多次强调的那样，均值-方差优化需要两个组成部分：资产的预期收益及其协方差矩阵。PyPortfolioOpt 提供了多种计算它们的可能性。

虽然我们已经提到协方差矩阵的替代方案，但读者也可以使用以下成分计算预期收益：历史平均收益、指数加权平均历史收益和 CAPM 收益估计。上述代码计算了协方差矩阵的历史均值和 Ledoit-Wolf 收缩估计。

（3）找到并绘制有效边界。

```
ef = EfficientFrontier(mu, S)

fig, ax = plt.subplots()
plot_efficient_frontier(ef, ax=ax, show_assets=True)
ax.set_title("Efficient Frontier")
```

运行上述代码片段将生成如图 11.19 所示的结果。

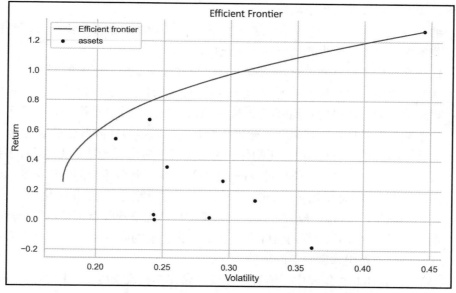

图 11.19　使用协方差矩阵的 Ledoit-Wolf 收缩估计获得的有效边界

（4）找到切点投资组合。

```
ef = EfficientFrontier(mu, S)
weights = ef.max_sharpe(risk_free_rate=0)
print(ef.clean_weights())
```

这将返回以下投资组合权重。

```
OrderedDict([('AAPL', 0.0), ('AMZN', 0.0), ('META', 0.0), ('GOOG',
0.55146), ('MA', 0.0), ('MSFT', 0.11808), ('NFLX', 0.0), ('NVDA',
0.33046), ('PYPL', 0.0), ('V', 0.0)])
```

EfficientFrontier 类允许识别的不仅仅是切点投资组合。读者还可以使用以下方法。

❏ min_volatility：找到波动率最小的投资组合。

❏ max_quadratic_utility：在给定风险规避水平的情况下，找到最大化二次效用的投资组合。这与我们在上一节中介绍的方法相同。

❏ efficient_risk：找到一个投资组合，使给定目标风险的收益最大化。

❏ efficient_return：找到一个投资组合，使给定目标收益的风险最小化。

通过使用上述最后两个选项，我们可以生成市场中性的投资组合，即权重总和为零的投资组合。

如前文所述，我们在这里所演示的 PyPortfolioOpt 功能只是其诸多功能的冰山一角。使用该库，读者还可以探索以下应用。

❏ 纳入行业限制：假设读者想要拥有来自不同行业的股票投资组合，同时保持一些条件，例如，至少有20%属于科技股。

❏ 优化交易成本：在我们已经拥有投资组合并且想要重新平衡的情况下，完全重新平衡投资组合可能会非常昂贵（而且正如我们之前所讨论的那样，投资组合权重的不稳定性可能是均值-方差优化的缺点）。在这种情况下，读者可以添加一个额外的目标，即在重新平衡投资组合的同时尽可能降低交易成本。

❏ 在优化投资组合时使用 L2 正则化：通过使用正则化，我们可以应对许多权重降为零的行为。可以尝试不同的 gamma 参数值来找到最适合的资产配置。由于著名的岭回归（Ridge Regression）算法，读者可能熟悉了 L2 正则化。

❏ 使用 Black-Litterman 模型可以获得比仅使用历史平均收益更稳定的预期收益模型。这是一种资产配置的贝叶斯方法，它将先前的收益估计与对某些资产的看法相结合，得出预期收益的后验估计。

在本书配套 GitHub 存储库中，读者还可以在允许卖空或使用 L2 正则化的同时找到有效边界的简短示例。

💡 提示：

读者也可以尝试不使用预期收益。文献表明，由于难以准确估计预期收益，最小方差投资组合在样本外的表现始终优于最大夏普比率投资组合。

11.5.4 参考资料

本节提到的方法的其他资源。

❑ Black, F; & Litterman, R. 1991. "Combining investor views with market equilibrium," The Journal of Fixed Income, 1, (2): 7-18: https://doi.org/10.3905/jfi.1991.408013.

❑ Black, F., & Litterman, R. 1992. "Global portfolio optimization," Financial Analysts Journal, 48(5): 28-43.

❑ Chen, Y., Wiesel, A., Eldar, Y. C., & Hero, A. O. 2010. "Shrinkage Algorithms for MMSE Covariance Estimation," IEEE Transactions on Signal Processing, 58(10): 5016-5029.

https://doi.org/10.1109/TSP.2010.2053029

❑ De Prado, M. L. 2016. "Building diversified portfolios that outperform out of sample," The Journal of Portfolio Management, 42(4): 59-69.

https://doi.org/10.3905/jpm.2016.42.4.059

❑ De Prado, M. L. 2018. Advances in Financial Machine Learning. John Wiley & Sons

❑ Ledoit, O., & Wolf, M. 2003 "Improved estimation of the covariance matrix of stock returns with an application to portfolio selection," Journal of Empirical Finance, 10(5): 603-621.

❑ Ledoit, O., & Wolf, M. 2004. "Honey, I shrunk the sample covariance matrix," The Journal of Portfolio Management, 30(4): 110-119.

https://doi.org/10.3905/jpm.2004.110

读者可能还会对以下有关使用 Python 处理资产配置的资源感兴趣。

❑ Riskfolio-Lib 库：这是另一个流行的投资组合优化库，包含多种算法和评估指标。其网址如下。

https://github.com/dcajasn/Riskfolio-Lib

❑ deepdow 库：这是结合了投资组合优化和深度学习的 Python 库。其网址如下。

https://github.com/jankrepl/deepdow

11.6　小　　结

　　本章介绍了资产配置方法。我们从最简单的等权重投资组合开始，事实证明，即使采用更先进的优化技术，这种简单的投资组合方法也很难被超越。然后，我们还探索了使用均值-方差优化计算有效边界的各种方法。最后，本章还介绍了资产配置方法的一些最新进展，例如分层风险平价算法。

　　在下一章中，我们将介绍各种回测交易和资产配置策略的方法。

第 12 章 回测交易策略

在前面的章节中，我们已经获得了一些创建交易策略所必需的知识。一方面，读者可以使用纯技术分析来识别交易机会；另一方面，也可以使用本书讨论的其他一些技巧。例如，可以尝试使用有关因素模型或波动率预测的知识。或者，也可以使用投资组合优化技术来确定要配置的最佳资产数量。当然，在这些技术和方法之外，仍然缺少的一块关键拼图是评估如果我们过去实施这种策略其表现会如何。这正是本章要探讨的回溯测试的目标。

回溯测试（backtesting，简称回测）可以描述为对交易策略的真实模拟，它使用历史数据评估其表现。其基本思想是，当该策略在市场上实际使用时，回测表现应该表明其未来的绩效。但是，情况并非总是如此，我们在做回测实验时应该牢记这一点。

回测有多种方法，但是，读者应该始终记住，回测应该忠实地反映市场的运作方式、交易的执行方式、可用的订单等。例如，忘记考虑交易成本会很快将"有利可图"的策略变成一次失败的实验。

我们已经提到了在不断变化的金融市场中围绕预测的普遍不确定性。当然，也有一些实施方面的因素可能会使回溯测试的结果产生偏差，并增加将样本内表现与同样适用于样本外的可泛化模式相混淆的风险。以下就是其中的一些问题。

- ❑ 前瞻性偏差（look-ahead bias）：当使用实际已知/可用的历史数据制定交易策略时，就会出现这种潜在缺陷。这样的一些示例包括：基于已报告的财务报表、拆股或并股（reverse split）情况所做出的修正。

- ❑ 幸存者偏差（survivorship bias）：当我们仅使用当前活跃/可交易的证券数据进行回测时，就会出现这种偏差，因为这样做忽略了随着时间的推移（由于破产、退市、收购等原因）而消失的资产。大多数时候，这些资产表现不佳，而我们的策略可能会因未能包括这些资产而出现偏差，因为这些资产在过去仍可能在市场上被购买，但现在已被收购。

- ❑ 异常值检测和处理：这方面的主要挑战是辨别出不代表所分析时期的异常值，而不是那些作为市场行为不可或缺的一部分的异常值。换言之，用户需要知道哪些异常值是可以接受的，哪些异常值是不可接受的。

- ❑ 代表性样本期：由于回测的目标是提供未来表现的指示，因此样本数据应反映当前和潜在的未来市场行为。如果在这部分没有花费足够的时间，我们可能会错过一些关键的市场机制方面的东西，例如波动性（太少/太多的极端事件）或交易量（数据点太少）。

❏ 随着时间的推移满足投资目标和限制：在评估期结束时，一项战略可能会带来良好的绩效。但是，在它活跃的某些时期，也可能会导致无法接受的高损失或波动。我们可以通过使用滚动绩效/风险指标来跟踪这些指标，例如，风险价值或夏普比率/索提诺比率。

❏ 现实的交易环境：我们已经提到过，不包括交易成本会极大地影响回测的最终结果。更重要的是，现实生活中的交易涉及更多的复杂性。例如，用户可能无法在所有时间或以目标价格执行所有交易。这方面需要考虑的一些事项包括滑点（slippage）。这是指交易的预期价格（下单价）与交易执行价格（成交价）之间的差价、空头头寸交易对手的可用性、经纪人费用等。

现实环境也说明了这样一个事实，即我们可能会根据一天的收盘价做出交易决定，但交易将（可能）根据下一个交易日的开盘价执行。由于价格差异较大，我们准备的订单可能不会被执行。

❏ 多重测试：在运行多重回测时，用户可能会发现虚假结果或因为过拟合测试样本而产生可疑的积极结果的策略，这些结果不太可能适用于实时交易中遇到的样本外数据。此外，我们也可能会在策略设计中泄露关于什么有效什么无效的先验知识，这可能导致进一步的过拟合。

在这方面可以考虑的一些事情是：报告试验次数、计算最小回测长度、使用某种最优停止规则（optimal stopping rule），或计算考虑多重测试影响的指标（例如，缩减的夏普比率）。

本章将演示如何使用两种方法对各种交易策略进行回测：向量化和事件驱动。稍后我们将详细介绍这两种方法，但现在读者需要知道的是：第一种方法运行良好，可以快速测试以查看该策略是否有任何潜力；第二种方法则更适合进行彻底和严格的测试，因为它试图解决上面介绍的许多潜在问题。

本章的重点是学习如何使用流行的 Python 库设置回测。我们将演示一些基于流行技术指标构建的策略或使用均值-方差投资组合优化的策略示例。有了这些基础知识，读者就可以回测自己所能想到的任何策略。

本章包含以下内容。

❏ 使用 pandas 进行向量化回测。

❏ 使用 backtrader 进行事件驱动的回测。

❏ 基于 RSI 回测多头/空头策略。

❏ 回测基于布林带的买入/卖出策略。

❑　使用加密货币交易数据回测移动平均线交叉策略。
❑　回测均值方差投资组合优化。

12.1　使用 pandas 进行向量化回测

如前文所述，有两种方法可以进行回溯测试。比较简单的一种称为向量化回测（vectorized backtesting）。在这种方法中，通常将信号向量/矩阵（包含我们是进场还是平仓的指标）乘以收益向量。这样做可以计算特定时间段内的绩效。

由于其简单性，这种方法无法处理前文介绍的许多问题，例如以下几种。

❑　需要手动对齐时间戳以避免前瞻性偏差。
❑　没有明确的头寸规模。
❑　所有绩效测量都是在回测结束时手动计算的。
❑　止损等风险管理规则不容易纳入。

这就是如果我们正在处理简单的交易策略并想要在几行代码中探索它们的初始潜力，则应该重点使用向量化回测的原因。

本节将使用以下规则集回测一个非常简单的策略。

❑　如果收盘价高于 20 日简单移动平均线（simple moving average，SMA），则建立多头头寸（即执行买入操作）。
❑　当收盘价低于 20 日简单移动平均线时平仓（即执行卖出操作）。
❑　不允许卖空。
❑　该策略与单位无关（可以输入 1 股或 1000 股的头寸），因为我们只关心价格的百分比变化。

本节将使用苹果公司的股票及其 2016 年至 2021 年的历史价格对该策略进行回测。

12.1.1　实战操作

执行以下步骤以使用向量化方法对简单策略进行回测。
（1）导入库。

```
import pandas as pd
import yfinance as yf
import numpy as np
```

（2）下载苹果公司 2016 年到 2021 年的股价，只保留调整后的收盘价。

```
df = yf.download("AAPL",
```

```
                    start="2016-01-01",
                    end="2021-12-31",
                    progress=False)
df = df[["Adj Close"]]
```

（3）计算收盘价的对数收益和 20 日简单移动平均线。

```
df["log_rtn"] = df["Adj Close"].apply(np.log).diff(1)
df["sma_20"] = df["Adj Close"].rolling(window=20).mean()
```

（4）创建头寸指标。

```
df["position"] = (df["Adj Close"] > df["sma_20"]).astype(int)
```

使用以下代码片段，即可计算进入多头头寸的次数。

```
sum((df["position"] == 1) & (df["position"].shift(1) == 0))
```

答案是 56。

（5）可视化 2021 年的交易策略。

```
fig, ax = plt.subplots(2, sharex=True)
df.loc["2021", ["Adj Close", "sma_20"]].plot(ax=ax[0])
df.loc["2021", "position"].plot(ax=ax[1])
ax[0].set_title("Preview of our strategy in 2021")
```

执行上述代码片段将生成如图 12.1 所示的结果。

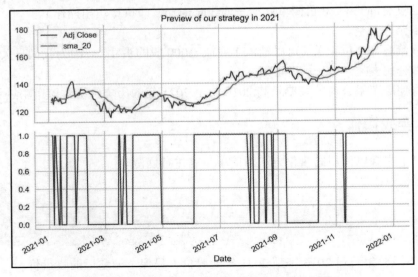

图 12.1   基于简单移动平均线的交易策略预览

在图 12.1 中，可以清楚地看到我们的交易策略是如何运作的——在收盘价高于 20 日均线（SMA）的时期，我们确实有未平仓头寸（open position），这由包含头寸信息的列中的值 1 指示。

（6）计算该交易策略的每日收益和累计收益。

```
df["strategy_rtn"] = df["position"].shift(1) * df["log_rtn"]
df["strategy_rtn_cum"] = (
    df["strategy_rtn"].cumsum().apply(np.exp)
)
```

（7）添加买入并持有（buy-and-hold）策略进行对比。

```
df["bh_rtn_cum"] = df["log_rtn"].cumsum().apply(np.exp)
```

（8）绘制这两个策略的累积收益。

```
(
    df[["bh_rtn_cum", "strategy_rtn_cum"]]
    .plot(title="Cumulative returns")
)
```

执行上述代码片段将生成如图 12.2 所示的结果。

图 12.2　基于简单移动平均线的交易策略和买入并持有基准策略的累积收益对比

在图 12.2 中，可以看到两种策略的累积收益对比。初步结论是，简单策略在考虑的时间段内优于买入并持有策略。

当然，这种形式的简化回溯测试并没有考虑很多可能会显著改变最终结果的关键方面（例如，使用收盘价进行交易，它假设没有滑点和交易成本等）。在 12.1.3 节"扩展知识"中，读者将看到仅考虑交易成本时结果变化的速度有多快。

12.1.2　原理解释

首先我们导入了必要的库，下载苹果公司 2016 年到 2021 年的股价，该回测只需要保留调整后的收盘价。

在步骤（3）中，计算了对数收益和 20 日 SMA。为了计算该技术指标，使用了 pandas DataFrame 的 rolling 方法。当然，读者也可以使用前文已经介绍过的 TA-Lib 库。

📝 **注意：**

本示例计算了对数收益，因为它们具有随时间求和的方便特性。如果我们持有该头寸 10 天，并且对该头寸的最终收益感兴趣，则可以简单地计算这 10 天的对数收益。有关更多信息，可以参阅第 2 章"数据预处理"。

在步骤（4）中，我们创建了一列，其中包含有关我们是否有未平仓头寸（仅限多头）的信息。按照交易策略的要求，我们将在收盘价高于 20 日均线时进场，当收盘价低于 20 日均线时平仓退场。在 DataFrame 中将此列编码为整数。

在步骤（5）中，绘制了收盘价、20 日均线和带有持仓标志的列。为了使图表更具可读性，仅绘制了 2021 年的数据。

步骤（6）是向量化回测中最重要的一步。我们计算了该策略的每日收益和累计收益。为了计算每日收益，需要将当天的对数收益乘以移位的头寸标志。头寸向量移动 1 以避免前瞻性偏差。换句话说，该标志是使用直到并包括时间 t 的所有信息生成的。我们只能使用该信息在下一个交易日（即时间 $t+1$）开仓买入。

细心的读者可能已经发现了该回测中出现的另一个偏差。虽然我们正确地假设了只能在下一个交易日买入，但是，对数收益却是基于我们在第 $t+1$ 天时使用时间 t 的收盘价买入计算的，这可能非常不现实（具体取决于市场状况）。我们将在下一节中看到如何通过事件驱动的回测来克服这个问题。

然后，我们使用了 cumsum 方法计算对数收益的累积和，对应于累积收益。最后，使用了 apply 方法应用指数函数。

在步骤（7）中，计算了买入并持有策略的累积收益。对于这一策略，只是简单地使用对数收益进行计算，跳过了将收益与头寸标志相乘的步骤。

在步骤（8）中，绘制了两种交易策略的累积收益对比图。

12.1.3　扩展知识

从最初的回测来看，简单策略似乎优于买入并持有策略。但我们也应看到，6 年来，我们有 56 次进场建立多头头寸。交易总数翻了一番，因为我们也执行了平仓退场的操作。根据经纪商（证券公司）的不同，这可能会导致相当大的交易成本。

鉴于交易成本经常以固定百分比报价，因此可以简单地计算投资组合在连续时间步长之间的变化量，在此基础上计算交易成本，然后直接从策略的收益中减去它们。

现在就让我们来看看如何在向量化回测中计算交易成本。为简单起见，可以假设交易成本为 1%。

执行以下步骤以计算向量化回测中的交易成本。

（1）计算每日交易费用。

```
TRANSACTION_COST = 0.01
df["tc"] = df["position"].diff(1).abs() * TRANSACTION_COST
```

上述代码片段计算了我们的投资组合是否有变化（采用的是绝对值，因为我们可能执行进场或退场操作），然后将该值乘以按百分比表示的交易成本。

（2）在考虑交易成本的基础上计算策略的绩效。

```
df["strategy_rtn_cum_tc"] = (
    (df["strategy_rtn"] - df["tc"]).cumsum().apply(np.exp)
)
```

（3）绘制所有策略的累积收益。

```
STRATEGY_COLS = ["bh_rtn_cum", "strategy_rtn_cum",
                 "strategy_rtn_cum_tc"]
(
    df
    .loc[:, STRATEGY_COLS]
    .plot(title="Cumulative returns")
)
```

执行上述代码片段将生成如图 12.3 所示的结果。

可以看到，在计入交易成本后，简单策略的绩效大幅下滑，差于买入并持有策略。为了完全公平，我们还应该考虑买入并持有策略中的初始和最终交易成本，因为该策略也必须有一次买卖资产的操作。

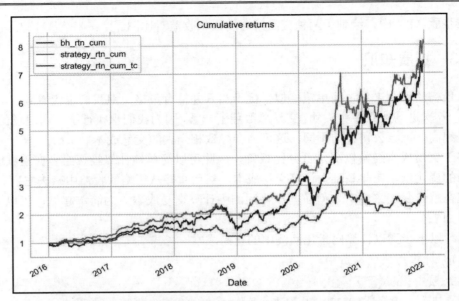

图 12.3   所有策略的累积收益，包括有交易成本的简单策略

12.2   使用 backtrader 进行事件驱动的回测

第二种回测方法称为事件驱动回测（event-driven backtesting）。在该方法中，回测引擎将模拟交易环境的时间维度（读者可以将其视为遍历时间并按顺序执行所有操作的 for 循环）。这实际上对回测施加了更多结构，包括使用历史日历来定义交易何时可以实际执行、价格何时可用等。

事件驱动的回测旨在模拟执行特定策略时遇到的所有操作和约束，同时允许比向量化方法更大的灵活性。例如，此方法允许模拟订单执行中的潜在延迟、滑点成本等。在理想情况下，为事件驱动回测编码的策略可以很容易地转换为使用实时交易引擎的策略。

目前有很多可用于 Python 的事件驱动回测库。本章将介绍其中一种最流行的库——backtrader。该库的主要特点如下。

❑ 大量可用的技术指标（backtrader 还提供了对流行的 TA-Lib 库的包装）和绩效指标。

❑ 易于建立和应用新指标。

❑ 可以使用多个数据源（包括雅虎财经和 Nasdaq Data Link），并可以加载外部文件。

❑ 模拟真实经纪商（证券公司）的许多方面，例如，不同类型的订单·（市价单、限价单和止损单）、滑点、佣金、做多/做空等。

❑　价格、技术分析（TA）指标、交易信号、绩效等的综合交互式可视化。

❑　与选定的经纪商进行实时交易。

本节将考虑基于简单移动平均线的基本策略。事实上，它与 12.1 节"使用 pandas 进行向量化回测"中使用的交易策略几乎相同。该策略的逻辑如下。

❑　当收盘价高于 20 日均线时，买入一股。

❑　当收盘价低于 20 日均线并且我们持有该股票时，卖出。

❑　我们在任何给定时间最多只能拥有一股。

❑　不允许卖空。

本节将使用苹果公司 2021 年的股价对该策略进行回溯测试。

12.2.1　准备工作

在本节（以及本章的余下部分）中，将使用两个可用于打印日志的辅助函数——get_action_log_string 和 get_result_log_string。此外，我们还将使用自定义 MyBuySell 观察标志以不同颜色显示头寸标记。读者可以在本书配套 GitHub 存储库提供的 strategy_utils.py 文件中找到这些辅助函数的定义。

请注意，在撰写本文时，PyPI（Python package index）上可用的 backtrader 版本不是最新的。使用简单的 pip install backtrader 命令将安装一个包含很多问题的版本，例如，从雅虎财经加载数据就会出错。要克服这个问题，读者应该从 GitHub 安装最新版本。可使用以下代码片段执行此操作。

```
pip install git+https://github.com/mementum/backtrader.git#egg=backtrader
```

12.2.2　实战操作

执行以下步骤以使用事件驱动方法回测简单策略。

（1）导入库。

```
from datetime import datetime
import backtrader as bt
from backtrader_strategies.strategy_utils import *
```

（2）从雅虎财经下载数据。

```
data = bt.feeds.YahooFinanceData(dataname="AAPL",
                                 fromdate=datetime(2021, 1, 1),
                                 todate=datetime(2021, 12, 31))
```

为了使代码更具可读性，我们将首先呈现定义交易策略的类的总体轮廓，然后在以下子步骤中介绍单独的方法。

（3）该策略的模板如下。

```python
class SmaStrategy(bt.Strategy):
    params = (("ma_period", 20), )

    def __init__(self):
        # 一些代码

    def log(self, txt):
        # 一些代码

    def notify_order(self, order):
        # 一些代码

    def notify_trade(self, trade):
        # 一些代码

    def next(self):
        # 一些代码

    def start(self):
        # 一些代码

    def stop(self):
        # 一些代码
```

① __init__ 方法的定义如下。

```python
def __init__(self):
    # 跟踪序列中的收盘价
    self.data_close = self.datas[0].close

    # 跟踪挂单
    self.order = None

    # 添加简单移动平均线指标
    self.sma = bt.ind.SMA( self.datas[0],
                                period=self.params.ma_period)
```

② log 方法的定义如下。

```python
def log(self, txt):
    dt = self.datas[0].datetime.date(0).isoformat()
    print(f"{dt}: {txt}")
```

③ notify_order 方法的定义如下。

```
def notify_order(self, order):
    if order.status in [order.Submitted, order.Accepted]:
        # 订单已提交/已接受
        # 无须操作
        return

    # 报告已执行订单
    if order.status in [order.Completed]:

        direction = "b" if order.isbuy() else "s"
        log_str = get_action_log_string(
            dir=direction,
            action="e",
            price=order.executed.price,
            size=order.executed.size,
            cost=order.executed.value,
            commission=order.executed.comm
        )
        self.log(log_str)

    # 报告未执行订单
    elif order.status in [ order.Canceled, order.Margin,
                            order.Rejected]:
        self.log("Order Failed")

    # 重置订单 -> 无挂单
    self.order = None
```

④ notify_trade 方法的定义如下。

```
def notify_trade(self, trade):
    if not trade.isclosed:
        return

    self.log(
        get_result_log_string(
            gross=trade.pnl, net=trade.pnlcomm
        )
    )
```

⑤ next 方法的定义如下。

```
def next(self):
    # 如果订单处于挂起状态，则不执行任何操作
```

```
        if self.order:
            return

        # 检查是否已经有头寸
        if not self.position:
            # 买入状态
            if self.data_close[0] > self.sma[0]:
                self.log(
                    get_action_log_string(
                        "b", "c", self.data_close[0], 1
                    )
                )
                self.order = self.buy()

        else:
            # 售出状态
            if self.data_close[0] < self.sma[0]:
                self.log(
                    get_action_log_string(
                        "s", "c", self.data_close[0], 1
                    )
                )
                self.order = self.sell()
```

⑥ start 和 stop 方法的定义如下。

```
def start(self):
    print(f"Initial Portfolio Value: {self.broker.get_
value():.2f}")

def stop(self):
    print(f"Final Portfolio Value: {self.broker.get_value():.2f}")
```

（4）设置回测。

```
cerebro = bt.Cerebro(stdstats=False)

cerebro.adddata(data)
cerebro.broker.setcash(1000.0)
cerebro.addstrategy(SmaStrategy)
cerebro.addobserver(MyBuySell)
cerebro.addobserver(bt.observers.Value)
```

（5）运行回测。

```
cerebro.run()
```

运行上述代码片段会生成以下日志（有缩略）。

```
Initial Portfolio Value: 1000.00
2021-02-01: BUY CREATED - Price: 133.15, Size: 1.00
2021-02-02: BUY EXECUTED - Price: 134.73, Size: 1.00, Cost: 134.73,
Commission: 0.00
2021-02-11: SELL CREATED - Price: 134.33, Size: 1.00
2021-02-12: SELL EXECUTED - Price: 133.56, Size: -1.00, Cost: 134.73,
Commission: 0.00
2021-02-12: OPERATION RESULT - Gross: -1.17, Net: -1.17
2021-03-16: BUY CREATED - Price: 124.83, Size: 1.00
2021-03-17: BUY EXECUTED - Price: 123.32, Size: 1.00, Cost: 123.32,
Commission: 0.00
...
2021-11-11: OPERATION RESULT - Gross: 5.39, Net: 5.39
2021-11-12: BUY CREATED - Price: 149.80, Size: 1.00
2021-11-15: BUY EXECUTED - Price: 150.18, Size: 1.00, Cost: 150.18,
Commission: 0.00
Final Portfolio Value: 1048.01
```

该日志包含有关所有已创建和已执行交易的信息，以及平仓时的操作结果。

（6）绘制结果。

```
cerebro.plot(iplot=True, volume=False)
```

运行上述代码片段会生成如图 12.4 所示的结果。

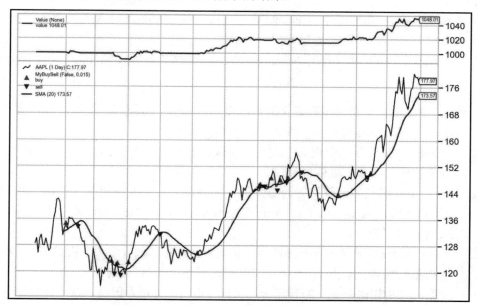

图 12.4　我们的策略在回测期间的行为/表现总结

在图 12.4 中可以看到苹果公司的股价、20 日 SMA、买卖订单以及我们的投资组合价值随时间的演变。正如我们所见，该策略在回测期间赚了 48 美元。在考虑业绩时，请记住该策略仅使用一只股票进行操作，同时将大部分可用资源保留为现金。

12.2.3　原理解释

使用 backtrader 的关键思路是它有回测的主脑——Cerebro，通过使用不同的方法，我们可以向它提供历史数据、设计好的交易策略、要计算的额外指标（例如，投资组合在投资期限内的价值，或整体夏普比率），以及有关佣金/滑点的信息等。

创建策略有两种方法：使用信号（bt.Signal）或定义完整策略（bt.Strategy）。两者都产生相同的结果，但是，使用 bt.Strategy 创建的方法提供了更多关于后台实际发生的事情的日志记录。这使得调试和跟踪所有操作变得更加容易（日志中包含的信息详细程度取决于我们的需要）。这就是为什么我们要首先在本节中演示这种方法。

读者可以在本书配套 GitHub 存储库中找到使用信号方法构建的等效策略。

在步骤（1）中导入必要的库和辅助函数后，在步骤（2）中使用 bt.feeds.YahooFinanceData 函数从雅虎财经下载了股价数据。

✅ 注意：

读者也可以添加 CSV 文件、pandas DataFrame、Nasdaq Data Link 和其他来源的数据。有关可用选项的列表，可以参阅 bt.feeds 的文档。

在本书配套 GitHub 存储库的 Notebook 中，也介绍了如何从 pandas DataFrame 加载数据。

在步骤（3）中，将交易策略定义为继承自 bt.Strategy 的类。在该类内部，定义了以下方法（实际上是在重写它们以使其适合我们的需要）。

❑ __init__：在该方法中定义了我们想要跟踪的对象。在本示例中，这包括收盘价、订单占位符和 TA 指标（SMA）。

❑ log：该方法是为记录目的而定义的。它将记录日期和指定的字符串。我们将使用辅助函数 get_action_log_string 和 get_result_log_string 来创建包含各种订单相关信息的字符串。

❑ notify_order：该方法将报告订单（仓位）的状态。一般来说，在第 t 天，指标可以根据收盘价建议开仓/平仓（假设我们正在处理每日数据）。然后，在下一个交易日（使用时间 $t+1$ 的开盘价）执行（市价）订单。但是，这不能保证订单一定会执行，因为订单可能会被取消，或者可能没有足够的现金。此方法还通过设置 self.order = None 删除任何挂单。

❑ notify_trade：该方法将报告交易结果（平仓后）。

❑ next：该方法包含交易策略的逻辑。首先，检查是否已有挂单，如果有，则什么都不做。其次，检查是否已经有仓位（由策略强制执行，这不是必须的）。如果没有，则检查收盘价是否高于移动平均线。如果是，则输入日志并使用 self.order = self.buy() 下买单。这也是我们可以选择要购买的资产数量的地方。默认值为 1（相当于使用 self.buy(size=1)）。

❑ start/stop：这些方法在回测的开始/结束时执行，例如，可用于报告投资组合价值。

在步骤（4）中，设置了回测，即执行了一系列连接到 Cerebro 的操作。

❑ 创建了 bt.Cerebro 的实例并设置 stdstats=False，以抑制绘图的许多默认元素。通过这样做，我们避免了混乱的输出。相反，读者可以手动挑选自己感兴趣的元素（观察标志和指标）。

❑ 使用 adddata 方法添加了数据。

❑ 使用 broker 的 setcash 方法设置了可用资金量。

❑ 使用 addstrategy 方法添加了策略。

❑ 使用 addobserver 方法添加了观察标志。我们选择了两个观察标志：用于在图上显示买入/卖出决策的自定义 BuySell 观察标志（买入用绿色三角形表示，卖出用红色三角形表示），以及用于跟踪投资组合价值随时间演变的价值观察标志。

最后一步使用了 cerebro.run() 运行回测并使用 cerebro.plot() 绘制结果。在后面的步骤中，禁用了显示成交量图表以避免图表显示混乱。

关于使用 backtrader 进行回溯测试，还有以下一些额外要点。

❑ 按照设计，Cerebro 只能使用一次。如果要运行另一个回测，则应该创建一个新实例，而不是在开始计算后向它添加一些东西。

❑ 一般来说，使用 bt.Signal 构建的策略仅使用一个信号。但是，读者也可以使用 bt.SignalStrategy 来根据不同的条件组合多个信号。

❑ 如果没有另外指定，则所有订单都是针对一个单位的资产下达的。

❑ backtrader 将自动处理预热期（warm-up period）。对于本示例来说，在有足够的数据点来计算 20 日 SMA 之前，不能进行任何交易。当同时考虑多个指标时，backtrader 会自动选择最长的必要周期。

12.2.4　扩展知识

值得一提的是，backtrader 具有参数优化功能，我们将在下面的代码中展示。该代码是本节策略的修改版本，我们在其中优化了用于计算 SMA 的天数。

💡 提示：

当调整策略参数的值时，读者可以创建一个更简单的策略版本，该版本不记录那么多的信息（如起始值、创建/执行订单等）。读者可以在本书配套 GitHub 存储库的脚本文件 sma_strategy_optimization.py 中找到修改后的策略的示例。

以下列表提供了代码修改的详细信息（为节约篇幅，这里只显示相关的部分，因为大部分代码与之前使用的代码相同）。

❑　修改后的版本没有使用 cerebro.addstrategy，而是使用 cerebro.optstrategy，并提供了定义的策略对象和参数值范围：

```
cerebro.optstrategy(SmaStrategy, ma_period=range(10, 31))
```

❑　修改了 stop 方法以同时记录 ma_period 参数的考虑值。
❑　在运行扩展回测时增加了 CPU 内核的数量。

```
cerebro.run(maxcpus=4)
```

以下摘要信息显示了结果（应记住，使用多核时可以打乱参数的顺序）。

```
2021-12-30: (ma_period = 10) --- Terminal Value: 1018.82
2021-12-30: (ma_period = 11) --- Terminal Value: 1022.45
2021-12-30: (ma_period = 12) --- Terminal Value: 1022.96
2021-12-30: (ma_period = 13) --- Terminal Value: 1032.44
2021-12-30: (ma_period = 14) --- Terminal Value: 1027.37
2021-12-30: (ma_period = 15) --- Terminal Value: 1030.53
2021-12-30: (ma_period = 16) --- Terminal Value: 1033.03
2021-12-30: (ma_period = 17) --- Terminal Value: 1038.95
2021-12-30: (ma_period = 18) --- Terminal Value: 1043.48
2021-12-30: (ma_period = 19) --- Terminal Value: 1046.68
2021-12-30: (ma_period = 20) --- Terminal Value: 1048.01
2021-12-30: (ma_period = 21) --- Terminal Value: 1044.00
2021-12-30: (ma_period = 22) --- Terminal Value: 1046.98
2021-12-30: (ma_period = 23) --- Terminal Value: 1048.62
2021-12-30: (ma_period = 24) --- Terminal Value: 1051.08
2021-12-30: (ma_period = 25) --- Terminal Value: 1052.44
2021-12-30: (ma_period = 26) --- Terminal Value: 1051.30
2021-12-30: (ma_period = 27) --- Terminal Value: 1054.78
2021-12-30: (ma_period = 28) --- Terminal Value: 1052.75
2021-12-30: (ma_period = 29) --- Terminal Value: 1045.74
2021-12-30: (ma_period = 30) --- Terminal Value: 1047.60
```

可以看到，当使用 27 天周期计算 SMA 时，该策略表现最佳。

💡 提示：

应该牢记的是，调整策略的超参数会带来更高的过拟合风险。

12.2.5　参考资料

读者可以参考以下书籍，以了解有关算法交易和构建成功交易策略的更多信息。

❑　Chan, E. (2013). Algorithmic Trading: Winning Strategies and Their Rationale (Vol. 625). John Wiley & Sons.

12.3　基于 RSI 回测多头/空头策略

相对强度指数（relative strength index，RSI）是一种使用资产收盘价来识别超卖/超买情况的指标。最常见的是，RSI 是使用 14 天的周期来计算的，它是在 0 到 100 的范围内测量的（它是一个振荡器）。交易者通常在超卖时买入资产（RSI 低于 30 即视为超卖），并在超买时卖出（RSI 高于 70 即视为超买）。更极端的高/低水平（如 80-20）使用频率较低，但同时也意味着更强的势头。

本节将使用以下规则构建交易策略。

❑　可以做多也可以做空。

❑　使用 14 个周期（交易日）计算 RSI。

❑　如果 RSI 向上穿过下限（标准值 30），则进场买入多头头寸；当 RSI 大于中间水平（值 50）时则退场卖出。

❑　如果 RSI 向下突破上限（标准值 70），则进场做空；当 RSI 小于 50 时平仓。

❑　一次只能开一个仓位。

本示例将使用 2021 年 Meta 公司股票的数据评估该策略，佣金计为 0.1%。

12.3.1　实战操作

执行以下步骤以实施和回测基于 RSI 的策略。

（1）导入库。

```
from datetime import datetime
import backtrader as bt
from backtrader_strategies.strategy_utils import *
```

（2）根据 bt.SignalStrategy 定义信号策略。

```python
class RsiSignalStrategy(bt.SignalStrategy):
    params = dict( rsi_periods=14, rsi_upper=70,
                   rsi_lower=30, rsi_mid=50)

    def __init__(self):
        # 添加 RSI 指标
        rsi = bt.indicators.RSI(period=self.p.rsi_periods,
                                upperband=self.p.rsi_upper,
                                lowerband=self.p.rsi_lower)
        # 添加来自 TA-lib 库的 RSI 以作参考
        bt.talib.RSI(self.data, plotname="TA_RSI")

        # 做多（包括退场）
        rsi_signal_long = bt.ind.CrossUp(
            rsi, self.p.rsi_lower, plot=False
        )
        self.signal_add(bt.SIGNAL_LONG, rsi_signal_long)
        self.signal_add(
            bt.SIGNAL_LONGEXIT, -(rsi > self.p.rsi_mid)
        )

        # 做空（包括退场）
        rsi_signal_short = -bt.ind.CrossDown(
            rsi, self.p.rsi_upper, plot=False
        )
        self.signal_add(bt.SIGNAL_SHORT, rsi_signal_short)
        self.signal_add(
            bt.SIGNAL_SHORTEXIT, rsi < self.p.rsi_mid
        )
```

（3）下载数据。

```python
data = bt.feeds.YahooFinanceData(dataname="META",
                                 fromdate=datetime(2021, 1, 1),
                                 todate=datetime(2021, 12, 31))
```

（4）设置并运行回测。

```python
cerebro = bt.Cerebro(stdstats=False)

cerebro.addstrategy(RsiSignalStrategy)
cerebro.adddata(data)
cerebro.addsizer(bt.sizers.SizerFix, stake=1)
```

```
cerebro.broker.setcash(1000.0)
cerebro.broker.setcommission(commission=0.001)
cerebro.addobserver(MyBuySell)
cerebro.addobserver(bt.observers.Value)

print(
    f"Starting Portfolio Value: {cerebro.broker.getvalue():.2f}"
)
cerebro.run()
print(
    f"Final Portfolio Value: {cerebro.broker.getvalue():.2f}"
)
```

运行上述代码片段后，可以看到以下输出。

```
Starting Portfolio Value: 1000.00
Final Portfolio Value: 1042.56
```

（5）绘制结果。

```
cerebro.plot(iplot=True, volume=False)
```

运行上述代码片段会生成如图 12.5 所示的结果。

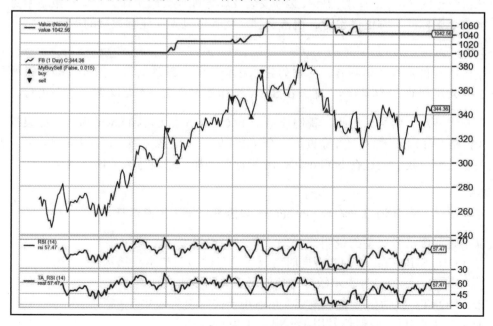

图 12.5 我们的策略在回测期间的行为/表现总结

让我们研究图 12.5 中这些成对的三角形。每一对三角形中的第一个三角形表示开仓（如果三角形是绿色且面朝上，则表示做多；如果三角形是红色且面朝下，则表示做空），下一个相反方向的三角形表示平仓。

可以将开仓和平仓与位于图表下方的 RSI 进行匹配。有时，会依次出现多个相同颜色的三角形，这是因为 RSI 围绕开仓线波动，多次穿越该线。但实际头寸仅在信号的第一个实例中被打开（没有累积是所有回溯测试的默认设置）。

12.3.2　原理解释

本节介绍了在 backtrader 中定义策略的第二种方法，即使用信号。信号用数字表示，例如，当前数据点与某个 TA 指标之间的差异。如果信号为正，表示做多（买入）；信号为负表示做空（卖出）。值为 0 表示没有信号。

在导入库和辅助函数后，我们使用 bt.SignalStrategy 定义了交易策略。由于这是涉及多个信号（各种做多做空的进场/退场条件）的策略，因此本示例不得不使用 bt.SignalStrategy 而不是简单的 bt.Signal。首先，我们使用选定的参数定义了指标（RSI）。这里还添加了 RSI 指标的第二个实例，只是为了表明 backtrader 提供了一种简单的方法来使用来自流行的 TA-Lib 库的指标（必须安装该库才能使代码工作）。交易策略本身不依赖于第二个指标——它仅供参考。通常而言，读者可以添加任意数量的指标。

💱 注意：

即使添加仅供参考的指标，它们的存在也会影响"预热期"。例如，如果额外包含一个 200 天周期的 SMA 指标，那么在 SMA 指标至少存在一个值之前，不会进行交易。

下一步是定义信号。为此，我们使用了 bt.CrossUp/bt.CrossDown 指标，如果第一个序列（价格）分别从下方/上方穿过第二个（RSI 阈值上限或下限），则返回 1。为了表示空头头寸进场，我们通过在 bt.CrossDown 指标前添加一个负号来使信号为负。

💡 提示：

可以通过在函数调用中添加 plot=False 来禁用打印任何指示符。

以下是可用信号类型的说明。
① LONGSHORT：这种类型同时考虑了信号的多头和空头指示。
② LONG：正值信号表示做多；负值用于关闭多头头寸。
③ SHORT：负值信号表示做空；正值用于关闭空头头寸。
④ LONGEXIT：负值信号用于退出多头头寸。

⑤ SHORTEXIT：正值信号用于退出空头头寸。

退出头寸可能更复杂一些，这反过来又使用户能够构建更复杂的策略。例如，读者也可以采用以下逻辑。

- ❑ LONG：如果有 LONGEXIT 信号，则用于退出多头头寸，而不是上面第 ② 项提到的行为。如果有 SHORT 信号而没有 LONGEXIT 信号，则该 SHORT 信号用于在打开空头头寸之前关闭多头头寸。

- ❑ SHORT：如果有 SHORTEXIT 信号，则用于退出空头头寸，而不是上面第 ③ 项提到的行为。如果有 LONG 信号而没有 SHORTEXIT 信号，则 LONG 信号用于在打开多头头寸之前关闭空头头寸。

✍ 注意：

正如读者可能已经意识到的那样，信号是为每个时间点计算的（如图 12.5 底部所示），这有效地创建了一个连续的打开/关闭头寸流（信号值为 0 的可能性不大）。这就是为什么在默认情况下，backtrader 会禁用累积（不断打开新头寸，即使已经打开了一个）和并发（在没有收到经纪商是否成功执行之前提交的订单的情况下生成新订单）。

作为定义策略的最后一步，我们通过使用 signal_add 方法添加了对所有信号的跟踪。对于退出头寸，我们使用的条件（RSI 值高于/低于 50）将产生一个布尔值。该值在退出多头头寸时必须取反：在 Python 中，-True 与 -1 具有相同的含义。

在步骤（3）中，下载了 Meta 公司从 2021 年开始的股票价格。

在步骤（4）中，设置并运行了回测。其中的大多数步骤读者应该已经很熟悉了，因此这里只重点关注新的步骤。

- ❑ 使用 addsizer 方法添加一个订单大小值——此时其实不必这样做，因为默认情况下，backtrader 使用的股数为 1，也就是说，将购买/出售 1 个单位的资产。但是，本示例想要演示在使用信号方法创建交易策略时可以在什么时候修改订单大小，所以特意添加了该步骤。

- ❑ 使用 broker 的 setcommission 方法将佣金设置为 0.1%。

- ❑ 我们还想要在运行回测之前和之后访问并打印投资组合的当前值，为此使用了 broker 的 getvalue 方法。

在步骤（5）中，绘制了回测的结果。

12.3.3 扩展知识

本节在回测框架引入了几个新概念——订单大小（sizer）和佣金（commission）。我们可以使用这两个组件尝试一些更有用的东西。

1. 全力押注

本章前面的简单策略只做多或做空一个单位的资产。但是，读者也可以轻松修改此行为以使用所有可用现金。这只需使用 addsizer 方法指定 AllInSizer 订单大小即可。

```
cerebro = bt.Cerebro(stdstats=False)

cerebro.addstrategy(RsiSignalStrategy)
cerebro.adddata(data)
cerebro.addsizer(bt.sizers.AllInSizer)
cerebro.broker.setcash(1000.0)
cerebro.broker.setcommission(commission=0.001)
cerebro.addobserver(bt.observers.Value)

print(f"Starting Portfolio Value: {cerebro.broker.getvalue():.2f}")
cerebro.run()
print(f"Final Portfolio Value: {cerebro.broker.getvalue():.2f}")
```

运行该回测将生成以下结果。

```
Starting Portfolio Value: 1000.00
Final Portfolio Value: 1183.95
```

这个结果显然比我们一次只使用一个单位的资产所取得的效果要好。

2. 每股固定佣金

在最初对基于 RSI 的策略进行回测时，使用了0.1%的佣金。但是，一些经纪商可能有不同的佣金方案，例如，每股固定佣金。

为了纳入这些信息，需要定义一个自定义类来存储佣金方案。读者可以考虑从 bt.CommInfoBase 继承并添加所需的信息。

```
class FixedCommissionShare(bt.CommInfoBase):
    """
    包含每股固定佣金方案
    """
    params = (
        ("commission", 0.03),
        ("stocklike", True),
        ("commtype", bt.CommInfoBase.COMM_FIXED),
    )
```

```
def _getcommission(self, size, price, pseudoexec):
    return abs(size) * self.p.commission
```

该定义中最重要的方面是每股 0.03 美元的固定佣金以及在_getcommission 方法中计算佣金的方式。可以取订单大小的绝对值并将其乘以固定佣金。

然后可以轻松地将这些信息输入到回测中。例如，在前面使用"全力押注"策略的示例的基础上，其代码应如下所示。

```
cerebro = bt.Cerebro(stdstats=False)

cerebro.addstrategy(RsiSignalStrategy)
cerebro.adddata(data)
cerebro.addsizer(bt.sizers.AllInSizer)
cerebro.broker.setcash(1000.0)
cerebro.broker.addcommissioninfo(FixedCommissionShare())
cerebro.addobserver(bt.observers.Value)

print(f"Starting Portfolio Value: {cerebro.broker.getvalue():.2f}")
cerebro.run()
print(f"Final Portfolio Value: {cerebro.broker.getvalue():.2f}")
```

运行该回测的结果如下。

```
Starting Portfolio Value: 1000.00
Final Portfolio Value: 1189.94
```

通过这些数字得出的结论是，0.01%的佣金实际上高于每股 3 美分。

3. 每笔订单固定佣金

还有一些经纪商可能会提供每笔订单固定佣金的方案。以下代码片段定义了一个自定义佣金方案，无论订单大小，我们将为每个订单支付 2.5 美元佣金。

我们在_getcommission 方法中更改了 commission 参数的值和佣金的计算方式。这里，该方法将始终返回指定的 2.5 美元。

```
class FixedCommissionOrder(bt.CommInfoBase):
    """
    包含每笔订单固定佣金方案
    """
    params = (
        ("commission", 2.5),
        ("stocklike", True),
        ("commtype", bt.CommInfoBase.COMM_FIXED),
```

```
    )

    def _getcommission(self, size, price, pseudoexec):
        return self.p.commission
```

为节约篇幅，此处不再显示回测设置，因为它与前一个设置几乎相同，读者只需要使用 addcommissioninfo 方法传递一个不同的类。其回测结果如下。

```
Starting Portfolio Value: 1000.00
Final Portfolio Value: 1174.70
```

12.3.4　参考资料

以下 backtrader 文档也许能提供更多读者感兴趣的信息。
- 要阅读有关 sizer 的更多信息，可以访问以下网址。

https://www.backtrader.com/docu/sizers-reference/

- 要了解有关佣金方案和可用参数的更多信息，可以访问以下网址。

https://www.backtrader.com/docu/commission-schemes/commission-schemes/

12.4　回测基于布林带的买入/卖出策略

布林带（Bollinger bands，BB）也称为布林线，是一种统计方法，用于获取有关特定资产随时间变化的价格和波动性的信息。要获得布林带，需要使用指定的窗口（通常为 20 日）计算时间序列（价格）的移动平均值和标准差，然后，将布林带的上轨/下轨设置为高于/低于移动平均线 K 倍（通常为 2 倍）移动标准差。

对布林带的解释非常简单：布林带随着波动率的增加而变宽，随着波动率的降低而收缩。

本节将构建一个简单的交易策略，该策略使用布林带来识别低买和超卖水平，然后根据这些区域进行交易。该策略的规则如下。
- 当价格向上穿过布林带下轨时买入。
- 当价格向下穿过布林带上轨时卖出（仅当持有股票时）。
- 全力押注策略——创建买入订单时，尽可能多地买入股票。
- 不允许卖空。

本示例将使用微软公司 2021 年股票的价格数据评估该交易策略。此外，我们将佣金设置为 0.1%。

12.4.1　实战操作

执行以下步骤以实施和回测基于布林带的策略。

（1）导入库。

```
import backtrader as bt
import datetime
import pandas as pd
from backtrader_strategies.strategy_utils import *
```

为了使代码更具可读性，我们将首先呈现定义交易策略的类的总体轮廓，然后在后续子步骤中介绍单独的方法。

（2）定义基于布林带的交易策略。

```
class BollingerBandStrategy(bt.Strategy):
    params = (("period", 20),
              ("devfactor", 2.0),)
    def __init__(self):
        # 一些代码

    def log(self, txt):
        # 一些代码

    def notify_order(self, order):
        # 一些代码

    def notify_trade(self, trade):
        # 一些代码

    def next_open(self):
        # 一些代码

    def start(self):
        print(f"Initial Portfolio Value: {self.broker.get_value():.2f}")

    def stop(self):
        print(f"Final Portfolio Value: {self.broker.get_value():.2f}")
```

使用 Strategy 方法定义交易策略时，有很多样板代码。这就是为什么在下面的子步骤中，我们只提到与之前解释的方法不同的地方。读者也可以在本书配套的 GitHub 存储库中找到该策略的完整代码。

① __init__ 方法定义如下。

```python
def __init__(self):
    # 跟踪价格
    self.data_close = self.datas[0].close
    self.data_open = self.datas[0].open

    # 跟踪挂单
    self.order = None

    # 添加布林带指标
    # 跟踪买入/卖出信号
    self.b_band = bt.ind.BollingerBands(
        self.datas[0],
        period=self.p.period,
        devfactor=self.p.devfactor
    )
    self.buy_signal = bt.ind.CrossOver(
        self.datas[0],
        self.b_band.lines.bot,
        plotname="buy_signal"
    )
    self.sell_signal = bt.ind.CrossOver(
        self.datas[0],
        self.b_band.lines.top,
        plotname="sell_signal"
    )
```

② next_open 方法定义如下。

```python
def next_open(self):
    if not self.position:
        if self.buy_signal > 0:
            # 计算可执行的最大股数（全力押注）
            size = int(
                self.broker.getcash() / self.datas[0].open
            )
            # 买单
            log_str = get_action_log_string(
                "b", "c",
                price=self.data_close[0],
                size=size,
```

```
                cash=self.broker.getcash(),
                open=self.data_open[0],
                close=self.data_close[0]
            )
            self.log(log_str)
            self.order = self.buy(size=size)
    else:
        if self.sell_signal < 0:
            # 卖单
            log_str = get_action_log_string(
                "s", "c", self.data_close[0],
                self.position.size
            )
            self.log(log_str)
            self.order = self.sell(size=self.position.size)
```

（3）下载数据。

```
data = bt.feeds.YahooFinanceData(
    dataname="MSFT",
    fromdate=datetime.datetime(2021, 1, 1),
    todate=datetime.datetime(2021, 12, 31)
)
```

（4）设置回测。

```
cerebro = bt.Cerebro(stdstats=False, cheat_on_open=True)

cerebro.addstrategy(BollingerBandStrategy)
cerebro.adddata(data)
cerebro.broker.setcash(10000.0)
cerebro.broker.setcommission(commission=0.001)
cerebro.addobserver(MyBuySell)
cerebro.addobserver(bt.observers.Value)
cerebro.addanalyzer(
    bt.analyzers.Returns, _name="returns"
)
cerebro.addanalyzer(
    bt.analyzers.TimeReturn, _name="time_return"
)
```

（5）运行回测。

```
backtest_result = cerebro.run()
```

运行该回测会生成以下日志（有缩略）。

```
Initial Portfolio Value: 10000.00
2021-03-01: BUY CREATED - Price: 235.03, Size: 42.00, Cash: 10000.00,
Open: 233.99, Close: 235.03
2021-03-01: BUY EXECUTED - Price: 233.99, Size: 42.00, Cost: 9827.58,
Commission: 9.83
2021-04-13: SELL CREATED - Price: 256.40, Size: 42.00
2021-04-13: SELL EXECUTED - Price: 255.18, Size: -42.00, Cost:
9827.58, Commission: 10.72
2021-04-13: OPERATION RESULT - Gross: 889.98, Net: 869.43
...
2021-12-07: BUY CREATED - Price: 334.23, Size: 37.00, Cash: 12397.10,
Open: 330.96, Close: 334.23
2021-12-07: BUY EXECUTED - Price: 330.96, Size: 37.00, Cost: 12245.52,
Commission: 12.25
Final Portfolio Value: 12668.27
```

（6）绘制结果。

```
cerebro.plot(iplot=True, volume=False)
```

运行上述代码片段会生成如图 12.6 所示的结果。

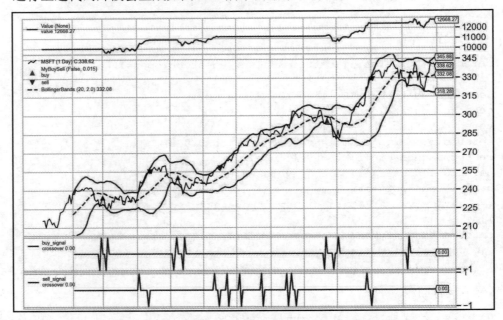

图 12.6　基于布林带的策略在回测期间的行为/表现总结

可以看到，即使在计入佣金成本后，该策略仍能盈利。该投资组合价值的持平期代表我们没有未平仓头寸的时期。

（7）检查一下不同的收益指标。

```
backtest_result[0].analyzers.returns.get_analysis()
```

运行上述代码将生成以下输出。

```
OrderedDict([('rtot', 0.2365156915893157),
             ('ravg', 0.0009422935919893056),
             ('rnorm', 0.2680217199688534),
             ('rnorm100', 26.80217199688534)])
```

（8）提取每日投资组合收益并绘制它们。

```
returns_dict = (
    backtest_result[0].analyzers.time_return.get_analysis()
)
returns_df = (
    pd.DataFrame(list(returns_dict.items()),
                 columns = ["date", "return"])
    .set_index("date")
)
returns_df.plot(title="Strategy's daily returns")
```

运行上述代码片段将生成如图 12.7 所示的结果。

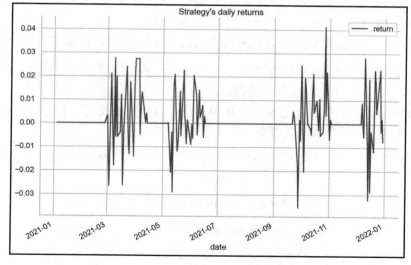

图 12.7　基于布林带策略的每日投资组合收益

可以看到，图 12.7 中投资组合收益的平稳期对应于我们没有未平仓头寸的时期（可以结合图 12.6 仔细查看）。

12.4.2　原理解释

用于创建基于布林带策略的代码与之前小节中使用的代码有很多相似之处，因此，我们只讨论它与其他小节不同的地方，至于相同部分的信息，建议读者阅读 12.2 节"使用 backtrader 进行事件驱动的回测"。

本节使用了全力押注的策略，因此需要使用一种叫作 cheat_on_open 的方法。这意味着我们使用第 t 天的收盘价计算信号，但根据第 $t+1$ 天的开盘价计算要购买的股票数量。为此，必须在实例化 Cerebro 对象时设置 cheat_on_open=True。

因此，我们还在 Strategy 类中定义了 next_open 方法而不是 next 方法。这清楚地向 Cerebro 表明我们在开仓时作弊了。也就是说，在创建潜在买单之前，我们使用第 $t+1$ 天的开盘价手动计算了可以购买的最大股票数量。

在根据布林带计算买入/卖出信号时，使用了 CrossOver 指标。它将返回以下内容。

❑　如果第一个数据（价格）向上穿过第二个数据（指标），返回 1。
❑　如果第一个数据（价格）向下穿过第二个数据（指标），返回-1。

📖 **注意：**

当我们仅从一个方向考虑穿越时，也可以使用 CrossUp 和 CrossDown 函数。此时的买入信号如下所示。

```
self.buy_signal=bt.ind.CrossUp(self.datas[0],self.b.band.lines.bot)
```

最后添加的内容包括使用分析器——有助于评估投资组合正在发生的事情的 backtrader 对象。本节使用了两个分析器。

❑　Returns：在整个时间范围内计算的不同对数收益的集合，即总复合收益、整个时期的平均收益和年化收益。
❑　TimeReturn: 随时间推移的收益集合（使用提供的时间范围，在本例中为每日数据）。

📖 **注意：**

也可以通过添加一个名称相同的观察标志来获得与 TimeReturn 分析器相同的结果。

```
cerebro.addobserver(bt.observers.TimeReturn)
```

唯一的区别是观察标志将被绘制在主要结果图上，而这并不是我们所期望的。

12.4.3　扩展知识

我们已经看到如何从回测中提取每日收益。这为将该信息与 quantstats 库的功能相结合创造了一个完美的机会。使用以下代码片段，即可计算各种指标来详细评估我们的投资组合的表现。此外，读者还可以将交易策略的绩效与简单的买入并持有策略（为简单起见，不包括交易成本）进行比较。

```
import quantstats as qs
qs.reports.metrics( returns_df,
                    benchmark="MSFT",
                    mode="basic")
```

运行上述代码片段会生成以下结果。

```
                   Strategy       Benchmark
------------------ ----------     ----------
Start Period       2021-01-04     2021-01-04
End Period         2021-12-30     2021-12-30
Risk-Free Rate     0.0%           0.0%
Time in Market     42.0%          100.0%

Cumulative Return  26.68%         57.18%
CAGR%              27.1%          58.17%

Sharpe             1.65           2.27
Sortino            2.68           3.63
Sortino/√2         1.9            2.57
Omega              1.52           1.52
```

为简单起见，这里仅显示了报告中可用的几条主要信息。

☑ **注意：**

在第 11 章"资产配置"中，提到了 quantats 库有一个可替代品，那就是 pyfolio。后者的潜在缺点是不再被积极维护。但是，pyfolio 也有一个优点，那就是能够与 backtrader 很好地集成在一起。使用它可以轻松添加一个专用的分析器（bt.analyzers.PyFolio）。有关其实现的示例，可以参考本书配套的 GitHub 存储库。

12.5　使用加密货币交易数据回测移动平均线交叉策略

到目前为止，我们已经创建并回测了一些股票交易策略。本节将介绍另一种流行的资产类别——加密货币。处理加密货币交易数据有以下两个关键区别。

❑ 加密货币可以 24×7 全天候交易。

❑ 加密货币可以使用小数单位交易。

由于我们希望回测与现实生活中的交易非常相似，因此应该在回测中考虑加密货币交易的上述特定特征。backtrader 框架非常灵活，只要稍微调整一下即可使用我们已经熟悉的方法来处理这种新的资产类别。

📝 注意:

一些经纪商也允许购买小数单位的股票。例如，购买 0.5 股。当然，A 股最低交易单位为 1 手，1 手为 100 股。

本节将使用以下规则回测移动平均线交叉策略。

❑ 我们只对比特币（Bitcoin，BTC）感兴趣，并使用 2021 年以来的每日数据。

❑ 使用两条移动平均线，窗口大小分别为 20 日和 50 日。20 日的线称为快速移动平均线（fast moving average），50 日的线称为慢速移动平均线（slow moving average）。

❑ 如果快速移动平均线向上穿过慢速移动平均线，则分配 70%的可用现金来购买比特币。

❑ 如果快速移动平均线向下穿过慢速移动平均线，则卖出所有比特币。

❑ 不允许卖空。

12.5.1 实战操作

执行以下步骤来实施和回测基于移动平均线交叉的策略。

（1）导入库。

```python
import backtrader as bt
import datetime
import pandas as pd
from backtrader_strategies.strategy_utils import *
```

（2）定义允许小数单位交易的佣金方案。

```python
class FractionalTradesCommission(bt.CommissionInfo):
    def getsize(self, price, cash):
        """Returns the fractional size"""
        return self.p.leverage * (cash / price)
```

为了使代码更具可读性，我们将首先呈现定义交易策略的类的总体轮廓，然后在后续子步骤中介绍单独的方法。

（3）定义 SMA 交叉策略。

```python
class SMACrossoverStrategy(bt.Strategy):
    params = (
        ("ma_fast", 20),
        ("ma_slow", 50),
        ("target_perc", 0.7)
    )

    def __init__(self):
        # 一些代码

    def log(self, txt):
        # 一些代码

    def notify_order(self, order):
        # 一些代码

    def notify_trade(self, trade):
        # 一些代码

    def next(self):
        # 一些代码

    def start(self):
        print(f"Initial Portfolio Value: {self.broker.get_value():.2f}")

    def stop(self):
        print(f"Final Portfolio Value: {self.broker.get_value():.2f}")
```

① __init__ 方法定义如下。

```python
def __init__(self):
    # 跟踪序列中的收盘价
    self.data_close = self.datas[0].close

    # 跟踪挂单
    self.order = None

    # 计算 SMA 并获得交叉信号
    self.fast_ma = bt.indicators.MovingAverageSimple(
        self.datas[0],
```

```
        period=self.params.ma_fast
    )
    self.slow_ma = bt.indicators.MovingAverageSimple(
        self.datas[0],
        period=self.params.ma_slow
    )
    self.ma_crossover = bt.indicators.CrossOver(self.fast_ma,
                                                self.slow_ma)
```

② next 方法定义如下。

```
def next(self):

    if self.order:
        # 待执行的订单。正在订单簿中等待
        return
    if not self.position:
        if self.ma_crossover > 0:
            self.order = self.order_target_percent(
                target=self.params.target_perc
            )
            log_str = get_action_log_string(
                "b", "c",
                price=self.data_close[0],
                size=self.order.size,
                cash=self.broker.getcash(),
                open=self.data_open[0],
                close=self.data_close[0]
            )
            self.log(log_str)

    else:
        if self.ma_crossover < 0:
            # 卖单
            log_str = get_action_log_string(
                "s", "c", self.data_close[0],
                self.position.size
            )
            self.log(log_str)
            self.order = (
                self.order_target_percent(target=0)
            )
```

（4）下载比特币和美元（BTC-USD）之间的交易数据。

```
data = bt.feeds.YahooFinanceData(
    dataname="BTC-USD",
    fromdate=datetime.datetime(2020, 1, 1),
    todate=datetime.datetime(2021, 12, 31)
)
```

（5）设置回测。

```
cerebro = bt.Cerebro(stdstats=False)

cerebro.addstrategy(SMACrossoverStrategy)
cerebro.adddata(data)
cerebro.broker.setcash(10000.0)
cerebro.broker.addcommissioninfo(
    FractionalTradesCommission(commission=0.001)
)
cerebro.addobserver(MyBuySell)
cerebro.addobserver(bt.observers.Value)
cerebro.addanalyzer(
    bt.analyzers.TimeReturn, _name="time_return"
)
```

（6）运行回测。

```
backtest_result = cerebro.run()
```

运行上述代码片段会生成以下日志（简略）。

```
Initial Portfolio Value: 10000.00
2020-04-19: BUY CREATED - Price: 7189.42, Size: 0.97, Cash: 10000.00,
Open: 7260.92, Close: 7189.42
2020-04-20: BUY EXECUTED - Price: 7186.87, Size: 0.97, Cost: 6997.52,
Commission: 7.00
2020-06-29: SELL CREATED - Price: 9190.85, Size: 0.97
2020-06-30: SELL EXECUTED - Price: 9185.58, Size: -0.97, Cost: 6997.52,
Commission: 8.94
2020-06-30: OPERATION RESULT - Gross: 1946.05, Net: 1930.11
...
Final Portfolio Value: 43547.99
```

在完整日志的摘录中，可以看到我们正在使用小数头寸进行操作。此外，该策略产生了相当可观的收益——我们初始投资组合的价值大约翻了两番。

（7）绘制结果。

```
cerebro.plot(iplot=True, volume=False)
```

运行上述代码片段会生成如图 12.8 所示的结果。

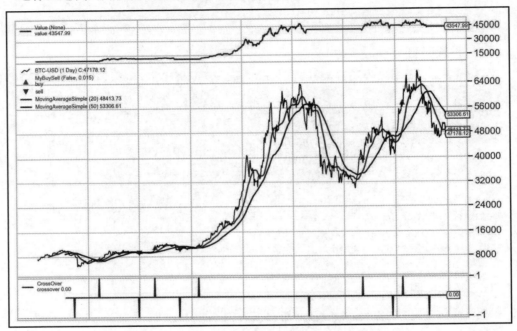

图 12.8　我们的策略在回测期间的行为/表现总结

使用该策略产生了>300%的收益。当然，在图 12.8 中也可以看到，这样出色的绩效可能仅仅是由于比特币的价格在考虑期间出现了大幅上涨。

使用与上一节相同的代码，可以将我们的策略绩效与简单的买入并持有策略的绩效进行比较。通过这种方式，也可以验证我们的主动策略与静态基准相比的表现。读者可以在本书配套的 GitHub 存储库中找到该代码。

这两种策略的绩效对比如下。

```
                    Strategy        Benchmark
------------------  ----------      -----------
Start Period        2020-01-01      2020-01-01
End Period          2021-12-30      2021-12-30
Risk-Free Rate      0.0%            0.0%
Time in Market      57.0%           100.0%
```

```
Cumulative Return          335.48%              555.24%
CAGR%                      108.89%              156.31%

Sharpe                     1.6                  1.35
Sortino                    2.63                 1.97
Sortino/√2                 1.86                 1.4
Omega                      1.46                 1.46
```

我们的策略在分析的时间范围内并没有跑赢基准。这证实了我们最初的怀疑，即该策略的良好表现与所考虑期间比特币价格的上涨有关。

12.5.2　原理解释

在导入库之后，我们定义了一个自定义佣金方案以允许执行小数单位的交易。之前，我们在创建自定义佣金方案时，继承了 bt.CommInfoBase，修改了 _getcommission 方法。这一次，我们继承自 bt.CommissionInfo 并修改了 getsize 方法，以根据可用现金和资产价格返回一个包含小数的值。

步骤（3）及其子步骤中，定义了移动平均线交叉策略。学习到现在，相信读者对大部分代码都已经很熟悉了。在这里出现的新事物是不同类型的订单，即 order_target_percent。使用这种类型的订单表明我们希望给定资产占投资组合的 X%。

这是一种非常方便的方法，因为它将准确的订单大小计算留给了 backtrader。如果在发出订单时，我们的持仓在指定的目标百分比之下，则会购买更多资产；如果持仓高于该百分比，则将出售一定数量的资产。

本示例的退出头寸表示我们希望比特币占投资组合的 0%，这相当于卖出所有的比特币。通过使用目标为零的 order_target_percent，我们将不必跟踪当前拥有的单位数。

在步骤（4）中，下载了 2021 年以来的每日比特币价格（以美元为单位）。

在接下来的步骤中，我们设置了回测并运行它，最后绘制了结果。唯一值得一提的是，必须使用 addcommissioninfo 方法添加自定义佣金方案（包含小数单位份额逻辑）。

12.5.3　扩展知识

本节介绍了目标订单（target order）。backtrader 提供了 3 种类型的目标订单。

❑ order_target_percent：指示我们希望给定资产在当前投资组合价值中拥有的百分比。例如，下单使用 70% 的资金买入比特币。

❑ order_target_size：指示我们希望在投资组合中拥有的给定资产的目标单位数。

例如，下单买入 10 比特币。

❑　order_target_value：指示我们希望在投资组合中拥有的以货币单位表示的资产目标值。例如，下单买入价值 1 万美元的比特币。

当我们知道给定资产的目标百分比/价值/规模，但不想花费额外的时间来计算是否应该购买额外的单位或出售它们以达到目标时，目标订单非常有用。

关于小数单位的股份，还有一件更重要的事情要注意。本节定义了一个自定义佣金方案来计算小数份额，然后使用目标订单来买入/卖出资产。这样，当引擎计算要交易的单位数量以达到目标时，它知道它可以使用小数值。

但是，还有另一种方法可以在不配置自定义佣金方案的情况下使用小数股份。读者只需要手动计算想要购买/出售的股票数量，并创建一个具有给定股份的订单。我们在上一节中就做了非常相似的事情，但是在那里，我们将潜在的小数值四舍五入为整数。有关手动计算的小数订单 SMA 交叉策略的实现，可以参考本书配套 GitHub 存储库。

12.6　回测均值方差投资组合优化

在第 11 章"资产配置"中，介绍了资产配置和均值方差优化。将均值方差优化与回测相结合将是一项非常有趣的练习，特别是它还涉及同时处理多个资产。

本节将回测以下资产配置策略。

❑　仅考虑 FAANG 五大科技公司的股票。

❑　每周五收盘后，找到切点投资组合（即具有最大夏普比率的投资组合）。然后，创建目标订单以在下周一开市时匹配计算出的最佳权重。

❑　假设至少需要 252 个数据点来计算预期收益和协方差矩阵（使用 Ledoit-Wolf 方法）。

本练习将下载 2020 年至 2021 年 FAANG 五大科技公司股票的价格。由于为计算权重设置了预热期，因此交易实际上只发生在 2021 年。

12.6.1　准备工作

由于本节将使用小数份额，因此需要使用上一节中定义的自定义佣金方案（FractionalTradesCommission）。

12.6.2　实战操作

执行以下步骤以实施和回测基于均值-方差投资组合优化的策略。

（1）导入库。

```
from datetime import datetime
import backtrader as bt
import pandas as pd
from pypfopt.expected_returns import mean_historical_return
from pypfopt.risk_models import CovarianceShrinkage
from pypfopt.efficient_frontier import EfficientFrontier
from backtrader_strategies.strategy_utils import *
```

为了使代码更具可读性，我们将首先呈现定义交易策略的类的总体轮廓，然后在后续子步骤中介绍单独的方法。

（2）定义策略。

```
class MeanVariancePortfStrategy(bt.Strategy):
    params = (("n_periods", 252), )

    def __init__(self):
        # 跟踪天数
        self.day_counter = 0

    def log(self, txt):
        dt = self.datas[0].datetime.date(0).isoformat()
        print(f"{dt}: {txt}")
    def notify_order(self, order):
        # 一些代码

    def notify_trade(self, trade):
        # 一些代码

    def next(self):
        # 一些代码

    def start(self):
        print(f"Initial Portfolio Value: {self.broker.get_value():.2f}")

    def stop(self):
        print(f"Final Portfolio Value: {self.broker.get_value():.2f}")
```

next 方法定义如下。

```
def next(self):
    # 检查是否有足够的数据点
```

```
self.day_counter += 1
if self.day_counter < self.p.n_periods:
    return

# 检查日期是否为星期五
today = self.datas[0].datetime.date()
if today.weekday() != 4:
    return

# 查找并输出当前资产配置
current_portf = {}
for data in self.datas:
    current_portf[data._name] = (
        self.positions[data].size * data.close[0]
    )

portf_df = pd.DataFrame(current_portf, index=[0])
print(f"Current allocation as of {today}")
print(portf_df / portf_df.sum(axis=1).squeeze())

# 提取每项资产过去的价格数据
price_dict = {}
for data in self.datas:
    price_dict[data._name] = (
        data.close.get(0, self.p.n_periods+1)
    )
prices_df = pd.DataFrame(price_dict)

# 找到最优投资组合权重
mu = mean_historical_return(prices_df)
S = CovarianceShrinkage(prices_df).ledoit_wolf()
ef = EfficientFrontier(mu, S)
weights = ef.max_sharpe(risk_free_rate=0)
print(f"Optimal allocation identified on {today}")
print(pd.DataFrame(ef.clean_weights(), index=[0]))

# 创建订单
for allocation in list(ef.clean_weights().items()):
    self.order_target_percent( data=allocation[0],
                                target=allocation[1])
```

（3）下载 FAANG 公司股票的价格并将数据源存储在列表中。

```
TICKERS = ["META", "AMZN", "AAPL", "NFLX", "GOOG"]
data_list = []

for ticker in TICKERS:
    data = bt.feeds.YahooFinanceData(
        dataname=ticker,
        fromdate=datetime(2020, 1, 1),
        todate=datetime(2021, 12, 31)
    )
    data_list.append(data)
```

（4）设置回测。

```
cerebro = bt.Cerebro(stdstats=False)

cerebro.addstrategy(MeanVariancePortfStrategy)

for ind, ticker in enumerate(TICKERS):
    cerebro.adddata(data_list[ind], name=ticker)

cerebro.broker.setcash(1000.0)
cerebro.broker.addcommissioninfo(
    FractionalTradesCommission(commission=0)
)
cerebro.addobserver(MyBuySell)
cerebro.addobserver(bt.observers.Value)
```

（5）运行回测。

```
backtest_result = cerebro.run()
```

运行该回测将生成如下日志。

```
Initial Portfolio Value: 1000.00
Current allocation as of 2021-01-08
    META    AMZN    AAPL    NFLX    GOOG
0   NaN     NaN     NaN     NaN     NaN
Optimal allocation identified on 2021-01-08
    META    AMZN    AAPL    NFLX    GOOG
0   0.0   0.69394 0.30606   0.0     0.0
2021-01-11: Order Failed: AAPL
2021-01-11: BUY EXECUTED - Price: 157.40, Size: 4.36, Asset: AMZN, Cost:
686.40, Commission: 0.00
Current allocation as of 2021-01-15
    META    AMZN    AAPL    NFLX    GOOG
```

```
0      0.0     1.0     0.0     0.0     0.0
Optimal allocation identified on 2021-01-15
     META    AMZN    AAPL    NFLX    GOOG
0     0.0 0.81862 0.18138    0.0     0.0
2021-01-19: BUY EXECUTED - Price: 155.35, Size: 0.86, Asset: AMZN, Cost:
134.08, Commission: 0.00
2021-01-19: Order Failed: AAPL
Current allocation as of 2021-01-22
     META    AMZN    AAPL    NFLX    GOOG
0     0.0     1.0     0.0     0.0     0.0
Optimal allocation identified on 2021-01-22
     META    AMZN    AAPL    NFLX    GOOG
0     0.0 0.75501 0.24499    0.0     0.0
2021-01-25: SELL EXECUTED - Price: 166.43, Size: -0.46, Asset: AMZN, Cost:
71.68, Commission: 0.00
2021-01-25: Order Failed: AAPL
...
0     0.0         0.0 0.00943    0.0 0.99057
2021-12-20: Order Failed: GOOG
2021-12-20: SELL EXECUTED - Price: 167.82, Size: -0.68, Asset: AAPL, Cost:
110.92, Commission: 0.00
Final Portfolio Value: 1287.22
```

我们不会花时间评估该策略，因为这实际上与我们在之前的小节中所做的非常相似。因此，我们将它作为一项练习留给读者。如果读者能将简单的 1/n 投资组合作为基准对比测试该策略的绩效，这也可能很有趣。

值得一提的是，部分订单失败。我们将在下一小节中描述其原因。

12.6.3　原理解释

在导入库后，我们使用均值-方差优化定义了策略。在 __init__ 方法中，定义了一个计数器，用于确定是否有足够的数据点来运行优化例程。这里所选的 252 天数是任意的，读者也可以尝试不同的值。

在 next 方法中，有多个新的组成部分。

❑ 首先给天数计数器加 1 并检查是否有足够的观测值。如果没有，则只需继续前进到下一个交易日。

❑ 从价格数据中提取当前日期并检查它是否为星期五。如果不是，则继续前进到下一个交易日。

❑ 通过获取每项资产的头寸规模并将其乘以给定日期的收盘价来计算当前资产配

置，然后将每项资产的价值除以投资组合的总价值并输出权重。

❑ 我们需要为优化程序提取每只股票最近的 252 个数据点。self.datas 对象是一个
可迭代对象，包含在设置回测时传递给 Cerebro 的所有数据源。我们创建了一个
字典并用包含 252 个数据点的数组填充它。使用 get 方法可以提取这些数据，然
后从包含价格的字典中创建一个 pandas DataFrame。

❑ 使用 pypfopt 库找到使夏普比率最大化的权重。有关详情可参阅第 11 章 "资产
配置"。我们还打印了新的权重。

❑ 对于每项资产，可下达一个目标订单（使用 order_target_percent 方法），这里的
目标便是最佳投资组合权重。由于这里要处理多个资产，因此需要指明为哪个
资产下订单。可以通过指定 data 参数来做到这一点。

☑ 注意：

backtrader 实际上是使用 array 模块来存储类似矩阵的对象。

在步骤（3）中，创建了一个包含所有数据源的列表。我们简单地迭代了 FAANG 股
票的代码，下载了每只股票的数据，并将该对象附加到列表中。

在步骤（4）中设置了回测。其中很多步骤相信读者现在已经很熟悉了，包括设置小
数股份佣金计划。新的操作是添加数据，因为我们使用前文已经介绍过的 adddata 方法以
迭代方式添加了每个已下载的数据源。此时，还必须使用 name 参数提供数据源的名称。

在步骤（5）中执行了回测。如前文所述，在日志中可以观察到一些失败的订单。这
是因为我们在周五使用收盘价计算投资组合权重并在同一天准备订单。下周一开市时，
价格很可能不同，因此并非所有订单都能成交。我们尝试使用小数份额并将佣金设置为 0
来将这一点考虑进去，但对于这种简单的方法来说，差值仍然太大。一个可能的解决方
案是始终保留一些现金以弥补潜在的价格差异。

为此，读者也可以假设使用大约 90%的投资组合价值购买股票，同时将其余部分保
留为现金。要实现这一目标，可以使用 order_target_value 方法，然后使用投资组合权重
和投资组合货币价值的 90%来计算每项资产的目标值。或者，也可以使用第 11 章 "资产
配置" 中提到的 pypfopt 的 DiscreteAllocation 方法。

12.6.4　参考资料

backtrader 库在本书使用的最多，因为它在实现各种场景时颇受欢迎而且很灵活。但
是，目前市场上仍有许多可供选择的回测库。读者可能还对以下资源感兴趣。

❑ vectorbt：一个基于 pandas 的库，用于大规模交易策略的高效回测。该库的作者

还提供了具有更多功能和改进性能的专业版（付费）库。其网址如下。

https://github.com/polakowo/vectorbt

❏ bt：该库提供的框架基于一些构建块，这些构建块包含交易策略逻辑，可重用，并且非常灵活。它支持多种工具并可输出详细的统计数据和图表。其网址如下。

https://github.com/pmorissette/bt

❏ backtesting.py：一个建立在 backtrader 之上的回测框架。其网址如下。

https://github.com/kernc/backtesting.py

❏ fastquant：一个围绕 backtrader 的包装库，旨在减少我们需要编写的样板代码量，以便对一些流行的交易策略（例如移动平均线交叉策略）进行回测。

https://github.com/enzoampil/fastquant

❏ zipline：这曾经是最流行的库（按照它的 GitHub 星数来说），并且可能是最复杂的开源回测库。但是，正如我们已经提到的，Quantopian 已经关闭，该库也不再维护。读者可以使用由 Stefan Jansen 维护的分叉（zipline-reloaded）。

https://github.com/quantopian/zipline
https://github.com/stefan-jansen/ zipline-reloaded

回测是一个非常吸引人的领域，但读者也许还有很多东西需要了解。你可以找一些非常有趣的参考资料，以了解更可靠的回测方法。

❏ Bailey, D. H., Borwein, J., Lopez de Prado, M., & Zhu, Q. J. (2016). "The probability of backtest overfitting." Journal of Computational Finance, forthcoming.

❏ Bailey, D. H., & De Prado, M. L. (2014). "The deflated Sharpe ratio: correcting for selection bias, backtest overfitting, and non-normality." The Journal of Portfolio Management, 40 (5), 94-107.

❏ Bailey, D. H., Borwein, J., Lopez de Prado, M., & Zhu, Q. J. (2014). "Pseudo-mathematics and financial charlatanism: The effects of backtest overfitting on out-of-sample performance." Notices of the American Mathematical Society, 61 (5), 458-471.

❏ De Prado, M. L. (2018). Advances in Financial Machine Learning. John Wiley & Sons.

12.7　小　　结

本章从多方面讨论了回测的主题。我们从更简单的方法开始，即向量化回测。虽然它不像事件驱动方法那样严格和可靠，但由于其向量化性质，它的实施和执行通常更快。之后，我们将对事件驱动回测框架的探索与在前面章节中获得的知识相结合，例如，计算各种技术指标并找到最佳投资组合权重。

下一章将学习如何通过机器学习方法识别信用违约。

第 13 章 应用机器学习：识别信用违约

近年来，我们见证了机器学习在解决传统业务问题方面越来越受欢迎。每隔一段时间，就会发布一种新算法，取代此前的最高技术。因此，几乎所有行业的企业都尝试在其核心功能中利用机器学习的不可思议的力量，这是很自然的。

在讨论本章将要关注的任务之前，不妨先来简要了解一下机器学习领域。机器学习可以分为两个主要领域：监督学习（supervised learning）和无监督学习（unsupervised learning）。简而言之，前者有一个目标变量（标签），需要尽可能准确地预测它，而后者则没有目标，需要尝试使用不同的技术从数据中得出一些见解。

还可以进一步将监督问题分解为回归（regression）问题和分类（classification）问题。在回归问题中，目标变量是一个连续的数值，如收入或房价；而在分类问题中，目标变量是一个分类，这可以是二元分类（如是否为垃圾邮件），也可以是多元分类（如识别猫、狗、鸡、兔等）。

对于无监督学习来说，它的常见应用是聚类，例如将客户细分为不同的类型或群组。

本章将尝试解决金融行业中的二元分类问题。我们将使用加利福尼亚大学尔湾分校（University of California, Irvine，UCI）机器学习存储库的数据集，这是一个非常流行的数据存储库。本章使用的数据集是 2005 年 10 月在中国台湾地区的一家银行收集的。开展这项研究的动机是——当时越来越多的银行向有意愿的客户提供信贷（现金或信用卡），但比较糟糕的是，越来越多的人，无论他们的还款能力如何，都积累了大量的债务。这导致了一些人无力偿还所欠债务的情况。换句话说，他们都曾经拖欠过还贷。

该研究的目的是使用有关客户的一些基本信息（如性别、年龄和教育水平）以及他们过去的还款历史来预测他们中的哪些人可能违约。该设置可以描述如下——使用前 6 个月的还款历史（2005 年 4 月至 9 月），尝试预测客户是否会在 2005 年 10 月违约。自然地，这样的研究可以推广到预测客户是否会在下个月、下个季度或更长的时间违约。

通读完本章之后，读者将熟悉机器学习任务的现实方法，了解从收集和清洗数据到构建和调整分类器的诸多操作。还有一个要点是了解机器学习项目的一般方法，然后将其应用于许多不同的任务，如客户流失预测或估算附近新房地产的价格。

本章包含以下内容。

❑ 加载数据和管理数据类型。

❑ 探索性数据分析。

  ❑ 将数据拆分为训练集和测试集。
  ❑ 识别和处理缺失值。
  ❑ 编码分类变量。
  ❑ 拟合决策树分类器。
  ❑ 使用管道组织项目。
  ❑ 使用网格搜索和交叉验证调整超参数。

13.1 加载数据和管理数据类型

  本节将演示如何将数据集从 CSV 文件加载到 Python 中。只要 pandas 支持，其他文件格式也可以使用相同的原则。目前比较流行的一些数据源格式包括 Parquet、JSON、XLM、Excel 和 Feather。

💡 提示：

  pandas 有一个非常一致的 API，这使寻找它的功能更加容易。例如，用于从各种源加载数据的所有函数都具有语法 pd.read_xxx，其中 xxx 应替换为用户的文件格式。

  本节还演示了如何对某些数据类型进行转换以显著减少 DataFrame 的内存使用量。这在处理大型数据集时尤其重要，因为它们的大小动辄以 GB 或 TB 计，除非优化使用，否则它们根本无法放入内存。

  为了呈现更真实的场景（包括杂乱数据、缺失值等），我们还对原始数据集进行了一些修改。有关这些修改的更多信息，可以参阅本书配套的 GitHub 存储库。

13.1.1 实战操作

  执行以下步骤以将数据集从 CSV 文件加载到 Python 中。
  （1）导入库。

```
import pandas as pd
```

  （2）从 CSV 文件加载数据。

```
df = pd.read_csv("../Datasets/credit_card_default.csv",
                 na_values="")
df
```

  运行上述代码片段会生成如图 13.1 所示的数据集预览。

	limit_bal	sex	education	marriage	age	payment_status_sep	payment_status_aug
0	20000	Female	University	Married	24.0	Payment delayed 2 months	Payment delayed 2 months
1	120000	Female	University	Single	26.0	Payed duly	Payment delayed 2 months
2	90000	Female	University	Single	34.0	Unknown	Unknown
3	50000	Female	University	Married	37.0	Unknown	Unknown
4	50000	Male	University	Married	57.0	Payed duly	Unknown
...	...	...	...	...	...	...	...
29995	220000	NaN	High school	Married	39.0	Unknown	Unknown
29996	150000	Male	High school	Single	43.0	Payed duly	Payed duly
29997	30000	Male	University	Single	37.0	Payment delayed 4 months	Payment delayed 3 months
29998	80000	Male	High school	Married	41.0	Payment delayed 1 month	Payed duly
29999	50000	Male	University	Married	46.0	Unknown	Unknown

图 13.1　数据集预览（未显示所有列）

　　该 DataFrame 有 30 000 行和 24 列。它既包含数值变量（如 age 列），也包含分类变量（如 sex 列）。

　　（3）查看该 DataFrame 的汇总信息。

```
df.info()
```

运行上述代码片段会生成以下汇总信息。

```
RangeIndex: 30000 entries, 0 to 29999
Data columns (total 24 columns):
 #   Column                Non-Null Count  Dtype
---  ------                --------------  -----
 0   limit_bal             30000 non-null  int64
 1   sex                   29850 non-null  object
 2   education             29850 non-null  object
 3   marriage              29850 non-null  object
 4   age                   29850 non-null  float64
 5   payment_status_sep    30000 non-null  object
 6   payment_status_aug    30000 non-null  object
 7   payment_status_jul    30000 non-null  object
 8   payment_status_jun    30000 non-null  object
 9   payment_status_may    30000 non-null  object
 10  payment_status_apr    30000 non-null  object
 11  bill_statement_sep    30000 non-null  int64
```

```
12   bill_statement_aug              30000 non-null   int64
13   bill_statement_jul              30000 non-null   int64
14   bill_statement_jun              30000 non-null   int64
15   bill_statement_may              30000 non-null   int64
16   bill_statement_apr              30000 non-null   int64
17   previous_payment_sep            30000 non-null   int64
18   previous_payment_aug            30000 non-null   int64
19   previous_payment_jul            30000 non-null   int64
20   previous_payment_jun            30000 non-null   int64
21   previous_payment_may            30000 non-null   int64
22   previous_payment_apr            30000 non-null   int64
23   default_payment_next_month      30000 non-null   int64
dtypes: float64(1), int64(14), object(9)
memory usage: 5.5+ MB
```

在该汇总信息中，可以看到有关列及其数据类型、非空（non-null）值（即非缺失值）的数量、内存使用情况等信息。

还可以观察到一些不同的数据类型：浮点数（float64，如 3.42）、整数（int64）和对象（object）。object 类型是字符串变量的 pandas 表示。float 和 int 旁边的数字表示此类型使用多少位来表示特定值。默认类型使用 64 位（即 8 字节）的内存。

📘 **注意：**

基本的 int8 类型包含以下范围内的整数：-128 到 127。uint8 代表无符号整数，涵盖相同的总跨度，但仅包含非负值，即 0 到 255。

通过了解特定数据类型所涵盖的值的范围（13.1.4 节"参考资料"提供了相关资源的链接），可以尝试优化分配的内存。例如，对于购买月份（由 1～12 范围内的数字表示）等特征，使用默认的 int64 是没有意义的，因为更小的类型就足够了。

（4）定义一个函数来检查 DataFrame 确切的内存使用情况。

```
def get_df_memory_usage(df, top_columns=5):
    print("Memory usage ----")
    memory_per_column = df.memory_usage(deep=True) / (1024 ** 2)
    print(f"Top {top_columns} columns by memory (MB):")
    print(memory_per_column.sort_values(ascending=False) \
                            .head(top_columns))
    print(f"Total size: {memory_per_column.sum():.2f} MB")
```

现在可以将该函数应用于之前的 DataFrame。

```
get_df_memory_usage(df, 5)
```

运行上述代码片段会生成以下输出。

```
Memory usage ----
Top 5 columns by memory (MB):
education            1.965001
payment_status_sep  1.954342
payment_status_aug  1.920288
payment_status_jul  1.916343
payment_status_jun  1.904229
dtype: float64
Total size: 20.47 MB
```

在该输出中可以看到，总的内存使用量为 20.47 MB，这几乎是 info 方法报告的 5.5+MB 结果的 4 倍。虽然对于今天的计算机而言，这点内存使用量算不了什么，但是，接下来演示的内存节省原则同样适用于以 GB 为单位的 DataFrame。

（5）将 object 数据类型的列转换为 category 类型。

```
object_columns = df.select_dtypes(include="object").columns
df[object_columns] = df[object_columns].astype("category")

get_df_memory_usage(df)
```

运行上述代码片段会生成以下概览。

```
Memory usage ----
Top 5 columns by memory (MB):
bill_statement_sep      0.228882
bill_statement_aug      0.228882
previous_payment_apr    0.228882
previous_payment_may    0.228882
previous_payment_jun    0.228882
dtype: float64
Total size: 3.70 MB
```

仅通过将 object 列转换为 pandas 原生的分类表示，我们就成功地将该 DataFrame 的大小减少了约 80%！

（6）将数值列向下转换为使用字节数更少的整数类型。

```
numeric_columns = df.select_dtypes(include="number").columns
for col in numeric_columns:
    df[col] = pd.to_numeric(df[col], downcast="integer")

get_df_memory_usage(df)
```

运行代码片段会生成以下概览。

```
Memory usage ----
Top 5 columns by memory (MB):
age                      0.228882
bill_statement_sep       0.114441
limit_bal                0.114441
previous_payment_jun     0.114441
previous_payment_jul     0.114441
dtype: float64
Total size: 2.01 MB
```

在上述汇总信息中可以看到，经过几次数据类型转换后，占用内存最多的 age 列是包含客户年龄的列（读者可以在 df.info()的输出中看到，为节约篇幅起见，此处未显示），这是因为它是使用 float 数据类型编码的，并且使用 integer 设置的向下转换不适用于 float 列。

（7）使用 float 数据类型向下转换 age 列。

```
df["age"] = pd.to_numeric(df["age"], downcast="float")
get_df_memory_usage(df)
```

运行上述代码片段会生成以下概览。

```
Memory usage ----
Top 5 columns by memory (MB):
bill_statement_sep       0.114441
limit_bal                0.114441
previous_payment_jun     0.114441
previous_payment_jul     0.114441
previous_payment_aug     0.114441
dtype: float64
Total size: 1.90 MB
```

可以看到，通过各种数据类型转换，我们设法将该 DataFrame 的内存占用从 20.5 MB 减少到 1.9 MB，减少了约 91%。

13.1.2　原理解释

在导入 pandas 后，我们使用 pd.read_csv 函数加载了 CSV 文件。在执行该操作时，指示了空字符串应被解释为缺失值。

在步骤（3）中，显示了 DataFrame 的汇总信息以检查其内容。为了更好地理解该数据集，以下是对变量的简单描述。

❑　limit_bal——给定信用额度（新台币）。

❑　sex——性别。

❑　education——教育水平。

❑　marriage——婚姻状况。

❑　age——客户的年龄。

❑　payment_status_{month}——前 6 个月之一的还贷付款状态。

❑　bill_statement_{month}——前 6 个月之一的账单数量（新台币）。

❑　previous_payment_{month}——前 6 个月之一前面还贷付款的次数（新台币）。

❑　default_payment_next_month——指示客户是否会在下个月违约（default）拖欠还贷的目标变量。

一般来说，pandas 会尝试尽可能高效地加载和存储数据。它会自动分配数据类型（可以使用 pandas DataFrame 的 dtypes 方法来检查）。但是，也有一些技巧可以导致更好的内存分配，这无疑使处理更大的表（数百兆字节，甚至 GB 级）更容易和更有效。

在步骤（4）中，定义了一个函数来检查该 DataFrame 确切的内存使用情况。memory_usage 方法将返回一个 pandas Series，其中包含每个 DataFrame 列的内存使用情况（以字节为单位）。将输出转换为兆字节会使其更易于理解。

✒ 注意：

在使用 memory_use 方法时，我们指定了 deep=True。这是因为与其他数据类型不同，object 数据类型没有为每个单元分配固定的内存。换句话说，由于 object 数据类型通常与文本相对应，这意味着其所使用的内存量取决于每个单元中的字符数。简单地说，字符串中的字符越多，该单元所使用的内存就越多。

在步骤（5）中，利用了一种称为 category 的特殊数据类型来减少该 DataFrame 的内存使用量。其基本思想是将字符串变量编码为整数，pandas 使用特殊的映射字典将它们解码回其原始形式。这在处理数量有限的不同值时特别有用。例如，对于受教育水平列，可能只有 4 个不同值（高中、大学、研究生和其他），在这种情况下可以使用整数 0~3 映射它们，而不必存储具体的字符。当然，如果某一列的不同值非常多（如客户姓名列），则这种优化方法的效果非常有限。

为了节省内存，可以先使用 select_dtypes 方法识别所有具有 object 数据类型的列。然后将这些列的数据类型从 object 更改为 category。可以使用 astype 方法执行该操作。

✒ 注意：

用户应该知道在哪些情况下使用 category 数据类型较为有利（从内存使用的角度来看）。经验法则是将其用于唯一观测值与观测值总数之比低于 50%的变量。

在步骤（6）中，使用了 select_dtypes 方法来识别所有数值列。然后，使用 for 循环遍历已识别的列，再使用 pd.to_numeric 函数将其值转换为数字。这可能听起来很奇怪，因为我们首先找到了数值列，然后又再次将它们转换为数字，这不是多此一举吗？其实不然。数值的类型是不一样的，这里的关键部分是函数的 downcast 参数。通过传递 "integer" 值，可以将默认的 int64 数据类型向下转换为更小的替代方案（如 int32 和 int8）来优化所有整数列的内存使用。

即使将该函数应用于所有数值列，也只有包含整数的列被成功转换。这就是还要在步骤（7）中另外向下转换包含客户年龄的 age 列的原因，它是 float 类型的。

13.1.3　扩展知识

本节提到了如何优化 pandas DataFrame 的内存使用。我们首先将数据加载到 Python 中，然后检查列，最后转换一些列的数据类型以减少内存使用。但是，这种方法可能行不通，因为数据可能一开始就无法载入内存。

如果出现这种情况，则还可以尝试以下方法。

❑　以块的形式读取数据集（通过使用 pd.read_csv 的 chunk 参数）。例如，可以只加载前 100 行数据。

❑　只读取实际需要的列（通过使用 pd.read_csv 的 usecols 参数）。

❑　加载数据时，使用 column_dtypes 参数定义用于每一列的数据类型。

为了演练上述操作，可使用以下代码片段来加载自己的数据集，以在执行操作时指示所选的 3 列应具有 category 数据类型。

```
column_dtypes = {
    "education": "category",
    "marriage": "category",
    "sex": "category"
}
df_cat = pd.read_csv("../Datasets/credit_card_default.csv",
                    na_values="", dtype=column_dtypes)
```

如果所有这些方法都失败了，也不必轻言放弃。虽然 pandas 绝对是在 Python 中处理表格数据的黄金标准，但读者也可以利用一些专门为这种情况构建的替代库的功能。在处理大量数据时可以考虑使用以下库。

❑　Dask：这是一个用于分布式计算的开源库。它有助于同时运行许多计算，无论是在单台机器上还是在 CPU 集群上。该库实际上是将单个大型数据处理作业分解为许多较小的任务，由 numpy 或 pandas 处理，最后再由该库将结果重新组合成一个连贯的整体。

❑ Modin：这是一个旨在通过在系统所有可用 CPU 核心之间自动分配计算来并行化处理 pandas DataFrame 的库。该库可以将现有的 DataFrame 分成不同的部分，以便每个部分都可以发送到不同的 CPU 核心。

❑ Vaex：这是一个开源的 DataFrame 库，专门用于延迟核心外 DataFrame。简而言之，Vaex 在计算过程中不需要将所有数据都一次性全部载入内存，而是利用一种类似于虚拟内存的机制，对磁盘上的文件和内存地址进行了映射。同时，在计算过程中，使用了延迟计算机制，在最后才进行一步到位的计算。Vaex 的处理能力惊人，可以达到 10^9 行/秒，仅需要很少的内存检查任意大小的数据集并与之交互，这一切都归功于它结合了延迟计算和内存映射的概念。

❑ datatable：这是一个用于操作二维表格数据的开源库。在许多方面都与 pandas 相似，在使用单节点机器时特别强调速度和数据量（可以处理的数据大小高达 100 GB）。如果读者使用过 R，则可能已经熟悉名为 data.table 的相关包，当涉及大数据的快速聚合时，它是 R 用户的首选包。

❑ cuDF：这是一个 GPU DataFrame 库，它是 NVIDIA RAPIDS 的一部分，RAPIDS 是一个跨越多个开源库并利用 GPU 功能的数据科学生态系统。cuDF 允许使用类似 pandas 的 API 获得性能提升，而无须深入了解 CUDA 编程的细节。

❑ polars：这是一个开源 DataFrame 库，它通过利用 Rust（编程语言）和 Apache Arrow 作为其内存模型来实现惊人的计算速度。

13.1.4　参考资料

以下是读者可能感兴趣的其他资源。

❑ Dua, D. and Graff, C. (2019). UCI Machine Learning Repository. Irvine, CA: University of California, School of Information and Computer Science.

http://archive.ics.uci.edu/ml

❑ Yeh, I. C. & Lien, C. H. (2009). "The comparisons of data mining techniques for the predictive accuracy of probability of default of credit card clients." Expert Systems with Applications, 36(2), 2473-2480.

https://doi.org/10.1016/j.eswa.2007.12.020

❑ Python 中使用的不同数据类型列表。

https://numpy.org/doc/stable/user/basics.types.html#

13.2　探索性数据分析

开展数据科学项目的第二步是进行探索性数据分析（exploratory data analysis，EDA）。通过该分析可以快速了解用户手上的数据。这也是扩大用户对该数据集的领域知识的过程。例如，公司可能会假设其大多数客户年龄在 18 岁到 25 岁之间，但事实真的如此吗？我们可以通过探索性数据分析寻找答案。

在进行探索性数据分析时，用户还可能会遇到一些不理解的模式，然后将这些模式作为与利益相关者进行讨论的起点。

在执行探索性数据分析时，应尝试回答以下问题。

- 实际拥有什么样的数据，应该如何对待不同的数据类型？
- 变量的分布是怎样的？
- 数据中是否存在异常值，如果存在，该如何处理它们？
- 是否需要任何转换？例如，某些模型要求（或更适合）正态分布的变量，因此可能需要使用对数转换之类的技术。
- 分布是否因群体而异（例如，性别或教育水平）？
- 有丢失数据的情况吗？如果有，频率有多高？它们出现在哪些变量中？
- 一些变量之间是否存在线性关系（相关性）？
- 可以使用现有的变量集创建新特征吗？例如，是否可以从时间戳中导出小时/分钟，从日期中导出星期几等。
- 是否有任何可以删除的变量，因为它们与分析任务无关。例如，随机生成的客户标识符也许是可以删除的。

当然，上面的问题并不详尽，进行探索性数据分析时，引发的问题可能会比上面提出的问题多得多。探索性数据分析在所有数据科学项目中都极为重要，因为它将使分析师能够加深对数据的理解，有助于提出更好的问题，并更容易选择适合所处理数据类型的建模方法。

在实际工作中，比较好的做法是，首先对所有相关特征进行单变量分析（一次分析一个特征），以更好地理解数据，然后，可以进行多变量分析，即比较每组的分布、相关性等。为节约篇幅起见，本节将仅演示针对选定特征的选定分析方法，但我们强烈建议读者对手头的数据进行更深入的分析。

13.2.1 准备工作

本节将继续探索在上一节中加载的数据。

13.2.2 实战操作

执行以下步骤进行贷款违约数据集的探索性数据分析。

（1）导入库。

```
import pandas as pd
import numpy as np
import seaborn as sns
```

（2）获取数值变量的汇总统计信息。

```
df.describe().transpose().round(2)
```

运行上述代码片段会生成如图 13.2 所示的结果。

	count	mean	std	min	25%	50%	75%	max
limit_bal	30000.0	167484.32	129747.66	10000.0	50000.00	140000.0	240000.00	1000000.0
age	29850.0	35.49	9.22	21.0	28.00	34.0	41.00	79.0
bill_statement_sep	30000.0	51223.33	73635.86	-165580.0	3558.75	22381.5	67091.00	964511.0
bill_statement_aug	30000.0	49179.08	71173.77	-69777.0	2984.75	21200.0	64006.25	983931.0
bill_statement_jul	30000.0	47013.15	69349.39	-157264.0	2666.25	20088.5	60164.75	1664089.0
bill_statement_jun	30000.0	43262.95	64332.86	-170000.0	2326.75	19052.0	60164.75	1664089.0
bill_statement_may	30000.0	40311.40	60797.16	-81334.0	1763.00	18104.5	50190.50	927171.0
bill_statement_apr	30000.0	38871.76	59554.11	-339603.0	1256.00	17071.0	49198.25	961664.0
previous_payment_sep	30000.0	5663.58	16563.28	0.0	1000.00	2100.0	5006.00	873552.0
previous_payment_aug	30000.0	5921.16	23040.87	0.0	833.00	2009.0	5000.00	1684259.0
previous_payment_jul	30000.0	5225.68	17606.96	0.0	390.00	1800.0	4505.00	896040.0
previous_payment_jun	30000.0	4826.08	15666.16	0.0	296.00	1500.0	4013.25	621000.0
previous_payment_may	30000.0	4799.39	15278.31	0.0	252.50	1500.0	4031.50	426529.0
previous_payment_apr	30000.0	5215.50	17777.47	0.0	117.75	1500.0	4000.00	528666.0
default_payment_next_month	30000.0	0.22	0.42	0.0	0.00	0.0	0.00	1.0

图 13.2 数值变量的汇总统计

（3）获取分类变量的汇总统计。

```
df.describe(include="object").transpose()
```

运行上述代码片段会生成如图 13.3 所示的结果。

	count	unique	top	freq
sex	29850	2	Female	18027
education	29850	4	University	13960
marriage	29850	3	Single	15891
payment_status_sep	30000	10	Unknown	17496
payment_status_aug	30000	10	Unknown	19512
payment_status_jul	30000	10	Unknown	19849
payment_status_jun	30000	10	Unknown	20803
payment_status_may	30000	9	Unknown	21493
payment_status_apr	30000	9	Unknown	21181

图 13.3　分类变量的汇总统计

（4）绘制年龄分布图并按性别划分。

```
ax = sns.kdeplot(data=df, x="age",
                 hue="sex", common_norm=False,
                 fill=True)
ax.set_title("Distribution of age")
```

运行上述代码片段会生成如图 13.4 所示的结果。

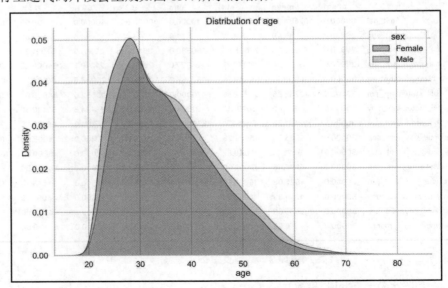

图 13.4　年龄的 KDE 图，按性别分组

通过分析核密度估计（kernel density estimate，KDE）图，可以得出结论即每个性别的分布形状没有太大差异。平均而言，女性样本稍微年轻一些。

（5）创建所选变量的配对图。

```
COLS_TO_PLOT = ["age", "limit_bal", "previous_payment_sep"]

pair_plot = sns.pairplot(df[COLS_TO_PLOT], kind="reg",
                         diag_kind="kde", height=4,
                         plot_kws={"line_kws":{"color":"red"}})
pair_plot.fig.suptitle("Pairplot of selected variables")
```

运行上述代码片段会生成如图 13.5 所示的结果。

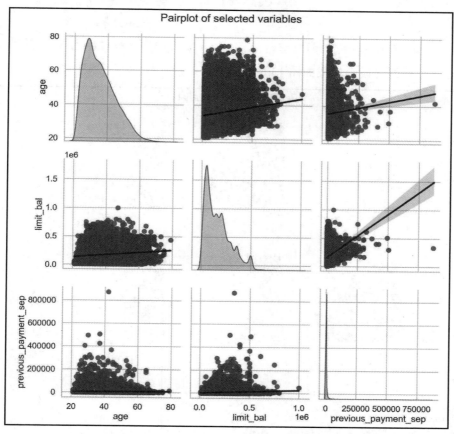

图 13.5　对角线上的 KDE 图和每个散点图中拟合回归线的配对图

从创建的配对图中可以获得以下观察结果。

❑　previous_payment_sep 的分布是高度偏态的——它有一条很长的尾巴。

❑　紧接着上一点，我们可以在散点配对图中观察到 previous_payment_sep 的一些非常极端的值。

❑ 很难从散点图中得出结论，因为每个散点图都有 30 000 个观察值。在绘制如此大量的数据时，可以考虑使用透明标记来更好地可视化某些区域的观测密度。

❑ 异常值会对回归线产生重大影响。

此外，也可以通过指定 hue 参数来区分性别。

```
pair_plot = sns.pairplot(data=df,
                         x_vars=COLS_TO_PLOT,
                         y_vars=COLS_TO_PLOT,
                         hue="sex",
                         height=4)
pair_plot.fig.suptitle("Pairplot of selected variables")
```

运行上述代码片段会生成如图 13.6 所示的结果。

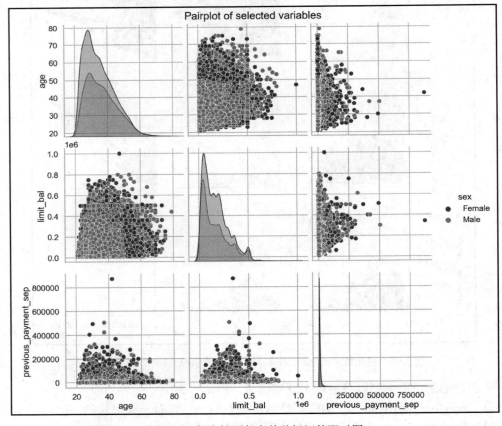

图 13.6　每个性别都有单独标记的配对图

在图 13.6 中可以看到，虽然可以从按性别划分的对角线图中获得更多见解，但由于绘制的数据量巨大，散点图仍然很难辨读。

作为一个潜在的解决方案，我们可以考虑从整个数据集中随机抽样，并只绘制选定的观察结果。该方法的一个可能缺点是，会错过一些具有极值（离群值）的观察结果。

（6）分析年龄与给定信用额度的关系。

```
ax = sns.jointplot(data=df, x="age", y="limit_bal",
                   hue="sex", height=10)
ax.fig.suptitle("Age vs. limit balance")
```

运行上述代码片段会生成如图 13.7 所示的结果。

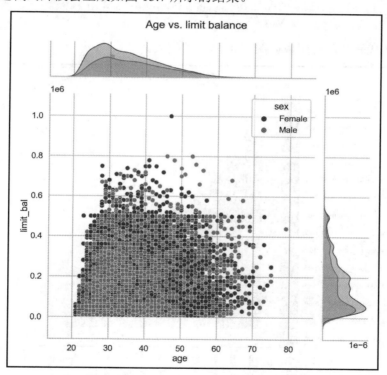

图 13.7　显示年龄和给定信用额度之间关系的联合图，按性别分组

该联合图包含了相当多的有用信息。首先，可以在散点图上看到两个变量之间的关系。然后，还可以使用 KDE 图沿轴分别研究两个变量的分布（也可以绘制直方图）。

（7）定义并运行绘制相关性热图的函数。

```
def plot_correlation_matrix(corr_mat):
```

```
    sns.set(style="white")
    mask = np.zeros_like(corr_mat, dtype=bool)
    mask[np.triu_indices_from(mask)] = True
    fig, ax = plt.subplots()
    cmap = sns.diverging_palette(240, 10, n=9, as_cmap=True)
    sns.heatmap(corr_mat, mask=mask, cmap=cmap,
                vmax=.3, center=0, square=True,
                linewidths=.5, cbar_kws={"shrink": .5},
                ax=ax)
    ax.set_title("Correlation Matrix", fontsize=16)
    sns.set(style="darkgrid")

corr_mat = df.select_dtypes(include="number").corr()
plot_correlation_matrix(corr_mat)
```

运行上述代码片段会生成如图 13.8 所示的结果。

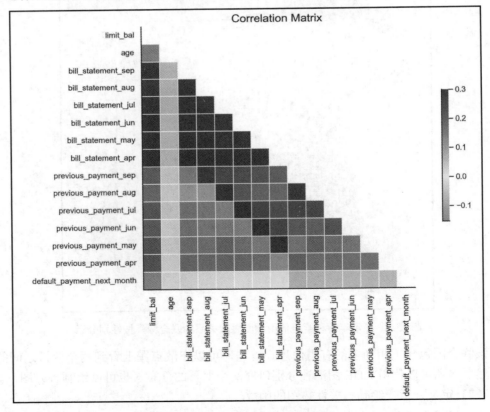

图 13.8　数值特征的相关性热图

从图 13.8 中可以看到，年龄似乎与任何其他特征都不相关。

（8）使用箱形图分析组中的年龄分布。

```
ax = sns.boxplot(data=df, y="age", x="marriage", hue="sex")
ax.set_title("Distribution of age")
```

运行上述代码片段会生成如图 13.9 所示的结果。

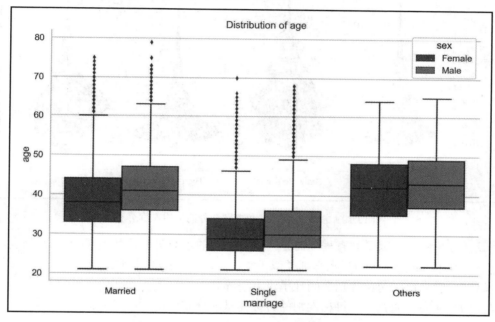

图 13.9　按婚姻状况和性别划分的年龄分布

婚姻群体中的分布似乎非常相似，男性的中位年龄总是更高。

（9）绘制每个性别和受教育程度的信用额度分布图。

```
ax = sns.violinplot(x="education", y="limit_bal",
                    hue="sex", split=True, data=df)
ax.set_title(
    "Distribution of limit balance per education level",
    fontsize=16
)
```

运行上述代码片段会生成如图 13.10 所示的结果。

查看图 13.10 可以看到一些有趣的模式。

❑　信用额度最大的客户出现在具有研究生院（graduate school）教育水平的组中。

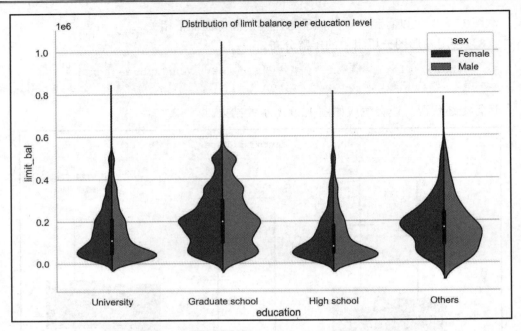

图 13.10　按受教育程度和性别划分的信用额度分布

- 分布的形状因受教育程度而异：研究生院的水平类似于其他（others）类别，而高中（high school）水平则类似于大学（university）水平。

- 一般来说，两种性别之间几乎没有差异。

（10）现在来调查一下每种性别的目标变量的分布情况。

```
ax = sns.countplot("default_payment_next_month", hue="sex",
                   data=df, orient="h")
ax.set_title("Distribution of the target variable", fontsize=16)
```

运行上述代码片段会生成如图 13.11 所示的结果。

通过分析该图可以得出一个初步的结论：男性客户的违约百分比更高。

（11）再来调查一下每一类受教育程度的违约百分比。

```
ax = df .groupby("education")["default_payment_next_month"] \
        .value_counts(normalize=True) \
        .unstack() \
        .plot(kind="barh", stacked="True")
ax.set_title("Percentage of default per education level",
             fontsize=16)
ax.legend(title="Default", bbox_to_anchor=(1,1))
```

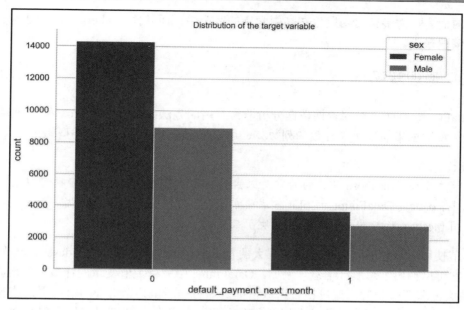

图 13.11　按性别划分的目标变量分布

运行上述代码片段会生成如图 13.12 所示的结果。

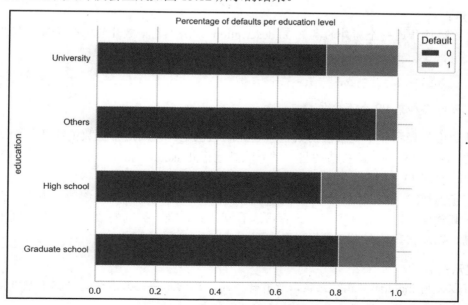

图 13.12　按受教育程度划分的违约百分比

相对而言，大多数违约发生在高中学历的客户中，而其他（others）类别的客户发生违约的情况最少。

13.2.3　原理解释

DataFrame 有两个对探索性数据分析非常有用的方法：shape 和 info。可以使用它们来快速了解数据集的形状（行数和列数）、用于表示每个特征的数据类型等。

💡 提示：

本节主要使用 seaborn 库，因为它是探索数据的首选库。但是，读者也可以使用其他可视化库。pandas DataFrame 的 plot 方法非常强大，可以快速可视化数据。或者，读者也可以使用 plotly（及其 plotly.express 模块）来创建全交互数据可视化。

本节使用了一种非常简单但功能强大的 pandas DataFrame 方法——describe 开始进行分析。它可以输出汇总统计信息，例如，DataFrame 中所有数值变量的计数、平均值、最小值/最大值和四分位数。通过检查这些指标，即可推断出某个特征的值范围，或者分布是否为偏态（通过查看均值和中位数之间的差异）。此外，还可以轻松发现合理范围之外的值，例如，负数年龄或非常年轻/年老的年龄。

💡 提示：

可以通过传递一个额外的参数在 description 方法中包括额外的百分位数。例如以下代码。

```
percentiles=[.99]
```

这可以添加第 99 个百分位数。

计数度量表示非空观察值的数量，因此，它也是一种确定哪些数值特征包含缺失值的方法。调查是否存在缺失值的另一种方法是运行 df.isnull().sum()。有关缺失值的更多信息，可以参阅 13.4 节"识别和处理缺失值"。

在步骤（3）中，调用 describe 方法时添加了 include="object" 参数以单独检查分类特征。其输出与数值特征不同：读者可以看到计数、唯一类别的数量、哪个类别出现频率最高，以及它在数据集中出现了多少次。

💡 提示：

可以使用 include= "all" 来显示所有特征的汇总信息——只有给定数据类型可用的度量才会出现，而其余的将用 NA 值填充。

　　在步骤（4）中，演示了一种调查变量分布的方法，在本例中为客户的年龄。为此，我们创建了一个 KDE 图。它是一种可视化变量分布的方法，与传统的直方图（histogram）非常相似。KDE 在一个或多个维度上使用连续的概率密度曲线来表示数据。与直方图相比，它的优势之一是生成的图不那么混乱且更易于解释，尤其是在同时考虑多个分布时。

☑ 注意：

　　关于 KDE 图的一个常见混淆源是关于密度轴上的单位。通常而言，核密度估计导致概率分布。然而，曲线在每个点的高度给出的是密度，而不是概率。可以通过在一定范围内对密度进行积分来获得概率。KDE 曲线被归一化，使得所有可能值上的积分等于 1。这意味着密度轴的比例取决于数据值。当我们在一个图中处理多个类别时，还可以进一步决定如何归一化密度。如果指定了 common_norm=True，则每个密度都会根据观测次数进行缩放，因此所有曲线下的面积总和为 1；否则，每个类别的密度将被独立地归一化。

　　和直方图一样，KDE 图是检查单个特征分布的最流行的方法之一。要创建直方图，可以使用 sns.histplot 函数。或者，你也可以使用 pandas DataFrame 的 plot 方法，同时指定 kind="hist"。在本书配套 GitHub 存储库的 Jupyter Notebook 中提供了创建直方图的示例。

　　读者也可以使用配对图（pairplot）来扩展此分析。它将创建一个绘图的矩阵，其中对角线显示单变量直方图或 KDE 图，而非对角线图则是两个特征的散点图（scatterplot）。这样，读者也可以尝试看看这两个特征之间是否存在关系。为了更容易识别潜在关系，我们还添加了回归线。

　　在本示例中，我们只绘制了 3 个特征。这是因为对于 30 000 个观察值，可能需要相当长的时间来绘制所有数值列的图形，更不用说在一个矩阵中包含那么多的小图会失去可读性。使用配对图时，还可以指定 hue 参数来为类别（例如性别或受教育程度）添加拆分。

　　读者也可以使用联合图（sns.jointplot）放大两个变量之间的关系。它是一种结合散点图和 KDE 图/直方图的方法，散点图可以分析双变量关系，KDE 图或直方图可以分析单变量分布。在步骤（6）中，使用联合图分析了年龄和信用额度之间的关系。

　　在步骤（7）中，定义了一个函数，用于绘制表示相关矩阵（correlation matrix）的热图（heatmap）。在该函数中，使用了几个操作来屏蔽上三角矩阵和对角线（相关矩阵的所有对角线元素都等于 1）。这样可以使输出更容易解释。使用 sns.heatmap 的 annot 参数，可以将基础数值添加到热图中。当然，读者应该只在分析的特征数量不太多时才这样做。否则，它们将变得不可辨读。

　　为了计算相关性，我们使用了 DataFrame 的 corr 方法，它默认计算 Pearson 相关系数（Pearson's correlation coefficient）。这是针对数值特征执行的操作。当然，对于分类特征，也有计算其相关性的方法，有关详细信息，可参考 13.2.4 节"扩展知识"。检查相关性至关重要，尤其是在使用假设特征线性独立的机器学习算法时。

在步骤（8）中，使用了箱形图（box plot）来调查按婚姻状况和性别划分的年龄分布。箱形图也称为盒须图（box-and-whisker plot），能够以有助于分类变量之间水平比较的方式呈现数据分布。箱形图可使用五数概括法（5-number summary）显示有关数据分布的信息。

- ❏ 中位数（第 50 个百分位数）——由箱子（方框）内的水平黑线表示。
- ❏ 四分位数间距（interquartile range，IQR）——由方框表示。它跨越第一个四分位数（Q_1，即第 25 个百分位数）和第三个四分位数（Q_3，即第 75 个百分位数）之间的范围。
- ❏ 胡须——由从方框延伸出来的线条表示。这个线条因为像胡须而得名。胡须的极值（标记为水平线）被定义为第一个四分位数（Q_1）减去 1.5 IQR 和第三个四分位数（Q_3）加上 1.5 IQR。

可以使用箱形图来收集有关数据的见解。

- ❏ 标记在胡须外部的点可以被认为是异常值（离群值）。这种方法称为图基栅栏（Tukey's fences），是最简单的异常值检测技术之一。简而言之，它假设位于 [Q1 – 1.5 IQR, Q3 + 1.5 IQR] 范围之外的观测值都是异常值。
- ❏ 分布的潜在偏度。当中值更接近方框的下限并且上部胡须比下部胡须长时，可以观察到右偏（正偏度）分布，反之则是左偏（负偏度）分布。图 13.13 说明了这一点。

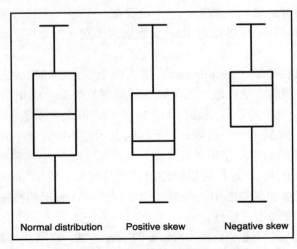

图 13.13　使用箱形图确定分布的偏度

原　　文	译　　文	原　　文	译　　文
Normal distribution	正态分布	Negative skew	负偏度
Positive skew	正偏度		

在步骤（9）中，使用了小提琴图（violin plot）来调查每个受教育水平和性别的信用额度特征的分布。这里使用了 sns.violinplot 创建绘图，x 参数表示受教育程度。此外，还设置了 hue="sex"和 split=True。该设置将使小提琴的每一半代表不同的性别。

一般来说，小提琴图与箱形图非常相似，读者可以在其中找到以下信息。

❑　中位数，用白色圆点表示。

❑　四分位数范围，以小提琴中心的琴键（黑色条形）表示。

❑　上下相邻值，由从黑色条形延伸的黑线表示。较低的相邻值定义为第一个四分位数（Q_1）减去 1.5 IQR，而较高的相邻值则定义为第三个四分位数（Q_3）加上 1.5 IQR。同样，读者也可以使用相邻值作为一种简单的离群值检测技术。

小提琴图是箱形图和 KDE 图的组合。小提琴图相对于箱形图的一个明显优势是前者能够清楚地看到分布的形状，这在处理多峰分布（具有多个峰值的分布）时特别有用，例如 Graduate school 受教育程度类别中的信用额度小提琴就是这种情况。

在最后两个步骤中，调查了目标变量（默认值）的性别和受教育程度分布。在第一个用例中，使用 sns.countplot 来显示每种性别的两种可能结果（违约和未违约）的出现次数。在第二个用例中，选择了不同的方法，绘制了每个受教育程度的违约百分比，因为比较组之间的百分比要比直接比较标称值更容易。为此，我们首先按受教育程度分组，选择感兴趣的变量，计算每组的百分比（使用 value_counts(normalize=True)方法），使用 unstack 方法以删除多重索引，并使用 plot 方法生成了可视化结果。

13.2.4　扩展知识

本节介绍了一系列可能的方法来分析手头的数据。但是，每次执行探索性数据分析时，都需要很多行代码（其中很多是样板代码）。值得庆幸的是，有一个 Python 库可以简化这个过程。该库的名称为 pandas_profiling，仅需一行代码，即可以 HTML 报告的形式生成数据集的综合汇总信息。

要创建该报告，可运行以下命令。

```
from pandas_profiling import ProfileReport
profile = ProfileReport(df, title="Loan Default Dataset EDA")
profile
```

💡 **提示：**

读者也可以使用 pandas DataFrame 的新 profile_report 方法（通过 pandas_profiling 添加）创建一个包含综合汇总信息的文件。

在实际工作中，用户可能更愿意将报告保存为 HTML 格式的文件并在浏览器中预览而不是在 Jupyter Notebook 中检查。可使用以下代码片段轻松做到这一点。

```
profile.to_file("loan_default_eda.html")
```

该报告非常详尽，包含许多有用的信息，如图 13.14 所示。

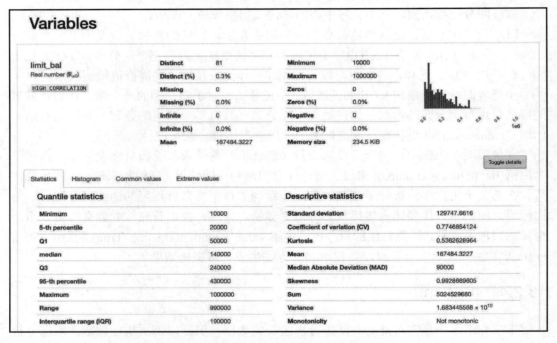

图 13.14　深入了解信用额度特征的示例

为节约篇幅，这里仅讨论该报告中的部分内容。

❑ 概述部分提供了有关该 DataFrame 大小的信息（包括特征/行数、缺失值、重复行、内存大小和每种数据类型的细分等）。

❑ 警报部分提出了有关数据的潜在问题的警告，包括较高百分比的重复行、高度相关的特征（潜在冗余）、很多特征的值为 0、高度偏态的特征等。

❑ 不同的相关性度量包括 Spearman 的 ρ、Pearson 的 r、Kendall 的 τ、Cramér 的 V

和 Phik(φk)。最后一个特别有趣，因为它是最近开发的相关系数，可以在分类变量、序数变量和区间变量之间一致地工作。最重要的是，它捕获的是非线性依赖性。可以参阅 13.2.5 节"参考资料"以获取描述该指标的论文。

❑ 缺失值的详细分析。

❑ 每个特征的详细单变量分析。在报告中单击 Toggle details（切换详细信息）可获得更多详细信息。

13.2.5　参考资料

pandas-profiling 是 Python 庞大的库生态系统中最受欢迎的自动探索性数据分析工具。但是，它绝对不是唯一的。读者也可能对以下工具感兴趣。

❑ sweetviz。

https://github.com/fbdesignpro/sweetviz

❑ autoviz。

https://github.com/AutoViML/AutoViz

❑ dtale。

https://github.com/man-group/dtale

❑ dataprep。

https://github.com/sfu-db/dataprep

❑ lux。

https://github.com/lux-org/lux

这些库对探索性数据分析的处理方式都略有不同。因此，读者最好了解一下所有这些库并选择最适合自己需求的工具。

关于 Phik(φk)的更多信息，请参见以下论文。

❑ Baak, M., Koopman, R., Snoek, H., & Klous, S. (2020). "A new correlation coefficient between categorical, ordinal and interval variables with Pearson characteristics." Computational Statistics & Data Analysis, 152, 107043.

https://doi.org/10.1016/j.csda.2020.107043

13.3　将数据拆分为训练集和测试集

在完成探索性数据分析之后，接下来的步骤就是将数据集拆分为训练集和测试集。这个工作需要我们有两个独立的数据集。

❑ 训练集（training set）——在这一部分数据上训练机器学习模型。

❑ 测试集（test set）——这一部分数据在训练时没有被模型看到，用于评估其性能。

通过以这种方式拆分数据，我们希望防止过拟合（overfitting）。过拟合是一种现象，当模型在用于训练的数据中发现太多模式并且仅在该特定数据上表现良好时就会发生这种现象。换句话说，它无法推广到未见过的数据。

这是分析中非常重要的一步，因为如果操作不当，可能会引入偏差，例如，以数据泄露（data leakage）的形式出现。当模型在训练阶段观察到它不应该接触的信息时，就会发生数据泄露。例如，用户可能会使用特征的平均值来估算缺失值，如果在拆分数据之前这样做，则也会使用测试集中的数据来计算平均值，从而产生数据泄露。这就是为什么正确的顺序是首先将数据分成训练集和测试集，然后再使用在训练集中观察到的数据进行缺失值估算。设置用于识别异常值的规则也是如此。

此外，拆分数据可确保一致性，因为未见数据（在我们的例子中，就是将由模型打分的新客户）将以与测试集中数据相同的方式处理。

13.3.1　实战操作

执行以下步骤以将数据集拆分为训练集和测试集。

（1）导入库。

```
import pandas as pd
from sklearn.model_selection import train_test_split
```

（2）将目标与特征分离。

```
X = df.copy()
y = X.pop("default_payment_next_month")
```

（3）将数据拆分成训练集和测试集。

```
X_train, X_test, y_train, y_test = train_test_split(
    X, y, test_size=0.2, random_state=42
)
```

（4）将数据拆分成训练集和测试集，但是不打乱顺序（shuffle）。

```
X_train, X_test, y_train, y_test = train_test_split(
    X, y, test_size=0.2, shuffle=False
)
```

（5）使用分层（stratification）方式将数据拆分成训练集和测试集。

```
X_train, X_test, y_train, y_test = train_test_split(
    X, y, test_size=0.2, stratify=y, random_state=42
)
```

（6）验证目标比例是否得到保留。

```
print("Target distribution - train")
print(y_train.value_counts(normalize=True).values)
print("Target distribution - test")
print(y_test.value_counts(normalize=True).values)
```

运行上述代码片段会生成以下输出。

```
Target distribution - train
[0.77879167 0.22120833]
Target distribution - test
[0.77883333 0.22116667]
```

可以看到，在这两个集合中，还款违约的百分比都是约为 22.12%。

13.3.2 原理解释

在导入库之后，使用了 pandas DataFrame 的 pop 方法将目标与特征分离。

在步骤(3)中，演示了如何进行最基本的拆分。我们将 X 和 y 对象传递给 train_test_split 函数。此外，还指定了测试集的大小，它仅占所有观察值的一小部分（20%）。为了能够再现结果，还指定了随机状态。该函数的输出必须分配给 4 个新对象。

在步骤（4）中，采用了不同的方法。通过指定 test_size=0.2 和 shuffle=False，我们将前 80%的数据分配给训练集，剩余的 20%则分配给测试集。当读者想要保留观察值中的顺序时，可以考虑采用这种方式。

在步骤（5）中，通过传递目标变量指定了分层参数（stratify=y）。通过分层方式拆分数据意味着训练集和测试集都将具有几乎相同的特定变量分布。该参数在处理不平衡数据时非常重要，例如，在欺诈检测用例中，如果 99%的数据是正常的，只有 1%包含欺诈案例，则随机拆分可能导致训练集没有任何欺诈案例。这就是为什么在处理不平衡数据时，正确拆分数据至关重要。

　　在最后一步中，验证了分层训练集/测试集拆分是否在两个数据集中产生了相同的违约比率。为了验证这一点，使用了 pandas DataFrame 的 value_counts 方法。

　　本章的其余部分将使用通过分层拆分获得的数据。

13.3.3　扩展知识

　　另外一种常见的数据拆分方式是将数据拆分为：训练集、验证集和测试集。验证集（validation set）用于频繁评估和调整模型的超参数。

　　举例来说，假设用户要训练一个决策树分类器（decision tree classifier），找到 max_depth 超参数的最优值，它决定了树的最大深度。为此，可以使用训练集多次训练模型，每次使用不同的超参数值；然后使用验证集评估所有这些模型的性能，从中挑选最好的模型；最后在测试集上评估该模型的表现。

　　在以下代码片段中，演示了使用相同的 train_test_split 函数创建训练集—验证集—测试集拆分的可能方法。

```python
import numpy as np

# 定义验证集和测试集的大小
VALID_SIZE = 0.1
TEST_SIZE = 0.2

# 创建初始拆分——训练集和临时集
X_train, X_temp, y_train, y_temp = train_test_split(
    X, y,
    test_size=(VALID_SIZE + TEST_SIZE),
    stratify=y,
    random_state=42
)

# 计算新的测试集大小
new_test_size = np.around(TEST_SIZE / (VALID_SIZE + TEST_SIZE), 2)

# 创建验证集和测试集
X_valid, X_test, y_valid, y_test = train_test_split(
    X_temp, y_temp,
    test_size=new_test_size,
    stratify=y_temp,
    random_state=42
)
```

我们基本上运行了两次 train_test_split。重要的是我们必须调整 test_size 的大小以保留最初定义的拆分比例（70-10-20）。

我们还验证了一切都按计划进行：数据集的大小对应于预期的拆分，并且每组中的违约比率相同。验证代码如下。

```python
print("Percentage of data in each set ----")
print(f"Train: {100 * len(X_train) / len(X):.2f}%")
print(f"Valid: {100 * len(X_valid) / len(X):.2f}%")
print(f"Test: {100 * len(X_test) / len(X):.2f}%")
print("")
print("Class distribution in each set ----")
print(f"Train: {y_train.value_counts(normalize=True).values}")
print(f"Valid: {y_valid.value_counts(normalize=True).values}")
print(f"Test: {y_test.value_counts(normalize=True).values}")
```

执行上述代码片段会生成以下输出。

```
Percentage of data in each set ----
Train: 70.00%
Valid: 9.90%
Test: 20.10%

Class distribution in each set ----
Train: [0.77879899 0.22120101]
Valid: [0.77878788 0.22121212]
Test: [0.77880948 0.22119052]
```

可以看到，原始数据集确实已经按照预期的 70-10-20 比例进行了拆分，并且由于分层而保留了违约（目标变量）的分布。在这 3 个集合中，还款违约的百分比都为 22.12%左右。

有时，用户可能没有足够的数据将其分成 3 组，这要么是因为没有那么多的观察值，要么是因为数据可能高度不平衡，导致用户从训练集中删除了有价值的训练样本。有鉴于此，数据科学家们经常使用一种称为交叉验证的方法，有关详细信息，可参考 13.8 节"使用网格搜索和交叉验证调整超参数"。

13.4　识别和处理缺失值

在实际工作中，我们得到的通常都不会是干净、完整的数据，必然会遇到的潜在问题之一是缺失值。可以根据缺失值出现的原因对其进行以下分类。

❑ 完全随机缺失（missing completely at random，MCAR）：缺失数据的原因与其余数据无关。例如，受访者在调查中意外遗漏了一个问题。

❑ 随机缺失（missing at random，MAR）：数据的缺失可以从另一列中的数据推断出来。例如，对某个调查问题的缺失回答在某种程度上可以由性别、年龄、生活方式等其他因素有条件地确定。

❑ 非随机缺失（missing not at random，MNAR）：缺失值存在某些潜在原因。例如，收入很高的人往往不愿意透露。

❑ 结构性缺失数据（structurally missing data）：这通常是 MNAR 的一个子集，其中数据的缺失是逻辑上的原因。例如，当代表配偶年龄的变量缺失时，基本可以推断该人可能没有配偶。

一些机器学习算法可以解释缺失数据，例如，决策树可以将缺失值视为一个单独且唯一的类别。但是，许多算法要么不能这样做，要么它们流行的实现（例如 scikit-learn 中的实现）不包含此功能。

处理缺失值的一些流行解决方案如下。

❑ 删除包含一个或多个缺失值的观察结果——虽然这是最简单的方法，但并不总是一种好方法，尤其是在小数据集的情况下。你还应该意识到，即使每个特征只有一小部分缺失值，它们也不一定会出现在相同的观察结果（行）中，因此可能需要删除的实际行数会更多。此外，如果数据不是随机丢失，则从分析中删除此类观察结果可能会给结果带来偏差。

❑ 如果某一列（特征）基本上都是由缺失值填充，则可以考虑删除整列。但是，在执行该操作时需要谨慎，因为这可能已经是模型中的一个信息量很大的信号。

❑ 使用远在可能范围之外的值替换缺失值（例如，在包含年龄值的列中填入 99999），这样决策树等算法就可以将其视为特殊值，表示缺失数据。

❑ 在处理时间序列的情况下，可以使用前向填充（取缺失值之前最接近的一个已知观察值进行填充）、后向填充（取缺失值之后最接近的一个已知观察值进行填充）或插值法（线性插值或更高级算法）进行估算和填充。

💡 提示：

只能估算和填充特征，而不应估算目标变量。

❑ 热卡填充（hot-deck imputation）——在这个简单的算法中，首先选择一个或多个与包含缺失值的特征相关的其他特征。然后，根据这些选定的特征对数据集的行进行排序。最后，从上到下遍历行，并将每个缺失值替换为同一特征中的上一个非缺失值。

❑ 使用聚合指标替换缺失值——对于连续数据，可以使用均值（当数据中没有明显的离群值时）或中位数（当有离群值时）。对于分类变量，可以使用众数（集合中最常见的值）。均值/中值插补也存在一些潜在缺点，例如，它将导致数据集中方差的减少，扭曲插补特征与数据集其余部分之间的相关性。

❑ 用按组计算的聚合指标替换缺失值——例如，在处理与人体相关的指标时，可以计算每个性别的平均值或中位数，以更准确地替换缺失数据。

❑ 基于机器学习的方法——可以将考虑的特征视为目标，使用完整的案例来训练模型并预测缺失观察值的值。

一般来说，探索缺失值是探索性数据分析的一部分，在 13.2 节"探索性数据分析"中分析使用 pandas_profiling 生成的报告时，我们简要提到过，之所以没有做过多的介绍，是要阐明一个概念：只能在训练集/测试集拆分之后再进行任何类型的缺失值插补。这一点至关重要，否则就可能导致数据泄露。

本节将演示如何识别数据中的缺失值以及如何估算它们。

13.4.1　准备工作

本节假设读者已经获得了 13.3 节"将数据拆分为训练集和测试集"的分层训练集/测试集拆分的输出结果。

13.4.2　实战操作

执行以下步骤以调查和处理数据集中的缺失值。

（1）导入库。

```
import pandas as pd
import missingno as msno
from sklearn.impute import SimpleImputer
```

（2）查看 DataFrame 的信息。

```
X.info()
```

执行上述代码片段会生成以下汇总信息（有节略）。

```
RangeIndex: 30000 entries, 0 to 29999
Data columns (total 23 columns):
 #   Column                Non-Null Count      Dtype
---  ------                --------------      -----
```

```
0   limit_bal               30000 non-null   int64
1   sex                     29850 non-null   object
2   education               29850 non-null   object
3   marriage                29850 non-null   object
4   age                     29850 non-null   float64
5   payment_status_sep      30000 non-null   object
6   payment_status_aug      30000 non-null   object
7   payment_status_jul      30000 non-null   object
```

可以看到，该数据集有多列，但是，缺失值仅出现在 4 列中。为节约篇幅起见，这里没有包括其余的输出。

（3）可视化该 DataFrame 的缺失值情况。

```
msno.matrix(X)
```

运行所示代码行会产生如图 13.15 所示的结果。

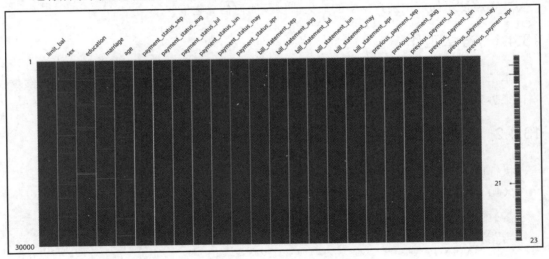

图 13.15　贷款违约数据集的缺失值矩阵图

列中可见的白色条表示缺失值。读者应该记住的是，在处理只有少数缺失值的大型数据集时，这些白条可能很难被发现。

图 13.15 右侧的线描述了数据完整性的形状。这两个数字表示数据集中的最大和最小缺失值。当观察值没有缺失值时，该线将位于最右边的位置，其值等于数据集中的列数（在本例中为 23）。随着观察结果中缺失值的数量开始增加，该线向左移动。数字 21 表示其中有一行包含两个缺失值，因为该数据集的最大值为 23（列数）。

（4）按数据类型划分包含缺失值的列。

```
NUM_FEATURES = ["age"]
CAT_FEATURES = ["sex", "education", "marriage"]
```

（5）估算数值特征。

```
for col in NUM_FEATURES:
    num_imputer = SimpleImputer(strategy="median")
    num_imputer.fit(X_train[[col]])
    X_train.loc[:, col] = num_imputer.transform(X_train[[col]])
    X_test.loc[:, col] = num_imputer.transform(X_test[[col]])
```

（6）估算分类特征。

```
for col in CAT_FEATURES:
    cat_imputer = SimpleImputer(strategy="most_frequent")
    cat_imputer.fit(X_train[[col]])
    X_train.loc[:, col] = cat_imputer.transform(X_train[[col]])
    X_test.loc[:, col] = cat_imputer.transform(X_test[[col]])
```

可以使用 info 方法验证训练集和测试集都不包含缺失值。

13.4.3　原理解释

在步骤（1）中，导入了所需的库。然后，在步骤（2）中使用 pandas DataFrame 的 info 方法查看了有关列的信息，例如它们的数据类型和非空观察值的数量。观察值总数与非空观察值之间的差值就是缺失值的数量。检查每一列的缺失值数量的另一种方法是运行以下代码。

```
X.isnull().sum()
```

除了估算缺失值，也可以考虑删除包含缺失值的观察值（甚至整列）。要删除包含任何缺失值的所有行，可以使用以下代码。

```
X_train.dropna(how="any", inplace=True)
```

在本示例中，缺失值的数量并不大，但是，在实际工作中，它可能相当大，或者数据集本身可能太小，以至于分析师无法删除观察值。

当然，读者也可以指定 dropna 方法的阈值（thresh）参数，以指示当某一行中包含多少个缺失值时才能从数据集中删除。

在步骤（3）中，通过 missingno 库可视化了 DataFrame 的缺失值情况。

在步骤（4）中，定义了要估算值的特征的列表，每种数据类型一个列表。这样做的原因是，数值特征的估算策略和分类特征是不一样的。对于基本插补策略，可以使用 scikit-learn 中的 SimpleImputer 类。

在步骤（5）中，迭代处理了数值特征（在本示例中，只有包含客户年龄的 age 特征），并使用中位数替换缺失值。在循环内部，用正确的策略（"median"）定义了插补对象，将其拟合到训练数据的给定列，并转换训练数据和测试数据。这样，中位数是通过仅使用训练数据来估计的，从而防止了潜在的数据泄露。

🖋 注意：

本节使用了 scikit-learn 来处理缺失值的插补。但是，读者也可以手动执行此操作。在这种情况下，对于每个包含缺失值的列（在训练集或测试集中），都需要使用训练集计算给定的统计数据（均值/中位数/众数），例如，以下代码计算的是中位数。

```
age_median=X_train.age.median()
```

然后，可以使用这个中位数来通过 fillna 方法填充 age 列（在训练集和测试集中）的缺失值。本书配套 GitHub 存储库中的 Jupyter Notebook 演示了如何做到这一点。

步骤（6）和步骤（5）的操作类似，使用了相同的方法迭代分类列。不同之处在于所选择的策略——我们对给定列中的缺失值填充了最常见的值（"most_frequent"）。该策略既可用于分类特征，也可用于数值特征。如果应用于数值特征，其实填充的就是众数。

13.4.4　扩展知识

在涉及处理缺失值时，还有一些功能值得一提。

1．在 missingno 库中可用的更多可视化功能

本节已经介绍了反映数据集中缺失值情况的矩阵表示。其实，missingno 库还提供了一些更有用的可视化功能。

- ❏　msno.bar——生成一个条形图，表示每一列中的缺失值情况。这可能比缺失值矩阵更容易快速解释。
- ❏　msno.heatmap——可视化缺失值的相关性，即一个特征的存在/不存在对另一个特征的存在的影响程度。缺失值相关性的解释与标准 Pearson 相关系数非常相似。它的取值范围从-1（当一个特征出现时，另一个特征肯定不出现）到 0（两个特征的出现或不出现相互之间没有任何影响）到 1（如果出现一个特征，那么另一个特征也肯定出现）。

❑ msno.dendrogram——该库可以让我们更好地理解变量完整性之间的相关性。它实际上使用了分层聚类方法，通过特征缺失值的相关性将特征分类。

要解读图 13.16，可以按照从上到下的角度来分析。首先来看聚类中的叶子，它们以零距离相连。这将完全预测彼此的存在，也就是说，一个特征可能总是在另一个特征存在时缺失，或者它们可能总是同时存在或缺失，如此等等。拆分接近于零的聚类的叶子可以很好地相互预测。

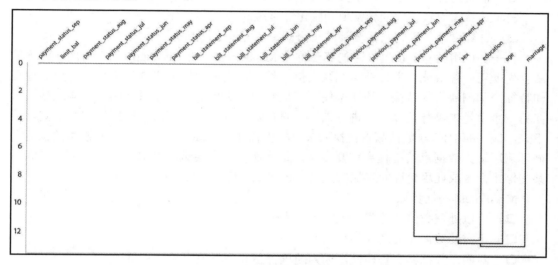

图 13.16　缺失值相关性树状图示例

在本示例中，树状图将每个观察结果中存在的特征链接在一起。我们确切地知道这一点，因为我们仅在 4 个特征中通过设计引入了缺失的观察结果。

2. 基于机器学习的缺失值插补方法

本节提到了如何插补缺失值。将缺失值替换为一个较大的值或均值/中值/众数等方法称为单一插补法（single imputation approach），因为它们是用一个特定值替换缺失值。另一方面，也有多重插补方法（multiple imputation approach），其中之一是链式方程多重插补（multiple imputation by chained equation，MICE）。

简而言之，该算法将运行多个回归模型，并且每个缺失值都是根据非缺失数据点有条件地确定的。使用基于机器学习的插补方法的潜在好处是减少单一插补引入的偏差。MICE 算法在 scikit-learn 中以 IterativeImputer 的名称提供。

或者，读者也可以使用最近邻插补（nearest neighbor imputation）方法，该方法在 scikit-learn 的 KNNImputer 中实现。KNN 插补的基本假设是缺失值可以通过来自最接近它的观察结果的相同特征的值来近似。使用其他特征和某种形式的距离度量（如欧氏距离）来确定与其他观测值的接近程度。

由于该算法使用 KNN，所以它也有一些缺点。

❑　需要调整 k 超参数以获得最佳性能。

❑　需要缩放数据并预处理分类特征。

❑　需要选择一个合适的距离度量（特别是在混合使用分类和数值特征的情况下）。

❑　该算法对数据中的异常值和噪声非常敏感。

❑　计算量大，因为它需要计算每对观测值之间的距离。

另一种可用的基于机器学习的算法称为 MissForest（在 missingpy 库中可用）。该算法首先使用中位数或众数插补填充缺失值。然后，它将训练随机森林模型以使用其他已知特征来预测缺失的特征。该模型使用我们知道目标值的观察结果（因此这些观察结果在第一步中是未进行估算的）进行训练，然后对包含缺失特征的观察结果进行预测。接下来，最初的中值/众数预测将替换为来自随机森林（random forest，RF）模型的预测。循环遍历缺失数据点的过程会重复多次，每次迭代都会尝试改进前一次的结果。当满足某些停止标准或耗尽允许的迭代次数时，该算法将停止。

MissForest 的优势如下。

❑　可以处理数值和分类特征中的缺失值。

❑　不需要数据预处理（如缩放）。

❑　对噪声数据具有鲁棒性，因为随机森林几乎不使用无信息特征。

❑　非参数——它不对特征之间的关系做出假设，而链式方程多重插补（MICE）方法则假设特征之间呈现线性关系。

❑　可以利用特征之间的非线性和相互作用效应来提高插补性能。

MissForest 的缺点如下。

❑　插补时间随着观察次数、特征和包含缺失值的特征数量的增加而增加。

❑　和随机森林类似，不太好解释。

❑　它是一种算法而不是模型对象，不能将其存储在某个地方（例如，作为 pickle 文件）并在需要估算缺失值时重用。

13.4.5　参考资料

以下是读者可能感兴趣的其他资源。

❑　miceforest——这是一个 Python 库，用于通过 LightGBM 实现快速、内存高效的链式方程多重插补。

❑　missingpy——这是一个包含 MissForest 算法实现的 Python 库。

❑　Azur, M. J., Stuart, E. A., Frangakis, C., & Leaf, P. J. (2011). "Multiple imputation by chained equations: what is it and how does it work?" International Journal of Methods in Psychiatric Research, 20(1), 40-49.

https://doi.org/10.1002/mpr.329

❑　Buck, S. F. (1960). "A method of estimation of missing values in multivariate data suitable for use with an electronic computer." Journal of the Royal Statistical Society: Series B (Methodological), 22(2), 302-306.

https://www.jstor.org/stable/2984099

❑　Stekhoven, D. J. & Bühlmann, P. (2012). "MissForest—non-parametric missing value imputation for mixed-type data." Bioinformatics, 28(1), 112-118.

❑　van Buuren, S. & Groothuis-Oudshoorn, K. (2011). "MICE: Multivariate Imputation by Chained Equations in R." Journal of Statistical Software 45 (3): 1-67.

❑　Van Buuren, S. (2018). Flexible Imputation of Missing Data. CRC press.

13.5　编码分类变量

在前面小节中可以看到，有一些特征是分类变量（初始表示为 object 或 category 数据类型）。但是，大多数机器学习算法只处理数值数据，这就是数据科学家需要将分类特征编码为与机器学习模型兼容的表示形式的原因。

第一种编码分类特征的方法称为标签编码（label encoding）。该方法将使用不同的数值替换特征的分类值。例如，对于猫、狗、兔 3 个不同的分类，可使用以下表示。

```
[0, 1, 2]
```

✔ 注意：

这已经与 pandas 中转换为 category 数据类型的结果非常相似。假设我们有一个名为 df_cat 的 DataFrame，它有一个称为 feature_1 的特征。此特征被编码为 category 数据类型。在这种情况下，可以通过运行以下代码来访问该类别的编码。

```
df_cat["feature_1"].cat.codes
```

此外，也可以通过运行以下代码来恢复映射。

```
dict(zip(df_cat["feature_1"].cat.odes,
df_cat["feature_1"]))
```

还可以使用 pd.factorize 函数来获得非常相似的表示。

像这种标签编码的一个潜在问题是它在类别之间引入了一种关系，而实际上可能并没有这种关系。在上述猫、狗、兔 3 个分类的示例中，关系如下所示：0 < 1 < 2。而实际上猫、狗、兔本身显然并不存在这种关系，或者这样的关系没有什么意义。但是，对于某些暗含顺序的特征（序数变量），这样的编码是很有意义的。例如，如果你有"差""一般""好"这 3 个服务评级分类，那么该标签编码显然是有意义的。

为了克服前面的问题，可以考虑使用独热编码（one-hot encoding）。在该方法中，对于特征的每个类别，将使用二进制编码创建一个新列——有时称为虚拟变量（dummy variable），以表示特定行是否属于该类别。这种方法的一个潜在缺点是它显著增加了数据集的维数，容易导致所谓的维数诅咒（curse of dimensionality）。首先，这会增加过拟合的风险，尤其是当数据集中没有那么多观测值时；其次，对于任何基于距离的算法（例如，k 最近邻算法）来说，高维数据集可能是一个严重的问题，因为在非常高的层次上，大量的维度会导致所有观测值看起来与其他观测值等距。这自然会使基于距离的模型变得无用。

📝 注意：

应该注意的另一件事是，创建虚拟变量会为数据集引入一种冗余形式。事实上，如果一个特征有 3 个类别，则只需要两个虚拟变量就可以完全表示。这是因为如果一个观察结果不是这两个类别中的任何一个，那么它就一定是第三个。这通常被称为虚拟变量陷阱（dummy-variable trap），因此，最佳做法是始终从这种编码中删除一列。这在非正则化线性模型（unregularized linear model）中尤其重要。

总而言之，我们应该避免标签编码，因为它会给数据引入错误的顺序，从而导致错误的结论。基于树的方法（决策树、随机森林等）可以处理分类数据和标签编码。当然，独热编码是线性回归、计算特征间距离度量的模型（如 k-means 聚类或 k 最近邻）或人工神经网络（artificial neural network，ANN）等算法的分类特征的自然表示。

13.5.1　准备工作

本节假设读者已经获得 13.4 节"识别和处理缺失值"中估算训练集和测试集之后的输出结果。

13.5.2　实战操作

执行以下步骤以使用标签编码和独热编码对分类变量进行编码。

（1）导入库。

```python
import pandas as pd
from sklearn.preprocessing import LabelEncoder, OneHotEncoder
from sklearn.compose import ColumnTransformer
```

（2）使用标签编码器（label encoder）对选定的列进行编码。

```python
COL = "education"

X_train_copy = X_train.copy()
X_test_copy = X_test.copy()

label_enc = LabelEncoder()
label_enc.fit(X_train_copy[COL])
X_train_copy.loc[:, COL] = label_enc.transform(X_train_copy[COL])
X_test_copy.loc[:, COL] = label_enc.transform(X_test_copy[COL])

X_test_copy[COL].head()
```

运行该代码片段会生成如下所示转换后的列。

```
6907     3
24575    0
26766    3
2156     0
3179     3
Name: education, dtype: int64
```

上述示例创建了 **X_train** 和 **X_test** 的副本，只是为了演示如何使用 LabelEncoder，但并不想修改稍后要用到的实际 DataFrame。

💡 提示：

可以使用 classes_ 属性访问存储在已拟合的 LabelEncoder 中的标签。

（3）选择独热编码的分类特征。

```python
cat_features = X_train .select_dtypes(include="object") \
                       .columns \
                       .to_list()
cat_features
```

本示例将对以下列应用独热编码。

```
['sex', 'education', 'marriage', 'payment_status_sep', 'payment_status_
aug', 'payment_status_jul', 'payment_status_jun', 'payment_status_may',
'payment_status_apr']
```

（4）实例化 OneHotEncoder 对象。

```
one_hot_encoder = OneHotEncoder(sparse=False,
                                handle_unknown="error",
                                drop="first")
```

（5）使用独热编码器创建列转换器。

```
one_hot_transformer = ColumnTransformer(
    [("one_hot", one_hot_encoder, cat_features)],
    remainder="passthrough",
    verbose_feature_names_out=False
)
```

（6）拟合该转换器。

```
one_hot_transformer.fit(X_train)
```

执行上述代码片段会输出如图 13.17 所示的列转换器的预览。

```
                          ColumnTransformer
ColumnTransformer(remainder='passthrough',
                  transformers=[('one_hot',
                                 OneHotEncoder(drop='first', sparse=False),
                                 ['sex', 'education', 'marriage',
                                  'payment_status_sep', 'payment_status_aug',
                                  'payment_status_jul', 'payment_status_jun',
                                  'payment_status_may',
                                  'payment_status_apr'])],
                  verbose_feature_names_out=False)
              ►          one_hot                    ►    remainder
      ▼           OneHotEncoder                       ▼ passthrough
   OneHotEncoder(drop='first', sparse=False)          passthrough
```

图 13.17　使用独热编码的列转换器预览

（7）将转换应用于训练集和测试集。

```
col_names = one_hot_transformer.get_feature_names_out()
```

```
X_train_ohe = pd.DataFrame(
    one_hot_transformer.transform(X_train),
    columns=col_names,
    index=X_train.index
)

X_test_ohe = pd.DataFrame( one_hot_transformer.transform(X_test),
                            columns=col_names,
                            index=X_test.index)
```

如前文所述，独热编码具有增加数据集维数的潜在缺点。在本示例中，我们最初只有 23 列，但应用独热编码后，却得到了 72 列。

13.5.3　原理解释

首先，我们导入了所需的库。在步骤（2）中，选择了想要使用标签编码进行编码的列，实例化了 LabelEncoder，将其拟合到训练数据中，并对训练数据和测试数据进行了转换。我们不想保留标签编码，因此仅对该 DataFrame 的副本进行了操作。

📋 注意：

本示例演示了使用标签编码，因为它是可用的选项之一，但是，它也有相当严重的缺点。因此，在实际工作中，读者应该避免使用它。此外，scikit-learn 库的文档也提出了以下警告：该转换器应仅用于编码目标值（即 y），而不是输入（X）。

在步骤（3）中，通过创建所有分类特征的列表来开始独热编码的准备工作。本示例使用了 select_dtypes 方法来选择具有 object 数据类型的所有特征。

在步骤（4）中，创建了一个 OneHotEncoder 实例，指定不想使用稀疏矩阵（sparse matrix）——这是一种特殊的数据类型，适用于存储 0 的百分比很高的矩阵。我们删除了每个特征的第一列（以避免虚拟变量陷阱），指定了编码器在应用转换过程中发现未知值时要做什么（handle_unknown='error'）。

在步骤（5）中，定义了 ColumnTransformer，这是一种将相同转换（在本例中为独热编码器）应用于多个列的便捷方法。我们传递了一个步骤列表，其中每个步骤都由一个元组定义。在本示例中，该元组有 3 个元素，第一个元素是一个包含步骤名称的元组（"one_hot"），然后是要应用的转换（one_hot_encoder）以及要应用转换的特征（cat_features）。

在创建 ColumnTransformer 时，还指定了另一个参数 remainder="passthrough"，它表示仅有效拟合和转换指定的列，而其余的列则保持不变。remainder 参数的默认值为

"drop"，即删除未使用的列。

另外，还有一个 verbose_feature_names_out 参数的值被指定为 False。这样，当我们稍后使用 get_feature_names_out 方法时，它就不会在所有特征名称前加上生成该特征的转换器的名称。如果没有更改该参数，则一些特征将具有"one_hot__"前缀，而其他特征将具有"remainder__"前缀。

在步骤（6）中，使用 fit 方法将列转换器拟合到训练数据中。最后，使用 transform 方法将转换应用于训练集和测试集。由于 transform 方法返回的是一个 numpy 数组而不是 pandas DataFrame，因此还必须转换它们。我们首先使用 get_feature_names_out 提取特征的名称，然后使用转换后的特征、新的列名称和旧的索引（以保持原来的顺序）创建一个 pandas DataFrame。

📝 注意：

和处理缺失值或检测异常值一样，我们仅将所有转换器（包括独热编码）拟合到训练数据，然后将该转换应用于训练集和测试集。这样做可以避免潜在的数据泄露。

13.5.4　扩展知识

读者也许需要多花点时间来了解一些关于分类变量编码的知识。

1. 使用 Pandas 进行独热编码

作为 scikit-learn 的替代方案，也可以考虑使用 pd.get_dummies 来对分类特征进行独热编码。其示例语法如下所示。

```
pd.get_dummies(X_train, prefix_sep="_", drop_first=True)
```

了解这种替代方法是一件好事，因为它更易于使用（自动考虑列名），尤其是在创建快速概念验证（proof of concept，PoC）时。当然，在实际开发产品时，最好还是使用 scikit-learn 并在管道中创建虚拟变量。

2. 为 OneHotEncoder 指定可能的类别

在创建 ColumnTransformer 时，可以为所有考虑的特征额外提供一个可能类别的列表。以下是一个简单示例。

```
one_hot_encoder = OneHotEncoder(
    categories=[["Male", "Female", "Unknown"]],
    sparse=False,
    handle_unknown="error",
    drop="first"
```

```
)

one_hot_transformer = ColumnTransformer(
    [("one_hot", one_hot_encoder, ["sex"])]
)

one_hot_transformer.fit(X_train)
one_hot_transformer.get_feature_names_out()
```

执行上述代码片段会返回以下结果。

```
array(['one_hot__sex_Female', 'one_hot__sex_Unknown'], dtype=object)
```

通过传递包含每个特征的可能类别的列表，我们能够考虑特定值未出现在训练集中但可能出现在测试集中（或作为生产环境中的新批次观察值的一部分）的可能性，如果未考虑到这种情况，则可能会出错。

在上述代码块中，向表示性别的列添加了一个名为"Unknown"的额外类别。因此，我们最终会为该类别添加一个额外的"虚拟"列，而作为其引用的男性（"Male"）类别则被删除（drop="first"）。

3．类别编码器库

除了 pandas 和 scikit-learn，读者还可以考虑使用一个名为 Category Encoders 的库。它属于一组与 scikit-learn 兼容的库，并使用类似的拟合-变换方法提供了一系列编码器。这就是也可以将它们与 ColumnTransformer 和 Pipeline 一起使用的原因。

现在就让我们来看看独热编码器的另一种实现方式。

（1）导入库。

```
import category_encoders as ce
```

（2）创建编码器对象。

```
one_hot_encoder_ce = ce.OneHotEncoder(use_cat_names=True)
```

此外，读者也可以指定一个名为 drop_invariant 的参数，以指示要删除没有方差的列（例如仅填充了一个不同值的列），这有助于减少特征的数量。

（3）拟合该编码器，并转换数据。

```
one_hot_encoder_ce.fit(X_train)
X_train_ce = one_hot_encoder_ce.transform(X_train)
```

独热编码器的这种实现将自动仅对包含字符串的列进行编码（除非通过将列表传递给 cols 参数来指定分类列的子集）。默认情况下，它还会返回一个带有调整后的列名称的 pandas DataFrame（相形之下，在 scikit-learn 实现中返回的是 numpy 数组）。此实现的唯一缺点是它不允许删除每个特征的一个冗余虚拟列。

4．关于独热编码和基于决策树的算法的警告

虽然基于回归的模型可以自然地处理独热编码特征的 OR 条件，但基于决策树的算法并不那么简单。理论上，决策树无须编码即可处理分类特征，但是它在 scikit-learn 中的流行实现仍然要求所有特征都是数值类型的。这里读者无须了解太多细节，只需要知道，这种方法有利于连续的数值特征而不是独热编码的虚拟变量，因为单个虚拟变量只能将总特征信息的一小部分带入模型。一种可能的解决方案是使用不同类型的编码（标签/目标编码）或能够处理分类特征的实现，例如 h2o 库中的随机森林或 LightGBM 模型。

13.6　拟合决策树分类器

决策树（decision tree）分类器是一种相对简单但非常重要的机器学习算法，用于回归和分类问题。其名称源于该模型将创建一组规则，如下所示。

```
if x_1 > 50 and x_2 < 10 then y = 'default'
```

这些规则组合在一起可以按树的形式可视化。决策树通过以特定值重复分割特征，将特征空间分割成许多较小的区域。为实现该目标，可使用贪婪算法（greedy algorithm），连同一些启发式算法，以找到最小化子节点组合杂质的分割。分类任务中的杂质使用基尼杂质（Gini impurity）或熵（entropy）来衡量，而对于回归问题，树将使用均方误差（mean squared error，MSE）或平均绝对误差（mean absolute error，MAE）作为度量指标。

对于二元分类问题来说，该算法会尝试获取包含某一类的尽可能多的观察值的节点，从而最大限度地减少杂质。对于分类问题来说，终端节点（叶）中的预测是基于模式进行的；对于回归问题来说，则是基于均值进行的。

📝 **注意：**

决策树是许多复杂算法的基础，如随机森林、梯度增强树、XGBoost、LightGBM、CatBoost 等。

决策树的优点如下。
- ❑　以树的形式轻松可视化——高可解释性。
- ❑　快速训练和预测阶段。
- ❑　需要调整的超参数相对较少。

❑　支持数值和分类特征。

❑　可以处理数据中的非线性。

❑　可以通过特征工程进一步改进，尽管没有明确需要这样做。

❑　不需要缩放或归一化特征。

❑　通过选择拆分样本的特征来合并它们的特征选择版本。

❑　非参数模型——没有关于特征/目标分布的假设。

另一方面，决策树的缺点如下。

❑　不稳定性——决策树对输入数据中的噪声非常敏感。数据中的微小变化可能会显著改变模型的结果。

❑　过拟合——如果不提供最大值或停止标准，则决策树往往会长得很深并且不能很好地泛化（generalize）。

❑　树只能插值（interpolate），而不能外推（extrapolate）——它们对位于训练数据特征空间边界区域之外的观察结果只能进行恒定预测。

❑　底层的贪心算法不能保证选择全局最优决策树。

❑　类不平衡会导致有偏见的树。

❑　具有分类变量的决策树中的信息增益（熵减少）会导致具有更多分类的特征产生有偏差的结果。

13.6.1　准备工作

本节假设读者已经获得 13.5 节"编码分类变量"中的独热编码训练集和测试集的输出结果。

13.6.2　实战操作

执行以下步骤来拟合决策树分类器。

（1）导入库。

```
from sklearn.tree import DecisionTreeClassifier, plot_tree
from sklearn import metrics

from chapter_13_utils import performance_evaluation_report
```

在本节和后续小节中，将使用 performance_evaluation_report 辅助函数。它可以绘制用于评估二元分类模型的有用指标（如混淆矩阵、ROC 曲线等）。此外，它还将返回一个包含更多指标的字典，有关这些指标的讨论，详见 13.6.4 节"扩展知识"。

（2）创建模型实例，将其拟合到训练数据，并创建预测。

```
tree_classifier = DecisionTreeClassifier(random_state=42)
tree_classifier.fit(X_train_ohe, y_train)
y_pred = tree_classifier.predict(X_test_ohe)
```

（3）评估结果。

```
LABELS = ["No Default", "Default"]
tree_perf = performance_evaluation_report( tree_classifier,
                                           X_test_ohe,
                                           y_test, labels=LABELS,
                                           show_plot=True)
```

执行上述代码片段会生成如图 13.18 所示的结果。

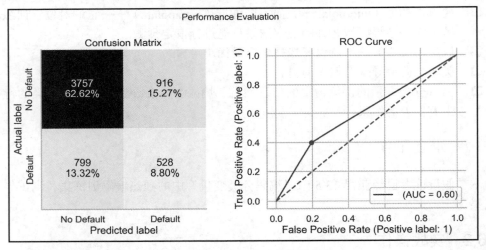

图 13.18　已拟合决策树分类器的性能评估报告

tree_perf 对象是一个包含更多相关指标的字典，可以进一步帮助评估模型的性能。
这些指标如下所示。

```
{
    'accuracy': 0.7141666666666666,
    'precision': 0.3656509695290859,
    'recall': 0.39788997739261495,
    'specificity': 0.8039803124331265,
    'f1_score': 0.3810898592565861,
    'cohens_kappa': 0.1956931046277427,
    'matthews_corr_coeff': 0.1959883714391891,
```

```
    'roc_auc': 0.601583581287813,
    'pr_auc': 0.44877724015824927,
    'average_precision': 0.2789754297204212
}
```

有关这些评估指标的更多见解，可参阅 13.6.4 节"扩展知识"。

（4）绘制拟合决策树的前几层。

```
plot_tree(tree_classifier, max_depth=3, fontsize=10)
```

执行上述代码片段会生成如图 13.19 所示的结果。

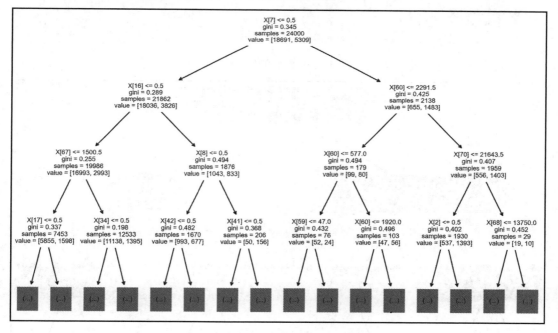

图 13.19　已拟合的决策树，最大深度为 3

我们只使用了一行代码，但是已经可以可视化相当多的信息。max_depth=3 指示只绘制决策树的 3 个层级，因为该拟合树实际上达到了 44 个层级的深度。如前文所述，不限制 max_depth 超参数就会导致这种情况，很可能出现过拟合。

在该树中可以看到以下信息。

❑ 哪个特征用于分割树以及在哪个值处分割。糟糕的是，在默认设置下，只能看到列号而不是特征名称。稍后将解决这个问题。

❑ 基尼杂质的值。

❑　每个节点/叶中的样本数。

❑　节点/叶内每个类的观察数。

可以使用 plot_tree 函数的一些附加参数向图中添加更多信息。

```
plot_tree(
    tree_classifier,
    max_depth=2,
    feature_names=X_train_ohe.columns,
    class_names=["No default", "Default"],
    rounded=True,
    filled=True,
    fontsize=10
)
```

执行上述代码片段会生成如图 13.20 所示的结果。

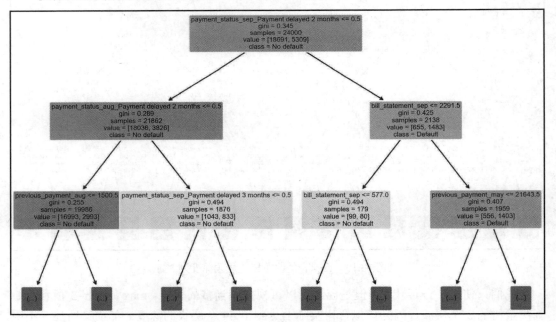

图 13.20　拟合决策树，最大深度为 2

在图 13.20 中，可以看到一些附加信息。

❑　用于创建分割的特征的名称。

❑　在每个节点/叶子中占主导地位的类的名称。

可视化决策树有很多好处。首先，我们可以深入了解哪些特征用于创建模型（这是一种可能的特征重要性度量），以及哪些值用于创建拆分。如果这些特征有明确的解释，则这可以作为一种合理性检验（sanity check）的形式，看看我们对数据和所考虑问题的最初假设是否成真，是否符合常识或专业领域知识。它还有助于向业务利益相关者呈现一个清晰和连贯的故事讲述，使他们可以轻松理解模型的这种简单表示。下一章将深入讨论特征重要性和模型可解释性。

13.6.3 原理解释

在步骤（2）中，使用了典型的 scikit-learn 方法来训练机器学习模型。首先，创建了 DecisionTreeClassifier 类的对象（使用所有默认设置和固定的随机状态）。然后，使用了 fit 方法将模型拟合到训练数据（需要同时传递特征和目标）。最后，使用 predict 方法获得了预测结果。

📝 **注意：**

使用 predict 方法会产生一个预测类的数组（在本示例中，它要么是 0，要么是 1）。但是，在某些情况下，读者也可能对指定的概率或分数感兴趣。为了获得这些值，可以使用 predict_proba 方法，它将通过 n_classes 返回大小为 n_test_observations 的数组。每一行包含所有可能的类的概率（概率值加起来为 1）。在二元分类的情况下，当相应的概率高于 50% 时，predict 方法将自动分配正类。

在步骤（3）中，评估了模型的性能。这里使用了自定义函数来显示所有结果。我们不会深入探讨它的细节，因为它是相当标准的，并且是使用 scikit-learn 的 metrics 模块中的函数构建的。对于该函数的详细描述可以参考本书配套的 GitHub 存储库。

混淆矩阵（confusion matrix）总结了与实际目标相对的预测值的所有可能组合。其可能的值如下。

- ❑ 真阳性（true positive，TP）：模型预测违约，而客户也确实违约了。
- ❑ 假阳性（false positive，FP）：也称为"误报"，即模型预测违约，但客户实际上并没有违约。
- ❑ 真阴性（true negative，TN）：模型预测是一个优质客户，而客户也确实没有违约。
- ❑ 假阴性（false negative，FN）：模型预测是一个优质客户，但客户事实上却违约了。

在上面介绍的应用场景中，我们假设违约由阳性（positive）类表示。这并不意味着结果（客户违约）是好的或正面的，它只是表示发生了一个事件。也就是说，阳性和阴性不带价值判断，通常阳性类是我们要找的目标，而数据中的大多数类都是阴性的，这是数据科学项目中使用的典型约定。

使用已呈现的值,可以进一步建立多个评估标准。

- ❑ 准确率(accuracy),表示为(TP + TN) / (TP + FP + TN + FN)——该指标衡量的是模型正确预测观察值的类别的整体能力。

- ❑ 精确率(precision),表示为 TP / (TP + FP)——衡量所有阳性类(在本示例中为违约)预测中确实是阳性类的部分。

  在本示例中,它回答了以下问题:在所有违约预测中,有多少客户实际违约?或者换句话说:当模型预测违约时,它的正确率是多少?

- ❑ 召回率(recall),表示为 TP / (TP + FN)——衡量所有阳性例中有多少比例被正确预测。也称为灵敏度(sensitivity)或真阳性率(true positive rate,TPR)。

  在本示例中,它回答了以下问题:在所有违约者中,我们正确找出这些违约者的比例。

- ❑ F-1 分数(F-1 Score)——这是精确率和召回率的调和平均值。使用调和平均值而不是算术平均值的原因是它考虑了这两个分数之间的和谐(相似性)。因此,它将惩罚极端结果并阻止高度不平等的值。例如,precision = 1 而 recall = 0 的分类器如果使用简单平均则得分为 0.5,但使用调和平均则得分为 0。

- ❑ 特异性(specificity),表示为 TN / (TN + FP)——衡量有多少阴性例(没有违约的客户)实际上没有违约。考虑特异性的一种有用方式是将其视为对阴性类的召回率。

了解这些指标背后的微妙之处对于正确评估模型的性能非常重要。在类不平衡的情况下,准确率可能会产生很大的误导。例如,在新冠疫情期间的核酸筛查中,99%以上的样本都是阴性的,只有不到 1%的样本是阳性的。在这种情况下,模型什么都不做,直接将所有样本都预测为阴性,它也能达到 99%+的准确率,但实际上这样的准确率毫无价值。这就是为什么在这种情况下,我们更应该参考精确率或召回率指标。

- ❑ 当我们试图达到尽可能高的精确率时,将以更多的假阴性为代价得到更少的误报(宁可放过一千,不可错杀一个)。当误报的成本很高时(如在垃圾邮件检测中),应该优化精确率。

- ❑ 在针对召回率进行优化时,我们将以更多的误报为代价实现更少的漏报(宁可错杀一千,不可放过一个)。当假阴性的成本很高时(如在欺诈检测或核酸筛查中),应该针对召回率进行优化。

💡 提示:

关于哪一种度量标准最好,并没有一刀切的规则。需要根据实际用例选择要优化的指标。

　　图 13.18 中的第二个绘图包含接受者操作特征（receiver operating characteristic，ROC）曲线。ROC 曲线呈现了不同概率阈值下真阳性率（true positive rate，TPR，即召回率）和假阳性率（false positive rate，FPR，等于 1 减去特异性）之间的权衡。概率阈值决定了预测的概率，超过该概率，我们决定该观测属于阳性类（默认情况下，该阈值为 50%）。

　　理想分类器的假阳性率为 0，真阳性率为 1。因此，ROC 图中的最佳点是图中的(0,1)点（也就是左上角）。一个成熟模型的曲线会尽可能接近它。另一方面，如果该模型性能很差，那么它可能会有一条接近对角线（45°）的线。为了更好地理解 ROC 曲线，可从以下几个方面进行考虑。

- ❑ 假设我们将决策阈值设为 0，即所有观察值都被分类为违约客户。这会导致两个结论。首先，没有任何实际违约客户被预测为阴性类（假阴性），这意味着真阳性率（召回率）为 1。其次，没有任何优质客户被分类为阴性类（真阴性），这意味着假阳性率（误报率）也是 1。这对应于 ROC 曲线右上角。
- ❑ 现在转向另一个极端，假设决策阈值为 1，即所有客户都被归类为优质客户（没有违约，即阴性类）。由于根本没有阳性预测，因此可得出以下结论。首先，没有真阳性（TPR = 0）。其次，没有误报（FPR = 0）。这种情况对应于曲线的左下方。
- ❑ 因此，该曲线上的所有点都对应于两个极端（0 和 1）之间阈值的分类器分数。曲线应该接近理想点（该点真阳性率为 1，假阳性率为 0），即所有未违约的客户将被归类为优质客户，并且没有任何优质客户被归类为可能违约。换句话说，这是一个完美的分类器。
- ❑ 如果性能接近对角线，则模型有各半的概率将实际违约的客户和未违约优质客户都分类为违约客户。换句话说，这样的分类器和随机猜测没什么分别。

✍ 注意：

　　模型的曲线出现在对角线以下是有可能的（换言之，其性能还不如随机猜测），但是这样的模型并非一无是处，因为将它的预测简单地反转即有可能获得更好的性能。

　　为了用一个数值来总结模型的性能，可以看一下 ROC 曲线下的面积（area under the ROC curve，AUC），它是对所有可能的决策阈值性能的综合衡量。它是一个值介于 0 和 1 之间的指标，将告诉我们模型能够在多大程度上区分类别。

- ❑ AUC 为 0，表示该模型总是预测错误。
- ❑ AUC 为 1，表示该模型总是预测正确。
- ❑ AUC 为 0.5，表示该模型表现平平，几乎等同于随机猜测。

可以用概率术语来解释 AUC。简而言之，它指示阳性（正）类概率与阴性（负）类概率的分离程度。AUC 表示模型对随机阳性观察的排名高于随机阴性观察的概率。

通过举例也许会使它更容易理解。假设我们有从某个模型获得的预测，并按分数/概率升序排列。图 13.21 说明了这一点。75%的 AUC 意味着如果我们取一个随机的阳性观察值和一个随机的阴性观察值，它们将以75%的概率以正确的方式排序，也就是说，随机阳性例在随机阴性例的右边。

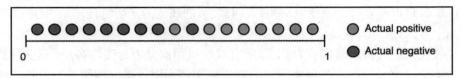

图 13.21　模型的输出按预测分数/概率排序

原　文	译　文	原　文	译　文
Actual positive	实际阳性	Actual negative	实际阴性

💡 提示：

在实际工作中，可以使用 ROC 曲线来选择一个阈值，以在假阳性和假阴性之间产生适当的平衡。此外，AUC 是比较各种模型之间性能差异的一个很好的指标。

在最后一步中，使用了 plot_tree 函数将决策树可视化。

13.6.4　扩展知识

我们已经介绍了使用机器学习模型（在前面的示例中是决策树）来解决二元分类任务的基础知识。此外还介绍了最流行的分类评估指标。当然，至少还有一些有趣的话题是值得讨论的。

1．深入研究分类评估指标

前文介绍了 ROC 曲线。它的一个问题是，当处理的类别严重不平衡时，它在评估模型性能时可信度差。在这种情况下，应该使用另一条曲线，即精确率-召回率曲线（precision-recall curve）。这是因为，为了计算精确率和召回率，不再使用真阴性类，而只考虑少数类（阳性类）的正确预测。

首先可以提取预测分数/概率并计算不同阈值的精确率和召回率。

```
y_pred_prob = tree_classifier.predict_proba(X_test_ohe)[:, 1]
```

```
precision, recall, _ = metrics.precision_recall_curve(y_test,
                                                       y_pred_prob)
```

💡 **提示：**

由于我们实际上并不需要阈值，所以用下画线替换了函数的输出。

计算出所需的元素后，即可绘制曲线。

```
ax = plt.subplot()
ax.plot(recall, precision,
        label=f"PR-AUC = {metrics.auc(recall, precision):.2f}")
ax.set( title="Precision-Recall Curve",
        xlabel="Recall",
        ylabel="Precision")
ax.legend()
```

执行上述代码片段会生成如图 13.22 所示的结果。

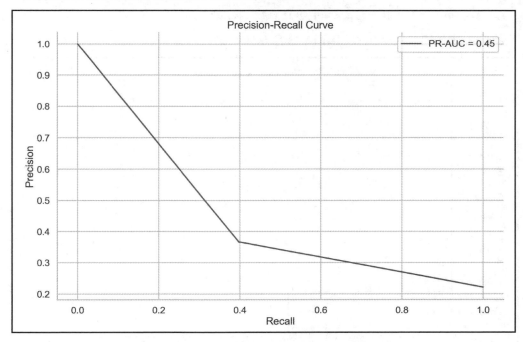

图 13.22　已拟合决策树分类器的精确率-召回率曲线

与 ROC 曲线类似，可以对精确率-召回率曲线进行如下分析。

❑　曲线中的每个点对应于不同决策阈值的精确率和召回率值。

❑ 决策阈值 0 导致精确率＝0 且召回率＝1。

❑ 决策阈值 1 导致精确率＝1 且召回率＝0。

❑ 作为一个汇总指标，我们可以估算精确率-召回率曲线下的面积。

❑ 精确率-召回率曲线下的面积（PR-AUC）的范围从 0 到 1，其中 1 表示完美模型。

❑ PR-AUC 为 1 的模型可以识别所有阳性观察结果（完美召回率），同时不会错误地将单个阴性观察结果标记为阳性观察结果（完美精确率）。完美点位于(1, 1)，即绘图的右上角。

❑ 可以认为向(1, 1)点弯曲的模型是表现很好的。

图 13.22 中 PR 曲线的一个潜在问题是，由于在绘制每个阈值的精确率和召回率值时进行了插值。使用以下代码片段可以获得更真实的表示。

```
ax = metrics.PrecisionRecallDisplay.from_estimator(
    tree_classifier, X_test_ohe, y_test
)
ax.ax_.set_title("Precision-Recall Curve")
```

执行上述代码片段会生成如图 13.23 所示的结果。

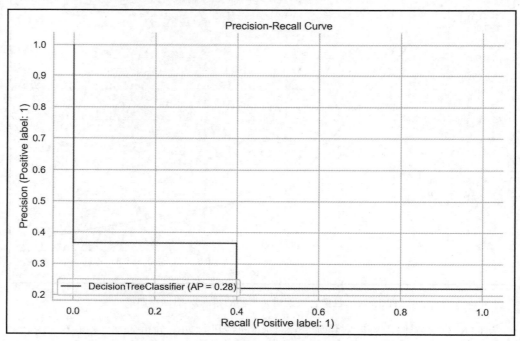

图 13.23　已拟合决策树分类器的更真实的精确率-召回率曲线

首先可以看到，即使形状不同，我们也可以轻松识别模式以及插值的实际作用。可以想象将绘图的极值点与单个点（两个指标的值约为 0.4）连接起来，这将导致图 13.22 中使用插值获得的形状。

其次，还可以看到分数大幅下降（从 0.45 下降到 0.28）。在第一种情况下，可以使用 PR 曲线的梯形插值［scikit-learn 中的 auc(precision, recall)］获得分数。在第二种情况下，分数实际上是另一个指标——平均精确率。平均精确率（average precision）将精确率-召回率曲线总结为在每个阈值处实现的精确率的加权平均值，其中的权重将计算为召回率相对于前一个阈值的增加。

尽管这两个指标在许多情况下产生非常相似的估计，但它们从根本上来说是不一样的。第一种方法使用过于乐观的线性插值，当数据高度偏态/不平衡时，其效果可能会更加明显。

前文已经介绍了 F1 分数，它是精确率和召回率的调和平均值。实际上，这是一个更通用的所谓 Fβ 分数（Fβ-Score）指标的特定情况，其中 β 因子定义的是放在召回率上的权重，而精确率的权重为 1。为确保权重总和为 1，两者都通过除以(β+1)来归一化。Fβ 分数的这种定义具有以下意味。

❑　$\beta > 1$——在召回率上放置更大的权重。

❑　$\beta = 1$——和 F1 分数一样，所以召回率和准确率被同等对待。

❑　$\beta < 1$——在精确率上放置更大的权重。

使用精确率、召回率或 F1 分数的一些潜在缺陷包括：这些指标是不对称的。也就是说，它们专注于阳性（正）类。查看它们的公式可以清楚地看到，它们从未考虑过真正的阴性（负）类。这正是马修斯相关系数（Matthew's correlation coefficient，MCC，也称为 phi 系数）试图克服的问题。

$$MCC = \frac{TP \times TN - FP \times FN}{\sqrt{(TP + FP)(TP + FN)(TN + FP)(TN + FN)}}$$

分析上述公式可以得出以下结论。

❑　计算该分数时会考虑混淆矩阵的所有元素。

❑　该公式看起来类似用于计算 Pearson 相关性的公式。

❑　MCC 将真实类别和预测类别视为两个二元变量，并有效地计算它们的相关系数。

MCC 的值介于-1（分类器总是分类错误）和 1（完美分类器）之间。值为 0 表示分类器并不比随机猜测好。总的来说，由于 MCC 是一个对称度量，为了获得较高的值，分类器必须在预测正类和负类方面都做得很好。

📝 **注意：**

由于 MCC 不像 F1 分数那样直观和易于解释，当低精确率和低召回率的成本未知或无法量化时，它可能是一个很好的衡量标准。MCC 可能比 F1 分数更好，因为它提供了对分类器的更平衡（对称）的评估。

2. 使用 dtreeviz 可视化决策树

虽然 scikit-learn 中的默认绘图功能已经被认为足以可视化决策树，但是，读者也可以考虑使用 dtreeviz 库实现更多功能。

按以下步骤操作。

（1）导入库。

```
from dtreeviz.trees import *
```

（2）训练最大深度为 3 的较小决策树。这样做只是为了使可视化更易于阅读。遗憾的是，在 dtreeviz 中没有选项可以只绘制树的 x 层。

```
small_tree = DecisionTreeClassifier(max_depth=3,
                                    random_state=42)
small_tree.fit(X_train_ohe, y_train)
```

（3）使用 dtreeviz 绘制树。

```
viz = dtreeviz( small_tree,
               x_data=X_train_ohe,
               y_data=y_train,
               feature_names=X_train_ohe.columns,
               target_name="Default",
               class_names=["No", "Yes"],
               title="Decision Tree - Loan default dataset")
viz
```

运行上述代码片段会生成如图 13.24 所示的结果。

与之前生成的图相比，使用 dtreeviz 创建的图还额外显示了用于拆分的特征分布（分别针对每个类）以及拆分值。更重要的是，叶节点显示为饼图。

有关使用 dtreeviz 的更多示例，包括通过树中的所有拆分在特定观察值后添加路径，可以参阅本书配套 GitHub 存储库中的 Notebook。

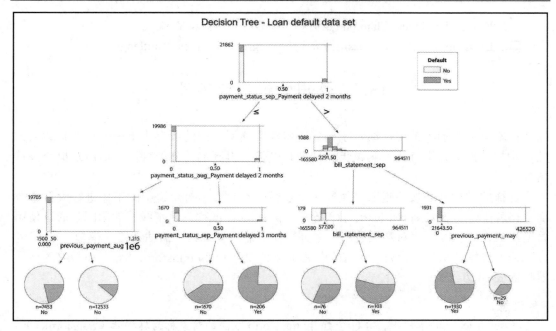

图 13.24　使用 dtreeviz 可视化的决策树

13.6.5　参考资料

有关使用 ROC-AUC 作为性能评估指标所带来的危险的信息可参阅以下资料。

- ❑ Lobo, J. M., Jiménez‑Valverde, A., & Real, R. (2008). "AUC: a misleading measure of the performance of predictive distribution models." Global Ecology and Biogeography, 17(2), 145-151.

- ❑ Sokolova, M. & Lapalme, G. (2009). "A systematic analysis of performance measures for classification tasks." Information Processing and Management, 45(4), 427-437.

有关精确率-召回率曲线的更多信息可参阅以下资料。

- ❑ Davis, J. & Goadrich, M. (2006, June). "The relationship between Precision-Recall and ROC curves." In Proceedings of the 23rd international conference on Machine learning (pp. 233-240).

有关决策树的其他资源如下。

- ❑ Breiman, L., Friedman, J., Olshen, R., & Stone, C. (1984) Classification and

Regression Trees. Chapman & Hall, Wadsworth, New York.

❑　Breiman, L. (2017). Classification and Regression Trees. Routledge.

13.7　使用管道组织项目

在本章前面的小节中，演示了构建机器学习模型所需的所有步骤——从加载数据开始，到将其拆分为训练集和测试集，处理缺失值，再到编码分类特征，最后是拟合决策树分类器。

这样的过程需要按特定顺序执行多个步骤，有时会因对管道中间工作进行大量修改而变得棘手，这就是 scikit-learn 引入管道（pipeline，或称为流水线）的原因。通过使用管道，我们可以按顺序对数据应用一系列转换，然后训练给定的估计器（模型）。

需要注意的重要一点是，管道的中间步骤必须有 fit 和 transform 方法，而最终的估计器只需要 fit 方法。

📝 注意：

在 scikit-learn 的术语中，将包含 fit 和 transform 方法的对象称为转换器（transformer）。可以使用它们来清洗和预处理数据。它的一个示例就是前文已经介绍过的 OneHotEncoder。类似地，读者也可以使用具有 fit 和 predict 方法的对象的估计器（estimator）。所谓的估计器其实就是机器学习模型，例如 DecisionTreeClassifier。

使用管道有以下好处。

❑　流程更容易阅读和理解——要在给定列上执行的操作链是清晰的。

❑　更容易避免数据泄露。

❑　步骤的顺序由管道强制执行。

❑　可重用性提高。

本节将演示如何创建整个项目的管道，从加载数据到训练分类器。

13.7.1　实战操作

执行以下步骤来构建项目的管道。

（1）导入库。

```
import pandas as pd
from sklearn.model_selection import train_test_split
from sklearn.impute import SimpleImputer
```

```
from sklearn.preprocessing import OneHotEncoder
from sklearn.compose import ColumnTransformer
from sklearn.tree import DecisionTreeClassifier
from sklearn.pipeline import Pipeline
from chapter_13_utils import performance_evaluation_report
```

（2）加载数据，分离目标，并创建分层训练集-测试集拆分。

```
df = pd.read_csv(  "../Datasets/credit_card_default.csv",
                   na_values="")

X = df.copy()
y = X.pop("default_payment_next_month")

X_train, X_test, y_train, y_test = train_test_split(
    X, y,
    test_size=0.2,
    stratify=y,
    random_state=42
)
```

（3）准备数值/分类特征列表。

```
num_features = X_train .select_dtypes(include="number") \
                       .columns \
                       .to_list()
cat_features = X_train .select_dtypes(include="object") \
                       .columns \
                       .to_list()
```

（4）定义数值特征处理管道。

```
num_pipeline = Pipeline(steps=[
    ("imputer", SimpleImputer(strategy="median"))
])
```

（5）定义分类特征处理管道。

```
cat_list = [
    list(X_train[col].dropna().unique()) for col in cat_features
]

cat_pipeline = Pipeline(steps=[
    ("imputer", SimpleImputer(strategy="most_frequent")),
    ("onehot", OneHotEncoder(  categories=cat_list, sparse=False,
```

```
                                    handle_unknown="error",
                                    drop="first"))
])
```

（6）定义 ColumnTransformer 对象。

```
preprocessor = ColumnTransformer(
    transformers=[
        ("numerical", num_pipeline, num_features),
        ("categorical", cat_pipeline, cat_features)
    ],
    remainder="drop"
)
```

（7）定义包括决策树模型在内的完整管道。

```
dec_tree = DecisionTreeClassifier(random_state=42)

tree_pipeline = Pipeline(steps=[
    ("preprocessor", preprocessor),
    ("classifier", dec_tree)
])
```

（8）使管道拟合数据。

```
tree_pipeline.fit(X_train, y_train)
```

执行上述代码片段会生成如图 13.25 所示的管道预览。

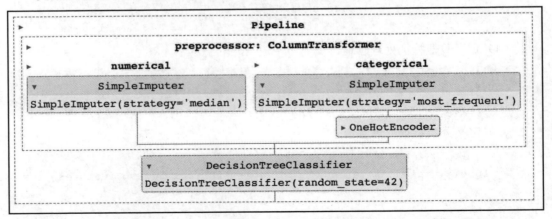

图 13.25　管道预览

（9）评估整个管道的性能。

```
LABELS = ["No Default", "Default"]
tree_perf = performance_evaluation_report( tree_pipeline, X_test,
                                           y_test, labels=LABELS,
                                           show_plot=True)
```

执行上述代码片段会生成如图 13.26 所示的结果。

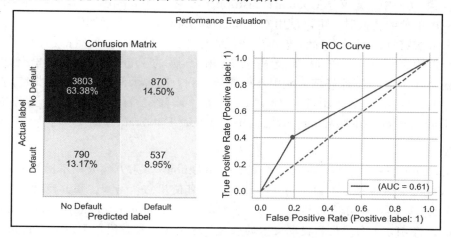

图 13.26　已拟合管道的性能评估报告

可以看到，该模型的性能与前面通过单独执行所有步骤所获得的性能非常相似。这样基本上毫无二致的结果正是我们期望实现的目标。

13.7.2　原理解释

在步骤（1）中，导入了所需的库。该列表可能看起来有点多，但这只不过是因为我们需要组合前面小节中使用的多个函数/类。

在步骤（2）中，从 CSV 文件加载了数据，并且将目标变量与特征分离，最后创建了分层训练集-测试集拆分。

在步骤（3）中，创建了两个包含数值和分类特征名称的列表。这样做是因为我们将根据特征的数据类型应用不同的转换。为了选择合适的列，使用了 select_dtypes 方法。

在步骤（4）中，定义了第一个 Pipeline，其中包含将要应用于数值特征的转换。事实上，这里只是使用中值来估算特征的缺失值。在创建 Pipeline 类的实例时，提供了一个包含步骤的元组列表，每个元组都包含步骤的名称（以便于识别和访问）和要使用的类。在本示例中，就是在 13.4 节 "识别和处理缺失值" 介绍过的 SimpleImputer 类。

在步骤（5）中，为分类特征准备了一个类似的管道，但是这一次链接了两个不同的操作，其中一个是 imputer（使用最常见的值插补），另一个是 onehot 独热编码器。对于编码器，还指定了一个名为 cat_list 的列表的列表，其中列出了所有可能的类别。我们将仅基于 X_train 获取该信息，这样做是为下一小节做准备（在该小节中将引入交叉验证），在此期间可能会发生一些随机抽取不包含所有可用类别的情况。

在步骤（6）中，定义了 ColumnTransformer 对象。一般来说，当用户要对不同的列/特征组应用单独的转换时，可以使用 ColumnTransformer。在本示例中，有单独的管道用于数值和分类特征。同样，我们传递了一个元组列表，其中每个元组都包含一个名称、之前定义的其中一个管道以及需要应用转换的列的列表。这里还指定了 remainder="drop"，以删除任何未应用转换的额外列。在本示例中，该转换将应用于所有特征，因此实际上没有删除任何列。当然，读者还需要记住的一件事情是：ColumnTransformer 将返回 numpy 数组而不是 pandas DataFrame。

📗 注意：

scikit-learn 中另一个非常有用的类是 FeatureUnion。当用户想要以不同的方式转换相同的输入数据，然后将这些输出用作特征时，即可使用它。例如，用户可能正在处理文本数据，并希望应用两种转换：词频-逆文本频率（term frequency-inverse document frequency，TF-IDF）向量化和提取文本的长度。这些输出应该附加到原始 DataFrame 中，这样就可以将它们用作模型的特征。

在步骤（7）中，再次使用了 Pipeline 将 preprocessor（先前定义的 ColumnTransformer 对象）与决策树分类器链接起来（为了能够再现结果，我们将随机状态设置为 42）。

最后两个步骤涉及将整个管道拟合到数据并使用自定义函数评估其性能。

💡 提示：

performance_evaluation_report 函数的构建方式是，它与任何具有 predict 和 predict_proba 方法的估计器或 Pipeline 一起工作。这些方法可用于获得预测及其相应的分数/概率。

13.7.3　扩展知识

1．将自定义转换器添加到管道

本节演示了如何为数据科学项目创建整个管道。但是，读者也可以将许多其他转换应用于数据以作为预处理步骤。其中一些转换如下。

❑　缩放数值特征：由于在不同的尺度上测量不同的特征会给模型带来偏差，因此我们需要改变特征的取值范围。例如，微量元素在人体内含量极其微小，但是却具有强大的生物科学作用，显然不能和水含量使用相同的测量尺度。在处理计算特征之间某种距离的模型（如 k 最近邻）或线性模型时，主要关注的是特征缩放。scikit-learn 中一些流行的缩放选项包括 StandardScaler 和 MinMaxScaler。

❑ 离散化连续变量：可以将连续变量（如年龄）转换为有限数量的分箱（bin）。例如，可以划分为"小于 25 岁""26～50 岁""大于 51 岁"这 3 个年龄组。在创建特定的分箱时，可以考虑使用 pd.cut 函数，而 pd.qcut 函数则可用于基于分位数（quantile）的拆分。

❑ 转换/删除离群值（outlier）：在探索性数据分析过程中，经常可以看到极端的特征值，这可能是由某种错误引起的（例如，向年龄中添加了额外的数值，导致某些人的年龄超过了数千甚至数万），也可能该个体确实与众不同（例如，在中产阶级公民样本中偶然出现的千万富翁或亿万富翁）。此类离群值可能会扭曲模型的结果，因此，最好能够以某种方式处理它们。一种解决方案是完全删除它们，但这可能会影响模型的泛化能力。用户也可以使它们更接近常规值。

💡 提示：
基于决策树的机器学习模型不需要任何缩放。

在以下示例中，我们将演示如何创建自定义转换器来检测和修改离群值。这里将应用一个简单的经验法则——将高于/低于平均值 +/-3 个标准差的值设置为上限/下限。

我们将为此任务创建一个专用转换器，然后将离群值处理合并到先前建立的管道中。可以按以下步骤操作。

（1）从 sklearn 导入基础估计器和转换器类。

```
from sklearn.base import BaseEstimator, TransformerMixin
import numpy as np
```

为了使自定义转换器与 scikit-learn 的管道兼容，它必须具有 fit、transform、fit_transform、get_params 和 set_params 等方法。

读者也可以手动定义所有这些方法，但更有吸引力的方法显然是使用 Python 的类继承（class inheritance）来简化该过程。这就是上述代码要从 scikit-learn 导入 BaseEstimator 和 TransformerMixin 类的原因。通过从 TransformerMixin 继承，即不需要指定 fit_transform 方法，而从 BaseEstimator 继承则自动提供了 get_params 和 set_params 方法。

💡 提示：
深入研究 scikit-learn 中一些流行的转换器/估计器的代码无疑是有意义的。通过这样做，读者可以了解到许多关于面向对象编程的最佳实践，并观察（和欣赏）所有这些类如何始终如一地遵循同一套指导方针/原则。

（2）定义 OutlierRemover 类。

```python
class OutlierRemover(BaseEstimator, TransformerMixin):
    def __init__(self, n_std=3):
        self.n_std = n_std

    def fit(self, X, y = None):
        if np.isnan(X).any(axis=None):
            raise ValueError("""Missing values in the array!
                                Please remove them.""")

        mean_vec = np.mean(X, axis=0)
        std_vec = np.std(X, axis=0)

        self.upper_band_ = pd.Series(
            mean_vec + self.n_std * std_vec
        )
        self.upper_band_ = (
            self.upper_band_.to_frame().transpose()
        )
        self.lower_band_ = pd.Series(
            mean_vec - self.n_std * std_vec
        )
        self.lower_band_ = (
            self.lower_band_.to_frame().transpose()
        )
        self.n_features_ = len(self.upper_band_.columns)

        return self

    def transform(self, X, y = None):
        X_copy = pd.DataFrame(X.copy())

        upper_band = pd.concat(
            [self.upper_band_] * len(X_copy),
            ignore_index=True
        )
        lower_band = pd.concat(
            [self.lower_band_] * len(X_copy),
            ignore_index=True
        )

        X_copy[X_copy >= upper_band] = upper_band
```

```
    X_copy[X_copy <= lower_band] = lower_band

    return X_copy.values
```

该类可以分解为以下组成部分。

❑　在__init__方法中，存储了决定观察值是否被视为离群值的标准差的数量（默认值为 3）。

❑　在 fit 方法中，存储了被视为离群值的上限和下限阈值，以及一般特征的数量。

❑　在 transform 方法中，限制了所有超过 fit 方法中确定的阈值的值。

💡 提示：

也可以使用 pandas DataFrame 的 clip 方法来限制极值。

该类的一个已知局限性是它不处理缺失值，这就是在有任何缺失值时会引发 ValueError 的原因。读者也可以在插补后使用 OutlierRemover 以避免该问题。当然，还可以在转换器中考虑缺失值的处理问题，不过，这会使代码更长且可读性更差。我们将此任务作为一项练习留给读者。可以参考 scikit-learn 中 SimpleImputer 的定义，以了解如何在构建转换器时屏蔽缺失值。

（3）将 OutlierRemover 添加到数值特征的管道。

```
num_pipeline = Pipeline(steps=[
    ("imputer", SimpleImputer(strategy="median")),
    ("outliers", OutlierRemover())
])
```

（4）执行管道的其余部分以比较结果。

```
preprocessor = ColumnTransformer(
    transformers=[
        ("numerical", num_pipeline, num_features),
        ("categorical", cat_pipeline, cat_features)
    ],
    remainder="drop"
)

dec_tree = DecisionTreeClassifier(random_state=42)

tree_pipeline = Pipeline(steps=[("preprocessor", preprocessor),
                                ("classifier", dec_tree)])

tree_pipeline.fit(X_train, y_train)
```

```
tree_perf = performance_evaluation_report( tree_pipeline, X_test,
                                          y_test, labels=LABELS,
                                          show_plot=True)
```

执行上述代码片段会生成如图 13.27 所示的结果。

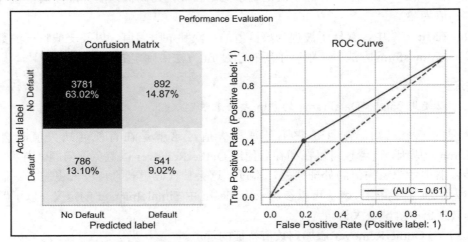

图 13.27　已拟合管道的性能评估报告（包括离群值处理）

可以看到，包括离群值上限/下限转换不会导致整个管道的性能发生任何重大变化。

2．访问管道的元素

虽然管道使我们的项目更容易重用并且不易发生数据泄露，但它也有一个小缺点，访问管道元素以进行进一步检查或替换变得有点困难。下面我们通过几个例子来说明。

首先使用以下代码片段显示表示为字典的整个管道。

```
tree_pipeline.named_steps
```

获得了该结构（为节约篇幅起见，此处未打印）之后，可以使用分配给它的名称访问管道末尾的机器学习模型。

```
tree_pipeline.named_steps["classifier"]
```

当我们想要深入了解 ColumnTransformer 时，它会变得有点复杂。假设读者想要检查拟合的 OutlierRemover 的上限（在 upper_bands_ 属性下），必须使用以下代码片段。

```
(
    tree_pipeline
```

```
    .named_steps["preprocessor"]
    .named_transformers_["numerical"]["outliers"]
    .upper_band_
)
```

对于上述代码片段的解释如下。

首先，我们采用了与在管道末端访问估计器时相同的方法，只不过这一次只使用了包含 ColumnTransformer 的步骤的名称。然后，使用 named_transformers_ 属性访问转换器的更深层次。我们选择了数值管道，然后使用它们相应的名称选择离群值处理步骤。最后，访问了自定义转换器的上限。

📝 注意：

在访问 ColumnTransformer 的步骤时，可以使用 transformers_ 属性而不是 named_transformers_，当然，其输出将是元组列表（与我们在定义 ColumnTransformer 时手动提供的元组相同），并且必须使用整数索引来访问它们的元素。在本书配套 GitHub 存储库的 Notebook 中，演示了如何使用 transformers_ 属性访问该上限。

13.8　使用网格搜索和交叉验证调整超参数

在之前的小节中，使用了决策树模型来尝试预测客户是否会拖欠还贷。正如我们所见，这棵树变得非常庞大，深度为 44 层，这使我们无法绘制它。当然，这也可能意味着模型对训练数据过拟合，并且在未见数据上表现不佳。

最大深度实际上是决策树的超参数之一，我们可以通过在欠拟合和过拟合之间找到平衡（偏差-方差权衡）来调整它以获得更好的性能。

超参数的一些属性如下。

❑　模型的外部特征。

❑　非基于数据估计。

❑　可以被视为模型的设置。

❑　在训练阶段之前设置。

❑　调整它们可以获得更好的性能。

参数的一些属性如下。

❑　模型的内部特征。

❑　基于数据估计，例如，线性回归的系数。

❑　在训练阶段学习到的。

　　在调整模型的超参数时，需要评估其在未用于训练的数据上的性能。在 13.3 节"将数据拆分为训练集和测试集"中，曾经提到过可以创建一个额外的验证集。在使用测试集进行最终评估之前，可以使用验证集调整模型的超参数。当然，创建验证集也是有代价的：用于训练（和可能的测试）的数据被牺牲了，这在处理小数据集时尤其不利。

　　这就是交叉验证（cross-validation）变得如此流行的原因。这是一种使我们能够获得模型的泛化误差的可靠估计的技术。通过示例最容易理解其工作原理。在 7.1 节"时间序列的验证方法"中已经介绍过，k 折交叉验证的基本做法是，将训练数据随机拆分成 k 份，然后使用 $k-1$ 份训练模型并评估它在第 k 份数据上的性能。重复这个过程 k 次并对所得分数进行平均，如图 13.28 所示。

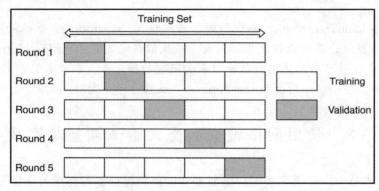

图 13.28　5 折交叉验证程序的方案

原　　文	译　　文	原　　文	译　　文
Training Set	训练集	Round 4	第 4 轮
Round 1	第 1 轮	Round 5	第 5 轮
Round 2	第 2 轮	Training	训练
Round 3	第 3 轮	Validation	验证

　　交叉验证的一个潜在缺点是计算成本，尤其是当它与网格搜索一起用于超参数调整时，计算成本更加暴增。

　　我们已经提到过，网格搜索（grid search）是一种用于调整超参数的技术，其基本思想是创建一个包含所有可能的超参数组合的网格，并使用它们中的每一个来训练模型。由于其详尽的强力搜索，该方法可以保证在网格内找到最佳参数。缺点是当添加更多参数或更多要考虑的值时，网格的大小将呈指数增长。如果在这种情况下还要使用交叉验证，则所需模型拟合和预测的数量将会急剧增加。

　　可以通过一个示例来说明这一点。假设我们正在训练一个具有两个超参数（a 和 b）

的模型。我们定义了一个包含以下超参数值的网格。

```
{"a": [1, 2, 3], "b": [5, 6]}
```

这意味着网格中有 6 种独特的超参数组合，算法将拟合模型 6 次。如果还要使用 5 折交叉验证程序，则意味着在网格搜索过程中需要拟合 30 个独特的模型。

当网格搜索遇到问题时，作为一种潜在解决方案，读者也可以考虑使用随机搜索（random search）——或称为随机网格搜索（randomized grid search）。在该方法中，将选择一组随机的超参数，训练模型（也使用交叉验证），返回分数，并重复整个过程，直到达到预定义的迭代次数或计算时间限制。

在处理非常大的网格时，随机搜索优于网格搜索。这是因为前者可以探索更广泛的超参数空间，并且通常可以在更短的时间内找到与最佳超参数集（从详尽的网格搜索中获得）非常相似的超参数集。唯一的问题是：多少次迭代才能找到一个好的解决方案？遗憾的是，这没有简单的答案。大多数时候，它取决于用户愿意投入多少软硬件资源。

13.8.1　准备工作

本节将使用读者在 13.7 节"使用管道组织项目"中创建的决策树管道，包括 13.7.3 节"扩展知识"中介绍的离群值处理步骤。

13.8.2　实战操作

执行以下步骤以在 13.7 节"使用管道组织项目"中创建的决策树管道上运行网格搜索和随机搜索。

（1）导入库。

```
from sklearn.model_selection import (
    GridSearchCV, cross_val_score,
    RandomizedSearchCV, cross_validate,
    StratifiedKFold
)
from sklearn import metrics
```

（2）定义交叉验证方案。

```
k_fold = StratifiedKFold(5, shuffle=True, random_state=42)
```

（3）使用交叉验证评估管道。

```
cross_val_score(tree_pipeline, X_train, y_train, cv=k_fold)
```

执行上述代码片段会返回一个数组，其中包含估计器的默认分数（准确率）值。

```
array([0.72333333, 0.72958333, 0.71375, 0.723125, 0.72])
```

（4）向交叉验证添加额外的指标。

```
cv_scores = cross_validate(
    tree_pipeline, X_train, y_train, cv=k_fold,
    scoring=["accuracy", "precision", "recall",
            "roc_auc"]
)
pd.DataFrame(cv_scores)
```

执行上述代码片段会生成如图 13.29 所示的结果。

	fit_time	score_time	test_accuracy	test_precision	test_recall	test_roc_auc
0	0.800832	0.218017	0.723333	0.385604	0.424128	0.616333
1	0.746714	0.249949	0.729583	0.395575	0.420904	0.618938
2	0.759059	0.214318	0.713750	0.369783	0.417137	0.607940
3	0.764652	0.249994	0.723125	0.386383	0.427495	0.618066
4	0.717186	0.253843	0.720000	0.376748	0.405838	0.607129

图 13.29　5 折交叉验证的结果

在图 13.29 中，可以看到 5 个交叉验证折叠中的每一个都请求了 4 个指标。这些指标在 5 个测试折叠的每一个中都具有非常相似的值，这表明包含分层拆分的交叉验证是在按照我们的预期工作。

（5）定义参数网格。

```
param_grid = {
    "classifier__criterion": ["entropy", "gini"],
    "classifier__max_depth": range(3, 11),
    "classifier__min_samples_leaf": range(2, 11),
    "preprocessor__numerical__outliers__n_std": [3, 4]
}
```

（6）运行穷举网格搜索。

```
classifier_gs = GridSearchCV(tree_pipeline, param_grid,
                             scoring="recall", cv=k_fold,
                             n_jobs=-1, verbose=1)

classifier_gs.fit(X_train, y_train)
```

在下面可以看到使用穷举搜索将拟合多少模型。

```
Fitting 5 folds for each of 288 candidates, totalling 1440 fits
```

穷举网格搜索的最佳模型如下。

```
Best parameters: {'classifier__criterion': 'gini', 'classifier__max_
depth': 10,'classifier__min_samples_leaf': 7, 'preprocessor__numerical__
outliers__n_std': 4}
Recall (Training set): 0.3858
Recall (Test set): 0.3775
```

（7）评估调优之后管道的性能。

```
LABELS = ["No Default", "Default"]
tree_gs_perf = performance_evaluation_report(
    classifier_gs, X_test,
    y_test, labels=LABELS,
    show_plot=True
)
```

执行上述代码片段会生成如图 13.30 所示的结果。

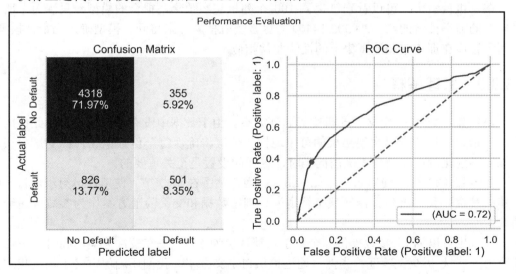

图 13.30　穷举网格搜索确定的最佳管道的性能评估报告

（8）运行随机网格搜索。

```
classifier_rs = RandomizedSearchCV(tree_pipeline, param_grid,
                                   scoring="recall", cv=k_fold,
                                   n_jobs=-1, verbose=1,
```

```
                                    n_iter=100, random_state=42)
classifier_rs.fit(X_train, y_train)

print(f"Best parameters: {classifier_rs.best_params_}")
print(f"Recall (Training set): {classifier_rs.best_score_:.4f}")
print(f"Recall (Test set): {metrics.recall_score(y_test, classifier_
rs.predict(X_test)):.4f}")
```

下面可以看到，随机搜索训练的模型比穷举训练的模型要少很多。

```
Fitting 5 folds for each of 100 candidates, totalling 500 fits
```

随机网格搜索的最佳模型如下。

```
Best parameters: {'preprocessor__numerical__outliers__n_std': 3,
'classifier__min_samples_leaf': 7, 'classifier__max_depth': 10,
'classifier__criterion': 'gini'}
Recall (Training set): 0.3854
Recall (Test set): 0.3760
```

在随机搜索中，可以看到包含了 100 个随机超参数集，拟合的模型数只涵盖了所有可能性的穷举搜索的约 1/3（500/1440）。尽管随机搜索并未将同一模型确定为最佳模型，但两条管道在训练集和测试集上的性能非常相似。

13.8.3　原理解释

在步骤（2）中，定义了 5 折交叉验证方案。由于数据中没有固有顺序，因此使用了混洗并指定随机状态以实现结果的可重现性。分层将确保每一份数据在目标变量中获得相似的类别比例。在处理不平衡的类时，这样的设置是至关重要的。

在步骤（3）中，使用 cross_val_score 函数评估了在 13.7 节"使用管道组织项目"中创建的管道。我们将估计器（整个管道）、训练数据和交叉验证方案作为参数传递给了函数。

读者也可以为 cv 参数提供一个数字（默认值为 5）——在解决分类问题时，它会自动应用分层 k 折交叉验证。当然，通过提供自定义方案，我们还确保定义了随机状态并且结果是可重现的。

✔ 注意：

现在可以清楚地观察到使用管道的另一个优势——在进行交叉验证时不会泄露任何信息。如果没有管道，则需要使用训练数据拟合转换器（如 StandardScaler），然后分别转换训练集和测试集，这样就不会从测试集中泄露任何信息，但是，如果对这样一个转换后的训练集执行交叉验证，则会泄露一些信息，因为用于验证的各折数据是使用来自训练集的所有信息进行转换的。

在步骤（4）中，使用 cross_validate 函数扩展了交叉验证。这个函数在允许我们使用多个评估标准的方式上更加灵活。本示例使用了准确率（accuracy）、精确率（precision）、召回率（recall）和 ROC 曲线下面积（roc_auc）这些指标。此外，它还记录了在训练和推理步骤中花费的时间。我们以 pandas DataFrame 的形式输出结果，以便于阅读。默认情况下，该函数的输出是一个字典。

在步骤（5）中，定义了用于网格搜索的参数网格。这里要记住的重要一点是使用Pipeline 对象时的命名约定。网格字典中的键是使用双下画线将步骤/模型的名称与超参数名称连接而成的。在此示例中，搜索了在决策树分类器的 3 个超参数之上创建的空间。

❑ criterion——用于确定分裂的度量，可以是熵或基尼重要性（Gini importance）。

❑ max_depth——树的最大深度。

❑ min_samples_leaf——叶子中的最小观察数。它阻止了在叶子中只有很少的观察值的树的创建。

此外，我们还对离群值转换器进行了尝试，通过使用与平均值的 3 个或 4 个标准差来指示观察值是否为离群值。请注意名称的构造，其中依次包含以下信息。

❑ preprocessor——管道的步骤。

❑ numerical——它在 ColumnTransformer 中的哪个管道。

❑ outliers——正在访问内部管道的哪一个步骤。

❑ n_std——要指定的超参数的名称。

✔ 注意：

仅调整估计器（模型）时，应该直接使用超参数的名称。

我们决定根据召回率选择表现最好（即模型正确识别所有违约的百分比是最高的）的决策树模型，这个评估指标在处理不平衡类的情况下（例如，在预测违约或欺诈时）绝对有用。在现实生活中，假阴性（客户实际违约，但却预测他不会违约）和假阳性（预测优质客户将违约）的成本通常是不一样的。为了尽可能找出所有违约客户，我们决定可以接受更多假阳性（误报）的成本，以换取假阴性（放跑违约客户）数量的减少。

在步骤（6）中，创建了 GridSearchCV 类的一个实例。我们提供了管道和参数网格作为输入，还将召回率指定为用于选择最佳模型的评分指标（此处可以使用不同的指标）。在这里使用了自定义的交叉验证方案（cv=k_fold），并表示希望使用所有可用的 CPU 核心来加速计算（n_jobs=-1）。

💡 **提示：**

在使用 scikit-learn 的网格搜索类时，实际上可以提供多个评估指标（需指定为列表或字典）。当读者想要对拟合模型进行更深入的分析时，这无疑是有帮助的。需要记住的是，在使用多个指标时，必须使用 refit 参数来指定应使用哪个指标来确定超参数的最佳组合。

我们使用了 GridSearchCV 对象的 fit 方法，这和 scikit-learn 中的任何其他估计器是一样的。从其输出中可以看到，网格包含 288 种不同的超参数组合。每个组合需要拟合 5 个模型（5 折交叉验证），因此总共需要拟合 1440 个模型。

✅ **注意：**

GridSearchCV 的默认设置 reform=True 意味着在完成整个网格搜索后，最佳模型将自动再次拟合，这一次是对整个训练集的拟合。然后，可以通过运行 classifier_gs.predict(X_test)直接使用该估计器（由所指示的标准识别）进行推理。

在步骤（8）中，创建了一个随机网格搜索的实例。它类似于常规网格搜索，只是指定了最大迭代次数。在本示例中，从参数网格中测试了 100 种不同的组合，这大约是所有可用组合（288）的 1/3。

网格搜索的穷举方法和随机方法之间还有一个区别。对于后者来说，还可以提供超参数分布而不是不同值的列表。例如，假设我们有一个描述 0 和 1 之间比率的超参数。在详尽的网格搜索中，可以指定以下值：[0, 0.2, 0.4, 0.6, 0.8, 1]。在随机搜索中，可以使用相同的值，搜索会随机（均匀地）从列表中选取一个值（不保证所有的值都会被测试）。或者，也可以从均匀分布中抽取一个随机值（限制为 0 到 1 之间的值）作为超参数的值。

✅ **注意：**

scikit-learn 实际上应用了以下逻辑。

如果所有超参数都显示为列表，则该算法将执行采样而不进行替换。

如果至少有一个超参数由分布表示，则通过替换进行采样。

13.8.4　扩展知识

1. 通过连续减半进行更快的搜索

对于每个候选的超参数集，网格搜索的穷举和随机方法都使用所有可用数据训练模型/管道。scikit-learn 提供了一种额外的网格搜索方法，称为减半网格搜索（halving grid search），它基于连续减半（successive halving）的想法。

该算法的工作原理如下。

首先，所有候选模型都使用可用训练数据的一小部分进行拟合（通常使用有限的资源）。然后，挑选出表现最好的候选模型。接下来，那些表现最好的候选者将使用更大的训练数据子集进行再训练。重复这些步骤，直到确定最佳超参数集。

在这种方法中，每次迭代后，可用超参数候选者的数量会减少，而训练数据（资源）的大小会增加。

💡 提示：

减半网格搜索的默认行为是使用训练数据作为资源。但是，读者也可以使用试图调整的估计器的另一个超参数，只要它接受正整数值。例如，可以使用随机森林模型的树的数量（n_estimators）作为每次迭代都要增加的资源。

该算法的速度取决于以下两个超参数。

❑　min_resources——允许任何候选模型使用的最小资源量。实际上，这对应于第一次迭代中使用的资源数量。

❑　factor——减半参数。factor 的倒数（1/factor）决定了在每次迭代中被选为最佳模型的候选者的比例。该 factor 与前一次迭代的资源数量的乘积决定了当前迭代的资源的数量。

选择这两个超参数似乎有点不容易，因为对它们的计算都需要手动执行以利用大部分资源，但是 scikit-learn 可以通过 min_resources 参数的"exhaust"值让这一任务变得更轻松。然后，算法会确定第一次迭代中的资源数量，以便最后一次迭代使用尽可能多的资源。在默认情况下，它将导致最后一次迭代使用尽可能多的训练数据。

📝 注意：

与随机网格搜索类似，scikit-learn 还提供了随机减半网格搜索。与前文介绍的随机网格搜索相比，后者唯一的区别是，在一开始，它将从参数空间随机采样固定数量的候选者。这个数字由 n_candidate 参数决定。

现在来看看如何使用 HalvingGridSearchCV。需要按以下步骤操作。

（1）需要导入 HalvingGridSearchCV，但是在导入之前还需要明确允许使用该实验性功能（将来，如果该功能不再是实验性的，那么此步骤可能是多余的）。

```
from sklearn.experimental import enable_halving_search_cv
from sklearn.model_selection import HalvingGridSearchCV
```

（2）为决策树管道找到最好的超参数。

```
classifier_sh = HalvingGridSearchCV(tree_pipeline, param_grid,
                                    scoring="recall", cv=k_fold,
```

```
                                    n_jobs=-1, verbose=1,
                                    min_resources="exhaust", factor=3)

classifier_sh.fit(X_train, y_train)
```

可以在以下日志中看到连续减半算法在实践中的工作原理。

```
n_iterations: 6
n_required_iterations: 6
n_possible_iterations: 6
min_resources_: 98
max_resources_: 24000
aggressive_elimination: False
factor: 3
----------
iter: 0
n_candidates: 288
n_resources: 98
Fitting 5 folds for each of 288 candidates, totalling 1440 fits
----------
iter: 1
n_candidates: 96
n_resources: 294
Fitting 5 folds for each of 96 candidates, totalling 480 fits
----------
iter: 2
n_candidates: 32
n_resources: 882
Fitting 5 folds for each of 32 candidates, totalling 160 fits
----------
iter: 3
n_candidates: 11
n_resources: 2646
Fitting 5 folds for each of 11 candidates, totalling 55 fits
----------
iter: 4
n_candidates: 4
n_resources: 7938
Fitting 5 folds for each of 4 candidates, totalling 20 fits
----------
iter: 5
n_candidates: 2
n_resources: 23814
Fitting 5 folds for each of 2 candidates, totalling 10 fits
```

如前文所述，max_resources 由训练数据的大小（本示例中为 24 000 个观察值）决定。然后，该算法发现它需要从 98 的样本量开始，以便以尽可能大的样本结束该过程。对于本示例来说，在最后一次迭代中，该算法使用了 23 814 个训练观察值。

在如图 13.31 所示的表中，可以看到本节介绍的 3 种网格搜索方法中的每一种都选择了哪些超参数值。它们非常相似，在测试集上的表现也非常相似（确切的比较可以在本书配套 GitHub 存储库上的 Notebook 中找到）。

	classifier__criterion	classifier__max_depth	classifier__min_samples_leaf	preprocessor__numerical__outliers__n_std
grid_search	gini	10	7	4
randomized_search	gini	10	7	3
halving_search	gini	10	6	4

图 13.31　通过穷尽搜索、随机搜索和减半网格搜索确定的超参数的最佳值

至于对所有这些算法的拟合时间的比较，将作为一项练习留给读者。

2. 使用多个分类器的网格搜索

还可以考虑创建一个包含多个分类器的网格，这样就可以看出哪个模型对数据的表现最好。为实现该操作，首先需要从 scikit-learn 导入另一个分类器。以下示例将使用著名的随机森林分类器。

```
from sklearn.ensemble import RandomForestClassifier
```

选择这个模型是因为它是决策树的集合，因此也不需要对数据进行任何进一步的预处理。反过来说，如果你想使用一个简单的逻辑回归分类器（带正则化），则还应该通过在预处理管道的数值部分添加一个额外的步骤来缩放特征（标准化/归一化）。在下一章中将更详细地介绍随机森林模型。

接下来同样需要定义参数网格。这一次，它是一个包含多个字典的列表——每个分类器一个字典。决策树的超参数与之前相同，本示例将选择随机森林中最简单的超参数，因为那些不需要额外的解释。

值得一提的是，如果读者想要调整管道中的其他一些超参数，则需要在列表的每个字典中指定它们。这就是以下代码段中两次包含 preprocessor__numerical__outliers__n_std 的原因。

```
param_grid = [
    {
        "classifier": [RandomForestClassifier(random_state=42)],
        "classifier__n_estimators": np.linspace(100, 500, 10, dtype=int),
        "classifier__max_depth": range(3, 11),
        "preprocessor__numerical__outliers__n_std": [3, 4]
```

```
    },
    {
        "classifier": [DecisionTreeClassifier(random_state=42)],
        "classifier__criterion": ["entropy", "gini"],
        "classifier__max_depth": range(3, 11),
        "classifier__min_samples_leaf": range(2, 11),
        "preprocessor__numerical__outliers__n_std": [3, 4]
    }
]
```

其余过程与之前完全相同。

```
classifier_gs_2 = GridSearchCV(tree_pipeline, param_grid,
                               scoring="recall", cv=k_fold,
                               n_jobs=-1, verbose=1)

classifier_gs_2.fit(X_train, y_train)

print(f"Best parameters: {classifier_gs_2.best_params_}")
print(f"Recall (Training set): {classifier_gs_2.best_score_:.4f}")
print(f"Recall (Test set):{metrics.recall_score(y_test, classifier_gs_2.
predict(X_test)):.4f}")
```

运行上述代码片段会生成以下输出。

```
Best parameters: {'classifier': DecisionTreeClassifier(max_depth=10,
min_samples_leaf=7, random_state=42), 'classifier__criterion': 'gini',
'classifier__max_depth': 10, 'classifier__min_samples_leaf': 7,
'preprocessor__numerical__outliers__n_std': 4}
Recall (Training set): 0.3858
Recall (Test set): 0.3775
```

事实证明，调整后的决策树成功地胜过了树的集合。正如我们将在下一章中看到的那样，可以通过对随机森林分类器进行更多调整来轻松地改变结果。毕竟，本示例只调整了众多可用超参数中的两个。

读者也可以使用以下代码片段来提取和输出所有考虑过的超参数/分类器组合，从最好的超参数/分类器组合开始。

```
pd.DataFrame(classifier_gs_2.cv_results_).sort_values("rank_test_score")
```

13.8.5　参考资料

以下提供了有关随机搜索过程的其他资源。

❑　Bergstra, J. & Bengio, Y. (2012). "Random search for hyper-parameter optimization." Journal of Machine Learning Research, 13(Feb), 281-305.

http://www.jmlr.org/papers/volume13/bergstra12a/bergstra12a.pdf

13.9　小　　结

本章介绍了处理任何机器学习项目（不限于金融领域）所需的基础知识。总而言之，我们探讨了以下操作。

❑　导入数据并优化其内存使用。

❑　彻底探索数据（了解特征分布、缺失值和类不平衡等情况），这应该已经提供了一些关于潜在特征工程的思路。

❑　确定数据集中的缺失值并估算它们。

❑　了解如何编码分类变量，以便机器学习模型正确解释它们。

❑　使用最流行和最成熟的机器学习库——scikit-learn 拟合决策树分类器。

❑　了解如何使用管道组织整个代码库。

❑　了解如何调整模型的超参数以获得一些额外的性能提升，并在欠拟合和过拟合之间找到平衡。

了解这些步骤及其意义至关重要，因为它们可以应用于任何数据科学项目，而不仅仅是二元分类。对于回归问题（例如预测房价），这些步骤实际上是相同的，只是将使用略有不同的估计器（尽管它们中的大多数都同时适用于分类和回归任务）并使用不同的指标（MSE、RMSE、MAE、MAPE 等）评估性能，但总的原则保持不变。

如果读者有兴趣将本章知识付诸实践，可以考虑从以下来源获得练习项目所需的数据。

❑　谷歌数据集。

https://datasetsearch.research.google.com/

❑　Kaggle 机器学习平台。

https://www.kaggle.com/datasets

❑　加利福尼亚大学尔湾分校（UCI）机器学习库。

https://archive.ics.uci.edu/ml/index.php

下一章将介绍一些可能有助于进一步改进初始模型的技术。我们将讨论更复杂的分类器、贝叶斯超参数调整、类不平衡的处理、特征重要性和选择等内容。

第 14 章　机器学习项目的高级概念

在第 13 章"应用机器学习：识别信用违约"中，介绍了使用机器学习解决现实生活问题的可能工作流程。我们梳理了整个项目流程，从清洗数据开始，然后是训练和调整模型，最后评估其性能。当然，这也不意味着项目的结束。在第 13 章的项目中，我们使用了一个简单的决策树分类器，大部分时间它可以用作基准或最小可行产品（minimum viable product，MVP）。本章将介绍一些更高级的概念，这些概念可以帮助提高项目的价值并使其更容易被业务利益相关者采用。

在创建用作基线的 MVP 之后，读者可能希望提高模型的性能。在尝试改进模型的同时，还应该尝试平衡欠拟合和过拟合。有多种方法可以做到这一点，其中一些方法如下。

❑　收集更多数据（观察值）。

❑　添加更多特征——通过收集额外数据（例如，通过使用外部数据源）或通过使用当前可用信息的特征工程。

❑　使用更复杂的模型。

❑　只选择相关的特征。

❑　调整超参数。

有一种流传甚广的说法，即数据科学家将 80%的时间花在项目收集和清洗数据上，而只有 20%的时间用于实际建模。按照这种说法，添加更多数据可能会大大提高模型的性能，尤其是在处理分类问题中的不平衡类时。但是，寻找额外的数据（无论是观察结果还是特征）并不总是可行的，有些时候可能太复杂。因此，读者还需要考虑另一个解决方案，那就是使用更复杂的模型或调整超参数以获得性能提升。

本章将开始介绍如何使用更高级的分类器，这些分类器也基于决策树。其中一些（如 XGBoost 和 LightGBM）经常赢得机器学习竞赛（例如 Kaggle 平台上的竞赛）。此外，我们还将介绍堆叠多个机器学习模型的概念，以进一步提高预测性能。

另一个常见的现实问题涉及处理不平衡数据，即数据中的一个类别（如违约或欺诈）实际上很少观察到。这使训练模型以准确捕获少数类的观察结果变得特别困难。本章介绍了若干种处理类不平衡的常用方法，并比较了它们在信用卡欺诈数据集上的表现。在该数据集中，少数类仅占所有观察值的 0.17%。

本章还展开讨论了超参数调整的问题。在第 13 章"应用机器学习：识别信用违约"中，介绍了穷举的网格搜索和随机搜索，这两种搜索都是在没有什么提示信息的情况下进行的。这意味着在选择下一组要研究的超参数时没有底层逻辑，也没有可提示的方向。

本章将介绍贝叶斯优化，它将使用过去的尝试来选择下一组要探索的值。这种方法可以显著加快项目的超参数调整。

在许多行业（尤其是金融行业）中，了解模型预测背后的逻辑至关重要。例如，银行可能在法律上有义务提供拒绝信贷请求的实际原因，或者它可以通过预测哪些客户可能拖欠还贷来尝试限制损失。为了更好地理解模型，本章探索了各种确定特征重要性和模型可解释性的方法。后者在处理复杂模型时尤为重要，因为这些模型通常被认为是黑匣子，即无法解释。我们还可以使用这些见解来仅选择最相关的特征，这可以进一步提高模型的性能。

本章包含以下内容。

❑　探索集成分类器

❑　探索编码分类特征的替代方法。

❑　研究处理不平衡数据的不同方法。

❑　通过堆叠集成利用群体智慧。

❑　贝叶斯超参数优化。

❑　特征重要性研究。

❑　探索特征选择技术。

❑　探索可解释的 AI 技术。

14.1　探索集成分类器

在第 13 章"应用机器学习：识别信用违约"中，介绍了如何构建完整的机器学习管道，其中包含预处理步骤（插补缺失值、编码分类特征等）和机器学习模型。我们的任务是预测客户是否会违约（即无力偿还贷款），并使用了决策树模型作为分类器。

决策树被认为是简单模型，它们的缺点之一是过拟合训练数据。它们属于高方差模型组，这意味着对训练数据的微小改变会极大地影响树的结构及其预测结果。为了克服这些问题，它们可以用作更复杂模型的构建块。集成模型（ensemble model）结合了多个基础模型（如决策树）的预测，以提高最终模型的通用性和可靠性。通过这种方式，可以将最初的高方差估计器转换为低方差聚合估计器。

在更高的层次上，可以将集成模型分为两组。

❑　平均法——独立估计若干个模型，然后对它们的预测结果取平均值。基本原理是组合模型优于单个模型，因为它的方差减少了。该方法的算法示例是：随机森林和极度随机树（extremely randomized trees）。

❑　提升法（boosting method）——该方法将按顺序构建多个基础估计器，每个估计器都试图减少组合估计器的偏差。同样，其潜在的假设是多个弱模型的组合将产生一个强大的整体。该方法的算法示例是：梯度提升树（gradient boosted trees，GBT）、XGBoost、LightGBM 和 CatBoost。

本节将使用一系列集成模型来尝试提高决策树方法的性能。由于这些模型基于决策树，因此适用相同的特征缩放原则（没有明确需要），我们可以重用之前创建的大部分管道。

14.1.1　准备工作

本节建立在 13.7 节“使用管道组织项目”的基础上，我们在该小节中创建了默认的预测管道，包含从加载数据到训练分类器的一系列步骤。

本节将使用没有离群值移除过程的变体。我们将用更复杂的集成模型替换最后一步（分类器）。此外，还会先将决策树管道拟合到数据，以获得用于性能比较的基线模型。为了方便学习，本章配套 GitHub 存储库的 Notebook 中演示了所有必须的步骤。

14.1.2　实战操作

执行以下步骤来训练集成分类器。

（1）导入库。

```
from sklearn.ensemble import (RandomForestClassifier,
                              GradientBoostingClassifier)
from xgboost.sklearn import XGBClassifier
from lightgbm import LGBMClassifier
from chapter_14_utils import performance_evaluation_report
```

可以看到，本章还使用了你已经熟悉的 performance_evaluation_report 辅助函数。

（2）定义并拟合随机森林（random forest）管道。

```
rf = RandomForestClassifier(random_state=42)
rf_pipeline = Pipeline(
    steps=[ ("preprocessor", preprocessor),
            ("classifier", rf)]
)

rf_pipeline.fit(X_train, y_train)
rf_perf = performance_evaluation_report(rf_pipeline, X_test,
                                        y_test, labels=LABELS,
                                        show_plot=True,
                                        show_pr_curve=True)
```

随机森林的性能如图 14.1 所示。

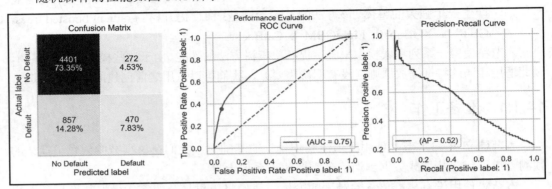

图 14.1   随机森林模型的性能评估

（3）定义和拟合梯度提升树（gradient boosted trees）管道。

```
gbt = GradientBoostingClassifier(random_state=42)
gbt_pipeline = Pipeline(
    steps=[ ("preprocessor", preprocessor),
            ("classifier", gbt)]
)

gbt_pipeline.fit(X_train, y_train)
gbt_perf = performance_evaluation_report(gbt_pipeline, X_test,
                                         y_test, labels=LABELS,
                                         show_plot=True,
                                         show_pr_curve=True)
```

梯度提升树的性能如图 14.2 所示。

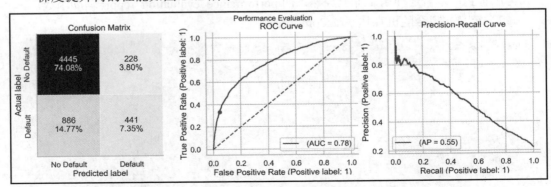

图 14.2   梯度提升树模型的性能评估

（4）定义并拟合 XGBoost 管道。

```
xgb = XGBClassifier(random_state=42)
xgb_pipeline = Pipeline(
    steps=[ ("preprocessor", preprocessor),
            ("classifier", xgb)]
)


xgb_pipeline.fit(X_train, y_train)
xgb_perf = performance_evaluation_report(xgb_pipeline, X_test,
                                         y_test, labels=LABELS,
                                         show_plot=True,
                                         show_pr_curve=True)
```

XGBoost 的性能如图 14.3 所示。

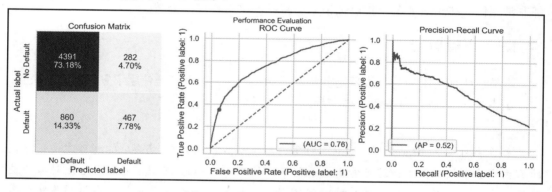

图 14.3　XGBoost 模型的性能评估

（5）定义并拟合 LightGBM 管道。

```
lgbm = LGBMClassifier(random_state=42)
lgbm_pipeline = Pipeline(
    steps=[ ("preprocessor", preprocessor),
            ("classifier", lgbm)]
)


lgbm_pipeline.fit(X_train, y_train)
lgbm_perf = performance_evaluation_report( lgbm_pipeline, X_test,
                                           y_test, labels=LABELS,
                                           show_plot=True,
                                           show_pr_curve=True)
```

LightGBM 的性能如图 14.4 所示。

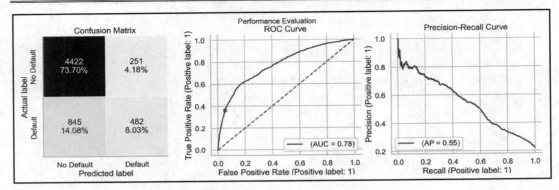

图 14.4　LightGBM 模型的性能评估

从上述报告中可以看出，所有考虑的模型的 ROC 曲线和精确率-召回率曲线的形状都非常相似。在 14.1.4 节"扩展知识"中将讨论这些模型的分数。

14.1.3　原理解释

本节证明使用不同的分类器是非常容易的，当然，这里只是使用了它们的默认设置。在步骤（1）中，从各自的库中导入了分类器。

📋 注意：

本节使用了 XGBoost 或 LightGBM 等库的 scikit-learn API。当然，你也可以使用它们的原生方法来训练模型，这可能需要一些额外的工作，如将 pandas DataFrame 转换为这些库可以接受的格式。使用原生方法可以产生一些额外的好处，例如，在访问某些超参数或配置设置方面更有优势。

在步骤（2）到（5）中，为每个分类器创建了一个单独的管道。我们将已经构建完成的 ColumnTransformer 预处理器与相应的分类器结合起来。然后，将每个管道拟合到训练数据上并提供了性能评估报告。

💡 提示：

上面使用的一些集成模型在 fit 方法中提供了额外的功能（与实例化类时设置超参数相反）。例如，当使用 LightGBM 的 fit 方法时，可以传入分类特征的名称/索引。通过这种方式，算法知道如何使用自己的方法来处理这些特征，而不需要显式的独热编码。类似地，读者也可以使用各种各样的可用回调。

由于有了现代 Python 库，拟合上面所提到的分类器变得非常容易，读者只需要用另一个模型的类替换掉管道中的模型类即可。值得一提的是，虽然尝试不同的模型非常简单，但最好能够对这些模型的作用以及它们的优缺点有一个基本的了解，这就是接下来我们要对这些算法进行简要介绍的原因。

1. 随机森林

随机森林（random forest）是集成模型的一个典型示例，也就是说，它将训练多个模型（决策树）并使用它们来创建预测。对于回归问题，它将取所有底层树的平均值；对于分类问题，它将通过投票决定并使用多数票的结果。

随机森林所做的不仅仅是训练许多的树并汇总它们的结果。

首先，它将使用装袋法（bagging）——也称为自举聚合（bootstrap aggregation），让每棵树都在所有可用观察结果的一个子集上进行训练。这些样本是随机抽取的，各次采样之间允许放回（即可以多次选择相同的值），因此，除非另有说明，否则用于每棵树的观察总数与训练集中的总数相同。即使某棵树（由于装袋的不同）相对于特定数据集可能具有高方差，森林总体上将具有较低的方差，而不会增加偏差。此外，这种方法还可以减少数据中任何离群值的影响，因为它们不会在所有树中使用。为了增加更多的随机性，每棵树只考虑所有特征的一个子集来创建每一次拆分。可以使用专门的超参数来控制该数字。

由于采用了这两种机制，因此森林中的树彼此不相关并且是独立构建的。这也允许树构建步骤的并行化。

随机森林在复杂性和性能之间提供了一个很好的权衡。一般来说，用户无须进行任何调整即可获得比使用更简单的算法（如决策树或线性/逻辑回归）、更好的性能。这是因为随机森林由于其灵活性而具有较低的偏差，并且聚合了多个模型的预测而减少了方差。

2. 梯度提升树

梯度提升树（gradient boosted trees）是另一种类型的集成模型。其基本思路是训练许多弱学习器（weak learner）——所谓的"弱学习器"，其实就是指浅层决策树或具有高偏差的模型，然后将这些弱学习器组合起来以获得强学习器（strong learner）。

与随机森林相比，梯度提升树是一种顺序/迭代算法。在提升过程中，我们从第一个弱学习器开始，随后的每个学习器都试图从前面的错误中学习。它们通过拟合先前模型的残差（误差项）来做到这一点。

我们创建弱学习器而不是强学习器的集合的原因是，在强学习器的情况下，误差/错误标记的数据点很可能是数据中的噪声，因此整个模型最终会过拟合训练数据。

术语梯度（gradient）来自于使用梯度下降（gradient descent）构建的树，这是一种优化算法。它使用损失函数的梯度（斜率）来最小化整体损失并获得最佳性能。损失函数表示实际值和预测值之间的差异。

在实践中，为了在梯度提升树中执行梯度下降过程，我们会将这样一棵树添加到遵循梯度的模型中。换句话说，这样的树降低了损失函数的值。

可以使用以下步骤描述提升过程。

（1）该过程从一个简单的估计（平均值、中位数等）开始。

（2）通过一棵树拟合该预测的错误。

（3）使用树的预测调整预测结果。但是，它并没有调整到位，只是（基于学习率超参数）调整到一定程度。

（4）通过另一棵树拟合更新的预测结果的错误，并像上一步一样进一步调整预测。

（5）算法继续迭代减少误差，直到达到指定的轮数（或使用其他的停止标准）。

（6）最终预测是初始预测和所有调整（用学习率加权的误差预测）的总和。

📖 **注意：**

与随机森林相比，梯度提升树使用所有可用数据来训练模型。但是，用户也可以通过使用 subsample 超参数来使用随机采样，而无须为每棵树替换样本。在这种情况下，处理的就是随机梯度提升树（stochastic gradient boosted trees）。

此外，与随机森林类似，读者也可以让梯度提升树在进行分割时只考虑特征的子集。

3．XGBOOST

极限梯度提升（extreme gradient boosting，XGBoost）是梯度提升树的一种实现，它结合了一系列改进，从而实现了卓越的性能（在评估指标和估计时间方面）。自发布以来，该算法已成功赢得许多数据科学竞赛。

本节将只对它的显著特征进行大致介绍。有关更详细的描述，请参阅其原始论文〔Chen et al. (2016)〕或文档。在 14.1.5 节"参考资料"中提供了该论文的更多信息。

XGBoost 的关键概念如下。

❑ XGBoost 结合了预排序算法和基于直方图的算法来计算最佳分割，这解决了梯度提升树的一个显著低效问题，即该算法在创建新分支时考虑了所有可能分割的潜在损失（在考虑数百或数千个特征时尤其重要）。

❑ 该算法使用了牛顿-拉弗森（Newton-Raphson）方法来逼近损失函数，这使我们可以使用更广泛的损失函数。

❑ XGBoost 有一个额外的随机化参数来减少树之间的相关性。

- ❑ XGBoost 结合了 Lasso 回归（L1）和 Ridge 回归（L2）正则化以防止过拟合。
- ❑ 它提供了一种更有效的树修剪方法。
- ❑ XGBoost 有一个称为单调约束（monotonic constraint）的特性，该算法牺牲了一些准确率并增加了训练时间以提高模型的可解释性。
- ❑ XGBoost 不将分类特征作为输入——必须对它们使用某种编码。
- ❑ 该算法可以处理数据中的缺失值。

4．LightGBM

微软发布的 LightGBM 是另一个经常在竞赛中获胜的梯度提升树实现。由于一些改进，LightGBM 的性能与 XGBoost 相似，但训练时间更快。其主要特性如下。

- ❑ 速度的差异是由树成长的方法造成的。一般来说，诸如 XGBoost 之类的算法使用的是层级式（level-wise）水平成长方法，而 LightBGM 的树则以叶方式（leaf-wise）垂直成长。叶方式算法选择损失函数减少最多的叶子。这种算法往往比水平算法收敛得更快；当然，它们往往更容易过拟合（对于小数据集来说更是如此）。
- ❑ LightGBM 采用一种称为基于梯度的单边采样（gradient-based one-side sampling，GOSS）技术来过滤掉用于寻找最佳分割值的数据实例。直观上，小梯度的观察已经训练得很好，而大梯度的观察则有更大的改进空间。GOSS 保留具有大梯度的实例，并从具有小梯度的观察中随机抽样。
- ❑ LightGBM 使用独占特征捆绑（exclusive feature bundling，EFB）来利用稀疏数据集并将相互排斥的特征捆绑在一起（它们永远不会同时具有零值）。这将导致特征空间的复杂性（维度）降低。
- ❑ 该算法使用基于直方图的方法将连续的特征值分桶到离散的分箱（bin）中，以加快训练速度并减少内存使用。

💡 提示：

叶方式算法后来也被添加到 XGBoost 中。要利用它，可将 growt_policy 设置为 "lossguide"。

14.1.4　扩展知识

本节演示了如何使用选定的集成分类器来尝试提高预测客户拖欠还贷可能性的能力。为了让事情变得更有趣，这些模型有几十个超参数可以调整，这可以显著提高（或降低）它们的性能。

为节约篇幅起见，我们不会在这里讨论这些模型的超参数调整。建议读者参考本书配套 GitHub 存储库中的 Jupyter Notebook，以了解使用随机网格搜索方法调整这些模型的简短介绍。在这里，我们仅提供一个包含结果的表格，读者可以将使用默认设置的模型的性能与经过调整的对应模型进行比较，如图 14.5 所示。

	accuracy	precision	recall	specificity	f1_score	cohens_kappa	matthews_corr_coeff	roc_auc	pr_auc	average_precision
decision_tree_baseline	0.7233	0.3817	0.4047	0.8138	0.3928	0.2139	0.2140	0.6095	0.4589	0.2862
random_forest	0.8118	0.6334	0.3542	0.9418	0.4543	0.3514	0.3731	0.7518	0.5247	0.5207
random_forest_rs	0.8090	0.6116	0.3738	0.9326	0.4640	0.3559	0.3719	0.7352	0.4863	0.4822
gradient_boosted_trees	0.8143	0.6592	0.3323	0.9512	0.4419	0.3447	0.3739	0.7755	0.5475	0.5478
gradient_boosted_trees_rs	0.8060	0.6049	0.3542	0.9343	0.4468	0.3388	0.3566	0.7547	0.5147	0.5152
xgboost	0.8097	0.6235	0.3519	0.9397	0.4499	0.3454	0.3661	0.7613	0.5202	0.5210
xgboost_rs	0.8005	0.5754	0.3738	0.9217	0.4532	0.3378	0.3496	0.7418	0.5015	0.5019
light_gbm	0.8173	0.6576	0.3632	0.9463	0.4680	0.3686	0.3923	0.7754	0.5474	0.5478
light_gbm_rs	0.8017	0.5832	0.3617	0.9266	0.4465	0.3337	0.3478	0.7538	0.5051	0.5057

图 14.5　比较各种分类器性能的表

对于使用随机搜索调校的模型（名称中包括_rs 后缀），我们使用了 100 个随机超参数集。由于预测客户是否会拖欠还贷这一任务处理的是不平衡数据（少数类约占 20%），因此我们将着眼于召回率以进行性能评估。

似乎基本决策树（decision_tree_baseline）在测试集上取得了最好的召回率（0.4047），这是以比更高级的模型低得多的精确率为代价的。这就是基本决策树的 F1 分数（精确率和召回率的调和平均值）最低的原因。另外还可以看到，默认的 LightGBM 模型（light_gbm）在测试集上取得了最好的 F1 分数（0.4680）。

上述结果绝不表明更复杂的模型反而较差——它们可能只需要更多的调整或一组不同的超参数。例如，集成模型强制规定了树的最大深度（由相应的超参数确定），而决策树则没有这样的限制，它达到了 37 的深度。模型越高级，越需要正确使用。

还有许多不同的集成分类器可供试验，其中包括以下几种。

❑　AdaBoost——第一个提升算法。

❑　极限随机树（extremely randomized trees）——与随机森林相比，该算法提供了改进的随机性。与随机森林类似，在进行拆分时会考虑随机的特征子集。但是，它不是要寻找最具辨别力的阈值，而是为每个特征随机绘制阈值。然后，选择这些随机阈值中最好的作为拆分规则。这种方法通常允许我们减少模型的方差，同时仅略微增加其偏差。

❑　CatBoost——这是另一种提升算法（由 Yandex 开发），它高度重视处理分类特征并通过很少的超参数调整实现高性能。

❑　NGBoost——该模型可以在一个非常高的水平上，通过使用自然梯度将不确定性估计引入梯度提升中。

❑　基于直方图的梯度提升——这是梯度提升树的一种变体，在 scikit-learn 中可用，受 LightGBM 启发而来。它通过将连续特征离散化（分箱）为预定数量的唯一值来加速训练过程。

📝 **注意：**

虽然一些算法首先引入了某些特性，但梯度提升树的其他流行实现通常也会引入这些特性以改进自身。这方面的一个例子是离散连续特征的基于直方图的方法，虽然它是在 LightGBM 中引入的，但后来也被添加到了 XGBoost 中。叶方式算法也发生过同样的情况。

14.1.5　参考资料

以下是本小节中提到的算法的其他资源。

❑　Breiman, L. 2001. "Random Forests." Machine Learning 45(1): 5-32.

❑　Chen, T., & Guestrin, C. 2016, August. Xgboost: A scalable tree boosting system. In Proceedings of the 22nd international conference on knowledge discovery and data mining, 785-794. ACM.

❑　Duan, T., Anand, A., Ding, D. Y., Thai, K. K., Basu, S., Ng, A., & Schuler, A. 2020, November. Ngboost: Natural gradient boosting for probabilistic prediction. In International Conference on Machine Learning, 2690-2700. PMLR.

❑　Freund, Y., & Schapire, R. E. 1996, July. Experiments with a new boosting algorithm. In International Conference on Machine Learning, 96: 148-156.

❑　Freund, Y., & Schapire, R. E. 1997. "A decision-theoretic generalization of on-line learning and an application to boosting." Journal of Computer and System Sciences, 55(1), 119-139.

❑　Friedman, J. H. 2001. "Greedy function approximation: a gradient boosting machine." Annals of Statistics, 29(5): 1189-1232.

❑　Friedman, J. H. 2002. "Stochastic gradient boosting." Computational Statistics & Data Analysis, 38(4): 367-378.

❑　Ke, G., Meng, Q., Finley, T., Wang, T., Chen, W., Ma, W., ... & Liu, T. Y. 2017. "Lightgbm: A highly efficient gradient boosting decision tree." In Neural Information Processing Systems.

❑　Prokhorenkova, L., Gusev, G., Vorobev, A., Dorogush, A. V., & Gulin, A. 2018. CatBoost: unbiased boosting with categorical features. In Neural information Processing Systems.

14.2　探索编码分类特征的替代方法

在第 13 章 "应用机器学习：识别信用违约" 中，介绍了如何使用独热编码作为编码分类特征的标准解决方案，以便它们可以被机器学习算法理解。简单复习一下，独热编码其实就是将分类变量转换为若干个二进制列，其中值 1 表示该行属于某个类别，而值 0 则表示不属于该类别。

该方法的最大缺点是使得数据集的维数迅速扩大。例如，如果有一个特征表明观察结果来自美国的哪个州，则对该特征的独热编码将导致创建 50 个（如果删除参考值则为 49 个）新列。

独热编码的其他一些问题如下。

❑　创建那么多的布尔特征会给数据集带来稀疏性，而决策树在这方面处理不好。

❑　决策树的拆分算法将所有独热编码的虚拟对象视为独立的特征。这意味着当一棵树使用其中一个虚拟变量进行拆分时，每次拆分的纯度增益很小。因此，树不太可能选择靠近其根的虚拟变量之一。

❑　连接到前一点，连续特征将比独热编码虚拟变量具有更高的特征重要性，因为单个虚拟变量只能将其各自分类特征的总信息的一小部分带入模型。

❑　梯度提升树不能很好地处理高基数特征，因为基础学习器的深度有限。

在处理连续变量时，拆分算法会引入样本的排序，并可以在任何地方拆分该有序列表。二进制特征只能在一个地方拆分，而具有 k 个唯一类别的分类特征可以按 $(2^k)/2-1$ 种方式进行拆分。

可以通过一个例子来说明连续特征的优势。假设拆分算法要将值为 10 的连续特征分成两组："低于 10" 和 "10 及以上"。在下一次拆分中，它可以进一步拆分这两个组中的任何一个，例如 "低于 6" 和 "6 及以上"。

这对于二元特征来说是不可能的，因为我们最多可以使用它来将组一次拆分为 "是" 或 "否" 组。图 14.6 说明了使用或不使用独热编码创建的决策树之间的潜在差异。

独热编码的这些缺点导致人们开发了一些替代方法来编码分类特征。本节将介绍其中的 3 种方法。

❑　目标编码（target encoding）——也称为均值编码（mean encoding）。在这种方法中，会根据目标变量的类型，将以下转换应用于分类特征。

❑　分类目标（categorical target）——特征被替换为给定某个类别的目标后验概率和目标在所有训练数据上的先验概率的混合。

❑　连续目标（continuous target）——特征被替换为给定某个类别的目标期望值和目标在所有训练数据上的期望值的混合。

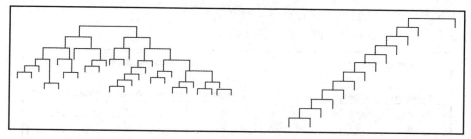

图 14.6　没有独热编码的密集决策树示例（左侧）和带有独热编码的稀疏决策树（右侧）

在实践中，最简单的方案是假设特征中的每个类别都替换为该类别的目标值的平均值。图 14.7 说明了这一方案。

original data		posterior probabilities		encoded data		
category	**target**	**category**	**target mean**	**category**	**target encoding**	**target**
a	1	a	0.5	a	0.5	1
a	0	b	0.67	a	0.5	0
b	1			b	0.67	1
b	1			b	0.67	1
b	0			b	0.67	0

图 14.7　目标编码示例

原　　文	译　　文	原　　文	译　　文
original data	原始数据	posterior probabilities	后验概率
category	分类	encoded data	编码后的数据
target	目标	target encoding	目标编码

目标编码导致分类特征与目标之间关系的更直接表示，同时不添加任何新列。这就是它已经成为数据科学竞赛中一种非常流行的技术的原因。

遗憾的是，它并不是编码分类特征的灵丹妙药，并且也有其缺点。

❑　该方法很容易过拟合。这就是它假设类别均值与全局均值混合/平滑的原因。当某些类别非常罕见时，应该特别小心。

❑　与过拟合的风险联系在一起，它还会有效地将目标信息泄露到特征中。

在实践中，当我们具有高基数特征并且使用某种形式的梯度提升树作为机器学习模型时，目标编码工作得很好。

我们介绍的第二种方法称为留一法编码（leave one out encoding，LOOE），它与目标编码非常相似。它试图通过在计算类别平均值时排除当前行的目标值来减少过拟合。通过这种方式，该算法避免了逐行泄露。这种方法的另一个结果是，多个观察值中的同一类别在编码列中可能具有不同的值。图 14.8 说明了这一方法。

category	target		category	leave one out encoding	target
original data			**encoded data**		
a	1		a	0	1
a	0		a	1	0
b	1		b	0.5	1
b	1		b	0.5	1
b	0		b	1	0

图 14.8　留一法编码示例

原　　文	译　　文	原　　文	译　　文
original data	原始数据	encoded data	编码后的数据
category	分类	leave one out encoding	留一法编码
target	目标		

使用 LOOE 时，由于机器学习模型显示了每个编码分类相同的数值和范围，因此它可以学习到更好的泛化能力。

我们要介绍的第 3 种编码方法称为证据权重（weight of evidence，WoE）编码。该方法非常有趣，因为它起源于信用评分领域，用于增强违约概率的估计能力。它被用来区分拖欠还贷的客户和成功还贷的优质客户。

📝 **注意：**

证据权重由逻辑回归演变而来。另一个与 WoE 起源相同的有用指标称为信息值（information value，IV）。它衡量一个特征为预测提供了多少信息。换句话说，它有助于根据变量在模型中的重要性对其进行排名。

证据权重表示与目标相关的自变量的预测能力。换句话说，它衡量证据支持或破坏假设的程度。它被定义为分组中优质客户的百分比（% of good customers in a group）与分组中违约客户的百分比（% of bad customers in a group）比值的自然对数。

$$\text{WoE} = \ln\left(\frac{\% \text{ of good customers in a group}}{\% \text{ of bad customers in a group}}\right)$$

图 14.9 说明了这些计算。

original data		Weight of Evidence						
category	target	category	# total	# good	# bad	% good	% bad	WoE
a	1	a	2	1	1	0.5000	0.3333	0.4055
a	0	b	3	1	2	0.5000	0.6667	−0.2877
b	1	total	5	2	3			
b	1							
b	0							

图 14.9　WoE 编码示例

原　　文	译　　文	原　　文	译　　文
original data	原始数据	target	目标
category	分类	Weight of Evidence	证据权重

证据权重编码源自信用评分这一事实并不意味着它仅在该领域可用。我们也可以将优质客户归纳为非事件或阴性（负）类，将违约客户归纳为事件或阳性（正）类。不过，该方法的限制之一是，与前两种方法相比，它只能与二元分类目标一起使用。

💡 提示：

证据权重（WoE）在历史上也被用来编码分类特征。例如，在信用评分数据集中，可以将年龄等连续特征分类为离散的分箱：20～29、30～39、40～49 等。然后计算这些类别的 WoE。为编码选择的分箱的数量取决于用例和特征的分布。

本节将演示如何使用之前已经用过的默认数据集在实践中使用这 3 个编码器。

14.2.1　准备工作

本节将使用在之前的小节中用过的管道。估计器将使用随机森林分类器。为了方便学习，本章配套 GitHub 存储库的 Jupyter Notebook 中演示了所有必需的步骤。

使用独热编码分类特征的随机森林管道导致测试集的召回率仅为 0.3542。我们将尝试使用编码分类特征的替代方法来改进这个分数。

14.2.2　实战操作

执行以下步骤以使用各种分类编码器拟合机器学习管道。

（1）导入库。

```
import category_encoders as ce
from sklearn.base import clone
```

（2）使用目标编码拟合管道。

```python
pipeline_target_enc = clone(rf_pipeline)
pipeline_target_enc.set_params(
    preprocessor__categorical__cat_encoding=ce.TargetEncoder()
)


pipeline_target_enc.fit(X_train, y_train)
target_enc_perf = performance_evaluation_report(
    pipeline_target_enc, X_test,
    y_test, labels=LABELS,
    show_plot=True,
    show_pr_curve=True
)
print(f"Recall: {target_enc_perf['recall']:.4f}")
```

执行上述代码片段会生成如图 14.10 所示的结果。

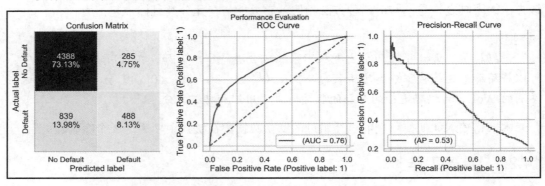

图 14.10　使用目标编码的管道的性能评估

使用此管道获得的召回率等于 0.3677。这将分数提高了 1 个百分点以上。

（3）使用留一法编码拟合管道。

```python
pipeline_loo_enc = clone(rf_pipeline)
pipeline_loo_enc.set_params(
    preprocessor__categorical__cat_encoding=ce.LeaveOneOutEncoder()
)


pipeline_loo_enc.fit(X_train, y_train)
loo_enc_perf = performance_evaluation_report(
    pipeline_loo_enc, X_test,
```

```
    y_test, labels=LABELS,
    show_plot=True,
    show_pr_curve=True
)
print(f"Recall: {loo_enc_perf['recall']:.4f}")
```

执行上述代码片段会生成如图 14.11 所示的结果。

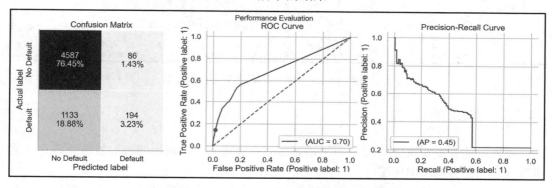

图 14.11　使用留一法编码的管道性能评估

使用此管道获得的召回率等于 0.1462，这比目标编码方法差得多。

（4）使用证据权重编码拟合管道。

```
pipeline_woe_enc = clone(rf_pipeline)
pipeline_woe_enc.set_params(
    preprocessor__categorical__cat_encoding=ce.WOEEncoder()
)


pipeline_woe_enc.fit(X_train, y_train)
woe_enc_perf = performance_evaluation_report(
    pipeline_woe_enc, X_test,
    y_test, labels=LABELS,
    show_plot=True,
    show_pr_curve=True
)
print(f"Recall: {woe_enc_perf['recall']:.4f}")
```

执行上述代码片段会生成如图 14.12 所示的结果。

使用此管道获得的召回率等于 0.3708，这是对目标编码的小改进。

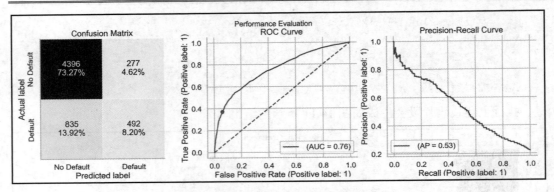

图 14.12　使用证据权重编码的管道性能评估

14.2.3　原理解释

首先，读者需要执行 14.2.1 节"准备工作"中提到的代码，即使用独热编码并将随机森林作为分类器实例化管道。

在步骤（1）中导入库之后，步骤（2）使用 clone 函数克隆了整个管道。然后，使用 set_params 方法将 OneHotEncoder 替换为 TargetEncoder。

和调整管道的超参数一样，这里必须使用相同的双下画线符号来访问管道的特定元素。该编码器位于 preprocessor__categorical__cat_encoding 下。然后，我们使用了 fit 方法拟合管道，并使用 performance_evaluation_report 辅助函数打印了评估分数。

如前文所述，目标编码容易过拟合。这就是为什么该算法不是简单地用相应的平均值替换类别，而是将后验概率与先验概率（全局平均值）混合。可以使用两个超参数来控制该混合：min_samples_leaf 和 smoothing。

在步骤（3）和步骤（4）中，遵循了与目标编码相同的步骤，只不过是分别用 LeaveOneOutEncoder 和 WOEEncoder 替换了编码器。

与目标编码一样，其他编码器也使用目标来构建编码，因此容易过拟合。幸运的是，它们还提供了一些措施来防止这种情况发生。

在使用 LOOE 的情况下，可以将正态分布的噪声添加到编码中以减少过拟合。读者可以使用 sigma 参数控制用于生成噪声的正态分布的标准差。值得一提的是，随机噪声仅添加到训练数据中，对测试集的变换没有影响。只需将随机噪声添加到管道（sigma = 0.05），即可将测得的召回率分数从 0.1462 提高到 0.35 左右（具体取决于随机数生成）。

同样，读者也可以为证据权重编码器添加随机噪声。我们使用了 randomized（布尔标志）和 sigma（正态分布的标准差）参数来控制噪声。此外，还有 regularization 参数，它可以防止被零除引起的错误。

14.2.4　扩展知识

编码分类变量是一个非常广泛的活跃研究领域，并且时不时地就有新方法发布。在改变话题之前，我们还需要讨论几个相关的概念。

1．使用 k 折目标编码处理数据泄露

前文已经提到了一些减少目标编码器过拟合问题的方法。Kaggle 竞赛参与者中有一个非常流行的解决方案是使用 k 折目标编码。这个想法类似于 k 折交叉验证，它允许使用我们拥有的所有训练数据。首先将数据分成 k 份——它们可以分层拆分，也可以纯随机拆分，具体取决于用例。然后，用除第 1 份之外的所有份数计算的目标平均值替换第 1份中存在的观察值，这样就不会从同一份内的观察值中泄露目标。

☑ 注意：

比较细心的读者可能已经想到，LOOE 其实就是 k 折目标编码的一种特殊情况，其中 k 等于训练数据集中的观察数。

2．更多编码器

category_encoders 库为分类特征提供了近 20 种不同的编码转换器。除了前文已经提到的那些，还有以下编码器。

- ❏ 序数编码（ordinal encoding）——与标签编码非常相似；但是，它将确保编码保留特征的序数性质。例如，保留了 bad < neutral < good 的层次结构。
- ❏ 计数编码器（count encoder），也称为频率编码器（frequency encoder）——特征的每个类别都映射到属于该类别的观测值的数量。
- ❏ 求和编码器（sum encoder）——将给定类别的目标平均值与目标的总体平均值进行比较。
- ❏ Helmert 编码器——将某个类别的平均值与后续级别的平均值进行比较。例如，如果有类别[A, B, C]，则算法将首先取 A 与 B 和 C 进行比较，然后单独比较 B 与 C。这种编码在分类特征的水平被排序（如从最低到最高）的情况下很有用。
- ❏ 后向差分编码器（backward difference encoder）——类似于 Helmert 编码器，不同之处在于它将当前类别的均值与前一个类别的均值进行比较。
- ❏ M 估计编码器（M-estimate encoder）——目标编码器的简化版本，它只有一个可调参数（负责正则化的强度）。

❑ James-Stein 编码器——目标编码的一种变体，旨在通过将类别的均值缩小到中心/全局均值来改进对类别均值的估计。它的单个超参数负责收缩的强度（这意味着与前面所说的正则化相同），超参数的值越大，全局均值的权重就越大（这可能会导致欠拟合）。另一方面，降低超参数的值可能会导致过拟合。最佳值通常由交叉验证确定。该方法的最大缺点是，James-Stein 估计器仅针对正态分布定义，而任何二元分类问题都不属于这种情况。

❑ 二进制编码器（binary encoder）——将一个类别转换成二进制数字，每个数字都有一个单独的列。这种编码方式生成的列比独热编码要少得多。举例来说，对于具有 100 个唯一类别的分类特征，二进制编码只需要创建 7 个特征，而独热编码则需要 100 个。

❑ 哈希编码器（hashing encoder）——使用哈希函数（通常用于数据加密）来转换分类特征。结果与独热编码类似，但特征更少（可以使用编码器的超参数来控制它）。该编码器有两个明显的缺点。首先，该编码会导致信息丢失，因为算法会将全部可用类别转换为更少的特征。其次，在将潜在的大量类别转换为较小的特征集时可能会出现冲突，不同的类别由相同的哈希值表示。

❑ Catboost 编码器——这是留一法编码的改进变体，旨在克服目标泄露问题。

14.2.5　参考资料

以下是读者可能感兴趣的其他资源。

❑ Micci-Barreca, D. 2001. "A preprocessing scheme for high-cardinality categorical attributes in classification and prediction problems." ACM SIGKDD Explorations Newsletter 3(1): 27-32.

14.3　研究处理不平衡数据的不同方法

在处理分类任务时，一个常见的问题是类别不平衡，即一个类别的数量远远超过第二个类别（这也可以扩展到有多个类别的情况）。一般来说，当两个类别的比例不是 1∶1 时，就可以说数据不平衡。在某些情况下，差距较小的不平衡并不是什么大问题，但在某些行业/问题中，我们可能会遇到 100∶1、1000∶1 甚至更极端的比率。

处理高度不平衡的类别可能会导致机器学习模型的性能不佳。这是因为大多数算法隐含假设了类的平衡分布。它们这样做的目的是尽量减少整体预测误差，根据定义，少数类对此贡献很小。因此，在不平衡数据上训练的分类器会偏向于多数类。

处理类不平衡问题的潜在解决方案之一是对数据进行重新采样。大致而言，就是可以对多数类进行欠采样，对少数类进行过采样（如图 14.13 所示），或者将这两种方法结合起来。当然，这只是一般性的思路。有很多方法可以实现重采样，接下来我们进行具体介绍。

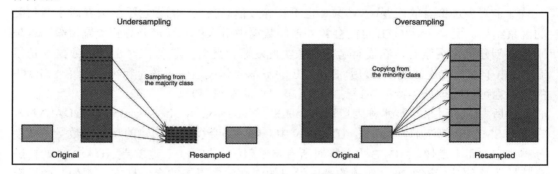

图 14.13　多数类的欠采样和少数类的过采样

原　　　文	译　　　文	原　　　文	译　　　文
Undersampling	欠采样	Sampling from the majority class	从多数类采样
Oversampling	过采样	Resampled	重采样之后的数据
Original	原始数据	Copying from the minority class	从少数类复制

💡 提示：

在使用重采样技术时，应该仅对训练数据进行重采样，而测试数据则保持不变。

最简单的欠采样方法称为随机欠采样（random undersampling）。在这种方法中，我们对多数类进行欠采样，即从多数类中抽取随机样本（默认情况下，不放回），直至类达到平衡（比率为 1:1 或任何其他所需比率）。这种方法的最大问题是丢弃大量数据造成的信息丢失，通常是整个训练数据集的大部分。因此，在欠采样数据上训练的模型也许只能获得较低的性能。另一个可能的结果是产生了容易误报的有偏分类器，因为重采样后训练集和测试集的分布是不同的。

类似地，最简单的过采样方法称为随机过采样（random oversampling）。在这种方法中，我们从少数类别中进行多次抽样并进行替换，直到达到所需的比率。这种方法通常优于随机欠采样，因为没有因丢弃训练数据而导致的信息丢失。但是，随机过采样伴随着过拟合的危险，这是由少数类的重复观察值引起的。

合成少数过采样技术（synthetic minority oversampling technique，SMOTE）是一种更

先进的过采样算法，可从少数类别中创建新的综合观察结果。通过这种方式，它克服了前面提到的过拟合问题。

为了创建合成样本，该算法从少数类中挑选一个观察值，识别其 k 最近邻（使用 k-NN 算法），然后在连接观察值和最近邻值的线上创建新的观察值（插值）。对其他少数观察值重复该过程，直至类达到平衡。

除了减少过拟合的问题，SMOTE 也不会导致信息丢失，因为它不会丢弃属于多数类的观察结果。但是，SMOTE 可能会意外地向数据中引入更多噪声并导致类别重叠。这是因为在创建综合观察时，它没有考虑多数类的观察。此外，该算法对于高维数据不是很有效（由于维数灾难问题）。最后，SMOTE 的基本变体仅适用于数字特征。当然，SMOTE 的扩展也可以处理分类特征（详见 14.3.4 节"扩展知识"）。

最后考虑的过采样技术称为自适应合成采样（adaptive synthetic sampling，ADASYN），它是对 SMOTE 算法的修改。在 ADASYN 中，要为某个少数点创建的观察值数量由密度分布决定（而不是像 SMOTE 中那样对所有点采用统一权重）。这就是 ADASYN 的自适应特性，这使其能够为来自邻域的难以学习的观察生成更多的合成样本。例如，如果有许多包含非常相似特征值的多数类观察，则少数观察值很难学习到。在只有两个特征的场景中，这样的情况不难想象。而在散点图中，这样的少数类观察可能会被许多多数类观察值包围。

还有两个额外的因素值得一提。

❑ 与 SMOTE 相比，ADASYN 的合成点不限于两点之间的线性插值。它们也可以位于由 3 个或更多观察结果创建的平面上。

❑ 在创建合成观察值之后，该算法会添加一个很小的随机噪声来增加方差，从而使样本更加真实。

ADASYN 的潜在缺点如下。

❑ 算法的适应性可能导致其精确率下降（出现更多误报）。这意味着该算法可能会在具有大量来自多数类的观察值的区域中生成更多观察值。这样的合成数据可能与那些多数类观察结果非常相似，导致更多的误报。

❑ 它需要与稀疏分布的少数观察结果作斗争。因此，一个邻域可以只包含一个或很少的几个数据点。

重采样并不是解决类不平衡问题的唯一可能方法，还有另一种方法是考虑调整类的权重，从而将更多的权重放在少数类上。在后台，类权重被合并到损失函数的计算中。在实际任务中，这意味着对少数类别的观察结果进行错误分类会比对多数类别的观察结果进行错误分类显著增加损失函数的值。

本节将提供一个信用卡欺诈问题的示例，其观察到欺诈类别的样本仅占整个样本总数的 0.17%。在本示例中，收集更多数据（尤其是欺诈类别的数据）可能不可行，因此我们需要求助其他技术来帮助提高模型的性能。

14.3.1　准备工作

在进入实战操作之前，需要先简单介绍一下为本练习选择的数据集。读者可以从 Kaggle 机器学习竞赛平台下载该数据集（链接详见 14.3.5 节"参考资料"）。

该数据集包含有关欧洲持卡人在 2013 年 9 月的两天时间内进行的信用卡交易信息。由于个人资料的保密性，几乎所有特征（30 个中的 28 个）都使用主成分分析（principal components analysis，PCA）进行了匿名处理。仅有的两个具有明确解释的特征是 Time（每笔交易与数据集中第一笔交易之间经过的秒数）和 Amount（交易金额）。

最后，该数据集是高度不平衡的，仅在所有交易的 0.173% 中观察到阳性（正）类。准确地说，在 284 807 笔交易中，有 492 笔被认定为欺诈交易。

14.3.2　实战操作

执行以下步骤来研究处理类不平衡的不同方法。

（1）导入库。

```
import pandas as pd

from sklearn.model_selection import train_test_split
from sklearn.ensemble import RandomForestClassifier
from sklearn.preprocessing import RobustScaler

from imblearn.over_sampling import RandomOverSampler, SMOTE, ADASYN
from imblearn.under_sampling import RandomUnderSampler
from imblearn.ensemble import BalancedRandomForestClassifier

from chapter_14_utils import performance_evaluation_report
```

（2）加载和准备数据。

```
RANDOM_STATE = 42

df = pd.read_csv("../Datasets/credit_card_fraud.csv")
X = df.copy().drop(columns=["Time"])
y = X.pop("Class")
```

```
X_train, X_test, y_train, y_test = train_test_split(
    X, y,
    test_size=0.2,
    stratify=y,
    random_state=RANDOM_STATE
)
```

使用 y.value_counts(normalize=True)可以确认仅在 0.173%的样本中观察到了正类。

（3）使用 RobustScaler 缩放特征。

```
robust_scaler = RobustScaler()
X_train = robust_scaler.fit_transform(X_train)
X_test = robust_scaler.transform(X_test)
```

（4）训练基线模型。

```
rf = RandomForestClassifier(
    random_state=RANDOM_STATE, n_jobs=-1
)
rf.fit(X_train, y_train)
```

（5）欠采样训练数据并训练随机森林分类器。

```
rus = RandomUnderSampler(random_state=RANDOM_STATE)
X_rus, y_rus = rus.fit_resample(X_train, y_train)

rf.fit(X_rus, y_rus)
rf_rus_perf = performance_evaluation_report(rf, X_test, y_test)
```

随机欠采样后，类的比例如下。

```
{0: 394, 1: 394}
```

（6）对训练数据进行过采样并训练随机森林分类器。

```
ros = RandomOverSampler(random_state=RANDOM_STATE)
X_ros, y_ros = ros.fit_resample(X_train, y_train)

rf.fit(X_ros, y_ros)
rf_ros_perf = performance_evaluation_report(rf, X_test, y_test)
```

随机过采样后，类的比例如下。

```
{0: 227451, 1: 227451}
```

（7）使用 SMOTE 对训练数据进行过采样。

```
smote = SMOTE(random_state=RANDOM_STATE)
X_smote, y_smote = smote.fit_resample(X_train, y_train)

rf.fit(X_smote, y_smote)
rf_smote_perf = peformance_evaluation_report(
    rf, X_test, y_test,
)
```

使用 SMOTE 过采样后，类的比例如下。

```
{0: 227451, 1: 227451}
```

（8）使用 ADASYN 对训练数据进行过采样。

```
adasyn = ADASYN(random_state=RANDOM_STATE)
X_adasyn, y_adasyn = adasyn.fit_resample(X_train, y_train)

rf.fit(X_adasyn, y_adasyn)
rf_adasyn_perf = performance_evaluation_report(
    rf, X_test, y_test,
)
```

使用 ADASYN 过采样后，类的比例如下。

```
{0: 227451, 1: 227449}
```

（9）在随机森林分类器中使用样本权重。

```
rf_cw = RandomForestClassifier(random_state=RANDOM_STATE,
                               class_weight="balanced",
                               n_jobs=-1)
rf_cw.fit(X_train, y_train)

rf_cw_perf = performance_evaluation_report(
    rf_cw, X_test, y_test,
)
```

（10）训练 BalancedRandomForestClassifier。

```
balanced_rf = BalancedRandomForestClassifier(
    random_state=RANDOM_STATE
)

balanced_rf.fit(X_train, y_train)
balanced_rf_perf = performance_evaluation_report(
```

```
    balanced_rf, X_test, y_test,
)
```

（11）用平衡之后的类训练 BalancedRandomForestClassifier。

```
balanced_rf_cw = BalancedRandomForestClassifier(
    random_state=RANDOM_STATE,
    class_weight="balanced",
    n_jobs=-1
)

balanced_rf_cw.fit(X_train, y_train)
balanced_rf_cw_perf = performance_evaluation_report(
    balanced_rf_cw, X_test, y_test,
)
```

（12）将结果合并到 DataFrame 中。

```
performance_results = {
    "random_forest": rf_perf,
    "undersampled rf": rf_rus_perf,
    "oversampled_rf": rf_ros_perf,
    "smote": rf_smote_perf,
    "adasyn": rf_adasyn_perf,
    "random_forest_cw": rf_cw_perf,
    "balanced_random_forest": balanced_rf_perf,
    "balanced_random_forest_cw": balanced_rf_cw_perf,
}
pd.DataFrame(performance_results).round(4).T
```

执行上述代码片段将打印如图 14.14 所示的结果。

	accuracy	precision	recall	specificity	f1_score	cohens_kappa	matthews_corr_coeff	roc_auc	pr_auc	average_precision
random_forest	0.9996	0.9419	0.8265	0.9999	0.8804	0.8802	0.8821	0.9528	0.8761	0.8715
undersampled rf	0.9672	0.0457	0.9082	0.9673	0.0870	0.0840	0.1996	0.9780	0.7493	0.6894
oversampled_rf	0.9996	0.9506	0.7857	0.9999	0.8603	0.8601	0.8640	0.9526	0.8694	0.8650
smote	0.9995	0.8817	0.8367	0.9998	0.8586	0.8584	0.8587	0.9630	0.8791	0.8779
adasyn	0.9994	0.8511	0.8163	0.9998	0.8333	0.8331	0.8332	0.9731	0.8661	0.8635
random_forest_cw	0.9995	0.9610	0.7551	0.9999	0.8457	0.8455	0.8517	0.9580	0.8572	0.8483
balanced_random_forest	0.9738	0.0567	0.9082	0.9740	0.1067	0.1038	0.2233	0.9761	0.7800	0.7253
balanced_random_forest_cw	0.9864	0.1025	0.8878	0.9866	0.1837	0.1812	0.2990	0.9780	0.7240	0.6759

图 14.14　处理不平衡数据的各种方法的性能评估指标

在图 14.14 中，可以看到在本节中尝试过的各种方法的性能评估。由于我们正在处理一个高度不平衡的问题（正类占所有观测值的 0.17%），因此可以清楚地观察到准确率悖论（accuracy paradox）的情况。也就是说，许多模型的准确率≈99.9%，但它们仍然未能检测到很重要的欺诈案例。

📝 **注意：**

所谓"准确率悖论"，指的就是这样一种情况，即将准确率作为评估指标进行检查会给人留下一种拥有非常好的分类器的印象（得分为 90%，甚至超过 99.9%），但实际上它只是反映了类别的分布。

考虑到这一点，我们需要使用其他指标来比较模型的性能。

❑ 从精确率方面来说，性能最好的方法是使用类权重的随机森林（random_forest_cw），其得分为 0.9610。

❑ 将召回率视为最重要的指标时，性能最好的方法是欠采样随机森林模型（undersampled rf）和平衡处理之后的随机森林模型（balanced_random_forest）。它们的得分都是 0.9082。

❑ 就 F1 分数而言，最好的方法似乎是普通的随机森林模型，其得分为 0.8804。

值得一提的是，本示例没有执行超参数调整。如果执行超参数调整，则所有方法的性能都有可能提高。

14.3.3　原理解释

在导入库之后，我们从 CSV 文件加载了信用卡欺诈数据集。在同一步骤中，另外删除了 Time 特征，使用 pop 方法将目标与特征分离，并创建了 80-20 比例的分层训练集-测试集拆分。在处理不平衡的类别时，应记住使用分层是至关重要的。

本节只关注处理不平衡数据，因此未讨论任何探索性数据分析、特征工程等内容。由于所有的特征都是数字的，所以不需要进行任何特殊的编码。

我们所做的唯一预处理步骤是使用 RobustScaler 缩放所有特征。虽然随机森林不需要明确的特征缩放，但一些重新平衡方法在底层使用了 k-NN。对于这种基于距离的算法，比例确实很重要。我们仅使用训练数据来拟合缩放器，然后转换训练集和测试集。

在步骤（4）中，拟合了一个普通的随机森林模型，它将被用作更复杂方法的基准。

在步骤（5）中，使用了 imblearn 库中的 RandomUnderSampler 类对多数类进行随机欠采样，以匹配少数样本的大小。值得一提的是，imblearn 中的类遵循 scikit-learn 的 API 风格，因此我们必须首先用参数定义类（本示例只设置了 random_state），然后应用 fit_resample 方法来获取欠采样数据。我们重新使用了随机森林对象在欠采样数据上训练模型并存储结果以供后期的比较。

步骤（6）与步骤（5）类似，唯一的区别是使用 RandomOverSampler 随机对少数类进行过采样以匹配多数类的大小。

在步骤（7）和步骤（8）中，应用了过采样的 SMOTE 和 ADASYN 变体。由于 imblearn 库使应用不同的采样方法变得非常容易，因此这里不再深入介绍其过程。

💋 注意：

在上述所有重采样方法中，实际上可以通过向 sampling_strategy 参数传递一个浮点数来指定类之间所需的比率。该数字表示少数类中的观察值数量与多数类中的观察值数量的期望比率。

在步骤（9）中，没有对训练数据进行重采样，而是使用了 RandomForestClassifier 的 class_weight 超参数来解决类不平衡问题。通过传递 "balanced"，该算法会自动分配与训练数据中的类别频率成反比的权重。

💋 注意：

使用 class_weight 超参数有不同的可能方法。例如，传递"balanced_subsample"会导致与"balanced"类似的权重分配；但是，其权重是基于每棵树的自举样本来计算的。或者，读者也可以传递一个包含所需权重的字典。确定权重的方法之一是使用 sklearn.utils. class_weight 中的 compute_class_weight 函数。

imblearn 库还有一些流行分类器的修改版本。在步骤（10）和步骤（11）中，使用了改进的随机森林分类器，即平衡随机森林（Balanced Random Forest）。平衡随机森林的不同之处在于，算法随机对每个自举样本进行欠采样以平衡类。实际上，它的 API 与普通 scikit-learn 实现中的 API 几乎相同（包括可调超参数）。

在最后一步中，合并了所有结果并在一个 DataFrame 中显示。

14.3.4   扩展知识

本节仅介绍了一部分可用的重采样方法。其他一些可能的方法介绍如下。

- ❑   欠采样。
  - ➢   NearMiss——该名称指的是一组欠采样方法，这些方法本质上是基于最近邻算法的启发式规则。它们基于选择多数类的观察结果来保持多数类和少数类观察结果之间的距离。其余部分则被删除以平衡类。例如，NearMiss-1 方法将从多数类中选择与少数类中 3 个最接近的观察值之间的平均距离最小的观察值。

> 编辑的最近邻（edited nearest neighbors）——这种方法将删除任何与其 3 个最近邻中的至少两个类不同的多数类观察值。基本思想是从类边界附近的多数类中删除实例。

> Tomek 链接（Tomek links）——在这种欠采样启发式方法中，将首先识别所有彼此最接近（它们是最近的邻居）但属于不同类别的观察对。这样的对称为 Tomek 链接。然后，从这些对中，删除属于多数类的观察结果。其基本思想是，通过从 Tomek 链接中删除这些观察结果，增加了类分离。

❑ 过采样。

> 用于标称值和连续值的合成少数过采样技术（synthetic minority oversampling technique for nominal and continuous，SMOTE-NC）——是 SMOTE 的一种变体，适用于包含数值特征和分类特征的数据集。普通 SMOTE 可以为独热编码特征创建不合逻辑的值。

> 边界 SMOTE（borderline SMOTE）——也是 SMOTE 算法的一种变体，它将沿着两个类之间的决策边界创建新的合成观察，因为它们更容易被错误分类。

> SVM SMOTE——SMOTE 的一种变体，其中 SVM 算法用于指示使用哪些观察值来生成新的合成观察值。

> K-means SMOTE——在这种方法中，将首先应用 k-means 聚类来识别具有高比例少数类观察值的聚类，然后将普通 SMOTE 应用于选定的聚类，每个聚类都会有新的合成观察。

或者，读者也可以结合欠采样和过采样方法。其基本思想是首先使用过采样方法创建重复或人工观察值，然后使用欠采样方法来减少噪声或删除不必要的观察值。

例如，可以先使用 SMOTE 对数据进行过采样，然后使用随机欠采样对其进行欠采样。imbalanced-learn 库提供了两个组合的重采样器——在使用 SMOTE 后再使用 Tomek 链接或编辑的最近邻。

本节仅讨论了一小部分可用方法。在改变主题之前，读者还需要了解一些关于解决不平衡类问题的一般注意事项。

❑ 不要在测试集上应用欠采样/过采样。

❑ 要评估不平衡数据的问题，请使用解释类不平衡的指标，例如精确率、召回率、F1 分数、Cohen's kappa 或 PR-AUC。

❑ 在为交叉验证创建折叠时需使用分层。

❑ 在交叉验证期间引入欠采样/过采样，而不是之前。之前这样做会导致高估模型的性能。

❑ 当使用 imbalanced-learn 库创建带有重采样的管道时，也需要使用管道的 imbalanced-learn 变体。这是因为重采样器将使用 fit_resample 方法而不是 scikit-learn 管道所需的 fit_transform。

❑ 考虑以不同的方式构建问题。例如，可以将其视为异常检测问题，而不是分类任务，这样就可以使用不同的技术，例如隔离森林（isolation forest）。

❑ 尝试选择与默认值（50%）不同的概率阈值，这样也许能提升性能。例如，用户可以不依赖重新平衡数据集，而是使用通过不平衡数据集训练的模型，以此来绘制假阳性率和假阴性率作为决策阈值的函数，这样可以选择更合适的阈值，从而获得更好的性能。

✅ 注意：

我们使用决策阈值来确定认为给定观察值属于正类的概率或分数（分类器的输出）。默认情况下，该值为 0.5。

14.3.5　参考资料

本秘笈中使用的数据集可在 Kaggle 平台上获得，其网址如下。

https://www.kaggle.com/datasets/mlg-ulb/creditcardfraud

以下是读者可能感兴趣的其他资源。

❑ Chawla, N. V., Bowyer, K. W., Hall, L. O., & Kegelmeyer, W. P. 2002. "SMOTE: synthetic minority oversampling technique." Journal of artificial intelligence research 16: 321-357.

❑ Chawla, N. V. 2009. "Data mining for imbalanced datasets: An overview." Data mining and knowledge discovery handbook: 875-886.

❑ Chen, C., Liaw, A., & Breiman, L. 2004. "Using random forest to learn imbalanced data." University of California, Berkeley 110: 1-12.

❑ Elor, Y., & Averbuch-Elor, H. 2022. "To SMOTE, or not to SMOTE?." arXiv preprint arXiv:2201.08528.

❑ Han, H., Wang, W. Y., & Mao, B. H. 2005, August. Borderline-SMOTE: a new over-sampling method in imbalanced data sets learning. In International conference on intelligent computing, 878–887. Springer, Berlin, Heidelberg.

❑ He, H., Bai, Y., Garcia, E. A., & Li, S. 2008, June. ADASYN: Adaptive synthetic sampling approach for imbalanced learning. In 2008 IEEE international joint conference on neural networks (IEEE world congress on computational intelligence), 1322-1328. IEEE.

❑ Le Borgne, Y.-A., Siblini, W., Lebichot, B., & Bontempi, G. 2022. Reproducible Machine Learning for Credit Card Fraud Detection – Practical Handbook.

❑ Liu, F. T., Ting, K. M., & Zhou, Z. H. 2008, December. Isolation forest. In 2008 Eighth Ieee International Conference On Data Mining, 413-422. IEEE.

❑ Mani, I., & Zhang, I. 2003, August. kNN approach to unbalanced data distributions: a case study involving information extraction. In Proceedings of workshop on learning from imbalanced datasets, 126: 1-7. ICML.

❑ Nguyen, H. M., Cooper, E. W., & Kamei, K. 2009, November. Borderline over-sampling for imbalanced data classification. In Proceedings: Fifth International Workshop on Computational Intelligence & Applications, 2009(1): 24-29. IEEE SMC Hiroshima Chapter.

❑ Pozzolo, A.D.et al. 2015. Calibrating Probability with Undersampling for Unbalanced Classification, 2015 IEEE Symposium Series on Computational Intelligence.

❑ Tomek, I. (1976). Two modifications of CNN, IEEE Transactions on Systems Man and Communications, 6: 769-772.

❑ Wilson, D. L. (1972). "Asymptotic properties of nearest neighbor rules using edited data." IEEE Transactions on Systems, Man, and Cybernetics 3: 408-421.

14.4　通过堆叠集成利用群体智慧

堆叠（stacking）也称为堆叠泛化（stacked generalization），是指一种创建潜在异构机器学习模型集合的技术。堆叠集成的架构包括至少两个基础模型（称为 0 级模型）和一个结合了基础模型预测的元模型（称为 1 级模型）。图 14.15 说明了一个包含两个基本模型的示例。

堆叠的目标是结合一系列性能良好的模型的功能，并获得比集成中的任何单个模型都具有更好性能的预测。这是可能的，因为堆叠集成试图利用基础模型的不同优势。因此，基础模型通常应该是复杂多样的。例如，可以使用线性模型、决策树、各种集成提升树、k 最近邻、支持向量机和神经网络等。

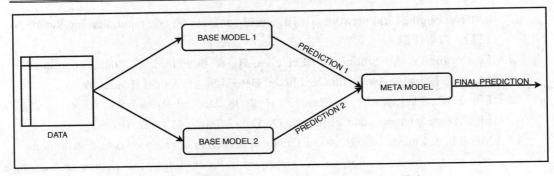

图 14.15　具有两个基础学习器的堆叠集成的高级模式

原　　文	译　　文	原　　文	译　　文
DATA	数据	PREDICTION 2	预测 2
BASE MODEL 1	基础模型 1	META MODEL	元模型
BASE MODEL 2	基础模型 2	FINAL PREDICTION	最终预测
PREDICTION 1	预测 1		

与之前介绍的集成方法（装袋、提升树等）相比，堆叠可能更难理解，因为在拆分数据、处理潜在的过拟合和数据泄露问题等方面至少有若干种堆叠变体。本节将遵循 scikit-learn 库中使用的方法。

用于创建堆叠集成的过程可以分 3 个步骤进行阐释。假设读者已经有了代表性的训练和测试数据集。

第 1 步：训练 0 级模型。

这一步的实质是，每个 0 级模型都在完整训练数据集上进行训练，然后使用这些模型生成预测。

然后，我们需要为集成考虑一些事情。首先，必须选择想要使用的预测类型。对于回归问题，这很简单，因为别无选择。但是，在处理分类问题时，则可以选择使用预测类别或预测概率/分数。

其次，可以只使用预测（无论之前选择的是什么变体）作为 1 级模型的特征，或者将原始特征集与 0 级模型的预测结合起来。在实践中，结合这些特征往往会更好一些。当然，这在很大程度上取决于具体用例和考虑的数据集。

第 2 步：训练 1 级模型。

1 级模型（或元模型）通常非常简单，理想情况下可以提供对 0 级模型所做预测的平滑解释。这就是通常选择线性模型来完成此任务的原因。

注意：

　　术语混合（blending）通常指使用简单的线性模型作为 1 级模型。这是因为 1 级模型的预测是 0 级模型所做预测的加权平均（或混合）。

　　在此步骤中，将使用上一步的特征（只有预测或预测与初始特征集相结合）和一些交叉验证方案来训练 1 级模型。交叉验证方案用于选择元模型的超参数和/或要为集成考虑的基础模型集。图 14.16 说明了具有两个基础学习器的堆叠集成的低级模式。

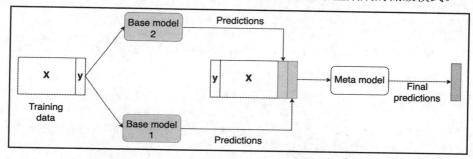

图 14.16　具有两个基础学习器的堆叠集成的低级模式

原　　文	译　　文	原　　文	译　　文
Training data	训练数据	Predictions	预测
Base model 1	基础模型 1	Meta model	元模型
Base model 2	基础模型 2	Final predictions	最终预测

　　在 scikit-learn 的堆叠方法中，假设任何基础模型都可能有过拟合的趋势，这可能是由于算法本身或由于其超参数的某种组合。但如果是这样，它应该被其他没有遇到同样问题的基本模型所抵消。这就是应用交叉验证来调整元模型而不是基础模型的原因。

　　选择最佳超参数/基础学习器后，将在完整训练数据集上训练最终估计器。

第 3 步：对未见数据进行预测。

　　这是最简单的一步，因为基本上就是将所有基础模型拟合到新的观察值以获得预测，然后元模型使用这些预测来创建堆叠集成的最终预测。

　　本节将创建一个用于信用卡欺诈数据集的堆叠模型集合。

14.4.1　实战操作

　　执行以下步骤以创建堆叠集成。

　　（1）导入库。

```python
import pandas as pd
from sklearn.model_selection import(train_test_split,
                                    StratifiedKFold)
from sklearn.metrics import recall_score
from sklearn.preprocessing import RobustScaler

from sklearn.svm import SVC
from sklearn.naive_bayes import GaussianNB
from sklearn.tree import DecisionTreeClassifier
from sklearn.linear_model import LogisticRegression
from sklearn.ensemble import RandomForestClassifier
from sklearn.ensemble import StackingClassifier
```

（2）加载和预处理数据。

```python
RANDOM_STATE = 42

df = pd.read_csv("../Datasets/credit_card_fraud.csv")
X = df.copy().drop(columns=["Time"])
y = X.pop("Class")

X_train, X_test, y_train, y_test = train_test_split(
    X, y,
    test_size=0.2,
    stratify=y,
    random_state=RANDOM_STATE
)

robust_scaler = RobustScaler()
X_train = robust_scaler.fit_transform(X_train)
X_test = robust_scaler.transform(X_test)
```

（3）定义基础模型列表。

```python
base_models = [
    ("dec_tree", DecisionTreeClassifier()),
    ("log_reg", LogisticRegression()),
    ("svc", SVC()),
    ("naive_bayes", GaussianNB())
]
```

✅ 注意：

在本书配套 GitHub 存储库的 Jupyter Notebook 中，指定了所有模型的随机状态，在此为了节约篇幅而省略了该部分。

（4）训练选定的模型并使用测试集计算召回率。

```
for model_tuple in base_models:
    clf = model_tuple[1]
    if "n_jobs" in clf.get_params().keys():
        clf.set_params(n_jobs=-1)
    clf.fit(X_train, y_train)
    recall = recall_score(y_test, clf.predict(X_test))
    print(f"{model_tuple[0]}'s recall score: {recall:.4f}")
```

执行上述代码片段会生成以下输出。

```
dec_tree's recall score: 0.7551
log_reg's recall score: 0.6531
svc's recall score: 0.7041
naive_bayes's recall score: 0.8469
```

可以看到，在上述模型中，朴素贝叶斯（naive_bayes）分类器在测试集上获得了最佳召回率分数（0.8469）。

（5）定义、拟合和评估堆叠集成。

```
cv_scheme = StratifiedKFold(n_splits=5,
                            shuffle=True,
                            random_state=RANDOM_STATE)
meta_model = LogisticRegression(random_state=RANDOM_STATE)

stack_clf = StackingClassifier(
    base_models,
    final_estimator=meta_model,
    cv=cv_scheme,
    n_jobs=-1
)
stack_clf.fit(X_train, y_train)

recall = recall_score(y_test, stack_clf.predict(X_test))
print(f"The stacked ensemble's recall score: {recall:.4f}")
```

执行上述代码片段会生成以下输出。

```
The stacked ensemble's recall score: 0.7449
```

可以看到，该堆叠集成的召回率分数（0.7449）比最好的单个模型得分还要更差一些。当然，读者也可以尝试进一步改进该集成。例如，可以允许集成使用元模型的初始特征，并将逻辑回归元模型替换为随机森林分类器。

（6）使用附加特征和更复杂的元模型改进该堆叠集成。

```
meta_model = RandomForestClassifier(random_state=RANDOM_STATE)
stack_clf = StackingClassifier(
    base_models,
    final_estimator=meta_model,
    cv=cv_scheme,
    passthrough=True,
    n_jobs=-1
)
stack_clf.fit(X_train, y_train)
```

第二个堆叠集成获得了 0.8571 的召回率分数，优于最好的单个模型。

14.4.2　原理解释

在步骤（1）中，导入了所需的库。然后，在步骤（2）中加载了信用卡欺诈数据集，将目标与特征分离，删除 Time 特征，将数据拆分为训练集和测试集（使用分层拆分），最后，使用 RobustScaler 对数据进行缩放。当然，对于基于树的模型来说，该转换不是必需的。

我们使用各种分类器（每个分类器都有自己的一组关于输入数据的假设）作为基础模型。为简单起见，这里没有研究特征的不同属性，例如正态性。有关这些处理步骤的更多详细信息，可以参阅之前的小节。

在步骤（3）中，为堆叠集成定义了一个基础学习器列表。我们决定使用一些简单的分类器，例如决策树（dec_tree）、朴素贝叶斯分类器（naive_bayes）、支持向量分类器（svc）和逻辑回归（log_reg）。为节约篇幅，我们不会在这里描述所选分类器的属性。

💡 提示：

在准备基础学习者列表时，还可以提供整个管道，而不仅仅是估计器。当只有一些机器学习模型需要对特征进行专门的预处理（例如缩放或编码分类变量）时，这是可以发挥作用的。

在步骤（4）中，迭代了分类器列表，将每个模型（使用其默认设置）拟合到训练数据，并使用测试集计算召回率分数。此外，如果估算器有一个 n_jobs 参数，则将其设置为-1 以使用所有可用的 CPU 核心进行计算。这样可以加快模型的训练，前提是用户的计算机硬件有多个可用的核心/线程。这一步的目的是研究各个基础模型的性能，以便可以将它们与堆叠集成的整体进行比较。

在步骤（5）中，首先定义了元模型（逻辑回归）和 5 折分层交叉验证方案。然后通过提供基本分类器列表以及交叉验证方案和元模型来实例化 StackingClassifier。在堆叠集成的 scikit-learn 实现中，基础学习器使用整个训练集进行拟合。然后，为了避免过拟合并提高模型的泛化能力，元估计器使用选定的交叉验证方案在外样本上训练模型。准确地说，它将使用 cross_val_predict 来完成这项任务。

✔ 注意：

这种方法的一个可能的缺点是，仅对元学习者应用交叉验证可能会导致基础学习者的过拟合。不同的库（详见 14.4.3 节"扩展知识"）将使用不同的方法对堆叠集成进行交叉验证。

在最后一步中，尝试通过修改其两个特征来提高堆叠集成的性能。首先，将 1 级模型从逻辑回归更改为随机森林分类器。其次，允许 1 级模型使用 0 级基础模型使用的特征。为此，我们在实例化 StackingClassifier 时将 passthrough 参数设置为 True。

14.4.3　扩展知识

为了更好地理解堆叠，可以看一下前面介绍的"第 1 步：训练 0 级模型"的输出，它其实就是用于训练 1 级模型的数据。要获取该数据，可以使用已拟合的 StackedClassifier 的 transform 方法。或者，当分类器未拟合时，可以使用读者熟悉的 fit_transform 方法。

在本示例中，使用了预测和原始数据作为特征来研究堆叠集成。

```
level_0_names = [f"{model[0]}_pred" for model in base_models]

level_0_df = pd.DataFrame(
    stack_clf.transform(X_train),
    columns=level_0_names + list(X.columns)
)

level_0_df.head()
```

执行上述代码片段将生成如图 14.17 所示的结果（有删减）。

	dec_tree_pred	log_reg_pred	svc_pred	naive_bayes_pred	V1	V2	V3
0	0.0	0.000067	-1.042724	3.814708e-18	0.862468	-0.582668	-0.800214
1	0.0	0.000197	-1.011043	4.686999e-17	0.902013	-0.081009	-1.688308
2	0.0	0.000105	-1.064856	1.901214e-08	-0.452072	0.383882	0.277401
3	0.0	0.000018	-1.064256	2.215227e-17	1.014098	-1.115745	-0.483481
4	0.0	0.000041	-1.061369	3.443033e-17	-0.209097	-0.767259	-0.033341

图 14.17　堆叠集成中 1 级模型的输入预览

可以看到前 4 列对应于基础学习器所做的预测。在这些值旁边，可以看到其余的特征，即基础学习器用来生成预测的特征。

值得一提的是，在使用 StackingClassifier 时，可以使用基础模型的各种输出作为 1 级模型的输入。例如，可以使用预测的概率/分数或预测的标签。使用 stack_method 参数的默认设置，分类器将尝试使用以下类型的输出（按特定顺序）：predict_proba、decision_function 和 predict。

📝 **注意：**

如果使用 stack_method= "predict"，则会看到 4 列 0 和 1，对应于模型的类预测（使用 0.5 的默认决策阈值）。

本节展示了一个堆叠集成的简单示例。读者也可以通过多种方式尝试进一步增强。一些可能的改进如下。

- ❑ 向堆叠集成中添加更多层。
- ❑ 使用更多样化的模型，例如 k-NN、提升树、神经网络等。
- ❑ 调整基本分类器和/或元模型的超参数。

📝 **注意：**

scikit-learn 的 ensemble 模块还包含一个 VotingClassifier，它可以聚合多个分类器的预测。VotingClassifier 使用两种可用的投票方案之一。第一个方案是 hard，它就是简单的多数决。另一个方案是 soft，使用预测概率之和的 argmax 来预测类标签。

还有其他提供堆叠功能的库。

- ❑ vecstack。
- ❑ mlxtend。
- ❑ h2o。

这些库在处理堆叠的方式上也有所不同。例如，它们拆分数据或处理潜在的过拟合和数据泄露的方式都可能不一样。有关更多详细信息，可以参阅相应库的说明文档。

14.4.4　参考资料

以下是读者可能感兴趣的其他资源。

- ❑ Raschka, S. 2018. "MLxtend: Providing machine learning and data science utilities and extensions to Python's scientific computing stack." The Journal of Open Source Software 3(24): 638.
- ❑ Wolpert, D. H. 1992. "Stacked generalization". Neural networks 5(2): 241-259.

14.5　贝叶斯超参数优化

在 13.8 节"使用网格搜索和交叉验证调整超参数"中，详细介绍了如何使用各种风格的网格搜索来为模型寻找最佳的超参数集。本节将介绍另一种寻找最佳超参数集的方法，这一次将基于贝叶斯方法。

贝叶斯方法的主要改进思路是，网格搜索和随机搜索所做的都是缺乏提示信息的选择，它们要么通过对所有组合的穷尽搜索，要么通过随机样本像无头苍蝇一样碰运气。这样，它们实际上花费了大量时间来评估导致性能远非最佳的组合，基本上是在浪费时间。因此，贝叶斯方法试图对下一组要评估的超参数做出有提示性的选择，这样可以减少寻找最佳参数集所花费的时间。可以说，贝叶斯方法试图通过花费更多时间来选择要研究的超参数，以此来限制评估目标函数所花费的时间，这最终在计算上是更划算的。

贝叶斯方法的具体形式是基于序列模型的优化（sequential model-based optimization，SMBO）。大致而言，SMBO 将使用代理模型和获取函数来迭代（因此被命名为"序列"）选择搜索空间中最有希望的超参数，以逼近实际目标函数。

在贝叶斯超参数优化（HyperParameter optimization，HPO）的背景下，真正的目标函数通常是经过训练的机器学习模型的交叉验证误差。它在计算上可能非常昂贵，并且可能需要数小时（甚至数天）才能计算出来。这就是我们要在 SMBO 中创建一个代理模型（surrogate model）的缘故，后者其实是使用过去的评估构建的目标函数的概率模型。它将输入值（超参数）映射到真实目标函数的得分概率。因此，可以将其视为真实目标函数的近似值。我们遵循的是 hyperopt 库使用的方法，在该方法中，代理模型是使用基于树结构的 Parzen 估计器（tree-structured parzen estimator，TPE）创建的。其他可能的方法还包括高斯过程或随机森林回归等。

在每次迭代中，首先将代理模型拟合到迄今为止所获得的目标函数的所有观察值。然后，应用获取函数（acquisition function）——例如 Expected Improvement——来根据它们的预期效用确定下一组超参数。简单地说，这种方法就是使用过去评估的历史来为下一次迭代做出最佳选择。与过去表现不佳的值相比，接近过去表现良好的值更有可能提高整体性能。获取函数还定义了超参数空间中新区域的探索与已知可提供有利结果的区域的利用之间的平衡。

贝叶斯优化的简化步骤如下。

（1）创建真实目标函数的代理模型。

（2）找到一组在代理模型上表现最好的超参数。

（3）使用该集合评估真正的目标函数。

（4）使用评估真实目标的结果更新代理模型。

（5）重复步骤（2）～（4），直至达到停止标准（指定的最大迭代次数或时间量）。

从这些步骤中可以想见，算法运行的时间越长，代理函数就越接近真实的目标函数。这是因为每次迭代都会根据真实目标函数的评估进行更新，因此每次运行都会"减少错误"。

如前文所述，贝叶斯超参数优化的最大优势在于它减少了搜索最优参数集所花费的时间。当参数数量很多并且评估真实目标的计算量很大时，这一点尤其重要。但是，它也有一些可能的缺点。

❑ SMBO 过程的某些步骤不能并行执行，因为算法需要根据过去的结果顺序选择超参数集。

❑ 为超参数选择合适的分布/尺度可能很困难。

❑ 探索与利用偏差——当算法找到局部最优值时，它可能会专注于它周围的超参数值，而不是探索位于搜索空间远处的潜在新值。随机搜索则不受此问题的困扰，因为它不关注任何值。

❑ 超参数的值是独立选择的。例如，在梯度提升树（gradient boosted trees）中，建议同时考虑学习率和估计器的数量，以避免过拟合并减少计算时间。TPE 将无法发现这种关系。在已知这种关系的情况下，可以通过使用不同的选择来定义搜索空间，从而部分地解决这个问题。

📖 注意：

对于贝叶斯超参数优化，这里所做的只是一个大致介绍。当然，如果读者对此感兴趣，则在代理模型、获取函数等方面还有更多可以探讨的东西。为了方便研究，在 14.5.4 节 "参考资料" 中提供了一个论文列表以帮助读者获得更深入的解释。

本节将使用贝叶斯超参数优化来调整 LightGBM 模型。之所以选择这个模型是因为它在性能和训练时间之间提供了很好的平衡。我们将使用读者已经熟悉的信用卡欺诈数据集，这是一个高度不平衡的数据集。

14.5.1　实战操作

执行以下步骤以运行 LightGBM 模型的贝叶斯超参数优化。

（1）加载库。

```
import pandas as pd
import numpy as np
```

```
from sklearn.model_selection import train_test_split
from sklearn.model_selection import (cross_val_score,
                                     StratifiedKFold)
from lightgbm import LGBMClassifier

from hyperopt import hp, fmin, tpe, STATUS_OK, Trials, space_eval
from hyperopt.pyll import scope
from hyperopt.pyll.stochastic import sample

from chapter_14_utils import performance_evaluation_report
```

（2）定义参数供以后使用。

```
N_FOLDS = 5
MAX_EVALS = 200
RANDOM_STATE = 42
EVAL_METRIC = "recall"
```

（3）加载并准备数据。

```
df = pd.read_csv("../Datasets/credit_card_fraud.csv")

X = df.copy().drop(columns=["Time"])
y = X.pop("Class")

X_train, X_test, y_train, y_test = train_test_split(
    X, y,
    test_size=0.2,
    stratify=y,
    random_state=RANDOM_STATE
)
```

（4）使用默认超参数训练基准 LightGBM 模型。

```
clf = LGBMClassifier(random_state=RANDOM_STATE)
clf.fit(X_train, y_train)

benchmark_perf = performance_evaluation_report(
    clf, X_test, y_test,
    show_plot=True,
    show_pr_curve=True
)
print(f'Recall: {benchmark_perf["recall"]:.4f}')
```

执行上述代码片段会生成如图 14.18 所示的结果。

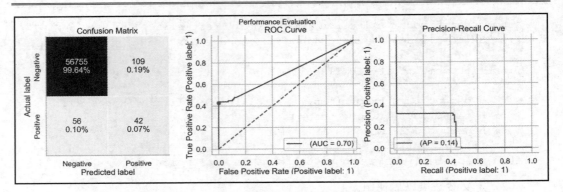

图 14.18　基准 LightGBM 模型的性能评估

此外，我们了解到该基准在测试集上的召回率分数等于 0.4286。

（5）定义目标函数。

```
def objective(params, n_folds=N_FOLDS,
              random_state=RANDOM_STATE,
              metric=EVAL_METRIC):

    model = LGBMClassifier(**params, random_state=random_state)
    k_fold = StratifiedKFold(n_folds, shuffle=True,
                             random_state=random_state)

    scores = cross_val_score(model, X_train, y_train,
                             cv=k_fold, scoring=metric)
    loss = -1 * scores.mean()

    return {"loss": loss, "params": params, "status": STATUS_OK}
```

（6）定义搜索空间。

```
search_space = {
    "n_estimators": hp.choice("n_estimators", [50, 100, 250, 500]),
    "boosting_type": hp.choice(
        "boosting_type", ["gbdt", "dart", "goss"]
    ),
    "is_unbalance": hp.choice("is_unbalance", [True, False]),
    "max_depth": scope.int(hp.uniform("max_depth", 3, 20)),
    "num_leaves": scope.int(hp.quniform("num_leaves", 5, 100, 1)),
    "min_child_samples": scope.int(
        hp.quniform("min_child_samples", 20, 500, 5)
    ),
```

```
    "colsample_bytree": hp.uniform("colsample_bytree", 0.3, 1.0),
    "learning_rate": hp.loguniform(
        "learning_rate", np.log(0.01), np.log(0.5)
    ),
    "reg_alpha": hp.uniform("reg_alpha", 0.0, 1.0),
    "reg_lambda": hp.uniform("reg_lambda", 0.0, 1.0),
}
```

可以使用 sample 函数从样本空间生成单次抽取。

```
sample(search_space)
```

执行上述代码片段会输出以下字典。

```
{
    'boosting_type': 'gbdt',
    'colsample_bytree': 0.5718346953027432,
    'is_unbalance': False,
    'learning_rate': 0.44862566076557925,
    'max_depth': 3,
    'min_child_samples': 75,
    'n_estimators': 250,
    'num_leaves': 96,
    'reg_alpha': 0.31830737977056545,
    'reg_lambda': 0.637449220342909
}
```

（7）使用贝叶斯 HPO 找到最佳超参数。

```
trials = Trials()
best_set = fmin(fn=objective,
                space=search_space,
                algo=tpe.suggest,
                max_evals=MAX_EVALS,
                trials=trials,
                rstate=np.random.default_rng(RANDOM_STATE))
```

（8）检查最佳超参数集。

```
space_eval(search_space , best_set)
```

执行上述代码片段会打印最佳超参数列表。

```
{
    'boosting_type': 'dart',
    'colsample_bytree': 0.8764301395665521,
```

```
    'is_unbalance': True,
    'learning_rate': 0.019245717855584647,
    'max_depth': 19,
    'min_child_samples': 160,
    'n_estimators': 50,
    'num_leaves': 16,
    'reg_alpha': 0.3902317904740905,
    'reg_lambda': 0.48349252432635764
}
```

（9）使用最佳超参数拟合新模型。

```
tuned_lgbm = LGBMClassifier(
    **space_eval(search_space, best_set),
    random_state=RANDOM_STATE
)
tuned_lgbm.fit(X_train, y_train)
```

（10）在测试集上评估已拟合的模型：

```
tuned_perf = performance_evaluation_report(
    tuned_lgbm, X_test, y_test,
    show_plot=True,
    show_pr_curve=True
)

print(f'Recall: {tuned_perf["recall"]:.4f}')
```

执行上述代码片段会生成如图 14.19 所示的结果。

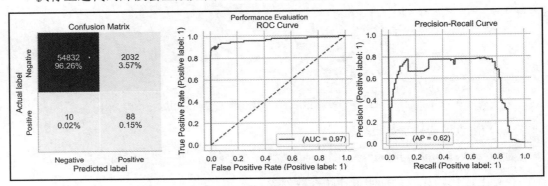

图 14.19　调整后的 LightGBM 模型的性能评估

可以看到，调整后的模型在测试集上取得了更好的性能。更具体地说，它的召回率分数达到 0.8980，而基准值只有 0.4286。

14.5.2 原理解释

在加载所需的库后，步骤（2）定义了一组要在此节中使用的参数，包括交叉验证的折数、优化过程中的最大迭代次数、随机状态和用于优化的评估指标。

在步骤（3）中，导入了数据集并创建了训练集和测试集。我们在之前的小节中已经详细描述了一些预处理步骤，因此如果必要的话读者可以复习前面的类似步骤以获取更多信息。

在步骤（4）中，使用默认的超参数训练了一个基准 LightGBM 模型。

🖋 注意：

在使用 LightGBM 时，实际上可以定义一些随机种子。有单独的用于为每棵树装袋和选择特征子集的随机种子。此外，读者也可以指定一个 deterministic 标志。为了使结果完全可重现，应该确保正确指定了这些附加设置。

在步骤（5）中，定义了真正的目标函数（即贝叶斯优化将为其创建代理模型的目标函数）。该函数将超参数集作为输入，并使用分层 5 折交叉验证来计算要最小化的损失值。在欺诈检测示例中，我们希望检测尽可能多的欺诈行为，即使这意味着产生更多的误报。这就是选择召回率作为感兴趣指标的原因。由于优化器需要最小化函数，因此可将其乘以-1 以创建最大化问题。

该函数必须返回单个值（损失）或至少包含两个键值对的字典。

❑ loss——真实目标函数的值。

❑ status——损失值计算正确与否的指标。它可以是 STATUS_OK 或 STATUS_FAIL。

此外，我们还返回了用于评估目标函数的一组超参数。在 14.5.3 节"扩展知识"部分将详细讨论这些超参数。

🖋 注意：

我们使用了 cross_val_score 函数来计算验证分数。但是，在某些情况下，读者也可能希望手动迭代使用 StratifiedKFold 创建的每份数据。其中一种情况是访问 LightGBM 原生 API 的更多功能，例如提前停止。

在步骤（6）中，定义了超参数网格。搜索空间被定义为一个字典，但是相对于为 GridSearchCV 定义的空间，本示例使用了 hyperopt 的内置函数，例如以下几个函数。

❑ hp.choice(label, list)——返回指定选项之一。

❑ hp.uniform(label, lower_value, upper_value)——两个值之间的均匀分布。

❑ hp.quniform(label, low, high, q)——两个值之间的量化（或离散）均匀分布。实

际上，这意味着将获得均匀分布、均匀间隔（由 q 确定）的整数。

❑　hp.loguniform(label, low, high)——返回值的对数均匀分布。换句话说，返回的数字在对数尺度上均匀分布。这样的分布对于探索在若干个数量级上变化的值很有用。例如，在调整学习率时，我们希望测试 0.001、0.01、0.1 和 1 等值，而不是 0 和 1 之间的均匀分布集。

❑　hp.randint(label, upper_value)——返回[0, upper_value)范围内的随机整数。

请记住，在此设置中，必须两次定义超参数的名称（在上面的代码片段中表示为 label）。此外，在某些情况下，我们希望使用 scope.int 将值强制为整数。

在步骤（7）中，运行了贝叶斯优化以找到最佳超参数集。首先，定义了用于存储搜索历史记录的 Trials 对象。读者甚至可以使用它来恢复搜索或扩展已完成的搜索，即使用已存储的历史记录增加迭代次数。

其次，我们通过传递目标函数、搜索空间、代理模型、最大迭代次数和用于存储历史的 trials 对象来运行优化。有关调整 TPE 算法的更多详细信息，可以参阅 hyperopt 库的相关说明文档。

此外，本步骤还设置了 rstate 的值，它相当于 hyperopt 的 random_state。可以轻松地将 trials 对象存储在 pickle 文件中以备后期使用。为此，读者可以使用 pickle.dump 和 pickle.load 函数。

✅ 注意：

在运行贝叶斯超参数优化之后，trials 对象包含了许多有趣且有用的信息。可以在 trials.best_trial 下找到最佳的超参数集，而 trials.results 则包含所有已探索的超参数集合。在 14.5.3 节"扩展知识"中将使用这些信息。

在步骤（8）中，检查了最佳超参数集。这需要使用 space_eval 函数，而不是仅仅输出字典，其中原因是，如果仅输出字典，则只能看到任何分类特征的索引而不是它们的名称。例如，通过输出 best_set 字典，可能会看到 0 而不是 boosting_type 超参数的"gbdt"。

在最后两个步骤中，使用已识别的超参数训练了一个 LightGBM 分类器，并评估了它在测试集上的性能。

14.5.3　扩展知识

关于贝叶斯超参数优化，还有一些趣味而实用的东西值得一提。下面我们就来具体了解一下。为节约篇幅，在此没有显示所有代码。有关完整的代码演练，可以参阅本书配套 GitHub 存储库中提供的 Jupyter Notebook。

1．条件超参数空间

当读者想要试验不同的机器学习模型时，条件超参数空间会很有用，每个模型都带有完全独立的超参数。或者，一些超参数与其他超参数根本不兼容，在调整模型时应考虑到这一点。

例如，在使用 LightGBM 的情况下，读者可能会发现以下超参数对：boosting_type 和 subsample/subsample_freq。提升类型"goss"与 subsample 不兼容（subsample 即每次迭代仅选择训练观察的子样本），这就是为什么我们希望在使用 GOSS 时将 subsample 设置为 1，而其他情况下可对其进行调整。subsample_freq 是一个互补的超参数，它决定了应该多频繁（每 n 次迭代）使用 subsample。

以下代码段使用了 hp.choice 定义条件搜索空间。

```
conditional_search_space = {
    "boosting_type": hp.choice("boosting_type", [
        {"boosting_type": "gbdt",
         "subsample": hp.uniform("gdbt_subsample", 0.5, 1),
         "subsample_freq": scope.int(
            hp.uniform("gdbt_subsample_freq", 1, 20)
        )},
        {"boosting_type": "dart",
         "subsample": hp.uniform("dart_subsample", 0.5, 1),
         "subsample_freq": scope.int(
            hp.uniform("dart_subsample_freq", 1, 20)
        )},
        {"boosting_type": "goss",
         "subsample": 1.0,
         "subsample_freq": 0},
    ]),
    "n_estimators": hp.choice("n_estimators", [50, 100, 250, 500]),
}
```

从该空间抽取的示例如下所示。

```
{
    'boosting_type': {'boosting_type': 'dart',
    'subsample': 0.9301284507624732,
    'subsample_freq': 17},
    'n_estimators': 250
}
```

在能够为贝叶斯超参数优化使用这样的抽取之前，还需要采取一个步骤。由于搜索空间最初是嵌套的，因此还必须将抽取的样本分配给字典中的顶级键。

以下代码片段执行了该操作。

```
# 从搜索空间抽取
params = sample(conditional_search_space)

# 检索条件参数，如果缺少，则设置为默认值
subsample = params["boosting_type"].get("subsample", 1.0)
subsample_freq = params["boosting_type"].get("subsample_freq", 0)

# 用条件值填充 params 字典
params["boosting_type"] = params["boosting_type"]["boosting_type"]
params["subsample"] = subsample
params["subsample_freq"] = subsample_freq

params
```

get 方法将从字典中提取请求的键的值，如果请求的键不存在，则返回默认值。
执行上述代码片段会返回格式正确的字典。

```
{
    'boosting_type': 'dart',
    'n_estimators': 250
    'subsample': 0.9301284507624732,
    'subsample_freq': 17
}
```

最后，应该将清理字典的代码放在目标函数中，然后将其传递给优化例程。

在本书配套 GitHub 存储库的 Jupyter Notebook 中，还使用条件搜索空间对 LightGBM
进行了超参数调优。如图 14.20 所示，它在测试集上取得了 0.8980 的召回率分数，与没
有条件搜索空间调整的模型得分相同。

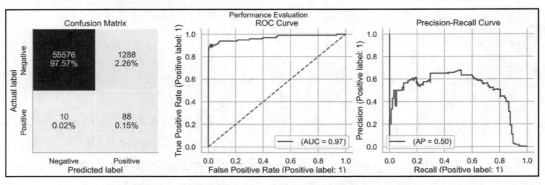

图 14.20　使用条件搜索空间调整的 LightGBM 模型的性能评估

2．深入探索超参数

前文已经提到，hyperopt 提供了广泛的分布，可以从中进行采样。当我们真正看到分布的样子时，理解起来会容易得多。首先让我们看一下学习率的分布。

以下代码指定了学习率。

```
hp.loguniform("learning_rate", np.log(0.01), np.log(0.5))
```

在图 14.21 中，可以看到来自学习率的对数均匀分布的 10 000 次随机抽取的核密度估计（kernel density estimate，KDE）图。

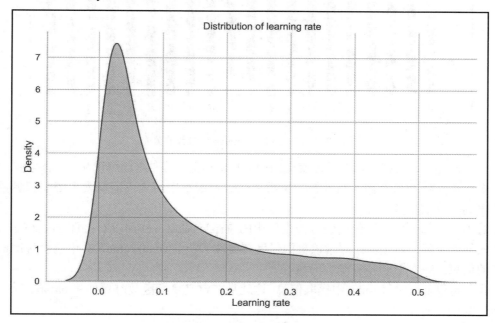

图 14.21　学习率的分布

正如我们所预期的那样，可以看到该分布在若干个数量级的观察结果上放置了更多权重。

下一个值得查看的分布是用于 min_child_samples 超参数的量化均匀分布。其定义如下。

```
scope.int(hp.quniform("min_child_samples", 20, 500, 5))
```

在图 14.22 中，可以看到该分布反映了我们为它设定的假设，即均匀间隔的整数是均匀分布的。在本示例中，每 5 个整数采样一次。为了保持绘图的可读性，这里只显示了前 20 个条形。但是，完整分布达到的整数是 500。

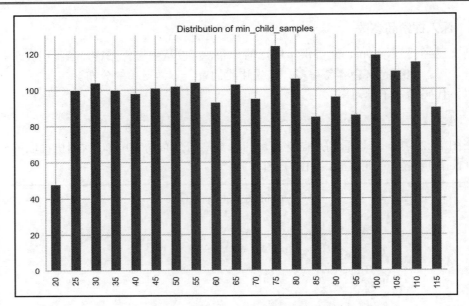

图 14.22 min_child_samples 超参数的分布

到目前为止，我们只查看了搜索空间中可用的信息。当然，还可以从 Trials 对象中获取更多信息，该对象存储了贝叶斯超参数优化过程的整个历史，即探索了哪些超参数，以及得到的分数是多少等。

对于这一部分，可以使用包含搜索历史的 Trials 对象，使用没有条件 boosting_type 调整的搜索空间。为了轻松探索该数据，我们准备了一个 DataFrame，其中包含每次迭代所需的信息：超参数和损失函数的值。

我们可以从 trials.results 中提取信息，这就是在定义目标函数时额外将 params 对象传递给最终字典的原因。

超参数最初作为字典存储在一列中。可以使用 json_normalize 函数将它们分解成单独的列，示例如下。

```python
from pandas.io.json import json_normalize
results_df = pd.DataFrame(trials.results)
params_df = json_normalize(results_df["params"])
results_df = pd.concat([results_df.drop("params", axis=1), params_df],
                        axis=1)
results_df["iteration"] = np.arange(len(results_df)) + 1
results_df.sort_values("loss")
```

执行上述代码片段将打印如图 14.23 所示的结果。

	loss	status	boosting_type	colsample_bytree	is_unbalance	learning_rate	max_depth	min_child_samples	n_estimators	num_leaves	reg_alpha	reg_lambda	iteration
150	-0.901071	ok	dart	0.876430	True	0.019246	19	160	50	16	0.390232	0.483493	151
168	-0.900941	ok	dart	0.946974	True	0.020825	18	235	50	8	0.366738	0.320576	169
167	-0.898475	ok	dart	0.951135	True	0.024895	18	135	50	8	0.362945	0.418759	168
34	-0.896040	ok	goss	0.307030	True	0.086375	3	415	50	82	0.236233	0.408269	35
155	-0.896008	ok	dart	0.901467	True	0.022619	17	135	50	5	0.320720	0.482145	156
...	...	...	...	...	...	...	...	...	...	...	...	...	...
6	-0.639695	ok	gbdt	0.393251	False	0.018363	19	265	50	13	0.996987	0.699079	7
52	-0.416326	ok	dart	0.841847	False	0.012526	6	320	100	73	0.072400	0.769000	53
164	-0.258845	ok	dart	0.921732	False	0.014171	18	110	50	25	0.049658	0.293709	165
199	-0.088608	ok	dart	0.993957	False	0.016164	15	210	50	54	0.242146	0.560007	200
181	-0.000000	ok	dart	0.837517	False	0.012799	15	160	50	23	0.428376	0.251945	182

图 14.23　包含所有已探索的超参数组合及其相应损失的 DataFrame 片段

为节约篇幅，这里只输出了几个可用的列。使用此信息，读者还可以进一步探索产生最佳超参数集的优化。例如，可以看到最好的分数是在第 151 次迭代（图 14.23 中 DataFrame 的第一行，其索引为 150，Python 的索引从 0 开始）中获得的。

在图 14.24 中，绘制了 colsample_bytree 超参数的两个分布：其中一个定义为采样的先验分布，另一个是在贝叶斯优化期间实际采样的分布。此外，我们还绘制了超参数在迭代过程中的演变情况，并添加了一条回归线来指示变化方向。

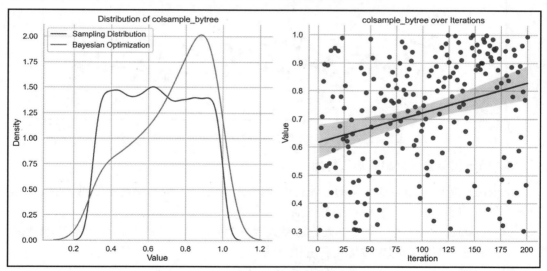

图 14.24　colsample_bytree 超参数的分布

在图 14.24 的左图中，可以看到 colsample_bytree 的后验分布向右侧集中，表明考虑的值的范围较高。通过检查 KDE 图发现，似乎存在大于 1 的值的非零密度，这是不允许的。当然，这其实只是使用绘图方法的产物。在 Trials 对象中，可以确认在优化过程中没有采样高于 1.0 的单个值。

　　在图 14.24 右图中可以看到，colsample_bytree 的值似乎分散在允许的范围内。查看回归线，好像有增加的趋势。

　　最后，可以来看看迭代时损失的演变。损失表示为平均召回率分数的负值（来自训练集的 5 折交叉验证）。如图 14.25 所示，最低值为-0.90（对应于最大平均召回率），出现在第 151 次迭代中。除了少数例外，损失在-0.75 到-0.85 范围内，表现相当稳定。

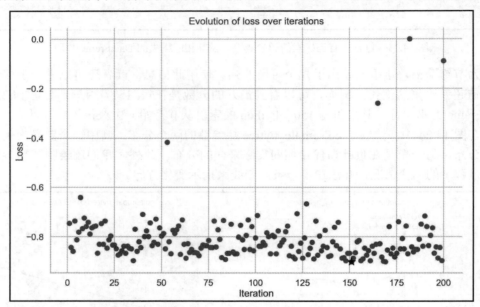

图 14.25　迭代过程中损失（平均召回率）的演变。最佳迭代标有星号

3．用于超参数优化的其他流行库

　　hyperopt 是用于超参数优化的最流行的 Python 库之一，但它绝对不是唯一的。读者可以在以下列表中找到一些流行的替代品。

❏　optuna——这是一个提供大量超参数调整功能的库，包括详尽的网格搜索、随机搜索、贝叶斯超参数优化和进化算法。

❏　scikit-optimize——这是一个提供 BayesSearchCV 类的库，后者是 scikit-learn 的 GridSearchCV 的贝叶斯替代品。

❏　hyperopt-sklearn——这是 hyperopt 的衍生库，提供来自 scikit-learn 的机器学习算法中的模型选择。它允许用户在预处理步骤和机器学习模型中搜索最佳选项，从而涵盖了机器学习管道的整个范围。该库几乎涵盖了 scikit-learn 中可用的所有分类器/回归器/预处理转换器。

❑ ray[tune]——ray 是一种开源的通用分布式计算框架。可以使用它的 tune 模块来运行分布式超参数调整。还可以将 tune 的分布式计算功能与其他成熟的库（如 hyperopt 或 optuna）结合起来。

❑ Tpot——TPOT 是一种 AutoML 工具，可使用遗传编程优化机器学习管道。

❑ bayesian-optimization——这是一个提供通用贝叶斯全局优化和高斯过程的库。

❑ smac——SMAC 是用于优化任意算法参数的通用工具，包括机器学习模型的超参数优化。

14.5.4　参考资料

以下是读者可能感兴趣的其他资源。

❑ Bergstra, J. S., Bardenet, R., Bengio, Y., & Kégl, B. 2011. Algorithms for hyper-parameter optimization. In Advances in Neural Information Processing Systems: 2546-2554.

❑ Bergstra, J., Yamins, D., & Cox, D. D. 2013, June. Hyperopt: A Python library for optimizing the hyperparameters of machine learning algorithms. In Proceedings of the 12th Python in science conference: 13-20.

❑ Bergstra, J., Yamins, D., Cox, D. D. 2013. Making a Science of Model Search: Hyperparameter Optimization in Hundreds of Dimensions for Vision Architectures. Proc. of the 30th International Conference on Machine Learning (ICML 2013).

❑ Claesen, M., & De Moor, B. 2015. "Hyperparameter search in machine learning." arXiv preprint arXiv:1502.02127.

❑ Falkner, S., Klein, A., & Hutter, F. 2018, July. BOHB: Robust and efficient hyperparameter optimization at scale. In International Conference on Machine Learning: 1437-1446. PMLR.

❑ Hutter, F., Kotthoff, L., & Vanschoren, J. 2019. Automated machine learning: methods, systems, challenges: 219. Springer Nature.

❑ Klein, A., Falkner, S., Bartels, S., Hennig, P., & Hutter, F. 2017, April. Fast Bayesian optimization of machine learning hyperparameters on large datasets. In Artificial intelligence and statistics:528-536. PMLR.

❑ Komer B., Bergstra J., & Eliasmith C. 2014. "Hyperopt-Sklearn: automatic hyperparameter configuration for Scikit-learn" Proc. SciPy.

❑ Li, L., Jamieson, K., Rostamizadeh, A., Gonina, E., Hardt, M., Recht, B., &

Talwalkar, A. 2018. Massively parallel hyperparameter tuning:

https://doi.org/10.48550/arXiv.1810.05934

❑ Shahriari, B., Swersky, K., Wang, Z., Adams, R. P., & De Freitas, N. 2015. Taking the human out of the loop: A review of Bayesian optimization. Proceedings of the IEEE, 104(1): 148-175.

❑ Snoek, J., Larochelle, H., & Adams, R. P. 2012. Practical Bayesian optimization of machine learning algorithms. Advances in Neural Information Processing Systems: 25.

14.6　特征重要性研究

我们已经花了相当多的时间来创建整个管道并调整模型以获得更好的性能。但是，同样重要的——在某些情况下甚至更重要的是模型的可解释性。这意味着不仅要给出准确的预测，还要能够解释其背后的原因。例如，在研究客户流失的案例中，了解客户流失预测的实际因素可能有助于改善整体服务并有可能使他们停留更长时间。

在金融环境中，银行经常使用机器学习来预测客户偿还贷款的能力。在许多情况下，银行有义务证明它们的理由，也就是说，如果银行拒绝信贷申请，则需要确切地知道为什么这个客户的申请没有被批准。对于非常复杂的模型，这可能很难，甚至不可能。

了解特征的重要性，我们可以通过多种方式受益。

❑ 通过理解模型的逻辑，可以从理论上验证它的正确性（如果一个敏感的特征是一个好的预测器），或者尝试通过只关注重要变量来改进模型。

❑ 可以使用特征重要性来仅保留 x 个最重要的特征（占总重要性的指定百分比），这不仅可以通过消除潜在噪声来提高性能，还可以缩短训练时间。

❑ 在某些现实工作中，为了可解释性而牺牲一些准确率（或任何其他性能指标）也可能是有意义的。

✍ 注意：

同样重要的是要意识到，模型越准确（就特定的性能指标而言），特征重要性就越可靠。这就是在调整模型后还要来研究这些特征的重要性的原因。注意，读者还应该考虑过拟合的问题，因为过拟合的模型不会返回可靠的特征重要性。

本节将演示如何计算随机森林分类器示例的特征重要性。当然，大多数方法与模型本身无关。对于其他模型（如 XGBoost 和 LightGBM）来说，通常都有等效的方法。在

14.6.4 节"扩展知识"中将介绍这方面的内容。

以下将简要介绍计算特征重要性的 3 种选定方法。

1．平均杂质减少

平均杂质减少（mean decrease in impurity，MDI）：这是随机森林（在 scikit-learn 中）使用的默认特征重要性方法，也称为基尼重要性（Gini importance）。

如前文所述，决策树使用杂质指标（基尼指数/熵/MSE）在生长时创建最佳分割。在训练决策树时，可以计算每个特征对减少加权杂质的贡献程度。为了计算整个森林的特征重要性，该算法将对所有树的杂质减少进行平均。

🖋 注意：

在使用基于杂质的指标时，应该关注变量的排名（相对值），而不是特征重要性的绝对值（将进行归一化，总和为 1）。

该方法的优点如下。
- ❑ 快速计算。
- ❑ 易于检索。

该方法的缺点如下。
- ❑ 有偏见——倾向于夸大连续（数字）特征或高基数分类变量的重要性。这有时会导致一些比较荒谬的情况，即一个额外的随机变量（与要解决的问题无关）在特征重要性排名中得分很高。
- ❑ 基于杂质的重要性是在训练集的基础上计算的，因此并不反映模型泛化到未见数据的能力。

2．删除列特征重要性

删除列特征重要性（drop-column feature importance）：这种方法背后的思路非常简单，就是将包含所有特征的模型与包含用于训练和推理的特征之一的模型进行比较，然后对所有特征重复此过程。

该方法的优点如下。
- ❑ 通常被认为是衡量特征重要性的最准确/最可靠的方法。

该方法的缺点如下。
- ❑ 为数据集的每个变体重新训练模型可能导致非常高的计算成本。

3．特征重要性排列

特征重要性排列（permutation feature importance）：这种方法通过观察每个预测变量

的随机重组如何影响模型的性能来直接衡量特征重要性。排列过程打破了特征和目标之间的关系。因此，模型性能的下降表明模型对特定特征的依赖程度。如果重新调整特征后性能下降很小，那么它显然不是一个非常重要的特征。相反，如果性能下降显著，则该特征可以被认为是模型的重要特征。

该算法的步骤如下。

（1）训练基线模型并记录感兴趣的指标的分数。

（2）随机排列（重新打乱）其中一个特征的值，然后使用整个数据集（包含一个已重新打乱的特征）来获得预测并记录评估指标的分数。该特征的重要性就是基线模型分数与已打乱特征的数据集得分之间的差值。

（3）对所有特征重复步骤（2）。

📝 **注意：**

为评估性能，可以使用训练数据或验证集/测试集。使用后两者中的一个还有额外的好处，那就是深入了解模型的泛化能力。例如，在训练集上很重要但在验证集上不重要的特征实际上可能会导致模型过拟合。有关该主题的更多讨论，可以参阅 *Interpretable Machine Learning*（《可解释机器学习》）一书（详见 14.6.5 节"参考资料"）。

该方法的优点如下。

❑　　与模型无关。

❑　　相当高效——无须在每一步都重新训练模型。

❑　　打乱特征保留了变量的分布。

该方法的缺点如下。

❑　　在计算上比默认的特征重要性更昂贵。

❑　　当特征高度相关时，可能会产生不可靠的重要性。有关详细说明，可以参阅 Strobl 等人的论文（详见 14.6.5 节"参考资料"）。

本节将使用我们在 14.1 节"探索集成分类器"中介绍过的信用卡违约数据集来探索特征重要性。

14.6.1　准备工作

本节将使用 14.1 节"探索集成分类器"中已拟合随机森林的管道（称为 rf_pipeline）。为避免重复，此处不再赘述其步骤。如果读者尚有疑问，可参考本书配套 GitHub 存储库 Jupyter Notebook 中的相应操作步骤以了解此处未包含的所有初始步骤。

14.6.2　实战操作

执行以下步骤来评估随机森林模型的特征重要性。

（1）导入库。

```
import numpy as np
import pandas as pd
from sklearn.inspection import permutation_importance
from sklearn.metrics import recall_score
from sklearn.base import clone
```

（2）从已拟合的管道中提取分类器和预处理器。

```
rf_classifier = rf_pipeline.named_steps["classifier"]
preprocessor = rf_pipeline.named_steps["preprocessor"]
```

（3）从预处理转换器中恢复特征名称并转换训练集/测试集。

```
feat_names = list(preprocessor.get_feature_names_out())

X_train_preprocessed = pd.DataFrame(
    preprocessor.transform(X_train),
    columns=feat_names
)

X_test_preprocessed = pd.DataFrame(
    preprocessor.transform(X_test),
    columns=feat_names
)
```

（4）提取 MDI 特征重要性并计算累积重要性。

```
rf_feat_imp = pd.DataFrame(rf_classifier.feature_importances_,
                           index=feat_names,
                           columns=["mdi"])

rf_feat_imp["mdi_cumul"] = np.cumsum(
    rf_feat_imp
    .sort_values("mdi", ascending=False)
    .loc[:, "mdi"]
).loc[feat_names]
```

（5）定义一个函数，根据重要性绘制前 x 个特征。

```python
def plot_most_important_features(feat_imp, title,
                                 n_features=10,
                                 bottom=False):
    if bottom:
        indicator = "Bottom"
        feat_imp = feat_imp.sort_values(ascending=True)
    else:
        indicator = "Top"
        feat_imp = feat_imp.sort_values(ascending=False)

    ax = feat_imp.head(n_features).plot.barh()
    ax.invert_yaxis()
    ax.set( title=f"{title} ({indicator} {n_features})",
            xlabel="Importance",
            ylabel="Feature")

    return ax
```

按以下方式使用该函数。

```python
plot_most_important_features(rf_feat_imp["mdi"],
                             title="MDI Importance")
```

执行上述代码片段会生成如图 14.26 所示的结果。

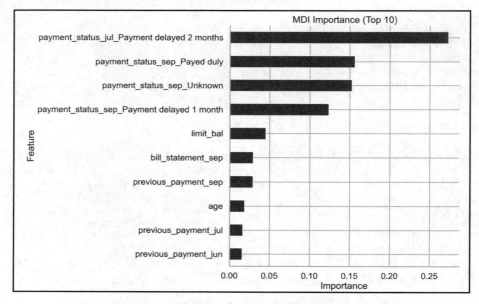

图 14.26　使用 MDI 指标的前 10 个最重要的特征

可以看到，最重要的特征是表示 7 月到 9 月还款状态的分类特征。在这 4 个特征之后，还可以看到一些包含连续值的特征，例如 limit_balance（给定信用额度）、age（年龄）、各种账单和以前的还款状态等。

（6）绘制特征的累积重要性。

```
x_values = range(len(feat_names))

fig, ax = plt.subplots()
ax.plot(x_values, rf_feat_imp["mdi_cumul"].sort_values(), "b-")
ax.hlines(y=0.95, xmin=0, xmax=len(x_values),
          color="g", linestyles="dashed")
ax.set( title="Cumulative MDI Importance",
        xlabel="# Features",
        ylabel="Importance")
```

执行上述代码片段会生成如图 14.27 所示的结果。

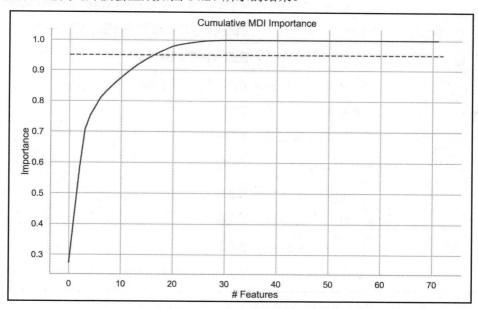

图 14.27　累积的 MDI 重要性

前 10 个特征占总重要性的 86.23%，而前 17 个特征占总重要性的 95%。

（7）使用训练集计算并绘制特征重要性排列。

```
perm_result_train = permutation_importance(
    rf_classifier, X_train_preprocessed, y_train,
```

```
    n_repeats=25, scoring="recall",
    random_state=42, n_jobs=-1
)

rf_feat_imp["perm_imp_train"] = (
    perm_result_train["importances_mean"]
)

plot_most_important_features(
    rf_feat_imp["perm_imp_train"],
    title="Permutation importance - training set"
)
```

执行上述代码片段会生成如图 14.28 所示的结果。

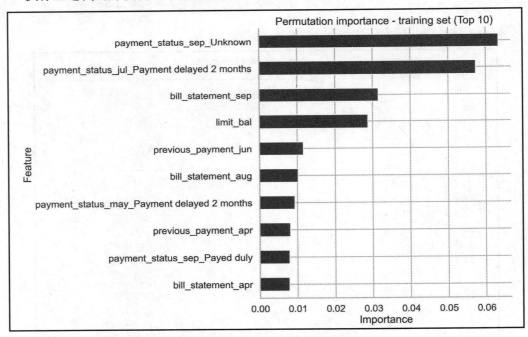

图 14.28　根据在训练集上计算的特征重要性排列获得的前 10 个重要特征

可以看到，与 MDI 重要性相比，最重要的特征集被打乱了。现在最重要的是特征 payment_status_sep_Unknown，它是 payment_status_sep 分类特征中的一个未定义标签（在原始论文中没有赋予明确的含义）。还可以看到，age（年龄）不在使用这种方法确定的前 10 个最重要的特征之列。

（8）使用测试集计算并绘制特征重要性排列。

```
perm_result_test = permutation_importance(
    rf_classifier, X_test_preprocessed, y_test,
    n_repeats=25, scoring="recall",
    random_state=42, n_jobs=-1
)

rf_feat_imp["perm_imp_test"] = (
    perm_result_test["importances_mean"]
)

plot_most_important_features(
    rf_feat_imp["perm_imp_test"],
    title="Permutation importance - test set"
)
```

执行上述代码片段会生成如图 14.29 所示的结果。

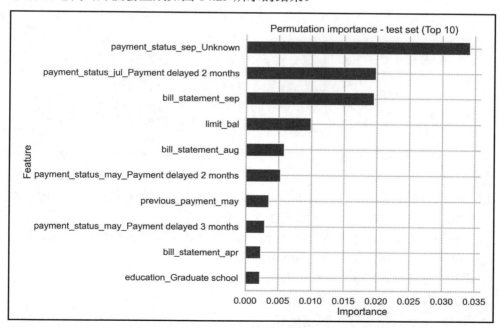

图 14.29　根据在测试集上计算的特征重要性排列获得的前 10 个重要特征

通过对比图 14.28 和图 14.29 可以看到，使用训练集和测试集计算特征重要性排列选择了相同的 4 个特征作为最重要的特征。其他的特征则稍有变化。

✅ 注意：

如果读者注意到使用训练集和测试集计算的特征重要性显著不同，则应该调查模型是否有过拟合的问题。

要解决这个问题，可能需要应用某种形式的正则化。在本示例中，可以尝试增加 min_samples_leaf 超参数的值。

（9）定义一个函数，计算删除列特征重要性。

```python
def drop_col_feat_imp(model, X, y, metric, random_state=42):
    model_clone = clone(model)
    model_clone.random_state = random_state
    model_clone.fit(X, y)
    benchmark_score = metric(y, model_clone.predict(X))

    importances = []

    for ind, col in enumerate(X.columns):
        print(f"Dropping {col} ({ind+1}/{len(X.columns)})")
        model_clone = clone(model)
        model_clone.random_state = random_state
        model_clone.fit(X.drop(col, axis=1), y)
        drop_col_score = metric(
            y, model_clone.predict(X.drop(col, axis=1))
        )
        importances.append(benchmark_score - drop_col_score)

    return importances
```

这里有两点值得一提。

❏　我们固定了 random_state，因为我们对删除特征引起的性能变化特别感兴趣。因此，在估计过程中控制了可变性的来源。

❏　在该实现中使用了训练数据进行评估。读者也可以修改函数以接受其他对象进行评估。这项任务作为一项练习留给读者。

（10）计算并绘制删除列特征重要性。

```python
rf_feat_imp["drop_column_imp"] = drop_col_feat_imp(
    rf_classifier.set_params(**{"n_jobs": -1}),
    X_train_preprocessed,
    y_train,
    metric=recall_score,
    random_state=42
)
```

（11）先绘制前 10 个最重要的特征。

```
plot_most_important_features(
    rf_feat_imp["drop_column_imp"],
    title="Drop column importance"
)
```

执行上述代码片段会生成如图 14.30 所示的结果。

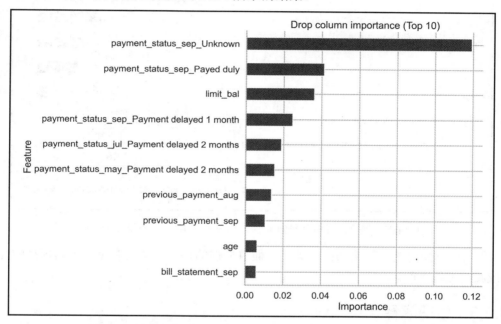

图 14.30　基于删除列特征重要性计算获得的前 10 个最重要的特征

可以看到，使用删除列特征重要性（在训练数据上评估）计算时，最重要的特征是 payment_status_sep_Unknown。这和使用特征重要性排列方法获得的最重要特征是一样的。

（12）绘制 10 个最不重要的特征。

```
plot_most_important_features(
    rf_feat_imp["drop_column_imp"],
    title="Drop column importance",
    bottom=True
)
```

执行上述代码片段会生成如图 14.31 所示的结果。

在使用删除列特征重要性计算的情况下，负重要性表明从模型中删除给定特征实际上提高了模型的性能。只要所考虑的指标将更高的值视为更好，那这就是正确的。

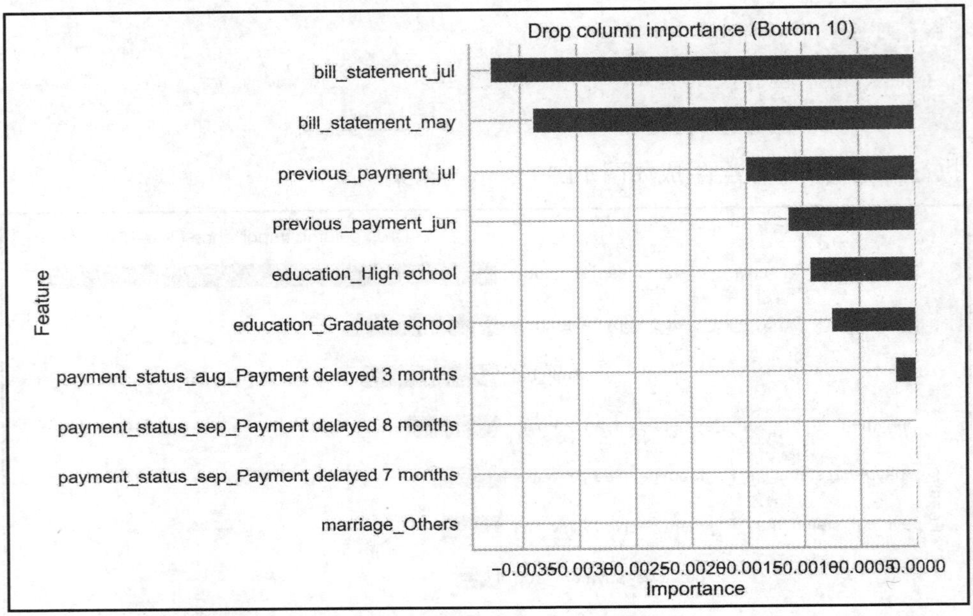

图 14.31　基于删除列特征重要性计算获得的 10 个最不重要的特征

我们可以使用这些结果来删除具有负面重要性的特征，从而有可能提高模型的性能和/或减少训练时间。

14.6.3　原理解释

在步骤（1）中，导入了所需的库。

步骤（2）从管道中提取了分类器和 ColumnTransformer 预处理器。本节使用了一个经过调整的随机森林分类器（使用在 14.1 节"探索集成分类器"中确定的超参数）。

在步骤（3）中，首先使用 get_feature_names_out 方法从预处理器中提取列名称，然后，通过应用预处理器的转换来准备训练集和测试集。

在步骤（4）中，使用已拟合随机森林分类器的 feature_importances_ 属性提取了 MDI 特征重要性。这些值会自动归一化，以便它们加起来为 1。此外，该步骤还计算了累积的特征重要性。

在步骤（5）中，定义了一个辅助函数来绘制最重要/最不重要的特征，并绘制出前 10 个最重要的特征，使用杂质的平均减少量进行计算。

在步骤（6）中，绘制了所有特征的累积重要性。使用此图可以确定是否要减少模型中的特征数量，只要留下的特征其重要性占总重要性的一定百分比即可。这样做也许可以减少模型的训练时间。

在步骤（7）中，使用 scikit-learn 中可用的 permutation_importance 函数计算了特征重要性排列。我们决定使用召回率作为评分指标并将 n_repeats 参数设置为 25，因此算法将重新打乱每个特征 25 次。该过程的输出是一个包含 3 个元素的字典：原始特征重要性、每个特征的平均值和相应的标准差。此外，在使用 permutation_importance 时，还可以通过提供选定指标的列表来一次评估多个指标。

✍ **注意：**

在本示例中使用的是特征重要性排列的 scikit-learn 实现。当然，读者也有其他可用的选项，例如，在 rfpimp 或 eli5 库中的实现。rfpimp 库还包含删除列特征重要性的实现。

在步骤（8）中，计算并绘制了特征重要性排列，这次使用的是测试集。

如前文所述，当数据集包含相关特征时，特征重要性排列可能会返回不可靠的分数，也就是说，重要性分数将分布在相关特征上。可尝试以下方法来克服这个问题。

❑　将相关特征排列组合在一起。rfpimp 库在 importances 函数中提供了该功能。

❑　可以对特征的 Spearman 等级相关性使用层次聚类，选择一个阈值，然后只保留每个已识别聚类中的一个特征。

在步骤（9）中，定义了一个用于计算删除列特征重要性的函数。首先，使用所有特征训练和评估基线模型，评分指标则选择召回率。然后，使用 scikit-learn 的 clone 函数创建一个模型的副本，其规格与基线模型完全相同。接下来，在删除了一个特征的数据集上迭代训练模型，计算选定的评估指标，并存储分数差异。

在步骤（10）中，应用了删除列特征重要性函数并绘制了结果，包括最重要特征和最不重要的特征。

14.6.4　扩展知识

前文已经提到，scikit-learn 的随机森林的默认特征重要性是 MDI/Gini 重要性。还值得一提的是，一些流行的提升算法（在 14.1 节"探索集成分类器"中有介绍）也调整了拟合模型的 feature_importances_ 属性。当然，它们使用的是不同的特征重要性指标，具体取决于算法。

对于 XGBoost 算法来说，有以下几种可能。

❑　weight——衡量一个特征被用来在所有树上拆分数据的次数。但是，与基尼重要性类似，它没有考虑样本数量。

❑ gain——测量特征在树中使用时的平均增益。直观上，可以将其视为 Gini 重要性度量，其中 Gini 杂质被梯度提升模型的目标所取代。

❑ cover——测量特征在树木中使用时的平均覆盖率。覆盖率（coverage）定义为受拆分影响的样本数。

cover方法可以克服weight方法的一个潜在问题——简单地计算拆分的数量可能会产生误导，因为一些拆分可能只影响少数观察结果，因此并不真正相关。

对于 LightGBM 算法来说，有以下几种可能。

❑ split——衡量特征在模型中使用的次数。

❑ gain——衡量使用该特征的拆分的总增益。

14.6.5　参考资料

以下是读者可能感兴趣的其他资源。

❑ Altmann, A., Toloşi, L., Sander, O., & Lengauer, T. 2010. "Permutation importance: a corrected feature importance measure." Bioinformatics, 26(10): 1340-1347.

❑ Louppe, G. 2014. "Understanding random forests: From theory to practice." arXiv preprint arXiv:1407.7502.

❑ Molnar, C. 2020. Interpretable Machine Learning:

https://christophm.github.io/interpretable-ml-book/

❑ Hastie, T., Tibshirani, R., Friedman, J. H., & Friedman, J. H. 2009. The elements of statistical learning: data mining, inference, and prediction, 2: 1-758. New York: Springer.

❑ Hooker, G., Mentch, L., & Zhou, S. 2021. "Unrestricted permutation forces extrapolation: variable importance requires at least one more model, or there is no free variable importance." Statistics and Computing, 31(6): 1-16.

❑ Parr, T., Turgutlu, K., Csiszar, C., & Howard, J. 2018. Beware default random forest importances. March 26, 2018.

https://explained.ai/rf-importance/

❑ Strobl, C., Boulesteix, A. L., Kneib, T., Augustin, T., & Zeileis, A. 2008. "Conditional variable importance for random forests." BMC Bioinformatics, 9(1): 307.

❑　Strobl, C., Boulesteix, A. L., Zeileis, A., & Hothorn, T. 2007. "Bias in random forest variable importance measures: Illustrations, sources and a solution." BMC bioinformatics, 8(1): 1-21.

14.7　探索特征选择技术

在前面的小节中，探讨了如何评估用于训练机器学习模型的特征的重要性。接下来，我们可以利用这些知识进行特征选择，即只保留最相关的特征而丢弃其余特征。

特征选择是任何机器学习项目的关键部分。首先，它允许我们删除完全不相关或对模型预测能力贡献不大的特征。这可以在多方面使我们受益。可能最大的好处是，这些不重要的特征实际上会对模型的性能产生负面影响，因为它们会引入噪声并导致过拟合。正如我们已知的那样——垃圾进，垃圾出。此外，更少的特征通常意味着需要的训练时间更少，并可帮助避免维数灾难。

其次，我们应该遵循奥卡姆剃刀（Occam's razor）原则，让模型简单易懂。当仅拥有适度数量的特征时，更容易解释模型中实际发生的事情。这对于利益相关者采用机器学习项目至关重要。

理解了需要进行特征选择的原因之后，接下来便是探索方法的时候。总体来说，特征选择方法可以分为以下 3 类。

❑　过滤方法——这是一组通用的单变量方法，指定特定的统计度量，然后根据它过滤特征。该组不包含任何特定的机器学习算法，因此它的特点是（通常）计算时间较短并且不太容易过拟合。该组的一个潜在缺点是这些方法分别评估目标和每个特征之间的关系。这可能会导致它们忽视特征之间的重要关系。其示例包括相关性（correlation）、卡方检验（chi-squared test）、方差分析（analysis of variance，ANOVA）、信息增益（information gain）、方差阈值（variance thresholding）等。

❑　包装方法——这组方法将特征选择视为一个搜索问题，也就是说，它使用特定的过程来反复评估具有不同特征集的特定机器学习模型以找到最优集。它的特点是最高的计算成本和最高的过拟合可能性。其示例包括前向选择（forward selection）、后向消除（backward elimination）、逐步选择（stepwise selection）、递归特征消除（recursive feature elimination）等。

❑　嵌入式方法——这组方法将使用具有内置特征选择的机器学习算法，例如，具有正则化的 Lasso 回归或随机森林。通过使用这些隐式特征选择方法，算法试图

　　　　防止过拟合。就计算复杂度而言，该组方法通常介于过滤方法和包装方法之间。

　　本节将对信用卡欺诈数据集应用一系列特征选择方法。我们相信它提供了一个很好的例子，特别是考虑到其中很多特征都是匿名的，我们并不知道它们背后的确切含义，因此，其中一些特征很可能对模型的性能没有太大贡献。

14.7.1　准备工作

　　本节将使用 14.3 节"研究处理不平衡数据的不同方法"中介绍的信用卡欺诈数据集。为方便起见，本节包含了配套 GitHub 存储库的 Jupyter Notebook 中的所有必要准备步骤。

💡 提示：

　　应用特征选择方法的另一个有趣挑战是法国巴黎银行 Cardif 索赔管理（BNP Paribas Cardif Claims Management）项目，其数据集可在 Kaggle 平台上获得，相关链接见 14.7.5 节"参考资料"。与此小节中使用的数据集类似，它包含 131 个匿名特征。

14.7.2　实战操作

　　执行以下步骤来试验各种特征选择方法。

　　（1）导入库。

```
from sklearn.ensemble import RandomForestClassifier
from sklearn.metrics import recall_score
from sklearn.feature_selection import (RFE, RFECV,
                                       SelectKBest,
                                       SelectFromModel,
                                       mutual_info_classif)
from sklearn.model_selection import StratifiedKFold
```

　　（2）训练基准模型。

```
rf = RandomForestClassifier(random_state=RANDOM_STATE,
                            n_jobs=-1)
rf.fit(X_train, y_train)

recall_train = recall_score(y_train, rf.predict(X_train))
recall_test = recall_score(y_test, rf.predict(X_test))
print(f"Recall score training: {recall_train:.4f}")
print(f"Recall score test: {recall_test:.4f}")
```

执行上述代码片段会生成以下输出。

```
Recall score training: 1.0000
Recall score test: 0.8265
```

查看召回率分数可以发现，该模型显然对训练数据过拟合。通常而言，我们应该尝试解决这个问题。但是，为了使练习更简单，这里假设该模型足以继续进行。

（3）使用 Mutual Information 选择最佳特征。

```python
scores = []
n_features_list = list(range(2, len(X_train.columns)+1))

for n_feat in n_features_list:
    print(f"Keeping {n_feat} most important features")
    mi_selector = SelectKBest(mutual_info_classif, k=n_feat)
    X_train_new = mi_selector.fit_transform(X_train, y_train)
    X_test_new = mi_selector.transform(X_test)

    rf.fit(X_train_new, y_train)
    recall_scores = [
        recall_score(y_train, rf.predict(X_train_new)),
        recall_score(y_test, rf.predict(X_test_new))
    ]
    scores.append(recall_scores)

mi_scores_df = pd.DataFrame(
    scores,
    columns=["train_score", "test_score"],
    index=n_features_list
)
```

绘制结果如下。

```python
(
    mi_scores_df["test_score"]
    .plot(kind="bar",
        title="Feature selection using Mutual Information",
        xlabel="# of features",
        ylabel="Recall (test set)")
)
```

执行上述代码片段会生成如图 14.32 所示的结果。

通过检查该图，可以看到使用 8、9、10 和 12 个特征在测试集上获得了最佳召回率分数。为简单起见，我们决定选择 8 个特征。

使用以下代码片段提取 8 个最重要的特征的名称。

```
mi_selector = SelectKBest(mutual_info_classif, k=8)
mi_selector.fit(X_train, y_train)
print(f"Most importance features according to MI: {mi_selector.get_
feature_names_out()}")
```

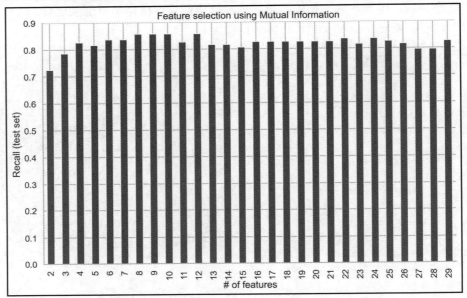

图 14.32　模型的性能取决于所选特征的数量。使用 Mutual Information 标准选择的特征

执行上述代码片段会返回以下输出。

```
Most importance features according to MI: ['V3' 'V4' 'V10' 'V11' 'V12'
'V14' 'V16' 'V17']
```

（4）使用 MDI 特征重要性选择最佳特征，重新训练模型，并评估其性能。

```
rf_selector = SelectFromModel(rf)
rf_selector.fit(X_train, y_train)

mdi_features = X_train.columns[rf_selector.get_support()]
rf.fit(X_train[mdi_features], y_train)
recall_train = recall_score(
    y_train, rf.predict(X_train[mdi_features])
)
recall_test = recall_score(y_test, rf.predict(X_test[mdi_features]))
print(f"Recall score training: {recall_train:.4f}")
print(f"Recall score test: {recall_test:.4f}")
```

执行上述代码片段会生成以下输出。

```
Recall score training: 1.0000
Recall score test: 0.8367
```

使用以下代码片段提取用于特征选择的阈值和最相关的特征。

```
print(f"MDI importance threshold: {rf_selector.threshold_:.4f}")
print(f"Most importance features according to MI: {rf_selector.get_
feature_names_out()}")
```

这会生成以下输出。

```
MDI importance threshold: 0.0345
Most importance features according to MDI:['V10''V11''V12''V14''V16''V17']
```

该阈值对应于 RF 模型的平均特征重要性。

使用类似于步骤（3）中的循环，可以生成一个条形图，根据模型中保留的特征数量显示模型的性能。可以基于平均杂质减少（MDI）特征重要性迭代选择前 k 个特征。为避免重复，在此不再包含其代码（但是读者可以在本章配套的 GitHub 存储库 Jupyter Notebook 中找到）。通过分析图 14.33 中的结果，可以看到该模型以 10 个特征获得了最高的分数，这比之前方法的分数还高。

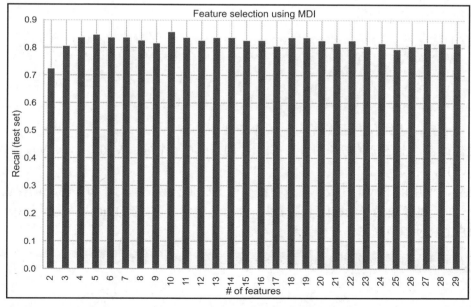

图 14.33　模型的性能取决于所选特征的数量。使用 MDI 特征重要性来选择特征

（5）使用 Recursive Feature Elimination 选择最好的 10 个特征。

```
rfe = RFE(estimator=rf, n_features_to_select=10, verbose=1)
rfe.fit(X_train, y_train)
```

为避免重复，此处不再显示重新训练模型并评估其性能的代码（与前述步骤几乎相同）。该方法最重要的特征和附带的召回率分数如下。

```
Most importance features according to RFE: ['V4' 'V7' 'V9' 'V10' 'V11'
'V12' 'V14' 'V16' 'V17' 'V26']
Recall score training: 1.0000
Recall score test: 0.8367
```

（6）使用带交叉验证的 Recursive Feature Elimination 选择最佳特征。

```
k_fold = StratifiedKFold(5, shuffle=True, random_state=42)

rfe_cv = RFECV(estimator=rf, step=1,
               cv=k_fold,
               min_features_to_select=5,
               scoring="recall",
               verbose=1, n_jobs=-1)
rfe_cv.fit(X_train, y_train)
```

特征选择的结果如下。

```
Most importance features according to RFECV: ['V1' 'V4' 'V6' 'V7' 'V9'
'V10' 'V11' 'V12' 'V14' 'V15' 'V16' 'V17' 'V18'
'V20' 'V21' 'V26']
Recall score training: 1.0000
Recall score test: 0.8265
```

可以看到，这种方法导致选择了 16 个特征。

总体而言，上述每种考虑的方法都出现了以下 6 个特征：V10、V11、V12、V14、V16 和 V17。

此外，使用以下代码片段，可以可视化交叉验证分数，即对于每个考虑的保留特征数量，5 折交叉验证的平均召回率是多少。注意必须将 5 添加到 DataFrame 的索引中，因为在 RFECV 过程中选择了至少保留 5 个特征。

```
cv_results_df = pd.DataFrame(rfe_cv.cv_results_)
cv_results_df.index += 5

(
    cv_results_df["mean_test_score"]
```

```
    .plot( title="Average CV score over iterations",
           xlabel="# of features retained",
           ylabel="Avg. recall")
)
```

执行上述代码片段会生成如图 14.34 所示的结果。

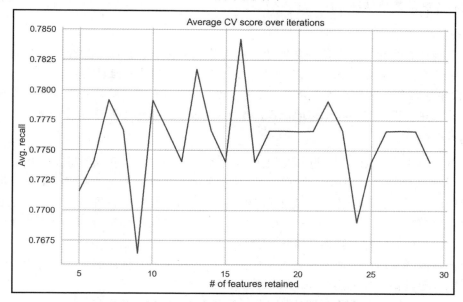

图 14.34　RFE 过程每个步骤的平均 CV 分数

检查该图可确认最高平均召回率是使用 16 个特征获得的。

在评估特征选择的好处时，应该考虑两种情况。第一种情况很明显，当我们删除一些特征时，模型的性能会提高。这不需要任何进一步的解释。第二种情况则很有趣，在删除一些特征后，最终的性能可能与初始性能非常相似或稍差。当然，这并不一定意味着失败了。想象一下，如果在删除了约 60%特征的同时还能保持相同的性能，那么这可能已经是一项重大改进，因为对于那些非常大的数据集和模型来说，删除约 60%的特征可能会将训练时间缩短数小时或数天。此外，这样的模型也更容易解释。

14.7.3　原理解释

在导入所需的库后，我们训练了一个基准随机森林分类器，并输出了训练集和测试集的召回率分数。

在步骤（3）中，应用了第一个要考虑的特征选择方法。这是特征选择技术的单变量过滤类别的一个例子。在统计标准上，使用的是互信息（mutual information）分数。为了计算该指标，使用了 scikit-learn 库中的 mutual_info_classif 函数，它只能处理分类目标和数值特征。因此，任何分类特征都需要事先进行适当的编码。幸运的是，本示例中的数据集只有连续的数值特征。

📝 **注意：**

两个随机变量的互信息得分是衡量这些变量之间相互依赖性的指标。当分数等于零时，表明这两个变量是独立的。得分越高，则变量之间的依赖性就越高。通常而言，计算 MI 需要了解每个特征的概率分布，而这通常是不知道的。这就是 scikit-learn 实现使用基于 k 最近邻距离的非参数近似的原因。使用 MI 的优点之一是它可以捕捉特征之间的非线性关系。

接下来，我们将 MI 标准与 SelectKBest 类结合在一起，使我们能够选择由任意指标确定的 k 个最佳特征。使用这种方法时，几乎永远不会预先知道想要保留多少特征。因此，我们迭代了所有可能的值（从 2 到 29，后者是数据集中的特征总数）。SelectKBest 类采用了熟悉的 fit/transform 方法。在每次迭代中，都会将类别拟合到训练数据（此步骤需要特征和目标），然后转换训练集和测试集。

根据该机器学习标准，转换导致仅保留 k 个最重要的特征。然后，仅使用选定的特征再次拟合随机森林分类器，并记录相关的召回率分数。

scikit-learn 允许我们轻松地将不同的指标与 SelectKBest 类一起使用。例如，可以使用以下评分函数。

❏ f_classif——估计两个变量之间线性相关程度的 ANOVA F 值。该 F 统计量计算为组间变化与组内变化的比率。在本示例中，该组就是目标的类。这种方法的一个潜在缺点是它只考虑线性关系。

❏ chi2——卡方统计量。该指标仅适用于非负特征，例如布尔值或频率，或者从更一般的意义上来说，也适用于分类特征。它将评估一个特征是否独立于目标。如果特征是独立的，则在对观察结果进行分类时它的作用就不大。

除了选择 k 个最佳特征，scikit-learn 的 feature_selection 模块还提供了类，允许根据最高分数的百分位数、误报率校验、估计的错误发现率（false discovery rate，FDR）或族系误差率（family-wise error rate，FWER）来选择特征。

在步骤（4）中，探讨了嵌入式特征选择技术的示例。在该组中，特征选择将作为模型构建阶段的一部分执行。我们使用了 SelectFromModel 类根据模型的内置特征重要性指标（在本例中为 MDI 特征重要性）选择最佳特征。

在实例化类时，可以提供 threshold 参数来确定用于选择最相关特征的阈值。权重/系数高于该阈值的特征将保留在模型中。还可以使用"mean"（默认值）和"median"关键字来使用所有特征重要性的均值/中值作为阈值。也可以将这些关键字与比例因子结合起来，例如"1.5*mean"。

使用 max_features 参数，可以确定允许选择的最大特征数。

📝 注意：

SelectFromModel 类适用于具有 feature_importances_ 或 coeff_属性的任何估计器。具有 feature_importances_属性的估计器如 Random Forest、XGBoost 和 LightGBM 等，具有 coeff_属性的估计器如 Linear Regression、Logistic Regression 和 Lasso 等。

在该步骤中，演示了两种恢复所选特征的方法。第一个是 get_support 方法，它将返回一个带有布尔标志的列表，指示是否选择了给定的特征。第二个是 get_feature_names_out 方法，它将直接返回所选特征的名称。

在拟合随机森林分类器时，我们手动选择了训练数据集的列。当然，读者也可以使用已拟合的 SelectFromModel 类的 transform 方法来自动仅提取相关特征作为 numpy 数组。

在步骤(5)中，使用了包装器方法的示例。递归特征消除（recursive feature elimination，RFE）是一种算法，能够以递归方式训练机器学习模型、计算特征重要性（通过 coef_ 或 feature_importances_）并删除最不重要的一个或多个特征。

该过程首先使用所有特征训练模型，然后从数据集中删除最不重要的一个或多个特征。接下来，使用削减后的特征集再次训练模型，并再次消除最不重要的特征。重复该过程，直至达到所需的特征数量。

在实例化 RFE 类时，提供了随机森林估计器以及要选择的特征数量。此外，还可以提供 step 参数，它将确定每次迭代期间要消除多少特征。

💡 提示：

RFE 可能是一种计算成本很高的算法，尤其是在使用大型特征集和交叉验证的情况下。因此，在使用 RFE 之前应用其他一些特征选择技术可能是一个好主意。例如，可以使用过滤方法来去除一些相关的特征。

如前文所述，我们很少预先知道最佳特征数量。这就是为什么要在步骤（6）中尝试解决该缺点。通过将 RFE 与交叉验证（cross validation，CV）相结合，可以自动确定最佳特征数量以继续使用 RFE 过程。为此，我们使用了 RFECV 类并提供了一些额外的输入。我们必须指定交叉验证方案（5 折分层交叉验证，因为本示例处理的是不平衡的数据集）、评分指标（召回率）和要保留的最少特征数。对于最后一个参数，本示例随意选择了 5。

最后，为了更深入地探索 CV 分数，我们使用了已拟合 RFECV 类的 **cv_results_** 属性访问每份数据的交叉验证分数。

14.7.4　扩展知识

1．其他一些可用的方法

我们已经提到了很多单变量过滤方法。其他一些值得注意的方法如下。

❑　方差阈值（variance thresholding）——这种方法将简单地删除方差低于指定阈值的特征。因此，它可以用来去除常量和准常量特征。后者是指那些变化很小的特征，因为它们几乎所有的值都是相同的。根据定义，此方法不查看目标值，仅查看特征。

❑　基于相关性（correlation-based）方法——有多种方法可以衡量相关性，因此我们将只关注这种方法的一般逻辑。

首先，我们将确定特征和目标之间的相关性，然后可以选择一个阈值，只有高于该阈值的特征才可保留用于建模。

其次，还应该考虑删除相互之间高度相关的特征。读者需要识别这些分组，然后在数据集中只保留每个分组的一个特征。或者，也可以使用方差膨胀因子（variance inflation factor，VIF）来确定多重共线性（multicollinearity）并根据高 VIF 值丢弃特征。VIF 在 statsmodels 中可用。

📝 **注意：**

本节没有考虑使用相关性作为标准，因为信用卡欺诈数据集中的特征是主成分分析（PCA）的结果。因此，根据定义，它们是正交的，即不相关的。

还有一些可用的多变量过滤方法。例如，最大相关性最小冗余（maximum relevance minimum redundancy，MRMR）就是一个算法系列，它试图识别与目标变量具有高相关性的特征子集，同时彼此之间具有较小的冗余性。

读者还可以探索以下包装器技术。

❑　前向特征选择（forward feature selection）——该方法从没有特征开始，分别测试每个特征，看看哪个特征对模型的改进最大。我们将该特征添加到特征集中。然后，依次训练添加了第二个特征的模型。同样，在这一步，将再次单独测试所有剩余的特征，选择最好的一个特征并将其添加到选定的池中。继续一次添加一个特征，直至达到停止标准（达到最大特征数或没有进一步改进）。

传统上，要添加的特征将基于特征的 p 值。但是，现代库也往往使用交叉验证选择指标，以改进选择标准。

❑ 后向特征选择（backward feature selection）——与上面的前向特征选择方法类似，但这一次是从集合中的所有特征开始，一次删除一个特征，直至没有进一步的改进（或所有特征都具有统计意义）。此方法与 RFE 不同，因为它不使用系数或特征重要性来选择要删除的特征。相反，它可以通过交叉验证分数的差异衡量性能改进，并以此进行优化。

❑ 穷尽特征选择（exhaustive feature selection）——简单地说，这是一种蛮力方法，将尝试所有可能的特征组合。很自然地，这是计算量最大的包装器技术，因为要测试的特征组合的数量随着特征的数量呈指数增长。例如，如果有 3 个特征，则必须测试 7 个组合。假设我们有特征 a、b 和 c，则必须测试以下特征组合：[a, b, c, ab, ac, bc, abc]。

❑ 逐步选择（stepwise selection）——这是一种结合前向和后向特征选择的混合方法。该过程从零个特征开始，然后使用最低有效 p 值将它们一个一个地添加进来。在每个添加步骤中，该过程还会检查是否有任何当前特征在统计上不显著。如果统计不显著，则将它们从特征集中删除，算法继续进行下一个添加步骤。该过程将使最终模型仅包含具有统计显著性的特征。

前两种方法在 scikit-learn 中有其实现。或者，读者也可以在 mlxtend 库中找到所有 4 种方法的实现。

关于上面介绍的包装器技术，还需要注意以下事项。

❑ 最佳特征数量取决于机器学习算法。

❑ 由于它们的迭代性质，它们能够检测特征之间的某些交互。

❑ 这些方法通常可为给定的机器学习算法提供性能最佳的特征子集。

❑ 它们的计算成本最高，因为它们将以贪婪方式运行并多次重新训练模型。

我们要介绍的最后一个包装器方法是 Boruta 算法。简而言之，它将创建一组影子特征（shadow feature），即原始特征的随机排列副本，并使用简单的启发式方法选择特征：如果一个特征比最好的随机特征做得更好，那么它就是有用的。在算法返回最佳特征集之前，整个过程会重复多次。

该算法与 scikit-learn 的 ensemble 模块中的机器学习模型以及 XGBoost 和 LightGBM 等算法兼容。有关该算法的更多详细信息，可以参阅 14.7.5 节"参考资料"中提到的论文。Boruta 算法在 boruta 库中有其实现。

最后，值得一提的是，读者还可以结合多种特征选择方法来提高它们的可靠性。例如，可以使用若干种方法选择特征，最终选择出现在所有或大部分结果中的特征。

2. 将特征选择和超参数调整结合在一起

正如前面介绍的那样，我们无法提前知道要保留的最佳特征数量。因此，读者可能希望将特征选择与超参数调整结合起来，并将要保留的特征数量视为另一个超参数。

可以使用来自 scikit-learn 的管道和 GridSearchCV 轻松地做到这一点。

```python
from sklearn.pipeline import Pipeline
from sklearn.model_selection import GridSearchCV

pipeline = Pipeline(
    [
        ("selector", SelectKBest(mutual_info_classif)),
        ("model", rf)
    ]
)

param_grid = {
    "selector__k": [5, 10, 20, 29],
    "model__n_estimators": [10, 50, 100, 200]
}

gs = GridSearchCV(
    estimator=pipeline,
    param_grid=param_grid,
    n_jobs=-1,
    scoring="recall",
    cv=k_fold,
    verbose=1
)

gs.fit(X_train, y_train)
print(f"Best hyperparameters: {gs.best_params_}")
```

执行上述代码片段会返回最佳超参数集。

```
Best hyperparameters: {'model__n_estimators': 50, 'selector__k': 20}
```

💡 提示：

将过滤特征选择方法与交叉验证相结合时，应该在交叉验证过程中进行过滤。否则，就可能使用所有可用的观测结果来选择特征，并引入偏差。

值得注意的是，在交叉验证的各份数据中选择的特征可能不同。以一个保留了 3 个特征的 5 折交叉验证过程为例，在 5 轮交叉验证中的某些轮中，3 个选定的特征可能并不相同。但是，它们不应该相差太大，因为我们假设数据中的整体模式和特征的分布在各份数据中是非常相似的。

14.7.5　参考资料

以下是有关该主题的其他参考资料。

- ❑ Bommert, A., Sun, X., Bischl, B., Rahnenführer, J., & Lang, M. 2020. "Benchmark for filter methods for feature selection in high-dimensional classification data." Computational Statistics & Data Analysis, 143: 106839.
- ❑ Ding, C., & Peng, H. 2005. "Minimum redundancy feature selection from microarray gene expression data." Journal of bioinformatics and computational biology, 3(2): 185-205.
- ❑ Kira, K., & Rendell, L. A. 1992. A practical approach to feature selection. In Machine learning proceedings, 1992: 249-256. Morgan Kaufmann.
- ❑ Kira, K., & Rendell, L. A. 1992, July. The feature selection problem: Traditional methods and a new algorithm. In Aaai, 2(1992a): 129-134.
- ❑ Kuhn, M., & Johnson, K. 2019. Feature engineering and selection: A practical approach for predictive models. CRC Press.
- ❑ Kursa M., & Rudnicki W. Sep. 2010. "Feature Selection with the Boruta Package" Journal of Statistical Software, 36(11): 1-13.
- ❑ Urbanowicz, RJ., et al. 2018. "Relief-based feature selection: Introduction and review." Journal of biomedical informatics, 85: 189-203.
- ❑ Yu, L., & Liu, H. 2003. Feature selection for high-dimensional data: A fast correlation-based filter solution. In Proceedings of the 20th international conference on machine learning (ICML-03): 856-863.
- ❑ Zhao, Z., Anand, R., & Wang, M. 2019, October. Maximum relevance and minimum redundancy feature selection methods for a marketing machine learning platform. In 2019 IEEE international conference on data science and advanced analytics (DSAA): 442-452. IEEE.

在 14.7.1 节"准备工作"中提到的其他数据集链接如下。

https://www.kaggle.com/competitions/bnp-paribas-cardif-claims-management

14.8　探索可解释的 AI 技术

在 14.6 节"特征重要性研究"中，讨论了特征重要性的意义和计算，以此作为更好地了解模型在幕后如何工作的方法之一。虽然在线性回归的情况下这可能是一项非常简单的任务，但是随着模型复杂性的提高，这种理解也变得越来越困难。

机器学习/深度学习领域的一大趋势是可解释的 AI（explainable AI，XAI），它指的是使我们能够更好地理解黑盒模型预测结果的各种技术。虽然当前的 XAI 方法不会将黑盒模型转变为完全可解释的模型（或白盒），但它们无疑会帮助我们更好地理解为什么模型会针对给定的一组特征返回某些预测结果。

拥有可解释的人工智能模型的一些好处如下。

❑　建立对模型的信任——如果模型的推理（通过其解释）符合常识或人类专家的信念，则它可以增强人们对模型预测结果的信任。

❑　促进业务利益相关者采用模型或项目。

❑　通过为模型的决策过程提供推理，提供对人类决策有用的见解。

❑　使调试更容易。

❑　可以指导未来数据收集或特征工程的方向。

在提及特定的 XAI 技术之前，有必要澄清一下可理解性（interpretability）和可解释性（explainability）之间的区别。interpretability 可以被认为是 explainability 的更强版本。它为模型的预测提供了基于因果关系的理解。另一方面，explainability 用于解释黑盒模型所做的预测，至于为什么做出这些预测则是不可理解的。

特别需要指出的是，XAI 技术可以解释模型在预测过程中发生了什么，但它们无法基于因果关系证明和理解为什么做出了某个预测。

本节将介绍 3 种 XAI 技术。有关更多可用方法的参考，可以参阅 14.8.4 节"扩展知识"。

第一种技术称为个体条件期望（individual conditional expectation，ICE），它是一种局部且与模型无关的可解释性方法。所谓局部（local）指的是该技术描述了特征在观察层面的影响。ICE 最常出现在绘图中，它描述了观察结果的预测如何因给定特征值的变化而变化。

为了获得数据集及其特征之一中单个观察结果的 ICE 值，必须创建该观察结果的多个副本。在所有这些观察中，保持其他特征（所考虑的特征除外）的值不变，同时用网格中的值替换感兴趣特征的值。最常见的是，网格由整个数据集中该特征的所有不同值组成（对于所有观察）。然后，使用（黑盒）模型对原始观察的每个已修改副本进行预测。这些预测被绘制为 ICE 曲线。

- ❑ ICE 的优点如下。
  - ➢ 很容易计算并且直观地理解曲线代表什么。
  - ➢ ICE 可以发现异构关系。当一个特征对目标有不同方向的影响时，即可视为存在异构关系，这取决于被探索的特征值的间隔。
- ❑ ICE 的缺点如下。
  - ➢ 一次只能有意义地显示一个特征。
  - ➢ 绘制许多 ICE 曲线（用于多个观察）会使绘图过于拥挤且难以解释。
  - ➢ ICE 假设特征独立——当特征相关时，根据联合特征分布，曲线中的某些点实际上可能是无效数据点（不太可能或根本不可能）。

第二种技术称为部分依赖图（partial dependence plot，PDP），与 ICE 密切相关。它也是一种与模型无关的方法；但是，它是全局性的。这意味着 PDP 在整个数据集的上下文中描述了特征对目标的影响。

PDP 呈现了特征对预测的边际效应。可以直观地将部分依赖视为目标的预期响应（作为感兴趣特征的函数）的映射。它还可以显示特征与目标之间的关系是线性的还是非线性的。从 PDP 的计算来说，它只是所有 ICE 曲线的平均值。

- ❑ PDP 的优点如下。
  - ➢ 与 ICE 类似，它很容易计算并且可以直观地理解曲线代表什么。
  - ➢ 如果感兴趣的特征与其他特征不相关，则 PDP 可以完美地表示所选特征如何影响预测（平均）。
  - ➢ PDP 的计算具有因果解释（在模型内）——通过观察由其中一个特征的变化引起的预测变化，可以分析两者之间的因果关系。
- ❑ PDP 的缺点如下。
  - ➢ PDP 同样假定了特征的独立性。
  - ➢ PDP 可以掩盖由交互创建的异构关系。例如，我们可以观察到目标和某个特征之间的线性关系。当然，ICE 曲线可能表明该模式存在例外情况，例如，目标在某些特征范围内保持不变。
  - ➢ PDP 一次最多可用于分析两个特征。

本节要介绍的最后一种 XAI 技术称为夏普利加性解释（Shapley additive explanations，SHAP）。它是一个与模型无关的框架，用于结合博弈论和局部解释来解释预测。

此方法中涉及的确切方法和计算超出了本书的讨论范围。我们可以简单地提一下，夏普利值（Shapley value）是博弈论中使用的一种方法，它涉及将收益和成本公平分配给在博弈中合作的玩家。由于每个参与者对联盟的贡献不同，夏普利值确保每个参与者都能得到公平的份额，这取决于他们贡献了多少。

我们可以将其与机器学习设置进行比较，其中的特征就是参与者（玩家），合作游戏正在创建机器学习模型的预测，而收益则是实例的平均预测减去所有实例的平均预测之间的差值。因此，对于某个特征的夏普利值的解释如下：与数据集的平均预测相比，该特征的值对该观察的预测贡献了 x。

在理解了夏普利值之后，即可了解什么是 SHAP。它是一种解释任何机器学习/深度学习模型输出的方法。SHAP 使用夏普利值（源自博弈论）及其扩展，将最优信用分配与局部解释结合在一起。

SHAP 提供以下服务。

❑ 它是计算机器学习模型的夏普利值的方法，计算效率高，而且理论上稳定可靠（理想情况下只训练模型一次）。

❑ KernelSHAP——这是一种替代的、基于核的估计方法，用于估计夏普利值。它受局部代理模型启发。

❑ TreeSHAP——这是一种基于树的模型的有效估计方法。

❑ 基于夏普利值聚合的各种全局解释方法。

💡 提示：

为了更好地了解 SHAP，建议读者熟悉一下 LIME，可以参阅 14.8.4 节 "扩展知识" 以获取相关介绍。

同样，SHAP 技术也有自己的优缺点。

❑ SHAP 的优点如下。

➢ 夏普利值具有扎实的理论背景（效率、对称性、虚拟和可加性公理）。Lundberg et al.（2017）在夏普利值的语境中解释了这些公理与 SHAP 值的对应属性（即局部准确率、缺失性和一致性）之间的微小差异。

➢ 由于效率属性的存在，SHAP 可能是唯一一个预测在特征值之间公平分布的框架。

➢ SHAP 提供全局可解释性——它显示特征重要性、特征依赖性、相互作用，以及某个特征是否对模型的预测产生积极或消极影响的指示。

➢ SHAP 提供局部可解释性——虽然许多技术只关注聚合可解释性，但读者也可以为每个单独的预测计算 SHAP 值，以了解特征如何对该特定预测做出贡献。

➢ SHAP 可用于解释各种各样的模型，包括线性模型、基于树的模型和神经网络。

> ➢ TreeSHAP（基于树的模型的快速实现）使将该方法应用于现实生活用例变得较为可行。

❑ SHAP 的缺点如下。

> ➢ 计算时间——特征的可能组合数量随着所考虑特征的数量的增加而呈指数增长，这反过来又急剧增加了计算 SHAP 值所需的时间。这就是必须还原到近似值的原因。

> ➢ 和特征重要性排列类似，SHAP 值对特征之间的高相关性很敏感。如果特征高度相关的话，那么这些特征对模型分数的影响可能以任意方式分配，让我们误以为它们不那么重要。此外，高度相关的特征还可能会导致使用不切实际/不可能的特征组合。

> ➢ 由于夏普利值不提供预测模型（LIME 就是如此），因此它们不能用于说明输入的变化如何对应于预测的变化。例如，我们不能说"如果特征 Y 的值高 50 个单位，那么预测的概率将增加 1 个百分点"。

> ➢ KernelSHAP 的速度很慢，并且与其他基于排列的解释方法类似，忽略了特征之间的依赖性。

14.8.1　准备工作

本节将使用 14.3 节"研究处理不平衡数据的不同方法"中介绍过的信用卡欺诈数据集。为方便学习，在本章配套的 GitHub 存储库的 Jupyter Notebook 中提供了本节所有必要的准备步骤。

14.8.2　实战操作

执行以下步骤以研究通过各种方法来解释在信用卡欺诈数据集上训练的 XGBoost 模型的预测。

（1）导入库。

```
from xgboost import XGBClassifier
from sklearn.metrics import recall_score
from sklearn.inspection import (partial_dependence,
                                PartialDependenceDisplay)
import shap
```

（2）训练机器学习模型。

```
xgb = XGBClassifier(random_state=RANDOM_STATE,
```

```
                          n_jobs=-1)
xgb.fit(X_train, y_train)

recall_train = recall_score(y_train, xgb.predict(X_train))
recall_test = recall_score(y_test, xgb.predict(X_test))
print(f"Recall score training: {recall_train:.4f}")
print(f"Recall score test: {recall_test:.4f}")
```

执行上述代码片段会生成以下输出。

```
Recall score training: 1.0000
Recall score test: 0.8163
```

基于上述结果可以得出结论，该模型对训练数据过拟合。理想情况下，我们应该尝试通过在训练 XGBoost 模型时使用更强的正则化之类的方法来解决这个问题。为了使练习更简化，我们假设该模型可以做进一步分析。

💡 提示：

与研究特征重要性类似，在开始解释其预测之前，我们应该首先确保模型在验证集/测试集上具有令人满意的性能。

（3）绘制 ICE 曲线。

```
PartialDependenceDisplay.from_estimator(
    xgb, X_train, features=["V4"],
    kind="individual",
    subsample=5000,
    line_kw={"linewidth": 2},
    random_state=RANDOM_STATE
)
plt.title("ICE curves of V4")
```

执行上述代码片段会生成如图 14.35 所示的结果。

图 14.35 显示了 V4 特征的 ICE 曲线，这是使用来自训练数据的 5000 个随机观察值计算得出的。在该图中，可以看到绝大多数观察值位于 0 附近，而一些曲线显示预测的概率发生了相当大的变化。

图 14.35 底部的黑色标记表示特征值的百分位数。默认情况下，ICE 图和 PDP 被限制在特征值的第 5 个和第 95 个百分位数；当然，读者也可以使用 percentiles 参数进行更改。

ICE 曲线的一个潜在问题是可能很难看出曲线在观察值之间是否有区别，因为它们从不同的预测开始。一种解决方案是将曲线居中于某个点，并且仅显示与该点相比的预测差异。

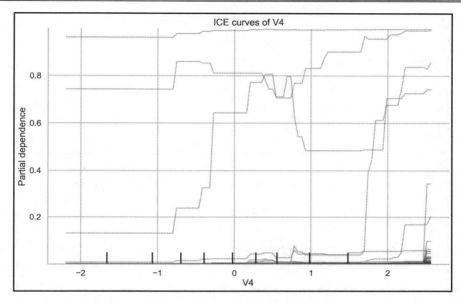

图 14.35　使用来自训练数据的 5000 个随机样本创建的 V4 特征的 ICE 图

（4）绘制居中的 ICE 曲线。

```
PartialDependenceDisplay.from_estimator(
    xgb, X_train, features=["V4"],
    kind="individual",
    subsample=5000,
    centered=True,
    line_kw={"linewidth": 2},
    random_state=RANDOM_STATE
)
plt.title("Centered ICE curves of V4")
```

执行上述代码片段会生成如图 14.36 所示的结果。

居中的 ICE 曲线的解释只是略有不同。与平均预测相比，我们不看改变特征值对预测的影响，而是看预测的相对变化，这样更容易分析预测值变化的方向。

（5）生成部分依赖图。

```
PartialDependenceDisplay.from_estimator(
    xgb, X_train,
    features=["V4"],
    random_state=RANDOM_STATE
)
plt.title("Partial Dependence Plot of V4")
```

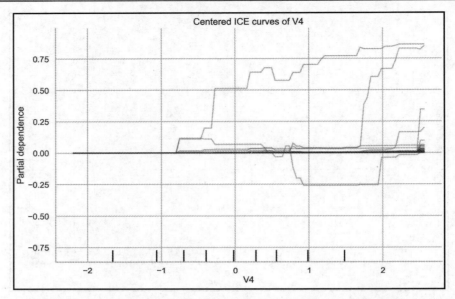

图 14.36　V4 特征的居中 ICE 图，使用来自训练数据的 5000 个随机样本创建

执行上述代码片段会生成如图 14.37 所示的结果。

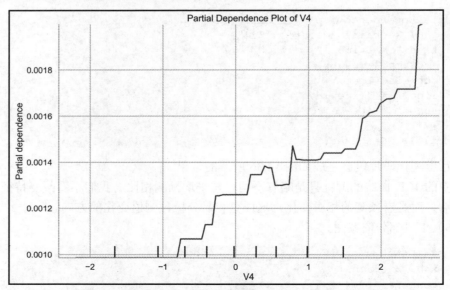

图 14.37　使用训练数据准备的 V4 特征的部分依赖图

通过分析该图可知，平均而言，随着 V4 特征的增加，预测概率似乎有非常小的增加。

提示：

和 ICE 曲线一样，PDP 也是可以居中的。

为了获得进一步的见解，可以联合生成 PDP 和 ICE 曲线。其代码如下。

```
PartialDependenceDisplay.from_estimator(
    xgb, X_train, features=["V4"],
    kind="both",
    subsample=5000,
    ice_lines_kw={"linewidth": 2},
    pd_line_kw={"color": "red"},
    random_state=RANDOM_STATE
)
plt.title("Partial Dependence Plot of V4, together with ICE curves")
```

执行上述代码片段会生成如图 14.38 所示的结果。

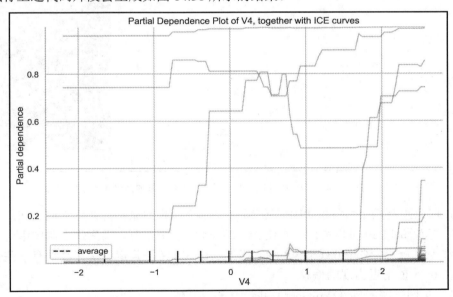

图 14.38　V4 特征的部分依赖图（使用训练数据准备），叠加 ICE 曲线

正如我们所看到的，部分依赖（partial dependence，PD）线在 0 处几乎是水平的。由于尺度的差异（参考图 14.37），PD 线在这样的图中几乎没有意义。

为了使绘图更具可读性或更易于解释，可以尝试使用 plt.ylim 函数限制 a 轴的范围，这样就可以重点关注具有大部分 ICE 曲线的区域，同时忽略远离大部分曲线的少数区域。但是，我们应该记住，那些离群值曲线对于分析也很重要。

（6）生成两个特征的单独 PDP 和一个联合图。

```
fig, ax = plt.subplots(figsize=(20, 8))

PartialDependenceDisplay.from_estimator(
    xgb,
    X_train.sample(20000, random_state=RANDOM_STATE),
    features=["V4", "V8", ("V4", "V8")],
    centered=True,
    ax=ax
)
ax.set_title("Centered Partial Dependence Plots of V4 and V8")
```

执行上述代码片段会生成如图 14.39 所示的结果。

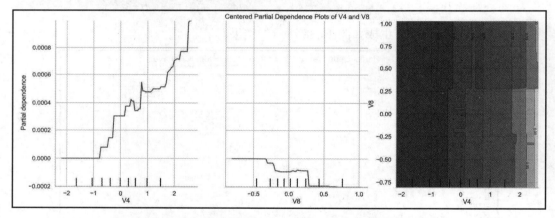

图 14.39　V4 和 V8 特征的居中部分依赖图（单独图和联合图）

通过联合绘制两个特征的 PDP（图 14.39 右侧），我们能够可视化它们之间的相互作用。通过查看图 14.39 可以得出一个结论，即 V4 特征更重要，因为最右侧图中可见的大部分线都垂直于 V4 轴并平行于 V8 轴。当然，由 V8 特征确定的决策线也有一些偏移，例如，在 0.25 值附近出现的偏移。

（7）实例化解释器（explainer）并计算 SHAP 值。

```
explainer = shap.TreeExplainer(xgb)
shap_values = explainer.shap_values(X)
explainer_x = explainer(X)
```

shap_values 对象是一个 284 807×29 的 numpy 数组，其中包含计算出的 SHAP 值。

（8）生成 SHAP 汇总图。

```
shap.summary_plot(shap_values, X)
```

执行上述代码片段会生成如图 14.40 所示的结果。

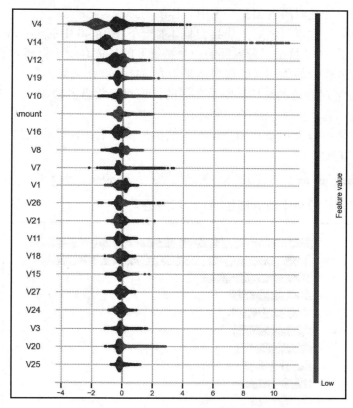

图 14.40　使用 SHAP 值计算的汇总图

在查看该汇总图时，应该注意以下几点。

❑　特征按所有观测值的 SHAP 值幅度（绝对值）之和排序。

❑　点的颜色显示该特征有一个高的还是低的观察值。

❑　图上的水平位置显示该特征值的影响是导致更高还是更低的预测。

❑　默认情况下，绘图显示 20 个最重要的特征。读者也可以使用 max_display 参数
　　对此进行调整。

❑　重叠点在 y 轴方向散布。因此，我们可以了解每个特征的 SHAP 值的分布。

❑　与其他特征重要性指标（例如，特征重要性排列）相比，这种类型的图的一个
　　优点是它包含更多有助于理解全局特征重要性的信息。例如，假设某个特征具
　　有中等重要性，则使用该图时，可以看到该中等重要性是否对应于该特征仅对

少数观察结果的预测有很大影响，但对大多数观察结果的预测则没有影响，或者它也可能是对所有预测产生中等程度的影响。

在讨论了总体注意事项之后，让我们具体看一下图 14.40 中的一些观察结果。

❏   总的来说，V4 特征（最重要的一个特征）的高值有助于更高的预测，而较低的值则导致较低的预测（即观察结果不太可能是欺诈交易）。

❏   V14 特征对预测的总体影响是负面的，但对于相当多的该特征具有较低值的观察结果，它产生了较高的预测。

或者，我们也可以使用条形图呈现相同的信息，然后关注聚合的特征重要性，而忽略对特征效果的见解。

```
shap.summary_plot(shap_values, X, plot_type="bar")
```

执行上述代码片段会生成如图 14.41 所示的结果。

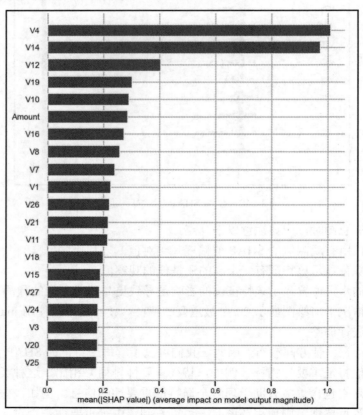

图 14.41　使用 SHAP 值计算的汇总图（条形图）

可以看到，特征的顺序（即它们的重要性）与图 14.40 中的相同。我们可以使用此图作为特征重要性排列的替代方案。但是，读者也应该牢记二者底层的差异。特征重要性排列基于模型性能的下降（使用选择的指标衡量），而 SHAP 则基于特征属性的大小。

💡 注意：

使用以下命令可以获得更简洁的汇总图表示。

```
shap.plots.bar(explainer_x)
```

（9）找到属于正类和负类的观察。

```
negative_ind = y[y == 0].index[0]
positive_ind = y[y == 1].index[0]
```

（10）绘制力图（force plot）解释这些观察结果。

```
shap.force_plot(
    explainer.expected_value,
    shap_values[negative_ind, :],
    X.iloc[negative_ind, :]
)
```

执行上述代码片段会生成如图 14.42 所示的结果。

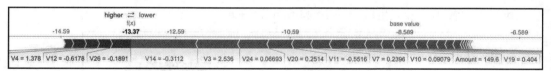

图 14.42　解释属于负类观察结果的力图（截取的片段）

简而言之，力图显示了特征如何有助于将预测从基值（平均预测）推向实际预测。由于该图包含的信息更多，页面无法容纳，因此图 14.42 只截取了最相关的部分。要查看完整绘图，可以访问本章配套 GitHub 存储库中的 Jupyter Notebook。

下面是根据图 14.42 做出的一些观察。

❑ 基值（-8.589）是整个数据集的平均预测值。

❑ f(x) = -13.37 是此观察结果的预测值。

❑ 可以将箭头解释为给定特征对预测的影响。红色箭头表示预测增加，蓝色箭头表示预测减少。箭头的大小对应于特征效果的大小。特征名称的值表示特征值。

❑ 如果从蓝色箭头的总长度减去红色箭头的总长度，则可得到从基值（base value）到最终预测的距离。

❑ 可以看到预测下降的最大贡献者（与平均预测相比）是特征 V14 的值-0.3112。

按照相同的步骤进行正类观察。

```
shap.force_plot(
    explainer.expected_value,
    shap_values[positive_ind, :],
    X.iloc[positive_ind, :]
)
```

执行上述代码片段会生成如图 14.43 所示的结果。

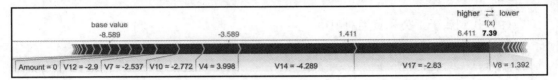

图 14.43　解释属于正类观察结果的力图（截取的片段）

　　与图 14.42 相比，我们可以清楚地看到蓝色特征（对预测产生负面影响，标记为 lower）与红色特征（标记为 higher）相比有多么失衡。还可以看到这两幅图具有相同的基值，因为后者是数据集的平均预测值。

　　（11）为正类观察创建瀑布图（waterfall plot）。

```
shap.plots.waterfall(explainer(X)[positive_ind])
```

执行上述代码片段会生成如图 14.44 所示的结果。

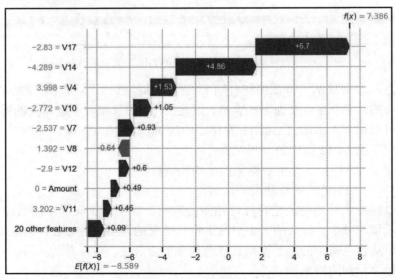

图 14.44　解释正类观察的瀑布图

仔细查看图 14.44 会发现它与图 14.43 有许多相似之处，因为这两幅图都使用略有不同的可视化来解释完全相同的观察结果。因此，解释瀑布图的大部分见解与力图相同。它们之间的一些细微差别如下。

❑　图的底部从基线值（模型的平均预测）开始。然后，每一行显示导致模型对该特定观察的最终预测的每个特征的正面或负面贡献。

❑　SHAP 根据边缘输出解释 XGBoost 分类器。这意味着 x 轴上的单位是对数比值单位。负值表示该观察是欺诈交易的概率低于 0.5。

❑　影响很小的特征被打包在一个联合项中（即 20 other features）。读者也可以使用函数的 max_display 参数来控制它。

（12）创建 V4 特征的依赖图。

```
shap.dependence_plot("V4", shap_values, X)
```

执行上述代码片段会生成如图 14.45 所示的结果。

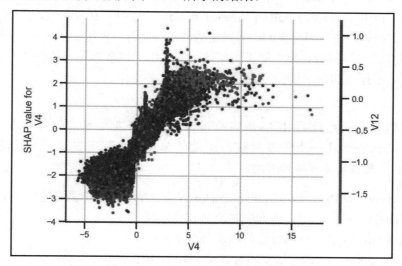

图 14.45　可视化 V4 和 V12 特征之间依赖关系的依赖图

关于依赖图，读者需要知道以下事项。

❑　它可能是最简单的全局解释图。

❑　这种类型的图是部分依赖图（PDP）的替代方法。PDP 显示的是平均效果，而 SHAP 依赖图则还在 y 轴上显示了方差，因此它包含有关效果分布的信息。

❑　该图显示了数据集中所有观察值的特征值（x 轴）与该特征的 SHAP 值（y 轴）。每个点代表一个单独的观察。

❑　鉴于我们正在解释 XGBoost 分类模型，因此 y 轴的单位是欺诈案例的对数几率。

❑　颜色对应于可能与我们指定的特征有交互作用的第二个特征。它由 shap 库自动选择。其说明文档指出，如果两个特征之间存在交互作用，则它将显示为明显的垂直着色模式。换句话说，我们应该注意 x 轴上相同值的颜色之间清晰的垂直分布。

为了完成分析，现在让我们来看图 14.45 中一个可能的结论。遗憾的是，它不是很直观，因为这些特征是匿名的。

例如，我们可以看一下特征值 V4 大约为 5 的观察结果。对于这些样本，具有较低 V12 特征值的观察结果与具有较高 V12 特征值的观察结果相比更有可能是欺诈交易。

14.8.3　原理解释

在导入库后，我们训练了一个 XGBoost 模型来检测信用卡欺诈。

在步骤（3）中，使用 PartialDependenceDisplay 类绘制了 ICE 曲线。我们必须提供已拟合模型、数据集（使用训练集）和感兴趣的特征。此外，还提供了 subsample 参数，它指定了绘制 ICE 曲线的数据集中随机观察的数量。由于该数据集有超过 200 000 个观测值，因此任意选择了 5000 个样本绘制曲线。

✔ 注意：

如前文所述，用于计算 ICE 曲线的网格多由数据集中可用的所有唯一值组成。scikit-learn 默认将创建一个等距网格，覆盖特征极值之间的范围。读者也可以使用 grid_solution 参数自定义网格的密度。

PartialDependenceDisplay 的 from_estimator 方法也接收 kind 参数，它可以取以下的值。

❑　kind="individual"——该方法将绘制 ICE 曲线。

❑　kind="average"——该方法将显示部分依赖图。

❑　kind="both"——该方法将同时显示 PDP 和 ICE 曲线。

在步骤（4）中，绘制了相同的 ICE 曲线，但是这一次将在原点居中。做到这一点的方法是将 centered 参数设置为 True。该设置可以有效地从目标向量中减去平均目标值，并将目标值以 0 为中心。

在步骤（5）中绘制了部分依赖图，同样使用了 PartialDependenceDisplay.from_estimator。由于 PDP 是默认值，故不必指定 kind 参数。我们还在同一幅图中显示了绘制 PDP 和 ICE 曲线的结果。由于绘制双向 PDP 需要相当多的时间，因此我们从训练集中采样了（没有替换）20 000 个观察值。

💡 **提示：**

关于 PartialDependenceDisplay 需要记住的一点是，它会将分类特征视为数字值。

✍ **注意：**

在 pdpbox 库中也提供了部分依赖图功能。

在步骤（6）中，使用 PartialDependenceDisplay 的相同功能创建了一个更复杂的图形。在一幅图中绘制了两个特征（V4 和 V8）的单独 PD 图，以及它们的联合（也称为双向）PD 图。要获得联合 PD 图，必须将感兴趣的两个特征作为元组提供。通过指定 features=["V4", "V8", ("V4", "V8")]，指示想要绘制两个单独的 PD 图，然后为两个特征绘制一个联合图。当然，没有规定必须要在同一幅图中绘制所有 3 个图。读者也可以仅使用 features=[("V4", "V8")] 来创建联合 PDP。

💡 **提示：**

另一个有趣的探索方式是叠加两个部分依赖图，这两幅图是为相同的特征计算的，但使用不同的机器学习模型，这样就可以比较不同模型对预测的预期影响是否相似。

✍ **注意：**

本节主要讨论的是绘制 ICE 曲线和部分依赖线。但是，读者也可以仅计算这些值，而不自动绘制它们。为此，可以使用 partial_dependence 函数。它将返回一个字典，其中包含 3 个元素：创建评估网格的值，数据集中所有样本的网格中所有点的预测（用于 ICE 曲线），以及网格中每个点的预测平均值（用于 PDP）。

在步骤（7）中，实例化了 explainer 对象，后者是用于使用 shap 库解释任何机器学习/深度学习模型的主要类。更准确地说，我们使用了 TreeExplainer 类，因为本示例试图解释的是 XGBoost 模型，即基于树的模型。然后，使用实例化 explainer 的 shap_values 方法计算 SHAP 值。为了解释该模型的预测，该步骤使用了整个数据集。读者也可以决定使用训练集或验证/测试集。

✍ **注意：**

根据定义，SHAP 值的计算非常复杂（这是一个 NP-hard 类问题）。但是，由于线性模型的简单性，读者也可以从部分依赖图中读取 SHAP 值。有关此主题的更多信息，可以参阅 shap 的说明文档。

在步骤（8）中，从全局解释方法开始，使用 shap.summary_plot 函数生成了汇总图的两个变体。

第一个是每个特征的 SHAP 值的密度散点图。它结合了整体特征重要性和特征效果。可以使用该信息来评估每个特征对模型预测（也在观察级别）的影响。

第二个是条形图，显示了整个数据集中绝对 SHAP 值的平均值。

在这两种情况下，都可以使用绘图来推断使用 SHAP 值计算的特征重要性；当然，第一个图还提供了额外的信息。要生成条形图，必须在调用 shap.summary_plot 函数时额外传递 plot_type="bar"。

在查看了全局解释之后，还可以研究一下局部解释。为了使分析更有趣，可以对属于负类和正类的观察结果进行解释。在步骤（9）中确定了此类观察的指数。

在步骤（10）中，使用了 shap.force_plot 来解释两个观察值的观察级预测。在调用该函数时，必须提供以下 3 个输入。

- ❑ 解释器对象中可用的基线值（explainer.expected_value），也就是整个数据集的平均预测值。
- ❑ 特定观察的 SHAP 值。
- ❑ 特定观察的特征值。

在步骤（11）中，同样创建了一个观察级图来解释预测，但是使用的是略有不同的表示。我们创建了一个瀑布图（使用 shap.plots.waterfall 函数）来解释正类观察。唯一值得一提的是，该函数需要一行 Explanation 对象作为输入。

在最后一个步骤中，使用 shap.dependence_plot 函数创建了一个 SHAP 依赖图（全局级别的解释）。我们必须提供感兴趣的特征、SHAP 值和特征值。作为考虑的特征，我们选择了 V4 特征，因为它被汇总图确定为最重要的特征。第二个特征（V12）则由库自动确定。

14.8.4　扩展知识

本节仅提供了 XAI 领域技术的简单介绍。该领域技术仍在不断发展，因为可解释的方法对于从业者和企业来说变得越来越重要。

还有一种流行的 XAI 技术称为局部可理解的与模型无关的解释（local interpretable model-agnostic explanations，LIME）。它是一种观察级方法，用于以可理解的和忠实的方式解释任何模型的预测。为了获得解释，LIME 以局部方式用一个可理解的模型（例如具有正则化的线性模型）来近似选定的难以解释的模型。

可理解的模型在原始观察的小扰动（带有额外噪声）上进行训练，从而提供良好的局部近似。

Treeinterpreter 是另一种观察级 XAI 方法，可用于解释随机森林模型。其思路是使用底层树来解释每个特征如何对最终结果做出贡献。预测被定义为每个特征的贡献与初始节点基于整个训练集给出的平均值的总和。使用这种方法时，可以观察预测值如何沿着决策树内的预测路径变化（在每次分裂之后），并结合有关哪些特征导致分裂的信息（即预测的变化）。

当然，目前还有更多可用的方法，例如以下几种。

- ❑ Ceteris-Paribus（CP）分析。
- ❑ 分解图（break-down plot）。
- ❑ 累积局部效应（accumulated local effects，ALE）。
- ❑ 全局代理模型（global surrogate model）。
- ❑ 反事实解释（counterfactual explanation，CE）。
- ❑ 锚点（anchors）。

以下是专注于 AI 可解释性的 Python 库，值得探索和研究。

- ❑ shapash——将来自 SHAP/LIME 的各种可视化结果编译为 Web 应用程序形式的交互式仪表板。
- ❑ explainerdashboard——准备了一个仪表板 Web 应用程序来解释与 scikit-learn 兼容的机器学习模型。该仪表板涵盖模型性能、特征重要性、特征对单个预测的贡献、"假设"分析、PDP、SHAP 值、单个决策树的可视化等。
- ❑ dalex——该库涵盖了各种 XAI 方法，包括变量重要性、PDP 和 ALE 图、分解图和 SHAP 瀑布图等。
- ❑ interpret——该 InterpretML 库由 Microsoft 创建。它涵盖了黑盒模型的流行解释方法（例如 PDP、SHAP、LIME 等），并允许读者训练所谓的玻璃盒模型（glass-box model），后者是可理解的。例如，ExplainableBoostingClassifier 被设计为完全可理解的，但同时还提供了与最先进算法相似的准确率。
- ❑ eli5——这是一个提供各种全局和局部解释的可解释性库。它还包括文本解释（由 LIME 提供支持）和特征重要性排列。
- ❑ alibi——这是一个专注于模型检查和解释的库。它涵盖了锚点解释、积分梯度（integrated gradients）、反事实解释、对比解释方法（contrastive explanation method）和累积局部效应等方法。

14.8.5 参考资料

以下是读者可能感兴趣的其他资源。

- ❑ Biecek, P., & Burzykowski, T. 2021. Explanatory model analysis: Explore, explain and examine predictive models. Chapman and Hall/CRC.

❑ Friedman, J. H. 2001. "Greedy function approximation: a gradient boosting machine." Annals of Statistics: 1189-1232.

❑ Goldstein, A., Kapelner, A., Bleich, J., & Pitkin, E. 2015. "Peeking inside the black box: Visualizing statistical learning with plots of individual conditional expectation." Journal of Computational and Graphical Statistics, 24(1): 44-65.

❑ Hastie, T., Tibshirani, R., Friedman, J. H., & Friedman, J. H. 2009. The Elements of Statistical Learning: Data Mining, Inference, and Prediction, 2: 1-758). New York: Springer.

❑ Lundberg, S. M., Erion, G., Chen, H., DeGrave, A., Prutkin, J. M., Nair, B., ... & Lee, S. I. 2020. "From local explanations to global understanding with explainable AI for trees." Nature Machine Intelligence, 2(1): 56-67.

❑ Lundberg, S. M., Erion, G. G., & Lee, S. I. 2018. "Consistent individualized feature attribution for tree ensembles." arXiv preprint arXiv:1802.03888.

❑ Lundberg, S. M., & Lee, S. I. 2017. A unified approach to interpreting model predictions. Advances in Neural Information Processing Systems, 30.

❑ Molnar, C. 2020. Interpretable machine learning.

https://christophm.github.io/interpretable-ml-book/

❑ Ribeiro, M.T., Singh, S., & Guestrin, C. 2016. "Why should I trust you?: Explaining the predictions of any classifier." Proceedings of the 22nd ACM SIGKDD International Conference on Knowledge Discovery and Data Mining. ACM.

❑ Saabas, A. Interpreting random forests.

http://blog.datadive.net/interpreting-randomforests/

数据科学领域在不断发展，每天都有越来越多的工具可用。我们无法面面俱到介绍所有这些工具，以下是可能对读者的项目有用的库/工具的简短列表。

❑ DagsHub——这是一个类似于 GitHub 的平台，但它是为数据科学家和机器学习从业者量身定做的。通过集成 Git、DVC、MLFlow 和 Label Studio 之类的强大开源工具并为用户完成繁重的运维工作，可以让用户轻松地构建、管理和扩展自己的机器学习项目。所有这些都集中在此。

❑ deepchecks——这是一个用于测试机器学习/深度学习模型和数据的开源 Python 库。用户可以在整个项目中使用该库来满足各种测试和验证需求；例如，可以验证数据的完整性、检查特征和目标的分布、确认有效的数据拆分以及评估模型的性能等。

☐　DVC——这是一种用于机器学习项目的开源版本控制系统。DVC 代表的是数据版本控制（data version control），使用它可以在 Git 中存储有关不同版本数据（表格、图像或其他内容）和模型的信息，同时将实际数据存储在其他地方（云存储，如 AWS、GCS、Google Drive 等）。使用 DVC 还可以创建可重现的数据管道，同时存储中间版本的数据集。为了使它更易用，DVC 使用与 Git 相同的语法。

☐　MLFlow——这是一个用于管理机器学习生命周期的开源平台。它涵盖了实验、可重复性、部署和模型注册等方面。

☐　nannyML——这是一个用于部署后数据科学的开源 Python 库。可以用它来识别数据漂移（指用于训练模型的数据和生产环境推理之间出现的特征分布变化）或在没有真实数据（ground truth）的情况下估计模型的性能。后一种情况对于在很长一段时间后才能获得真实数据的项目尤其有趣，例如，从做出预测的那一刻起数月内发生贷款违约。

☐　pycaret——这是一个开源的低代码 Python 库，可以自动执行机器学习工作流的许多组件。例如，可以使用寥寥几行代码为分类任务或回归任务训练和调整数十个机器学习模型。它还包含用于异常检测或时间序列预测的单独模块。

14.9　小　　结

本章讨论了各种有用的概念，它们可以帮助改进几乎所有的机器学习或深度学习项目。我们首先探索了更复杂的分类器（它们也有相应的解决回归问题的变体），介绍了编码分类特征的替代方法，探讨了如何创建堆叠集成，并研究了类不平衡问题的可能解决方案。本章还展示了如何使用贝叶斯方法进行超参数调整，以便比那些不带任何信息提示的网格搜索方法更快地找到一组最佳超参数。

本章还深入探讨了特征重要性和 AI 可解释性的话题。通过 XAI 技术，我们可以更好地理解所谓的黑盒模型中究竟发生了什么。这对从事机器学习/深度学习项目的人员和任何业务利益相关者都至关重要。此外，读者也可以以将这些见解与特征选择技术相结合，以进一步提高模型的性能或减少其训练时间。

第 15 章　金融领域的深度学习

近年来，我们已经看到许多深度学习技术取得的惊人成就。深度神经网络已成功应用于许多传统机器学习算法无法完成的任务，如大规模图像分类、自动驾驶，以及玩象棋、围棋或经典视频游戏（从超级马里奥到星际争霸 II）等。在这些任务中，深度学习技术均表现出了超人的能力。几乎每年都可以看到一种新型网络的引入，这种网络获得了最先进的成就并打破了某种性能记录。

随着商用图形处理单元（graphics processing unit，GPU）的不断改进、涉及 CPU/GPU 的免费可用处理能力的出现（Google Colab、Kaggle 等）以及不同框架的快速发展，深度学习技术正不断获得更多关注，有大量的研究人员和从业者都希望将这些技术应用到他们的业务案例中。

本章将介绍深度学习在金融领域的两个可能用例——预测信用卡违约（分类任务）和预测时间序列。事实证明，深度学习可以通过语音、音频和视频等顺序数据提供出色的结果。这就是它适合处理时序数据（包括单变量和多变量）的原因。众所周知，金融时间序列是不稳定和复杂的，因此对它们进行建模是一个非常具有挑战的任务。深度学习方法特别适合这项任务，因为它们不对基础 数据的分布做出任何假设，并且在数据包含噪声的情况下也非常稳定可靠。

📋 注意：

本书的第一版重点介绍了用于时间序列预测的传统神经网络架构（CNN、RNN、LSTM 和 GRU）及其在 PyTorch 中的实现。本书将在专用 Python 库的帮助下使用更复杂的架构。有了这些库之后，我们就不必重新创建神经网络的逻辑，而是专注于预测问题。

本章包含以下内容。
- ❑ 探索 fastai 的 Tabular Learner。
- ❑ 探索 Google 的 TabNet。
- ❑ 使用 Amazon 的 DeepAR 进行时间序列预测。
- ❑ 使用 NeuralProphet 进行时间序列预测。

15.1　探索 fastai 的 Tabular Learner

深度学习通常不与表格或结构化数据相关联，因为此类数据会带来一些可能的问题。

❑ 我们应该如何以神经网络可以理解的方式表示特征？在表格数据中，我们经常处理数值和分类特征，因此需要正确表示这两种类型的输入。

❑ 如何在特征本身和目标之间使用特征交互？

❑ 如何有效地对数据进行采样？表格数据集往往小于用于解决计算机视觉或自然语言处理（natural language processing，NLP）问题的典型数据集。没有简单的方法来应用增强，例如图像的随机裁剪或旋转。此外，不存在具有某些通用属性的通用大型数据集，而此类数据集正是应用迁移学习的基础。

❑ 如何解释神经网络的预测？

这就是为什么从业者倾向于使用传统的机器学习方法（通常基于某种梯度提升树）来处理涉及结构化数据的任务。当然，对结构化数据使用深度学习的一个潜在好处是它需要更少的特征工程和领域知识。

本节将展示如何成功地将深度学习用于表格数据。为此，我们可以使用流行的 fastai 库，它建立在 PyTorch 之上。

使用 fastai 库的一些好处如下。

❑ 它提供了一系列 API，极大地简化了人工神经网络（artificial neural network，ANN）的使用。从加载和批处理数据到训练模型都有 API 可用。

❑ 它结合了一系列经过测试的最佳方法，可以将深度学习用于各种任务，如图像分类、自然语言处理和表格数据（分类和回归问题）。

❑ 它可以自动处理数据预处理，用户只需要定义想要应用的操作即可。

让 fastai 与众不同的是对分类数据使用实体嵌入（entity embedding）——也称为嵌入层（embedding layer）。通过使用它，模型可以学习分类特征的观察之间的一些潜在有意义的关系。用户可以将嵌入视为潜在特征。对于每个分类列，都有一个可训练的嵌入矩阵，每个唯一值都有一个映射到它的指定向量。尤为难得的是，fastai 为我们做了所有这些工作。

使用实体嵌入有以下优点。

首先，与使用独热编码相比，它减少了内存使用并加快了神经网络的训练。

其次，它将相似值映射到嵌入空间中彼此接近的值，这揭示了分类变量的内在属性。

最后，该技术对于具有许多高基数（high-cardinality）特征的数据集特别有用，而其他方法往往会导致过拟合。

本节会将深度学习应用于信用卡违约数据集的分类问题。在第 13 章"应用机器学习：识别信用违约"中已经介绍过该数据集。

15.1.1　实战操作

执行以下步骤来训练神经网络以对违约客户进行分类。

（1）导入库。

```
from fastai.tabular.all import *
from sklearn.model_selection import train_test_split
from chapter_15_utils import performance_evaluation_report_fastai
import pandas as pd
```

（2）从 CSV 文件加载数据集。

```
df = pd.read_csv(  "../Datasets/credit_card_default.csv",
                   na_values="")
```

（3）定义目标、分类/数值特征的列表和预处理步骤。

```
TARGET = "default_payment_next_month"

cat_features = list(df.select_dtypes("object").columns)
num_features = list(df.select_dtypes("number").columns)
num_features.remove(TARGET)

preprocessing = [FillMissing, Categorify, Normalize]
```

（4）定义用于创建训练集和验证集的拆分器。

```
splits = RandomSplitter(valid_pct=0.2, seed=42)(range_of(df))
splits
```

执行上述代码片段会生成以下数据集预览。

```
(
  (#24000)[27362,16258,19716,9066,1258,23042,18939,24443,4328,4976...],
  (#6000)[7542,10109,19114,5209,9270,15555,12970,10207,13694,1745...]
)
```

（5）创建 TabularPandas 数据集。

```
tabular_df = TabularPandas(
    df,
    procs=preprocessing,
    cat_names=cat_features,
    cont_names=num_features,
    y_names=TARGET,
```

```
    y_block=CategoryBlock(),
    splits=splits
)


PREVIEW_COLS =[ "sex", "education", "marriage",
                "payment_status_sep", "age_na", "limit_bal",
                "age", "bill_statement_sep"]
tabular_df.xs.iloc[:5][PREVIEW_COLS]
```

执行上述代码片段会生成如图 15.1 所示的结果。

	sex	education	marriage	payment_status_sep	age_na	limit_bal	age	bill_statement_sep
27362	2	4	3	10	1	-0.290227	-0.919919	-0.399403
16258	1	4	1	10	1	-0.443899	-0.266960	0.731335
19716	1	1	3	2	1	2.014862	-0.158134	-0.493564
9066	1	2	3	3	1	-0.674408	-0.919919	-0.646319
1258	2	1	3	1	1	0.324464	-0.266960	-0.692228

图 15.1　编码数据集的预览

图 15.1 只显示了一小部分列以保持 DataFrame 的可读性。读者可以观察到以下情况。

❑　分类列使用了标签编码器进行编码。

❑　连续列被归一化。

❑　具有缺失值的连续列（age）有一个包含编码的额外列，指示特定值在插补之前是否缺失。

（6）从 TabularPandas 数据集中定义一个 DataLoaders 对象。

```
data_loader = tabular_df.dataloaders(bs=64, drop_last=True)
data_loader.show_batch()
```

执行上述代码片段会生成如图 15.2 所示的结果。

正如我们在图 15.2 中看到的，这里的特征是它们的原始表示。

（7）定义选择的指标和表格学习器（tabular learner）。

```
recall = Recall()
precision = Precision()
learn = tabular_learner(
    data_loader,
    [500, 200],
    metrics=[accuracy, recall, precision]
)
learn.model
```

	sex	education	marriage	payment_status_sep	payment_status_aug	payment_status_jul	payment_status_jun	payment_status_may
0	Male	Graduate school	Single	Payed duly	Payed duly	Unknown	Unknown	Unknown
1	Female	Graduate school	Single	Payed duly	Payed duly	Payed duly	Unknown	Unknown
2	Female	High school	Married	Unknown	Unknown	Unknown	Unknown	Unknown
3	Male	High school	Married	Unknown	Unknown	Unknown	Unknown	Unknown
4	Female	University	Single	Payed duly	Payed duly	Payed duly	Payed duly	Payed duly
5	Male	University	Married	Payment delayed 1 month	Payment delayed 2 months	Payment delayed 2 months	Unknown	Unknown
6	Female	University	Married	Unknown	Unknown	Unknown	Unknown	Unknown
7	Female	Graduate school	Single	Unknown	Unknown	Unknown	Unknown	Unknown
8	Female	Graduate school	Single	Unknown	Unknown	Unknown	Unknown	Unknown
9	Female	Graduate school	Single	Payed duly	Payed duly	Payed duly	Payed duly	Payed duly

图 15.2　来自 DataLoaders 对象的批次数据预览

执行上述代码片段会输出该模型的结构。

```
TabularModel(
    (embeds): ModuleList(
        (0): Embedding(3, 3)
        (1): Embedding(5, 4)
        (2): Embedding(4, 3)
        (3): Embedding(11, 6)
        (4): Embedding(11, 6)
        (5): Embedding(11, 6)
        (6): Embedding(11, 6)
        (7): Embedding(10, 6)
        (8): Embedding(10, 6)
        (9): Embedding(3, 3)
    )
    (emb_drop): Dropout(p=0.0, inplace=False)
    (bn_cont):BatchNorm1d(14,eps=1e-05,momentum=0.1,affine=True,track_
running_stats=True)
    (layers): Sequential(
        (0): LinBnDrop(
            (0): Linear(in_features=63, out_features=500, bias=False)
            (1): ReLU(inplace=True)
            (2): BatchNorm1d(500, eps=1e-05, momentum=0.1, affine=True,
track_running_stats=True)
        )
        (1): LinBnDrop(
            (0): Linear(in_features=500, out_features=200, bias=False)
            (1): ReLU(inplace=True)
```

```
    (2): BatchNorm1d(200, eps=1e-05, momentum=0.1, affine=True,
track_running_stats=True)
      )
    (2): LinBnDrop(
        (0): Linear(in_features=200, out_features=2, bias=True)
      )
    )
)
```

这些嵌入有自己的解释，例如，Embedding(11, 6)表示使用 11 个输入值和 6 个输出潜在特征创建了分类嵌入。

（8）查找建议的学习率。

```
learn.lr_find()
```

执行上述代码片段会生成如图 15.3 所示的结果。

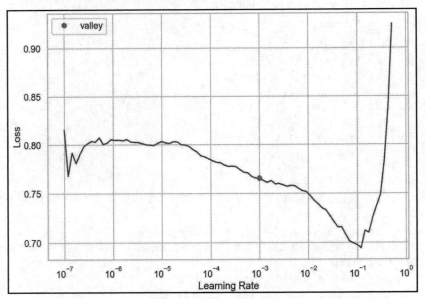

图 15.3　模型的建议学习率

还可以使用建议学习率的确切值打印以下输出。

```
SuggestedLRs(valley=0.0010000000474974513)
```

（9）训练表格学习器。

```
learn.fit(n_epoch=25, lr=1e-3, wd=0.2)
```

在训练模型的同时，我们还可以观察到它在每个训练轮次（epoch）之后的性能更新。图 15.4 显示了一个片段。

epoch	train_loss	valid_loss	accuracy	recall_score	precision_score	time
0	0.448089	0.437355	0.819500	0.321596	0.655502	00:02
1	0.434199	0.440029	0.819667	0.383412	0.625000	00:01
2	0.438905	0.435580	0.823000	0.369327	0.648352	00:01
3	0.447201	0.423070	0.826667	0.366980	0.670000	00:02
4	0.440682	0.429869	0.821667	0.370110	0.640921	00:02
5	0.426624	0.424457	0.825500	0.344288	0.677966	00:01
6	0.433349	0.422457	0.825333	0.327856	0.689145	00:02
7	0.438918	0.422934	0.824000	0.343505	0.669207	00:01
8	0.431417	0.423400	0.825667	0.360720	0.668116	00:02
9	0.431647	0.429696	0.824167	0.371674	0.653370	00:01

图 15.4　表格学习器训练的前 10 个轮次

可以看到，在前 10 个轮次中，损失（loss）仍然有点不稳定，并且会随着时间的推移而增加/减少。评估指标也是如此。

（10）绘制损失。

```
learn.recorder.plot_loss()
```

执行上述代码片段会生成如图 15.5 所示的结果。

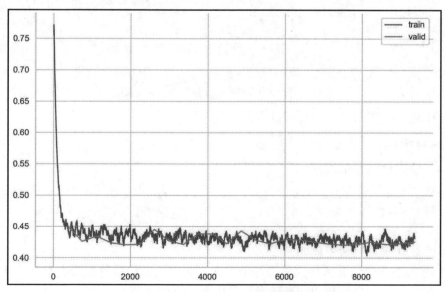

图 15.5　训练时间（批次）中的训练和验证损失

可以看到，验证损失（validation loss）虽然不时出现一些颠簸，但更平稳一些。这可能意味着该模型对于我们的数据来说有点过于复杂，可以考虑减少隐藏层的大小。

（11）定义验证 DataLoaders。

```
valid_data_loader = learn.dls.test_dl(df.loc[list(splits[1])])
```

（12）评估验证集上的性能。

```
learn.validate(dl=valid_data_loader)
```

执行上述代码片段会生成以下输出。

```
(#4)[0.424113571643829,0.8248333334922,0.36228482003129,0.66237482117310]
```

上述输出结果是验证集的指标，分别表示损失、准确率、召回率和精确率。

（13）获取验证集的预测。

```
preds, y_true = learn.get_preds(dl=valid_data_loader)
```

y_true 包含来自验证集的实际标签。preds 对象是一个包含预测概率的张量。它看起来如下所示。

```
tensor([
    [0.8092, 0.1908],
    [0.9339, 0.0661],
    [0.8631, 0.1369],
    ...,
    [0.9249, 0.0751],
    [0.8556, 0.1444],
    [0.8670, 0.1330]
])
```

要从中获取预测的类，可使用以下命令。

```
preds.argmax(dim=-1)
```

（14）检查性能评估指标。

```
perf = performance_evaluation_report_fastai(
    learn, valid_data_loader, show_plot=True
)
```

执行上述代码片段会生成如图 15.6 所示的结果。

perf 对象是一个包含各种评估指标的字典。为节约篇幅，这里没有显示，但是读者也可以看到与步骤（12）相同的准确率、精确率和召回率值。

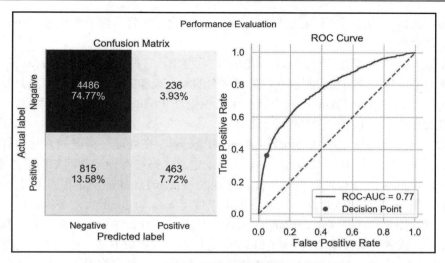

图 15.6　表格学习器的验证集预测的性能评估

15.1.2　原理解释

在步骤（2）中，使用了 read_csv 函数将数据集加载到 Python 中，同时还指出了哪个符号代表缺失值。

在步骤（3）中，确定了因变量（目标）以及数值和分类特征。为此，我们使用了 select_dtypes 方法并指出了想要提取的数据类型。我们将特征存储在列表中，还必须从包含数字特征的列表中删除因变量。最后，我们创建了一个列表，其中包含想要应用于数据的所有转换。本步骤选择了以下处理。

- ❑ FillMissing：缺失值将根据数据类型进行填充。对于分类变量，缺失值成为一个单独的类别。对于数值特征，缺失值将使用特征值的中值（默认方法）、众数或常数值进行填充。此外，还添加了一个额外的列，其中包含一个标志，指示该值是否为缺失值。
- ❑ Categorify：将分类特征映射到它们的整数表示中。
- ❑ Normalize：特征的值将进行归一化处理，使其具有零均值和单位方差。这使神经网络训练更加容易。

重要的是要注意，相同的转换将会应用于训练集和验证集。因此，为了防止数据泄露，转换将仅基于训练集。

在步骤（4）中，定义了用于创建训练集和验证集的拆分。本示例使用了 RandomSplitter 类，它将进行分层拆分。数据拆分比例被指定为 80-20。

在实例化拆分器之后，还必须使用 range_of 函数，它将返回一个包含 DataFrame 的所有索引的列表。

在步骤（5）中，创建了一个 TabularPandas 数据集，它是 pandas DataFrame 的包装器，在其上添加了一些方便的实用程序，以处理所有的预处理和拆分。在实例化 TabularPandas 类时，提供了原始 DataFrame、一个包含所有预处理步骤的列表、目标名称和分类/连续特征，以及在步骤（4）中定义的拆分器对象。

注意，该步骤还指定了 y_block=CategoryBlock()，在处理分类问题并且目标已经编码为二进制表示（一列 0 和 1）时，必须这样指定，否则它可能会与回归问题相混淆。

TabularPandas 对象可以轻松地转换为常规的 pandas DataFrame。我们可以用 xs 方法提取特征，用 ys 方法提取目标。此外，也可以使用 cats 和 conts 方法分别提取分类特征和连续特征。如果直接在 TabularPandas 对象上使用这 4 种方法中的任何一种，则将提取整个数据集。或者，也可以使用 train 和 valid 访问器来仅提取其中一个集合。例如，要从名为 tabular_df 的 TabularPandas 对象中提取验证集特征，可以使用以下代码片段。

```
tabular_df.valid.xs
```

在步骤（6）中，将 TabularPandas 对象转换为 DataLoaders 对象。为此，我们使用了 TabularPandas 数据集的 dataloaders 方法。此外，还指定了批大小（batch size）为 64，并且要删除最后一个不完整的批处理。最后使用 show_batch 方法显示了一个样本批次。

📝 注意：

也可以直接从 CSV 文件创建一个 DataLoaders 对象，而不是转换 pandas DataFrame，为此可以使用 TabularDataLoaders.from_csv 功能。

在步骤（7）中，使用 tabular_learner 定义了学习器。首先，我们实例化了额外的指标：精确率和召回率。使用 fastai 时，指标表示为类（名称以大写拼写），因此需要在将它们传递给学习器之前先实例化它们。

然后，我们实例化了学习器。这是定义网络架构的地方。本示例决定使用具有两个隐藏层的网络，分别包含 500 和 200 个神经元。选择网络架构通常被认为是一门艺术而非科学，并且可能需要大量的反复试验。另一种流行的方法是使用他人以前用过的架构，例如，在学术论文、Kaggle 竞赛或博客文章中看到过的架构。至于指标，则考虑的是准确率和前面提到的精确率和召回率。

和机器学习一样，防止神经网络过拟合至关重要。我们希望网络能够很好地泛化到新数据。用于解决过拟合的一些流行技术如下。

❑　权重衰减（weight decay）：每次更新权重时，它们都会乘以一个小于 1 的因子

（经验法则是使用 0.01 到 0.1 之间的值）。

❑ 舍弃（dropout）：在训练神经网络时，会为每个 mini-batch 随机舍弃一些激活。dropout 也可用于分类特征的嵌入的连接向量。

❑ 批归一化（batch normalization，BN）：这种技术减少过拟合的方式是，确保少量的异常输入会对训练好的网络产生很大影响。

我们检查了模型的架构。在输出中，首先看到了分类嵌入和相应的 emb_drop（也可能没有）。然后，在(layers)部分，看到了输入层（63 个输入和 500 个输出特征），然后是整流线性单元（rectified linear unit，ReLU）激活函数和批归一化。潜在的舍弃在 LinBnDrop 层中进行管理。对第二个隐藏层重复相同的步骤，最后一个线性层产生类别概率。

注意：

fastai 使用一个规则来确定嵌入大小。该规则是根据经验选择的，它在两个数字中进行选择，一个数字是 600，另一个则是 1.6 乘以变量基数的 0.56 次方，哪个更小就选择哪个。要手动计算嵌入大小，可以使用 get_emb_sz 函数。如果没有手动指定大小，则 tabular_learner 将执行该计算。

在步骤（8）中，尝试找到"良好"的学习率。fastai 提供了一个辅助方法 lr_find，可以简化该过程。它开始训练网络，同时提高学习率——从非常低的学习率开始，然后增加到非常大的学习率。它将根据学习率绘制损失图并显示建议的值。我们的目标应该是在最小值之前的值，但损失仍然会改善（减少）。

在步骤（9）中，使用学习器的 fit 方法训练了神经网络。该训练算法的原理是：整个训练集被分成多个批次，每个批次都被用于进行预测，预测的结果将与目标值进行比较并用于计算误差。然后，该误差被用于更新网络中的权重。一个轮次（epoch）是指所有批次都完整运行一次，换句话说，使用整个数据集训练一次就是完成了一个轮次。本示例对网络进行了 25 个轮次的训练。

本步骤另外还指定了学习率（lr=1e-3）和权重衰减（wd=0.2）。

在步骤（10）中，绘制了批次的训练和验证损失。

注意：

默认情况下，fastai 将为分类任务使用（平坦的）交叉熵损失函数（cross-entropy loss function），并使用自适应矩估计（adaptive moment estimation，Adam）作为优化器。报告的训练和验证损失来自损失函数，评估指标（如召回率）则未在训练过程中使用。

在步骤（11）中，定义了一个验证数据加载器。为了识别验证集的索引，我们从拆分器中提取了它们。在步骤（12）中，使用学习器对象的 validate 方法评估了神经网络在验证集上的性能。作为该方法的输入，我们传递了验证数据加载器。

在步骤（13）中，使用了 get_preds 方法获取验证集预测。为了从 preds 对象获得预测，必须使用 argmax 方法。

最后，在步骤（14）中使用了略有修改的辅助函数（在前面的章节中使用过）来还原评估指标，例如精确率和召回率。

15.1.3　扩展知识

fastai 用于表格数据集的一些值得注意的功能如下。

❑ 在训练神经网络时使用回调。回调用于在不同时间将一些自定义代码/逻辑插入到训练循环中，例如，在训练轮次开始时或拟合过程开始时。

❑ fastai 提供了一个辅助函数 add_datepart，可以从包含日期（例如购买日期）的列中提取各种特征。一些提取的特征可能包括星期几、一个月中的第几天，以及表示月/季度/年开始/结束的布尔值。

❑ 可以使用已拟合表格学习器的 predict 方法直接为源 DataFrame 的单行预测类。

❑ 除了 fit 方法，读者也可以使用 fit_one_cycle 方法。后者采用了超级收敛策略。其基本思想是以不同的学习率训练网络。它从低值开始，增加到指定的最大值，然后再次回到低值。这种方法被认为比选择单一学习率更有效。

❑ 由于我们使用的是相对较小的数据集和简单的模型，因此可以很容易地在 CPU上训练神经网络。其实 fastai 也支持使用 GPU。有关如何使用 GPU 的更多信息，可以参阅 fastai 的说明文档。

❑ 可以使用训练集和验证集的自定义索引。在处理类别不平衡的数据集并且希望确保训练集和验证集包含相似比例的类别时，此功能可以派上用场。

可以将 IndexSplitter 与 scikit-learn 的 StratifiedKFold 结合在一起使用。以下代码片段就是一个示例。

```python
from sklearn.model_selection import StratifiedKFold

X = df.copy()
y = X.pop(TARGET)

strat_split = StratifiedKFold(
    n_splits=5, shuffle=True, random_state=42
)
```

```
train_ind, test_ind = next(strat_split.split(X, y))
ind_splits = IndexSplitter(valid_idx=list(test_ind))(range_of(df))

tabular_df = TabularPandas(
    df,
    procs=preprocessing,
    cat_names=cat_features,
    cont_names=num_features,
    y_names=TARGET,
    y_block=CategoryBlock(),
    splits=ind_splits
)
```

15.1.4　参考资料

关于 fastai 的更多资料推荐如下。

❑　fastai 课程网站。

https://course.fast.ai/

❑　Howard, J., & Gugger, S. 2020. Deep Learning for Coders with fastai and PyTorch. O'Reilly Media.

https://github.com/fastai/fastbook

以下是读者可能感兴趣的其他资源。

❑　Guo, C., & Berkhahn, F. 2016. Entity Embeddings of Categorical Variables. arXiv preprint arXiv: 1604.06737.

❑　Ioffe, S., & Szegedy, C. 2015. Batch Normalization: Accelerating Deep Network Training by Reducing Internal Covariate Shift. arXiv preprint arXiv:1502.03167.

❑　Krogh, A., & Hertz, J. A. 1991. "A simple weight decay can improve generalization." In Advances in neural information processing systems: 9950-957.

❑　Ryan, M. 2020. Deep Learning with Structured Data. Simon and Schuster.

❑　Shwartz-Ziv, R., & Armon, A. 2022. "Tabular data: Deep learning is not all you need", Information Fusion, 81: 84-90.

❑　Smith, L. N. 2018. A disciplined approach to neural network hyperparameters: Part 1 – learning rate, batch size, momentum, and weight decay. arXiv preprint arXiv:1803.09820.

❑ Smith, L. N., & Topin, N. 2019, May. Super-convergence: Very fast training of neural networks using large learning rates. In Artificial intelligence and machine learning for multi-domain operations applications (1100612). International Society for Optics and Photonics.

❑ Srivastava, N., Hinton, G., Krizhevsky, A., Sutskever, I., & Salakhutdinov, R. 2014. "Dropout: a simple way to prevent neural networks from overfitting", The Journal of Machine Learning Research, 15(1): 1929-1958.

15.2　探索 Google 的 TabNet

使用神经网络对表格数据建模的另一种可能方法是使用 Google 的 TabNet。由于 TabNet 是一个非常复杂的模型,因此本节不会深入阐释它的架构。如果读者对此感兴趣,建议阅读其原始论文(详见 15.2.4 节"参考资料")。

TabNet 的主要功能和特点如下。

❑ TabNet 可以使用未经任何预处理的原始表格数据。

❑ TabNet 中使用的优化程序是基于梯度下降的。

❑ TabNet 结合了神经网络拟合非常复杂的函数的能力和基于树的算法的特征选择属性。通过在每个决策步骤使用顺序注意力(sequential attention)来选择特征,TabNet 可以专注于仅从最有用的特征中学习。

❑ TabNet 的架构采用了两个关键构建块:一个特征转换器和一个注意力转换器。前者可以将特征处理成更有用的表示,后者可以选择最相关的特征以在下一步中处理。

❑ TabNet 还有另一个有趣的组件——输入特征的可学习掩码。该掩码应该是稀疏的,即它应该选择一个很小的特征集来解决预测任务。与决策树(和其他基于树的模型)相比,掩码启用的特征选择允许进行软决策(soft decision)。实际上,这意味着可以根据更大范围的值而不是单个阈值来做出决定。

❑ TabNet 的特征选择是实例级(instance-wise)的,即可以为训练数据中的每个观察(行)选择不同的特征。

❑ TabNet 也非常独特,因为它使用单一的深度学习架构来进行特征选择和推理。

❑ 与绝大多数深度学习模型相比,TabNet 在某种程度上是可解释的。所有的设计选择都允许 TabNet 提供局部和全局可解释性。局部可解释性使我们能够可视化

特征重要性，了解它们如何组合成一行。全局可解释性则提供了每个特征对已
训练模型（在整个数据集上）的贡献的聚合度量。

本节将演示如何将 TabNet（其 PyTorch 实现）应用于我们在上一节所介绍的同一信
用卡违约数据集。

15.2.1　实战操作

执行以下步骤以使用信用卡欺诈数据集训练 TabNet 分类器。

（1）导入库。

```python
from sklearn.model_selection import train_test_split
from sklearn.preprocessing import LabelEncoder
from sklearn.metrics import recall_score

from pytorch_tabnet.tab_model import TabNetClassifier
from pytorch_tabnet.metrics import Metric
import torch

import pandas as pd
import numpy as np
```

（2）从 CSV 文件加载数据集。

```python
df = pd.read_csv("../Datasets/credit_card_default.csv",
                 na_values="")
```

（3）将目标与特征分开并创建包含数字/分类特征的列表。

```python
X = df.copy()
y = X.pop("default_payment_next_month")

cat_features = list(X.select_dtypes("object").columns)
num_features = list(X.select_dtypes("number").columns)
```

（4）估算分类特征中的缺失值，使用 LabelEncoder 对其进行编码，并存储每个特征
的唯一分类数。

```python
cat_dims = {}

for col in cat_features:
    label_encoder = LabelEncoder()
    X[col] = X[col].fillna("Missing")
```

```
    X[col] = label_encoder.fit_transform(X[col].values)
    cat_dims[col] = len(label_encoder.classes_)

cat_dims
```

执行上述代码片段会生成以下输出。

```
{
    'sex': 3,
    'education': 5,
    'marriage': 4,
    'payment_status_sep': 10,
    'payment_status_aug': 10,
    'payment_status_jul': 10,
    'payment_status_jun': 10,
    'payment_status_may': 9,
    'payment_status_apr': 9
}
```

基于该探索性数据分析，可假设 sex 特征有两个唯一值。当然，由于已将缺失值插补为 Missing 类别，因此存在 3 个唯一值的可能性。

（5）按照 70-15-15 的比例拆分并创建训练集/验证集/测试集。

```
# 创建初始拆分——训练集和 temp 临时集
X_train, X_temp, y_train, y_temp = train_test_split(
    X, y,
    test_size=0.3,
    stratify=y,
    random_state=42
)

# 将 temp 拆分为验证集和测试集
X_valid, X_test, y_valid, y_test = train_test_split(
    X_temp, y_temp,
    test_size=0.5,
    stratify=y_temp,
    random_state=42
)
```

（6）估算所有集合中数值特征中的缺失值。

```
for col in num_features:
    imp_mean = X_train[col].mean()
```

```
X_train[col] = X_train[col].fillna(imp_mean)
X_valid[col] = X_valid[col].fillna(imp_mean)
X_test[col] = X_test[col].fillna(imp_mean)
```

（7）准备包含分类特征索引和唯一类别数量的列表。

```
features = X.columns.to_list()
cat_ind = [features.index(feat) for feat in cat_features]
cat_dims = list(cat_dims.values())
```

（8）定义一个自定义的召回率指标。

```
class Recall(Metric):
    def __init__(self):
        self._name = "recall"
        self._maximize = True

    def __call__(self, y_true, y_score):
        y_pred = np.argmax(y_score, axis=1)
        return recall_score(y_true, y_pred)
```

（9）定义 TabNet 的参数并实例化分类器。

```
tabnet_params = {
    "cat_idxs": cat_ind,
    "cat_dims": cat_dims,
    "optimizer_fn": torch.optim.Adam,
    "optimizer_params": dict(lr=2e-2),
    "scheduler_params": {
        "step_size":20,
        "gamma":0.9
    },
    "scheduler_fn": torch.optim.lr_scheduler.StepLR,
    "mask_type": "sparsemax",
    "seed": 42,
}

tabnet = TabNetClassifier(**tabnet_params)
```

（10）训练 TabNet 分类器。

```
tabnet.fit(
    X_train=X_train.values,
    y_train=y_train.values,
```

```
    eval_set=[
        (X_train.values, y_train.values),
        (X_valid.values, y_valid.values)
    ],
    eval_name=["train", "valid"],
    eval_metric=["auc", Recall],
    max_epochs=200,
    patience=20,
    batch_size=1024,
    virtual_batch_size=128,
    weights=1,
)
```

可以看到训练过程中的日志如下（有节略）。

```
epoch 0  | loss: 0.69867 | train_auc: 0.61461 | train_recall: 0.3789  |
valid_auc: 0.62232 | valid_recall: 0.37286 | 0:00:01s
epoch 1  | loss: 0.62342 | train_auc: 0.70538 | train_recall: 0.51539 |
valid_auc: 0.69053 | valid_recall: 0.48744 | 0:00:02s
epoch 2  | loss: 0.59902 | train_auc: 0.71777 | train_recall: 0.51625 |
valid_auc: 0.71667 | valid_recall: 0.48643 | 0:00:03s
epoch 3  | loss: 0.59629 | train_auc: 0.73428 | train_recall: 0.5268  |
valid_auc: 0.72767 | valid_recall: 0.49447 | 0:00:04s
...
epoch 42 | loss: 0.56028 | train_auc: 0.78509 | train_recall: 0.6028  |
valid_auc: 0.76955 | valid_recall: 0.58191 | 0:00:47s
epoch 43 | loss: 0.56235 | train_auc: 0.7891  | train_recall: 0.55651 |
valid_auc: 0.77126 | valid_recall: 0.5407  | 0:00:48s

Early stopping occurred at epoch 43 with best_epoch = 23 and best_valid_
recall = 0.6191
Best weights from best epoch are automatically used!
```

（11）准备历史 DataFrame 并绘制各个轮次的分数。

```
history_df = pd.DataFrame(tabnet.history.history)
```

然后，绘制各轮次的损失。

```
history_df["loss"].plot(title="Loss over epochs")
```

执行上述代码片段会生成如图 15.7 所示的结果。

然后，以类似的方式，生成一个图表，显示各个轮次的召回率分数。为节约篇幅，这里省略了生成绘图的代码。绘图结果如图 15.8 所示。

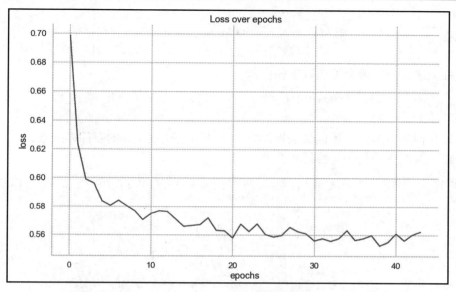

图 15.7　各轮次的训练损失

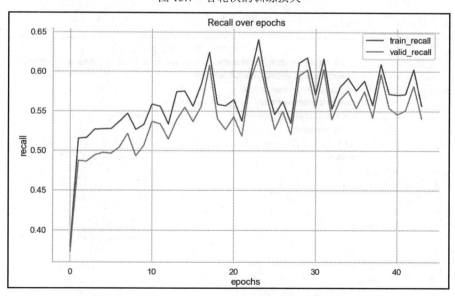

图 15.8　各轮次的训练和验证召回率

（12）为测试集创建预测并评估其性能。

```
y_pred = tabnet.predict(X_test.values)
```

```
print(f"Best validation score: {tabnet.best_cost:.4f}")
print(f"Test set score: {recall_score(y_test, y_pred):.4f}")
```

执行上述代码片段会生成以下输出。

```
Best validation score: 0.6191
Test set score: 0.6275
```

正如我们所看到的，测试集的性能略好于使用验证集计算的召回率分数。

（13）提取并绘制全局特征重要性。

```
tabnet_feat_imp = pd.Series(tabnet.feature_importances_,
                            index=X_train.columns)
(
    tabnet_feat_imp
    .nlargest(20)
    .sort_values()
    .plot(  kind="barh",
            title="TabNet's feature importances")
)
```

执行上述代码片段会生成如图 15.9 所示的结果。

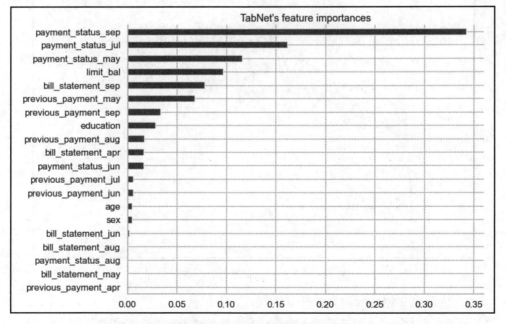

图 15.9　从拟合的 TabNet 分类器中提取的全局特征重要性值

根据该 TabNet 分类器，预测 10 月份违约的最重要特征是 9 月、7 月和 5 月的还款状态。另一个重要特征是信用额度。

这里有两件事值得一提：首先，最重要的特征和 14.6 节"特征重要性研究"中确定的特征类似；其次，该特征的重要性是在特征层面上，而不是在特征和分类层面上（常见于在分类特征上使用独热编码时的分析）。

15.2.2　原理解释

导入库之后，从 CSV 文件加载了数据集。然后，将目标与特征分开，并提取了分类特征和数值特征的名称，将它们存储为列表。

在步骤（4）中，对分类特征执行了一些操作。首先，使用了一个新的类别——Missing 插补任何缺失值。然后，使用 scikit-learn 的 LabelEncoder 对每个分类列进行了编码。与此同时，还为每个分类特征填充了一个字典，其中包含唯一类别的数量（包括为缺失值创建的新类别）。

在步骤（5）中，使用 train_test_split 函数创建了训练集/验证集/测试集拆分。我们决定按照 70-15-15 的比例进行拆分。由于数据集不平衡（在大约 22% 的观察结果中可以看到少数类），因此在拆分数据时使用了分层方法。

在步骤（6）中，估算了数值特征的缺失值。本示例使用了在训练集上计算的平均值来填充缺失值。

在步骤（7）中，准备了两个列表。第一个列表包含分类特征的数字索引，而第二个列表则包含每个分类特征的唯一类别数。至关重要的是，列表必须对齐，以便特征的索引对应于这些特征的唯一类别数。

在步骤（8）中，创建了一个自定义的召回率指标。pytorch-tabnet 提供了一些指标（对于分类问题，可以使用准确率、ROC AUC 和平衡准确率等指标），但是读者也可以轻松定义更多指标。

要创建自定义指标，可执行以下操作。

❑　定义一个继承自 Metric 类的类。

❑　在 __init__ 方法中，定义指标的名称（在训练日志中可见），并指示目标是否为最大化该指标。召回率就是追求最大化值。

❑　在 __call__ 方法中，使用 scikit-learn 中的 recall_score 函数计算了召回率值，但是首先必须将包含每个类的预测概率的数组转换为包含预测类的对象。可以使用 np.argmax 函数执行该操作。

在步骤（9）中，定义了 TabNet 的一些超参数并实例化了模型。pytorch-tabnet 提供了一个 scikit-learn API 来训练 TabNet 执行分类或回归任务。这样读者不必熟悉 PyTorch 即可训练模型。首先，我们定义了一个包含模型超参数的字典。

通常而言，有一些超参数是在模型级别定义的（在实例化它时传递给类），而其他超参数则是在拟合级别定义的（在使用 fit 方法时传递给模型）。在目前阶段，我们定义了以下模型超参数。

❑ 分类特征的索引和相应的唯一类别数。

❑ 指定 Adam 为优化器。

❑ 学习率调度器。

❑ 掩码的类型。

❑ 随机种子。

在所有这些超参数中，可能需要解释一下的就是学习率调度器。根据 TabNet 的说明文档，我们对学习率使用了逐步衰减。为此，可以将 torch.optim.lr_scheduler.StepLR 指定为调度器函数，然后还提供了更多的参数。最初，我们在 optimizer_params 中将学习率设置为 0.02，然后在 scheduler_params 中定义了逐步衰减参数。指定在每 20 个轮次之后，要应用 0.9 的衰减率。实际上，这意味着在 20 个轮次之后，学习率将是 0.9 乘以 0.02，等于 0.018。每 20 个轮次之后，衰减会继续进行。

这样我们就使用指定的超参数实例化了 TabNetClassifier 类。默认情况下，TabNet 对分类问题使用交叉熵损失函数，对回归任务使用均方误差（mean square error，MSE）。

在步骤（10）中，使用 fit 方法训练了 TabNetClassifier，为此提供了以下参数。

❑ 训练数据。

❑ 评估集——在本示例中，同时使用了训练集和验证集，以便在每个轮次之后都能看到在这两个集上计算的指标。

❑ 评估集的名称。

❑ 用于评估的指标——使用了 ROC AUC 和步骤（8）中定义的自定义召回率指标。

❑ 最大轮次数。

❑ patience 参数。该参数表示如果在连续 X 个轮次没有观察到评估指标的改进，则训练将停止，并且将使用最佳轮次的权重进行预测。

❑ 批大小（batch size）和虚拟批大小（virtual batch size），后者用于虚拟批归一化（ghost batch normalization，GBN）。有关 GBN 的详细信息，可参见 15.2.3 节"扩展知识"。

❑ weights 参数，该参数仅适用于分类问题。它对应于采样，这在处理类不平衡时可以有很大的帮助。将其设置为 0 将导致不进行采样，将其设置为 1 会开启权重与逆类出现次数成比例的采样。最后，还可以为类提供一个带有自定义权重的字典。

　　TabNet 训练需要注意的一点是，用户所提供的数据集必须是 numpy 数组，而不是 pandas DataFrame。这就是我们要使用 values 方法从 DataFrame 中提取数组的原因。必须使用 numpy 数组这一要求也是我们必须定义分类特征的数字索引，而不是提供包含特征名称的列表的原因。

✍ 注意：

　　与许多神经网络架构相比，TabNet 使用了相当大的批大小。原始论文建议，可以使用高达训练观察总数10%的批大小。还建议虚拟批大小小于批大小，后者可以平均划分为前者。

　　在步骤（11）中，从拟合的 TabNet 模型的 history 属性中提取了训练信息。它包含与训练日志中可见的相同信息，即损失、学习率和各个轮次的评估指标。然后，绘制了各个轮次的损失和召回率。

　　在步骤（12）中，使用 predict 方法创建了预测。与训练步骤类似，这里也必须以 numpy 数组的形式提供输入特征。与在 scikit-learn 中一样，predict 方法将返回预测的类，而我们则可以使用 predict_proba 方法来获取类概率。本步骤还使用 scikit-learn 中的 recall_score 函数计算了测试集的召回率分数。

　　在步骤（13）中，提取了全局特征重要性值。与 scikit-learn 模型类似，它们存储在已拟合模型的 feature_importances_ 属性下。然后，我们绘制了 20 个最重要的特征。值得一提的是，全局特征重要性值经过归一化处理，总和为 1。

15.2.3　扩展知识

　　下面是关于 TabNet 及其在 PyTorch 中的实现的几个更有趣的点。

- ❑ TabNet 使用虚拟批归一化（ghost batch normalization，GBN）来训练很大批次的数据，同时提供更好的泛化。该过程背后的思路是将输入批次分成大小相等的子批次（由 virtual batch size 参数确定），然后将相同的批归一化层应用于这些子批次。
- ❑ pytorch-tabnet 允许在训练期间应用自定义数据增强管道。该库支持使用 SMOTE 执行分类和回归任务。
- ❑ TabNet 可以作为无监督模型进行预训练，以提高性能。在预训练时，某些单元将被故意屏蔽，模型通过预测缺失（被屏蔽）值来学习这些被屏蔽的单元与相邻列之间的关系，然后可以将这些权重用于监督任务。通过了解特征之间的关系，无监督表示学习（unsupervised representation learning）可以充当有监督学习（supervised learning）任务的改进编码器模型。在进行预训练时，读者还可以决定屏蔽多少百分比的特征。

❑ TabNet 使用 sparsemax 作为屏蔽函数。一般来说，sparsemax 是一种非线性归一化函数，其分布比流行的 softmax 函数更稀疏。这个函数可以让神经网络更有效地选择重要的特征。此外，该函数采用稀疏正则化（其强度由超参数确定）来惩罚稀疏度较低的掩码。pytorch-tabnet 库还包含 EntMax 屏蔽函数。

❑ 本节介绍了如何提取全局特征重要性。要提取局部特征重要性，可以使用已拟合 TabNet 模型的 explain 方法。它返回两个元素：一个元素是矩阵，包含每个观察和特征重要性；另一个是注意力掩码，模型将使用它来进行特征选择。

15.2.4　参考资料

❑ Arik, S. Ö., & Pfister, T. 2021, May. Tabnet: Attentive interpretable tabular learning. In Proceedings of the AAAI Conference on Artificial Intelligence, 35(8): 6679-6687.

❑ 包含上述论文中描述的 TabNet 实现的原始存储库。

https://github.com/google-research/google-research/tree/master/tabnet

15.3　使用 Amazon 的 DeepAR 进行时间序列预测

在第 6 章"时间序列分析与预测"以及第 7 章"基于机器学习的时间序列预测"中，已经介绍了时间序列的分析和预测。这一次，让我们来看一个时间序列预测深度学习方法的例子。本节我们将介绍亚马逊（Amazon）公司开发的 DeepAR 模型。该模型最初是作为一种需求/销售预测工具开发的，规模为数百甚至数千个库存单位（stock-keeping unit，SKU）。

有关 DeepAR 架构的阐释超出了本书的讨论范围，因此我们将仅关注该模型的一些关键特性。具体如下。

❑ DeepAR 创建了一个用于所有考虑的时间序列的全局模型。它在架构中实现了长短期记忆（long short-term memory，LSTM）神经网络单元，允许同时使用数百或数千个时间序列进行训练。该模型还使用了编码器-解码器（encoder-decoder）设置，这在序列到序列模型中很常见。

❑　DeepAR 允许使用一组与目标时间序列相关的协变量（外部回归量）。

❑　该模型需要最少的特征工程。它会自动创建相关的时间序列特征（取决于数据的粒度，这可能是一月中的某一天、一年中的某一天等），并从提供的跨时间序列的协变量中学习季节性模式。

❑　DeepAR 提供基于蒙特卡罗抽样的概率预测——它计算一致的分位数估计。

❑　该模型能够通过从相似的时间序列中学习，为历史数据很少的时间序列创建预测。这是冷启动问题（cold start problem）的潜在解决方案。

❑　该模型可以使用各种似然函数。

本节将使用 2020 年和 2021 年的大约 100 个每日股票价格时间序列来训练 DeepAR 模型，然后将创建涵盖 2021 年最后 20 个工作日的提前 20 天预测。

在继续学习之前，需要强调的是，我们使用股票价格的时间序列只是为了演示目的。深度学习模型在数百个甚至数千个时间序列上训练时表现出色。我们选择了最容易下载的股票价格。但是，正如我们已经解释过的，准确预测股票价格，尤其是对于长期价格预测来说，即使不是根本不可能，也是非常困难的。

15.3.1　实战操作

执行以下步骤以使用股票价格作为输入的时间序列来训练 DeepAR 模型。

（1）导入库。

```
import pandas as pd
import torch
import yfinance as yf
from random import sample, seed

import pytorch_lightning as pl
from pytorch_lightning.callbacks import EarlyStopping
from pytorch_forecasting import DeepAR, TimeSeriesDataSet
```

（2）下载标准普尔 500 指数成分股的股票代码，并从列表中随机抽取 100 个股票代码。

```
df = pd.read_html(
    "https://en.wikipedia.org/wiki/List_of_S%26P_500_companies"
)
df = df[0]

seed(44)
sampled_tickers = sample(df["Symbol"].to_list(), 100)
```

（3）下载所选股票的历史股价。

```
raw_df = yf.download(sampled_tickers,
                     start="2020-01-01",
                     end="2021-12-31")
```

（4）保留调整后的收盘价，剔除包含缺失值的个股。

```
df = raw_df["Adj Close"]
df = df.loc[:, ~df.isna().any()]
selected_tickers = df.columns
```

在删除感兴趣期间内至少有一个缺失值的股票后，剩下 98 只股票。

（5）将数据格式从宽格式转换为长格式并添加时间索引。

```
df = df.reset_index(drop=False)

df = (
    pd.melt(df,
            id_vars=["Date"],
            value_vars=selected_tickers,
            value_name="price"
    ).rename(columns={"variable": "ticker"})
)
df["time_idx"] = df.groupby("ticker").cumcount()
df
```

执行上述代码片段会生成如图 15.10 所示的结果。

	Date	ticker	price	time_idx
0	2019-12-31	ABC	81.503716	0
1	2020-01-02	ABC	81.561249	1
2	2020-01-03	ABC	80.535492	2
3	2020-01-06	ABC	81.714615	3
4	2020-01-07	ABC	81.129845	4
...	...	...	...	...
48980	2021-12-23	XYL	116.300835	500
48981	2021-12-27	XYL	117.082787	501
48982	2021-12-28	XYL	118.300217	502
48983	2021-12-29	XYL	118.141861	503
48984	2021-12-30	XYL	117.884506	504

图 15.10　DeepAR 模型的输入 DataFrame 预览

（6）定义用于设置模型训练的常量。

```
MAX_ENCODER_LENGTH = 40
MAX_PRED_LENGTH = 20
BATCH_SIZE = 128
MAX_EPOCHS = 30
training_cutoff = df["time_idx"].max() - MAX_PRED_LENGTH
```

（7）定义训练和验证数据集。

```
train_set = TimeSeriesDataSet(
    df[lambda x: x["time_idx"] <= training_cutoff],
    time_idx="time_idx",
    target="price",
    group_ids=["ticker"],
    time_varying_unknown_reals=["price"],
    max_encoder_length=MAX_ENCODER_LENGTH,
    max_prediction_length=MAX_PRED_LENGTH,
)

valid_set = TimeSeriesDataSet.from_dataset(
    train_set, df, min_prediction_idx=training_cutoff+1
)
```

（8）从数据集中获取数据加载器。

```
train_dataloader = train_set.to_dataloader(
    train=True, batch_size=BATCH_SIZE
)
valid_dataloader = valid_set.to_dataloader(
    train=False, batch_size=BATCH_SIZE
)
```

（9）定义 DeepAR 模型并找到建议的学习率。

```
pl.seed_everything(42)

deep_ar = DeepAR.from_dataset(
    train_set,
    learning_rate=1e-2,
    hidden_size=30,
    rnn_layers=4
)

trainer = pl.Trainer(gradient_clip_val=1e-1)
```

```
res = trainer.tuner.lr_find(
    deep_ar,
    train_dataloaders=train_dataloader,
    val_dataloaders=valid_dataloader,
    min_lr=1e-5,
    max_lr=1e0,
    early_stop_threshold=100,
)

fig = res.plot(show=True, suggest=True)
```

执行上述代码片段会生成如图 15.11 所示的结果，其中的红点表示建议的学习率。

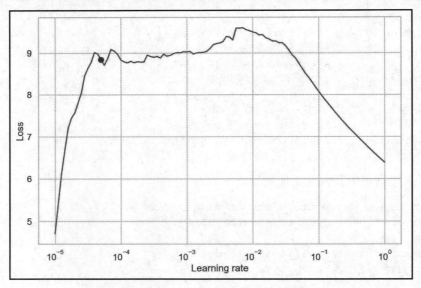

图 15.11　训练 DeepAR 模型的建议学习率

（10）训练 DeepAR 模型。

```
pl.seed_everything(42)

deep_ar.hparams.learning_rate = res.suggestion()

early_stop_callback = EarlyStopping(
    monitor="val_loss",
    min_delta=1e-4,
    patience=10
)
```

```
trainer = pl.Trainer(
    max_epochs=MAX_EPOCHS,
    gradient_clip_val=0.1,
    callbacks=[early_stop_callback]
)

trainer.fit(
    deep_ar,
    train_dataloaders=train_dataloader,
    val_dataloaders=valid_dataloader,
)
```

（11）从检查点提取最佳 DeepAR 模型。

```
best_model = DeepAR.load_from_checkpoint(
    trainer.checkpoint_callback.best_model_path
)
```

（12）为验证集创建预测并绘制其中的 5 个预测。

```
raw_predictions, x = best_model.predict(
    valid_dataloader,
    mode="raw",
    return_x=True,
    n_samples=100
)

tickers = valid_set.x_to_index(x)["ticker"]

for idx in range(5):
    best_model.plot_prediction(
        x, raw_predictions, idx=idx, add_loss_to_title=True
    )
    plt.suptitle(f"Ticker: {tickers.iloc[idx]}")
```

在上述代码片段中，生成了 100 个预测并绘制了其中 5 个用于目视检查。为节约篇幅，图 15.12 只显示了其中的两个，但我们强烈建议读者检查更多绘图以更好地了解模型的性能。

图 15.12 和图 15.13 分别显示了 ABMD 和 ADM 两只股票在 2021 年最后 20 个工作日的股价预测，以及相应的分位数估计值。虽然预测结果表现不佳，但我们可以看到至少实际值在提供的分位数估计范围内。

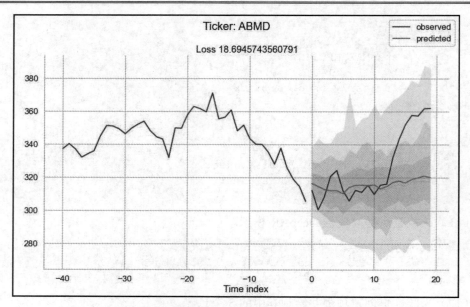

图 15.12　DeepAR 对阿比奥梅德（ABMD）股票的预测

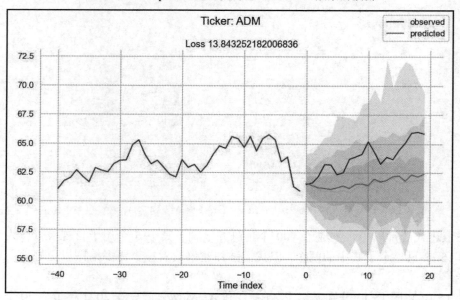

图 15.13　DeepAR 对阿彻丹尼尔斯米德兰（ADM）股票的预测

我们不会花更多时间去评估模型的性能及其预测，因为如前文所述，本示例的主要思想是展示 DeepAR 模型的工作原理以及如何使用它来生成预测。当然，该模型也可以进行一些潜在的改进。首先，可以考虑训练更多的轮次，因为我们没有该研究模型的收敛性。本示例使用了 EarlyStopping，但在训练时它并没有被触发。其次，我们使用了相当多的任意值来定义该网络的架构，而在实际工作中，其实应该使用选择的超参数优化例程来确定现有任务的最佳值。

15.3.2　原理解释

在步骤（1）中，导入了所需的库。为了使用 DeepAR 模型，本示例决定使用 pytorch_forecasting。它是一个建立在 PyTorch Lightning 之上的库，使数据分析人员能够轻松地使用最先进的深度学习模型进行时间序列预测。这些模型可以使用 GPU 进行训练，读者也可以参考 TensorBoard 查看训练日志。

在步骤（2）中，下载了包含标准普尔 500 指数成分股的列表。然后，随机抽取了其中的 100 只股票并将结果存储在列表中。我们对股票代码进行了采样以加快训练速度。对所有股票重复该练习肯定会很有趣，并且对模型也是有利的。

在步骤（3）中，使用 yfinance 库下载了 2020 年和 2021 年的历史股票价格。在接下来的步骤中，还必须应用进一步的预处理。我们只保留了调整后的收盘价，删除了任何包含缺失值的股票。

在步骤（5）中，继续进行了数据的预处理。我们将 DataFrame 从宽格式转换为长格式，然后添加了时间索引。DeepAR 实现使用的是整数时间索引而不是日期，因此我们使用了 cumcount 方法结合 groupby 方法为每个考虑的股票创建时间索引。

在步骤（6）中，定义了一些用于训练过程的常量，例如，编码器步长的最大长度、想要预测未来的观察数量、批大小、训练轮次的最大数量等。另外，还指定了通过哪个时间索引将训练集与验证集分开。

在步骤（7）中，定义了训练集和验证集。具体使用的类是 TimeSeriesDataSet，其负责的功能如下。

- ❑　变量转换的处理。
- ❑　缺失值的处理。
- ❑　存储有关静态和时变变量的信息（包括已知和未知信息）。
- ❑　随机抽样。

在定义训练数据集时，必须提供训练数据（使用先前定义的截止点过滤）、包含时间索引的列的名称、目标、组 ID（在本示例中，其实就是股票代码）、编码器长度和预测范围。

✐ 注意：

从 TimeSeriesDataSet 生成的每个样本都是一个全时序列的子序列。每个子序列由给定时间序列的编码器和预测时间点组成。TimeSeriesDataSet 将创建一个索引，定义存在哪些子序列并可以从中采样。

在步骤（8）中，使用了 TimeSeriesDataSet 的 to_dataloader 方法将数据集转换为数据加载器。

在步骤（9）中，使用 DeepAR 类的 from_dataset 方法定义了 DeepAR 模型，这样就不必重复在创建 TimeSeriesDataSet 对象时已经指定的内容。

此外，这里还指定了学习率、隐藏层的大小和 RNN 层数。后两个是 DeepAR 模型最重要的超参数，它们应该使用一些超参数优化框架（如 Hyperopt 或 Optuna）进行调整。然后，使用 PyTorch Lightning 的 Trainer 类来为模型找到最佳学习率。

✐ 注意：

默认情况下，DeepAR 模型使用高斯损失函数。根据具体的任务，读者也可以考虑使用一些替代方案。高斯分布是处理实值数据时的首选。读者也可以对正计数的数据使用负二项式似然（negative-binomial likelihood）分布。贝塔似然（Beta likelihood）对于单位区间的数据来说是一个很好的选择，而伯努利似然（Bernoulli likelihood）对于二进制数据来说是很好的。

在步骤（10）中，使用确定的学习率训练了 DeepAR 模型。此外，还指定了 EarlyStopping 回调，如果在 10 个轮次内验证损失没有显著改善（由我们定义），则会停止训练。

在步骤（11）中，从检查点提取了最佳模型。然后，在步骤（12）中，使用最好的模型的 predict 方法创建了预测。我们为验证数据加载器中可用的 100 个序列创建了预测。本示例指定了需要提取原始预测（mode="raw"），此选项将返回一个包含预测结果和附加信息（例如相应的分位数等）的字典，另外，return_x=True 指定了需要获得用于生成这些预测的输入。最后，使用已拟合的 DeepAR 模型的 plot_prediction 方法绘制了预测图。

15.3.3　扩展知识

pytorch_forecasting 还允许分析人员轻松地训练 DeepVAR 模型，它是 DeepAR 的多元对应模型。最初，Salinas 等人（2019）将此模型称为 VEC-LSTM（详见 15.3.4 节"参考资料"）。

✐ 注意：

DeepAR 和 DeepVAR 都可以在 Amazon 的 GloonTS 库中找到。

　　本小节将演示如何调整用于训练 DeepAR 模型的代码，以使其能够训练 DeepVAR 模型。按以下步骤操作即可。

　　（1）导入库。

```
from pytorch_forecasting.metrics import
MultivariateNormalDistributionLoss
import seaborn as sns
import numpy as np
```

　　（2）再次定义数据加载器。

```
train_set = TimeSeriesDataSet(
    df[lambda x: x["time_idx"] <= training_cutoff],
    time_idx="time_idx",
    target="price",
    group_ids=["ticker"],
    static_categoricals=["ticker"],
    time_varying_unknown_reals=["price"],
    max_encoder_length=MAX_ENCODER_LENGTH,
    max_prediction_length=MAX_PRED_LENGTH,
)
valid_set = TimeSeriesDataSet.from_dataset(
    train_set, df, min_prediction_idx=training_cutoff+1
)

train_dataloader = train_set.to_dataloader(
    train=True,
    batch_size=BATCH_SIZE,
    batch_sampler="synchronized"
)
valid_dataloader = valid_set.to_dataloader(
    train=False,
    batch_size=BATCH_SIZE,
    batch_sampler="synchronized"
)
```

　　在这一步骤中有两点不同。首先，在创建训练数据集时，还指定了 static_categoricals 参数。因为要预测相关性，所以使用序列特征（例如它们的交易代码）很重要。其次，还必须在创建数据加载器时指定 batch_sampler="synchronized"。使用该选项可确保传递给解码器的样本在时间上对齐。

　　（3）定义 DeepVAR 模型并找到学习率。

```
pl.seed_everything(42)

deep_var = DeepAR.from_dataset(
    train_set,
    learning_rate=1e-2,
    hidden_size=30,
    rnn_layers=4,
    loss=MultivariateNormalDistributionLoss()
)

trainer = pl.Trainer(gradient_clip_val=1e-1)
res = trainer.tuner.lr_find(
    deep_var,
    train_dataloaders=train_dataloader,
    val_dataloaders=valid_dataloader,
    min_lr=1e-5,
    max_lr=1e0,
    early_stop_threshold=100,
)
```

训练 DeepVAR 和 DeepAR 模型的最后一个区别是：DeepVAR 模型将使用 MultivariateNormalDistributionLoss 作为损失，而不是默认的 NormalDistributionLoss。

（4）使用选定的学习率训练 DeepVAR 模型。

```
pl.seed_everything(42)

deep_var.hparams.learning_rate = res.suggestion()

early_stop_callback = EarlyStopping(
    monitor="val_loss",
    min_delta=1e-4,
    patience=10
)

trainer = pl.Trainer(
    max_epochs=MAX_EPOCHS,
    gradient_clip_val=0.1,
    callbacks=[early_stop_callback]
)

trainer.fit(
    deep_var,
    train_dataloaders=train_dataloader,
```

```
    val_dataloaders=valid_dataloader,
)
```

（5）从检查点提取最佳 DeepVAR 模型。

```
best_model = DeepAR.load_from_checkpoint(
    trainer.checkpoint_callback.best_model_path
)
```

（6）提取相关矩阵。

```
preds = best_model.predict(valid_dataloader,
                           mode=("raw", "prediction"),
                           n_samples=None)

cov_matrix = (
    best_model
    .loss
    .map_x_to_distribution(preds)
    .base_dist
    .covariance_matrix
    .mean(0)
)

cov_diag_mult = (
    torch.diag(cov_matrix)[None] * torch.diag(cov_matrix)[None].T
)
corr_matrix = cov_matrix / torch.sqrt(cov_diag_mult)
```

（7）绘制相关矩阵和相关分布。

```
mask = np.triu(np.ones_like(corr_matrix, dtype=bool))

fif, ax = plt.subplots()

cmap = sns.diverging_palette(230, 20, as_cmap=True)

sns.heatmap(
    corr_matrix, mask=mask, cmap=cmap,
    vmax=.3, center=0, square=True,
    linewidths=.5, cbar_kws={"shrink": .5}
)

ax.set_title("Correlation matrix")
```

执行上述代码片段会生成如图 15.14 所示的结果。

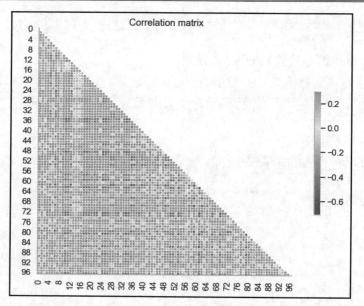

图 15.14　从 DeepVAR 中提取的相关矩阵

为了更好地理解相关性的分布，还可以绘制它们的直方图。

```
plt.hist(corr_matrix[corr_matrix < 1].numpy())
```

执行上述代码片段会生成如图 15.15 所示的结果。

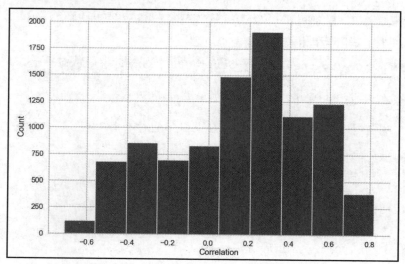

图 15.15　显示提取的相关性分布的直方图

在研究该直方图时，应记住我们已经创建了一个基于相关矩阵的直方图。这意味着已经有效地计算了每个值两次。

15.3.4 参考资料

□ Salinas, D., Flunkert, V., Gasthaus, J., & Januschowski, T. 2020. "DeepAR: Probabilistic forecasting with autoregressive recurrent networks", International Journal of Forecasting, 36(3): 1181-1191.

□ Salinas, D., Bohlke-Schneider, M., Callot, L., Medico, R., & Gasthaus, J. 2019. High-dimensional multivariate forecasting with low-rank Gaussian copula processes. Advances in neural information processing systems, 32.

15.4 使用 NeuralProphet 进行时间序列预测

在第 7 章"基于机器学习的时间序列预测"中，介绍了 Meta（前身为 Facebook）公司创建的 Prophet 算法。本节将研究该算法的扩展——NeuralProphet。

Prophet 算法的作者强调，良好的性能、可解释性和易用性是该模型的主要优势。NeuralProphet 的作者在他们的方法中也考虑到了这一点。他们保留了 Prophet 的所有优势，同时添加了一些新组件，从而提高了准确率和可扩展性。

对原始 Prophet 算法的批评包括：它的参数结构较为刚性（基于广义线性模型），它是一种"曲线拟合器"，其适应性不足以拟合局部模式等。

✍ 注意：

传统上，时间序列模型使用时间序列的滞后值来预测未来值。Prophet 的创建者将时间序列预测重新定义为曲线拟合问题，该算法试图找到趋势的函数形式。

NeuralProphet 的新增内容大致如下。

□ NeuralProphet 在 Prophet 规范中引入了自回归项。

□ 自回归通过自回归网络（autoregressive network，AR-Net）引入。AR-Net 是一种神经网络，经过训练可以模拟时间序列信号中的自回归过程。虽然传统 AR 模型和 AR-Net 的输入是相同的，但后者能够在比前者更大的规模上运行。

□ NeuralProphet 使用 PyTorch 作为其后端，这与 Prophet 算法使用的 Stan 相反。这导致其有更快的训练速度和其他一些好处。

❑　滞后回归量（特征）使用前馈神经网络建模。

❑　该算法可以使用自定义损失和指标。

❑　该库广泛使用正则化，我们能够将其应用于模型的大部分组件，例如趋势、季节性、假期、AR 项等。这与 AR 项尤其相关，因为有了正则化，即可使用更多滞后值而无须担心训练时间快速增加的问题。

实际上，NeuralProphet 支持以下 AR 项的配置。

❑　线性 AR（linear AR）——没有偏置项或激活函数的单层神经网络。实际上，它就是将特定的滞后回归到特定的预测步骤。它的简单性使其解释起来很容易。

❑　深度 AR（deep AR）——在这种形式下，AR 项使用具有指定隐藏层数和 ReLU 激活函数的全连接神经网络建模。以增加复杂性、延长训练时间和丧失可解释性为代价，这种配置通常可以比线性 AR 实现更高的预测准确率。

❑　稀疏 AR（sparse AR）——可以结合高阶 AR（在先前的时间步长有更多的值）和正则化项。

上述每个配置都可以应用于目标和协变量。

简而言之，NeuralProphet 由以下组件（分量）构建。

❑　趋势。

❑　季节性。

❑　假期和特别事件。

❑　自回归。

❑　滞后回归（lagged regression）——使用前馈神经网络在内部建模的协变量（covariate）的滞后值。

❑　未来回归（future regression）——类似于事件/假期，这些是在未来知道的回归变量的值（要么是给定的已知值，要么对这些值有单独的预测）。

本节将 NeuralProphet 的一些配置拟合到 2010 年到 2021 年标准普尔 500 指数每日价格的时间序列。与之前的小节类似，由于数据可访问性和它的每日频率，我们选择了资产价格的时间序列。需要再次强调的是，尝试使用机器学习/深度学习技术预测股票价格即使不是完全不可能也是非常困难的，因此本练习的目的只是演示使用 NeuralProphet 算法的过程，而不是为了创建最准确的预测。

15.4.1　实战操作

执行以下步骤，以将 NeuralProphet 算法的一些配置与标准普尔 500 指数每日价格的时间序列相匹配。

（1）导入库。

```
import yfinance as yf
import pandas as pd
from neuralprophet import NeuralProphet
from neuralprophet.utils import set_random_seed
```

（2）下载标准普尔 500 指数的历史价格并准备 DataFrame 以使用 NeuralProphet 建模。

```
df = yf.download("^GSPC",
                 start="2010-01-01",
                 end="2021-12-31")
df = df[["Adj Close"]].reset_index(drop=False)
df.columns = ["ds", "y"]
```

（3）创建训练集/测试集拆分。

```
TEST_LENGTH = 60
df_train = df.iloc[:-TEST_LENGTH]
df_test = df.iloc[-TEST_LENGTH:]
```

（4）训练默认的 Prophet 模型并绘制评估指标。

```
set_random_seed(42)
model = NeuralProphet(changepoints_range=0.95)
metrics = model.fit(df_train, freq="B")

(
    metrics
    .drop(columns=["RegLoss"])
    .plot(title="Evaluation metrics during training",
          subplots=True)
)
```

执行上述代码片段会生成如图 15.16 所示的结果。

（5）计算预测并绘制拟合图。

```
pred_df = model.predict(df)

pred_df.plot(x="ds", y=["y", "yhat1"],
             title="S&P 500 - forecast vs ground truth")
```

执行上述代码片段会生成如图 15.17 所示的结果。

可以看到，该模型的拟合线遵循了整体增长趋势（甚至能够随时间调整增长速度），但没有抓住极端变化的时期，没有跟随局部尺度的变化。

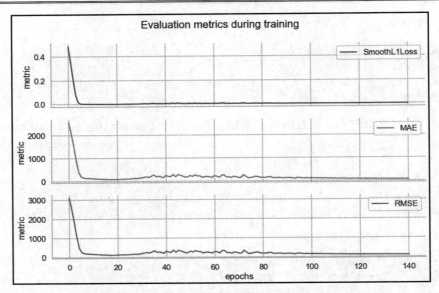

图 15.16　NeuralProphet 训练期间的评估指标

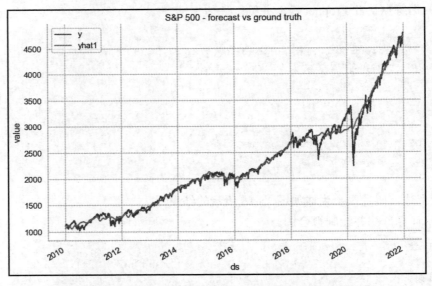

图 15.17　NeuralProphet 的拟合值与整个时间序列的实际值

此外，还可以放大测试集对应的时间段。

```
(
    pred_df
```

```
    .iloc[-TEST_LENGTH:]
    .plot(x="ds", y=["y", "yhat1"],
        title="S&P 500 - forecast vs ground truth")
)
```

执行上述代码片段会生成如图 15.18 所示的结果。

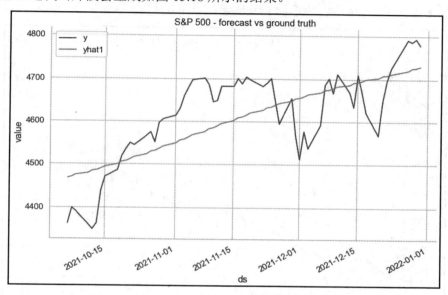

图 15.18　NeuralProphet 的拟合与测试集中的实际值

从图 15.18 中得出的结论与我们在整体拟合情况下得出的结论非常相似——该模型遵循了增加的趋势，但是并没有捕捉到局部模式。

💡 提示：

要评估测试集的性能，可以使用以下命令。

```
model.test(df_test)
```

（6）将 AR 组件添加到 NeuralProphet。

```
set_random_seed(42)
model = NeuralProphet(
    changepoints_range=0.95,
    n_lags=10,
    ar_reg=1,
)
```

```
metrics = model.fit(df_train, freq="B")

pred_df = model.predict(df)
pred_df.plot(  x="ds", y=["y", "yhat1"],
               title="S&P 500 - forecast vs ground truth")
```

执行上述代码片段会生成如图 15.19 所示的结果。

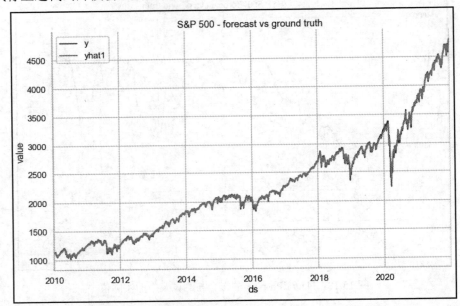

图 15.19　NeuralProphet 的拟合值与整个时间序列的实际值

该拟合看起来比上一个拟合要好得多。再来仔细看看测试集。

```
(
    pred_df
    .iloc[-TEST_LENGTH:]
    .plot(  x="ds", y=["y", "yhat1"],
            title="S&P 500 - forecast vs ground truth")
)
```

执行上述代码片段会生成如图 15.20 所示的结果。

在图 15.20 中可以看到一个熟悉且令人担忧的模式——预测滞后于原始系列。我们的意思是，预测与最后的已知值之一非常相似。换句话说，预测线与真实值线类似，只是向右移动了一个或多个周期。

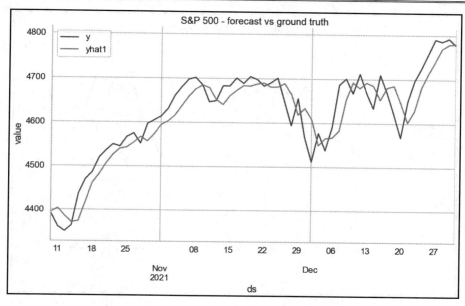

图 15.20 NeuralProphet 的拟合值与测试集中的实际值

（7）将 AR-Net 添加到 NeuralProphet。

```
set_random_seed(42)
model = NeuralProphet(
    changepoints_range=0.95,
    n_lags=10,
    ar_reg=1,
    num_hidden_layers=3,
    d_hidden=32,
)
metrics = model.fit(df_train, freq="B")

pred_df = model.predict(df)
(
    pred_df
    .iloc[-TEST_LENGTH:]
    .plot( x="ds", y=["y", "yhat1"],
           title="S&P 500 - forecast vs ground truth")
)
```

执行上述代码片段会生成如图 15.21 所示的结果。

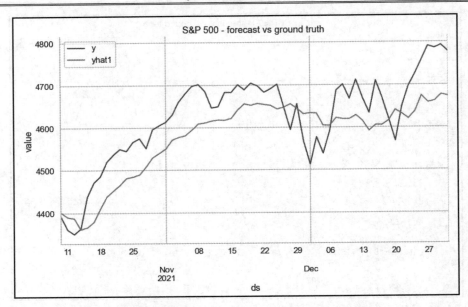

图 15.21　NeuralProphet 的拟合值与测试集中的实际值

可以看到，该预测图看起来比在没有使用 AR-Net 的情况下获得的图更好。虽然模式看起来仍然偏移了一段时间，但它们并没有像上一个案例那样过拟合。

（8）对模型的组件（分量）和参数绘图。

```
model.plot_components(model.predict(df_train))
```

执行上述代码片段会生成如图 15.22 所示的结果。

在图 15.22 中可以看到以下模式。

❑　包含一些确定的变化点的增加趋势。

❑　4 月下旬的季节性高峰，9 月下旬和 10 月初的季节性下降。

❑　工作日没有出现令人惊讶的模式。但是，务必记住，我们不应查看周六和周日的每周季节性值。由于我们处理的是仅在工作日可用的每日数据，因此预测也应仅针对工作日进行，而周末的周内季节性无法很好地估计。

✅ 注意：

观察股票价格的年度季节性可以揭示一些有趣的模式。其中一个著名的模式是"一月效应"，指一月份的股价往往可能出现季节性上涨。一般来说，这可归因于资产购买量的增加，这是在 12 月的股价下跌之后发生的，在 12 月时，投资者出于税收目的倾向于出售部分资产。

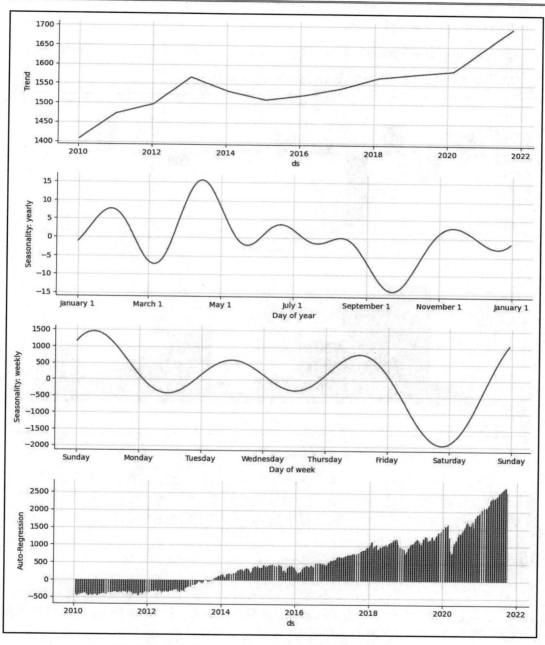

图 15.22 拟合的 NeuralProphet 模型的组件（包括 AR-Net）

现在还可以绘制模型的参数。

```
model.plot_parameters()
```

执行上述代码片段会生成如图 15.23 所示的结果。

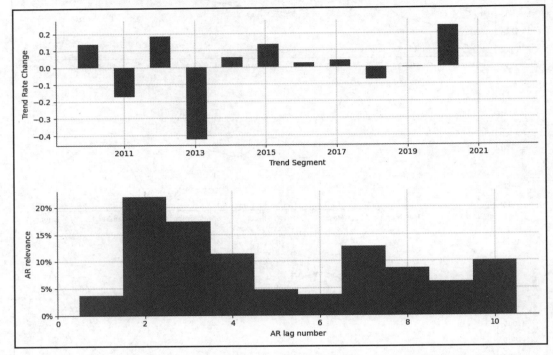

图 15.23　拟合的 NeuralProphet 模型（包括 AR-Net）的参数

在这些组件和参数图中有很多重叠，因此应仅关注新元素。读者可以仔细研究一下描绘趋势变化幅度的图表，将它与图 15.22 中的趋势分量图一起考虑。然后，还可以看看该变化率如何对应历年的趋势。lag 2 似乎是 10 个所考虑的滞后中最相关的。

15.4.2　原理解释

在导入库之后，下载了标准普尔 500 指数从 2010 年到 2021 年的每日价格。步骤（2）只保留了调整后的收盘价，并将 DataFrame 转换为 Prophet 和 NeuralProphet 都可以识别的格式，即包含名为 ds 的时间列和名为 y 的目标时间序列的 DataFrame。

在步骤（3）中，将测试大小设置为 60，并将 DataFrame 分成训练集和测试集。

☑ **注意：**

NeuralProphet 还支持在训练模型时使用验证集。可以在调用 fit 方法时添加它。

在步骤（4）中，实例化了 NeuralProphet 模型。该模型的超参数基本上都是默认的，唯一调整的超参数是 changepoints_range，将该值从默认值 0.9 增加到 0.95。这意味着模型可以识别前 95%数据中的变化点。其余部分保持不变，以确保一致的最终趋势。我们增加了该默认值，是因为将专注于相对短期的预测。

在步骤（5）中，使用 predict 方法和整个时间序列作为输入来计算预测。这样可以获得测试集的拟合值（样本内拟合）和样本外预测。此时也可以使用 make_future_dataframe 方法，这是原始 Prophet 库很熟悉的方法。

在步骤（6）中，添加了线性 AR 项。我们使用 n_lags 参数指定了要考虑的滞后数。此外，还通过将 ar_reg 设置为 1 添加了 AR 项的正则化。读者也可以指定学习率。当然，如果未指定学习率，则库会使用学习率范围测试来找到最佳值。

☑ **注意：**

当设置 AR 项的正则化时（这适用于该库中的所有正则化），值为 0 将导致不会正则化。较小的值（例如，在 0.001 到 1 的范围内）将导致弱正则化。在使用 AR 项的情况下，这意味着将有更多的非零 AR 系数。较大的值（例如，在 1 到 100 的范围内）将显著限制非零系数的数量。

在步骤（7）中，将 AR 项的使用从线性 AR 扩展到 AR-Net。其他超参数与步骤（6）中的相同，不同的是该步骤还指定了要使用的隐藏层数量（num_hidden_layers = 3）以及它们的大小（d_hidden = 32）。

在最后一步中，使用 plot_components 方法绘制了 NeuralProphet 的组件，并使用 plot_parameters 方法绘制了模型的参数。

15.4.3　扩展知识

上述示例介绍了使用 NeuralProphet 的基础知识。本小节将探索该库的更多功能。

1. 添加假期和特别事件

NeuralProphet 中也提供了原始 Prophet 算法的一个非常受欢迎的功能，即可以轻松添加假期和特殊日期。例如，在处理零售业的数据时，可以添加体育赛事（如世界锦标赛或超级碗）或黑色星期五（类似中国的双 11 购物节），这些都不是法定假日。

以下代码片段可将美国假期添加到基于 AR-Net 的模型中。

```
set_random_seed(42)
model = NeuralProphet(
    changepoints_range=0.95,
    n_lags=10,
    ar_reg=1,
    num_hidden_layers=3,
    d_hidden=32,
)
model = model.add_country_holidays(
    "US", lower_window=-1, upper_window=1
)
metrics = model.fit(df_train, freq="B")
```

此外，还可以指定假期也会影响周围的日子，即假期前后的一天。如果考虑特定日期之前市场的准备情况或特定日期之后市场的冷淡情况，则此功能可能尤为重要。例如，在零售业中，我们可能希望指定圣诞节前的一段时间，因为那通常是人们购买礼物的时间。而在购物节狂欢之后，也可能马上出现销量暴跌的现象。

通过检查如图 15.24 所示的分量图，我们可以看到假期在时间上的影响。

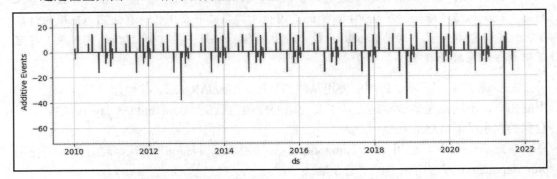

图 15.24　拟合的 NeuralProphet 的假期分量

此外，读者也可以检查参数图，以更深入地了解特定假期（及其周围日子）的影响。

本示例一次性添加了所有美国假期，结果就是所有假期都有相同范围的周围天数（前一天和后一天）。但是，读者也可以手动创建一个具有自定义假期的 DataFrame，并在特定事件级别而不是全局指定周围的天数。

2. 下一步预测和多步预测

有两种方法可以使用 NeuralProphet 进行未来的多步预测。

❑　可以按递归方式创建超前一步的预测。

这个过程看起来如下：先预测前面的一步，将预测值添加到数据中，然后再预测下一步。重复该过程，直至达到所需的预测范围。

❑　　直接预测未来的多个步骤。

默认情况下，NeuralProphet 将使用第一种方法。当然，读者也可以通过指定 NeuralProphet 类的 n_forecasts 超参数来使用第二种方法。

```
model = NeuralProphet(
    n_lags=10,
    n_forecasts=10,
    ar_reg=1,
    learning_rate=0.01
)
metrics = model.fit(df_train, freq="B")
pred_df = model.predict(df)
pred_df.tail()
```

图 15.25 仅显示了结果 DataFrame 的一部分。

	ds	y	yhat1	residual1	yhat2	residual2	yhat3	residual3
3126	2021-12-24	4758.489990	4650.537109	-107.952881	4658.835938	-99.654053	4628.593262	-129.896729
3127	2021-12-27	4791.189941	4678.010742	-113.179199	4684.404785	-106.785156	4667.214355	-123.975586
3128	2021-12-28	4786.350098	4733.727051	-52.623047	4726.821777	-59.52832	4719.004395	-67.345703
3129	2021-12-29	4793.060059	4743.061035	-49.999023	4752.594238	-40.46582	4732.162598	-60.897461
3130	2021-12-30	4778.729980	4739.231934	-39.498047	4743.820801	-34.90918	4716.883789	-61.846191

图 15.25　包含提前 10 步预测的 DataFrame 预览

这一次，DataFrame 每行将包含 10 个预测：yhat1，yhat2，…，yhat10。要了解如何解释该表，可以查看图 15.25 中显示的最后一行。yhat2 值对应于 2021-12-30 的预测，这是在该日期之前 2 天做出的。所以 yhat 后面的数字表示预测的时间（在本例中，以天为单位）。

或者，读者也可以改变一下，在调用 predict 方法时指定 raw=True，即可获得行日期上的预测，而不是对该日期的预测。

```
pred_df = model.predict(df, raw=True, decompose=False)
pred_df.tail()
```

执行上述代码片段会生成如图 15.26 所示的结果。

	ds	step0	step1	step2	step3	step4
3116	2021-12-24	4650.540039	4684.399902	4719.000000	4711.359863	4727.819824
3117	2021-12-27	4678.009766	4726.819824	4732.160156	4736.580078	4733.509766
3118	2021-12-28	4733.729980	4752.589844	4716.879883	4745.649902	4740.490234
3119	2021-12-29	4743.060059	4743.819824	4702.350098	4733.750000	4747.859863
3120	2021-12-30	4739.229980	4752.520020	4730.939941	4760.689941	4776.040039

图 15.26　包含 10 步预测中前 5 个的 DataFrame 预览

读者可以跟踪这两个表中的一些预测，以查看表的结构有何不同。

在绘制多步预测时，可以看到多条线——每条线都来自不同的预测日期。

```
pred_df = model.predict(df_test)
model.plot(pred_df)
ax = plt.gca()
ax.legend(loc='center left', bbox_to_anchor=(1, 0.5))
ax.set_title("10-day ahead multi-step forecast")
```

执行上述代码片段会生成如图 15.27 所示的结果。

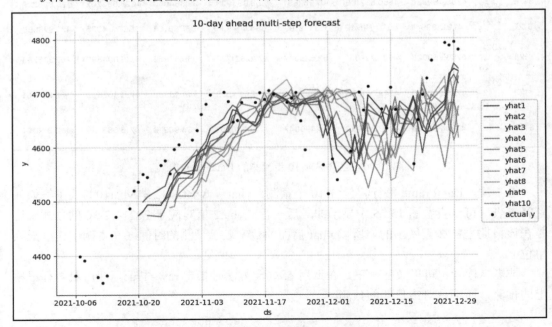

图 15.27　提前 10 天的多步预测

由于线条重叠，这些绘图很难辨认。可以使用 highlight_nth_step_ahead_of_each_forecast 方法突出显示对特定步骤所做的预测。以下代码段说明了如何执行此操作。

```
model = model.highlight_nth_step_ahead_of_each_forecast(1)
model.plot(pred_df)
ax = plt.gca()
ax.set_title("Step 1 of the 10-day ahead multi-step forecast")
```

执行上述代码片段会生成如图 15.28 所示的结果。

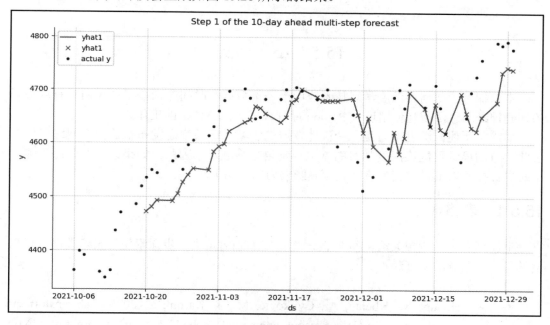

图 15.28 10 天多步预测的第 1 步

在分析图 15.28 之后，我们可以得出结论，该模型仍在努力进行预测，并且预测值非常接近最后已知的值。

3. 其他功能

NeuralProphet 还包含其他一些有趣的功能，例如以下几项。

- ❑ 广泛的交叉验证和基准测试功能。
- ❑ 模型的组成部分，如假期/事件、季节性或未来回归量不需要相加，它们也可以是乘法的。
- ❑ 默认损失函数是 Huber 损失（Huber loss），但是读者也可以将其更改为任何其他流行的损失函数。

15.4.4　参考资料

❑ Triebe, O., Laptev, N., & Rajagopal, R. 2019. Ar-net: A simple autoregressive neural network for time-series. arXiv preprint arXiv:1911.12436.

❑ Triebe, O., Hewamalage, H., Pilyugina, P., Laptev, N., Bergmeir, C., & Rajagopal, R. 2021. Neuralprophet: Explainable forecasting at scale. arXiv preprint arXiv:2111. 15397.

15.5　小　　　结

本章探讨了如何将深度学习技术应用于表格数据和时间序列数据。我们没有从头开始构建神经网络，而是使用现代 Python 库处理了大部分繁重的工作。

如前文所述，深度学习是一个快速发展的领域，每天都会发布新的神经网络架构。仅此一章的篇幅可能连深度学习的冰山一角也很难触及。因此，如果读者对此感兴趣，不妨自行探索以下目前较为流行且颇具影响力的方法/库。

15.5.1　表格数据

下面列出了一些相关论文和 Python 库，它们绝对是进一步探索使用表格数据进行深度学习这一主题的良好起点。

❑ 延伸阅读。

➢ Huang, X., Khetan, A., Cvitkovic, M., & Karnin, Z. 2020. Tabtransformer: Tabular data modeling using contextual embeddings. arXiv preprint arXiv: 2012.06678.

➢ Popov, S., Morozov, S., & Babenko, A. 2019. Neural oblivious decision ensembles for deep learning on tabular data. arXiv preprint arXiv:1909.06312.

❑ 库。

➢ pytorch_tabular——该库提供了一个框架，可以将深度学习模型用于表格数据。它提供了 TabNet、TabTransformer、FT Transformer 和具有分类嵌入的前馈网络等模型。

➢ pytorch-widedeep——这是一个基于谷歌 Wide and Deep 算法的库。它不仅允许将深度学习与表格数据结合使用，还有助于将文本和图像与相应的表格数据相结合。

15.5.2　时间序列

本章介绍了两种基于深度学习的时间序列预测方法——Deep-AR 和 NeuralProphet。强烈建议读者继续了解以下有关分析和预测时间序列的资源。

❑　延伸阅读。

➢　Chen, Y., Kang, Y., Chen, Y., & Wang, Z. (2020). "Probabilistic forecasting with temporal convolutional neural network", Neurocomputing, 399: 491-501.

➢　Gallicchio, C., Micheli, A., & Pedrelli, L. 2018. "Design of deep echo state networks", Neural Networks, 108: 33-47.

➢　Kazemi, S. M., Goel, R., Eghbali, S., Ramanan, J., Sahota, J., Thakur, S., ... & Brubaker, M. 2019. Time2vec: Learning a vector representation of time. arXiv preprint arXiv:1907.05321.

➢　Lea, C., Flynn, M. D., Vidal, R., Reiter, A., & Hager, G. D. 2017. Temporal convolutional networks for action segmentation and detection. In proceedings of the IEEE Conference on Computer Vision and Pattern Recognition, 156-165.

➢　Lim, B., Arık, S. Ö., Loeff, N., & Pfister, T. 2021. "Temporal fusion transformers for interpretable multi-horizon time series forecasting", International Journal of Forecasting, 37(4): 1748-1764.

➢　Oreshkin, B. N., Carpov, D., Chapados, N., & Bengio, Y. 2019. N-BEATS: Neural basis expansion analysis for interpretable time series forecasting. arXiv preprint arXiv:1905.10437.

❑　库。

➢　tsai——这是一个建立在 PyTorch 和 fastai 之上的深度学习库。它侧重于各种与时间序列相关的任务，包括分类、回归、预测和插补。除了 LSTM 或 GRU 等传统方法，它还实现了一系列最先进的架构，例如 ResNet、InceptionTime、TabTransformer 和 Rocket 等。

➢　gluonts——这是一个使用深度学习进行概率时间序列建模的 Python 库。它包含 DeepAR、DeepVAR、N-BEATS、Temporal Fusion Transformer 和 WaveNet 等模型。

➢　darts——这是一个使用多种方法进行时间序列预测的多功能库，涵盖了 ARIMA 之类的统计模型和深度神经网络。它包含 N-BEATS、Temporal Fusion Transformer 和时间卷积神经网络等模型的实现。

15.5.3　其他领域

本章重点展示了深度学习在表格数据和时间序列预测中的应用。但是，该技术其实还有更多的用例，并且仍在不断发展。例如，FinBERT 是一种预训练的自然语言处理模型，可用于分析金融领域文本（例如财报电话会议记录）中的情绪。

另一方面，读者也可以利用生成对抗网络（generative adversarial network，GAN）的最新成果来为模型生成合成数据。要进一步探索金融背景下的深度学习领域，以下资源是一些比较有趣的起点。

- ❑　延伸阅读。
  - ➢　Araci, D. 2019. Finbert: Financial sentiment analysis with pre-trained language models. arXiv preprint arXiv:1908.10063.
  - ➢　Cao, J., Chen, J., Hull, J., & Poulos, Z. 2021. "Deep hedging of derivatives using reinforcement learning", The Journal of Financial Data Science, 3(1): 10-27.
  - ➢　Xie, J., Girshick, R., & Farhadi, A. 2016, June. Unsupervised deep embedding for clustering analysis. In International conference on machine learning, 478-487. PMLR.
  - ➢　Yoon, J., Jarrett, D., & Van der Schaar, M. 2019. Time-series generative adversarial networks. Advances in neural information processing systems, 32.
- ❑　库。
  - ➢　tensortrade——提供用于训练、评估和部署交易代理的强化学习框架。
  - ➢　FinRL——这是一个由强化学习在金融领域的各种应用组成的生态系统。它涵盖了最先进的算法、加密交易或高频交易等金融应用程序。
  - ➢　ydata-synthetic——这是一个可以使用最先进的生成模型（如 TimeGAN）生成合成表格和时间序列数据的库。
  - ➢　sdv——这个名字代表的是合成数据仓库（synthetic data vault），顾名思义，它是另一个用于生成合成数据的库。它涵盖了表格、关系和时间序列数据。
  - ➢　transformers——这是一个 Python 库，允许我们访问一系列预训练的 transformer 模型（如 FinBERT）。该库背后的公司名为 Hugging Face，它提供了一个平台，使用户能够构建、训练和部署机器学习/深度学习模型。
  - ➢　autogluon——该库为表格数据以及文本和图像提供 AutoML。它包含各种最先进的机器学习和深度学习模型。